U0907192

中国中车年鉴

ZHONGGUO ZHONGCHE NIANJIAN

2020

《中国中车年鉴》编委会 编

中国铁道出版社有限公司
CHINA RAILWAY PUBLISHING HOUSE CO., LTD.

2020年·北京

图书在版编目（CIP）数据

中国中车年鉴 . 2020 /《中国中车年鉴》编委会编 . —北京：中国铁道出版社有限公司，2020.11

ISBN 978-7-113-27310-1

Ⅰ . ①中… Ⅱ . ①中… Ⅲ . ①机车 – 车辆工厂 – 中国 -2020- 年鉴 Ⅳ . ① F426.472-54

中国版本图书馆 CIP 数据核字（2020）第 188016 号

书　　名：中国中车年鉴（2020）

作　　者：《中国中车年鉴》编委会

策划编辑：罗桂英　朱景芳　　**编辑部电话**：（010）51873407

责任编辑：田银香

责任校对：王　杰

责任印制：赵星辰

出版发行：中国铁道出版社有限公司（100054，北京市西城区右安门西街 8 号）

网　　址：http://www.tdpress.com

印　　刷：中煤（北京）印务有限公司

版　　次：2020 年 11 月第 1 版　2020 年 11 月第 1 次印刷

开　　本：787 mm×1 092 mm　1/16　印张：33.5　插页：36　字数：842 千

书　　号：ISBN 978-7-113-27310-1

定　　价：280.00 元

《中国中车年鉴》

2020

编纂委员会

《中国中车年鉴》

2020

连接世界 造福人类
Connecting the World Through Better Mobility

2019年1月23日，中国中车集团有限公司党委书记、董事长，中国中车股份有限公司党委书记、董事长刘化龙到戚墅堰公司慰问员工

2019年5月14日，中国中车集团有限公司党委副书记、董事、总经理，中国中车股份有限公司党委副书记、执行董事、总裁孙永才到唐山公司调研

2019年7月4日，中国中车集团有限公司党委副书记、职工董事，中国中车股份有限公司党委副书记、监事会主席万军到株洲电机公司调研

2019年12月5日，中国中车集团有限公司党委副书记、职工董事，中国中车股份有限公司党委副书记楼齐良到长江公司调研

2019年7月26日，中国中车集团有限公司党委常委，中国中车股份有限公司党委常委、副总裁、财务总监詹艳景到成都公司调研

2019年10月29日，中国中车集团有限公司党委常委、纪委书记，中国中车股份有限公司党委常委、纪委书记王铵到齐车集团公司调研

2019年5月10日，中国中车集团有限公司党委常委、副总经理贾世瑞到大连公司调研

2019年6月20日，中国中车股份有限公司党委常委、副总裁王军到株机公司（欧洲子公司）调研

2019年6月19日，中国中车集团有限公司党委常委，中国中车股份有限公司党委常委、执行董事徐宗祥到永济公司调研

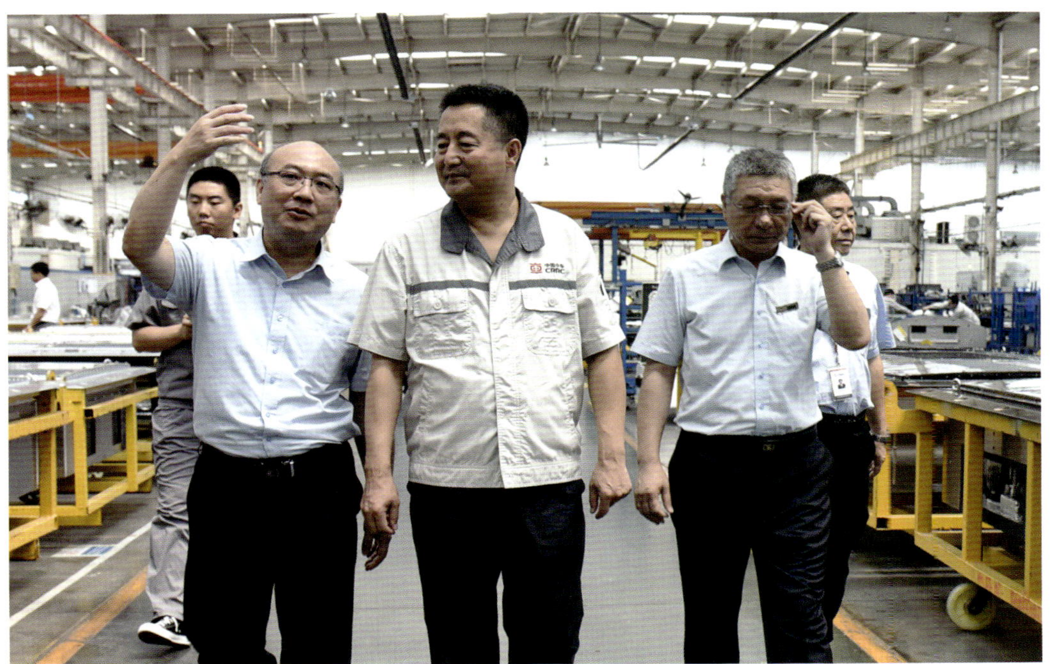

2019年7月31日，中国中车集团有限公司党委常委、副总经理魏岩到石家庄公司调研

2019年8月7日，中国中车股份有限公司党委常委、副总裁余卫平到大同公司调研

2019年12月3日，中国中车集团有限公司党委常委，中国中车股份有限公司党委常委、总会计师李铮到四方所调研

2019年11月29日，中国中车股份有限公司党委常委、副总裁马云双到广州公司调研

2019年12月22日，中国中车股份有限公司党委常委、副总裁王宫成到资阳公司调研

2019年1月10日，中国中车召开一届四次职工代表大会

2019年1月17日，中国中车召开2019年工作会议

2019年1月18日，中国中车召开2019年党委常委（扩大）会议

2019年1月18日，中国中车召开2019年党风廉政建设和反腐败工作会议

2019年1月18日，中国中车召开青年工作会议

2019年1月22—23日，中国中车召开2019年人力资源工作会议

2019年3月14—15日，中国中车召开2019年科技质量工作会议

2019年3月25日，中国中车召开2019年精益管理工作会议

2019年4月1日，中国中车2018年度业绩发布会在香港举行

2019年5月29日，中国中车召开全面深化改革工作会议暨创建世界一流示范企业启动大会

2019年6月11日，中国中车党委召开“不忘初心、牢记使命”主题教育动员大会

2019年11月14日，中国中车举办第五届中车智能制造业务创新论坛

2019年1月28日，中国中车集团有限公司与中国铁路物资集团有限公司签订战略合作协议

2019年3月22日，中国中车集团有限公司与贵州省人民政府签订战略合作框架协议

2019年5月9日，中国中车集团有限公司与鞍钢集团有限公司签订战略合作框架协议

2019年6月24日，中国中车主导四方合作签订《雄安新区轨道交通系统创新技术合作协议》

2019年7月3日，中国中车集团有限公司与大连市人民政府签署深化战略合作协议

2019年9月16日，中国中车集团有限公司与北京矿冶科技集团有限公司签订战略合作框架协议

2019年4月22日，中国中车与白俄罗斯铁路联盟签署合作备忘录

2019年7月18日，中国中车大连公司与乌兹别克斯坦签订电力机车合同

2019年11月27日，中国中车长客股份公司签约哥伦比亚波哥大地铁1号线PPP项目

2019年12月9日，中国中车浦镇公司中标印度班加罗尔地铁项目

2019年12月12日，中国中车株机公司与墨西哥蒙特雷市签订轻轨合同

2019年12月25日，中国中车戚墅堰公司与赢联盟几内亚铁路公司签订机车采购合同

2019年4月12日，欧亚媒体代表团到中国中车眉山公司访问

2019年4月27日，尼日利亚联邦交通部长Amaechi到中国中车山东公司参观访问

2019年6月21日，来自亚洲和非洲的7个国家的铁路技术专家到中国中车资阳公司访问

2019年9月5日，斯里兰卡记者团到中国中车西安公司访问

2019年9月10日，波兰铁路到中国中车大同公司访问

2019年11月5日，发展中国家国际产能和装备制造标准化合作研修班成员到中国中车戚墅堰公司访问

2019年2月26日，中国中车亮相中东铁路展

2019年3月17日，中国中车亮相国际轨道交通和装备制造产业博览会

2019年4月10日，中国中车亮相东南亚(马来西亚)国际铁路展览会

2019年6月27日，中国中车机车产品亮相中非经贸博览会

2019年11月12日，中国中车亮相第十四届上海国际轨道交通展览会

2019年12月3日，中国中车亮相澳大利亚国际铁路展

2019年10月15日，中国中车荣膺“新中国成立70周年70品牌”

2019年12月15日，中国中车荣膺“2019中国品牌强国盛典”十大年度榜样品牌榜首

2019年2月28日，中车金融租赁有限公司举行揭牌仪式

2019年6月18日，中车株机公司奥地利轨道交通技术联合研发中心揭牌成立

2019年6月18日，中车唐山公司意大利现代轨道交通技术联合研发中心举行授牌仪式

2019年10月31日，中车株洲所时代电气英国研发中心揭牌成立

2019年4月13日，第七届“车迷有约，走进中车”国企开放日在中车唐山公司举行

2019年6月20日，中国中车工会召开擦亮“金名片” 建设“新小家”现场推进会

2019年6月28日，中国中车代表队在第三届金砖国家技能发展与技术创新大赛之嘉克杯国际焊接大赛上夺冠

2019年7月15—20日，中国中车组织定点帮扶地区32名贫困家庭学生到所属企业游学

2019年9月28日，中国中车及所属企业举行“中车日”纪念活动

2019年11月21日，中国中车工会召开贯彻落实全国推进产业工人队伍建设改革工作会议精神座谈会

高速动车组

“复兴号”CR400AF型时速350公里中国标准动车组运行在京广高铁线上

“复兴号”CR400BF型时速350公里中国标准动车组运行在京沪高铁线上

2019年1月5日，时速160公里动力集中型动车组首次投入春运

2019年12月30日，京张高铁正式开通，“复兴号”CR400BF-C型时速350公里智能动车组首次实现有人值守自动驾驶商业运营

时速600公里高速磁悬浮试验样车

CJ6型长株潭城际动车组

海口—美兰市域动车组

时速160公里城际列车

"复兴号"CR400BF型时速350公里中国标准动车组驰骋在崇山峻岭间

中国中车年鉴2020

现代机车

FXN3C型交流传动内燃机车

FXD1型电力机车

FXN5C型交流传动货运内燃机车

FXD1B型电力机车

铁路客车

25G型餐车

25T型餐车

25G型硬座客车

25T型硬卧车

25T型软卧车

铁路货车

C70E型敞车

C70E-A型敞车

GHA70型醇类罐车

GN70型黏油罐车

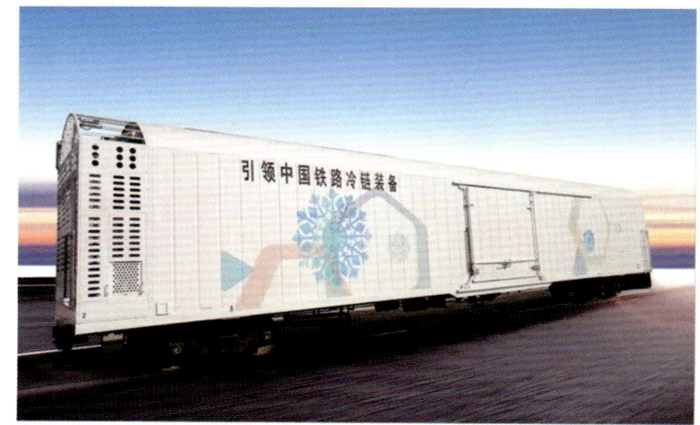

23吨轴重机械冷藏车

KM81A型铝合金煤炭漏斗车

C80B型敞车　　C80BH型敞车

C80型铝合金敞车

DB双层小汽车运输车

PN三联平车

城轨地铁

全自动驾驶市域快轨列车

苏州地铁5号线全自动驾驶B型列车

呼和浩特地铁列车

沈阳地铁9号线列车

连云港市域列车

宁波地铁2号线列车

新一代中低速磁浮列车

宜宾智轨列车

深圳地铁10号线列车

长沙地铁5号线列车

新一代智能B型地铁列车

温州市域列车

上海地铁15号线列车

佛山氢能源有轨电车

国际市场

出口尼日利亚客运内燃机车

出口捷克动车组

出口尼日利亚动力分散式内燃动车组

出口斯里兰卡内燃动车组

出口印度那格浦尔地铁列车

出口印度诺伊达地铁列车

出口巴西圣保罗城轨车辆

出口泰国地铁列车

出口尼日利亚铁路客车

出口阿根廷粮食漏斗车

出口坦桑尼亚铁路平车

出口秘鲁矿石漏斗车

出口澳大利亚燃油罐车

多元产品

公铁两用焊轨车

地铁桥梁检测车

轨道交通应急综合保障车

地铁作业车

轨道工程车

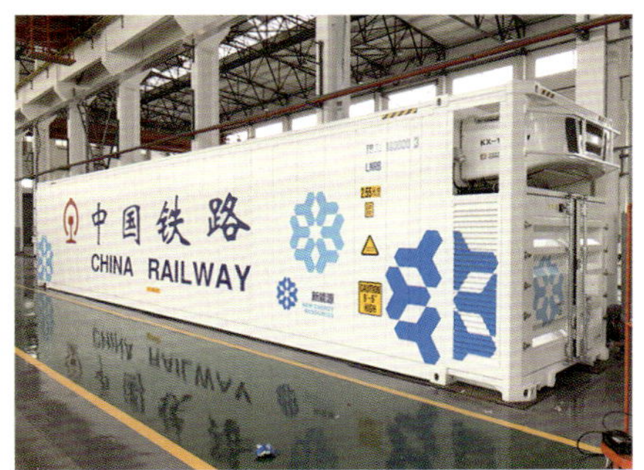

45英尺新能源锂电池冷藏集装箱

蓄冷式移动冷库

纯电动航道快艇

130米大件运输船

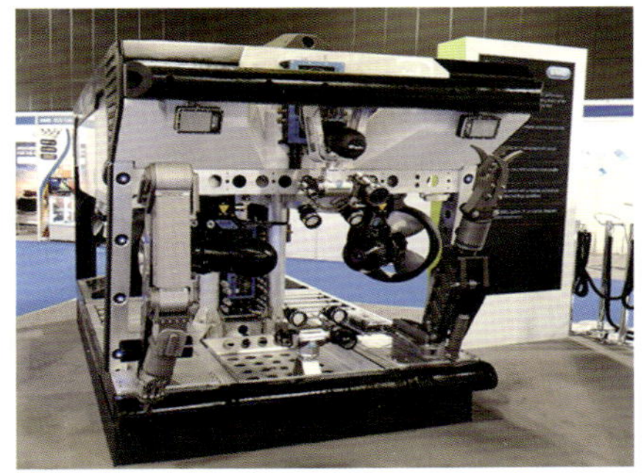

超级电动水下机器人

超级大巴

伸缩式铁路起重机

风电整机

中国中车企业文化建设核心理念

中国中车使命 连接世界，造福人类

中国中车愿景 成为以轨道交通装备为核心，全球领先、跨国经营的一流企业集团

● 核心价值观

“正心正道，善为善成”是公司的核心价值观，是中车人做人做事的基础

● 组织氛围

“阳光和谐、简单坦诚、开放包容”是公司倡导的组织氛围

● 工作作风

“由我来办、马上就办、办就办好”是公司倡导的工作作风

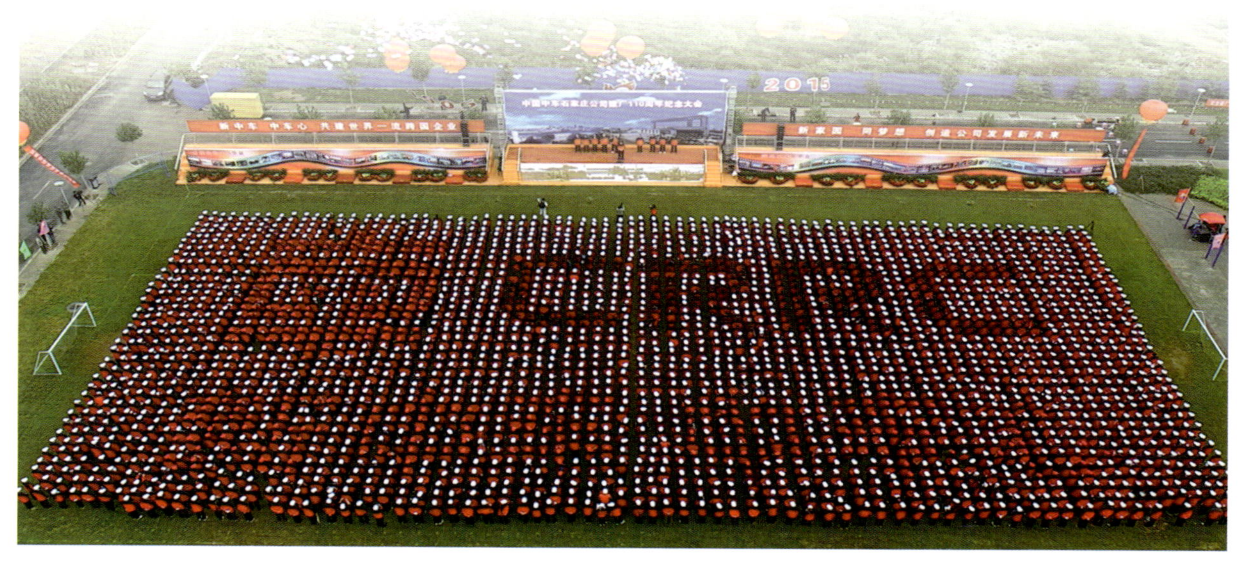

编辑说明

一、《中国中车年鉴（2020）》是中国中车年鉴编委会编辑出版的第五部年鉴，主要记述中国中车2019年1月1日至12月31日改革发展、生产经营、科技进步、企业管理和党的建设等各项工作情况，是承载中国中车发展历程的重要文献，是具有权威性和实用性的资料性工具书。

二、本年鉴设特载、专文、大事记、概况、法人治理、经营与管理、技术管理、人力资源管理、事业部管理与市场营销、党群工作、中车股份所属子公司、中车产业投资有限公司、中车资本控股有限公司、中车科技园发展有限公司、中车轨道交通建设投资有限公司、中车北京二七机车有限公司、中车北京二七车辆有限公司、中国共产党中国中车集团有限公司党校、中国中车大学、中车资产管理中心、人物与荣誉、统计资料、附录共23个栏目，栏目下设类目、条目。条目为年鉴基本单元和记述信息资料的主要形式，是全书的主体。本年鉴在正文前设目录，正文后设索引，以便读者检索。

三、本年鉴主要由中国中车总部及下属单位供稿，所有稿件均经各部门和单位领导审核。中国中车总部及各部门领导干部名单以总部人力资源部（党委干部部）提供的名单为准，下属单位仅体现中国中车任命和聘任的领导。人物与栏目内的先进人物和先进集体根据中国中车党政工团及下属各单位提供的资料汇总，仅记录2019年度获得的省部级（含）以上和中国中车综合类荣誉。

四、为叙述简便，中国中车集团有限公司、中国中车股份有限公司在文中统一简称“中国中车”，在必须区分时，中国中车集团有限公司简称“中车集团”，中国中车股份有限公司简称“中车股份”。中国中车下属单位的名称除类目标题使用全称外，文中记述时一般使用内部简称。书中“全级次公司”“全级次企业”泛指中国中车各级公司（企业）。

五、按照年鉴条目署名要求，本年鉴中多个条目或类目由一个部门或一个单位撰稿，仅在最后一个条目或类目末尾注明××部门或××公司供稿。

六、本年鉴的编辑出版工作，得到了中国中车各级领导的关心及中国中车总部各部门、各子公司的密切配合，得到了中国铁道出版社有限公司的支持，编辑人员也付出了大量的心血，在此一并致谢。

七、由于编辑水平所限，本年鉴难免存在疏漏笔误之处，恳请读者指正。

目录

特载

专文

大事记

概 况

法 人 治 理

经 营 与 管 理

技 术 管 理

人力资源管理

事业部管理与市场营销

党 群 工 作

中车股份所属子公司

中车产业投资有限公司

中车资本控股有限公司

中车科技园发展有限公司

中车轨道交通建设投资有限公司

中车北京二七机车有限公司

中车北京二七车辆有限公司

中国共产党中国中车集团有限公司党校

中国中车大学

中车资产管理中心

人物与荣誉

统计资料

附录

特　载

本栏编辑　冯　睿

坚决落实高质量发展要求
向“双打造一培育”目标砥砺前行

——中车集团党委书记、董事长，中车股份党委书记、董事长、执行董事刘化龙在中国中车2019年工作会议上的讲话（摘要）

（2019年1月17日）

同志们：

这次会议是在党和国家走过改革开放40周年、迎来新中国70华诞大背景下召开的一次重要会议，也是新时代推动中车实现高质量发展、加快向“双打造一培育”目标阔步迈进的一次重要会议。上午，永才同志的工作报告，扼要总结了2018年经营工作，全面查摆了存在的差距和不足，深入分析了当前面临的经营形势，系统部署了2019年经营工作，我都赞同，大家要结合实际抓好落实。新时代下，如何推动中车实现高质量发展，坚定不移向“双打造一培育”目标砥砺前行，是我们全体中车人必须解决好的重大时代课题。围绕高质量发展，下面我讲四方面意见。

一、深刻认识中车高质量发展的基础条件

2018年是极不平凡的一年，让我们倍感艰辛，也值得我们深刻铭记。一年来，我们按照党中央、国务院和国资委总体部署，提高政治站位、勇于担当作为，勠力同心誓不悔、同舟共济渡难关，促进中车党建改革发展取得新成效，在推动中车实现高质量发展道路上迈出坚实步伐。

（一）习近平总书记视察中车让我们倍受鼓舞和鞭策。新中车成立三年多时间以来，习近平总书记三次视察中车，这在中央企业中是绝无仅有的，充分体现了党中央和国务院的亲切关怀和殷切期待，让我们感受到巨大的鼓舞和鞭策。我们要牢记总书记嘱托，树牢“四个意识”，坚定“四个自信”，坚决做到“两个维护”，立足实体经济，担当国之重器，继续做强做优做大，继续练好“内功”，继续改革创新，继续自主创新，推动中车实现高质量发展。

（二）国资委政治巡视极大触动我们思想和灵魂。去年的政治巡视，对我们中车这辆高速运行的“列车”来说，是政治上的一次大检验，是思想上的一次大洗礼，是管理方法上的一次大补课，给我们的政治觉悟、思想认识、思维方式、工作方法带来极大触动。经过这次政治巡视整改，集团上下收获颇丰，对未来党建工作扎实开展、集团高效稳定运营可谓意义重大、影响深远。

（三）经营业绩稳中向好充分体现中车智慧和力量。2018年，在两级经营班子和全体员工的共同努力下，集团经营业绩稳中向好，兑现了我们对巡视组和资本市场的庄严承诺。在“稳增长”过程中，我们齐心协力、力争上游，战胜各种风险挑战，克服诸多不利因素，着力打好三大攻坚战，充分发挥出中车人的聪明才智，充分展现出中车人的磅礴合力。

（四）持续深化改革彰显我们攻坚破冰的决心和勇气。按照国资国企改革和供给侧

结构性改革要求，我们坚决落实国企改革“双百行动”，下大力气疏解非首都核心功能，毫不动摇深化业务重组，深入实施三项制度改革，扎实推进“双压减”和“处僵治困”工作，稳妥实施厂办大集体改革和“三供一业”等企业办社会职能分离移交。中车改革呈现纵深推进、全面发力的生动局面，集中体现了我们深化改革、攻坚克难的坚定决心和非凡勇气。

（五）自主创新能力为我们提供不竭的动力和源泉。2018 年，习近平总书记两次点赞“复兴号”，**“复兴号奔驰在祖国广袤的大地上”“复兴号高速列车迈出从追赶到领跑的关键一步”**，极大增强了我们创新超越的责任感和使命感。我们明志笃行、固本培元，坚持立足自主创新，国家高速列车技术创新中心建设、国家重点研发计划先进轨道交通重点专项、以“复兴号”为代表的产品研制等各项工作均取得阶段性重大成果。

（六）党建提质换挡显现我们高标准的定位和追求。为深入贯彻落实党的十九大和全国国企党建会精神，我们以习近平新时代中国特色社会主义思想为指导，推动党建工作由“建强提升”向“提质换挡”转变，启动实施高铁先锋工程，全面开启打造中车党建“金名片”新征程，确保中车党建始终走在央企前列，步入以一流党建引领中车实现高质量发展的新阶段。

过去的一年，我们经历了巡视的触动、环境的变动和经营的波动，过得很充实、走得很坚定、收获很丰富。在此，我代表集团党委和董事会，对两级领导班子并通过你们向全体员工，表示衷心的感谢和亲切的慰问！

2018 年是我国改革开放 40 周年，对国家和中车都有着特殊重要的意义。40 年来，中车从学习到创新、从引进来到走出去、从落后到引领，谱写了中国轨道交通装备行业发展的辉煌篇章。

——40 年来，我们艰苦奋斗、开拓进取，实现了由小到大、由弱到强的重大转变。固定资产总额增长 32 倍，工业总产值增长 84 倍，利税总额增长超过 30 倍；目前已发展成为全球规模领先、品种齐全、技术一流的轨道交通装备供应商，跻身《财富》世界 500 强和中国 100 强。

——40 年来，我们勇于变革、与时俱进，实现了企业由生产型向经营型、由产品经营向资本经营的重大转变。始终把改革同改组、改造和加强管理结合起来，市场化经营机制和现代企业制度逐步建立，从传统的铁路工业企业蜕变为现代化的上市公司。永才同志被党中央国务院授予“改革先锋”称号，这是个人的荣誉，更是企业的荣誉，我们要众志成城再出发，把新时代改革开放不断推向深入。

——40 年来，我们以我为主、创新超越，实现了从追赶到并跑领跑、从中国制造到中国创造的重大转变。推动铁路机车车辆升级换代，为中国铁路六次大提速提供了坚强的装备支撑。高铁动车从无到有，走出中国特色的自主创新之路。城轨地铁从零起步，装备能力水平目前跃居世界第一。中车自主研制的产品，深刻改变了人民的生活方式。

——40 年来，我们胸怀梦想、拥抱世界，实现了从只进不出到产品、技术、资本“走出去”的重大转变。每年出口签约额从不到 30 万美元增长到最高 80 多亿美元。以高铁为代表的轨道交通装备成为“一带一路”建设和“走出去”的亮丽名片。目前，中车正由本土企业向跨国企业迈进，产品已出口到 105 个国家和地区。

——40 年来，我们以人为本、造福员工，实现了员工生活由温饱到小康的重大转变。从 1978 年到 2018 年，中车员工年均可支配收入增长达 100 倍以上，员工生活水平显著提高，生产生活条件明显改善。目前，中车 18 万员工践行“产业报国、勇于创新、为中国梦提速”的高铁工人精神，具有强烈的归属感、获得感和幸福感。

改革开放以来，中车走过的历程、取得的成就、实现的变革，是新时代推动中车实现高质量发展的基础和条件。奋斗成就梦想，实干铸就辉煌。我们要不忘嘱托、牢记使命，坚守实业、产业报国，把握新时代改革开放机遇，促进中车迈入高质量发展新阶段。

二、深刻把握中车高质量发展的形势任务

中央经济工作会议明确2019年要抓好七大重点工作任务，其中第一条就是要推动制造业高质量发展。作为高端装备制造业的排头兵，推动中车实现高质量发展，既是新时代中央企业的使命担当，也是应对风险挑战、不断发展壮大乃至成为世界一流企业的必由之路。当前及今后一个时期，必须坚持战略导向、问题导向和目标导向，持续围绕**“六大转变”**和**“五个一流”**，着力破解发展瓶颈制约，准确把握新要求新任务，努力做到**“八个聚焦、八个勇于”**，以新气象新担当新作为推进中车高质量发展。

（一）聚焦发展意识，勇于开拓进取。意识是行动的先导，发展意识是谋求发展的心声。目前，子企业领导干部发展意识是不均衡的，甚至有的同志还存在“等靠要”思想，进取精神不强、创业激情不足。领导干部发展意识滞后，必然会导致企业发展不适应新时代新形势新要求。当前，新技术、新产业、新业态、新模式蓬勃兴起，各级领导干部必须牢固树立强烈的发展意识，始终把发展作为第一要务，善于把握机遇，勇于开拓进取，极大迸发创新创业激情，不断开拓企业发展新境界。

（二）聚焦业务结构，勇于转型升级。这些年，虽然我们未雨绸缪，积极发展增量业务，但新产业点多面广、小而散现象没有实质性改变。目前，“一业独大”问题仍然比较突出，抵御市场波动能力仍然不强，经营风险仍然没有有效缓解。保证经营业绩持续稳定增长，顺利实现“十三五”发展目标，离不开新产业持续健康协调发展。下一步，我们要全面梳理现有业务单元，明晰和细化发展方向、路径与节奏，充分发挥集团内外资源、资产、资本的合力，加快打造技术水平高、带动作用强、经济效益好的新产业集群。

（三）聚焦资源配置，勇于创新变革。高质量发展不是简单的要素投入，而是建立在资源效率提高基础之上。目前，中车资源配置的一些深层次矛盾和问题还没有彻底解决，重复投入、重发开发、重复建设问题依然存在。如果我们不转变经营理念，不强化全面预算管理，不优化资源配置，不仅会难以实现既定战略目标，甚至会因为低效、无效投入而不堪重负。围绕提升资源配置效率，我们要引导经营理念变革，强化资本经营，全面分析与优化资产结构，努力实现资源配置效率和资本流动收益的最大化。

（四）聚焦协同融合，勇于攻坚克难。目前，我们子企业发展水平极不平衡，生产经营冷热不均，两极分化依然突出，体量差距大、业绩悬殊大、员工收入差距大的态势仍未改变。面对企业间生存发展能力存在的差距，集团仍缺少子企业间同步、协调发展的机制，优势企业发挥“带动”作用的愿望不强烈，困难企业主动结对子、寻求帮扶的行动不积极。着眼于发挥协同效应、实现融合发展，我们要全面厘清子企业定位，明确发展方向，实施业务重组，强化带动效应，实现子企业协调发展、缩小差距。

（五）聚焦市场机制，勇于激发活力。建立市场化经营机制，始终是深化中车改革的首要取向。从目前状况看，子公司深化改革的主动意识不强，工作推进不均衡，以市场化经营机制为导向的三项制度改革还不彻底。加快推动中车实现高质量发展，需要接

轨市场理念，强化经营意识，全面营造有利于发展的环境氛围。我们要通过深化改革，建立分级授权经营体系，推进市场主体地位建设，在集团内部全面强化市场意识、市场行为和市场机制，有效激发发展内生动力和活力。

（六）聚焦作风建设，勇于实干担当。新时代是奋斗者的时代。新时代推动中车实现高质量发展，需要我们领导干部团结广大员工不懈奋斗、接力奋斗。作为“关键少数”，只有领导干部勇于担当、求真务实、善作表率，才能有效带动“大多数”心中有责、苦干实干、善作善成。新时代，广大领导干部要以永远在路上的坚韧抓好作风建设，全面提升政治能力、学习能力、创新能力和领导能力，培育打造团结和谐、富有激情、善于竞争、专业高效的优秀团队，汇聚起推动中车高质量发展的强大合力。

（七）聚焦软硬实力，勇于提质补短。企业实力是由硬实力和软实力两方面构成的。硬实力不行，可能一战即败；软实力不行，可能不战自败。长期以来，我们比较关注基础设施、资本、员工、经营规模等硬实力要素，而对党建组织力、战略规划力、文化感召力、工作执行力、集团管控力等软实力要素关注不够，一定程度上存在着软硬实力建设不匹配问题。软实力是整合和使用硬实力的能力，是实现企业运营效能最大化的关键能力。新时代推动中车实现高质量发展，必须坚持软硬实力同步谋划、同步建设、同步提升。

（八）聚焦国际视野，勇于引领行业。国际化是中车继续做强做优做大、实现“双打造一培育”目标的必由之路。新时代，不负习近平总书记嘱托，持续担当好“国家名片”，为国家、为社会作更大贡献，更需要我们主动“走出去”，积极参与“一带一路”建设。对此，我们要始终保持行业领导者的自信和定力，有效应对国际市场的风险和挑战，全面加快国际化进程，坚定不移拓展高端市场，持续扩大行业影响力，不断为全球客户提供中车产品、中车技术、中车方案和中车模式。

要实现中车高质量发展，我们必须突破发展的瓶颈、跨越面临的沟坎，与时间赛跑、与禁锢抗争、与时代对标对表。现阶段要着力完成好**“六大任务”：**

——党的建设要由“提质换挡”转向“成效跃升”。2019年是中车党建“成效跃升年”，要全面加快党建“金名片”打造步伐，实现入心入脑、知行合一，确保党建工作走在央企前列。重点任务是着力解决党建工作层层减弱、进展不平衡的问题，着力提升非制造业企业党建工作水平，着力探索境外企业和中外合资企业党建质量提升的有效管理模式，着力解决党务干部的队伍结构、职业素养、专业能力、工作水平不适应形势发展的问题。

——绩效考核要由“要我完成”转向“我要完成”。目前，绩效考核模式存在“鞭打快牛”现象，资本回报考核“难以推进”，行政施压面临“无计可施”，效益持续提升的压力传导机制有待全面优化和完善。要围绕偿债能力、盈利能力、抗风险能力等，加快建立符合中车实际的高质量发展指标体系，健全完善科学有效的企业治理机制、激励约束机制和分类考核机制，充分调动子企业提升业绩、完成指标的主动性、积极性和创造性。

——改革推进要由“等待观望”转向“主动作为”。深化改革是中车无法回避的时代要求，必须敢于动真碰硬、敢于啃硬骨头、敢于走向深水区。要根据形势不断完善顶层设计，增强改革的系统性、整体性和联动性；要以市场化经营机制为核心，统筹推进三项制度改革；要深化供给侧结构性改革，坚定不移推进业务重组，加快完成“处僵治困”任务；要把握政策窗口期，彻底解决好企业历史遗留问题。

——发展方式要由“被动跟随”转向“主动引领”。实现中车高质量发展，根本途径是加快转变发展方式，关键是推动发展质量变革、效率变革、动力变革。重点要改变以往“头痛医头、脚痛医脚”的做法，着力改进解决战略与执行相脱节的问题。我们要以“十三五”发展战略修订印发为契机，强化高质量发展的战略引领、规划执行，不仅促进子企业拾遗补阙，补短板、强弱项，更引领子企业提高效率、优化业务结构、培育新动力。

——影响力和美誉度要由“最受赞赏”转向“受人尊敬”。全球最受赞赏公司的最大特点，就是能够在不断变化的商业环境下取得骄人的业绩和卓越的声誉。“受人尊敬”是“最受赞赏”的“升级版”，应该成为中车人矢志不渝的价值追求。打造受人尊敬的国际化公司，就是要做到大而强、富而善、新而美，经得起历史检验，能承担更多社会责任，勇于创新开拓，善于变革发展，持续为民族、国家和人类社会发展作出积极贡献。

——综合实力要由“核心强干”转向“整体强化”。归根结底，高质量发展考量的是企业综合实力，既包括硬实力、也包括软实力，需要实现技术创新、管理创新、制度创新和商业模式创新“四轮驱动”。新时代，在科技创新合力不断提升的同时，管理创新的碎片化整合亟待加强，体制及业态创新深化还需艰辛前行，国际化进程的挑战需要有效应对，只有这样才能真正实现中车强身健体、整体强化。

三、稳中求进推动中车实现高质量发展

2019 年及今后一个时期，稳中求进应该是推动中车实现高质量发展的总基调。稳的重点要放在稳住经营业绩、防范重大风险、坚持苦练“内功”上，进的重点是深化中车改革、补强发展短板、激发发展活力。总的要求是**党建工作实现“跃升”，经营效益稳中求进，深化改革扎实稳健，创新能力有效夯实，协同效应进一步释放，内生动力全面激活，机制保障更加有效，风险管控更加成熟，品牌影响力全方位拓展，发展质量稳步提高。**

（一）坚持战略引领，强化规划执行。去年，集团按照**“两高两结合”**原则（即坚持高质量发展、坚持高目标引领和与外部形势变化相结合、与政治巡视整改相结合），组织对“十三五”发展战略进行了修订，重新确定了以“12135”（即一个使命、两个打造、一个培育、三大动力、五化发展）为主要内容的“十三五”发展战略要点。修订后的发展战略已经印发实施，在此主要强调四个问题。

1．准确理解高质量发展经营方针。高质量发展是创新成为第一动力、协调成为内生特点、绿色成为普遍形态、开放成为必由之路、共享成为根本目的的发展。新时代中车高质量发展的经营方针，就是创新驱动、品质一流、结构优化、绿色智慧、开放共赢、协调共享。经营方针的六个维度，是我们推动中车实现高质量发展的主攻方向，也是我们实现质量变革、效率变革、动力变革的方法论。遵循上述经营方针，我们就是要加快推动发展方式转变，实现产业结构转型升级，把中车打造成为以人为本型、资源节约型、环境友好型企业，为实现“双打造一培育”目标奠定坚实基础。

2．客观评价“十三五”发展目标。聚焦高质量发展，集团修订“十三五”发展战略时，确定了“七个新突破”的发展目标；到 2020 年，集团公司营业收入要超过 2 600 亿元，利润总额要超过 165 亿元。确定上述发展目标，是基于市场需求和业务发展的预测，是符合企业发展实际的。企业发展不可能一帆风顺，也不可能一路高歌，必然有高潮，也有低谷，我们必须科学客观看待发展目标调整，以实实在在的工作举措支撑发展

目标实现。从目前情况看，实现这样的发展目标，尽管面临诸多有利条件，但也需要我们付出艰辛努力。

3．深刻把握高质量发展两个阶段。从高速增长转向高质量发展，是经济发展、企业发展的必然规律。推动中车实现高质量发展，大体分为“强基提质”和“高质提速”两个阶段。这两个阶段的时间跨度大约为15年，作出这样的安排主要是考虑到高质量发展是一项系统工程，我们不可能一蹴而就，必须统筹规划、分步实施。量积累到一定阶段，必然转向质的提升。只有准确把握时机，促成质变，才能实现中车新的更大发展。在推进这两个阶段过程中，如何突破传统发展路径、破解结构性难题、培育壮大新动能，还需要我们深入思考、探索突破，做大量开创性工作。

4．加快创建世界一流示范企业。为贯彻落实党的十九大精神，加快培育具有全球竞争力的世界一流企业，国资委拟将中车集团等10家中央企业确定为世界一流示范企业。具有全球竞争力的世界一流企业，应当是在国际资源配置中占主导地位、引领全球行业技术发展、在全球产业发展中具有话语权和影响力的领军企业，是在全要素生产率和劳动生产率等效率指标、净资产收益率和资本保值增值率等效益指标、提供优质产品和服务等方面的领先企业，是践行新发展理念、履行社会责任、拥有全球知名品牌形象的典范企业。我们要坚持用好用足政策，坚持目标和问题导向，对照“三个领军”“三个领先”“三个典范”的标准，结合“十三五”发展战略，结合行业和企业实际，加快研究制定实施方案、建立有效工作机制、明确责任目标和工作举措，力争用3年左右时间在部分细分领域和关键环节取得实质性突破，在培育具有全球竞争力的世界一流企业中长期目标上取得显著成效。

（二）坚持改革创新，激发发展活力。深化中车改革的目的在于释放改革红利，增强发展活力，激发内生动力。我们要坚定不移深化改革，向改革要红利、要活力、要动力，以高质量改革推进高质量发展。

1．坚持国有资本投资公司的总定位。新中车组建以来，我们一直在积极争取国有资本投资公司试点，并探索从“管企业”到“管资本”的有效模式。近期，国资委又确定了11家中央企业为国有资本投资公司试点企业。下一步，我们要继续努力、积极争取，把相关工作做在前面，力争早日成为试点企业。要按照国有资本授权经营体制改革方向，加大总部向子企业授权放权力度，最大程度激发各级企业内在活力。要强化集团总部在战略引领、资本运作、风控合规、审计监督等方面的职能，全面提升集团管控能力。要以子企业外部董事履职为契机，探索在子企业开展落实董事会职权、推行职业经理人制度等多项改革，充分发挥综合性改革的乘数效应。

2．继续深化供给侧结构性改革。供给侧结构性改革是全面深化改革的主线，目的在于减少低效无效供给，提高供给体系质量。我们要把握这条主线，贯彻“八字”方针，深挖内部潜力，优化资源配置，推动中车制造高质量发展。要巩固业务重组成果，坚定不移推进新项目；积极稳健推进并购重组，持续优化业务布局和结构。要坚持有保有压，继续做好压缩管理层次、减少法人户数工作。要加大“处僵治困”力度，根据国家要求制定退出实施办法，稳步推进企业优胜劣汰。要把握政策窗口期，稳妥推进厂办大集体改革、“三供一业”等企业办社会职能分离移交，逐步彻底解决企业历史遗留问题。

3．深入推进国企改革“双百行动”。改革重在发挥先进的示范突破带动作用。国企改革“双百行动”，根本目的就是通过抓基层、抓典型、抓落实，把更多精力聚焦到解决重点难点实际问题上，尽锐出战，攻坚克难，推动中央精神和决策部署落实落地、见行动见效果。我们要立足“五突破、一加强”，做到“一企一策”、精准发力，探索综合性配套改革的“中车模式”。只要符合中央精神、符合政策要求、符合企业实际，我们就要大胆试、大胆闯、大胆改，有什么问题就解决什么问题，什么招管用就用什么招。要充分发挥改革合力和“先锋队”“模范生”的引领示范带动作用，学习好、运用好改革政策和试点经验，在中车内部形成一批可以推广复制的“双百方案”，汇聚强大的改革力量。

4．着力健全市场化经营机制。深化改革的一个核心，就是要建立市场化经营机制，确立子企业市场主体地位，激发各级市场主体活力。我们要认真落实全国国有企业改革座谈会精神，按照“六个突出抓好”的总体部署，着力使市场化经营机制深入人心、落地生根。要着力推行“两制一契”，按照“市场化选聘、契约化管理、差异化薪酬、市场化退出”原则，扩大职业经理人试点范围。要着力推进分配制度改革，统筹用好员工持股、上市公司持股计划、科技型企业股权分红等中长期激励措施，充分调动子企业内部各层级干部员工积极性。要着力推进混合所有制改革，提高国有资本配置效率，更大撬动社会资本，实现各种所有制资本取长补短、相互促进、共同发展。

（三）坚持苦练内功，着力提质增效。固本强基、苦练内功、提质增效是高质量发展的应有之义。我们要坚持内涵式发展，眼睛向内、苦练内功，向管理要效率、要效益、要效能，打牢企业持续健康发展的根基。

1．严格管控减利因素。这两年，由于消化减利因素，集团经营业绩提升受到很大影响。未来，实现经营业绩持续稳定增长，推动中车实现高质量发展，必须在减利因素管控方面下更大力气。**一是坚决“降成本”。**要按照国资委有关要求，组织研究制定专项方案，领导班子成员包保负责，督促检查子企业狠抓“两金”治理，坚决遏止“两金”规模高企、不良应收账款快速上升的势头，确保实现“两金”余额同比大幅下降。要排查和规范企业用工方式，阻断变相增加成本的路径，提高效率效益水平；要协调大客户，实现均衡生产，减少临时用工，控制用工总量。**二是坚决止住“出血点”。**要超前谋划、多措并举，确保融资性贸易、租赁业务等既有“出血点”不再由“或有损失”变为“事实损失”。要严格落实经营投资责任，加强项目后评价，绝不能因增量投资而产生新的“出血点”。**三是坚决打好减亏控亏“组合拳”。**要坚持一企一策、综合治理，制定专项方案，落实主体责任，严肃绩效考核，继续严控亏损面和亏损额；要探索采用关停并转途径，坚决实打实地处置扭亏无望的子企业。要强化全面预算管理刚性约束，以精细化的预算控制，压降成本、减亏控亏。2019年要在减利因素管控明显见效基础上，实现集团经营业绩稳中有升、稳中有进、稳中向好，确保完成国资委下达的考核指标。

2．全面推进合规经营。去年11月份以来，国资委、发改委分别印发了《中央企业合规管理指引》和《企业境外经营合规管理指引》，对企业依法合规经营管理作出了明确规定。围绕高质量发展，我们要走质量内涵型发展道路，强化合规经营责任，提升合规经营水平，在法治轨道上提升管理水平、做强做优做大。**一是增强合规发展意识。**要尊重知识产权、保护环境、反对商业贿赂、履行社会责任、规范市值管理，筑牢企业持续健康发展的基石。特别是在“走出去”的大背景下，要深入研究国际法和项目所在国法律法规，有效化解法律政策风险，积极主动地通过合规管理服务企业发展。**二是健全合规管理体系。**要建立起良好的企业法人治理结构与合规行为标准，探索内控、内审、法律、风险管理、纪检监察部门相关工作职能有效整合的途径，明确企业预防内部违法违规行为的机制与责任，并持续修订相关管理制度和管控流程。**三是培育企业合规文化。**企业主要负责人要履行推进法治建设第一责任人职责，牢固树立依法治企理念，使诚信合规经营成为企业文化和价值观念的核心组成部分。

3. 有效化解和把控风险。一段时间以来，风险快速积聚与显现，给集团经营造成了强烈的冲击。2019 年，我们要加强预判研判，科学制定风险应对预案，沉着冷静应对各类风险挑战。**一是防范重点领域风险。**要按照国家打好污染防治攻坚战有关要求，扎实推进中车污染防治环境保护工作，确保不发生环保事件。要针对新的用工和业务模式带来的新情况新挑战，研究强有力的安全技术措施，彻底扭转安全生产被动局面。要着力打好防范化解重大风险攻坚战，继续推进降杠杆减负债各项工作，强化子企业资产负债约束，确保集团内部不发生各类金融风险。要高度关注“走出去”和新产业拓展过程中派生的各种风险，尤其要明令禁止融资性贸易，加强 PPP 业务、金融衍生业务等风险管控。**二是切实提升风险化解能力。**要把提高“调控和化解潜在风险集中爆发的能力”摆在突出位置，有效把控风险排查、调控、化解的节奏，做到排查要准、调控有序、防化有效。要采取适当策略和有力措施，防止风险过快聚积，特别是把握化解和把控风险释放的时机，杜绝风险集中释放和爆发。**三是强化风控体系建设。**要坚持融入日常、注重实效原则，不断深化风险管理，健全完善内控体系，建立风险信息平台，营建风险预警、评价与考核机制，确保各类风险发现得早、管控得住、化解得了。企业领导班子要科学把控“欲望、速度、步伐”三者关系，做到欲望要实际些、速度要适度些、步伐要稳健些，切勿使企业发展与风控能力失衡。

（四）坚持问题导向，补强能力短板。补短板是供给侧结构性改革的重要内容，也是推动中车高质量发展的必然要求。我们要坚持问题导向，既补硬实力短板，也补软实力短板，不断提升中车综合竞争实力。

1. 补强战略谋划能力短板。战略谋划能力是一个企业的核心能力，也是各级领导干部必须具备的一项基本能力。战略上判断得准确，战略上谋划得科学，战略上赢得主动，企业发展才能不断进入新境界。毋庸讳言，战略谋划能力不强，顶层设计缺乏，是目前我们各项工作存在的突出问题。集团领导班子成员、总部各部门要注重强化理论武装、强化大局观念、强化辩证思维、强化前瞻意识、强化问题导向，把提高战略谋划能力摆在突出位置，使集团总部的工作思路、工作举措、工作重点更充分地体现党中央各项决策部署，更充分地体现新时代改革开放要求，更充分地体现总部对子企业的战略管控定位。子企业领导班子也要不断提高战略谋划能力，学习新知识、积累新经验、掌握新本领，使自己的专业素养和工作能力与岗位相匹配，在学习中思考、在思考中谋划，确保企业各项工作沿着正确方向推进。

2. 补强自主创新能力短板。自主创新是中车实现从追赶到并跑、领跑的核心方法，也是中车引领轨道交通行业发展的必然要求。目前，中车科技领域仍然存在一些亟待解决的突出问题，比如基础研究短板依然突出，重大原创性成果缺乏，关键核心技术受制于人的局面没有得到根本性转变。下一步，要围绕提升自主创新能力、培育壮大新动能，强化创新顶层设计和总体谋划，抢占引领产业发展的前沿阵地和战略制高点，把创新发展主动权牢牢掌握在自己手中。要增强“四个自信”，敢于走前人没走过的路，聚焦突破关键核心技术，加强行业发展战略性技术攻关、前沿性技术和颠覆性技术创新。要着力提升标准制定话语权，适时将自主技术和产品以及企业标准升华为国际标准，提升中车主导和参与国际标准比重。要大力推进中车智造“十大工程”，以“标准化、精益化、数字化、网络化、智能化”为实施路径，不断深化技术创新、管理创新、商业模式创新。

3．补强国际化经营能力短板。国际化是中车做强做优做大、实现高质量发展、培育具有全球竞争力的世界一流企业的必由之路。与国际同行和大型跨国公司相比，中车缺乏跨国管理经验，尚未形成有效的管控架构及机制，在全球范围内整合资源的能力还不够强，海外业务收入与企业地位和影响力不匹配。针对这些差距和不足，我们要坚持探索与实践相结合，坚持择优扶强不动摇，坚持以获取订单为重点，加快提升国际化经营管理能力。**一是充分发挥战略导向作用。**要根据国际市场变化，适时修订国际化战略规划，研究把跨国并购纳入其中，引领子企业国际化经营步入有序轨道。**二是优化完善管控机制。**要着力加强集团管控，探索更加有效的管控方式，尤其要强化子企业境外经营合规管理，稳妥应对中美经贸摩擦。要着力避免无序竞争，加强企业之间沟通合作，做好业务统筹、资源整合，规范国际化经营秩序。**三是支持优势企业“走出去”。**要以“拿订单”为核心、以擦亮品牌为目标，扶持龙头企业、优势企业开拓区域市场，积极参与“一带一路”沿线国家和地区项目，不断扩大中车海外影响力和美誉度。

4．补强品牌文化建设短板。品牌是企业竞争能力和综合实力的集中体现。与国际标杆比，我们还没有把“国家名片”的民众认知有效转化为品牌价值，中车的政策影响力、品牌影响力、文化影响力有待进一步提升。新时代，我们要按照习近平总书记“三个转变”重要论述，大力推动中车品牌的高层次规划、高品质建设、高质量发展。要贯彻落实《关于加强中央企业质量品牌工作的指导意见》，树立以质量为核心的品牌理念，全面提升中车产品及服务质量，夯实品牌建设基础。要坚定实施中车品牌建设战略，进一步强化中车品牌价值，塑造在国内是“创新引领者”、在国际是“创新推动者”的品牌形象，尽快将“中国中车”品牌打造成为享誉全球的品牌。要加强中车品牌文化传播，讲好中车故事，弘扬正能量，不断在资本市场和社会上扩大中车影响力和知名度；要结合时代特征和发展要求，不断赋予企业文化新的内涵，始终做到与时俱进、永葆活力。

（五）坚持完善机制，营造良好氛围。机制是高质量发展的润滑剂、黏合剂和催化剂。我们要以机制建设为牵引，营造良性循环的内部生态，为高质量发展提供强有力的机制保证。

1．健全分类考核机制。今年，国资委将进一步修订完善相关考核办法，突出对高质量发展和加快培育具有全球竞争力的世界一流企业的考核引导。根据国资委考核机制变化，我们要修订完善子公司绩效考核办法，明确考核导向，突出考核重点，实施分类考核，引导子企业向高质量发展精准发力。**一是**要关注工资总额管理制度改革，积极策划考核指标应对措施，力争年度工资总额实现增量。**二是**要突出效益导向原则，全面推行工资总额与企业效益同步联动机制。**三是**要把握减员增效、个人增收、总额挂提三者内在关系，细化工资总额分配机制，控制人工成本，实现员工收入增长。

2．完善执行到位机制。“一分部署，九分落实”。决策部署能否见到实效，关键在狠抓落实、狠抓执行。对于党中央、国务院和国资委以及集团的各项决策部署，各级领导干部要保持思想、现实和行动的高度统一，做到认识准确、举措务实、落实到位，确保政令畅通、行动一致。需要强调的是，要坚决遏制“个人主义”，绝不能阳奉阴违、搞变通、自行其是，对上级决策部署不执行、缓执行、打折扣。总部各部门要提升站位、干字当头、作出表率，进一步加强执行力建设，以守土有责、守土负责、守土尽责的责任担当，确保集团各项决策部署落地见效。

3．严肃追责问责机制。去年7月份，国资委以37号令印发了《中央企业违规经营投资责任追究实施办法》，这是对国办发〔2016〕63号文件的进一步细化、量化和深化。责权利相对等，有权必有责，有权不能任性。要按照国资委要求，强化目标导向、结果导向，落实责任追究相关制度，向投资和绩效考核“终身追责”，向不担当、不作为说“不”。同时，要按照“三个区分开来”，着力健全容错纠错机制，妥善处理好发展、容错、考核三者关系，充分保护广大干部干事创业、改革创新的热情和激情，切实为敢于担当的领导干部撑腰鼓劲。

4．优化推进督导机制。督促、检查、指导工作是推动各项决策部署落实的重要手段，是加强和改进工作作风的重要途径。当前，集团改革发展任务异常艰巨，抓落实的任务更重、要求更高。集团领导班子成员、总部各部门要以踏石留印、抓铁有痕的劲头，深入一线、真督实查、跟踪问效，着力发现问题、解决问题、推动工作。要深入贯彻党中央《关于加强新形势下党的督促检查工作的意见》精神，确保党中央各项决策部署在集团内部得到坚决贯彻落实。要紧紧围绕集团中心任务和重点工作，始终在大局下行动、处处为大局服务。要摸清实情、聚焦问题，敢于较真碰硬、加强督促整改。要实事求是、喜忧兼报，客观公正地评价工作、认识问题。要完善监督职能部门管理，注重统筹联动形成监督合力，监督考核问责及时跟进。

四、以一流党建引领中车实现高质量发展

提高党的建设质量，打造党建“金名片”，是当前和今后一个时期中车党建工作的重要目标。关于2019年党的建设总体思路和重点工作，我将在明天党委扩大会上进行部署。这里，我重点围绕如何抓好工作讲五方面内容：

（一）关于政治巡视，必须着眼“高站位”保成效。做好巡视“后半篇文章”，既是政治任务，更是发展需要。必须提高政治站位，坚持把建强党建、推动发展作为出发点和落脚点，切实做到**“真改、实改、彻底改”。**

1．强化政治担当促“真改”。是不是把巡视整改作为政治任务来完成，关键看是不是真抓真改。国资委党委巡视中车以来，各部门、各企业变压力为动力，建立问题清单、责任清单和任务清单，明确责任领导、责任单位和完成时限，做到任务到人、责任到岗、要求到位。总体来看，坚持问题导向，把握节点、对账跟进，做了大量工作，取得了阶段性成果。但是，整改进展不是十分理想，还有相当数量的问题没有销号。要进一步提高政治站位和政治觉悟，主动与总书记重要指示“对表”、与巡视反馈问题“对标”，做到认识再深化、标准再提高、措施再完善、责任再强化，以坚定的决心和态度，以自我革命的勇气和担当，以更高的标准和要求，落实好巡视整改任务。

2．强化责任落实重“实改”。整改的过程就是担当的过程。巡视整改能不能取得成效，关键看整改责任是不是有效落实。去年，我们结合实际，建立了“党委书记抓总、分管领导（按照业务分工）抓面、责任部门（按照职能职责）抓线、责任企业（对照问题清单）抓点、包保领导抓督、外派董事抓促”的巡视整改统筹推进机制，形成了环环相扣、上下一体、合力攻坚的巡视整改工作格局。各部门、各企业要强化责任担当抓整改，突出目标导向、紧盯整改台账、坚持系统归口、落实工作举措，逐条对账、逐个销号，确保整改不留盲区、不留死角、不留尾巴。对立行立改事项，确保如期见底清零；对需

要长期治理和逐步解决的问题，进一步明确路线图、时间表和阶段性工作目标；对共性的、易反复的问题，注重根本性、基础性、制度性建设，推动整改工作常态化、长效化。

3．强化督查问责“彻底改”。督查问责的过程就是推进落实的过程。去年，以党委巡视组为主体，对各企业巡视整改落实情况进行了督查，效果非常好。今年要进一步加大监督检查力度，建立可跟踪、可评价、可问责的督查机制，强化跨级查验、现场核实，通过督任务、督进度、督成效，查认识、查责任、查作风，确保整改方向不偏离、整改任务不落空。要充分发挥纪委的专责监督职能，对各项整改任务紧盯不放，坚决整治高举轻放、敷衍了事、前紧后松、弄虚作假等问题，对落实整改责任不到位、敷衍整改、虚假整改的严肃问责。同时，要注重长效，完善制度，健全机制，不断巩固整改成果，坚决防止边改边犯、改了又犯。

（二）关于党建“金名片”，必须着眼“促跃升”树典范。打造党建“金名片”，是落实新时代党的建设总要求、全面提高党建质量的重要举措。要瞄准打造党建“金名片”目标，将工作重心由“顶层谋划”转移到“落地见效”上来，**“提高认识、输出品牌、激发活力”，**推动党建工作全面跃升。

1．思想认识再提高。去年，在修订“十三五”发展战略时，我们把党建“金名片”正式确定为“双打造一培育”战略目标的重要组成部分。这将成为今后一段时期中车党建工作的鲜明主线。从去年底的党建责任制考核情况看，党建“金名片”部署要求没有传导下去，有相当一部分企业党委没有制定具体举措，个别党支部甚至不知道这项工程。必须提高思想认识，从战略高度深刻认识和把握“金名片”建设的决策部署，把“能不能输出党建品牌、输出多少党建品牌”作为检验党建工作成效的重要标尺，切实把党建“金名片”贯穿到推动高质量发展全过程。

2．输出品牌创特色。“金名片”不是普通的名片，是对外展示中车党建工作的重要载体。只有源源不断地“输出品牌”，我们的名片夹、名片盒、名片屋才能越装越满。“金名片”建设《实施方案》已经明确提出，党支部数量不足10个的企业，每年至少要输出1项党建品牌案例；超过10个、不足20个的企业，每年至少要输出2项党建品牌案例；超过20个的企业，每年至少要输出3项党建品牌案例。这是一项重要的检验指标，各企业必须高度重视，把“输出品牌”作为一项重中之重的任务来完成，切实做到出成果、出经验，有效协同、拓展辐射，让党建品牌创建工作内部得到认可、外部受到赞誉。

3．激发活力促跃升。打造党建“金名片”，实现党建工作全面跃升，需要党政工团各级组织共同发力。重点要抓住“两个关键”，一个是企业党委，一个是基层党支部。各企业党委是“金名片”建设的具体组织者，要根据“金名片”建设《指导意见》和《实施方案》，制定符合企业自身实际的党建品牌创建措施，有针对性地指导基层党支部总结典型经验、形成党建品牌。基层党支部是“金名片”建设的具体实施者，是党建品牌输出的重要源泉，要着力构建“一企业一特色、一支部一品牌”的创建机制，形成“比学赶帮超”的良好局面，激发基层品牌创建活力，推动“金名片”建设工程全面提速。

（三）关于党建责任，必须着眼“强党建”重担责。抓党建强党建，责任制是“牛鼻子”，考核评价是“指挥棒”。各级党委必须牢固树立“抓党建必须抓责任制，抓责任制必须抓责任人”理念，**“明责、履责、考责”，**以责任传导压力、激发动力。

1．明责知责。习近平总书记对全面从严治党发出“三问”：党委是不是真管党建？党委书记是不是真抓党建？党委班子成员是不是履行党建责任？总书记提出的“三问”，直指要害，催人警醒，发人深思。从去年巡视情况看，我们在这三个方面都存在差距。为此，集团公司党委在严格落实党建工作责任制的基础上，又专门制定印发了中国中车《党委主体责任清单》和《班子成员“一岗双责”责任清单》，各级党组织和党员领导干部必须增强管党治党意识，落实管党治党责任，始终把抓好党建作为最大政绩，把党的建设作为主责主业。

2．履责尽责。今天，在座的是子企业或总部部门的主要负责同志，也是党建工作的主要责任人，要切实增强履责尽责的思想自觉和行动自觉。特别是企业主要负责同志，更要增强主责意识。党的十八大以来，中央作出“中央企业党委书记、董事长‘一肩挑’，党员总经理兼任党委副书记，专设党委副书记主抓党建”这一重要制度性安排。要深刻认识到中央这一重大决策的现实意义，深刻认识到党建工作是全党的大事、是政治上的大事，始终把党建工作紧紧抓在手上、牢牢扛在肩上，找准切入点、把握关键点，在抓深入、抓具体、抓到位上下功夫，定期研究部署，解决突出问题，狠抓工作落实，推动基层党组织全面过硬、全面进步，为企业高质量发展提供坚强的组织保证。

3．考责问责。党建考核是落实党建责任制的关键一环，没有考核，责任就难以落实到位，就难以真正推动党建工作从“软指标”变成“硬约束”。开展党建工作责任制考核评价，是推动企业全面落实管党治党主体责任、治企兴企经营责任的重大举措。集团公司党委积极探索有效实现形式，不断健全党建工作责任制考核评价体系，把党的建设考核同企业领导班子综合考评、经营业绩考核衔接起来，同企业领导人员任免、薪酬、奖惩挂起钩来。去年12月份组织了中车成立以来的首次党建工作责任制现场考评，帮助企业找出了党建短板，明确了改进方向和重点，企业有压力也有动力。要进一步总结经验、查找不足，健全完善考核评价制度机制，通过开展党建工作责任制考评，倒逼责任落实。2019年要把“三基建设”作为重点考核内容，强化大抓基层鲜明导向，推动基层党建从“要我做”向“我要做”转变。要加大问责追责力度，对思想上不重视、工作上不研究，甚至空喊口号、摆花架子的，严肃整治、严肃问责。

（四）关于党务干部，必须着眼“创实绩”强建设。党务干部是党建工作的规划者、组织者和实施者，大力加强党务干部队伍建设，是提高党的建设质量，实现党建工作全面跃升的关键。必须深刻认识党务干部队伍建设的重要性和紧迫性，在**“建机制、重培养、提素质”**上下功夫。

1．建机制强队伍。党建工作力量不足，党务人才后继乏人，党务干部成长渠道不畅，是企业党建工作面临的共性问题，也是制约企业党建质量提升的重要因素。为此，集团公司党委专门研究出台了《关于进一步加强党务干部队伍建设的指导意见》，从顶层设计、平台搭建、政策保障等方面作出系统安排。各企业要把贯彻落实好《指导意见》与贯彻落实集团公司党委2016年印发的79号文件结合起来，本着“有利于党建工作全面加强、全面过硬”的原则，以“建强党务队伍、驱动价值创造、激发担当活力”为导向，进一步健全党务工作机构、充实党建工作力量，加快形成有利于党务干部成长成才的良好环境和政策机制，确保党务干部队伍数量充足、素质优良、结构合理。

2．重培养增本领。习近平总书记指出，要把党务工作岗位作为培养复合型人才的重要平台，把基层书记岗位作为培养企业领导人员的重要台阶。这是新时代国有企业高素质专业化领导人员队伍建设的重要内容。各企业党委要把培养和造就高素质专业化党务干部力量纳入干部队伍建设整体规划，把党务经历、党建岗位作为干部成长重要台阶，坚持**“两个优先”**选拔使用党务干部，即在选优配强基层党组织书记时，优先选拔年富力强、综合素质能力突出、基层工作经验丰富、具备培养潜力的“好苗子”；在选拔任用企业领导人员时，优先提拔使用有基层党组织书记工作经历，且素质过硬、能力出众、业绩突出、有多岗位锻炼的懂党务熟业务复合型人才。要建立健全纵横交叉的职业发展体系，全面拉通党务管理、经营管理、专业技术各类人才的职业发展通道，着力解决好党务干部“进不来、出不去、长不大”的问题，真正把党务工作岗位打造成为提高素质、丰富阅历、施展才华、培养人才的重要岗位。

3．提素质鼓干劲。有为才有位，有位须有为。党务干部要主动适应新时代党的建设总要求，把握好“有为”与“有位”的辩证关系，做到想为、敢为、善为。要自觉加强学习，做到**“三懂三会三过硬”**（懂党务、懂业务、懂管理，会解读政策、会疏导思想、会解决问题，政治过硬、作风过硬、廉洁过硬）。要把握党建内在规律，努力提高党建工作价值创造能力，始终保持党建工作的生命力。要建立健全综合考核评价体系，创新考核评价机制，细化党务岗位工作职责和工作标准，推动包括党务干部在内的全员绩效管理。要严格落实“同职级、同待遇”要求，建立健全党务干部激励保障机制，既严格要求、又关心爱护，既交任务压担子、又教方法搭平台，让党务干部有荣誉有地位、有劲头有奔头。

（五）关于作风建设，必须着眼“重担当”作表率。加强作风建设，领导干部是重点。必须抓住领导干部这个“关键少数”，突出**“担当、务实、作表率”**，转作风、树新风，推动形成肯干事、能干事、干成事的良好风气。

1．担当负责。有多大担当才能干多大事业，尽多大责任才能有多大成就。敢不敢担当、敢不敢负责，检验着领导干部的政治品格、党性修养和精神境界。现阶段，企业改革发展任务十分艰巨，迫切需要各级领导干部勇于担当、敢于负责，主动接受挑战、大胆开拓创新。**勇于担当**，就是要有着眼大局的视野和担当重任的能力，能够创造性地解决深层次矛盾和问题。**敢于负责**，就是面对重大原则问题立场坚定、旗帜鲜明，做到日常工作能尽责、难题面前敢负责、出现过失敢担责。

2．真抓实干。抓工作干事业，在任何时候都离不开求真务实、真抓实干的作风。当前，企业党的建设要求高、任务重，企业经营发展形势复杂、竞争激烈，要求领导干部既能当“指挥员”，又善做“战斗员”，既要深入一线、了解实情，又要走在前列、干在实处。各级领导干部要志存高远、脚踏实地，始终保持战略定力，认定了的事就毫不迟疑、放开手脚、一张蓝图干到底，向着既定目标加速迈进；要事不避难、义不逃责，化压力为动力、变挑战为机遇，真正把难办的事情办好、把难做的工作做到位；要敬终如始、善做善成，珍惜组织赋予的岗位，集中精力谋发展、心无旁骛干事业，用实干赢得尊重、树立威信。

3．率先垂范。领导干部率先垂范，体现的是一种态度，树立的是一面旗帜，引领的是一种风尚。领导干部以身作则、率先垂范，员工群众就会跟着学、照着做。目前，集团上下的官僚主义和形式主义还大有市场，作风建设同发展要求差距明显。各级领导干部要强化纪律观念和规矩意识，带头严格执行纪律、遵守规矩，时刻提醒自己、管好自己，做到言行一致、表里如一。要事事率先垂范、时时以身作则、处处严于律己，一级做给一级看、一级带着一级干，传递正能量、树立好形象，形成上行下效、整体联动的总体效应，带动整个队伍的作风转变。

“潮平两岸阔，风正一帆悬。”让我们更加紧密地团结在以习近平同志为核心的党中央周围，以习近平新时代中国特色社会主义思想为指导，牢记使命、开拓进取、埋头苦干，积极融入新时代改革开放进程，坚决落实高质量发展要求，奋发有为向“双打造一培育”目标砥砺前行，共同开创中车党建改革发展新局面，共同为全面建成小康社会作出新的更大贡献，共同为新中国成立70周年献上满意的答卷。

不愧时代　不负嘱托　不辱使命
为全面实现“双打造一培育”目标努力奋斗

——中车集团党委副书记、董事、总经理，中车股份党委副书记、执行董事、总裁孙永才在中国中车2019年工作会议上的经营工作报告（摘要）

（2019年1月17日）

同志们：

今天，我们召开中国中车2019年工作会议，主要任务是：以习近平新时代中国特色社会主义思想为指导，深入学习党的十九大和十九届二中、三中全会精神，全面贯彻习近平总书记三次视察中车的重要指示精神，全面落实中央经济工作会议和中央企业负责人会议部署，系统总结2018年工作，全面部署2019年任务，动员全体员工众志成城，不愧时代，不负嘱托，不辱使命，为全面实现“双打造一培育”目标努力奋斗，以优异成绩迎接中华人民共和国成立70周年。

今天下午，化龙同志将就落实高质量发展要求，推进“双打造一培育”目标，全面完成2019年改革发展和党建工作任务作重要讲话。我们要认真学习领会，抓好贯彻落实。下面，我代表经营班子作工作报告。

一、极不平凡的2018年

2018年，是全面贯彻党的十九大精神的开局之年，是中车贯彻落实习近平总书记视察中车重要指示精神和政治巡视整改要求的重要一年，也是中车有效应对内外部环境深刻变化，迎难而上、厚积薄发的关键一年。一年来，在党中央、国务院和国务院国资委的坚强领导下，在董事会的科学决策下，在全体员工的共同拼搏下，我们坚持新发展理念，围绕“13156”经营工作思路，强力落实巡视整改，着力构建“五大业务”，全力推进“十大任务”，在新时代奋进中书写了精彩答卷。

（一）坚持践行习近平总书记重要指示精神不放松，高质量发展开启新征程。2018年9月26日，习近平总书记视察齐车集团时指出，**装备制造业是国之重器，是实体经济的重要组成部分。国家要提高竞争力，要靠实体经济。齐车要乘势而为、乘势而上，加强自主创新，练好内功，不断推出新技术、新产品、新服务，永远掌握主动权，不断做强做优做大。**这是新中车成立以来，习近平总书记第三次视察中车，充分体现了党和国家对中车发展的关怀和厚望，让我们倍感振奋、倍受鼓舞、倍增信心。我们认真贯彻落实习近平总书记的重要指示精神，主动服务国家战略，提出交通强国、装备支撑，全面深化改革，推动创新发展，打造国之重器，塑造“国家名片”，开启了中车高质量发展的新征程。

（二）坚持落实国资委政治巡视要求不放松，改革发展和生产经营呈现新面貌。根据国资委党委巡视工作部署，国资委党委第三巡视组去年4月4日至6月10日对中车进行政治巡视。通过政治巡视，我们提高了政治站位、政治觉悟和政治担当，增强了“四个意识”，坚定了“四个自信”，更加坚决做到“两个维护”，为实现“双打造一培育”目标，提供了坚强的政治保证。集团上下敢于触碰痛点，敢于揭短亮剑，深入查摆梳理问题。针对改革发展和生产经营的重点、难点、痛点、关注点和风险点，总部、各子企业全力做好巡视整改“后半篇文章”，压实整改责任，明确整改方向，形成整改决议。各级领导严格落实包保责任，指导包保企业切实解决问题。

（三）坚持把握提质增效目标不放松，经营品质实现新提升。面对复杂多变的内外部形势，集团总部和子企业勠力同心，全体员工共同发力，抢抓机遇，直面困难，以全面预算管理为主线，建立六大类提品质指标，统筹推进“1+13”提质增效活动，经营业绩保持稳中有进、稳中向好态势。实体经济主体作用明显，经营利润实现持续回升。在完成2018年经营任务过程中，所属各企业、总部各部室、各事业部面对经营压力，主动担当，同舟共济，为“国家名片”增光添彩。根据各企业2018年经营指标完成情况，按照《中国中车所属企业负责人表彰奖励暂行办法》，授予14个单位“突出贡献奖”；授予2个单位“特别贡献奖”；授予7个单位“突出进步奖”。为了强化各企业树立“同一个中车”的意识，更加激发各企业深化改革、协同创新的热情，特设了“改革重组攻坚奖”和“协同创新专项奖”，在这次会议上一并表彰。其他企业也付出了卓有成效的努力，取得了很好的成绩。

（四）坚持实施创新驱动发展不放松，科技创新增添新光彩。复兴号驰骋新时代。时速350公里长编复兴号动车组，时速250公里、时速160公里、17辆编组超长版复兴号动车组相继投入运行，复兴号动车组形成谱系化，不断刷新中国速度。荣登国内工业领域最高奖项——中国工业大奖榜首。**习近平总书记两次点赞：“复兴号奔驰在祖国广袤的大地上”“复兴号高速列车迈出从追赶到领跑的关键一步”。**创新体系持续完善。“开放、协同、一体化、全球布局”的科技创新体系、科技管理体系进一步完善。国家高速列车技术创新中心完成全球概念方案初审，蒂森克虏伯磁技术研究室正式入驻，轨道交通国家工程实验室等三个项目开工建设。国家高速列车产业计量测试中心正式获得批准筹建。土耳其、南非两个海外技术研发中心实现挂牌，海外研发中心数量达到15个。**科技能力不断提升。**获得国家技术发明奖二等奖1项、国家科技进步奖二等奖2项，获得中国铁道学会科学技术奖特等奖2项、一等奖3项、二等奖11项。在第20届中国专利奖评选中，获得1项金奖、4项银奖、10项优秀奖，获奖数量创历史之最，累计获奖量全国排名第二。工业化平台动车组荣获中国优秀工业设计金奖。承担的7个“先进轨道交通”重点专项任务共计11个定向项目取得阶段性成果。“高速列车转向架用轴承核心关键技术”“高速列车用IGBT芯片核心关键技术”两个重大攻关项目开始实施。2018年申请专利3 006项，其中发明专利2 103项，科技投入占比5.3%。**重大产品研发成果丰硕。**京张智能动车组样车完成。全球首辆全碳纤维复合材料地铁车体研制成功，引领未来地铁发展潮流。时速160公里快速磁浮列车、国内最大马力的深海机器人等新产品先后下线，中车自主创新能力持续提升。

（五）坚持拓展产业空间不放松，相关多元产业取得新突破。按照核心、支柱、支撑、平台、培育五大业务方向，全力以赴开拓市场。积极参与“一带一路”建设，海外市场持续发力。成功开辟哥斯达黎加市场。签约新加坡地铁翻新项目。首批波士顿橙色地铁下线，标志着中国高端装备在发达国家实现由产品合作转向“产品＋技术＋服务＋资本＋管理”的全方位合作。**核心业务稳步增长。**国铁市场向“制造＋服务”迈出坚实步伐，武汉、北京、沈阳等配件中心投入运行，战略性采购、高级修合作等项目加快推进。承建的第一个地铁系统重庆轨道交通四号线一期工程具备开通试运营条件。**支柱业务成绩喜人。**首台国产净化槽成功下线。实施新能源汽车并购整合，新能源商用车业务规模与效益持续增长，位居行业第五。**支撑业务亮点纷呈。**乘用车电驱系统订单批量增长，成功进入一汽、东风等大客户供应商名录。汽车IGBT批量应用。特种变压器市场首次进入船舶工业领域。全球首条智轨快运系统示范线在株洲开通运行。**平台业务作用彰显。**产融平台持续发力，撬动社会资本比例接近1:2.5，以基金撬动社会资本的杠杆率具有明显优势，有力支持了主业发展。不动产经营平台建设全面加快，低效无效资产处置积极推进，退城入园土地盘活取得良好收益。**培育业务发展迅速。**数字化产业开始布局。数字化公司筹建取得实质性进展。智慧物流产业在中车产业链中得到广泛推广应用。获得工信部批复立项7个智能制造项目，两化融合发展指数达到79.5。中车数字化迈出坚实步伐。

（六）坚持全面深化改革不放松，改革发展增添新动力。国企改革“双百行动”快速推进。齐车集团、长客股份、株洲电机、株洲所成功入选国企改革“双百行动”企业名单，入选数量排名央企第一，综合改革方案全面启动。**混合所有制改革稳步实施。**产投公司混改取得积极进展。新增完成11户各级次混合所有制企业。**“压减”“处僵治困”专项工作成果丰硕。**提前一年完成国资委“压减”任务，亏损企业户数和亏损金额大幅下降。**内部业务重组整合取得阶段性成果。**齐车集团、长江集团正式组建并开始运作，为后续改革推进提供了参考样板。牵引系统和新材料整合工作正式启动。南口公司与福伊特两个合资公司注册运营，为特困企业治理探索出新模式。金融、类金融企业重组有序推进。改革重组的内生动力不断得到释放。

（七）坚持提升管理效能不放松，经营管理开创新局面。主动践行国家战略。优化完成“十三五”发展战略规划。深化全面战略性合作，新中车成立以来累计签订战略合作协议超过100份，为中车的产业发展和资源协同拓展了空间。两个二七公司业务转移和资产处置基本完成，“非首都功能疏解”实现阶段目标。主动融入雄安新区规划建设。**坚决打好三大攻坚战。**综合施策，建立健全风险管控机制，加大各类风险化解力度，努力防范融资性贸易风险，企业风险总体可控。实施精准扶贫。大力实施污染专项整治工作，助力打好蓝天、碧水、净土三大保卫战。**持续提升管理水平。**精益生产、精益管理扎实推进。可复制、可移植、可评价的中车“Q”质量管理标准编制发布并全面贯彻，产品质量保持稳定，动车组等产品的故障率显著下降，为铁路安全有序运营作出积极贡献。总部实行全员竞聘上岗，职能进一步优化。深化劳动、人事、分配三项制度改革，人力资源活力进一步释放。加强安全管理，认真落实安全生产责任制。坚持依法治企，法律制度体系进一步健全完善。企业管理水平稳步提升。

（八）坚持落实管党治党责任不放松，党建工作提质换挡取得新成效。坚持以习近平新时代中国特色社会主义思想为指导，强化管党治党责任落实，实现从集团党委到基层党支部、从各级领导干部到广大党员群众的全覆盖；以政治建设为统领，以提质换挡为主线，党建“金名片”建设全面启动；以党建工作责任制为牵引，以健全考核评价机制为手段，管党治党两个责任有效落实；以提升组织力为重点，以创先争优活动为载体，推动“一岗双责”严格落实，党建工作与生产经营深度融合；以构筑廉洁风险防控体系为着力点，强化监督执纪问责，推进干部警示教育经常化，党风廉政建设和反腐败斗争持续深化。

2018年是中车发展史上极不平凡的一年。集团上下志存高远，团结一心，全力攻坚，经营态势企稳回升，综合实力、创新能力、市场竞争力、中车影响力显著增强，高质量发展全面起势，高铁示范效应、中车品牌效应、“国家名片”效应举世瞩目，复兴号成为中国速度、中国制造、中国质量、中国品牌、中国形象的典型代表。

取得这样的历史性成就，得益于改革开放40年的伟大成就，得益于国家的发展，得益于铁路行业发展，得益于几代中车人的接力奋斗。**40年来，**中车始终以装备强国、产业报国为己任，披荆斩棘，砥砺奋进，在改革开放的历史画卷中写下了浓墨重彩的一笔，轨道交通装备发展成为我国改革开放伟大成就的一个缩影。**40年来，**中车始终牢牢把握国有企业改革正确方向，勇当改革排头兵，从计划经济体制到市场风雨洗礼，从南北车分立到中国中车组建，不断为国有企业改革探索新模式、新路径。**40年来，**中车始终传承轨道交通装备的百年积淀，艰苦奋斗，锐意进取，实现了由小到大、由弱到强的重大转变。固定资产总额增长32倍，工业总产值增长84倍，利税总额增长超过30倍。发展成为全球规模领先、品种齐全、技术一流的轨道交通装备供应商，跻身《财富》世界500强和中国100强。**40年来，**中车始终坚持创新引领，从“绿皮车”到“复兴号”，从“引进来”到“走出去”，从追赶到领跑，从中国制造到中国创造，构建了具有世界先进水平的轨道交通装备技术体系、制造体系和标准体系，实现了从“赶上时代”到“引领时代”的伟大跨越，谱写了中国轨道交通装备行业创新发展的辉煌篇章。**40年来，**中车始终融入全球发展，实施“走出去”战略，出口产品实现了由价值链低端向价值链高端的转变，出口市场实现了由亚非拉传统市场向欧美澳高端市场的转变，出口模式实现了由单一产品出口向“产品+技术+服务+资本+管理”全要素输出转变，服务全球105个国家和地区。**40年来，**中车始终注重传承厚重的红色基因，党建实现从建强提升到提质换挡，为企业改革发展提供了坚强的政治保证、思想保证和组织保证。

这些成绩的取得，离不开习近平总书记的亲切关怀和厚望，离不开党中央、国务院和国务院国资委的坚强领导，离不开国家铁路局、铁路总公司等部委的大力支持，离不开一代又一代中车人的拼搏奉献！在此，我代表集团公司领导班子，向在座各位领导，并通过你们向全体员工表示衷心的感谢和诚挚的慰问！

回顾轨道交通装备40年的发展历程，我们有以下几点认识和体会：**一是必须坚持**以习近平新时代中国特色社会主义思想为指导，坚决贯彻习近平总书记视察中车的重要指示精神，坚决践行新发展理念，确保轨道交通事业始终沿着正确方向前进。**二是必须坚持**服从服务国家工作大局，主动担当国家战略，不忘初心，牢记使命，发挥轨道交通领域的中坚和骨干作用。**三是必须坚持**不断深化改革创新，落实供给侧结构性改革部署，为企业高质量发展提供生机和活力。**四是必须坚持**创新驱动发展，深化自主创新，强化技术引领，把大国重器掌握在自己手里。**五是必须坚持**市场导向和目标导向，树立“同一个中车”的发展理念，构建企业命运共同体，激发企业经营活力，培育企业发展动能，努力建设世界一流企业。**六是必须坚持**党的领导，推动全面从严治党向纵深发展，为企业改革发展提供坚强的政治保证。

二、前进中的困难和问题

结合前期的国家审计署审计、国资委政治巡视和我们自身发展现状，对照高质量发展要求，对照“双打造一培育”目标，中车仍存在一些问题，集中表现在**“五个方面”**。

（一）战略管控不足，顶层设计不够。战略属性不够明确，战略管控体系不健全，战略的系统分析、形势研判、动态调整和纠偏能力不足；战略联动体系尚未建立，集团、各企业、各业务板块间战略规划相互独立，缺乏联动。战略执行不到位，有的子企业不经批准，擅自与用户签订有投资意向的战略协议，部分子企业还存在“你做我也做”、依靠投资换市场、跑马圈地等现象，造成重复投资和产能过剩。五大业务布局缺乏统筹资源配置，实施路径缺乏系统规划；一体化的资源配置、技术创新、市场开拓、资源共享、信息管理等体系尚未建立，资源拉动效应不大；城市业务、国际化、工业数字化等还没有形成互为支撑。全系统、全覆盖、全过程的监督机制还未建立，差异化、分类考核体系还未形成，激励创新与约束机制不足，企业的积极性、主动性、协同性还没有充分发挥。

（二）改革力度不足，创新引领不够。改革已然成为共识，但缺乏改革的勇气，缺乏对改革的系统思考和统筹谋划，“1+19”文件体系推进力度不足；部分子企业改革创新精神不足，全局意识不够，思想跟不上发展要求和形势变化，对于一些难啃的硬骨头，缺乏壮士断腕的决心，货车业务整合艰难破冰，其他业务整合推进缓慢。一体化的协同创新体系尚待完善，创新资源分散，共建共享意识不强，重复研发仍然存在。中车整体竞争能力、技术话语权、标准主导力亟待提升，城轨产品、出口产品技术标准体系和产品的平台体系没有全面搭建，产品的平台化、标准化、模块化、谱系化程度不高，在统一制式、规范、接口方面仍有差距。前瞻性、基础性、关键共性技术研究不足，基础性理论研究缺乏。关键核心技术仍有短板，部分关键核心部件仍需外购，还存在受制于人的问题。

（三）协同共享不足，发展能力不够。共建共享机制仍未建立，资源共享存在壁垒，重复投入的问题仍没有根本解决；“营销全中车、全中车营销”没有成为共同行动，企业间各自为战现象仍然存在，资源、资产和资本缺乏协同，没有真正实现优势互补。企业两极分化趋势加剧，“二八”现象持续凸显；内涵式发展意识不强，内部配套率、集采率增长缓慢。低效无效资产比重过高，制约中车高质量发展。盈利模式仍然单一，“一业独大”与“小而散”格局没有改变，产业结构性矛盾依旧突出，转型升级面临严峻挑战。

（四）风险管控不足，防范能力不够。融资性贸易屡禁不止，遗留问题正在由“或有损失”变为“事实损失”。类金融业务风险集中显现，计提减值风险增大，对中车经营发展造成巨大的冲击。有的子企业经营风险意识淡薄，合同的技术、商务条款严重缺失专业评价和法律审核。PPP项目管理能力不足，隐性风险重视不够。海外风险整体管控能力不强，境外业务、产品质量、合规与法律等风险时有产生。有的子企业落实打好“三大攻坚战”措施不力，质量、安全、环保问题频发，多家企业因为环保问题受到处罚，安全环保形势异常严峻。

（五）跨国经营能力不足，国际化水平不够。对标世界一流企业和当前的国际竞争形势，中车国际化水平偏低。国际化进程缓慢，“产品 + 技术 + 服务 + 资本 + 管理”的要素支撑不平衡，全产业链输出缺乏优势，国际并购、资本运作、新兴产业、工程总包等突破艰难，为全球高端市场提供系统解决方案的能力仍有短板。“走出去”板块间缺乏协同，子企业间联动不够，“群雁效应”仍未形成，“走出去”影响力、引领力和带动力不够，国际化经营步伐亟待加快。

我们要清醒认识到，这些问题都是中车前进中的问题，既有短期的也有长期的，既有周期性的也有结构性的，既有特殊性的也有普遍性的，既是我们必须面对的，也是我们实现“双打造一培育”目标必须要攻克的。解决这些问题，要求我们继续坚持做到“十五个必须”，全力推动中车实现高质量发展。

三、当前面临的经营形势

谋势者智，乘势者昌。当今世界面临百年未有之大变局，机遇与危机交织，顺势与逆势叠加。这就需要我们认清所处环境，总结客观规律，研判发展趋势，主动应对变化，采取积极措施。努力实现高质量发展，全力向“双打造一培育”目标迈进。

（一）“国家期望”与“各方期待”交织叠加，需要我们统筹全局，坚定不移打造“国家名片”。中车成立以来一直备受瞩目，我们的行业地位与社会影响力日益彰显。尤其是我们的复兴号频频成为热点新闻，在世界的聚光灯下，光环萦绕。中车科技创新成就获得国家高度认可，成为展示中国创新实力的新担当，这在行业发展中前所未有。习近平总书记三次视察中车并作出重要指示，这在中央企业中前所未有。今年，中车入选国资委十家世界一流示范企业，成为高端装备制造业的唯一一家，这在中车发展史上也前所未有。在资本市场，广大投资者对我们寄予厚望。在全球轨道交通市场、在高端装备制造行业我们也备受关注。同时，今年是全面建成小康社会的关键一年，实现员工收入稳步提升，让员工获得实实在在的幸福感、获得感、安全感，是中车18万员工的共同期待。关注和期待是我们莫大的荣誉，也是我们的责任和压力，更是指引我们汲取历史智慧、积蓄前行力量，谱写中国轨道交通装备行业鸿篇巨制的强大动力。

中车要实现“双打造一培育”目标，必须时时刻刻牢记习近平总书记嘱托：**继续做强做优做大，继续练好内功，继续改革创新，继续自主创新，这样才能永立不败之地、永远掌握主动权。**我们要主动践行交通强国、科技强国、制造强国等国家战略，担当起行业发展的责任，担当起振兴民族工业的责任，担当起高端装备“走出去”的责任，加快培育具有全球竞争力的世界一流企业，坚定不移打造“国家名片”，不辜负党中央、国务院和社会各界的重托与期望。

（二）“贸易保护”与“开放合作”交织叠加，需要我们突破迷局，坚定不移实施“走出去”。当前，世界政治经济格局错综复杂，全球秩序正在经历新一轮的大发展大变革大调整，国际形势充满了很多未知性和不确定性。以中美贸易摩擦为代表的全球博弈将对中车的国际化经营带来巨大影响。**同时也要看到，**以习近平外交思想为指导的中国特色大国外交正在不断前行，全球化进程持续加快，“一带一路”倡议已经成为世界最受欢迎的合作平台，推动全球互联互通、建立人类命运共同体正在成为大趋势，为国际产能合作、中国高端装备“走出去”提供了广袤的市场空间。

中车要实现“双打造一培育”目标，必须顺应国际发展趋势，抢抓机遇，协同作战，突破迷局，坚定不移“走出去”，加速推进中车国际化进程。

（三）“稳中有变”与“稳中向好”交织叠加，需要我们把握大局，坚定不移抢抓机遇。今年是新中国成立70周年，也是全面建成小康社会的关键之年，认识和把握好我国发展形势是中车发展的大逻辑。我国经济运行稳中有变、稳中有忧，内外部环境严峻复杂，产能过剩和需求结构升级矛盾依旧明显，去产能促转型充满阵痛，经济稳定运行压力依旧很大。**同时也要看到，**中央经济工作会议提出，我国发展仍将处于并将长期处于重要的战略机遇期，经济长期向好的态势不会改变。未来一段时间，我国仍将围绕**“五个坚持”**，进一步做好**“六稳”**工作，聚焦**“八字方针”**，促进**“三大政策”**，全力抓好**“七大重点任务”**，把推动制造业高质量发展放在第一位。一系列强有力的国家政策将释放更多的红利，给中车改革发展、技术创新，壮大既有业务，拓展新兴业务、服务业务带来更大机遇和空间。

中车要实现“双打造一培育”目标，必须抓住国家支持制造业高质量发展的机遇，分析发展形势，统筹业务规划，提升发展动能，坚定不移抢抓机遇，持续做强做优做大。

（四）“行业变革”与“深化改革”交织叠加，需要我们应对变局，坚定不移苦练内功。随着我国改革开放进一步深入，中车正面临着行业变革与深化改革的双重机遇与挑战。全球轨道交通行业巨头重组整合，行业资源不断集聚，国际市场竞争日趋加剧；随着我国轨道交通装备市场、干线铁路建设、铁路运营权的全面放开，外资准入限制门槛进一步降低，对国内市场格局将产生重大影响；行业外企业纷纷进军轨道交通领域，跨界竞争日趋激烈；干线铁路、城市轨道等企业纷纷成立融资租赁公司、投资公司、互联网公司，给轨道交通装备传统采购方式带来革命性变化。铁路用户正由“产品”需求向“产品 + 服务”全生命周期需求转变，成本意识、安全保障意识持续增强，对我们加快建立产品全生命周期的质量、成本、服务体系，推进机构变革，转变经营模式等方面提出更大挑战。**同时也要看到，**铁路总公司加快推进股份制改造，给我们进一步深化战略合作提供更大空间。2019 年，全国铁路固定资产投资持续保持强度和规模，投产新线 6 800 公里，实施货运增量行动、客运提质计划、复兴号品牌战略三大举措，国内铁路装备市场将保持稳定。国资国企改革力度将进一步加大，国有资本投资公司、运营公司改革试点继续拓展，混合所有制改革和国企改革“双百”行动加快推进，一系列重大改革措施必将为中车发展注入新的活力，增添新的动能。

中车要实现“双打造一培育”目标，必须紧盯行业变化，研判面临形势，及时应对变局，坚定不移苦练内功，应势而动，顺势而为，乘势而上，聚焦交通强国、装备支撑，持续当好强国战略的践行者，央企改革的示范者，高端装备的引领者。

（五）“老矛盾”与“新问题”交织叠加，需要我们打破困局，坚定不移实施高质量发展。当前受多种因素影响，中车发展遇到了一定瓶颈，老矛盾亟待解决，新问题又不断显现。集中表现为，一业独大仍很明显，支柱业务、平台业务、培育业务没有形成支撑能力；非轨道交通业务和非制造类业务的管理机制、创新机制没有快速搭建；协同发展、平衡发展的紧迫意识不够；改革驱动创新、创新驱动发展的责任意识不强。这些问题和矛盾严重影响了中车的发展速度和发展质量。**同时也要看到，**中车经过百年传承和积淀，拥有了雄厚的党建基础、文化基础、技术基础、管理基础和人才基础，只要我们紧紧依靠广大员工，汇聚起 18 万全体中车人的强大合力，凝聚起中车发展的磅礴力量，再多的困难和问题都不会阻挡中车人勇于追梦、勤于圆梦的脚步。

中车要实现“双打造一培育”目标，必须直面问题，坚定信心，拿出中车人奋勇向前、赶超一流的志气，拿出中车人百折不挠、永不满足的勇气，拿出中车人不辱使命、产业报国的豪气，切实增强使命感、危机感、压力感、紧迫感、责任感，就一定会打破困局，就一定会实现高质量发展。

四、奋发有为的 2019 年

2019 年是伟大祖国建国 70 周年，是中车深入贯彻党的十九大精神、落实习近平总书记视察中车重要指示精神的关键一年，是全面落实国资委党委政治巡视整改要求的关键一年，也是顺利实现“十三五”战略、推进“双打造一培育”目标的关键一年。2019 年经营工作的总体思路是：**以习近平新时代**

中国特色社会主义思想为指导，深入贯彻党的十九大和十九届二中、三中全会精神，全面落实习近平总书记视察中车重要指示精神，以及中央经济工作会议和中央企业负责人会议精神，把握我国发展重要战略机遇期，以全面预算管理为主线，以“协同、补短、提质”为主题，建立五大机制，构建六个一体化体系，坚持新发展理念，突出“稳增长、强管控、增能力、防风险、激活力、优创新、提品质、塑品牌”八个重点，全面推动中车高质量发展，全力推进“双打造一培育”目标，以优异成绩向中华人民共和国成立70周年献礼。

2019年经营工作的总体目标是：**牢牢把握“稳中求进”的总基调，保持经营业绩稳中向好，经营指标全面优化，资产运营优质高效。**

根据经营工作总体思路和经营目标，2019年经营工作可以概括为：**“13568”**。

“1”是一条主线，以全面预算管理为主线。凡事预则立，不预则废。全面预算管理是实现战略目标的有效工具，具有组织性、目标性、指导性、监控性、考评性。我们必须要抓好全面预算管理这条主线不动摇。

“3”是三大主题，“协同、补短、提质”。协同：牢固树立“同一个中车”理念，要大力推进“协同”工程，全力开展各企业间的资本、市场、资源、创新、管理、服务等协同项目，有效搭建起共建共享共赢的平台，加快提升整体竞争实力。**补短：**“木桶效应”启示我们必须要有忧患意识。要瞄准核心技术问题，找差距，补短板，强弱项。要大力推进“补短”工程，全力开展技术、标准、市场、人才、能力、改革创新、新兴产业等补短项目，有效促进集团公司全面发展、全方位发展，加快提升核心竞争能力。**提质：**经营品质是企业综合管理能力的体现，是企业生存发展之基。要大力推进“提质”工程，全力开展资金、资本、资产、产品质量、数字化管理等提质项目，加快推动中车实现高质量发展。

“5”是建立五大机制。一是战略管控机制，强化战略导向，加强顶层设计，增强管控能力；**二是资源协同机制，**资源协同共享，发展互为支撑，能力扬长补短；**三是风险管控机制，**完善内控体系，强化风险管控，依法合规经营；**四是共建共享机制，**优化资源配置，强化共建共享，杜绝重复投入；**五是激励约束机制，**激发经营活力，增强全局意识，强化责任担当。

“6”是构建六大体系。一是一体化全面预算管理体系；二是一体化技术创新体系；三是一体化信息化管理体系；四是一体化全球人才培养体系；五是一体化国际管控体系；六是一体化监督考核体系。

“8”是突出抓好八项重点工作。突出抓好稳增长、强管控、增能力、防风险、激活力、优创新、提品质、塑品牌。

（一）突出抓好稳增长。

稳中求进，稳字当头。稳增长是国家今年经济工作的一项重点任务。落实稳增长要求，既是我们的经济责任，也是我们的政治责任和社会责任，更是我们实现高质量发展的必然选择。

保持经营效益增长。保持经营效益稳中有进，是我们的责任和担当。**各子企业**要勇于进取，自我加压，大力开拓市场，努力降本增效，消化各类减利因素。要树立“过紧日子”的思想，精打细算，算老账，算新账，算实账，全面降低各项费用支出，可控期间费用增长幅度要低于利润增幅。**重点盈利企业**要主动作为保增长，按照高标准向更高目标发起冲锋。**困难企业、亏损企业**要落实责任保效益，不等不靠，划定红线，守住底线，坚决止住“出血口”，确保完成T1指标。**其他企业**要全力以赴增贡献，向优秀看齐，实现更大突破，努力完成T3目标。在合力完成年度各项经营目标的过程中，要绷紧弦、起好步，确保实现一季度开门红。

激发企业内生动力。推进管理变革。按照“放管结合”原则，制定责任权力清单，探索对不同功能定位、不同类型企业实施差异化管理，增强发展动力。强化目标引领，全面实施分类考核，激发企业活力。**加快人才育成。**进一步搭建全球一体化的人才管理体系，持续推进“经营管理人才、专业技术人才、高技能人才、国际化人才”四支队伍建设。着力培养“千人计划”、“万人计划”、院士等高端人才。**完善分配机制。**建立与契约化管理相匹配的容错考核评价激励机制，驱动人才价值创造。全面推行“工资总额与企业效益”联动机制，确保员工收入与子企业经营效益相匹配，在实现业绩增长的前提下，确保员工收入适度增长。

拓宽产业发展空间。瞄准核心业务引领、支撑业务做强、支柱业务做优、平台业务做实、培育业务做准的发展方向，构建五大业务优化组合、协同发展新模式。着力打造绿色交通、安全交通、智能交通、便捷交通、旅游交通、价值交通六大交通体系，推进**核心业务**从提供单一装备向提供轨道交通系统解决方案转变。加大资源投入，以补短板项目、新能源汽车、环境治理、高分子复合材料等为重点，打造经济效益优、带动作用大、规模超百亿的**支柱业务**。以聚焦关键系统、重要零部件等机电产品为重点，打造核心技术强、技术水平高、应用范围广的**支撑业务**。以技术链和产业链上下游、智能化和数字化业务为重点，打造成长性好、引领性强的**培育业务**。以金融、物流、置业、数字化产业为重点，打造促实体、低风险、高收益的**平台业务**。

（二）突出抓好强管控。

战略导向，管控保障。我们必须强化集团管控，将经验性、发散性、单体性的管控手段，上升为跨企业、跨业务、跨资源、跨层级的系统管控模式，为培育世界一流企业提供有力支撑。

努力打造国有资本投资公司。集团要以资本为纽带，以产权为基础，瞄准国有资本投资公司目标，加快推进资源整合、资源配置，提升国有资本运营效率，优化国有资本布局，提升产业竞争力，实现国有资产保值增值的总体目标。要主动参与新一轮国资国企改革，在央企改革重组中赢得主动。积极参与铁路总公司股份制改造。

强化集团战略管控。坚持战略导向。按照“十三五”战略和“双打造一培育”目标，制定细化实现各业务板块战略目标的实施路线图。围绕战略路径，有效推进企业质量变革、效率变革、动力变革，提升自主创新能力，培育壮大新动能。**完善战略管控架构。**建立职能与业务相互协调的管理矩阵，形成科学高效、上下贯通的管控体系。建立中长期发展规划、三年滚动规划、年度全面预算相互衔接、环环相扣的战略联动机制。开展战略巡审、评估，及时纠偏战略行为，确保战略落实落地。**优化总部职能。**按照市场化、规范化、专业化的要求，以“小总部、大业务”为原则，构建职责清晰、精简高效、运行专业、放管结合的“专业、创新、高效、服务、廉洁”总部。

强化全面预算管理。对接战略规划。实现全面预算与管理理念相互融合，持续优化预算管理方法，将全面预算管理贯穿于经营管理的全过程。发挥投资预算对资源配置的引领作用，优化投资结构。**对接经营业务。**建立预算模型，提升预算管理科学化水平，推动预算重心向业务前端前移，有效发挥预算的价值引领和风险控制作用。**对接绩效管理。**强化预算管理的动态分析、监控、预测、预警，强化预算刚性约束，及时评估预算项目的推进情况，确保预算执行与经营战略、管理导向相匹配。

（三）突出抓好增能力。

协同发展，能力引领。能力决定发展质量，决定发展速度。我们必须下大力气全面提升企业能力，在装备制造业的舞台上展现中车靓丽风采。

增强顶层设计能力。坚持问题导向，创新管控模式，持续抓好“十五个必须”，构建一体化技术创新体系、一体化信息化管理体系、一体化全球人才培养体系、一体化监督考核体系、一体化国际管控体系。要持之以恒、有进有退、强化激励约束，不断探索新产业的创新机制，“两高两强”（盈利能力高，市场占有率高，市场品牌强，开发能力强）产业要加大支持力度，推动资源集中和重组并购整合，对“两低两弱”（盈利能力低，市场占有率低，市场品牌弱，开发能力弱）产业要择机选择整合、出售、退出，激发内生动力，形成发展合力。

增强资源配置能力。全力打造中车命运共同体，加快构建一体化资源配置体系，形成资源协同共享机制。以主机企业为核心、配套企业为骨干、产业基地为支撑，促进企业间资源共享、信息共享、人才共享、技术共享，坚决杜绝重复建设、重复投资、重复开发。优配新增资源，增强产业链、供应链、企业链的资源协同，实现中车资源利用最大化和价值创造最大化。加快“双创”园区建设，打造“双创”升级版，为创新提供新土壤。

增强协同发展能力。坚持中车利益最大化，推进业务、区域、产业链等各方良性互动，强弱项补短板，共同提升能力，实现共赢发展。**搭建产业协同平台，**依托平台型公司建设不断提升筹融资、新产业培育、不动产经营和不良资产盘活处置的专业化、规范化、协同化运作能力，构建多层次、多维度、内外互动的产业协同发展机制。**搭建造修互动平台。**适应修程修制改革，坚持以造带修，以修促造，主机企业要发挥示范带动作用，修理企业要主动寻求资源，要加快实施动车组、大功率机车大部件属地化修。**深化内涵式发展，**加强主机企业与配套企业的协同、优势企业与困难企业的协同；要加大智慧物流推广应用；两个货车集团要立足中车全产业链，杜绝形成新的内部配套壁垒。**强化一体化营销模式，**按照市场导向和比较优势原则，形成统筹规划、分工负责、差异发展、有序竞争、资源共享的协同发展格局，共同提升市场引领能力，增强市场主导权。

（四）突出抓好防风险。

规范运营，风险防控。坚决打好风险防范化解攻坚战，增强驾驭风险本领，完善风险管理体系，全面加强重要领域风险管控，是中车实现平稳致远、健康发展的根本保障。

坚持依法合规经营。坚决贯彻落实依法治企要求，健全完善内控制度体系，开展规章制度年度评价，保障体系运行有效。进一步优化决策、授权、审批机制，推进“三重一大”决策运行实现全覆盖。完善法律顾问制度和法律体系建设，健全法律风险防范机制，提升全级次企业合规管理和依法治企能力。规章制度、经济合同、重大决策事项法律审核率持续保持100%。

强化风险管控能力。健全集团、股份、子公司三级风险管控制度，完善全面风险管理体系。建立风险失控终身追责机制。完善风险预警及应急体系，及时发现并有效应对重大风险隐患。强化投资并购等重大决策的立项、评审、审批、风险管理、报备、跟踪、投资评价制度。推进信息化与监督业务有机融合，进一步强化大额资金监测和风险预警，统筹策划各领域各层级在线监控信息系统建设。强化隐性风险管控，对不控股、不并表的企业，对冠有“中车”字样但不在内控体系运行的企业，要有效建立风险防范、定期评估、退出清理等管控机制。完善风险防范监督体系，做好日常监督管控。

严控重点领域风险。严禁各企业开展融资性贸易和“空转”“走单”贸易业务。聚焦海外并购、合同履约、佣金代理等海外风险高发项点，高度关注资产处置、投资、招投标等重要环节，紧盯新产业拓展、金融与类金融、PPP 项目等重点领域，及时做好风险识别预警和分析应对，采取强有力措施，加大对各类风险的化解力度，建立对风险化解工作的推进机制和考核机制，减少或避免重大经营损失。

（五）突出抓好激活力。

改革攻坚，释放活力。当前新一轮的国企改革已经进入冲刺期，我们必须抓住国企改革乘数效应最大的关键期，增强改革意识，激发改革热情，加大改革魄力，提升改革能力，实现中车发展的新旧动能转换。

深入推进改革体系文件落实。进一步贯彻落实国资国企改革“1+N”政策体系，推进中车深化改革“1+19”文件体系深入实施。加强改革顶层设计和系统谋划，自上而下统筹研究，有序推进。力争二季度召开中车全面深化改革工作会议。深化投资“放、管、服”改革，开展对两个货车子集团、四个“双百”试点企业试点，逐步把优势资源向投资管理能力强、价值创造大的企业和业务倾斜。按照国资委“压减”工作安排，完成收尾工作。落实全级次亏损企业治理责任，一企一策。紧紧抓住政策窗口期，在“关后门”前要着力解决历史遗留问题，做好“三供一业”分离移交、教育医疗机构和市政职能改革的收尾工作。进一步疏解两个二七公司非首都核心功能，明确企业发展定位，积极推动“国家体育总局利用二七机车公司厂房改建冰雪运动训练科研基地项目”落地实施。

深入推进混合所有制改革。准确把握创建世界一流示范企业的机遇期，紧紧抓住国有资本授权经营体制改革的重大机遇，综合运用混改、员工持股、股权激励等各项改革政策，努力建设“三个领军”“三个领先”“三个典范”的世界一流企业，力争用三年左右的时间取得显著成效。加快推进中车产投混改试点，年内完成引入非国有资本。推进第四批混改试点入选企业改革。围绕“五突破、一加强”，加快推进 4 家“双百行动”企业的改革进程，打造国企改革的“中车样板”。

深入推进企业业务重组转型。两个货车子集团全面实施“战略 + 运营”管控，子集团按照战略管控、经营统筹的思路，对子集团和成员企业的经营计划和效绩考核负责，为中车后续重组整合累积经验。启动城轨基地重组整合，明确每一个城轨基地发展规划，努力盘活存量资产。启动中车信息化资产和管理架构的改革，推动信息化管理存量贯标、增量统一，组织实施资产的数字化管理，提高资产的创效能力，助力数字化中车建设。积极推进永济与大连电牵的重组整合第一阶段工作。全力组织四方所和时代新材高分子材料业务重组，上半年完成合资公司组建。有序推动机车业务重组、中铁装备业务和二七机车康库德公司退出、制动业务整合重组等工作，推进改革向纵深挺进，积蓄改革发展动力。

（六）突出抓好优创新。

企业发展，创新驱动。创新是引领企业发展的第一动力。我们要坚持“明志笃行，固本培元”，持续深化自主创新，努力迈向全球技术制高点，引领轨道交通行业未来。

推进国家重点专项研究。坚持科技创新融入国家发展大局，组织时速 600 公里高速磁浮交通系统关键技术、时速 400 公里可变轨距高速列车、轨道交通全生命周期能力保持技术等先进轨道交通 7 个专项 11 个项目进入实施阶段，并取得里程碑成果。力争 2019 年高速磁浮样车下线。重点在核心技术方面发力攻关，做好“国家重大关键核心技术攻关工程”，全力推进“高速列车转向架用轴承核心关键技术”“高速列车用 IGBT 芯片核心关键技术”两个重大攻关项目。组建协同创新团队，强力推动城市轨道车辆的技术、标准和产品平台建设，筹建轨道交通装备技术创新中心、城轨大数据中心，掌握城轨技术发展、市场引领的话语权。加强轨道交通战略性技术攻关、前沿引领技术和颠覆性技术创新，抢占引领产业发展前沿阵地和战略制高点。加强高速铁路轮轨关系、弓网关系、空气动力学、减振降噪、节能环保、电磁兼容等铁路应用理论研究，不断完善具有中车特色的铁路基础理论体系。

推进创新科技体制改革。致力构建协同共享、充满活力的中车技术创新体系。**全力推进国家高速列车技术创新中心建设。**加快完成国家创新中心在国家层面注册，推进轨道交通装备技术协同及高铁运维云数据中心、环境风洞综合实验室两个项目开工建设。**提升国家标准和技术条件规范制定话语权。**继续做好国内国际标准制修订，实现主持国际标准起草新突破。重点建设城轨产品技术标准体系，以及出口产品的技术、质量、供应商技术标准管理体系。**完善知识产权和专利布局。**按照“总量适度、质量提升、全球布局”策略，稳步推进专利规划和申请工作。**统筹海外科技资源。**发挥海外研发中心资源效能，实现资源共享。积极参与全球产业政策、行业组织、标准体系管理，提升国际话语权。

推进中车重大产品研发。大力推进引领性关键技术攻关，着力打造新一代高速动车组平台，研发更安全、更环保、更节能、更智能的新一代复兴号。加快智能型复兴号动车组研发进度。重点开展京雄智能动车组、混合动力动车组、重混机车、氢燃料机车研制，加快时速160公里快捷货车、快捷货运电力机车、新一代地铁列车研发。扎实做好新一代柴油机技术研究、中高速磁浮牵引及悬浮控制系统研究、新一代功率模块及牵引控制系统开发和重要零部件开发。加大永磁电机和控制系统的应用。深化智能型、混合动力、高效储能、清洁排放等节能环保新技术动力包的研究、攻关和应用，满足未来市场需求。进一步完善相关多元产品研发体系，加快新能源、新材料、环境治理、动力装置等产品研发，培育新增长极。全力开展传感技术、网络传输、人工智能、信息物理融合等技术研究与应用，不断提供新产品、新技术、新服务，展现中车人的使命担当。

（七）突出抓好提品质。

发展质量，品质优先。推动制造业高质量发展是国家今年的首要重点工作。品质从根本上决定了企业发展的质量和效益，我们要把“提品质”融入到企业经营管理的血液中，切实推动企业高质量发展。

提升经营品质。改善经营品质。以“净资产收益率”为核心，引导子企业注重经营品质改善。**降低资产负债率。全力压降“两金”。**压降“两金”是化解风险的有效手段，是高质量发展的必然要求。**加大低效无效资产处置。**完善不动产经营平台，用好优质资产，盘活存量资产。强化已经计提减值或核销资产清收力度。采用多种方式处置低效无效股权、固定资产。加快建立资产管理信息平台，加大集团内部资源调剂使用力度，提高资产利用效率。

提升服务品质。努力向“制造＋服务”、全生命周期服务、全产业链服务拓展，探索增值业态，打造新的增长极。**国铁板块，**站稳检修市场，积极探索全生命周期服务；开展车辆故障诊断和健康管理，为用户提供数字化精准预防修服务；深化与铁路总公司战略合作，加快配件中心项目进程，推进试点项目深度实施。**城轨板块，**抓住市场机遇，做精做强做大维保业务；搭建智慧运维体系和大数据中心，依托PPP业务和示范线项目，快速提升中车特色的运营服务总能力，加速由城轨装备供应商向综合价值创造者转变。**金融板块，**要提高融资额度，降低融资成本，发展产业金融，以融促产。

提升产品品质。强化质量控制。持续完善“中车Q”质量管理标准体系，构建供应链准入新机制。深化源头质量整治。强化铁路产品运行质量管控，加强产品运维服务保障，实现全方位的质量管控，确保高铁和旅客列车安全万无一失。开展高速动车组、大功率机车运营十年关键系统和重要部件安全评估。深化高铁安全专项技术研究。**强化精益管理。**突出精益主线，探索具有板块特色的精益管理对标和能力提升，实现精益输出。**加速推进智能制造转型。**加快智能化工厂、车间建设，推动产业向数字化、网络化、智能化、高端化升级，努力成为智能产品和智能服务的引领者。

（八）突出抓好塑品牌。

大国重器，国家品牌。我们要牢记使命担当，服务国家战略，勇担大国重器，筑牢品牌工程，释放中车影响力，展现中车新作为，全力塑造永不褪色的“国家名片”。

积极推动国际化。释放海外资源、市场、产业链效应，推动系统解决方案全面“走出去”。**协同发展提升能力。**坚持雁行出海，主机企业争当“头雁”，带动全产业链协同出海。重点推进印尼雅万高铁、俄罗斯莫喀高铁、中老铁路、匈塞铁路等项目。**完善机制释放潜力。**建立健全技术体系、价格管理体系、质量管控体系、市场规范体系、资源配置体系，规范海外竞争，确保中车利益最大化。组建国际业务平台公司，加快推进五要素合一的国际化经营模式。**优配资源激发活力。**统筹海外区域资源，重点推进专业化整合、区域性协同，推进资源向优势业务和企业集中，构建区域一体化的营销、服务、管理平台。稳妥实施并购重组，完善全球产业布局。

积极践行国家战略。主动融入科技强国、质量强国、交通强国、制造强国等国家战略。深入拓展与“一带一路”沿线国家的全产业链合作空间，在更多领域实现共商共建共享共赢，与产业链上下游建立高效协同的命运共同体，为全球轨道交通发展贡献“中车智慧”。加强品牌文化传播，将品牌建设融入企业的研发、制造、营销、服务等环节，增强中车企业文化的向心力、感召力、凝聚力。加强与资本市场沟通，积极应对媒体危机，强化市值管理，树立资本市场良好形象。

积极建设绿色和谐中车。履行央企社会责任，坚决打好三大攻坚战。实施精准扶贫，推进产业扶贫、公益扶贫和干部挂职等扶贫方式，助力做好扶贫攻坚。深入开展安全生产大检查大反思大整治，彻底消除安全管理“盲区”和隐患。切实担负起生态文明建设政治责任，认真落实中车生态保护污染防治攻坚战三年行动方案，积极推进生态保护污染防治工作，全面排查隐患，全面落实整改，全面节能减排，坚决打好打赢蓝天碧水净土保卫战。

积极打造党建“金名片”。站在企业发展全局的高度，以一流的党建引领和推动企业高质量发展。**提高站位“塑名片”。**认真贯彻落实党的十九大对新时代党的建设的总体部署，把“双打造一培育”特别打造党建“金名片”，作为躬身践行习近平总书记重要指示的具体行动，确保党和国家的各项决策部署在中车落实落地。进一步深化政治巡视整改，为企业高质量发展提供保障。**突出特色“树品牌”。**充分发扬和传承中车党建工作的优良传统，既强党建、又抓发展，严格落实“一岗双责”，既交经济账、又交政治账，推进党建工作与生产经营深度融合，用改革发展的成效来体现党建工作的成果。深入总结提炼基层党建的鲜活经验和典型案例，输出中车党建特色品牌，促进党建工作成效全面跃升。**廉洁高效促发展。**解放思想、转变观念、改进作风，提高管理效能和工作效率，努力营造干事创业的良好氛围。持续深化党风廉政建设和反腐败工作，严格执行中央八项规定和实施细则精神，驰而不息纠正“四风”，巩固风清气正的发展环境。

同志们，新征程新使命，整行装再出发。我们要以“黄沙百战穿金甲，不破楼兰终不还”的志向和胸襟，牢记使命，勠力同心，奋发有为，不愧时代，不负嘱托，不辱使命，全力以赴推进中车高质量发展，实现“双打造一培育”目标，以优异成绩迎接中华人民共和国成立70周年。

专　文

本栏编辑　冯　睿

中国速度　国家名片

——中车集团党委书记、董事长，中车股份党委书记、董事长、执行董事刘化龙在《学习日报》刊发文章

（2019 年 12 月 20 日）

进入新时代，我国正式开启由交通大国向交通强国迈进的新征程。由大到强离不开硬核科技的支撑、离不开融入全球化的推动，更离不开党的领导与党的建设，这是国有高端装备制造企业的“根”和“魂”。

高铁动车，“国家名片”。铁路装备历来是国之重器。铁路兴，则国家兴；装备强，则国家强。新中国成立以来，以中国中车为代表的中国铁路装备企业，立足自主创新，先后研制了中国第一台蒸汽机车“八一号”、第一台内燃机车“巨龙号”、第一台电力机车“韶山 1 型”，从绿皮车到动车组，从“和谐号”到“复兴号”，中国铁路装备书写了从追赶到领跑的速度传奇。

党的十八大以来，习近平总书记多次就加快高铁发展作出重要指示。2015 年中国中车成立以后，习近平总书记三次视察中车，给中车人以巨大的鼓舞和鞭策。2015 年 7 月 17 日，习近平总书记视察中车长客股份公司时指出，高铁动车是中国一张亮丽的名片，体现了中国的装备制造业水平。2017 年 4 月 20 日，习近平总书记视察中车南宁基地时指出，要做强实体经济，不能脱实向虚，要以创新驱动，实现新旧动能转换。2018 年 9 月 26 日，习近平总书记视察中车齐车集团时强调，装备制造业是国之重器，是实体经济的重要组成部分，要把握优势，乘势而为，做强做优做大。

2018 年以来，习近平总书记还多次点赞“复兴号”。中国高铁动车拥有什么样的特质，能被称为“中国一张亮丽的名片”呢？截至 2018 年底，中国高速铁路营业里程达到 2.9 万公里，运行动车组 3 256 标准组（26 048 辆），均居世界首位。总体而言，中国高铁拥有以下八个突出的特点：一是安全可靠，投入运营 11 年，我国动车组百万公里故障率 0.43 件，远远优于国际标准要求；二是平稳舒适，纵向稳定性、横向稳定性、垂向稳定性 3 个指标，均已达到世界领先水平；三是运力强大，累计发送旅客人数已超过 100 亿人次；四是节能环保，“复兴号”人均百公里能耗仅为 3.64 度电，相当于客运飞机的 1/4、小轿车的 1/6、大型客车的 1/3；五是适用性强，满足“七高”，即高寒、高温、高湿、高海拔、高风沙、高速、高密度等各种运用需求和复杂的环境条件；六是方便快捷，最高运行时速 350 公里，以北京为例，乘高铁半日内可到达的城市达 54 个；七是性价比高，高铁每公里运价全球最低，时速 350 公里“复兴号”动车组价格远低于国外同类产品；八是兼容性好，在“复兴号”采用的 254 项重要标准中，中国标准占 84%。所有中国标准动车组平台列车都能连挂运营，互联互通。

自主创新，夯实根基。创新是中国中车与生俱来的基因。新中国成立前，中华大地上行驶的都是外国机车，没有一台中国自有品牌。新中国成立后，中国中车开启了自主创新之路。

高铁的成功离不开强大的创新资源与能

力。中国中车建设了一支3万多人的科技人才队伍，包括中国工程院院士、国家千人和万人计划专家、百千万人才工程国家级人选、国务院政府特殊津贴专家等。近3年，中车每年专利申请量均保持在4 000件以上。目前累计拥有有效专利2万余件，有效专利总量位列中央企业前列。累计获得56件中国专利奖，其中7件金奖，获奖总数排名全国第二。

中国中车的科技创新战略，核心思想是“追赶·超越”，核心手段是自主创新，方法论是“明志笃行固本培元”。明，就是认清大势、市场导向，把市场作为创新的源动力；志，就是志存高远、达成目标，集中力量攻克重大创新目标；笃，就是坚持不懈、创新超越，发力于集成创新实现后发优势；行，就是知行合一、开放多元，着力营造开放多元的创新共赢机制；固，就是巩固根基、能力提升，持续强化创新能力建设；本，就是标准为本、行业引领，着力打造中国标准，掌握话语权；培，就是培育沃土、加速成长，充分激发科技人员和各类创新主体的积极性；元，就是抱元归一、中车力量，着力凝聚创新的强大精神力量。这八个字既宣示了一种态度，也包含着一种思维，更蕴藏着一种方法。中车将牢记责任使命，保持头脑清醒，保持追赶姿态，不断培育创新实力，提升核心竞争力。

融入全球，快速发展。高铁作为轨道交通行业高端高质产品的代表，具有强大的示范和带动作用。中国中车以在高铁领域积累的巨大技术优势以及品牌优势，实施“走出去”战略，国际化经营能力和水平获得了巨大的提升。

中国中车在国际化发展中，推动中国高端装备“走出去”着重过好“五关”。一是实力关，中国高铁就是硬实力；二是标准关，对标国际标准，拿到入场券；三是文化关，尊重当地文化习俗，赢得信任与尊重；四是环保关，这是企业的底线、红线；五是信誉关，信誉就是订单。

截至目前，中国中车产品已经服务全球100多个国家和地区，时速350公里高速动车组也已经出口到印度尼西亚。

加强党建，强根固魂。中国高铁能够快速发展，最根本的原因是坚持中国共产党的领导。中国中车的发展史就是我国铁路装备工业的逐梦史，也是传承红色基因，以高质量党建引领高质量发展的奋斗史。

中国中车党的建设，坚持“务实、高远、引领、典范”总方略，以打造党建“金名片”为主线，以党建品牌创建为抓手，深入推进实施新时代高铁先锋工程，全面提高企业党的建设质量。

实现路径是“九个一”工程：明确一个标准，推动党建基础规范化；搭建一个平台，推动党建管理信息化；探索一种模式，推动党建活动项目化；推行一种方式，推动党建作用可视化；建立一套机制，推动党建考评系统化；创建一组载体，推动党务培训阵地化；锻造一支队伍，推动党务干部专业化；弘扬一种精神，推动文化理念人格化；塑造一批品牌，推动党建品牌谱系化。

中国中车通过持续加强党的全面领导和全面加强党的建设，以服从服务国家战略为根本宗旨，不断深入推进国资国企改革系列举措，打造受人尊敬的国际化公司、打造中车党建“金名片”，努力培育成为具有全球竞争力的世界一流企业。

牢记初心使命　勇于担当作为
奋力开创中车高质量发展新局面

——中车集团党委书记、董事长，中车股份党委书记、董事长、执行董事

刘化龙在中国中车2019年经营管理视频会上的讲话（摘要）

（2019年8月29日）

同志们：

这次经营管理视频会的主要任务是，以习近平新时代中国特色社会主义思想为指导，结合“不忘初心、牢记使命”主题教育，围绕推动中车高质量发展、创建世界一流示范企业，总结工作、检视问题、分析形势，研究部署当前及今后一个时期重点工作，确保完成全年各项目标任务，以优异成绩迎接中华人民共和国成立70周年。刚才，永才同志简要回顾了上半年重点工作，系统分析了当前面临的经营形势，安排部署了后续重点任务，我完全赞同。希望大家勇于担当、主动作为，狠抓落实、再创佳绩。下面，我讲三点意见：

一、主题教育深入开展，重点工作扎实推进

今年年初以来，集团上下以习近平新时代中国特色社会主义思想为指导，深入贯彻党的十九大精神和习近平总书记视察中车重要指示精神，认真落实党中央、国务院和国资委各项决策部署，紧密结合“不忘初心、牢记使命”主题教育，坚决围绕高质量发展要求，坚持稳中求进总基调，勇于担当、主动作为，攻坚克难、砥砺前行，推动年度重点工作取得积极进展和明显成效。

（一）主题教育收获满满。6月份以来，我们准确把握“守初心、担使命、找差距、抓落实”总要求，聚焦根本任务，瞄准具体目标，把学习教育、调查研究、检视问题、整改落实贯穿全过程，高质量抓好“八项重点工作”，基本达到“理论学习有收获、思想政治受洗礼、干事创业敢担当、为民服务解难题、清正廉洁做表率”，做到主题教育有声势、有特色、有成效。

（二）稳增长成效明显。我们坚决把稳增长作为政治任务，深入开展以“强基提质、稳中求进”为主题的提质增效活动，狠抓亏损企业治理、“两金”压降、低效无效资产处置等13项重点专项工作落实，实现收入、利润两位数增长并高于中央企业平均增幅，为国民经济稳定增长作出了积极贡献，体现了中车人应有的大局意识和责任担当。

（三）创一流全面启动。我们按照国资委关于创建世界一流示范企业的工作要求，对照“三个领军”“三个领先”“三个典范”标准，结合“双打造一培育”目标，研究制定实施方案，组织召开动员大会，明确发展思路、保障举措和重点工程，全面开启探索培育具有全球竞争力的世界一流企业新征程，揭开了当前及今后一个时期中车改革发展的新篇章。

（四）深改革聚焦重点。我们以创建世界一流示范企业为契机，系统梳理深化中车改革的顶层设计，高度聚焦综合性改革措施，持续深化供给侧结构性改革，混改试点、“双

百企业”群体进一步扩大，业务重组整合有序推进，“瘦身健体”“处僵治困”“双压减”工作成果不断巩固，厂办大集体改革、企业办社会职能分离移交和解决历史遗留问题扎实推进。

（五）防风险措施落地。我们深入学习贯彻习近平总书记关于防范化解重大风险的重要讲话精神，认真贯彻落实中央企业防范化解重大风险座谈会精神，组织召开中车2019年防范化解重大风险专项工作会议，聚焦经营投资、科技创新、国际化经营、安全稳定等重点领域风险，有针对性地制定应对策略和防控措施，坚决守住不发生重大风险底线，为推动中车实现高质量发展，顺利推进“双打造一培育”目标提供坚强保障。

（六）强党建一以贯之。我们深入贯彻落实新时代党的建设总要求和全国国企党建会精神，以党建“金名片”建设为主线，以党建“成效跃升年”为主题，着力加强党的基本组织、基本队伍、基本制度建设，着力加强非制造企业和合资企业党建工作调研指导，着力推动党建品牌案例总结交流推广，着力加强宣传思想和企业文化建设，着力加强党风廉政建设和反腐败工作，着力加强巡视监督和巡视整改，着力加强党的群团工作，党的建设质量不断提升。

上述成绩的取得，离不开两级班子的勤勉工作，离不开广大员工的艰苦努力。在此，我代表集团公司、股份公司党委和董事会，向参加视频会的同志们并通过你们向全体员工，表示衷心的感谢和亲切的慰问！

二、准确把握当前形势，统筹谋划中车高质量发展

刚才，永才同志通过保发展、稳增长、优创新、深改革、化风险**“五大压力”**，系统分析了当前面临的经营形势。总的看，国际经济发展环境更加多变，国内经济面临挑战更为复杂，行业发展格局发生深刻变化，中车高质量发展任重道远。

从国际形势看，中美经贸摩擦仍是最大的不确定性因素，大国政治将会极大影响世界经济秩序，区域经济的既有平衡面临重新建立，世界经济增长呈现“缓慢、波动、曲折”态势，中车“走出去”、国际化面临诸多风险和挑战。

从国内形势看，经济增长速度有所放缓，制造业和基础设施投资乏力，消费增长内生动力不足，保持外贸增长压力增大，实体经济困难加剧，重点领域风险仍需高度关注，中车保持平稳健康发展、转换新旧发展动能面临诸多困难和考验。

从行业形势看，世界同行业巨头围堵中车、阻击中车的意图和行动将强烈冲击国内外市场秩序，国铁集团深化改革将强烈冲击目前中车的商业模式、议价能力和业务结构，外资准入、民企和地方国企将强烈冲击轨道交通装备行业现有市场格局，新技术新业态蓬勃兴起将强烈冲击中车科技创新体系和模式。

从中车内部看，资产规模和质量亟待优化、提升，业务结构和盈利能力亟待调整、改善，改革深化和活力机制亟待强化、突破，既有重大风险化解和合规经营亟待见效、巩固，业务和党建深度融合亟待有效探索、强化。

外部形势不以我们意志为转移，首要任务是切实增强忧患意识、危机意识和问题意识，坚持始终把发展作为第一要务，坚持始终把工作做在前面，坚持始终把自己的事情做好，努力使中车永葆内生动力、掌握主动权、立于不败之地。

面对严峻复杂的外部形势和艰巨繁重的改革发展任务，结合永才同志部署的**“八个再加力”**，大家还要把握**“五个强化”**：

（一）强化提质增效，确保完成经营目标。今年是中华人民共和国成立70周年，明年是全面建成小康社会之年，后年是中国

共产党建党100周年。在当前特殊且重要的关键阶段，稳增长既是中车必须担负的经营责任，更是各级领导干部的政治担当。党和国家看中车是否勇于担当作为，就是看我们能否在关键时刻顶得上、挺得起、靠得住。各级领导干部要提高政治站位、强化提质增效、勇于攻坚克难，确保既定各项目标任务全面完成，体现中车人应有的政治担当和责任担当。

一是狠抓“两金”治理。“两金”管控是企业管理的基础工作，是体现企业管理水平和能力的重要方面，是中车实现高水平管理和高质量发展的重要基础。近年来，“两金”占用规模居高不下，极大地影响了集团运营效率和效益。今年上半年，“两金”占用延续快速增长势头，涨幅达35.48%（其中：应收账款涨幅40.17%，存货增长28.94%），高于营业收入增幅（11.03%）。各事业部、各子公司要按照集团“两金”压降专项整治工作要求，加强“两金”成因结构化分析，进一步完善机制、考核引领、分类管控、精准施策，大力压减应收账款，加快清理无效库存，力争“两金”增幅低于收入增幅。

二是加强亏损企业治理。有句话叫：“企业不消灭亏损，亏损就消灭企业。”市场经济优胜劣汰，只相信实力，不相信眼泪。针对困难子企业，尤其是重点亏损子企业，要深入调研分析原因，制定减亏扭亏措施，“一企一策”加强指导和服务。针对扭亏无望的子企业，要按照市场规律办事，坚决予以市场出清，避免低质量供给和低水平重复建设。

三是处置低效无效资产。集团资产既有固定资产，也有股权投资。如此庞大的低效无效资产沉淀在集团内部而不能产生相应的运营效益，如何能谈得上高质量发展呢！要结合前期资产清查结果，优化完善资产处置方案，建立低效无效资产处置定期报告制度，确保实现处置目标。要加快建设资产信息共享平台，实现资产全方位、立体化、动态监管，严控新的低效无效资产形成。要扎牢制度笼子，健全完善资产全寿命周期管理体系，坚决避免只建不管、只投不理倾向。

（二）强化目标引领，超前谋划发展战略。“十四五”时期是中车推动高质量发展，创建世界一流示范企业，推进“双打造一培育”目标的关键时期，研究编制好中长期规划特别是“十四五”规划，意义深远、责任重大。8月中旬，集团总部举行了“我心中‘十四五’高质量发展的中车”主题研讨，对“十四五”内外部发展环境、基本发展目标、未来战略趋向等进行了初步探讨。会上，我提出要**“三高一实”**建设中车，在此与大家进行分享，希望能够引发大家深入思考、集思广益。

一是高起点站位。进入新时代，中车站在新的历史起点，面临新的时代条件，肩负新的使命责任。目前，中车的地位、作用和影响力已不可同日而语，我们对此既不要盲目自大、也不要妄自菲薄。同习近平总书记重要讲话精神对标对表，中车应该是“六个力量”的承载者、推动者和实践者（成为党和国家最可信赖的依靠力量，成为坚决贯彻执行党中央决策部署的重要力量，成为贯彻新发展理念、全面深化改革的重要力量，成为实施“走出去”战略、“一带一路”建设等重大战略的重要力量，成为壮大综合国力、促进经济社会发展、保障和改善民生的重要力量，成为我们党赢得具有许多新的历史特点的伟大斗争胜利的重要力量）。对照“三个领军”“三个领先”“三个典范”标准，围绕“全球行业引领、国企改革先锋、高端装备典范、走向世界名片”目标，中车应该成为世界轨道交通装备的技术实力领军者，保持世界轨道交通装备制造规模的龙头地位，成为积极践行人类命运共同体的推动者和建设者。

二是高标准定位。战略定位的高低，是我们领导干部思想境界、自身素质、战略眼光、胆识智慧的综合体现。“取法乎上，得乎其中。”“十四五”时期，创建世界一流示范企业，顺利实现“双打造一培育”目标，必须坚持高标准定位。首先，要坚持世界眼光、战略思维，敏锐把握市场环境变化，科学把握未来发展趋势，做到“站在峰顶看群山”“跳出中车看世界”。其次，要坚持行业先锋、央企典范的目标追求，持续引领全球轨道交通装备行业发展方向，努力成为践行绿色发展理念、履行社会责任、全球知名品牌形象的典范。第三，要坚持协同联动、协调发展，推动业务协同、企业协同、市场协同和区域协同，逐渐改变“一业独大”局面，促进业务板块之间、子公司之间、市场之间和区域之间形成良性互动。第四，要坚持共建共享、互利共赢，促进“政产学研用”深度融合，加强在创新链、供应链、产业链、价值链上的务实合作，努力成为全球产业分工合作链条中的重要一环。

三是高质量发展。高质量发展就是以创新、协调、绿色、开放、共享理念引领的发展。新时代，如何推动中车高质量发展，是时代交给我们的具有实践意义的发展课题。前期，国资委出台了《关于中央企业实现高质量发展的十九条意见》，为我们提供了指导性政策文件。高质量发展的要义是推动企业发展从“有没有”转向“好不好”、从“大不大”转向“强不强”。结合创建世界一流示范企业，现阶段中车高质量发展应该有**“五方面体现”**：首先，财务及综合指标具备先进性，运营效率、经济效益和经营品质全面提升；其次，产品具有高性价比，品牌形象充分体现；第三，产品运营保证能力安全可靠，以质量为核心的管理水平持续改进；第四，技术储备厚重、坚实，技术创新能力不断提高；第五，应对产业周期波动能力具备灵活性和有效性，产业布局逐步合理。实践探索永无止境，我们要把握高质量发展的根本要求，不断充实中车高质量发展的内涵和外延。

四是实力雄厚。推动中车高质量发展，创建世界一流示范企业需要持续提升包括软实力、硬实力在内的企业综合实力。企业综合实力有诸多外在反映，更直观的是基础设施、技术装备、员工素质等硬实力要素，但影响更为持久的是理念文化、管理模式、质量品牌等软实力要素。“十四五”时期，我们要坚持软硬实力一体建设，全面提升企业综合实力。要顺应信息化、网络化、智能化发展潮流，保证技术改造投入强度，不断提升基础设施、生产制造装备等硬实力。硬实力、软实力归根到底要靠人才实力，要着眼选用育留一流创新人才，推动三支人才队伍建设特别是技能人才队伍建设成效显著。要坚持打造中车软实力，把输出“中车理念”“中车文化”作为追求目标，努力扩大中车理念文化的影响力和美誉度。中车不仅要输出产品和技术，还要输出管理和模式，持续打造可转移、可复制、可推广的“中车管理”“中车模式”，让“中车特色”“中车特点”广为认可、广泛传播。

（三）强化探索创新，推进创一流深改革。中车深化改革、创建世界一流企业，是2019年及未来一段时期集团改革发展各项工作的重中之重。不论是深改革，还是创一流，均需要我们敢为人先、探索创新，走出一条符合时代要求、具有中车特色的改革之路。

一是加快创建世界一流企业。国资委正在研究制定培育世界一流企业的综合性指导意见，提出力求通过十到十五年的努力，到2035年我国基本实现社会主义现代化的时候，能够形成一批在国际资源配置中占主导地位、引领全球行业技术发展、在全球产业发展中具有话语权和影响力的领军企业。中车作为10家创建世界一流示范企业之一，承担着先行者、探路者和实践者的角色，使命光荣、责任重大、任务艰巨。我们要坚持定性与定量相结合，注重加强同世界一流企业对标，认真查找自身差距，划定时间表、路线图和任务书，补短板、强弱项、提品质，推动软硬实力一体建设，力争用3年左右时间在部分细分领域和关键环节取得实质性突破。大家要有“功成不必在我”的思想境界和“功成必定有我”的担当精神，按照集团总体部署和要求，做好打基础、利长远、管根本相关工作。

二是加快推动供给侧结构性改革。供给侧结构性改革是推动中车高质量发展的重要内容。我们要贯彻落实好“巩固、增强、提升、畅通”八字方针要求，集中力量在“三去一降一补”方面取得新成效。要持续深化“瘦身健体”，巩固“处僵治困”“双压减”工作成果，在建立长效机制上下更大功夫，实现由“治标”向“治本”转变。要持续推进重组整合，坚持市场化、集约化、专业化整合方向，推进核心业务板块“整合、聚合”的提速换挡，逐步解决布局过宽、资源分散、同业竞争等问题。要持续剥离企业办社会职能和解决历史遗留问题，在做好“三供一业”、市政社区管理等职能分离移交、教育医疗机构深化改革收尾工作的同时，尽快啃下厂办大集体改革、退休人员社会化管理这两块“硬骨头”，确保2020年底前基本完成任务。

三是加快推进企业改革试点。目前，集团有3家企业（产投公司、四方所、戚墅堰所）入选混改试点企业，7家企业（齐车集团、长客股份、株洲电机、株洲所、四方股份、株机公司、大连公司）入选“双百企业”。从数量上讲，在中央企业中居于首位，充分体现了国家有关部委对中车的重视和期待。3家混改试点企业要坚持把引资本和转机制有机结合，以转换经营机制、增强企业活力、放大国有资本功能为目标，努力在法人治理结构、市场化选人用人、激励约束机制等方面取得突破。7家“双百企业”要坚持先行先试、敢闯敢创，以国企改革“1+N”政策体系为指导，深入推进综合性改革，力求在改革重点领域和关键环节率先取得突破，为深化改革提供经验和模式。

四是加快转换市场化经营机制。加快形成市场化经营机制，是中车深化改革的一条主线，也是我一直强调并提倡的一项原则。市场化经营机制的核心是三项制度改革，关键是“压力、活力、激励”机制建设在基层落地生根。要加快形成市场化运营机制，坚持“小总部、大业务”原则，进一步优化集团管控模式，坚持放管服结合，坚持以战略管控和财务管控为主，充分落实董事会职权，适当下放权限，充分保证企业自主经营权。要加快形成市场化选人用人机制，不断扩大“两制一契”试点范围，逐步解决“能上不能下、能进不能退”问题，切实做到能者上、庸者下，优者进、劣者退。要加快形成市场化激励机制，探索采取股权、期权、分红以及员工持股等多种方式，对核心技术、管理和技能人才开展中长期激励，充分激发骨干人才干事创业的积极性主动性创造性。

（四）强化底线思维，防范化解重大风险。防化化解重大风险，是推动中车实现高质量发展的重要前提，既是当务之急，更是长远所需。4月份，集团召开了专项工作会，对防范化解重大风险的具体举措作了部署。刚才，永才同志从“促合规、优质量、防污染、保安全、强管控”五方面，安排部署了后几个月风险化解重点任务。要坚持问题意识，聚焦风险隐患，一并抓好贯彻落实。结合当前形势，我从宏观层面再强调三点：

一是着力防控好中美经贸摩擦带来的风险。近一段时间以来，中美经贸摩擦持续升级，不仅深刻影响全球产业链格局和经济增长预期，也带来诸多可以预见或难以预见的风险和不确定性。对中车来说，要高度关注关键核心技术风险、依法合规经营管理风险和知识产权风险，做到未雨绸缪、防患未然。

要加快关键核心技术攻关，组织实施好补短板工程，明确攻关重点，加大投入力度，集合各方资源，力争在核心技术领域尽快实现突破。要强化合规管理，进一步加强对涉美“长臂管辖”、海外制裁等重点风险事项的法律研究，妥善处理涉美重大法律纠纷案件和敏感业务。要加强海外知识产权审查，杜绝知识产权纠纷和侵权风险，防止贻人口实、授人以柄。

二是着力防控好企业经营风险。越是在外部形势复杂多变的时候，越要高度注意企业生产经营重点领域风险。要高度关注金融及类金融业务风险防范，坚持产融结合、以融促产原则，坚决防止“脱实向虚”倾向。要高度关注投资风险防范，加强投资项目的全过程管控，严控非主业投资和产能过剩业务新增产能投资。要高度关注 PPP 业务风险防范，严禁开展非主业、投资回报率低、付费来源无保障、推高负债率、不参与建设运营的 PPP 项目。要高度关注国际化经营风险防范，加强对项目所在国形势的分析研判，健全境外风险防控机制，严格规范境外经营行为。

三是着力防控好安全环保稳定风险。马上就要迎来新中国成立 70 周年，这个时候绝对不能发生安全、环保和稳定事故（事件）。要落实安全专项整治工作要求，始终绷紧安全生产这根弦，以更大力度、更严措施抓好安全生产责任落实，坚决杜绝较大及以上安全事故发生。要按照党和国家关于打好污染防治攻坚战的总体部署，持续落实好中车生态保护污染防治攻坚战三年行动方案，坚决打赢蓝天、碧水、净土保卫战。要坚持把稳定作为硬任务和第一责任，加强信访维稳形势研判，提前排查矛盾纠纷隐患，依法及时就地解决问题，坚决防止发生大规模群体性事件和恶性上访事件。

（五）强化合作共赢，大力拓展发展空间。经济全球化是大势所趋，开放合作是共享共赢的正确之路。推动中车实现高质量发展、创建世界一流示范企业，必须以开放合作的姿态拥抱发展机遇，以互利共赢的理念谋求更好合作，以积极主动的行为融入全球市场。

一是坚定不移融入全球市场。深度融入世界经济与全球市场，是中国及中国企业改革开放 40 多年来的宝贵经验。一段时间以来，美国掀起中美经贸摩擦，试图对我国搞经济切割、产业切割、科技切割，就是想把我们封闭起来、断绝同世界的联系。中车是中国的，更是世界的。中车国际化是大势所趋，不能因噎废食。我们要积极参与共建“一带一路”，在轨道交通装备、国际产能合作等领域同世界各国企业加强合作，优化海外业务布局，突破欧洲高端市场，创新出口商业模式，努力构建面向全球、全方位、多层次的开放合作新格局。

二是坚定不移聚焦主责主业。今年上半年，针对中央企业普遍存在的主责主业不够突出、核心竞争力不强，有的企业仍然怀有规模速度情结、盲目追求做大等问题，党中央、国务院和国资委明确要求现在的主要矛盾是做强做优，中央企业对此必须有清醒的认识。对我们中车来讲，轨道交通装备是中车的核心主业，必须坚定不移做强做优，不断增强盈利能力和市场竞争力。对于自身不具有竞争优势的非主营业务，要加强竞争力评估，必要时选择退出；对于低效无效资产，要下决心果断处置，集中资源和力量做强做精主业。

三是坚定不移发展战略性新兴产业。战略性新兴产业是经济体系中最有发展活力、最具增长潜力的部分，也是中车获取未来竞争优势、实现新旧动能转换的关键领域。当前，中车在战略性新兴产业的投入、布局严重不足，新产业每年新增固定资产投资仅占集团总投资的 10% 左右。要紧密围绕国家战略方向、行业发展方向、市场需求方向，着眼未来五到十年的发展规划，努力在智能装备、新能源汽车、新材料、工业互联网等领域培育发展一批领先企业，增强中车发展后劲和增长动力。

三、持续深化主题教育，以高质量党建引领高质量发展

讲政治、抓党建是党员领导干部的职责所在。各级领导干部要提高政治站位，增强政治自觉，认真贯彻新时代党的建设总要求，深入开展“不忘初心、牢记使命”主题教育，推动党建和业务深度融合，为高质量发展提供坚强的政治保证和组织保证。

（一）高站位、强担当，坚决做到“两个维护”。国有企业是共和国的“长子”，中央企业则是国家政治和经济的“基石”和“脊梁”。我们要坚决提高政治站位，扛起政治责任，提升政治能力，增强政治定力，强化政治担当，倍加珍惜习近平总书记对高铁事业的殷切期望、对中国中车的深切关怀，进一步把思想和行动统一到总书记重要指示精神上来，坚决树牢“四个意识”、坚定“四个自信”、做到“两个维护”，持续深化供给侧结构性改革，坚定不移实施创新驱动战略，努力推动实现高质量发展。

一是把讲政治贯穿改革发展全过程。更加坚决地贯彻落实习近平总书记重要指示精神和党中央重大决策部署，更加注重从巩固党执政兴国的重要物质基础和政治基础的战略高度，谋划和推动企业改革发展和党的建设，自觉把工作放到党和国家事业全局中去审视、把握、推动，党中央提倡的坚决响应、党中央决定的坚决照办、党中央禁止的坚决杜绝。

二是坚决扛起为党分忧、为国尽责的政治担当。面对改革发展难题，各级党组织要树牢主体意识、主责意识和主人意识，提振攻坚克难、产业报国的“精气神”，咬定目标、落实责任，确保完成年度目标任务，发挥好中央企业应有的“稳定器”“压舱石”作用。

三是推动党的建设不断向纵深发展。全面落实全国国有企业党的建设工作会议精神、中央和国家机关党的建设工作会议精神，全面履行管党治党责任，着力破解党的领导党的建设“四个化”问题，着力推动“党建成效跃升年”专项行动，着力加强党建“金名片”建设，全力筹划好集团公司第一党代会。打造党建“金名片”，要抓两头、带整体，谋提升；抓特色、树典型，进案例；找差距、补短板，强指导；广宣传、见媒体，有声音，确保中车党建走在前列、当好典范。

（二）守初心、担使命，持续深化主题教育。在国资委党委第四巡回指导组的指导下，集团公司党委第一批主题教育基本结束，取得了重要阶段性成果。从9月份开始，第二批主题教育将在各子公司全面展开。

一是超前谋划，确保二期高位开局。这次主题教育是全党范围内的一次党内集中教育，第二批是第一批的延伸和深化。要深刻认识第二批主题教育的重要性和紧迫性，切实增强思想自觉和行动自觉，主动跟进，超前谋划，确保实效。特别是，突出问题导向和效果导向，在前期学习教育的基础上，以问题整改开局亮相，以问题整改交出答卷，保证主题教育走实、走深、走细，不走过场。

二是认真总结，确保一期成果巩固。第一批主题教育已进入尾声，但收尾不是收场，还有许多后续工作需要继续落实。要认真总结第一批主题教育的典型做法和成功经验，把好的思路、好的方法、好的举措，充分运用到第二批当中来。特别是第二批主题教育在基层党组织中开展，在职工群众的家门口开展，要坚持开门搞教育，确保每个动作、每项工作都让群众参与、受群众监督、请群众评判，下气力解决好与职工群众最密切，职工群众最关切、最闹心、最紧迫的问题。

三是注重衔接，深化整改确保成效。主题教育，重在解决问题，贵在抓好整改。

第一批，两级领导班子检视出了问题，制定了整改措施，明确了整改时限。第二批启动后，还会检视出新的问题。两批是一个有机整体，有些问题需要集团层面和两级班子加以解决，有些问题需要基层单位具体解决。要上下联动、前后衔接，相互配合、共同推进，以钉钉子精神抓好落实。在跟踪问效上功夫，力求真改、实改，变成自我需要；立项、建账，注意总体把控；措施、目标，做到细化量化；责任、时限，必须一目了然；成效、结果，及时纳入考核。

（三）高标准、严要求，全面提升党建质量。新中车成立后，始终高度重视党的建设，取得了优异成绩，党组织在引领和保障企业发展上作用明显。但面对新形势新任务新要求，有的领导对“加强党的全面领导”的认识还不到位，理解有偏差，行动有差距；党建与业务的深度融合还面临许多挑战；全面加强党的建设还有许多短板和不足；新形势下央企党建的新要求在中车落实落地还任重道远。要结合主题教育，主动检视差距和不足，深刻认识并认领目前存在的“突出问题”。

一是子公司“党委的领导作用”发挥还不够好。首先，党委书记作用发挥还有差距。党委书记对待党建工作存在“四个不足”：重视程度不足，深度思考不足，精力投放不足，成效要求不足。党委书记自身的能力建设存在“三个欠缺”：抓好党建的本领欠缺，不会干；思想认识欠缺，会干但不愿干；自身定位欠缺，不经常干。与时俱进差距大：惯性思维难克服，没能深刻认识到“新形势、新变化、新要求”；经验主义难克服，抓党建的“方法、创新、氛围”没能与时俱进；庸政懒政思想难克服，对党建创新有顾虑、担忧抓党建会分散生产经营精力等。**其次，**党委会议“不规范”。参加人员不规范，有时参加人数太少；会议决策不科学不严谨，会前准备不充分、会议讨论不发言、会议记录不完整；“前置程序”不到位，有的包办行政工作、有的次数过少等。**第三，**党管干部原则落实不全面。中层管理者的公开竞聘尚未全面到位；干部提拔还存在会前“临时动议”、推荐范围“小”、意见征求不充分现象；党务干部配备不足、素质不适应；该轮岗交流的不按规定交流。**第四，**基层组织建设有差距。基层支部的“三会一课”实效性差，不规范、形式化、“两张皮”以及指导不到位；基层组织生活会记录不规范、实效性差，思想交流少、交锋不够、辣味不够等；组织建设不到位，应配未配、兼职过多、精力投入不足。**第五，**中心组学习实效性亟待提升。中心组学习形式化，存在无主题、无研讨现象；请假制度执行不严格、记录不规范；“一岗双责”不落实，副职领导对分管领域的党风廉政建设“关注和把关”不够。**第六，**群众路线落实需加强。存在涉及职工利益的“重大事项”该履行职代会程序没有及时履行，该征求员工群众意见的没有征求等现象。

二是巡视整改的韧劲还不够强。持续推进整改的责任落实不够，监督推进不够，整改成果的运用不够、巩固不够。“专项整治”效果还有差距，形式主义、官僚主义的整治不深入，效果不显著；个人事项报告不全面，有的有重大漏项；领导人员家属及亲属经商办企业线索“深度挖掘”不够，整治不彻底；“组织作为”的力度不够，效果不明显。

三是纪委监督职能发挥不够充分。子公司普遍存在：主动靠前的意识不强，工作不够主动，发现“问题线索”能力不足；对下级平级监督的探头作用不强、提示提醒不够；“八项规定精神”落实还有盲区和死角，制度执行仍然“有弹性”，如车补、用车、违规乘坐交通工具等。

四是党建工作的引领和保障作用还需持续强化。党组织发挥“把方向、管大局、保落实”领导作用不突出：党组织的“引领作用”不明显，压力传导不到位、改革不主动；党组织对重大事项的“把关”不到位；党组织在“保落实”上不严格，制度的落实有差距，招标不规范，如应招不招、串标、独家代理等，制度不健全、更新不及时、操作性差。

以上差距，我们必须面对，尽快补课，以更高的标准、更严的要求加强党的建设。

（四）当先锋、作表率，全面从严管党治党。这次主题教育，对全面提升党建工作质量具有十分重要的推动作用。思想建党、理论强党、制度治党、作风兴党，是这次主题教育给我们提供的深刻启示。要以此为起点，在全面从严管党治党上继续探索、不断前进。

一是落实管党治党责任。历史和现实都告诉我们，抓住责任制，就抓住了管党治党的“牛鼻子”，不明确责任，不落实责任、不追究责任，从严治党是做不到的。全国国企党建会之后，我们强化了党建工作责任制，党委抓、书记抓、各有关部门抓、一级抓一级、层层抓落实的党建工作格局基本形成。但是，与党中央和国资委党委要求还有差距，抓党建同抓发展相比还是有些虚。要把管党治党责任承担好、落实好，突出抓好“三基建设”，把党建工作抓具体、抓深入。

二是持续深入改进作风。不正之风离我们越远，群众就会离我们越近。作风建设是攻坚战，也是持久战。我们一直在纠治作风问题，但是缺乏常抓的韧劲、深抓的耐劲、严抓的狠劲。开展形式主义、官僚主义专项整改，是这次主题教育的一项重要任务，务必紧盯不放，驰而不息、久久为功，绝不能搞“半拉子”工程，决不能让“四风”问题反弹回潮。要注重营造干事创业的浓厚氛围，以上率下、动真碰硬、攻坚克难，争做改革发展的组织者、实践者、推动者。

三是突出加强纪律建设。党的纪律是全党必须遵守的行为准则，严格遵守和坚决维护纪律是合格党员的基本条件。从当前的形势看，廉洁风险仍然较大，腐败问题还在发生，党风廉政建设和反腐败斗争的任务依然十分严峻。各级党委要切实履行主体责任，加强压力传导、责任传导。坚持严字当头，把纪律挺在前面，加强对党员干部全方位的管理监督，特别是加强对权力、资金、资源集中的重点部门和关键岗位的监督，精准运用监督执纪“四种形态”。采取有力措施，开展专项行动，突出重点消减存量、零容忍遏制增量，一体推进不敢腐、不能腐、不想腐。

同志们，再过一个月就是伟大祖国70华诞，这是党和国家政治生活中的大事、喜事。让我们高举习近平新时代中国特色社会主义思想伟大旗帜，以“不忘初心、牢记使命”主题教育为动力，牢记初心使命、勇于担当作为，坚决完成全年各项目标任务，奋力开创中车高质量发展新局面，以实际行动和优异成绩迎接中华人民共和国成立70周年。

践行国家战略　塑造国家名片
中国中车助力“一带一路”与制造强国建设协同发展

——中车集团党委副书记、董事、总经理，中车股份党委副书记、执行董事、总裁孙永才在“一带一路”基础设施建设与制造强国建设协同发展论坛上的演讲

（2019 年 11 月 26 日）

2013 年秋天，习近平总书记提出共建“一带一路”倡议。6 年来，中国以“政策沟通、设施联通、贸易畅通、资金融通、民心相通”为主要内容，打造“一带一路”沿线国家政治互信、经济融合、文化互容的利益共同体、责任共同体和命运共同体。

今年 4 月 26 日，习近平总书记在第二届“一带一路”国际合作高峰论坛上强调：共建“一带一路”为世界经济增长开辟了新空间，为国际贸易和投资搭建了新平台，为完善全球经济治理拓展了新实践，为增进各国民生福祉作出了新贡献。

如今，“一带一路”已成为全球最受欢迎的全球公共产品和前景最好的国际合作平台，正在成为和平之路、繁荣之路、开放之路、创新之路、文明之路。

制造业是一个国家经济社会发展的根基所在。2017 年 4 月，习近平在广西考察时强调指出：一个国家一定要有正确的战略选择。我们的战略选择就是要继续抓好制造业。

在党的十九大报告中，在两院院士大会上，在吉林、广西、江苏、黑龙江、广东和河南等地考察调研时，习近平总书记多次强调制造业的重要作用、重要地位，明确指出发展实体经济，就一定要把制造业搞好。

中车作为我国高端装备制造业的典型代表，作为全球轨道交通装备的重要供应商，积极响应“一带一路”倡议，坚定信心，坚韧不拔，坚持不懈，把参与“一带一路”建设和践行制造强国战略摆在更加重要的位置。

2015 年中车成立以来，习近平总书记四年三次视察中车，并对中车参与“一带一路”建设和制造强国建设作出了重要指示。

第一次是 2015 年 7 月 17 日，总书记视察中车长客股份公司，指出高铁动车是中国一张亮丽的名片，体现了中国的装备制造业水平，也是“走出去”与“一带一路”建设的“抢手货”，希望持续保持领先领跑，带动整个装备制造业形成比学赶帮超的局面。

第二次是 2017 年 4 月 20 日，总书记视察中车南宁基地时指出，要以创新驱动，实现新旧动能转换。同时，要做好知识和人才和积累。总书记称赞中车南宁基地是“一带一路”的典范。

第三次是 2018 年 9 月 26 日，习近平总书记视察中车齐车集团。总书记强调，装备制造业是国之重器，是实体经济的重要组成部分。“一带一路”对你们也是机遇，可以大有作为。继续练好内功、继续改革创新，继续做好自主创新，不断推出新技术、新产品、新服务，这样我们才能永立不败之地、永远掌握主动权。

一、中国中车勇当“一带一路”建设的排头兵

在习近平总书记重要指示精神的指引下，中国中车始终牢记嘱托，牢记使命，勇

于担当，认真贯彻落实总书记的重要指示，积极践行国家战略，勇当“一带一路”建设的排头兵，出口业务实现了“四大转变”。

一是出口产品从中低端到中高端的转变；二是出口市场从亚非拉市场到欧美澳市场的转变；三是出口形式从产品出口到产品、技术、服务、资本、管理等多种形式组合出口的转变；四是出口理念从产品“走出去”到产能“走进去”、品牌“走上去”的转变。

目前，中车产品现已出口105个国家和地区，基本覆盖“一带一路”沿线国家，83%拥有铁路的国家都运行着中车的产品。中车境外资产从2013年的30亿元递增到2018年的340多亿元；海外市场签约额从2013年的35亿美元递增到2017年的近63亿美元。

中车产品之所有能够成为“一带一路”建设的“金名片”，主要是因为坚持实施“三个五”，努力为世界各国轨道交通发展提供中车技术、中车产品、中车智慧和中车方案，实现共建共享共赢。

第一个“五”：实施“产品＋技术＋服务＋资本＋管理”五要素合一的国际战略，培育了客户对中车的专业依赖、技术依赖和服务依赖，实现全产业链、全价值链的向外平移。

2016年，中车与澳大利亚本土公司组成的联合体，以PPP模式中标澳大利亚墨尔本地铁项目。2017年，中车在墨尔本设立亚太总部和研发中心。2018年，墨尔本地铁成功下线。

该项目不仅是维州政府有史以来最大的地铁车辆采购项目，还是一次地方政府、民众、地铁运营商、地铁制造商、地铁维护商、融资方等相关各方共赢的合作。

第二个“五”：五本模式。在参与“一带一路”建设中，需要深耕目标市场，才能将产能“走进去”，才能长久留下来。所以，本土化运作是实现跨国经营的必由之路。在本土化运作中，我们总结了本地化制造、本地化用工、本地化采购、本地化维保和本地化管理“五本模式”。

例如，中车南非的区域公司、生产基地、售后服务站以及合资工厂，能够高度满足业主在整车、配件、技术服务等多方面的需求，使我们有底气说出“走进南非、扎根南非”，而后“走出南非、走向非洲”的区域发展策略。另外，中车在马来西亚、土耳其等地的员工本地化率达到80%以上。

第三个“五”：“五步阶梯法”，即走进、站稳、安营、融入、共享，中车在一带一路的建设中，通过实施“五步阶梯法”，加快海外经营网络布局。

目前，中车在英国、澳大利亚、德国等国家收购6家公司，成立海外研发中心17家，“一带一路”沿线6家。在全球26个国家和地区设立83家境外子公司，这83家境外子公司中，有58家诞生在“一带一路”倡议提出以后。

美国波士顿项目是实施“五步阶梯法”的最好例证。在海外投资，做跨国经营，实现更好的“走出去”，绝不是简单的建个工厂了事，必须要以本地人的思维、习惯、方式、规则去做事，让企业成为海外当地和谐的一员，扎实地走稳跨国经营之路。

例如，波士顿地铁中标后，我们开始筹划在美国建立制造基地。在基地的建筑规划里，我们计划拆除“红房子”，但发现当地人舍不得我们拆掉它。经了解，这个老房子有98年的历史，是当年西屋电气的厂房，寄托了七千多人的回忆与寄托，我们最终决定把它保留下来。这个作法，感动了当地的居民、媒体，市长也致电感谢。

二、参与“一带一路”建设面临的挑战

从“本土化”到“国际化”，从“本土企业”到“跨国企业”，中国企业走向世界，面临着严峻的挑战，那么究竟应该怎么走？

从中车的实践看，我们总结为“过五关”。

第一关“实力关”。实力是制造强国和一带一路的综合体现，好的产品必须用实力说话。

大家都知道，麦加是伊斯兰教的第一圣地。近年来，世界各地前往麦加的朝拜者已超过千万。特别是朝觐期间，成千上万的穆斯林从世界各地赶往麦加，交通问题一直是困扰沙特各界的难题之一。我们充分考虑了麦加独特的地理环境、宗教人文特点和集中性超负荷运营的特殊要求，创新设计了朝觐线地铁。这种车的特点是：

编组最长：采用12辆编组形式，是国内地铁编组长度的两倍；

运能最大：具有每小时单向72 000人次的载客能力。每节车单侧设置5个车门，能够快速疏导上下车人流；

最耐高温风沙：国内以及国际绝大多数地铁车环境温度最高限度为45℃，朝觐线地铁能够满足50℃运行要求，在55℃时也可以降级运行，并保证车辆在8级风力条件下正常工作；

安全冗余最充分：车辆具备强大的制动功能，能在超员载荷情况下，在40‰的坡度施加停放制动。

麦加朝觐线地铁自2010年11月投入使用以来，千万穆斯林在朝觐活动中感受到了中国新型地铁的便捷舒适。

第二关“标准关”。标准是进入国际市场的第一道门槛，如北美实施AAR标准，欧洲有UIC标准，俄语国家有GOST标准，各种标准差异很大，很难融通。谁达到了标准要求，谁就拥有了“入场券”。

比如2012年法国罐车全球招标，当时中国中车济南公司一举中标，就是济南公司达到了欧洲标准要求，取得了通往欧洲的通行证。

人们常说，掌握了标准就掌握了发言权。今天，中国高铁已经成为行业的引领者，我们有理由相信，未来，中国高铁的标准必将成为世界通用标准，掌握世界标准话语权。

第三关是“文化关”。在国际业务的开展中，对所在地文化的理解和尊重，对于企业的长远发展影响深远。比如我们在中东的一些项目中，需要雇佣当地的穆斯林员工。这些员工都要按照穆斯林的宗教习俗进行祷告。开始的时候我们不理解，怎么干活干一半就不干了，就去找个地方祈祷去了，铺块布就开始祈祷，有的甚至在车上也是，干活干到一半就铺块布，然后就在车上祈祷。后来我们主动跟他们沟通，在每天的祷告时间，为他们创造条件，提供祷告场所。尊重了穆斯林的宗教习俗，关系就更融洽，大大提升了我们与当地人的信任和感情。

第四关是“环保关”。环保是国际社会对产品的一致要求，产品一旦有环保问题，威胁人体健康，其引发的连锁反应甚至可能成为灭顶之灾。在为新西兰提供的内燃机车上，我们曾因司机室的涂装中被查出“石棉”而尝到苦头，也因为后来严把“环保关”，排放满足欧III标准、与新西兰的碧水蓝天极其协调，尝到了甜头，所以我们在新西兰的市场订单很大。

第五关是“信誉关”。信誉就是订单。

2013年11月29日下午，央视直播了一条“飞机运地铁”的新闻。飞机运地铁价格昂贵，我们为什么要那么做呢？

2013年11月，受强台风“海燕”影响，承运土耳其萨姆松现代有轨电车的货轮无法按时到港，结果影响了一个月的运输周期，我们对这种自然灾害的影响并不需要承担责任，但是用户很着急。为保障交付，我们空运有轨电车飞赴土耳其，确保有轨电车在萨姆松市按期开通运营。这批有轨电车运行得非常好，成为市政工作的亮点，市长把这个项目作为拉票“神器”，也凭着这项工程成功竞选连任。萨姆松市对中国中车的有轨电车和售后服务给予高度赞扬，在土耳其国内形成传导效应，伊兹密尔市知道后，特意于2014年9月邀请中车参与其轻轨车辆的投标，2015年的大年初一一大早，我们就收到了中标通知书。

正是因为良好信誉，这些年我们在土耳其订单不断。

历经多年的艰辛努力，我们顺利通过了包括这“五关”在内的各种严苛关口的重重考验，充分展示了中国制造、中国装备、中国铁路的良好形象，成为“一带一路”的国家名片。

三、中国中车未来践行国家战略的思考

2018年，习近平总书记在推进“一带一路”建设工作5周年座谈会上的强调：“过去几年共建‘一带一路’完成了总体布局，绘就了一幅‘大写意’，今后要聚焦重点、精雕细琢，共同绘制好精谨细腻的‘工笔画’。”

中车正秉承“连接世界，造福人类”的使命，在践行“一带一路”、制造强国等国家战略使命的统领下，勇于探索实践，争取做出更大贡献、奉献更大价值。未来，在高端化、数字化、国际化和协同化发展方面，中车将紧紧抓住一带一路及制造强国建设，协同发展的重大机遇，努力成为践行“一带一路”的引领者，努力成为制造强国、交通强国、科技强国战略的引领者，努力成为轨道交通装备技术创新的引领者，努力成为世界一流企业的引领者，努力成为带动整个装备制造业发展的引领者。

（一）聚焦核心技术，努力成为轨道交通装备技术创新的引领者。习近平总书记在今年第二届“一带一路”国际合作高峰论坛上指出，“中国将继续实施共建‘一带一路’科技创新行动计划，同各方一道推进科技人文交流、共建联合实验室、科技园区合作、技术转移四大举措”。“一带一路”建设过程中，要紧跟世界科技发展趋势，应对全球新一轮科技革命和产业变革，积极参与“一带一路”科技创新行动计划，继续加强沟通，深度合作，聚焦关键核心技术，实施自主创新、协同创新、开放创新，进一步深化关键共性技术、前沿引领技术、颠覆性技术、现代工程技术创新，把大国重器牢牢掌握在自己手中，在关键技术领域形成先发优势，引领行业技术发展方向，在“一带一路”走出去过程中抢占先机，赢得青睐。

（二）聚焦国家战略，努力成为制造强国、交通强国、科技强国战略的引领者。中国中车作为“国家名片”，上承国家战略，下担产业引擎。而中车的核心基因就是品质。每逢春节等节假日，我都到全世界各地的售后服务现场看望员工，高度关注出口产品的运营安全，确保产品安全运营，确保广大乘客出行平安，这已是我工作的“必选项”。我们要走出去，就必须要继续坚持匠心营造，以品质取胜。

同时，针对新一代信息技术，我们要全力开展网络传输、人工智能、信息物理融合、区块链等技术研究与应用，以“数字化、网络化、智能化”为主线，打造中车“智造网”、“产品网”和“服务网”，增强工业互联网产业供给能力，加速从“中国速度”走向“中国质量”，从“中国制造”走向“中国创造”，从“中国产品”走向“中国品牌”，不断提升产品品质和引领能力，从而赢得全球的尊敬和信赖。

（三）聚焦国际经营，努力成为世界一流企业的引领者。随着“一带一路”建设深入推进，政策沟通、设施联通、贸易畅通、资金融通、民心相通的合作蓝图正在加速绘就，为中车走出去提供了广袤的发展空间。基于现有基础，我们还要继续实施“五要素合一”战略，继续实施“五本”模式，继续实施“五步阶梯法”，在“一带一路”沿线国家和欧美高端市场深耕细作，建立区域公司、研制基地、售后服务网点等机构，深化

国际产能合作，完善全球产业布局，形成面向全技术链的技术开发能力、面向全产品链的产品开发能力和面向全生命周期创新保障的科技支撑能力，以良好的品质和服务赢得信赖，以先进的技术引领发展，同时纵深参与全球行业管理，在产业政策、行业组织、标准体系等方面发挥作用，持续提升行业影响力和话语权，继续向世界一流示范企业迈进。

（四）聚焦协同联动，努力成为带动整个装备制造业发展的引领者。“一带一路”走出去过程中不会一帆风顺，强强竞争时有发生。作为中国企业，我们需要组建“联合舰队”，实施“雁行出海”，实现共赢发展。我们会与政府部门、铁路相关企业、高校、金融机构等深化战略合作，本着共建共享共赢的原则，搭建开放协同的政、产、学、研、用、金、服合作机制，形成利益共同体，在产品协同、产业协同基础上，打造多层次、多维度、内外互动的协同发展平台，推进业务、企业、区域、产业链上下游等各方面实现协同联动。在“一带一路”的广阔舞台上，持续塑造国家名片，不辜负总书记嘱托，带动整个装备制造业形成比学赶帮超的局面。

（五）聚焦互联互通，努力成为践行“一带一路”的引领者。我国有句俗话，叫“要想富、先修路”。习近平总书记也多次强调，基础设施是互联互通的基石。从亚欧大陆到非洲、美洲、大洋洲，共建“一带一路”需要基础设施作为重要支撑。“一带一路”倡议提出6年多来，一系列国际经济合作走廊取得重大进展，将亚洲经济圈与欧洲经济圈联系在一起，为建立和加强各国互联互通伙伴关系、构建高效畅通的亚欧大市场发挥了重要作用。

今年是新中国成立70周年，从我国的发展经验来看，只要思路对，落实到位，再雄伟的目标都会实现。当今世界，经济全球化已经成为不可逆转的时代潮流。我们伟大的祖国始终遵循共商共建共享的原则，我们中车也愿意与全球各界一道，秉承“连接世界，造福人类”的使命，携手共同推进“一带一路”建设，同世界各国人民一起创造更加美好的未来。

四、协同发展的有关意见和建议

最后，关于“一带一路”与制造强国协同发展，提出三点建议：

（一）产业协同。目前，中车内部实施“雁行出海”“联合出海”，在丰富境外业务种类，拓展境外市场领域方面取得一些成绩。面对企业间沟通、合作、协同较少的问题，还请有关部门从更高层面搭建政企间、企业间、银企间协同联动平台，进一步完善企业间沟通协作机制，促进产业链上企业间合作，支持产业链走出去。

（二）政策协同。中车在参与“一带一路”建设中，得到了国家各部委的大力支持。在面对目标市场国政治、法律、市场、技术、环境、文化等潜在风险。希望有关部门提供信息支撑与指导建议，健全完善“一带一路”政策协同体系，帮助企业提高防范化解风险的能力和水平，促进企业更好的“走出去”。

（三）战略协同。中车深刻认识到，共建“一带一路”是构建人类命运共同体的重要举措，制造强国战略是共建“一带一路”的重要保障，制造业的高质量发展必须依靠科技创新这一第一动力。在开展投入高、周期长、见效慢的战略性创新活动中，恳请给予更多政策扶持，加快实现制造强国、交通强国、科技强国，共同推进“一带一路”高质量建设。

“一带一路”建设正迎来新的时代，中国中车将与中国企业紧紧抓住国家战略机遇，继续携手并进，以更加开放和成熟的姿态，为世界经济和人类进步贡献中车力量。

坚守初心　勇担使命
为高质量完成全年经营目标而努力奋斗

——中车集团党委副书记、董事、总经理，中车股份党委副书记、执行董事、总裁孙永才在中国中车2019年经营管理视频会上的讲话（摘要）

（2019年8月29日）

同志们：

今天，我们召开经营管理视频会，主要目的是贯彻落实党中央、国务院和国务院国资委有关决策部署及中央企业负责人研讨班会议精神，回顾总结上半年重点工作，分析研判当前经营形势，安排部署后几个月经营工作，对完成全年经营任务进行再动员、再部署、再发力、再落实。一会儿，化龙同志将重点围绕完成年度重点工作、谋划中车高质量发展、抓实主题教育作重要讲话。希望大家认真学习领会，抓好贯彻落实。下面，我讲三方面意见。

一、上半年重点工作简要回顾

今年以来，集团公司上下深入学习习近平新时代中国特色社会主义思想，坚决落实党中央、国务院和国务院国资委的决策部署，全面贯彻习近平总书记视察中车重要指示精神，主动应对错综复杂的内外部形势，扎实开展“不忘初心，牢记使命”主题教育，持续抓好政治巡视“后半篇文章”，全面推进企业高质量发展，各项工作取得新成效。集中表现为**“六个着力”**：

（一）着力提品质，经营业绩稳步增长。紧紧围绕“13568”经营思路，以全面预算管理为主线，积极推动“协同、补短、提质”三大工程，加快构建“五大机制”“六大体系”，持续加强运营监控和指标考核，持续完善“六大类”考核指标体系，持续推进“1+13”提质增效活动，经营业绩实现连续回升。收入和利润均实现两位数增长，高于中央企业平均增幅。株机公司、大同公司、大连公司、长客股份、四方股份、唐山公司、株洲所、四方所、永济电机、株洲电机、戚墅堰所、大连所等子公司自我加压、开拓经营，为集团公司上半年经营业绩双增长作出了积极贡献。

（二）着力化风险，企业运营更加健康。坚持底线思维，聚焦品质提升，狠抓风险防范化解，全面覆盖、全流程控制、全员参与的企业合规经营体系和风险管控机制基本建立。与存在风险较大的16家子公司签订责任状，落实风险防控责任目标，强化风险防范具体措施，加强日常督导考核，或有损失变成事实损失的趋势得到有效遏制。海外风险化解、法律风险防控、亏损企业治理、低效无效资产处置等工作扎实推进。安全环保形势总体平稳可控，未发生环境污染事件。坚守确保高铁和旅客万无一失的政治红线和职业底线，“中车Q”质量管理标准体系全面推进，产品源头质量整治不断深化，一体化供应商准入工作机制加快推广应用，产品质量稳中有升。

（三）着力优创新，科研开发再结硕果。不断完善一体化技术创新体系，持续推进自主创新、协同创新、开放创新，全面梳理核心技术短板清单，加快实施高速重载轴承、关键芯片、高端传感器等核心技术补短工程。时速600公里高速磁浮试验样车成功下线。时速160公里短编组动力集中动车组获得制造许可。研发协同持续加强，在基于代际的动客车产品需求研究、时速200公里动力集中电动车组技术研究、青藏铁路高原动力集中电动车组拖车技术方案研究等项目中，多家子公司协同作战，共克难题。青岛、长春轨道交通装备双创园区建设加快推进。意大利、奥地利两个海外研发中心先后挂牌，海外研发中心数量达到17个。加快推进城轨产品技术标准化体系建设，中国标准城轨地铁项目正式获得国家发改委批复。

（四）着力创一流，深化改革持续发力。按照创一流目标，研究制定了创建世界一流示范企业实施方案，创一流“设计图”“路线图”“施工图”逐渐明晰，“八大工程”启动实施。产投公司作为第二批混改试点单位，顺利完成第一轮引资路演。四方所、戚墅堰所成功入选第四批混改试点企业名单。四方股份、株机公司、大连公司成功入选“双百企业”，目前中车已有7家单位入选“双百企业”，入选企业数量位居央企第1位。各试点企业围绕“六突破、一加强”，加紧推进方案落地实施。齐车、长江两个货车子集团“战略＋运营”管控模式初步构建，为后续改革提供借鉴。永济电机和大连电牵整合启动实施。金融、类金融企业重组有序推进，中车金融租赁公司正式挂牌亮相。置业公司更名为科技园公司，集团不动产经营平台的发展方向和定位更加明确。坚决落实非首都核心功能疏解要求，两个二七公司开启转型发展新征程。

（五）着力促协同，业务拓展显现成效。产业协同模式探索实施。上海、广州、武汉、北京、成都、西安、沈阳七大动车组区域配件中心投入运营，沈阳机车区域配件中心试运行。唐山、浦镇、株机、大连公司160公里动力集中动车组售后服务一体化平台初步搭建。新产业协同发力。积极推进风电装备、环境治理、新能源汽车等产业发展顶层设计，风电产业链布局更加完整，新能源汽车型谱不断完善，环境治理系统解决方案能力稳步提升，城市业务协同发展效应初步形成。内部供应链建设深入推进。

（六）着力塑名片，党建活力充分激发。深入开展“不忘初心、牢记使命”主题教育，坚决落实“守初心、担使命、找差距、抓落实”的总要求，坚持“四个贯穿始终”，主题教育成果不断显现。始终坚持“两个一以贯之”，推进党建工作与生产经营深度融合，矢志打造中车党建“金名片”。坚持正确选人用人导向，全球一体化人才培养机制持续健全完善。强化监督执纪问责，深化纪检监察体制改革，推进干部警示教育经常化。围绕党委会、董事会、办公会决议，强化国资委政治巡视问题整改。落实意识形态工作责任制，加强宣传思想工作，发挥群团组织作用，凝聚起推动企业改革发展的强大力量。

总体来看，上半年集团公司上下精诚团结，合力攻坚，真抓实干，锐意进取，生产经营、改革发展和党建工作均取得积极成效。集团公司获评2018年度经营业绩考核A级，连续8年获得A级；获评2016—2018年任期经营业绩考核A级，连续三个任期获得A级；集团公司获评为2016—2018年任期“业绩优秀企业”“科技创新突出贡献企业”“节能减排突出贡献企业”，仅有10家中央企业同时获得这三个奖项。在此，我代表集团公司、股份公司领导班子，向在座的各位，并通过你们向中车全体员工表示衷心的感谢！

二、科学把握当前面临的经营形势

习近平总书记指出，**当前，中国处于近代以来最好的发展时期，世界处于百年未有之大变局，两者同步交织、相互激荡。**深刻揭示出世界大变局、中国大发展的时代背景，揭示出危机和机遇并存的复杂格局。前不久召开的中央政治局会议作出了“当前我国经济发展面临新的风险挑战，国内经济下行压力加大”“推动高质量发展的积极因素增多”等重大判断。综合分析当前世情、国情、企情的深刻变化，完成全年经营任务、推动中车高质量发展，我们面临着**“五大压力”**。

（一）促发展的压力。发展是解决一切问题的基础和关键。当前，我们面临着严峻复杂的外部形势。全球经济增长乏力，贸易保护主义、单边主义抬头，全球经济的不稳定性、不确定性、不可预见性趋于常态化。国内经济下行压力持续加大，一些深层次结构性矛盾趋于显性化，供给侧结构性改革阵痛持续，制造业转型升级压力巨大，实体经济面临的困难挑战明显增多。全球轨道交通行业深度调整，国际市场竞争日益加剧，西方国家和国际竞争对手对中车国际化发展戒备提升、设限增多、对抗增强，中车海外经营面临多重挑战。国家铁路体制改革纵深推进，铁路市场逐步开放，各类资本纷纷涌入。新的业态快速形成，跨界竞争愈演愈烈。这些外部因素交织叠加，对我们形成多重挤压。而我们还是沿用传统的市场理念，“产品＋服务”的市场经营模式和开拓能力明显不足，产品市场的“后半篇文章”谋划不够，企业高质量发展面临诸多困难。

（二）稳增长的压力。实现稳增长是贯彻落实党中央、国务院“六稳”要求的前提和基础，国有企业、中央企业作为中国特色社会主义的重要物质基础和政治基础，中央企业稳住了，国民经济大局才能稳定。中车作为“国家名片”，承载着总书记的嘱托，承载着强国战略的使命，承载着广大投资者的期待，承载着18万员工的期盼，保持经营业绩稳定增长，既是政治责任，也是经济责任、社会责任。上半年，我们生产经营虽然总体保持稳中有进的良好态势，但从全年来看，稳增长的压力仍然巨大。从国际市场看，中美贸易摩擦呈现出艰巨性、长期性、复杂性，国际市场开拓愈加艰难。从国内市场看，我国轨道交通行业正在深刻变革，特别是铁路装备修程修制改革加快推进，主要用户更加关注成本、效率和效益，给我们带来巨大的成本压力。从我们自身看，四大业务板块和五大业务平台相互融合、相互支撑作用不够，新的增长极还未形成。“同一个中车”发展理念还没有完全达成共识，内部配套率偏低，整机带动部件、优势企业带动弱势企业不够，资源、资产和资本缺乏协同。解决好这些问题，完成今年的经营指标，是一场攻坚战，需要我们付出异常艰辛的努力。

（三）优创新的压力。习近平总书记强调，**抓创新就是抓发展，谋创新就是谋未来。**现今世界，谁掌握了创新的主导权、技术的制高点，谁就掌握了未来。前阶段，我们组织有关企业进行了全面梳理，在一些关键核心技术方面，中车也存在短板问题。动车组、机车、城轨车辆等产品的少部分控制类通用芯片、轴承、传感器等关键核心部件国产化替代进展较慢，一旦出现极端情况，我们将面临极为困难的局面。目前，我们创新资源分散，重复研发、重复投入问题仍然存在；一体化的协同创新体系尚未完全建立；主要核心配套产品和重要零部件的市场、技术主导权不大；在前瞻性、基础性、关键共性技术研究上任重道远，在轨道交通装备领域的技术话语权、标准主导力亟待提升。面对5G、物联网、人工智能、大数据、云计算等为代表的新一轮科技革命和产业变革浪潮，我们必须要以坐不住、等不起、慢不得的紧迫感、责任感和压力感，尽快突破核心技术，全面推动补短板、强弱项工程，牢牢掌握主动权。

（四）深改革的压力。持续深化改革，加快创建世界一流示范企业，既是党中央、国务院和国务院国资委交给中车的政治任务，也是中车自身实现“双打造一培育”战略目标的必由之路。但从目前情况看，改革进程与预期目标差距较大。市场化经营机制、资源配置、管控体系尚待完善，同质化、业务资源分散、亏损企业治理、子公司两极分化等问题没有根本解决。部分子公司主动意识不强，存在等待、观望的心态，缺乏改革的勇气、锐气和动力、魄力，各项举措推进迟缓，改革成效尚未显现。这与国资委党委政治巡视要求很不相称，与社会各界的期待很不相称，与中车国家名片、大国重器的地位很不相称。作为央企整合重组的先行者、探路者和示范者，我们必须要进一步增强改革的使命感、紧迫感、责任感，坚决顶住压力，扛起责任，加快推进改革措施的落地落实，争做央企改革典范。

（五）化风险的压力。打好防范化解重大风险攻坚战，是党中央作出的重大决策部署。着力防范化解重大风险，处理好发展进程中长期积累的深层次矛盾和困难，是推进中车高质量发展、创建世界一流示范企业的必然要求。上半年，我们花费了很大精力，采取多项举措，对存在的重大风险进行了集中整治，取得了一定成效，但压力依然巨大。特别是融资性贸易风险还有敞口，各类减值计提影响还在加大。依法合规经营、海外业务、安全环保和产品质量等方面风险的防范化解任务同样异常艰巨。下半年如果不能有效化解这些潜在风险，势必对全年经营目标造成重大影响，势必对“十三五”战略目标造成一定冲击。所以防范化解重大风险任务艰巨，刻不容缓，必须要攻城拔寨、久久为功。

着眼全年，放眼未来，虽然我们面临着**“五大压力”**的严峻挑战，但我们也要看到**“五个没有变”**的难得机遇：全球经济一体化的世界大势**没有变**，开放合作仍是世界主流；我国经济稳中向好、长期向好的基本面**没有变**，具有足够的发展韧性和增长空间；国家实施“六稳”的重大经济政策部署**没有变**，全面深化改革将释放更多政策红利；国家推进交通强国、制造强国、质量强国、科技强国等战略方向**没有变**，制造业将长期处于振兴实体经济的首要位置；轨道交通大发展的整体趋势**没有变**，铁路固定资产投资“回归”8 000 亿元以上，城轨及城市基础设施建设投资也将保持稳定增长。这些都是我们完成全年经营指标、推进高质量发展的“稳定器”和“压舱石”。我们必须保持战略定力，牢牢把握发展大势，抓住主要矛盾，化危机为机遇，化压力为动力，化被动为主动，咬定全年经营指标不动摇，咬定高质量发展目标不动摇，咬定创建世界一流示范企业目标不动摇，给党和国家、给社会和股东、给全体员工交上一份满意的答卷。

三、全面推进经营管理目标落实落地

再过一个月，我们即将迎来建国 70 周年。我们要继续深入贯彻习近平新时代中国特色社会主义思想，坚决落实习近平总书记视察中车重要指示，以及中央企业负责人研讨班会议精神，全面落实“13568”经营思路，扎实开展“不忘初心，牢记使命”主题教育，以主题教育统领问题整改、生产经营、改革发展、党的建设等各项工作，确保年度经营目标任务高质量完成。重点做到**“八个再发力”**：

（一）主题教育再发力，确保取得实效。习近平总书记在内蒙古自治区指导开展主题教育时，强调**“主题教育要实实在在，不能上下忽悠”**。目前，第一批主题教育即将结束，第二批主题教育即将开展。后几个月，要牢牢把握“守初心、担使命、找差距、抓落实”的总要求，坚持“四个贯穿始终”，切实做到“四个到位”。要切实增强“四个意识”，坚定“四个自信”，坚决做到“两个维护”，要更加坚定成为党和国家事业“六个力量”的信心，自觉用习近平新时代中国特色社会主义思想武装头脑、指导实践、推动工作。要聚焦党员领导干部的思想根子问题，聚焦对标对表找差距的整改落实问题，聚焦制约企业改革发展的突出问题，聚焦影响年度经营指标的瓶颈问题，出真招、实招、硬招，列出施工图和计划表，压实责任，真抓实改，要用事实和数据说话，切实把主题教育成果体现在党员干部作风的转变上，体现在职工群众生产生活条件的改善上，体现在全年经营指标的完成上，用实实在在的成果来检验主题教育的成效。

（二）运营管控再发力，坚决完成指标。进一步严格落实经营指标。要坚定咬紧年度经营目标不动摇，紧紧围绕“13568”经营主线，大力推进“协同、补短、提质”三大工程，全方位拓市场、保增长。集团总部要加强经营调度，紧扣减利因素，突出差异化考核，“严考核、重奖励”，激励引导子公司多完成指标，对超额完成收入利润指标的企业，对“处僵治困”中作出突出成绩的企业，对在推动“协同、补短、提质”三大工程中发挥引领作用的企业，集团公司将研究给予相应奖励，并在工资总额、固定资产投资、市场份额等方面给予倾斜。龙头企业要发挥引领带动作用，主动担当，勇挑重担，确保完成调控指标，力争多出效益，多作贡献。优势企业要勇争高峰，迎头赶上，以更加积极的目标统领各项工作，力争完成经营指标。集团上下都要牢记初心和使命，不讲条件、不找理由、不打折扣，层层分解任务，分担指标，分担压力，确保全面完成经营指标。

强力推动“1+13”提质增效活动。深入开展“改善不良、杜绝浪费”专项活动。抓住经营管理的难点、痛点、急点和风险点，全面梳理各类不良现象，深入查找浪费点，着力挖掘增效点，坚决堵住出血点，杜绝一切无价值的活动，消除一切浪费，全面降本增效。要以城轨和货车板块为重点，抓好降成本工作。**坚决推进“两金”压降，**深入开展“两金”压降专项治理。**全力推进亏损企业专项治理。**要下狠心、下决心、下恒心，对扭亏无望的企业，要采取重组整合、关停并转等措施，坚决堵住出血点、出血口。集团公司将与涉及24户重点亏损企业的各一级子公司签订“重点亏损子企业专项治理责任书”，进一步落实责任，明确目标，“一企一策”，标本兼治，全力减亏控亏扭亏，确保年底实现“全级次亏损企业户数少于56户，巡视整改决议确定的亏损企业户数少于45户”的目标。**加快推动土地重大专项落实。**加快推进天津装备、二七车辆、四方有限、长客高新厂区、兰州武威路厂区、时代新材红旗路厂区土地流转和石家庄公司土地出让等不动产盘活项目。

抓牢抓好国资委党委政治巡视和主题教育检视问题的整改落实。要结合“不忘初心、牢记使命”主题教育，进一步提高政治站位，做好与习近平总书记视察中车重要指示精神对标对表，与国资委党委巡视反馈问题整改决议对标对表，与主题教育总要求总目标对标对表，坚决做好政治巡视“后半篇文章”，坚决抓好主题教育检视问题的整改落实，做到认识再深化、问题再聚焦、标准再提高、措施再完善、责任再强化、目标再压实、成果再体现，坚决完成好2019年度各项整改任务，为2020年圆满完成“十三五”规划目标奠定坚实基础。

（三）深化改革再发力，激发发展动力。要聚焦全面深化改革，在实现高质量发展上下功夫，在创建世界一流示范企业上下功夫，实现**“四个突破”**。

创一流顶层设计的分解落实要实现突破。准确把握创建世界一流示范企业的机遇期，进一步细化落实创一流八大重点任务和五大类23项发展指标，明确好方向，配置好资源，优化好组织架构，建立好机制，压实好责任，落实好指标。按照“三个领军、三个领先、三个典范”的要求，突出加强公司治理能力、技术创新能力、业务拓展能力、资本运作能力、企业盈利能力、价值创造能力、人才集聚能力、风险管控能力、标准制订能力、品牌影响能力等“十大能力”建设。紧盯“十三五”战略目标及重点任务落实，尽快启动“十四五”发展规划制定。

混改和“双百行动”要实现突破。产投公司、四方所和戚墅堰所三个试点子公司要先行先试，大胆探索，进一步明确混改目标、路径，积极对接战略投资者，加大混改推进力度。中车产投混改要蹄疾步稳，年内完成引入非国有资本。四方所、戚墅堰所混改方案年内要加快出台。入选国企改革“双百行动”的7家子公司，要解放思想，大胆实践，努力迈出实质性步伐，打造国企改革的“中车样板”。

业务重组整合要实现突破。两个货车子集团要全面实施“战略 + 运营”管控，对子集团和成员企业的经营计划和效绩考核负责，为中车后续重组整合积累经验。加快推进城轨基地等业务整合，进一步优化资源配置，明确业务发展定位，通过股权置换等方式，打造城轨命运共同体。积极推进永济与大连电牵的重组整合第一阶段工作。全力组织四方所和时代新材高分子材料业务重组。督导推进两个二七公司等单位重组转型工作。

历史遗留问题解决要实现突破。紧紧抓住政策窗口期，加快推进沈阳实业、大连实业、大同实业、唐山实业等厂办大集体改革，确保完成2019年厂办大集体改革目标。切实做好“三供一业”分离移交收尾工作，实现职能移交、资产划转和维修改造100%。积极推进退休人员社会化管理，认真落实中办、国办《关于国有企业退休人员社会化管理的指导意见》有关要求，按照集团公司统一部署，加强与当地政府沟通对接，认真做好政策宣讲和信息把控，有序推进退休人员社会管理工作，实现平稳过渡。要坚持“应租尽租、应收尽收、能售尽售”的原则，下大力气开展各类资产、能源的信息化管理，盘活存续资产，提升资产效益。

（四）创新驱动再发力，抢占技术高地。坚持创新驱动，紧紧咬住核心技术攻关项目持续发力，把大国重器牢牢掌握在自己手里，永立不败之地，永远掌握主动权。

深化科技体制改革。积极推进“抓两端促中间”的创新体系建设，完善共建共享能力平台，优化科技资源配置，释放科技创新活力，协同推进行业共性关键技术攻关和产品全寿命可靠性等技术研究，杜绝重复研发、重复投入。加快推进国家高速列车技术创新中心建设，加快海外研发中心能力建设，为海外项目拓展提供支持。

突破关键核心技术瓶颈。加强轨道交通基础性技术研究、战略性技术攻关、前沿引领技术和颠覆性技术创新，深化人工智能、大数据、云计算等重点领域研究，着力解决制约公司高质量发展的关键技术问题。

强化重大科研项目攻关。精心组织“动车组轴承技术”“列车网络控制与牵引变流专用芯片族”两个重大科研攻关项目，全力推进“系列化中国标准地铁列车研制”国家重大专项，抓紧实施《基于国产芯片的电传动与控制系统研制》等重点项目，力争2～3年内实现关键芯片的国产化替代。

抓好重大产品研发。加快推进时速600公里高速磁浮交通系统，时速400公里可变轨距高速列车，京张、京雄高铁智能动车组等重大产品研发，抢占行业技术制高点。

增强产品技术话语权。加大海外专利申请力度，持续完善知识产权和专利的国际化布局；紧紧抓住实施国家重大专项的机遇，加快对高速动车、城轨产品、核心系统和重要零部件的国家标准、技术条件规范的布局制定，提升中车在轨道交通装备行业的技术、市场引领地位；深度参与和主导国际标准修制订工作，提升行业国际标准话语权，全年力争申请海外专利400件，申请发明专利2 200件。

（五）协同融合再发力，共同提升能力。牢固树立“同一个中车”理念，坚决做到“十五个必须”，强弱项，补短板，大力推进协同融合，持续增强协同能力，推动企业、区域、业务、技术、资源、产业链等各层面良性互动，实现共赢发展、优良发展。

强化集团层面统筹协调。加快构建“五大机制”“六大体系”，进一步强化集团战略管控。加强资金、资产、资源、资本的统筹协调，发挥投资对资源配置的引领作用，进一步向盈利能力高、市场占有率高，市场品牌强、开发能力强的产业倾斜，加快提升整体竞争实力。强化全面预算管理，加强预算刚性约束，确保预算执行与经营目标、管理导向相匹配，发挥好预算的监控、预测、预警作用。

强化市场开拓协同。抓住铁路大发展、城轨大发展的市场机遇，强化一体化营销，创新市场经营模式，大力开拓维保、检修、配件中心销售、技术服务、智能服务等后市场业务。注重发挥城市业务协同效应，立足轨道交通装备核心优势，出“组合拳”，快速形成共拓市场、联合营销的机制，充分释放中车整体业务链、产业链、价值链的协同效应，努力向“制造＋服务”、向全生命周期服务、向全产业链服务拓展。

强化内涵式发展协同。主机企业与配套企业要协同有序，优势企业与困难企业要协同共进，两个货车集团要协同互融，坚决避免形成新的内部配套壁垒，着力推动中车内部良性循环发展。提高内部配套率和一级集采率，一级集采率大幅提升。加大智慧物流和哈尔滨电商平台应用推广。主动融入国铁修程修制改革，搭建造修互动平台，坚持以造带修，以修促造，统筹谋划动车组、大功率机车的检修布局，打造中车专业化的技术、质量、成本优势，巩固和拓展检修市场。

强化产融协同。依托平台型公司建设，做实金融平台业务，提升筹融资、新产业培育、不动产经营和不良资产盘活处置能力，构筑多层次、多维度、内外互动的产业协同发展机制，为发展新产业、内部重组整合、拓展境内外业务等提供资金支持。

（六）风险化解再发力，保障稳健经营。认真贯彻落实好习近平总书记在年初省部级主要领导干部研讨班上关于防范化解重大风险的重要讲话精神，突出抓好**“促合规、优质量、防污染、保安全、强管控”**五方面重点任务。

促合规。完善法人治理体系，强化内部管控，推进“三重一大”决策运行实现全覆盖，保障体系运行有效；健全法律风险防范机制，强化依法合规经营意识，加强违规经营处罚考核力度，提升全级次企业合规管理和依法治企能力。

优质量。加强轨道交通产品质量管控，加强源头质量整治，强化制造服务、技术服务、售后服务和远程监控服务，确保高铁和旅客列车安全万无一失，切实维护中车形象，维护铁路形象，维护国家名片形象，为建国70周年营造良好氛围。

防污染。切实担负起生态文明建设政治责任，积极推进生态保护污染防治工作，加快水性漆推广应用，全面整改风险隐患，全面节能减排，坚决打好打赢蓝天碧水净土保卫战。

保安全。落实好全国安全生产电视电话会议精神，牢固树立以人民为中心的发展思想，践行安全发展理念，筑牢安全生产防线。细化实化各层级、各环节责任，狠抓安全生产基础建设、隐患排查、专项整治和宣传教育，坚决避免重特大事故发生。

强管控。全面加强重要领域风险管控。积极稳妥开展PPP业务，系统化解存量项目风险，实现PPP业务管理专业化、规范化。着力防范化解金融、类金融业务风险。加强对签订责任状的16家企业的风险管控和监督考核。多渠道、多举措化解历史遗留的融资性贸易风险，严禁各企业开展融资性贸易和空转走单贸易业务。

（七）海外经营再发力，塑造国家名片。面对各种国际风浪，各子公司要坚定信心，振奋精神，牢记央企使命，勇担大国重器，以更加积极的姿态融入“一带一路”建设，以更加开放的状态融入世界轨道交通产业发展大势，努力实现海外业务的再突破、再发展。

应对“走出去”的风险。主动应对中美贸易摩擦带来的冲击，系统分析对中车市场开拓和项目执行的不利影响，提前做好各种应对预案和准备。加大市场开拓力度，分区域、分项目，“一区一策”，“一项一策”，全力保障既有项目的有序推进，全力争取跟踪项目的落地签单，努力寻求新突破。

提升“走出去”的能力。进一步规范海外市场秩序，构建统一的市场、价格、技术、质量管控体系，坚决杜绝无序、低价竞争，确保中车利益最大化。深入探索与世界其他企业的合作，立足互利共赢，共同开拓海外项目。

突出“走出去”的效益。加强子公司海外协同，按照整机带动零部件、制造业带动服务业、总承包带动产业链、轨道交通装备带动非轨道交通装备的思路，坚持“雁行出海”，加强资源协同，发挥主机企业“头雁效应”，带领“群雁”企业协同出海。

优化“走出去”的模式。推进海外经营模式变革升级，推进“产品＋技术＋服务＋资本＋管理”全要素经营模式，推动全产业链“走出去”，努力赢得全球客户的尊重和信赖，持续塑造我国先进制造业的名片、中央企业形象的名片、世界一流企业的名片、中车党建的名片。

（八）党的建设再发力，推动成效跃升。高举习近平新时代中国特色社会主义思想伟大旗帜，坚决贯彻落实党的十九大精神和全国国企党建工作会议精神，促进党建工作和业务工作深度融合。

强党建。坚决落实党中央第二批主题教育的各项要求，坚决落实习近平总书记“两个一以贯之”和“四个一起”的要求，以党建“金名片”建设为主线，推动党建成效全面跃升，筑牢企业的“根”和“魂”。

转作风。加快推进作风转变，以总部作风转变带动全集团作风转变，以领导班子作风转变带动全员作风的转变，共同塑造“风清、气顺、心齐、劲足”的工作氛围。

抓廉政。严格落实中央八项规定精神，驰而不息纠正“四风”。一体化推进“不敢腐”“不能腐”“不想腐”的体制机制建设，把党风廉政建设和反腐败斗争推向深入。

聚合力。加强新闻宣传和舆论引导，加强形势任务教育、信访维稳和保密工作，共同汇聚完成全年目标任务的强大合力，共同营造防风险、保安全、迎大庆的良好环境。

同志们，初心如磐，使命领航。让我们以习近平新时代中国特色社会主义思想为统领，坚决落实总书记视察中车重要指示精神，牢牢抓住主题教育的契机，激发各级领导干部和广大员工，要发挥出中车人的干事创业的拼劲、抢抓机遇的冲劲、开拓市场的闯劲、创新驱动的强劲、工作作风的实劲、攻坚克难的韧劲、咬定目标的恒劲，坚决完成2019年经营管理各项目标任务，努力开创高质量发展新局面，以优异成绩迎接中华人民共和国成立70周年。

大 事 记

本栏编辑　程伯瑶

2019 年 大 事 记

1 月

8 日 长客股份公司一线工人罗昭强创造的“高速列车整车调试环境模拟技术及应用”在 2018 年度国家科学技术奖励大会上获国家科学技术进步奖。这是“高铁工匠”首次获得国家科技进步奖。

同日 中国中车赴中车定点扶贫地区——广西壮族自治区靖西市和那坡县进行扶贫工作调研并开展“送温暖”活动。

10 日 中国中车第一届职工代表大会第四次全体会议以视频形式召开，审议通过《中国中车经营工作报告》，表决通过《中国中车第一届职工代表大会第四次全体会议决议》。

17 日 中国中车 2019 年工作会议在北京召开，中国中车党委书记、董事长刘化龙作《坚决落实高质量发展要求 向“双打造一培育”目标砥砺前行》的重要讲话，中车集团总经理、中车股份总裁孙永才作《不愧时代 不负嘱托 不辱使命 为全面实现“双打造一培育”目标努力奋斗》的工作报告。会上表彰了 2018 年度经营业绩突出单位，并颁授第三届管理创新成果奖。

同日 中国中车召开集体廉政谈话会，中国中车党委书记、董事长刘化龙参加会议并讲话。

同日 第十四届高技能人才表彰大会在北京举行。中国中车员工孙景南等 30 名中华技能大奖获得者和 300 名全国技术能手在会上受到表彰。孙景南是中国中车第八位获此荣誉的员工。

18 日 中国中车 2019 年党委常委（扩大）会议在北京召开，将 2019 年确定为党建“成效跃升年”。

同日 中国中车 2019 年党风廉政建设和反腐败工作会议在京召开。

同日 中国中车首次青年工作会议在北京召开，会议表彰了第二届“中国中车十大杰出青年”。

20 日 马来西亚交通部长陆兆福访问中车，双方就中马未来在轨道交通领域合作进行磋商。

22 日 中国中车赴甘肃天水调研定点扶贫情况并开展“送温暖”活动。

22—23 日 中国中车 2019 年人力资源工作会议在北京召开。

22—25 日 第 49 届世界经济论坛年会在瑞士达沃斯举行，中车集团总经理、中车股份总裁孙永才受邀出席。

23—24 日 中国中车党委书记、董事长刘化龙到常州地区调研、慰问劳模和困难职工，并分别参加常铁校、戚墅堰所、戚墅堰公司领导班子专题民主生活会。

25 日 中国中车举行违规经营投资责任追究视频培训会议，邀请国务院国资委监督二局副局长白海峰、副巡视员（副局级）李聚银和处长董志凌对违规经营投资责任追究工作进行专题培训。

同日 中国中车党委书记、董事长刘化龙到长江集团和长江公司调研、出席指导 2018 年度领导班子专题民主生活会、慰问困难员工，并到武汉动车检修基地慰问武汉动车售后服务站服务人员。

28 日 中车集团与中国五矿集团签署战略合作协议。

同日 中国中车举办 2019 年老同志新春茶话会，刘化龙、孙永才、魏岩等领导以及中车退休老领导、老干部、老同志 140 余人参加茶话会。

同日 中车集团总经理、中车股份总裁孙永才走访慰问北京动车段售后人员。

30 日 中车集团总经理、中车股份总裁孙永才到沈阳公司调研、慰问困难员工，并出席指导沈阳公司 2018 年度领导班子专题民主生活会。

2 月

20—21 日 中车集团党委副书记、总经理孙永才分别参加中车产投、中车金控 2018 年度民主生活会并开展调研。

23—24 日 中车集团党委副书记、总经理孙永才陪同国务院国资委党委书记郝鹏、国务院国资委副主任任洪斌赴河北邯郸市魏县、邢台市平乡县调研国资委定点扶贫和中央企业参与雄安新区建设情况。

28 日 中车金融租赁有限公司在天津正式揭牌。

同日 中国中车召开2019年物资采购、仓储、智慧物流专题视频会。

本月 长客股份公司与澳洲合作伙伴唐纳公司联合获得澳大利亚悉尼城市双层客车项目二期采购订单，内容包括新购 17 组双层客车以及车辆的维护保养。

3 月

5 日 十三届全国人大二次会议在北京召开，齐车集团齐车公司货车分厂电焊工张敬华，代表黑龙江省一线工人赴京参会。7 日，全国人大代表、四方股份公司钳工首席技师、中车首席技能专家郭锐作主题发言，为产业工人“代言”。

6—7 日 中车集团 2019 年资产管理工作会议在成都召开。

6—9 日 中国中车组织人民日报、科技日报、工人日报、中新社等中央媒体团记者，赴广西百色市靖西市、那坡县就公司“精准扶贫、高铁品质”开展专题采访活动。

8 日 吉林省“改革先锋进校园”宣讲报告会在吉林大学开讲，中车集团总经理、中车股份总裁孙永才现场讲述中国高铁发展历程，并勉励青年学子勇于投身改革开放的新征程。

12 日 中国中车党委启动 2019 年第一轮巡视工作。

12—13 日 中国中车党委书记、董事长刘化龙，中车股份副总裁王军到四方有限公司、四方股份公司、四方所、国家高速列车青岛技术创新中心等企业调研。

13 日 中国中车党委书记、董事长刘化龙在青岛会见青岛市委书记王清宪，双方就深化中国中车和青岛市的合作进行会谈。

14 日 中国中车集团公司获评国家职业技能等级认定试点单位。

14—15 日 中国中车 2019 年科技质量工作会在齐齐哈尔召开。

18 日 中国中车召开党委中心组（扩大范围）学习视频会，就媒体融合发展进行集体学习，并邀请国资委新闻中心副主任闫永就相关主题进行讲解。

20—21 日 中国中车 2019 年度精益管理工作会议在株洲召开。

20—22 日 中车集团总经理、中车股份总裁孙永才到株洲所调研。

21 日 中国中车 2019 年法治工作视频会在北京召开。

22 日 中国中车党委书记、董事长刘化龙在贵阳会见贵州省委书记孙志刚、省长谌贻琴，并共同出席中车集团与贵州省人民政府“战略合作框架协议”签约仪式。

同日 中车集团总经理、中车股份总裁孙永才到株洲电机公司调研。

23 日 中车集团总经理、中车股份总裁孙永才出席中国发展高层论坛并发言。

26 日 中国中车召开 2019 年两化融合工作视频会议。

26—27 日 2019 年国际化人才高级项

目先后在宁波诺丁汉大学和西交利物浦大学开学。

29 日 中车集团召开第四次定点扶贫工作会议暨扶贫挂职干部述职会。五名扶贫挂职干部进行工作述职。中国中车党委书记、董事长刘化龙主持会议并作重要讲话。

29—30 日 中国中车 2019 年海外业务工作会议在南京召开。

4 月

1 日 中国中车在香港举办 2018 年全年业绩发布会，会后中车管理层在香港进行为期三天的路演。

2 日 中车集团总经理、中车股份总裁孙永才到两个香港子公司调研。

3 日 中国中车 2019 年内部审计、风险管理和内部控制工作视频会议在北京召开。

4 日 国务院国资委副主任翁杰明到中国中车调研。

同日 上交所发布《关于聘任上海证券交易所第一届科创板股票上市委员会委员的公告》，中国中车董事会秘书谢纪龙当选为第一届科创板股票上市委员会委员。

9 日 永济电机公司牵头组织长客股份公司、大连公司携系列创新产品和系统解决方案参加在西安举办的第九届中国西部国际物流产业博览会暨中国（西安）智慧交通博览会。

9—11 日 国务院国资委主任肖亚庆到四方股份公司考察调研。

10 日 团中央书记处书记徐晓一行到株机公司调研团基层组织建设。

11 日 央视《新闻联播》报道“一路有你”摄影大赛结果，齐车集团由田创作的《丝路铁龙》获大奖。

12 日 中国共产党中国中车总部机关第一次代表大会召开，中国中车党委书记、董事长刘化龙出席会议并作重要讲话。

12—13 日 “国企开放日”观摩推进活动暨第七届“车迷有约　走进中车”在唐山公司举行。

16 日 在肯尼亚访问的全国人大常委会副委员长曹建明，专程赴肯尼亚蒙内铁路考察，并乘坐由戚墅堰公司制造的 DF_{11} 机车所值乘的工作列车前往阿西河站考察。

17 日 中国中车党委书记、董事长刘化龙应邀参加在成都举行的 2019 中外知名企业四川行活动，并与四川省委书记彭清华、省长尹力，成都市市长罗强等交流。

16—18 日 中国中车党委书记、董事长刘化龙到资阳公司、四方成都轨道公司、成都公司、中车置业成都公司、眉山公司等中车在川企业调研。

18—19 日 中车集团总经理、中车股份总裁孙永才到大连公司调研。

19 日 中国中车召开部分企业党委书记座谈会，中国中车党委书记、董事长刘化龙参加会议并进行集体谈话。

同日 中国中车工会女职工委员会第四次全委（扩大）会议在成都公司召开。

20 日 中国中车团委在中车党校常州校区开展“青春心向党 • 建功新时代”特别主题团日活动，庆祝新中国成立 70 周年、五四运动 100 周年。

22 日 中国中车 2019 年防范化解重大风险专项工作视频会议在北京召开。

25 日 中国中车工业智慧物流工作推进会在南京召开。

28 日 中车集团总经理、中车股份总裁孙永才到齐车集团石家庄公司调研。

同日 尼日利亚联邦交通部长 Amaechi 到戚墅堰公司参观访问，进一步推进合作项目实施。

5 月

9 日 2019 中国品牌价值评价信息发布暨中国品牌建设高峰论坛在上海举行，中国中车品牌价值达到 1 160.95 亿元，列机械制造行业第一位。

同日 中车集团与鞍钢集团有限公司在辽宁鞍山签订战略合作框架协议。

14 日 中车集团总经理、中车股份总裁孙永才到唐山公司调研。

15—19 日 第三届世界智能大会在天津举行，中国中车党委书记、董事长刘化龙受邀出席本次大会开幕式并到中车展台观摩指导。其间，刘化龙与天津市副市长孙文魁会谈。

15 日 中国中车焊接和无损检测培训中心与德国莱茵公司联合在常州举办“2019 工业制造论坛——轨道车辆维护维修”，来自唐山公司、大同公司、长江公司、株机公司、眉山公司、浦镇公司、庞巴迪等企业 80 余名技术人员参加培训并交流。

21 日 中国中车党委 2019 年第二轮巡视工作启动会在总部召开。

21—22 日 2019 年欧美安全生产共享学习培训班在常州举办。

23 日 四方股份公司时速 600 公里高速磁浮试验样车在青岛下线，中国在高速磁浮技术领域实现重大突破。

24 日 中国中车召开第五次干部警示教育大会。

29 日 中国中车召开全面深化改革工作会议暨创建世界一流示范企业启动大会。

同日 中车集团与北京语言大学联合举办“领导干部上讲台”国企公开课北京语言大学专场报告会，中国中车党委书记、董事长刘化龙作题为《砥砺前行　创新驱动　向世界一流企业迈进》的专场报告。

26—30 日 中国中车在井冈山干部学院举办以“加强党性修养、坚定理想信念、保持优良作风”为主题的优秀领导力培训。

29—31 日 中国中车举办 2019 年两化融合管理体系内审员培训班。

本月 “五四”期间，中国中车多个青年集体和多名青年个人受到表彰，获国家级荣誉 13 项，省部级荣誉 55 项。

6　月

6 日 中国中车收到人社部职业技能鉴定中心《关于同意中国中车集团有限公司开展职业技能等级认定试点工作的函》，向唐山公司技术工人发出中车首批《职业技能等级证书》，这是全国第二个由企业自主认定而发出的证书。

11 日 中车集团党委召开“不忘初心、牢记使命”主题教育动员大会，传达学习习近平总书记重要讲话精神和中央主题教育工作会议精神，贯彻落实国资委党委关于主题教育工作的部署要求，对中国中车党委主题教育进行动员部署。中国中车党委书记、董事长刘化龙作动员讲话，国资委党委主题教育第四巡回指导组组长万晓云出席会议并讲话。

10—14 日 国际重载大会及展会在挪威纳尔维克举行，中国铁路总公司和中国中车代表中国铁路参展。

18 日 中共中国中车集团有限公司党校、中国中车大学海南校区揭牌仪式在海南海口顺利举办。

同日 唐山公司在意大利北部工业重镇都灵，举行意大利现代轨道交通技术联合研发中心揭牌仪式，这是中意两国企业推动交通领域技术合作与创新的又一举措。

18—19 日 国资委综合局在北京召开 2019 年中央企业品牌工作培训班，作为六家上台交流发言单位之一，中国中车以《立足当地主动融入　增强中国中车品牌国际话语权》为题作交流发言。

19 日 中国中车第一届职工代表大会第二次职工代表团（组）长联席会议在眉山召开，审议通过《中国中车集团有限公司企业年金方案（草案）》。

同日 株机公司在维也纳举行奥地利轨

道交通技术联合研发中心揭牌仪式，并与柏林工业大学签订战略合作协议、与亚琛工业大学签订合作谅解备忘录。

22日 中国中车党委中心组（扩大）开展“不忘初心、牢记使命”主题教育集中学习研讨，总部部门负责人及以上领导参加学习研讨，主题教育委管中央企业第四巡回指导组成员出席学习研讨会议。

24日 中国雄安集团基础建设有限公司与唐山公司、北京全路通信信号研究设计院集团有限公司、深圳市城市交通规划设计研究中心有限公司签署《雄安新区轨道交通系统创新技术合作协议》，共同推进雄安新区轨道交通系统创新技术合作，打造雄安智慧交通，助力京津冀协同发展。中车集团总经理、中车股份总裁孙永才出席签约仪式并致辞。

25日 国资委党委召开庆祝中国共产党成立98周年暨中央企业“两优一先”表彰大会，中国中车5位共产党员、3个基层党组织受到表彰。

26—27日 中国中车在株洲召开“双百行动”与“混改试点”企业改革工作现场交流会。

27日 第一届中国—非洲经贸博览会在湖南长沙开幕，中国中车是12家参展央企之一，中国中车党委书记、董事长刘化龙应邀出席开幕式并作为央企代表在央地对接合作主题会上发言。

28日 历时4天的2019第三届金砖国家技能发展与技术创新大赛之嘉克杯国际焊接大赛在上海落下帷幕，中国中车代表队夺得“机器人国际焊接大赛”和“电弧熔丝机器人增材制造大赛”4个项目5个一等奖中的4个一等奖。

7　月

3日 在大连参加第13届夏季达沃斯论坛的中国中车党委书记、董事长刘化龙，会见大连市市长谭成旭，并出席中车集团与大连市政府“深化战略合作协议”签约仪式。

7日 中宣部国际传播局副局长陈雪亮率中宣部第5期“讲好中国故事”的国际新闻评论员和第6期“讲好中国故事”专家学者研修班100多名学员到中国中车总部调研座谈。

10日 中国中车机车企业水性涂料使用现场会在太原公司召开。

同日（卡塔尔当地时间） 中车智轨电车首次“出海”，在卡塔尔首都多哈开展极热环境测试。

10—11日 中国中车党委书记、董事长刘化龙到广东公司、广州公司调研并指导开展“不忘初心、牢记使命”主题教育。

12日 中车集团党委副书记、总经理，中车股份党委副书记、总裁孙永才一行到长客股份公司调研并指导开展“不忘初心、牢记使命”主题教育。

15日 中车集团党委召开“不忘初心、牢记使命”主题教育工作推进会，对主题教育进行再动员再部署。

16日 中国中车党委书记、董事长刘化龙到二七机车公司、二七车辆公司调研并指导“不忘初心、牢记使命”主题教育。

同日 中国中车防范化解重大风险专题培训视频会议在北京召开。

15—17日 中车集团党委副书记、总经理，中车股份党委副书记、总裁孙永才先后到产投公司、租赁公司、南口公司开展“不忘初心、牢记使命”主题教育调研。

15—20日 中国中车组织定点帮扶地区广西百色市靖西市、那坡县，甘肃天水市麦积区、甘谷县4个县（市、区）32名贫困家庭的学生游学中车。

18日 国务院国资委公布中央企业负责人2018年度和2016—2018年任期经营业绩考核结果，中车集团获评2018年度经营业绩考核结果为A级（连续8年获得A级）、获评2016—2018年任期经营业绩考核结果为A级（连续三个任期获得A级），同时获得2016—2018年任期“业绩优秀企业”“科技创新突出贡献企业”“节能减排突出贡献企业”等表彰。

22日 《财富》杂志公布2019年世界500强排行榜，中国中车排名第359位。

同日 中国中车党委书记、董事长刘化龙以《守初心不忘本 担使命作典范 全力推动高质量发展》为题，向全集团党员干部讲专题党课。

23日 中车集团总经理、中车股份总裁孙永才在中车总部会见阿联酋联邦铁路公司CEO夏迪·哈立德，就重要合作项目进行磋商，并代表中车与阿联酋联邦铁路公司签署合作谅解备忘录。

25日 中国中车党委书记、董事长刘化龙到齐车公司调研并指导“不忘初心、牢记使命”主题教育。

26日 中车集团党委副书记、总经理，中车股份党委副书记、总裁孙永才以《担当作为守初心 凝心聚力谋发展 坚定成为党和国家事业的“六个力量”》为题，向全集团党员干部讲专题党课。

7月29日—8月3日 由中车集团扶贫办主办，中车大学承办的“天鹅计划”——中国中车定点帮扶地区优秀乡镇干部领导力提升第二期培训班举行。

8　月

1日 铁路货车科技项目年中汇报检查推进会在中车总部召开。

1—2日 第三届中国中车通用技术发展论坛在沈阳召开。

7—12日 中国中车精益骨干特训营培训项目在中车大学常州校区举办。

8日 中国中车2019年城轨工作推进会议召开。

同日 中国中车党委书记、董事长刘化龙在中车总部会见中国证券金融公司党委书记、董事长聂庆平，双方围绕发挥国有企业党建工作、纪检监察工作等进行深入沟通，并达成共识。

13—14日 中国中车举行“不忘初心、牢记使命”党委中心组扩大范围学习研讨，聚焦如何实现中车高质量发展。

16日 中车集团总经理、中车股份总裁孙永才在中车总部会见北京交通大学校长王稼琼。

16日 中国中车党委书记、董事长刘化龙，中车集团总经理、中车股份总裁孙永才在中车总部会见青岛市委书记王清宪，双方就深入加强合作、共同推进国家高速列车技术创新中心项目建设等工作进行交流并达成共识。

18日 中车集团与长春市政府签订中车长客长春车辆公司整体搬迁改造合作协议，中车长客检修运维基地建设同时启动。

22日 中国中车党委常委召开“不忘初心、牢记使命”专题民主生活会。

28日 中车集团总经理、中车股份总裁孙永才在总部主持召开包保企业提质增效专题会议，听取眉山公司、资阳公司、产投公司、金控公司、科技园公司等5家包保企业“1+13”提质增效活动进展情况，并就包保企业下一步开展好提质增效活动作出部署。

29日 中国中车召开2019年经营管理视频会议。

9　月

1—12日 中国中车卓越领导力专题培训分两期在上海举行。

2日 中国中车党委书记、董事长刘化龙在上海会见中央政治局委员、上海市委书记李强，双方就深化战略合作进行交流。

2—4日 中车集团总经理、中车股份总裁孙永才到广西壮族自治区百色市靖西市、那坡县开展定点扶贫工作调研。

4—5日 2019年度中车知识产权培训会议在西安召开。

5日 中国中车党委书记、董事长刘化龙会见到中车总部开展定点扶贫对接工作的甘肃省政协副主席、天水市委书记王锐。

同日 中车集团与上海市签订战略合作协议。

6日 中国中车党委书记、董事长刘化龙代表中国中车与德国福伊特集团在人民大会堂签署战略合作协议，国务院总理李克强、德国总理默克尔在场见证。

8日 中车集团总经理、中车股份总裁孙永才到长江公司所属铜陵公司调研。

9日 2019“一带一路”暨金砖国家技能发展与技术创新大赛——“嘉克杯”国际焊接大赛闭幕，中国中车代表队在9项赛事中，取得技能素质要求最高的成品件焊接、代表未来焊接方向的机器人焊接等5个单项第一名，有3人获得青年组第一名，共31人获得一、二、三等奖项，并再次以团体总分第一名捧得冠军奖杯。

10日 中车集团与包钢集团公司战略合作框架协议签约仪式在内蒙古包头市举行。

11日 中国中车党委书记、董事长刘化龙到甘肃省天水市麦积区、甘谷县开展定点扶贫工作调研。

12日 中国中车党委书记、董事长刘化龙与甘肃省副省长李沛兴座谈，双方就推进合作项目、深化对口帮扶等工作进行交流。

16日 中国中车与北京矿冶科技集团在北京签署战略合作框架协议，中车集团总经理、中车股份总裁孙永才，北京矿冶集团总经理韩龙代表双方签约。

同日 中车集团党委召开“不忘初心、牢记使命”主题教育第一批总结暨第二批部署会议，传达贯彻中央和国资委党委“不忘初心、牢记使命”主题教育第一批总结暨第二批部署会议精神，全面总结中国中车党委第一批主题教育，部署安排第二批主题教育。

18日 中国中车党委召开“高质量党建引领高质量发展”专题研讨会，中国中车党委书记、董事长刘化龙出席会议并讲话。

21日 中央企业人才工作会议在北京召开，中国中车党委书记、董事长刘化龙以《全力打造高素质国际化人才队伍　为创建世界一流示范企业提供强劲支撑》为题在会上作交流发言。

23日 中国中车党委书记、董事长刘化龙，中车集团总经理、中车股份总裁孙永才在中国中车总部会见大同市委书记张吉福、市长武宏文，就加强中国中车与大同市的合作进行深入交流。

同日 中车集团总经理、中车股份总裁孙永才在中国中车总部会见沈阳市市长姜有为，双方就深入加强合作等工作进行交流，达成广泛共识。

25日 “最美奋斗者”表彰大会在北京举行，中车集团总经理、中车股份总裁孙永才被授予“最美奋斗者”称号，中共中央政治局常委、中央书记处书记王沪宁会见受表彰人员和亲属代表。

27日 中国中车举行庆祝中华人民共和国成立70周年暨首个“中车日”主题大合唱。

10　月

13日 中国中车所属企业第二届副职后备干部培训在北京结束，226名学员分三期参加中车发展领导力集中轮训学习。

同日（德国当地时间）　科技部部长王志刚专程赴德国德累斯顿考察“中德轨道交通技术联合研发中心”，勉励企业把中德研发中心打造成国际合作的样板和典范，在科技创新上走得更远，走得更好。

14—15日 共青团中国中车集团有限

公司暨中国中车股份有限公司第一次代表大会在北京召开，中国中车党委书记、董事长刘化龙，国务院国资委党建局群众工作处处长李政，中车党委有关领导出席大会。

15日 由中国中央电视台“大国品牌”栏目、中国广告协会联合主办的“新中国成立70周年品牌盛典”在北京举行，中国中车获“新中国成立70周年70品牌”荣誉。

23日 中国中车召开领导班子包保企业“1+13”提质增效活动专题推进会。

24日 中车集团总经理、中车股份总裁孙永才到中车建工承建的重庆轨道交通四号线一期工程现场调研。

25—28日 2019年中国技能大赛——中国中车第三届职业技能竞赛暨中国中车第三届青年职业技能竞赛在株机公司举行。

28日 中国中车召开第一届职工代表大会第三次职工代表团（组）长联席会议，楼齐良全票当选为中车集团职工董事，赵虎全票当选为中车股份职工监事。

同日 中车工会召开第五次全委（扩大）会议，采取举手表决的方式替补5名工会委员，采取无记名投票的方式选举赵虎为中国中车集团有限公司、中国中车股份有限公司工会委员会常务委员、主席。

同日 中国中车党委书记、董事长刘化龙出席2019年中国技能大赛——中国中车第三届职业技能竞赛暨中国中车第三届青年职业技能竞赛颁奖典礼、到株机公司调研并讲授专题党课。

11 月

3日 中国中车党委书记、董事长刘化龙出席在山东济南举行的第三届企业改革发展论坛，并发表题为《创建世界一流示范企业，打造央企高质量发展典范》的主旨演讲。

4日 国务院国资委党委书记、主任郝鹏到四方股份公司考察，山东省副省长凌文，青岛市委书记王清宪、市长孟凡利，中国中车党委书记、董事长刘化龙等陪同考察。

5日 国铁集团与中国中车共同打造全路首个机车配件中心——沈阳大功率机车配件中心在国铁集团沈阳局集团公司苏家屯机务段挂牌运营。

5—10日 第二届中国国际进口博览会在上海举行，国家主席习近平出席开幕式及相关活动并发表主旨演讲，中国中车党委书记、董事长刘化龙出席开幕式及“开放、规制与营商环境：政府角色与跨国公司视角”分论坛。

6—7日 中国铁道学会轨道交通装备分会联合中国铁道学会车辆委员会在中车党校海南校区、中车大学海南校区举办“轨道交通装备一体化智能技术应用论坛”。

8日 全国推进产业工人队伍建设改革工作电视电话会议召开，中国中车党委书记、董事长刘化龙作为唯一的企业代表，作了题为《建设一流产业工人队伍，铸就全球领先高铁装备》的发言。

同日 武汉大功率机车配件中心在武汉局集团公司武汉大功率机车检修段挂牌运营。

11日 科技部部长王志刚到四方股份公司考察，山东省副省长于杰，青岛市委书记王清宪，中车集团总经理、中车股份总裁孙永才等陪同考察。

同日 中车集团总经理、中车股份总裁孙永才到四方股份公司开展专项调研。

12日 中车集团召开党委常委会，集中传达学习中共十九届四中全会精神、国资委党委要求，并研究贯彻落实的具体措施。

13日 中国中车党委书记、董事长刘化龙受邀到国家行政学院为“深化国有企业改革”学员授课，讲述中车改革创新的历程与实践。

14日 全国政协副主席、交通运输部党组书记杨传堂到四方股份公司调研交通强国建设及装备制造相关情况。

15 日 中车集团总经理、中车股份总裁孙永才到齐车公司调研，并在基层党支部讲《牢记嘱托 担当使命 为创建世界一流示范企业提供科技支撑》的专题党课。

19 日 中车集团总经理、中车股份总裁孙永才在中国中车总部会见深圳地铁集团总经理唐绍杰。

21 日 中国中车党委书记、董事长刘化龙，中车集团总经理、中车股份总裁孙永才在中国中车总部会见鞍钢集团党委书记、董事长谭成旭，鞍钢集团总经理戴志浩一行，就加强中国中车与鞍钢集团的合作进行深入交流。

同日 “中车人眼中的丹顶鹤”主题展览在第三届澳大利亚中华文化节上推出，同时发布齐车集团王克举创作的《梦鹤与云鹤》摄影集，表达中车人爱自然、爱生命、爱生活的情怀，传递中国中车“连接世界、造福人类”的使命追求。

28 日 中国中车党委书记、董事长刘化龙，中车集团总经理、中车股份总裁孙永才在兰州会见甘肃省委书记林铎，就中国中车在兰州项目建设、产业发展、扶贫工作座谈交流。

29 日 中车产业扶贫再添新项目——中车时代电动汽车股份有限公司、北京中车重工机械有限公司在邯郸市分别与河北陆星装备集团股份有限公司签署电动汽车轮毂生产基地和防松螺母产业生产基地项目产品战略合作协议。

同日 中车集团总经理、中车股份总裁孙永才应邀出席“一带一路”轨道交通发展论坛，并发表主旨演讲。

29—30 日 在国铁集团和甘肃省政府联合主办的“一带一路”轨道交通发展论坛和全国工经联主办的“一带一路”基础设施建设与制造强国建设协同发展论坛上，中车集团总经理、中车股份总裁孙永才分享“一带一路”建设和制造强国协同发展经验。

12 月

1 日 中国中车在澳大利亚墨尔本市政厅里举办“心动瞬间”轨道交通摄影大赛颁奖典礼。

2 日 中国中车召开“总部机关化”问题专项整改实施方案全面落实工作推进会。

5 日 中国中车在武汉举办所属企业党委副书记学习贯彻十九届四中全会精神培训班，国资委主题教育第一巡回督导组副组长吴炳乾应邀对《中国共产党支部工作条例（试行）》作专题解读，华中科技大学国家治理研究院院长欧阳康教授应邀作十九届四中全会精神的专题辅导。

6 日 中国中车保密工作会议在武汉召开。

8 日 新中国经济学 70 年——中国百所大学经济学院院长论坛在北京大学经济学院召开，中国中车党委书记、董事长刘化龙被授予北京大学经济管理学院特聘教授。

14 日 中国中车党委书记、董事长刘化龙在莱索托参加由国务委员王勇主持的中资企业座谈会，分别就中车“走出去”和国际化经营总体情况、中车在非洲整体投资经营情况、中车在非洲重点项目进展情况、中车在合规经营、公平竞争、履行社会责任方面情况作了汇报和交流。

15 日 中央广播电视总台主办的“2019 中国品牌强国盛典”在北京举行，活动上发布 2019 中国品牌强国盛典十大年度榜样品牌，中国中车位居十大年度榜样品牌榜首，中车集团总经理、中车股份总裁孙永才出席盛典活动并作获奖发言。

15—16 日 中国中车党委书记、董事长刘化龙赴肯尼亚首都内罗毕，看望和慰问中车在蒙内铁路机车、客车和货车维保基地工作的员工并与员工代表座谈。

17 日 中车产业投资有限公司混合所有制改革增资扩股项目签约仪式在北京产权

交易所举行，国务院国资委、国家发改委相关司局负责人，中车集团、中车产投、各投资方及北交所等单位负责人，以及各专业投资机构、新闻媒体等近50名代表出席此次签约仪式。

18日 人民日报社主办的第五届中国品牌论坛在北京举行，中车集团总经理、中车股份总裁孙永才出席论坛活动并作主旨发言。

20日 中国集团公司促进会在北京召开第八次会员大会，选举产生中国集团公司促进会第八届理事会负责人，中国中车党委书记、董事长刘化龙当选第八届理事会会长。第七届理事会会长、中国大唐集团公司原党组书记、董事长陈进行与刘化龙举行了会旗交接仪式。

24日 中央企业党建思想政治工作研究会公布2019年度优秀课题研究成果，中国中车获一等奖、三等奖各1项。

24—25日 国资委在北京召开中央企业负责人会议，总结工作，交流经验，研究部署2020年重点任务。国资委党委书记、主任郝鹏出席会议并讲话，中国中车党委书记、董事长刘化龙在大会上作了交流发言。

30日 中国中车召开在京企业退休人员社会化管理工作会议，全面启动中车在京企业退休人员社会化管理工作。

〔公司办公室（外事办、扶贫办） 供稿〕

概　况

本栏编辑　程伯瑶

行 政 工 作

【概述】　2019年，是中华人民共和国成立70周年，是中国中车深入贯彻中共十九大精神、落实习近平总书记视察中车重要指示精神的关键一年，是全面落实国资委党委政治巡视整改要求的关键一年，也是顺利实现“十三五”战略、推进“双打造一培育”目标的关键一年。中国中车以习近平新时代中国特色社会主义思想为指导，深入贯彻中共十九大和十九届二中、三中、四中全会精神，全面落实中央经济工作会议和中央企业负责人会议精神，坚持新发展理念，把握稳中求进工作总基调，围绕“13568”经营工作思路，以全面预算管理为主线，以“协同、补短、提质”为主题，突出抓好“稳增长、强管控、增能力、防风险、激活力、优创新、提品质、塑品牌”八项重点工作，持续改善盈利能力，稳步提升经营品质，不断深化企业改革，推动五大业务多点突破，有效防范化解重大风险，推动中国中车实现高质量发展。

坚持发展核心业务、支柱业务、支撑业务、平台业务和培育业务，不断优化业务布局和资源配置。加快结构调整，推进内部专业化重组，深化机车造修一体化整合和货车业务重组；开展城轨车辆业务、机电业务整合，建成一批具有国际先进水平的轨道交通装备技术平台和生产平台；完善以主机企业为核心、配套企业为骨干，辐射全国的完整产业链和生产体系建设。不断加强国际合作，优化海外资源配置，在欧洲、美洲、南非等地设立的17家海外研发中心取得积极进展；做好与目标市场国家发展规划的衔接，不断推动海外生产基地的本土化制造。汇聚资源，培育和打造支柱业务、支撑业务，拓展产业发展空间。风力发电装备具备成熟完整的产业链，风力发电机取得新突破，风电叶片市场占有率稳居全国前三；高分子复合材料产业在行业树立起技术领先的领导者形象；城乡污水治理装备核心技术不断突破，污水治理总包业务稳步增长。

把握“一带一路”建设和“走出去”机遇，大力实施国际化经营战略，不断增强国际竞争力，提升中国中车国际知名度和全球影响力。各类轨道交通装备实现全面出口，出口产品覆盖全球105个国家和地区。先后签约澳大利亚双层客车增购、乌兹别克斯坦电力机车等项目，海外业务实现由单一产品出口到“产品、资本、技术、管理、服务”多种组合输出转变，出口理念实现从产品“走出去”到产能“走进去”、品牌“走上去”转变。马来西亚制造中心成为东盟地区经贸合作的亮点和“一带一路”示范基地，为当地提供轨道交通装备产品维保服务。“天狼星号”动车组在捷克上线，中国动车组首次进入欧盟。积极拓展战略合作，开展第三方市场合作，形成品牌合作协同效应，与泰雷兹等续签合作协议；联合出海，高标准推进印度尼西亚雅万高铁车辆设计、制造与售后维保，推广好高铁“金名片”。

秉持“明志笃行、固本培元”的科技创新之道，持续推进科技体制改革，优化顶层设计，改革立项管理，组织重大专项和补短板工程，完善“中车Q”质量体系建设和质量管控，不断提升自主创新能力。完善科技创新体系架构流程，强化优势研发型子企业产品研发体系，深化中车研究院、国家高速列车技术创新中心为牵引的技术研究体系，改进科技创新评价机制，逐步构建技术评估交易平台，完善科技支撑服务平台，激发创新要素活力。获得国家技术发明奖二等奖3项，国家科学技术进步奖二等奖1项；铁道科技奖21项，其中特等奖2项，一等奖

3 项。“复兴号”系列动车组科技创新团队获得国务院国资委 10 个中央企业优秀科技团队之一。获得中国专利金奖 2 项、银奖 1 项、优秀奖 7 项，金奖获奖总数排名中央企业首位。制修订国际标准 12 项，其中主持 3 项。

年内，中车集团获评 2018 年度经营业绩考核 A 级，连续 8 年获得 A 级；获评 2016—2018 年任期经营业绩考核 A 级，连续三个任期获得 A 级；获评 2016—2018 年任期“业绩优秀企业”“科技创新突出贡献企业”“节能减排突出贡献企业”。中国中车居《财富》世界 500 强榜单第 359 位，并在《财富》（中文版）发布的“最受赞赏的中国公司”榜单上连续名列前茅，品牌价值超过千亿元位居中国制造业行业首位；获“2019 中国品牌强国盛典”十大年度榜样品牌。

【经营业绩】 坚持高目标引领，强化运营管控，深入开展“1+13”提质增效活动，着力化解各类减利因素，全面完成 2019 年经营目标，实现营收利润双增长。全年，中车集团实现营业收入 2 397.50 亿元，同比增长 4.53%；实现净利润 105.61 亿元，同比增长 10%；中车股份实现营业收入 2 290.10 亿元，同比增长 4.53%；实现归母净利润 117.95 亿元，同比增长 4.33%。制造主业盈利能力创历史新高。按照《中国中车子公司经营绩效表彰奖励办法（试行）》，授予株机公司等 8 家单位“突出贡献奖”；授予齐车集团等 8 家单位“特别贡献奖”；授予大同公司等 5 家单位“突出进步奖”。根据年度重点工作完成情况，为激发各子公司协同创新、提质增效、深化改革的热情，特设协同创新专项奖、提质增效专项奖、改革发展专项奖和落实重大战略特别奖，并进行表彰。

【产业与市场拓展】 按照核心、支柱、支撑、平台、培育五大业务方向，聚焦拓市场持续发力，五大业务多点突破，全年新签订单 2 971 亿元；累计在手订单 2 600 亿元，同比增长 10.7%。持续巩固核心业务，深化与国铁集团的战略合作，7 家大功率机车配件中心、7 家动车配件中心全部实现运营，营业收入达到 11.7 亿元。积极拓展支柱业务，新能源汽车快速成长，实现销售 7 067 台，跻身行业前三；风电装备产业抢抓机遇，签订整机订单 210 亿元，行业排名由第 11 位提升至第 9 位；无人驾驶新能源汽车取得首批牌照示范；智轨电车投入商业运营；常熟等 3 个环保项目建设完成，投入商业运营；智能运维系统上海地铁项目获批发改委示范项目。着力推进支撑业务，时速 250 公里动车组牵引系统、网络控制系统、制动系统等核心零部件具备装车资质，国产 IGBT 在“复兴号”动车组上运用考核。切实开拓培育业务，智慧物流广泛应用，累计签订市场订单 3.6 亿元，订单增长率达到 253%；首获工信部智能制造项目系统解决方案供应商资质，3 个项目获批工信部制造业与互联网融合发展示范项目，两化融合指数达到 81.2。持续壮大平台业务，有效拓展产业资本和金融资本结合平台，产融结合率达到 44.31%，撬动社会资金 43 亿元；盘活土地实现增收 27 亿元；哈尔滨绿色循环物资电商平台不断加大社会推介力度，成为上海联合产权交易所中央企业会员，平台用户数增至 1 603 家、成交额 3.54 亿元、平均溢价率 21.38%。持续发力国际业务，主动应对中美贸易摩擦，努力降低各种不利因素影响，积极践行“一带一路”倡议，开拓哥伦比亚、奥地利、墨西哥、葡萄牙等海外市场，实现签约额 68.8 亿美元，连续两年增长 10%。

【改革与发展】 深化改革顶层设计，形成具有“整体性、系统性、协同性和可操作性”的“1+20”纲领性文件体系。制定创建世界一流示范企业方案，按照创建目标，明确创一流的“设计图”“路线图”“施工图”，推进实施创一流八大工程。深入推进“双百企业”改革，四方股份公司、株机公司、大连公司入选第二批“双百企业”，“双百企业”数量达到7家，居央企首位。综合改革方案陆续落地，株洲所、四方所员工岗位分红中长期激励计划批复实施。加快实施混合所有制改革，四方所、戚墅堰所2家企业入选第四批混改试点，入选数量达到3家；产投公司混改增资扩股项目成功签约，募集资金34亿元。积极推进“压减”“处僵治困”工作，落实“压减”工作要求，减少法人户数5家，累计减少112家；以责任状形式落实减亏控亏主体责任，亏损企业治理取得成效，亏损企业降至52户，较上年减亏20.75亿元。“三供一业”分离移交、厂办大集体改革工作基本完成，退休人员社会化管理全面启动。稳步实施内部重组整合，齐车集团、长江集团两个子集团公司深入实施“运营+管控”模式，集团化运营管理初见成效；永济电机和大连电牵完成第一阶段整合工作；株机公司和资阳公司重组整合、城轨基地等同质化业务整合启动实施。落实疏解非首都功能，两个二七公司加快转型。持续深化三项制度改革，加强劳动用工管控，健全分配制度，市场化经营机制基本建立。不断完善全球一体化人力资本管理体系，进一步激发人才活力。实施职业教育改革，国家产教融合型企业建设初见成效。狠抓风险防范化解，启动全级次风险排查、评估工作，风险管控制度体系日趋完善。与16家子公司签订责任状，回收逾期应收账款9.76亿元，风险敞口实际减小23亿元。

【科技创新】　深入实施科技体制改革，不断完善技术创新体系。进一步激发创新活力。持续加大科技投入力度，科技投入比率达到5.6%。加快国家高速列车技术创新中心建设，轨道交通车辆系统集成国家工程试验室等3个项目先后落成，一批科研单位挂牌入驻；获批国家首批、行业首家“一带一路”联合实验室；意大利、奥地利两个海外研发中心揭牌，海外技术研发中心达到17个；常州、大连、二七“双创园”挂牌运营。不断增强行业话语权和影响力，发布国际标准12项、国家标准19项、行业标准43项，申请专利5 100项。中国标准城轨地铁项目获得国家发改委批复并有序推进。在21届中国专利奖评选中，获得2项金奖、1项银奖及7项优秀奖，金奖数量排名央企首位。着力推进攻关工程，国家先进轨道交通重点专项7个项目取得阶段性成果，“高速列车用IGBT芯片核心关键技术”“高速列车转向架用轴承核心关键技术”2个国家重大攻关项目持续推进，8项补短板工程启动实施。重大产品取得突破，时速160公里动力集中动车组批量交付，时速250公里标准动车组获得资质，复兴号家族再添新成员；京张智能动车组成功上线，并在世界上首次实现时速350公里自动驾驶，习近平总书记批示“回望百年历史，更觉京张高铁意义重大”；时速400公里高速列车样车、时速600公里高速磁浮试验样车下线，高铁产品体系不断丰富。

【管理提升】　坚持全面预算管理主线，科学编制预算，强化预算约束，加强成本管控，会议费、差旅费、出国费等各项可控费用降低6.2%。全面对标行业世界一流企业，建立“六大类”提品质指标，持续改善经营管理。狠抓产品毛利率，货车、城轨业务毛利率达到提升目标。坚持战略导向，严控固定资产投资规模，合理控制投资节奏，全年固定资产投资80亿元。扎实推进精益管理，深化“6621”运营管理平台建设，持续推动精益管理向体系化迈进。按照“分类考核、差异管理”原则，实施更加清晰的差异化管控与考核。深入实施提质增效，开展“改善不良、杜绝浪费”专项活动，实现增利2.56亿元。开展“两金”压降专项治理，确保“两金”处在合理区间。推进供应链电子平台建设，全年网上采购金额1 479.3亿元。

持续扩大集中采购规模，一级集采率达到30.7%，较上年提升18.4%，降低采购成本34.1亿元。强化内部配套，内部配套率超过68.5%。深入推进低效无效资产处置，累计盘活固定资产12.24亿元。实施污染整治专项工作，全年投入防治资金2.8亿元，提前完成272个治理项目，一批环保产品、工艺投入使用，助力打赢三大保卫战。严格落实安全责任，确保安全形势总体可控。持续推进“中车Q”质量体系贯标，探索应用一体化供应商准入机制，扎实推进协同一体化售后服务，质量损失率下降28.3%。坚守确保高铁和旅客安全万无一失的政治红线和职业底线，为新中国成立70周年保大庆保安全保运营提供坚实保障。

〔办公室（外事办、扶贫办）　供稿〕

党群工作

【概述】　2019年，中国中车党委以习近平新时代中国特色社会主义思想为指导，全面贯彻落实中共十九大和十九届二中、三中、四中全会精神，围绕新时代党的建设总要求，以党的政治建设为统领，以服务改革发展为导向，以打造党建“金名片”为主线，以党建“成效跃升年”为主题，以党建工作责任制为抓手，以一流党建引领高质量发展，聚焦实效促跃升，聚焦治本促跃升，聚焦典范促跃升，聚焦担当促跃升，聚焦“三基”促跃升，聚焦肃纪促跃升，聚焦品牌促跃升，聚焦活力促跃升，在主题教育、巡视整改、“金名片”建设、干部人才队伍建设、基层组织建设、党风廉政建设、宣传思想文化、群团组织作用等方面工作上取得成效，为推动实现中国中车“双打造一培育”战略目标提供政治、组织和思想保证。

【思想理论工作】　深入学习贯彻习近平总书记视察中央企业特别是视察中车重要指示批示精神，在全系统开展贯彻落实情况“回头看”工作，先后2次向国资委党委报告贯彻落实情况。及时跟进学习习近平总书记最新重要讲话精神，以实际行动树牢“四个意识”，坚定“四个自信”，做到“两个维护”。坚持高起点启动，高标准要求，高质量推进，扎实开展“不忘初心、牢记使命”主题教育，切实做到“四个贯穿始终”，受到中央和国资委指导组、督导组的肯定，取得高满意度成效。坚持责任不松、目标不变、力度不减，全力做好政治巡视“后半篇文章”，通过“三定期”“双促进”压实整改责任，建立健全动态管控、销号管理、成果巩固长效机制，实现“真改、实改、彻底改”。至年底，国资委党委巡视组反馈的70个问题全部完成整改。

【党委领导作用发挥】　坚持和落实“四同步、四对接”要求，持续抓好“党建要求进章程”，筑牢党组织在公司法人治理结构中的法定地位。坚持和完善“双向进入、交叉任职”领导体制，规模企业设置党委专职副书记。落实党委会研究讨论重大问题前置程序要求，规范决策制度程序和日常运行机制，党委把方向、管大局、保落实作用充分发挥。坚持把创造“最大政绩”与守好“第一要务”结合起来，构建“明责履责、考责追责”的党建工作责任闭环。深入实施党组织报告年度党建工作、党组织书记抓基层党建述职考核评议。2019年，集体约谈11家子企业党委书记，推进考评发现问题的整改落实；组织18家子企业党委书记进行抓党建述职评议，实现直属党委全覆盖。

【干部人才队伍建设】 严格落实党管干部、党管人才原则，持续深化领导干部管理机制变革，推进实施“两制一契”管理，试点开展董事会选聘经理层工作，加强职业经理人队伍建设，年内组织开展2家企业领导班子任期考核、6家企业总经理竞争上岗。坚持“下派”与“上挂”相结合，加大干部队伍交流力度，中国中车党委管理干部跨单位交流任职40人，其中总部和子企业双向交流任职7人；选拔优秀年轻干部挂职担任总部部门内设机构负责人7人。加快全球一体化人力资本管理体系建设，组织开展2期卓越领导力等重点培训项目。深入实施新时期产业工人队伍建设改革，制定出台“技能提升工程”22项重点举措。成功举办中国技能大赛暨中车第三届职业技能竞赛，并组队参加“嘉克杯”国际焊接大赛，获得团体总分第一名、9个单项中5个第一的成绩。

【基层党组织建设】 坚持抓基层打基础，夯实“三基建设”，推动全面从严治党向基层延伸。坚持“抓两头促中间”，持续深化创先争优活动，排查整顿涣散软弱基层党组织，有效解决党建工作不平衡不充分问题。加强基层党组织书记、党务干部、党员队伍“三支队伍”建设，坚持和落实“三会一课”、民主评议党员等基本制度。注重党建经验总结提炼，印发党支部工作手册、标准化建设手册和特色案例手册，促进党建工作标准化、规范化。持续深化党建“金名片”建设，不断涌现子企业党建品牌，并入选国资委党建典型案例，有效发挥中车党建典范作用。年内，中国中车在国资委党建工作考评中再获A级。

【党委巡视监督】 围绕“四个落实”，抓实基础管理，坚持上下联动，强化责任落实，推进巡视做实做细。集团层面组织开展两轮内部巡视，其中对4家子企业党委开展“常规＋专项＋专题”巡视，对8家子企业党委开展专项巡视，移交问题线索22条，向被巡视子企业党委反馈问题440个。广泛征集形式主义、官僚主义方面存在的突出问题、具体表现及整改意见建议，向总部部门反馈共性问题14个、个性问题18个、意见建议7条。加强制度建设，健全组织体系，规范业务流程，推进巡视巡察管理升级，研究修订中车党委《巡视工作办法》，制定实施《巡视整改有关工作实施办法（试行）》《常规巡视重点内容点检指引》等9项制度。各子企业规范设立巡察组织机构，配优配强巡察干部。到年末，一级子企业26家设立巡察办公室，组建巡察组33个，配置专兼职巡察干部157名。强化统筹协调，抓好巡前准备、巡中跟进、巡视整改，完善巡视工作的监督。强化责任担当，抓实业务指导，健全巡视工作服务平台。强化培训交流和研讨，推进巡视巡察队伍建设，并采取“上挂下派”“以干代训”等方式，先后组织5名巡视干部参加中央纪委、国资委巡视工作业务培训，促进巡视监督工作水平和成效的提升。

【党风廉政建设】 积极落实“两个责任”，深入推进党风廉政建设工作。严格落实中央八项规定精神，深入开展形式主义、官僚主义突出问题专项排查和整治工作，有效防止“四风”问题反弹。着力加强廉洁文化建设，召开2次干部警示教育大会，通报15起典型违规违纪案件，营造风清气正的良好氛围。深入开展领导干部关联交易和利用名贵特产谋取私利问题专项整治，有效防范贪腐问题的发生。突出重点对象、重点领域，紧盯“关键少数”，加大案件查处力度，2019年全集团共处理信访举报709件次，处置问题线索335件，立案审查64件，纪律处分79人，组织措施28人，下达纪律检查建议书28份。坚持做强集团、做实基层，深入实施纪检监察体制改革，扎实推进“转职能、转方式、转作风”，向非制造业企业派驻纪检组。建立党风廉政建设和反腐败工作联席会议机制，有效整合纪委、监事会等组织和党委巡视工作办公室、党委干部部、审计和风险部、法律事务部、财务部等部门的监督资源，构建“多维一体”监督体系。坚持上下联动贯通，实现巡视巡察全覆盖，有效发挥“利剑”“探头”作用。

【宣传思想工作】 严格落实意识形态工作责任制，坚持定期分析意识形态领域情况，强化预警监测和风险点排查。加强思想政治工作和形势任务教育，大力弘扬社会主义核心价值观，认真践行中国高铁工人精神，持续开展“擦亮金名片、做好中车人”主题活动。积极打造融媒体平台，强化新闻宣传和舆论引导，多渠道、全方位推广治企之道，唱响主旋律，集聚正能量，提振精气神。大力加强企业文化建设，深入实施“跨文化融合”专项，中国中车入列中央企业首批国际传播试点单位。深入推进品牌战略落地，中国中车获得“2019 中国品牌强国盛典”十大年度榜样品牌。

【群团工作】 领导和支持群团组织独立自主开展工作，充分发挥群团工作优势。深入开展“擦亮金名片、建设新小家”专项活动、“紧扣三大主题、落实八大任务”劳动竞赛活动，持续深化“六送三关注”员工帮扶体系建设，凝心聚力、育才聚智。召开中国中车首次青年工作会议，实施青年员工成长成才 10 项 30 条举措，评选表彰“中车十大杰出青年”。广泛开展纪念五四运动 100 周年活动，成功召开中国中车第一次团代会。深化“号、手、岗”竞赛活动，搭建青年建功、成长、展示平台，进一步激发青年员工的工作积极性，促进团员青年生力军作用的发挥。

【保密工作】 进一步强化保密工作，筑牢保密责任、管理、思想、监督、技术“五道”防线，全面提升中国中车保密和网信安全管理水平。加强国家安全组织体系建设，组织签订年度保密责任书，召开中车保密工作会议，明确保密重点工作任务，筑牢保密责任防线。加强制度体系建设，印发实施《中国中车反间谍安全防范责任制》《中国中车保密委员会工作规则》《关于加强派生国家秘密保密管理的通知》，并将保密管理制度纳入信息化管理，强化涉密文件管控，筑牢保密管理防线。加强宣教体系建设，将保密教育培训作为集团年度工作会议、海外工作会议、党委中心组学习的重要内容，通过组织观看案例教育展览、邀请专家专题辅导、组织知识竞赛等活动，扎实开展保密宣传，筑牢保密思想防线。加强检查体系建设，部署开展保密专项整治工作，严格执行中车出国（境）团组保密规定，将保密工作纳入党建工作责任制考核，筑牢保密监督防线。加强技防体系建设，严格管控涉密信息系统，持续开展计算机终端安全治理，加强邮件系统安全防护，推进中车统一广域专网建设，筑牢保密技术防线。开展安全形势宣讲和保密宣传作品征集及评选活动，发布工作交流、案例警示等 73 条，评选出优秀作品 22 项；开展保密专项整治工作，严格执行出境团组保密规定；持续开展计算机终端安全治理，推进中车统一广域专网建设，不断优化完善中车网络和信息安全体系。公司被国资委评为保密 A 级标杆企业，并在国资委保密工作会议会上作经验交流发言。

（党委办公室　供稿）

2019年末中国中车集团有限公司组织结构图

中国中车集团有限公司
党委
董事会
监事会
经营管理层
中国中车股份有限公司
党委
董事会
监事会
经营管理层
董事会专门委员会

*党委办公室
*党委组织部
*党委干部部
*党委宣传部（党委统战部）
*党委巡视办公室
*纪委
纪委办公室
案件审理室
审查调查室
监督检查室
总部机关党委
工会 共青团
群团工作部（工会办公室）
*中车党校

*中车大学
资产管理中心
集团财务部
战略发展部（业务重组办）
金融管理部
董事会办公室
公司办公室（外事办、扶贫办）
投资管理部
运营管理部
*人力资源部
*企业文化部
审计和风险部
法律事务部
科技质量部
信息化管理部
安技环保部
股份财务部
铁路业务管理中心
机车事业部
客车事业部
货车事业部
通用机电事业部
城轨事业部
产业发展事业部
国际事业部

〔人力资源部（党委干部部） 供稿〕

2019年末中国中车集团有限公司高、中层领导

【中国中车集团有限公司党委、纪委领导人员】

党委书记 刘化龙
党委副书记 孙永才
万　军（任至7月）
楼齐良（9月任）
纪委书记 王　铵
党委常委 刘化龙
孙永才
万　军（任至7月）
楼齐良（9月任）
詹艳景（任至9月）
王　铵
贾世瑞
徐宗祥（任至11月）
魏　岩
李　铮（9月任）

【中国中车集团有限公司董事会人员】

董事长 刘化龙
董事 孙永才
职工董事 万　军（任至10月）
楼齐良（10月任）

【中国中车集团有限公司经理层人员】

总经理 孙永才
副总经理 贾世瑞
魏　岩

【中国中车集团有限公司总师级职务人员】

总经济师　邵仁强

总法律顾问　陈方平（4 月退休）

　赵　勇（9 月任）

总经理助理　王宫成（任至 10 月）

工会主席　邱　伟（7 月退休）

　赵　虎（10 月任）

安全生产总监　赵　勇（9 月任）

【中国中车集团有限公司纪委副书记】

纪委副书记　程冬然

　姜海洋

【中国中车党委巡视组人员】

组长　王　奇

　郝树青

　陈孝敏（4 月任）

　连家余（12 月任）

副组长　南选义

　初　军

　郑　平（任至 2 月）

　张秀臣

　姚卫东（4 月任）

　王合法（12 月任）

【中国中车所属企业专职外部董事】

苗永纯	林　田	郭法娥（8 月退休）
夏春生	闵　兴	邹哲贤
时景丽	朱三华	赵　蔚
王全乐	赵大斌（12 月任）	张慈宏（12 月任）

【中国中车集团有限公司总部部门负责人】

董事会办公室（所属企业专职外部董事工作办公室）

副　主　任　靳勇刚（主持工作）
　　　　　　梁　军（任至9月）

办公室（外事办公室、扶贫办公室）

主　　　任　何树高
副　主　任　李海林
　　　　　　牛卫东
　　　　　　杨英武

战略发展部（业务重组工作办公室）

部　　　长　梁　兵
副　部　长　曹卫东
　　　　　　巩保欣

（业务重组工作办公室）

主　　　任　房志坚
副　主　任　阴明月光
　　　　　　马建勋
　　　　　　詹余斌
　　　　　　陈建强
　　　　　　唐献康（4月任至12月）

投资管理部

部　　　长　赵明德
副　部　长　燕汉民
　　　　　　于彦斌
　　　　　　张　纯

运营管理部

部　　　长　谭　沐（任至12月）
　　　　　　郭胜清（12月任）
副　部　长　向　欣（任至12月）
　　　　　　朱晓东（12月任）

金融管理部

部　　　长　陈　勇
副　部　长　白亦兵

财务部

部　　　长　陈　勇
副　部　长　冯晋春

人力资源部

部　　　长　魏　东
副　部　长　张利明
　　　　　　吴新林
　　　　　　郝晓龙
　　　　　　刘　鹏（12月任）

监察部

部　　　长　姜海洋（兼，任至7月，机构撤销，职务自然免除）

企业文化部

部　　　长　高　亢
副　部　长　李　敏

审计和风险部

部　　　长　陈震晗

法律事务部

部　　　长　陈晓毅

科技质量部

部　　　长　于跃斌
副　部　长　富荣彪
　　　　　　侯　波

信息化管理部

部　　　长　王顺强
副　部　长　李万程

安技环保部

部　　　长　张慈宏（任至12月）
　　　　　　向　欣（12月任）
副　部　长　王志刚

资产管理中心

总经理 李国勇
副总经理 刘文华

中车大学

校长 魏岩（兼，任至10月）
楼齐良（兼，10月任）
副校长 魏东（兼）
曾金传（兼任至12月，12月改专职）
吴新林（兼，12月任）

党委办公室

主任 赵虎（任至9月）
梁军（9月任）
副主任 张之明（任至2月，改任顾问）

党委组织部

部长 赵虎
副部长 张之明（任至2月，改任顾问）
梁军（9月任）

党委干部部

部长 魏东
副部长 张利明
吴新林
郝晓龙
刘鹏（12月任）

党委宣传部（党委统战部）

部长 高亢
副部长 李敏

党委巡视工作办公室

主任 姜海洋（兼）
副主任 何学义（2月任）

纪委

纪委办公室主任 李文刚（任至8月）
案件审理室主任 熊纯浩
审查调查室主任 何明新（7月任）
监督检查室主任 于文德（7月任）
纪检监察一室主任 何明新（7月机构调整，职务免除）
纪检监察二室主任 于文德（7月机构调整，职务免除）
派驻在京非制造类企业纪检组组长 李文刚（8月任）

总部机关党委

书记 邱立成
副书记 郎杰（1月退休）

群团工作部（工会办公室）

主任（部长） 刘智
团委书记 苏旭（11月任）
团委副书记 苏旭（任至11月）

中车党校

校长 万军（兼，任至10月）
楼齐良（兼，10月任）
副校长 刘春阳（兼）
赵虎（兼，任至10月）
魏东（兼）
梁军（兼，10月任）

〔人力资源部（党委干部部） 供稿〕

2019年末中国中车股份有限公司高、中层领导

【中国中车股份有限公司党委、纪委领导人员】

党委书记　刘化龙
党委副书记　孙永才
万　军（任至7月）
楼齐良（10月任）
纪委书记　王　铵
党委常委　刘化龙
孙永才
万　军（任至7月）
楼齐良
詹艳景（任至9月）
王　铵
王　军
徐宗祥（任至11月）
余卫平
李　铮（10月任）
马云双（10月任）
王宫成（10月任）

【中国中车股份有限公司董事会人员】

董事长　刘化龙
执行董事　刘化龙
孙永才
徐宗祥（任至11月）
楼齐良（12月任）
非执行董事　刘智勇
独立非执行董事　李国安
吴　卓
辛定华
董事会秘书　谢纪龙

【中国中车股份有限公司监事会人员】

监事会主席　万　军（任至10月）
赵　虎（12月任）

监　　事　万　军（任至12月）
陈方平（任至6月）
陈震晗（6月任）
陈晓毅（12月任）
职工监事　邱　伟（任至10月）
赵　虎（10月任）

【中国中车股份有限公司经理层人员】

总　　裁　孙永才
副总裁　王　军
楼齐良（任至10月）
余卫平
马云双（10月任）
王宫成（10月任）
副总裁、财务总监　詹艳景（任至10月）
总会计师　李　铮（10月任）

【中国中车股份有限公司总师级职务人员】

总工程师　张新宁
总信息师　王勇智
总法律顾问　陈方平（4月退休）
赵　勇（9月任）
安全生产总监　赵　勇（9月任）
工会主席　邱　伟（7月退休）
赵　虎（10月任）

【中国中车股份有限公司纪委副书记】

纪委副书记　程冬然
姜海洋

【中国中车股份有限公司授权代表等人员】

授权代表　孙永才
郑传福
联席公司秘书　谢纪龙
郑传福
证券事务代表　靳勇刚

【中国中车股份有限公司总部部门负责人】

董事会办公室（所属企业专职外部董事工作办公室）

副　主　任　靳勇刚（主持工作）
　　　　　　梁　军（任至9月）

办公室（外事办公室、扶贫办公室）

主　　　任　何树高
副　主　任　李海林
　　　　　　牛卫东
　　　　　　杨英武

战略发展部（业务重组工作办公室）

部　　　长　梁　兵
副　部　长　曹卫东
　　　　　　巩保欣

（业务重组工作办公室）

主　　　任　房志坚
副　主　任　阴明月光
　　　　　　马建勋
　　　　　　詹余斌
　　　　　　陈建强
　　　　　　唐献康（4月任至12月）

投资管理部（并购工作办公室）

部　　　长　赵明德
副　部　长　燕汉民
　　　　　　于彦斌
　　　　　　张　纯

（并购工作办公室）

主　　　任　徐宗祥（兼，任至12月）
常务副主任　陈孝敏（任至4月）
副　主　任　陈大勇

运营管理部

部　　　长　谭　沐（任至12月）
　　　　　　郭胜清（12月任）
副　部　长　向　欣（任至12月）
　　　　　　朱晓东（12月任）

金融管理部

部　　　长　陈　勇
副　部　长　白亦兵

财务部

部　　　长　王　健
副　部　长　辛　丽（12月任）

人力资源部

部　　　长　魏　东
副　部　长　张利明
　　　　　　吴新林
　　　　　　郝晓龙
　　　　　　刘　鹏（12月任）

监察部

部　　　长　姜海洋（兼，任至7月，机构撤销，职务免除）

企业文化部

部　　　长　高　亢
副　部　长　李　敏

审计和风险部

部　　　长　陈震晗

法律事务部

部　　　长　陈晓毅

科技质量部

部　　　长　于跃斌
副　部　长　富荣彪
　　　　　　侯　波

信息化管理部

部　　长　王顺强
副 部 长　李万程

安技环保部

部　　长　张慈宏（任至12月）
　　　　　向　欣（12月任）
副 部 长　王志刚

党委办公室

主　　任　赵　虎（任至9月）
　　　　　梁　军（9月任）
副 主 任　张之明（任至2月，改任顾问）

党委组织部

部　　长　赵　虎
副 部 长　张之明（任至2月，改任顾问）
　　　　　梁　军（9月任）

党委干部部

部　　长　魏　东
副 部 长　张利明
　　　　　吴新林
　　　　　郝晓龙
　　　　　刘　鹏（12月任）

党委宣传部（党委统战部）

部　　长　高　亢
副 部 长　李　敏

党委巡视工作办公室

主　　任　姜海洋（兼）
副 主 任　何学义（2月任）

纪委

纪委办公室主任　李文刚（任至8月）
案件审理室主任　熊纯浩
审查调查室主任　何明新（7月任）
监督检查室主任　于文德（7月任）
纪检监察一室主任　何明新（7月机构调整，职务免除）
纪检监察二室主任　于文德（7月机构调整，职务免除）
派驻在京非制造类企业纪检组组长　李文刚（8月任）

总部机关党委

书　　记　邱立成
副 书 记　郎　杰（1月退休）

群团工作部（工会办公室）

主任（部长）　刘　智
团委书记　苏　旭（11月任）
团委副书记　苏　旭（任至11月）

铁路业务管理中心

主　　任　王松文
常务副主任　张振翔
副 主 任　生春林
　　　　　张　涛

机车事业部

总 经 理　生春林（兼）
副总经理　于行飞

客车事业部

总 经 理　王松文（兼）
副总经理　黄俊辉
　　　　　周广华
　　　　　徐循元

货车事业部

总　经　理　张振翔（兼）

副总经理　周东海

通用机电事业部

总　经　理　张　涛（兼）

副总经理　何翠微

刘振清

城轨事业部

总　经　理　张洪权

副总经理　郭　杰

王　浩

产业发展事业部

总　经　理　陈明军

国际事业部

总　经　理　罗崇甫

副总经理　武　岩

时圣林

季　强

〔人力资源部（党委干部部）　供稿〕

法人治理

本栏编辑　程伯瑶

董事会工作

【概述】 2019年，中国中车董事会认真履行《公司法》《证券法》等法律法规和《公司章程》赋予的职责，发挥董事会战略引领、深化改革、科学决策、防范风险作用，推动公司治理水平的提高和公司经营业务的发展。年内，公司第二届董事会及专门委员会成员有所调整，执行董事徐宗祥因工作调动辞去执行董事、战略委员会委员职务，原中车股份副总裁、现中国中车党委副书记楼齐良增补为公司执行董事。

全体董事为公司的发展出谋划策、勤勉尽责，认真审议各项议案，审慎、客观、公正地发表意见。同时深入公司现场了解生产经营情况，积极参与董事会决策，切实维护了公司和股东的利益。中国中车的公司治理水平不断提高，在资本市场屡获殊荣，先后获得中国证券金紫荆奖之新中国成立70周年卓越贡献企业奖、第十五届中国上市公司董事会金圆桌奖之公司治理勋章等11个重要奖项。

【会议召开情况】 中国中车董事会认真履行职责，根据监管机构的要求和公司发展的需要，适时对公司重大事项进行科学决策。召开8次董事会会议，审议通过39项议案。召开11次董事会专门委员会会议，其中战略委员会1次、审计与风险管理委员会6次、提名委员会3次、薪酬与考核委员会1次，共审议29项议案。

【董事会会议】 第二届董事会第8次会议，1月16日在北京召开，审议通过《关于继续使用募集资金暂时补充流动资金的议案》等3项议案。

第二届董事会第9次会议，3月28日在北京召开，审议通过《关于中国中车股份有限公司2018年年度报告的议案》等项20议案。

第二届董事会第10次会议，4月29日在北京召开，审议通过《关于中国中车股份有限公司2019年第一季度报告的议案》等5项议案。

第二届董事会第11次会议，5月28日在北京召开，审议通过《关于株洲所时代电气创新实验平台建设工程项目的议案》。

第二届董事会第12次会议，7月11日以书面传签方式召开，审议通过《关于撤销监察部的议案》。

第二届董事会第13次会议，8月29日在北京召开，审议通过《关于中国中车股份有限公司2019年半年度报告的议案》等3项议案。

第二届董事会第14次会议，10月30日在北京召开，审议通过《关于聘任中国中车股份有限公司财务总监（总会计师）、副总裁的议案》等4项议案。

第二届董事会第15次会议，12月5日在北京召开，审议通过《关于提名中国中车股份有限公司第二届董事会董事候选人的议案》等2项议案。

【董事会战略委员会】 由执行董事刘化龙、孙永才、徐宗祥以及非执行董事刘智勇、独立非执行董事李国安担任委员，其中刘化龙担任委员会主席，刘智勇担任委员会副主席；执行董事徐宗祥因工作调动于11月19日辞去董事会战略委员会委员职务。主要职责为对公司长期发展战略和重大投资决策进行研究并提出建议，并在董事会授权下监督、检查年度经营计划、投资方案的执行情况。

年内，遵照公司《董事会战略委员会工作细则》等制度要求，独立、客观履行职责。3月28日，在北京召开第二届第2次会议，审议通过《关于中国中车股份有限公司2019年投资预算的议案》等3项议案。

【董事会审计与风险管理委员会】 现由独立非执行董事辛定华、李国安以及非执行董事刘智勇担任委员，其中辛定华担任委员会主席。主要负责提议聘请或更换外部审计机构，监督及评估外部审计机构工作，审核公司财务信息及其披露，监督内部审计制度及其实施，审查公司内部控制及风险管理制度及系统，内部审计与外部审计之间的沟通等。

年内，遵照公司《董事会审计与风险管理委员会工作细则》等制度要求，独立、客观履行职责。1月16日在北京召开第二届第5次会议，审议通过《关于继续使用募集资金暂时补充流动资金的议案》等3项议案。3月27日在北京召开第二届第6次会议，审议通过《关于中国中车股份有限公司2018年年度报告的议案》等11项议案。4月28日在北京召开第二届第7次会议，审议通过《关于中国中车股份有限公司2019年第一季度报告的议案》等2项议案。8月28日在北京召开第二届第8次会议，审议通过《关于中国中车股份有限公司2019年半年度报告的议案》等2项议案。10月29日在北京召开第二届第9次会议，审议通过《关于中国中车股份有限公司2019年第三季度报告的议案》等2项议案。12月5日在北京召开第二届第10次会议，审议通过《关于中车四方车辆有限公司四方厂区土地处置工作方案的议案》。

【董事会薪酬与考核委员会】 由独立非执行董事吴卓、辛定华以及非执行董事刘智勇组成，其中吴卓担任委员会主席。主要职责为就董事及高级管理人员的全体薪酬政策及架构以及建立正规、透明的薪酬政策制订程序向董事会提出建议；审查公司董事及高级管理人员薪酬政策与方案，制定公司董事及高级管理人员考核标准，并对公司董事和高级管理人员的履职情况进行绩效考核评价；负责拟定个别执行董事及高级管理人员薪酬待遇方案并向董事会提出建议；审核和监督董事和高级管理人员持续专业发展，对公司薪酬制度执行情况进行监督。

年内，遵照公司《董事会薪酬与考核委员会工作细则》等制度要求，独立、客观履行职责。3月27日在北京召开第二届第1次会议，审议通过《关于中国中车股份有限公司董事2018年度薪酬的议案》等2项议案。

【董事会提名委员会】 由独立非执行董事李国安、吴卓、辛定华以及执行董事刘化龙、孙永才担任委员，其中李国安担任委员会主席。主要职责为制定董事及高级管理人员的提名程序及人选标准，并且初步检讨董事及高级管理人员人选的资格及其他资历；董事提名的有关推荐标准包括董事的适当专业知识及行业经验、个人操守、诚信及技能，以及付出足够时间的承诺；监察董事会成员多元化政策的执行并在适当时候检审和修订该政策，确保其有效性。

年内，遵照公司《董事会提名委员会工作细则》等制度要求，独立、客观履行职责。3月27日在北京召开第二届第4次会议，审议通过《关于评核独立非执行董事独立性的议案》等2项议案。10月29日在北京召开第二届第5次会议，审议通过《关于提名中国中车股份有限公司财务总监（总会计师）、副总裁的议案》。12月5日在北京召开第二届第6次会议，审议通过《关于提名中国中车股份有限公司第二届董事会董事候选人的议案》。

【股东大会】 中国中车2018年度股东大会，6月25日在北京召开。此次股东大会由公司董事会召集，董事长刘化龙主持，会议的召集、召开及表决程序符合《公司法》等法律法规及规范性文件以及《公司章程》的有关规定。公司在任董事7人，出席5人；公司在任监事3人，出席2人；公司董事会秘书谢纪龙出席此次会议，公司部分高级管理人员列席此次会议；公司聘请的见证律师及香港中央证券登记有限公司的监票人员以及其他相关人员列席此次会议。会议审议关于中国中车股份有限公司2018年度财务决算报告、2018年度董事会工作报告、2018年度监事会工作报告、公司董事2018年度薪酬、公司监事2018年度薪酬、2018年度利润分配预案、2019年度担保安排、聘请公司2019年度审计机构、选举公司股东代表监事、修订公司章程、修订股东大会议事规则、修订董事会议事规则、修订监事会议事规则、2019年度发行债券类融资工具、提请股东大会授予董事会增发公司A股、H股股份一般授权等15项议案。

中国中车2019年第一次临时股东大会，12月27日在北京召开。此次股东大会由公司董事会召集，董事长刘化龙主持，会议的召集、召开及表决程序符合《中华人民共和国公司法》等法律法规及规范性文件以及《中国中车股份有限公司章程》的有关规定。公司在任董事6人，出席6人；公司在任监事3人，出席2人；公司董事会秘书谢纪龙出席此次会议，公司部分高级管理人员列席此次会议；公司聘请的见证律师及香港中央证券登记有限公司的监票人员以及其他相关人员列席此次会议。

审议通过关于选举中国中车股份有限公司股东代表监事、选举中国中车股份有限公司第二届董事会董事等2项议案。

【信息披露】 公司董事会坚持“真实、准确、完整、及时、公平”的原则，通过邮件、会议等方式认真审核披露的信息，依法合规地履行信息披露义务。全年在上交所发布临时报告127项，在香港联交所发布繁体中文公告121项、英文公告86项，共计207项。重点发布公司债付息兑付公告、跟踪评级公告，分红派息实施公告；发布合同公告4份，披露合同金额共计1 602.8亿元，约占公司2018年经审计营业收入的74.1%。连续四年在上交所年度上市公司信息披露工作评价中获得A级。

【投资者关系管理】 公司董事会致力于维护全体股东利益，不断加强投资者关系管理，积极回应股东诉求。建立了包括领导层、执行层和支持层的投资者关系管理团队，领导层由公司董事长、总裁、副总裁和董事会秘书组成，负责投资者关系重大活动的策划和部署；执行层为公司董事会办公室，负责投资者日常沟通、非交易路演、股东分析、资本市场监测等；支持层由公司各业务部门及各子公司负责人组成，负责按要求提供投资者关系管理所需的信息。搭建了与投资者沟通的平台，畅通了与投资者沟通的渠道，与投资者进行有效交流沟通，不断提升公司资本市场形象。全年共组织路演1次，反向路演1次，接待来访32批次（约129人来公司调研）、召开电话会议77次、安排子公司调研13次，参加证券机构策略会27次。

【非执行董事履职】 年内，非执行董事分别赴唐山公司、株洲所、齐车集团等10家中国中车各级子公司进行调研；赴印度考察调研公司的城轨地铁项目，了解公司在印度的业务发展情况。

（董事会办公室　供稿）

监 事 会 工 作

【概述】 2019年，公司监事会按照《公司法》等法律法规和《公司章程》《监事会议事规则》的有关规定，从维护全体股东的利益出发，对公司财务、股东大会决议执行、董事会重大决策程序及公司经营管理活动的合法合规性、董事及高级管理人员履行职务情况等进行了监督和检查，促进公司持续、健康发展。

年内，中国中车第二届监事会有所调整，万军辞去监事会主席、股东监事职务，陈方平辞去股东监事职务，邱伟辞去职工代表监事职务；经相关会议选举，赵虎任公司第二届监事会职工代表监事、监事会主席职务，陈震晗、陈晓毅任第二届监事会股东代表监事职务。

【监事会会议】 2019年，召开监事会会议6次，审议议案25项。

第二届监事会第6次会议，1月16日以现场会议方式召开，审议通过《关于继续使用募集资金暂时补充流动资金的议案》等2项议案。

第二届监事会第7次会议，3月28日以现场会议方式召开，审议通过《关于中国中车股份有限公司2018年年度报告的议案》等10项议案。

第二届监事会第8次会议，4月29日以现场会议方式召开，审议通过《关于中国中车股份有限公司2019年第一季度报告的议案》等6项议案。

第二届监事会第9次会议，8月29日以现场会议方式召开，审议通过《关于中国中车股份有限公司2019年半年度报告的议案》等2项议案。

第二届监事会第10次会议，10月30日以现场会议方式召开，审议通过《关于中国中车股份有限公司2019年第三季度报告的议案》等3项议案。

第二届监事会第11次会议，12月5日以现场会议方式召开，审议通过《关于选举中国中车股份有限公司第二届监事会主席的议案》等2项议案。

【监事会成员参加其他会议情况】 2019年，监事会成员出席公司2018年度股东大会、2019年第一次临时股东大会、年度工作会等会议，列席公司董事会会议7次、总裁办公会24次。按照《公司章程》规定，监事会对公司股东大会、董事会会议召开程序、议题、投票表决程序等进行有效监督，在会议表决过程中派出1名监事参与监票。在参加上述会议时，与相关部门进行沟通，对重要议案进行研究质询，对重要事项发表意见和建议，确保各项工作合法合规。

【监事会专题调研】 根据公司《监事会议事规则》规定，保障监事会知情权，确保监事对公司财务状况和经营管理情况进行有效监督、检查和评价，监事会成员通过深入企业现场调研考察，进一步深入了解企业财务经营状况。

（董事会办公室　供稿）

经营与管理

本栏编辑　俞鸣霞

政务工作

【概述】 2019年，公司党委办公室（党委组织部）下设综合处（保密处）、调研处、组织处、党员管理处4个二级机构，人员编制11名；公司办公室（外事办公室、扶贫办公室）内设调研一处、调研二处、综合信访处、文书档案处、外事处、行政管理处、老干部处7个二级机构，人员编制22名。

年内，中国中车党委办公室、办公室（简称“两办”）深入学习贯彻党的十九大和十九届二中、三中、四中全会精神，全面贯彻落实习近平总书记关于办公厅（室）工作的重要论述和三次视察中车重要指示精神，以“不忘初心、牢记使命”主题教育为动力，聚焦集团公司党建“成效跃升年”专项行动和“13568”经营工作思路，围绕践行“五个坚持”、提升“三个服务”，坚持融入中心、服务大局，坚持高标准、高水平和高质量，统筹做好办文、办会、办事各项工作，全力以赴为集团公司打造受人尊敬的国际化公司、打造党建“金名片”、培育具有全球竞争力的世界一流企业（“双打造一培育”）提供坚强有力的服务保障。

【参谋辅政】 坚持“身在兵位，胸为帅谋”，聚焦主管主责主业，努力发挥决策智囊、参谋助手和桥梁枢纽作用。协助集团党委做好习近平总书记视察中车重要指示精神和党的十九届四中全会精神的学习贯彻工作，高质量开展好两批次“不忘初心、牢记使命”主题教育组织工作。按照集团党建“成效跃升年”专项行动有关安排，协助集团党委深入推进政治巡视整改工作，截至2019年底，国资委党委巡视组反馈的70个问题全部完成整改。根据各类重要会议及活动安排，协助集团主要领导优质高效完成重要文稿起草，并形成年度党建、经营工作思路和重点工作举措。全年，两办累计起草文字材料逾200万字；把好文件审核关，严控发文数量，提高发文质量，共审核党委、行政发文1 724份。围绕集团党建改革发展各项工作，按照“精简、必要”原则编发简报，共组织编发简报139期，向国资委办公厅上报信息36篇。针对集团党建改革发展的重点、热点、难点、痛点，组织策划开展调研工作，共启动实施集团党委、行政调研课题169个，向国有企业党建专委会申报调研课题1项，撰写的2篇调研报告分别在《经济日报》《思想政治工作研究》刊载。科学有序组织会务，全年共组织召开党委常委会34次、总经理办公会及公司领导碰头会35次。针对党委常委会、总经理办公会、总部党群和行政例会等会议确定的重要事项，开展督查督办，确保集团决策部署得到贯彻执行。按照国资委要求，组织完成中国中车“三重一大”决策运行系统的上线建设、全级次覆盖和决策会议数据录入，以及集团所属全级次企业组织机构基本信息的核对和补录。

【社会责任履行】 继续将履行社会责任作为深化企业改革、提升企业核心竞争力的必然要求，不断推动社会责任理念融入企业经营管理。满足信息披露要求，按照上海证券交易所和香港联合交易所要求，编制完成并在A股及H股披露《中车股份2018年社会责任报告》；淬炼社会责任理念，结合中车之道——责任篇，系统提炼总结出“守中致和　厚德载物”的中车社会责任理念。做好各相关方沟通，按照文化融合要求及相关方关注点，结合集团创建世界一流示范企业，优化改进社会责任管理，编制《中车集团

2018年社会责任报告》《中车澳大利亚社会报告（2019）》等专题报告，促进与各利益相关方充分了解，提升中国中车影响力。2019年，公司荣获新浪财经评选的“最佳责任进取奖”。

【信访维稳工作】 按照国家信访局和国资委信访办要求，牢固树立稳定压倒一切、稳定是硬任务、维稳是第一责任的意识，切实加强组织领导，建立健全信访工作体系，妥善处理群众来信来访，强化矛盾纠纷排查化解，集中力量化解信访积案，全力以赴维护重点时期社会稳定，为集团改革发展营造和谐稳定的良好环境。特别是在全国“两会”、庆祝新中国成立70周年等时期，坚持源头治理、防范在先，坚持联防联控、分级负责，落实信访维稳主体责任，健全完善维稳应急预案，严格执行“零报告”制度，全力把稳定风险隐患化解在基层，确保不发生越级访和群体性事件。全年，集团总部累计接到来信21件，接待来访57批154人次、集体访11批108人次、电话访84件，完成上级转办事项48件，信访事项办结率100%。

【文书、档案工作】 严格执行公文处理要求，保证公文运转和处理的准确率和及时率，全年共收文5 226份（中车集团1 600份，中车股份3 626份），发文2 044份（中车集团861份，中车股份1 183份）。完成机要交换80余次，投送文件150余份，接受文件1 150余份。开通用印申请电子流程，严格遵守印章管理办法，切实落实审批和登记制度，保证印章、证照使用规范，全年共受理印章申请939余份，用印9 000余次。

持续强化档案管理，组织编制《中国中车档案管理制度汇编》，为中车档案工作提供纲领性文件和工作指引。高效组织重大建设项目档案验收工作，完成集团所属企业16项重大建设项目档案验收工作。完成《中国中车年鉴（2019）》编纂出版。

【综合事务工作】 统筹安排领导商务行程、会议活动保障等，共安排公司领导行程780余人次、订票1 100余张，接待地方政府和合作企业来访110批次、1 200余人次，组织会议、签约等大型重要活动25次，出车4 500余台次、安全行车45万余公里。牵头组织开发商旅平台“中车智程”，对接集团人力资源、财务、外事、IAM等管理系统，集预算管理、出差审批、行程管理、账单追踪、数据分析等功能为一体，能够为员工提供全流程、一体化、智能化的出行服务，有效控制商旅支出成本。与北京市海淀区政府协调筹措30余套人才公租房，协调在京子企业有偿提供单身宿舍，切实解决总部单身员工及助勤人员住房问题。按照及时、节俭、保质保量原则，切实做好办公用品、办公家具、办公设备的采购与维修。做好物业和餐厅监管工作，为总部员工创造良好工作生活环境。与北京市公安局内部保卫局加强沟通联系，整改提升集团总部安全保卫工作水平。

【外事工作】 制定外事工作计划管理办法，提高外事工作的计划性。针对公司出访任务特点，将出访团组划分为9大类47种任务类型，并通过信息化管理平台，切实加强团组的计划性管理。加强出访管理，始终坚持“按需出访”和“因事定人”的组团审批原则，确保所有出访团组都具有实质性的出访任务、合理经济的行程安排、少而精的人员构成。结合中美经贸摩擦升级等外部形势，贯彻落实有关外事政策精神，加强因公出国（境）团组涉密与安全风险防范，健全和完善外事规章制度体系，重新梳理和加强因公出国（境）团组的行前教育、涉密与安全风险防范等各项管理内容。围绕服务企业国际化经营的目标定位，从加强业务流程管理和精益化管理的角度，全面系统地梳理外事业务体系，以助力企业国际化经营为目标导向，以构建完善的外事业务子体系和能力保障子体系为主要内容，以搭建信息化的管理平台为支撑，打造全方位一体化的外事管理信息系统平台，实现系统全员应用、业务闭环管理、责任权限明确、流程清晰可控、智能设备集成、数据共享互通、平台服务多样化的建设目标。全年完成因公出国（境）3 819 个团组 15 470 人次的审核、批件和证照的办理工作，审批外国人来华团组 47 批，邀请外国人来华 527 人次。新办因公护照 3 467 本、港澳通行证及签注 406 本，办理赴台申请批复 20 团组 83 人次，完成包括中华全国总工会、国家应急管理部、国务院国资委及中央企业双跨团组 38 批次 67 人次，发布安全预警 9 次。全年发生出国经费 438.87 万元、签证费 236.87 万元，均在计划范围内。

【队伍建设】 按照集团党委“高起点启动、高标准要求、高质量推进、高满意度成效”的具体要求，扎实开展两办“不忘初心、牢记使命”主题教育，努力把学习教育、调查研究、检视问题、整改落实四项重点措施贯通起来，坚持实事求是，认真检视问题，分别推进整改，特别是重点查摆两办在机关作风建设方面存在的问题。对照新时代党的建设总要求和新颁布的党内法规，积极落实好“三会一课”制度，集中开展业务学习，提高政策理论水平。策划举办两办秘书、信访干部等培训班，组织集团所属企业两办秘书到总部进行短期业务轮训，抽调子企业办公室秘书参与筹备集团重要会议，着力强化中车办公室系统人才队伍建设。

【扶贫工作】 坚定不移地贯彻落实党中央、国务院关于脱贫攻坚工作部署，充分发挥企业自身优势，依托产业带动，主动担当作为。9 月中旬，公司党委书记、董事长刘化龙赴甘肃天水市麦积区、甘谷县督查调研，实地考察扶贫项目，慰问贫困群众，听取地方各级政府对扶贫工作的建议，与地方各级领导共同研究和推进当地脱贫攻坚工作；公司总经理孙永才赴广西百色市那坡县、靖西市就脱贫攻坚、产业发展等进行深入实地调研。3 名党委常委和负责扶贫的干部分 28 批共 145 人次先后深入 4 个定点扶贫县走访调查，并督导地方党委政府履行好脱贫攻坚主体责任。公司董事长刘化龙先后 4 次组织召开党委常委会，专题听取扶贫工作汇报，研究加强和改进定点扶贫工作。全面组织所属企业积极上缴扶贫资金，共筹集扶贫资金 1 500 万元。按照《中央单位定点扶贫责任书》指标要求，全年累计完成 4 个定点县各项帮扶资金投入 2 239 万元，其中直接投入项目资金 1 390.5 万元，引进帮扶资金 55.2 万元，购买和帮助销售贫困地区农产品 576.8 万元，购买甘谷县“扶贫车间”工服 1.56 万套 216.5 万元。全集团系统共投入帮扶资金 2 609 万元，是上年的 1.5 倍，涉及 14 个省 15 个贫困村。20 名系统干部员工组成 10 支扶贫工作队在 8 个省 10 个贫困村开展驻村帮扶工作；主动担负天水市 9 家制造类企业和国资委定点扶贫的河北邯郸市魏县和邢台市平乡县产业扶持任务。全力做好广西壮族自治区百色市靖西市、那坡县和甘肃省天水市麦积区、甘谷县 4 个县（区市）的定点扶贫工作任务，使靖西市、麦积区如期脱贫摘帽。中车集团荣获甘肃省“全省脱贫攻坚帮扶先进集体”，李兰平、李志磊获“全省脱贫攻坚帮扶先进个人”。

（公司办公室（外事办、扶贫办） 供稿）

战略发展

【概述】 2019年，战略发展部紧密围绕中国中车“13568”经营工作总体思路和经营目标及中车“十三五”发展战略（修订），加强战略管控，组织制订《中国中车2019—2021年滚动发展规划》，推进战略规划落地；召开“十四五”高质量发展务虚会，谋划启动“十四五”战略规划编制。研究制订创一流实施方案，成立创一流组织机构，扎实推进创建世界一流示范企业。持续推进深化改革，将中国中车深化改革文件体系完善扩充为“1+20”，加快实现“双百行动”综合改革和混合所有制改革试点新突破。巩固“处僵治困”和“压减”工作积极成效。积极开展战略合作，创新开展政策研究，推进土地资源规划工作，服务和促进改革发展。

【战略规划管理】 坚持战略引领，强化战略管控。根据“十三五”发展战略（2018年修订），组织总部相关部室和事业部修订10项业务规划和4项职能规划，督促各一级子公司修订本企业“十三五”规划，层层分解专项规划和子企业规划，推进战略规划落地。组织编制《中国中车集团2019—2021年发展规划》（三年滚动规划），结合创建世界一流示范企业和改革发展实际，对中国中车2019—2021年发展目标、重点任务和措施进行分解和细化，保障战略目标达成。

启动“十四五”发展战略规划编制。按照“不忘初心、牢记使命”主题教育工作安排，会同集团公司办公室、党委宣传部做好8月13—14日党委中心组扩大范围集体学习暨“十四五”务虚会相关工作，时任国资委考核分配局局长赵世堂就如何建设世界一流中央企业授课，中国中车高管及总部部分部门作“我心中‘十四五’高质量发展的中车”主题发言，集思广益、凝聚智慧，共同探讨“十四五”高质量发展重大问题。统筹结合创一流、“双百行动”、混改试点等工作，组织相关人员赴十余家子企业开展战略询审，调研企业“十三五”规划执行情况，研讨“十四五”发展设想。落实国资委“十四五”规划编制工作启动会议要求，研究制订中车“十四五”战略规划编制工作计划，谋划前期重大课题研究，筹备“十四五”战略规划编制工作启动会议。组织42家一级子公司和26家二级子公司提报企业发展定位，针对两香港公司、环境公司定位开展专题研究。

【创建世界一流示范企业】 2018年12月，中国中车等10家中央企业被国资委确定为创建世界一流示范企业后，战略发展部即着手研究制订创一流实施方案。对照“三个领军”“三个领先”“三个典范”核心内涵和党建工作要求，牵头组织“9+1”专项研究组，逐项对标世界一流同行，深入分析公司的优势和差距，分别形成10项专项对标报告和2个课题研究报告。在各项研究成果基础上，牵头制定《中国中车集团创建世界一流示范企业实施方案》，提出未来3年中国中车创一流工作5大类23项发展指标。

成立由集团公司董事长任组长的创一流领导小组、总经理任组长的创一流推进组和分管领导任主任的创一流办公室等工作机构。召开动员大会，全面部署创一流工作。经精心筹备，5月29日召开公司深化改革工作会议暨创建世界一流示范企业动员大会，总部全体员工及所属企业重要岗位负责人共计 2 500 余人参会，集团公司董事长刘化龙作重要讲话，集团公司总经理孙永才作深化改革工作报告，分管领导作创建世界一流示范企业动员报告，为创一流工作营造了浓厚氛围。

高标准推进，聚焦重点做好实施方案分解展开。在总部层面推进“八大工程”，统筹结合国资委关于中央企业高质量发展相关要求，由八位公司副职领导分别牵头承担一项重点工作，研究制订专项工作方案并推进实施。在所属企业层面主抓“10+X”，以中车所属 7 家“双百企业”、3 家混改试点企业和拟申报科创板上市企业为重点，结合“双百行动”、混合所有制改革试点等改革工作，纵深推动创一流工作。

【产业布局】 围绕实现高质量发展和“双打造一培育”战略目标，聚焦轨道交通装备主责主业，落实供给侧结构性改革措施，通过业务重组优化产业结构，化解过剩产能，提高资源配置效率；围绕铁路装备修程修制改革、城市轨道交通装备竞争对手崛起等重大行业趋势变化，深入研究和分析对中车产生的重大影响，制定中国中车应对行业变化的对策和措施；大力实施“走出去”战略，践行“一带一路”倡议，为海外轨道交通装备市场提供中车方案。加强战略性新兴产业研究和发展，加快发展新一代信息技术、高端装备制造、新材料、新能源汽车、新能源、节能环保等战略性新兴产业，不断提高战略性新兴产业在营业收入中的比重，充分运用“双百”“混改”等改革政策，破除体制机制障碍，增强产业发展活力和竞争力。强化产业协同，杜绝集团内部恶性竞争，减少产业同质化，坚持差异化发展战略。做好服务雄安新区发展工作，加强雄安新区建设政策研究及信息沟通，加入雄安新区智能城市创新联合会并当选副理事长单位。跟踪雄安新区规划建设情况，围绕轨道交通装备、环保等业务，组织集团各部门及相关子公司积极与雄安新区管委会等相关部门沟通和对接，起草中国中车服务雄安新区业务发展的初步建议方案，提出了以轨道交通为龙头，以工业互联网为突破，金融服务全面跟进，带动新产业融合发展的建议方案，为雄安新区发展贡献中车智慧。

【战略合作】 年内，在不断强化战略管理、深化改革发展的过程中，战略合作对中国中车提高经营效率、降低企业之间的交易成本、增强企业的竞争能力起到了积极的推动作用，有力推进了中国中车的业务拓展和技术管理提升。全集团全年共签署战略合作协议 12 项，累计签订战略合作协议 110 份。其中，与政府签署协议 4 项（贵州省人民政府、大连市人民政府、上海市人民政府、陕西省人民政府），与企业签署协议 4 项（中铁物资集团、鞍钢集团、包钢集团、北京矿冶集团），与国际知名企业签署协议 4 项（福伊特驱动有限公司、泰雷兹集团公司）。尤其是通过鞍钢集团、包钢集团等大型企业合作交流和项目对接，促使集团下属相关企业在新能源汽车、水处理工程、矿用自卸车、电气系统改造等形成多项合作，助力了集团的产业发展。服务发展战略，做好高层会晤专项工作，积极对接和做好 9 月 6 日中德总理见签仪式相关工作，在李克强总理和德国总理默克尔的见证下，中国中车与德国福伊特签署合作协议，为树立中国中车形象以及擦亮“金名片”创造了良好的外部环境。

【改革管理】 深入贯彻落实国资国企改革“1+N”政策体系，持续优化深化改革顶层设计，将中国中车深化改革纲领性文件体系修订扩充为“1+20”（修订 4 个、增补 1 个），更加突出系统性、集成性、协同性和可操作性。组织召开中国中车深化改革工作动员大会，为公司深化改革进一步凝心聚力，营造浓厚氛围。印发《中国中车2019年深化改革工作要点》（中车集团战略〔2019〕140号），明确公司2019年深化改革工作台账31项重点工作。

积极申报国家改革示范工程，展示中车作为。年内，新增3家“双百企业”，累计有7家子企业入选国企改革“双百行动”，继续保持入选企业数量最多的中央企业。新增2家国家发展改革委第四批混改试点企业，累计有3家子企业入选混改试点企业。发挥典型引路作用，加快改革突破，齐车集团、株洲所改革案例上报国资委改革办，株洲所的改革发展案例已在国务院国资委《国企改革简报》（2019年第21期）专文刊发，作为国企改革典型经验向全国推广学习。

加快落实“双百行动”综合改革重点任务，加大改革“破冰”力度。以“双百企业”为改革主要抓手和重要突破口，组织编制2019年改革目标责任书。累计召开7次改革工作现场推进会，逐一督导株洲所、株洲电机、株机公司、大连公司、齐车集团等5家“双百企业”改革进展。其中，株洲所率先制定和实施科技人员岗位分红激励计划，实现中车集团子企业中长期激励行动“破冰”。协调中国国新支持中车金控发起设立中车双百基金，并邀请“双百基金”管理公司、九汇华纳财务顾问公司等基金和外部咨询机构与“双百企业”和混改试点企业召开业务对接交流会，推动改革突破。

积极稳妥推进混合所有制改革试点，全集团年内累计新增4家混合所有制公司。中车产投以增资扩股方式引入5家战略投资者，募集资金34亿元，是中车集团成立以来最大规模的股权融资，12月17日完成增资协议的签署，圆满完成混改引资阶段的工作。四方所和戚墅堰所按照国家发展改革委、国务院国资委关于混改第四批试点有关要求推进改革工作。

【业务重组】 组织修订和下发《中国中车“十三五”业务重组规划（2019年修订）》，并按照规划要求及2019年重组工作计划，有序推动中车2019年业务重组工作。通过对中车41家城轨基地的考察调研，提出城轨业务“三步走”重组规划和第一步城轨基地重组整合方案。12月2日经中国中车第29次党委常委会和第22次总裁办公会审议通过，下发《关于实施城轨基地重组整合的指导意见》，启动中车城轨基地重组整合工作。按照“以造带修、造修一体化”的基本思路和“统筹规划、分步实施”的原则，持续推进中车机车业务重组工作，启动株机公司和资阳公司重组项目。12月2日经中国中车第29次党委常委会及第22次总裁办公会审议通过，下发《关于实施株机公司和资阳公司重组整合的指导意见》，株机公司重组资阳公司工作全面展开。持续督导两个货车子集团“战略＋运营管控”和“调结构、去产能、谋发展”等深度重组措施的落实，完成两个货车子集团重组项目的中期验收工作。按照《关于实施永济电机与大连电牵业务重组的指导意见》要求，推动永济与大连电牵两家企业完成交叉持股股权调整工作，启动两家企业以“一体化”为主要内容的第二阶段重组工作。论证核心系统整合工作，提出了电气业务、新材料业务、制动业务、钩缓业务、储能业务、柴油机业务等核心系统及部件业务重组方向性建议和方案。

【处僵治困】 组织协调总部各相关部门和有关子企业巩固“处僵治困”积极态势。截至年底，全集团累计分流安置员工29 441人，完成计划的138%。据财务快报数据，正常生产的1户“僵尸”（未含资阳传动公司，其已于2018年9月份完成80%股权转让）和22户特困企业盈利81 934万元，停产的二七机车公司和二七车辆公司亏损34 055万元，整体实现盈利47 879万元，比2015

年（亏损 259 259 万元）减亏 307 148 万元（减亏比例 118%）。

【压减工作】 年内，继续保持压减工作的积极成效，完成中车金控所属宁波中车股权投资基金有限公司压减（部分股权转让）、中车科技园公司所属大连嘉禾物业管理有限公司股权转让、大同公司所属中车中电轨道装备有限公司压减（控股权转让）等 5 家企业压减，累计已压减 112 家企业。管理层级为 4 级，法人层级为 7 级。梳理压减工作完成情况，形成压减工作 3 年总结汇报材料。

【土地资源】 按计划组织推进盘活利用土地不动产资产涉及各项目，六个项目已完成处置工作。其中，北京二七机车公司冰雪运动基地已于 9 月投入使用；南口公司已完成科创公司产权证变更及股权交易全部程序；青岛项目已完成控规调整，科技园青岛公司获得土地整理授权，与四方有限公司签订《土地整理补偿协议》，并完成一期土地移交、灭籍；石家庄公司、株所时代新材公司、太原公司已分别与政府土地储备中心签订《土地收储协议》。截至 12 月 31 日，除二七机车项目外，全年累计为中车股份公司贡献土地处置净收益 18 亿元（扣减因交易行为而产生的增值税、土地增值税、企业所得税、契税等交易成本）。

【政策研究】 围绕国家重大战略、行业政策、深化改革、创建世界一流示范企业等，深入开展政策研究，完成《中国中车“交通强国、装备支撑”行动方案》《中国铁路装备业“走出去”重大问题课题研究报告》等重大课题研究及《国内轨道交通装备行业变化与对策研究报告》《具有全球竞争力的世界一流企业评价指标体系研究》等专项研究报告，有力支持了中车战略举措落实、推动深化改革、创建世界一流企业等工作。落实国家部委相关要求，围绕主责主业、“一带一路”建设、战略性新兴产业发展、双创工作、事业单位改革、重大技术装备和产品目录修订等方面开展专题研究，向国家有关部委报告并提出建议，积极争取政策支持。积极参与中央企业智库联盟各项活动，承担联盟有关研究工作，中国中车继续任央企智库联盟第三届理事会副理事长单位。

〔战略发展部（业务重组工作办公室）供稿〕

投 资 管 理

【概述】 2019 年，投资管理部组织编制全年投资计划和投资预算。围绕中国中车“十三五”发展战略，以“双打造一培育”为目标，统筹安排全年投资项目，优化业务布局，提升研发试验验证能力、智能制造水平，促进新兴产业发展，强化固定资产投资项目管理。围绕中国中车打造支柱业务的宗旨，严格审查长期股权投资项目，共完成固定资产和长期股权投资项目可行性研究批复 43 项，批复 PPP 项目 7 项。认真研究国家政策，主动对接国家有关部委，积极争取资金支持，共获得各项资金支持 10.25 亿元。通过整合资源、优化出资结构，加快推进内部业务重组与转型升级，审核和批复 56 个对外股权调整、处置、增资、并购项目，同时跟踪并处理多个境内外股权投资项目。按时完成低效无效股权和固定资产处置任务目标。

【投资计划与预算】 年内，安排固定资产投资预算114.24亿元，股权投资预算259.41亿元。为严格控制投资规模，11月将固定资产投资预算调整为80.33亿元，减幅达29.69%；将股权投资预算调整为113.05亿元，减幅达56.42%。截至12月，共完成固定资产投资74.74亿元，占调整后固定资产投资预算的93.05%；完成股权投资108.59亿元，占调整后股权投资预算的96.06%。

根据国务院国资委和中国中车2020年度投资预算的整体安排，组织开展2020年投资预算编报工作，完成投资预算“三上”材料的申报、审查。

【固定资产投资项目管理】 围绕中国中车“十三五”发展战略，以“双打造一培育”为目标，从战略吻合度、项目合规性、效益先进性、方案可行性四个方面，加大固定资产投资项目审查力度，严格控制机车、客车、动车组和城轨车辆新造产能。充分发挥内外部专家作用，全年共组织专家评审11项，提交总经理（总裁）办公会审议19项、董事会审议4项，审查批准四方所先进显示与原子层沉积技术研究及应用项目等2个项目立项，株洲所时代电气汽车组件配套建设、四方所天津轨道交通装备产业基地建设等27个项目可行性研究报告，大连公司大连机车旅顺基地二期（机车部分）建设项目4个项目初步设计（或初步设计调整），下达书面审查意见27项。优化部分投资项目的建设内容，核减投资近4亿元。对于涉及新增过剩产能或引发新的内部竞争项目，采取暂缓或终止的措施；唐山公司高速动车组铝合金车体等智能制造项目陆续投用，但要求变革传统人工操作模式，精减人员、提高效率，保证产品质量。

【长期股权投资项目】 按照“符合战略，效益优先”原则，积极发挥长期股权投资的资源配置作用，稳妥推进长期股权投资项目审批工作，全年完成可研批复的长期股权项目有16项，分别是四方所和山东公司出资新设济南中车轨道交通科技有限公司项目、永济公司设立山东中车电机有限公司项目、中车电动设立重庆中车恒通汽车有限公司项目、中车产投公司协议受让天桥起重5%股权项目、科技园公司设立中车科技园（青岛）有限公司项目、科技园公司设立中车科技园（长春）有限公司项目、八维通第二轮增资扩股项目、中车研究院投资成立中车研究院（青岛）有限公司项目、时代电气参股设立国创局域能源互联网创新中心（广东）有限公司项目、株洲电机公司参股设立江西中车生一伦电机有限公司项目、时代半导体参股设立芯时代科技（武汉）有限公司项目、浦镇公司设立新加坡中车浦镇车辆服务有限公司项目、株洲电机公司设立澳洲中车电机有限公司项目、浦镇公司合资设立印度中车轨道交通车辆有限公司、株洲电机公司设立广东新能源有限公司、株机公司参股设立湖南先进轨道交通装备制造业创新中心运营公司。

【PPP投资项目】 年内共批复PPP投资项目7个，涉及中车资本金投入24.88亿元，包括无锡至江阴城际轨道交通工程PPP项目、太原市轨道交通2号线一期工程（B部分）PPP项目、泰州市高港区村庄生活污水治理工程PPP项目、常熟市农村分散式生活污水治理PPP三期项目、漳浦县东南片区村镇污水处理PPP项目、五河县农村污水治理PPP项目、临潼区农村生活污水PPP项目。另外，还批准中车环境公司合资设立日照中车绿荫环境工程有限公司，株机公司受让文山普者黑有轨电车投资开发有限公司0.7%股权，常熟市农村分散式污水处理二期PPP项目公司增资等事项。

【国家资金支持投资及免税项目申报与管理】 主动对接国家有关部委，争取资金支持。会同城轨事业部向国家发展改革委申报系列中国标准地铁列车研制及试验项目，会同战略发展部申报戚墅堰所“复兴号”中国标准动车组油压减振系统和联轴节关键技术及产业化项目，共获得资金支持8.29亿元。有14家企业22个项目获得国家工信部、财政部国家首台（套）重大技术装备保险保费补贴金额1.96亿元。组织召开中国中车第二届首台套保险培训专题交流会。

【股权（产权）管理】 全年共办理股权调整项目55项，其中重大项目有资阳电气项目：资阳公司将所持资阳电气39%股权协议转让给四方所所属全资子公司成都四方所公司，中车产投拟所持资阳电气51%股权无偿划至集团公司；大连电牵公司与永济电机公司股权变动事项：包括中车股份以非公开协议方式向永济电机公司转让所持大连电牵公司50%股权，中车股份以非公开协议方式向大连电牵公司转让所持永济电机公司22 548.5万元所对应的6.05%股权；广东公司项目：完成广东公司减资、非同比例增资、协议转让等事项。

坚持独立、客观、公正的原则，开展评估备案工作，为维护国有资产出资人合法权益，促进国有资产有序流转，防止国有资产流失，保证国有资产保值增值等提供重要保障。对涉及评估行为对应的资产全部开展审计评估，全年共办理资产评估备案项目103个，涉及净资产的账面值1 905 939.64万元、净资产评估值2 859 247.25万元，评估增值率50.02%。其中租赁项目10个，涉及资产年租金评估值4 034.17万元。中国中车首次同时获得北京产权交易所、上海产权交易所颁发的“金交易奖”。

规范国家出资企业产权登记管理，夯实产权登记数据基础。全年完成产权登记122项，对东北地区、株洲地区共8家中车股份一级子企业产权登记情况进行专项检查。开展人员培训交流，推动和提升整个集团公司资产评估和产权登记工作。

加强对股权多元化一级子公司三会议案的管理，规范行使中车集团和中车股份的股东权利，共完成三会议案审核56次，涉及四方股份公司、长客股份公司、天津公司、广州公司、成都公司、信息公司等子公司，同时办理股东代表授权委托事项，确保议案的规范性，防范潜在风险。

【业务重组】 组织力量修订并下发《中国中车“十三五”业务重组规划（2019年修订）》，并按照规划要求及年度重组工作计划，有序推动中车业务重组工作。

启动城轨基地重组。通过对中车41家城轨基地考察调研，提出城轨业务“三步走”重组规划和第一步城轨基地重组整合方案。12月2日经中国中车第29次党委常委会和第22次总裁办公会审议通过，下发《关于实施城轨基地重组整合的指导意见》，启动中车城轨基地重组整合工作。

开展机车业务重组。按照“以造带修、造修一体化”的基本思路和“统筹规划、分步实施”的原则，持续推进中车机车业务重组工作，启动株机公司和资阳公司重组项目。12月2日经中国中车第29次党委常委会及第22次总裁办公会审议通过，下发《关于实施株机公司和资阳公司重组整合的指导意见》，株机公司重组资阳公司工作全面展开。

推动货车业务重组。持续督导两个货车子集团落实“战略+运营管控”和“调结构、去产能、谋发展”等深度重组措施，并完成两个货车子集团重组项目的中期验收工作。

督导电牵业务重组。按照《关于实施永济电机与大连电牵业务重组的指导意见》要求，推动永济与大连电牵两家企业完成交叉持股股权调整工作，启动两家企业以“一体化”为主要内容的第二阶段重组工作。

论证核心系统的整合，已提出电气业务、新材料业务、制动业务、钩缓业务、储能业务、柴油机业务等核心系统及部件的业务重组方向性建议方案。

【增资类项目管理】 全年实施增资项目3项：中车股份向四方所增资4亿元，时代电气向宝鸡时代单方面增资3亿元，株洲电机公司向江苏中车电机有限公司增资1.958 1亿元。

【外部并购与资产重组】 年内，跟踪并处理多个境内外并购项目，完成协议签署的并购投资项目1项：株机公司收购德国福斯罗机车有限责任公司100%股权项目于8月26日签署股权买卖协议。该并购项目有利于株机公司获取欧洲市场渠道和制造资源，提升资源配置能力，融入欧洲技术标准，执行既有市场项目，深入扎根欧洲市场，响应欧洲客户需求。

【资产处置】 按照国务院国资委党委巡视要求，进一步落实2018年制订的低效无效资产处置工作实施方案，组织相关子公司清理处置低效无效股权、低效无效厂房和设备。2018年、2019年两年累计完成低效股权处置23项，盘活低效无效厂房及房屋177 469.29平方米，处置低效无效设备3 157台。

〔投资管理部（并购工作办公室） 供稿〕

运 营 管 理

【概述】 2019年，面对错综复杂的内外部形势，运营管理部积极应对内外部环境变化，以“协同、补短、提质”为主题，围绕“13568”经营工作思路，合理确定中国中车2019年度经营计划，全面推动中国中车高质量发展并实现营业收入、归母净利润“双增长”，其中轨道交通装备业务营业收入稳居全球行业第一。比双增长的经营目标，公司运营管理的执行力、保障力及指标均衡性进一步增强。全年，中车集团实现营业收入2 397.5亿元，同比增长4.53%；实现净利润105.6亿元，同比增长9.99%。中车股份实现营业收入2 290亿元，同比增长4.53%；实现归属于母公司所有者的净利润117.9亿元，同比增长4.33%。

【运营管控】 认真贯彻落实国资委稳增长要求和中国中车年度工作会议精神，组织制定、下发《中国中车2019年度经营计划》，确定2019年主要经营目标。不断完善月度经营分析会、季度经营调度、下半年指标调整、年末收盘确认等过程协调和管控机制，保障公司2019年实现“一季度”开门红，上半年同比增长，三季度以优异成绩迎接新中国成立70周年，以及全年收入、利润同

【提质增效活动推进】 结合生产经营实际，继续深入开展以“强基提质、稳中求进”为主题的“1+13”提质增效活动：以落实全面预算管理、完成年度经营指标为“1”条主线，以“经营业绩稳中有进、降本增效再上台阶”为活动目标，组织总部各职能和业务部门、各级子公司采取工作措施，大力开展加强亏损企业治理；压降“两金”占用；降低采购成本；提高内部配套与协同；降低各项管理

费用；高效利用科技费用，严格控制质量损失；严控固定资产投资规模；提高劳动效率，控制用工规模；严控固定资产投资规模；提高劳动效率，控制用工规模；加大低效无效资产处置，盘活利用土地不动产资源；强化风险化解力度；改善不良，杜绝浪费；积极推动国际化经营；强化“提品质”专项对标管理等13项重点专项工作，共提出八项29条具体措施，推动提升企业经营品质、提高发展质量、确保经营效益稳中有增。

【统计与对标工作】 做好国资委、国家和地方统计等部门的日常统计报表和定期统计报表工作，按时完成国资委、国家、地方统计部门等日常统计报表填报工作，保持信息渠道畅通、对外报表及时准确；规范统计行为，完善统计数据采集体系，完善中车公司统计数据采集信息平台，逐步实现统计数据与信息化手段充分结合，发挥好统计信息、统计咨询和统计服务等职能。强化运营数据分析，提高决策参谋能力。开展公司内部和国际可比公司对标工作；深化对标工作，充分利用公司年报、半年报、季报广泛收集国际知名企业和国内同行业对标资料，分类整理相关数据，编制下发主要经济指标对标资料；印发《中国中车2019年“提品质”专项对标工作方案的通知》，推动中国中车及各子公司改善经营品质、提升发展质量，促进企业各项经营指标优化；按季度发布《“提品质”专项对标工作情况的通报》。

【亏损企业治理】 根据国务院国资委重点亏损子企业专项治理工作要求及任务清单，中车集团共有24家企业纳入专项治理范围，其中：国资委挂牌督导14户，公司自行组织治理10户。制定印发了《中国中车开展重点亏损子企业专项治理工作方案》，与13家子公司签订责任书，对24户重点亏损子企业实施挂牌督导。

【“两金”压控专项治理】 结合国资委“两金”压降工作要求，制定下达《中国中车2019年开展“两金”压降专项整治工作方案》，下发《中国中车进一步开展存货和应收账款清理专项行动工作的通知》，严肃开展存货和应收账款清理活动，通过组织召开“两金”压降座谈会，通报“两金”压降进度情况，督促子公司全力压降“两金”，全年“两金”增幅低于收入增幅。

【国资委经营业绩考核】 按《中央企业负责人经营业绩考核暂行办法》（第40号令）的要求，中车集团与国资委签订了2019年度经营业绩责任书。2019年度经营业绩考核基本指标有两项：净利润目标值101.84亿元，经济增加值目标值90.69亿元。分类指标有三项：成本费用总额占主营业务收入比重目标值95.28%，流动资产周转率指标目标值0.87次，技术投入比率目标值5.5%。

年内，面对风险挑战明显上升的经营形势，中国中车各级领导干部和广大员工紧密围绕“13568”经营工作思路，砥砺前行，有效应对内外部环境变化，牢牢把握稳中求进工作总基调，坚持高目标引领，强化运营管控，深入开展“1+13”提质增效活动，努力化解各类减利因素，全面完成年经营目标，实现营收、利润双增长。中车集团公司全年实现营业收入2 397.5亿元、净利润105.6亿元，经济增加值完成102 936.1万元（同比增长12.7%），流动资产周转率指标完成0.93次；成本费用总额占营业总收入比重93.98%，技术投入比率完成6.07%。制造主业盈利能力创历史新高，全面完成了考核指标。

在7月18日国务院国资委公布的中央企业负责人2018年度和2016—2018年任期经营业绩考核结果中，中国中车2018年度经营业绩考核结果被评为A级（连续8年获得A级），2016—2018年任期经营业绩考核结果也被评为A级（连续三个任期获得A级）。根据国务院国资委任期激励实施方案，中国中车获得2016—2018年任期“业绩优秀企业”“科技创新突出贡献企业”“节能减排突出贡献企业”等全部表彰（仅10家中央企业获得三个奖项的表彰）。

【效绩评价考核办法修改】 结合国务院国资委新修订的《中央企业负责人经营业绩考核办法》及公司实际，对原有的经营效绩评价考核办法进行修订，并印发了《中国中车关于进一步完善分类考核差异化管理的实施意见》《中国中车子公司经营效绩评价考核办法》《中国中车2019年度子公司效绩评价考核计分细则》。同时，对生产制造型以外的17家子公司下发了分类考核方案。

新修订的《中国中车子公司经营绩效评价考核办法》在以下五方面作了进一步明确和突破：

更加突出分类考核、差异化管理的系统性、规范性、针对性。按企业的战略定位和发展阶段，将现有子公司分为生产制造型子公司、协同发展型子公司、服务保障型子公司和转型过渡型子公司四大类。对生产制造型子公司效绩评价考核以提升市场竞争能力、提高资产运营效率、提高企业经济效益、实现国有资本保值增值为导向，重点考核其盈利能力、资本回报水平和与之相匹配的营业收入规模。对协同发展型子公司效绩评价考核以发挥资源优势、促进产融结合、有效控制风险、实现国有资本保值增值为导向，重点考核其盈利能力、资本回报水平、运营效率、产融结合水平、不良资产比率等。对服务保障型子公司效绩评价考核以发挥资源优势、提升整体效益、促进主业发展和有效控制风险为导向，重点考核其费用管控能力、成本节约水平、平台作用发挥、重大项目或重点工作完成质量等。对转型过渡型子公司效绩评价考核以完成转型、退出任务、止住“出血口”、解决遗留问题、维护经营秩序、推动业务整合或构建新业态为导向，重点考核其费用管控、应收账款回收、低效无效资产处置、风险化解、重点工作完成质量等。

更加突出推动高质量发展和落实创建世界一流示范企业目标。推动专项对标改善工作，将6大类18项指标纳入年度考核，除其中5项已经纳入对标评价指标以外，其他6类13项专项对标指标（包括：总资产收益率、销售净利率、国有资本保值增值率、总资产周转率、应收账款周转率、存货周转率、固定资产周转率、亏损面、减值准备占净资产比率、已获利息倍数、人均营业收入、产品运用故障率、质量损失率等）由主管职能部门会同事业部纳入本部门重点监控指标，进行对标管理，并在职能管理中进行评价考核，对年度同比指标没有改善的则扣分考核。

更加突出高目标引领和持续改善提高的考核导向。对子公司净利润、营业收入等指标，采用“三级目标”方式确定，即基本目标T1原则上不低于企业上一年完成值或前三年的平均值中的较低值；达标目标T2原则上采用不低于企业上一年或前三年的平均值中的最高值；奋斗目标值T3原则上不低于T2值（两高于）的1.05～1.1倍。按对应T1、T2、T3目标区间值实施分类、分级评价考核。

更加突出服务国家战略和创新驱动。进一步加强对补短板和科技创新的支持力度，对科技进步奖、专利金奖、制定国际标准及取得突破性关键核心技术攻关成果等给予加分。对承担国家重大研发专项或经中国中车认定开展的重大前瞻性、基础性、平台性研发项目的子公司，在评价考核经济效益和资本回报率指标时，可将研发投入视同利润加回。

更加突出目标的动态管控。为推动子公司有序、均衡、稳健地完成经营计划，对其季度调度指标的完成情况进行评价，年度考核时对完成季度调度指标的子公司给予加分，对不能完成季度调度指标的子公司适当扣分（最多扣减 5 分）。

【子公司效绩评价与考核】 年内，组织对中车集团和中车股份直接管理的 40 家一级子公司进行了考核评价，其中生产制造型 22 家、协同发展型 8 家、服务保障型 6 家、转型过渡型 4 家，基本实现了考核评价全覆盖。

考核评价结果是：17 家子公司获评 A 级，13 家子公司获评 B 级，9 家子公司获评 C 级。信息公司因年内发生重大重组，未纳入年度计分考核。

22 家制造类子公司考核结果：四方股份公司、长客股份公司、四方所、株机公司、永济电机公司、株洲所、唐山公司、长江集团、浦镇公司、大同公司、齐车集团、戚墅堰所共 12 家子公司获评 A 级；四方有限公司、株洲电机公司、大连公司、戚墅堰公司、大连所 5 家子公司获评 B 级；广州公司、南口公司、大连电牵公司、天津公司、资阳公司 5 家子公司评为 C 级。

8 家协同发展型、6 家服务保障型、4 家转型过渡型子公司考核结果：中车科技园、中车金控、财务公司、资本公司、工程公司 5 家子公司获评 A 级；物流公司、中车研究院、南车投资公司、国际公司、金租公司、香港资本公司、中车产投、常铁校 8 家子公司获评 B 级；二七机车公司、二七车辆公司、租赁公司、中铁装备公司 5 家子公司评为 C 级，信息公司视同 C 级。

【精益管理】 突出年度精益工作“强基、赋能、攀高”主线，对标精益管理实施规划，注重统筹兼顾一体实施，深入贯标精益制造体系，持续完善精益管理体系，构建富有中车特色的精益管理体系，并持续推动精益管理经验的推广和输出，中车精益管理实践在国务院国资委组织召开的东北地区企业经验交流现场推进会上作专题交流，中车精益管理的影响力、受众面和认同度不断提升。

组织对 37 家制造型企业精益管理体系进行评审评价，评定精益管理一级企业 3 家、精益管理二级企业 5 家、精益管理三级企业 11 家、精益生产一级企业 12 家、精益生产二级企业 6 家。评定新建二级精益车间 7 个、三级精益车间 30 个；评定升级一级精益车间 8 个、二级精益车间 19 个；评定中车优秀模拟线建设项目 10 个；评定优秀专项改善项目 21 个。

推动“百千万”精益人才建设工程。围绕贯标精益制造体系，提升精益认知和能力，举办“精益领导力”“精益骨干”“专业提升”三期精益特训营；围绕“精益溯源”和“对标一流”两大主题，组织企业高层和专业团队赴日本和德国进行精益研修。督促各企业开展主题活动，营造浓厚精益文化氛围。

【管理创新】 围绕中国中车改革发展战略，锁定经营管理工作主线，组织开展中国中车第四届管理创新成果评审。其中，《满足跨国经营战略的集团化管控体系设计与实施》等 9 项成果被评定为中国中车第四届管理创新成果一等奖；《基于品质提升的成本优化创新实践》等 14 项成果被评定为中国中车第四届管理创新成果二等奖；《城轨 PPP 业务基于“集团—公司—项目”三级管控体系的创新》等 15 项成果被评定为中国中车第四届管理创新成果三等奖。

【物资管理】 不断完善采购管理制度体系，制定并下发《中国中车生产类业务外包管理制度》《中国中车总部经营类服务采购管理办法》及中国中车集团物资供应链管理的 6 项规章制度，同时组织子公司修改、完善本企业实施细则，针对物资采购与供应链管理制度中的87个项点进行全面检查，并对发现的十类问题逐项进行整改关闭。全集团采购管理水平持续提升，在2019年央企采购管理对标评估中，中国中车的综合排名由上年小组第六名上升到第三名。

（运营管理部　供稿）

金融管理

【概述】　2019年，金融管理部全面贯彻落实中国中车年度工作会议“13568”工作部署，以防范和化解金融业务风险、深化产融结合为全年工作主线，推动各金融子企业实现“协同、补短、提质”，做实金融业务的平台功能，整合并修订中车集团和中车股份金融业务规划，调整金融业务布局结构，控制金融资产总量，全面完成中车集团年度重点工作分解和各项会议布置的工作，为中国中车“双打造一培育”和“创建世界一流示范企业”作出了贡献。

【规划编制】　根据国资委《关于加强中央企业金融业务管理和风险防范的指导意见》《关于进一步加强中央企业非主业投资管理工作的通知》和国资委政治巡视整改等工作要求及中车集团党委《关于切实防范风险的决议》，结合中国中车金融业务发展的经验教训和目标任务，在与各金融子企业多轮沟通的基础上，完成《中车金融业务“十三五”发展规划（2019年修订）》，制定和下发《关于优化金融业务布局，促进产融协同发展的实施意见》，对金融业务实行三个方面的重大调整，从业务方向、业务结构和业务总量实现源头风险管控。调整金融业务的发展目标和任务，将防范风险摆到首位，明确产融结合四大功能（财资管理、社会化融资、金融性投资和资本管理），确立“聚焦主业，以融促产；规模适度，提质增效；改革引领，机制创新；严控风险，合规经营”四大发展原则。调整金融业务布局，明确集团下属各金融子企业的业务发展方向和业务分工，突出专业化，防止金融资源分散和能力重复建设；调整2020年金融业务主要发展指标体系，修订集团金融资产总量（合并不超过500亿元）和结构，并从产融结合效果、资本约束和资产回报等维度确立金融资源配置原则，把金融资源分解到各金融子企业中。

【预算管控】　牢牢把握全面预算承接集团公司战略和金融业务规划、优化资源配置的主线作用，围绕金融业态布局，用全面预算引领金融资产总量和结构调整。在年度金融性投资预算安排中，注重控总量优结构、深化产融结合、强调资本回报、强化资源约束，并主要从三个方面进行管控：在投资预算审核中有保有压，对金融业务增量进行总量控制，严控产融结合度低、推高资产负债水平和市场化的高风险投资项目，严控没有落实资金来源的项目，通过控增量、压存量进行结构调整，整个集团全年金融性投资预算核减51亿元，核减率34.68%。建立“项目ABC优先级”规则，统筹安排资源配置，支持金融资源向“双百”、混改、科技创新等围绕中车主业和产业链开展的业务倾斜，支持私募基金撬动社会资本。督促推进处置低效无效金融资产，分别向中车金控、租赁公司及两个香港子公司下发督导函，其中中车金控已处置包括成都银行等在内的12支股票，两个香港子公司均停止新增股票和债券投资。

【金融业务资源整合】 推进租赁公司转型，停止物流贸易和融资租赁业务，全力化解风险。协调投资租赁公司转让安徽中安融资租赁股份有限公司股权，同时向金融租赁公司转让优质资产。实施两个香港子公司协议转让部分天津租赁公司股权项目，提升两个香港子公司的盈利水平，为两个香港子公司提升境外融资能力提供保障。协助金租公司顺利取得金融许可证和营业执照，并于2月28日挂牌营业，正式成为中国中车第二家持牌的非银行金融机构。金租公司的成立是中国中车实现产业资本和金融资本深入结合的有效方式，是加速中车集团多元化持续发展的推进力量。下半年批复香港资本公司新设立子公司并申请第九号牌照，为其更好地发挥境外资产管理功能，支持中车国际化发展创造条件。

【央企 ETF 换购】 响应国资委要求，抓住 ETF 换购机遇，积累集团可变现资产。继央企结构调整基金 ETF 换购后，在国资委的协调下，中车集团抓住机会，指导和协调中车金证公司以所持中车股份的部分股票分别换购央企创新驱动 ETF 和国企“一带一路”ETF。换购后，中车集团直接和间接持有中车股份的持股比例变更为 50.73%，进一步盘活了存量金融资产。

【产融结合业务创新】 利用中国中车的影响力，以基金为载体，创新发展模式，促进中车主业发展。批复并协调中车金控参与投资央企双百基金 8 亿元，积极争取反哺支持中车双百企业发展；协调资本公司投资 5 亿元，参与投资工信部制造业转型升级基金；批复资本公司出资 2 亿元，发起设立科技创业基金，支持主业科技孵化和产业创新，为产融结合创造条件。年内，中车集团 2019 年有价证券等占用资源多的部分高风险业务规模大幅降低，围绕中车主业和产业链开展的基金投资、股权直投等呈增长态势，集团公司产融结合率由 2017 年的 14.5% 上升至 48.8%，完成 2019 年度巡视整改目标。下发《关于中车资本控股有限公司股权结构及业务结构调整的批复》，继续推进金融企业改革：促进中车金控转换运营机制和管理体制，激发其活力；促进租赁公司转型，为租赁公司联系到多家央企开展专项调研，持续完善转型方案；协调金租赁公司引入战略投资人。创新对集团公司所属上市公司的股权管理方式，积极研究并响应国资委授权相关政策，组织完成对中车集团下属 4 家上市公司合理持股比例的专项调研工作，报经国资委备案后，分别对株洲所和中车产投下达批复，确定其上市公司的合理持股比例，为中车集团所属上市公司开展资本市场运作提供了较大的空间。

【制度体系建设】 加强风险管控，确保依法合规。推动建立从中车集团到金融子企业的多层次风险管控体系，并细化管控制度体系，先后下发集团公司《金融性投资负面清单（2019 年版）》《关于规范和加强金融租赁业务管理的实施意见》和股份公司《金融性投资管理办法（试行）》《金融性财务投资实施细则（试行）》和《私募投资基金管理办法（试行）》等系列制度文件。建立金融业务数据收集和分析报告制度，按月度、季度监控金融业务开展动态，创建和发布中车金融企业运营季报，强化风险隔离。根据国资委关于中央企业投资基金清理排查工作的要求，组织对金融子企业开展基金清理排查，并向国资委上报专项报告。完成国资委关于中央企业金融业务季度报告。

【基金业务管理】 拓展社会化融资功能，改变全部以自有资本投资的方式，构建多层次、多维度、内外互动的产融协同发展机制。

依托中车金控和中车资本的私募基金业务，紧紧围绕中车集团产业发展需求，做好金融服务的供给侧改革。持续总结和丰富“产业+资本”的协同发展模式，充分利用私募基金的市场化机制，围绕主业需求开展境内外投资并购，承担新业务孵化培育阶段的投资风险，成熟后优先向集团产业端转让，为中车集团产业发展赋能。

【党建工作】 年内，金融管理部党支部按照总部机关党委的工作部署和要求，以集团公司深入开展“不忘初心、牢记使命”主题教育为契机，坚持系统学习习近平新时代中国特色社会主义思想学习纲要和其他理论读本，贯彻落实习近平总书记关于国企改革发展和党建工作等系列重要讲话和指示精神，做到“两个维护”，树牢“四个意识”，坚定“四个自信”，实现理论学习有收获、思想政治受洗礼。认真对照集团公司党委在主题教育安排的专项整治八个重点，全面做好问题检视和整改落实。强化政治理论学习，严格执行“三会一课”制度，全年召开支委会、党员大会、民主生活会、专题学习会等共计33次，有效发挥了基层党支部战斗堡垒作用。抓好党风廉政建设，严格执行《中国共产党廉洁自律准则》《中国共产党纪律处分条例》，坚决杜绝“四风”，坚决落实“八项规定”，警示全体党员廉洁从业，做到干净做事，担当有为。认真组织学习“不忘初心、牢记使命”主题教育有关要求，在学习教育、调查研究、检视问题、整改落实各个环节中，全面覆盖落实习近平总书记视察中车重要指示、金融业务进展、重大风险化解、企业转型升级情况等金融业务，提高全体党员政治觉悟和政治担当。及时召开专题民主生活会，通过开展批评与自我批评等多种形式，达到照镜子、正衣冠效果。全面落实“一岗双责”，推动和加强作风建设。

（金融管理部　供稿）

财务管理

【概述】 2019年，中车财务系统紧密围绕中国中车“13568”经营工作思路，着力抓好预算主线、推进巡视问题整改、提高资金效率、强化财务管理、防范财务风险、增强队伍能力等六方面重点工作，持续开展提质增效和资产优化活动，做好降杠杆减负债、民企清欠、土地处置等专项工作，圆满完成国资委经营业绩目标，实现收入利润双增长。

【巡视整改】 坚定决议目标，主动作为，持续完善整改措施，狠抓巡视问题整改。压实“降成本”“降一年期以上逾期应收款”“降资产负债率”“清理银行账户”等具体整改责任，层层分解指标、落实责任，加强工作督导，推动问题解决。全年累计实现降成本超过33.9亿元，年末一年以上逾期应收款降至160亿元以下，中车集团资产负债率降至62.34%，年末资产负债率超过70%的子企业降至89户，银行账户压减到2 267个，全面完成年度财务整改目标。以巡视整改机制提炼形成的《基于政治巡视的企业问题管理机制的建立和实施》获得中国中车第四届管理创新成果一等奖。

【预算管理】 咬定年度经营目标不放松，充分发挥全面预算管理主线作用，严格落实预算指标。加强与业务部门和子企业的沟通，以滚动预算为抓手，掌握实时经营动态。围绕经营目标采取积极措施，落地战略规划，分解经营目标，统筹资源配置。大力推进提质增效、两金压降、处僵治困、亏损企业治理、低效无效资产处置等专项工作，顺利盘活四方有限公司、南口公司土地，完成年度经营业绩目标。中车集团全年实现营业收入2 397.5亿元、利润总额133.5亿元、净利润105.6亿元，完成国资委经营考核目标，实现收入、利润双增长。

【资金管理】 制定并下发《关于进一步加强资金集中管理的指导意见》《票据集中管理办法》《金融衍生业务管理办法》等管理文件，进一步规范资金管理。实施票据集中管理，扩大资金集中范围，进一步提高资金周转的效率和效益。累计为子企业提供资金329亿元，开立保函113亿元，提供母公司履约担保9笔。制定《采购付款管理暂行办法》，改善内部结算秩序。落实党中央国务院决策部署，积极组织民企清欠工作，年末实现“零拖欠”目标。

【融资管理】 不断探索创新低成本融资方式，完成上交所和银行间市场各200亿元DFI额度审批注册。充分利用超短期融资券市场的低利率趋势，滚动发行融资，全年共计发行债券420亿元，平均融资成本2.86%。采用公开竞价方式，充分发挥银行贷款LPR定价向优质客户倾斜的优势，逐步将贷款利率降到下浮15%，平均融资成本3.91%。创新结构化融资，完成2次共32亿元应收账款证券化的循环购买，组织16亿元应收账款联合保理、17亿元财票出表，改善财务结构，加快资金周转，优化经营活动现金流。

【财税管理】 深入研究国家减税降费政策，确保纳税申报、发票管理、汇算清缴工作顺利进行。组织开展纳税筹划，有效落地国家产业支持政策和税收优惠政策。全年获得各类财政补贴15.20亿元，获得国有资本经营预算补助资金7.70亿元，重大技术装备进口关键零部件实现免税1.40亿元，减税降费政策增利4.50亿元，为集团公司经营业绩的稳中有升提供了有效支撑。

【提质增效】 大力开展“降杠杆、减负债”工作，圆满完成集团公司资产周转效率和资产负债率等国资委考核指标。深入推进两金压降工作，加强应收账款源头管控，推动客户分级管理，发布劣质客户和重点关注客户名单，防范客户信用风险，协调客户加快付款。配合做好亏损治理专项工作，年末全集团亏损企业52户（同比减少6户），亏损金额47.19亿元（同比减亏20.75亿元）。配合完成处僵治困、减员分流、三供一业移交等各专项工作任务。整理编制2018年、2019年上半年主要可比产品的单位成本资料，下发至机、客、货事业部成员企业，促进各子公司开展成本对标，不断提升产品盈利能力。

【业财融合】 积极参与创一流、混改、双百、科创板等项目方案编制和细化落实工作，参与制定企业重组路径等深化改革、重组改制有关工作，发挥财务专业作用，为相关业务提供服务与支撑。积极争取年底国铁集团资金集中回款，开展货车、城轨毛利率专项提升活动，参与城轨业务标准化合同制定，保障集团公司利益。组织内部清欠，解决物流公司回款问题。积极参与土地盘活工作，提供税务等专业支持。参与城轨地铁标准化项目争取补贴方案的制定，投入科研费用1.93亿元，支持科技研发。参与投资项目的可研、审核、与执行，发表专业意见和建议。

【财务基础工作】 加强会计准则培训，确保准则执行和财务制度落地。按照新会计准则，结合检视问题和整改落实工作，优化会计报表模型，不断夯实会计核算基础，发挥财务保障作用。完成全年财务报表编报和信息披露工作，中车集团财务决算报告连续4年获得财政部、国资委表彰和表扬，中车股份年报披露在上交所考核中保持A级。

【队伍建设】 8月，在北京国家会计学院组织财务总监培训，提升财务领导力。9月，在常州组织预算工作业务培训。12月，以视频会议形式组织财务决算工作业务培训和财税人员管控能力提升培训。12月，上线试运行集团财务人员信息管理系统，全面动态反映集团各级次企业财务人员的工作经历、从业经验、专业资质、继续教育、专业培训、财务成果等情况，分类反映财务总监、会计机构负责人、财务管理专家队伍建设情况，为集团公司加强财务人员建设、拓展财务人员发展空间、打造一流的财会团队提供了有力的系统保障。

（财务部　供稿）

审计与风险管理

【概述】 2019年，审计和风险管理部全面落实习近平总书记视察中车重要指示精神及国务院国资委工作部署，以中国中车“13568”经营目标为统领，紧扣重大风险防范化解工作核心，坚持守土有责、守土尽责，坚决打好打赢防范化解重大风险攻坚战，稳步推进审计、风险和内控机制建设，加大审计风控信息化和国际化工作力度，助推中国中车实现高质量发展。年内，全集团各级审计部门完成各类审计项目1 207项，提出审计意见和建议3 003条，增收节支16.75亿元；完成风险管理项目399项，识别出风险事件4 124件，提出风险应对措施6 001项；完成内控项目164项，发现内控缺陷578个。超额完成年度工作计划。

【审计工作】 紧扣中国中车经营发展主题，加强审计管理的顶层设计，健全汇报机制、作业机制、整改督导机制、结果应用机制和资源共享机制等“五大机制”。制定并下发《中车审计人员“六严禁”工作纪律》《中车审计与风险管理工作保密办法》；编制完成《中车子公司审计工作绩效考核评价办法》《中车外聘中介机构审计质量评价考核办法》《中车审计中介机构招标工作指南》《中车审计整改指南》及《中车经济责任审计工作指南》等。围绕2019年经营工作要点，落实各项工作，做到“全方位监督、全过程跟踪、全维度覆盖”，不断消除监督盲区。积极落实“应审尽审”要求，从企业和业务两个维度，组织对全集团6级次379家企业2016—2018年3年审计情况进行排查，查找企业经营管理活动中存在的审计盲点，并结合实际情况，提出对集团所属企业、所有业务类型、所有重要经营管理活动“三个百分之百审计全覆盖”目标，年内审计覆盖率超过40%。

年内，各级审计风控部门全面履行审计监督和风险管控职责，为中国中车实行高质量发展保驾护航。坚持逢离必审原则，广泛开展任中经济责任审计，集团公司全年完成经济责任审计246项（其中总部完成11项），全面完成受托任务。其中，株机公司以“审+N”协同联动，实现“有深度、有重点、有成效”的分子公司审计全覆盖；财务公司关注银行业监管要点和重点，形成金融业务检查要点清单。聚焦预算审计、资源配置审计、提质增效审计和巡视整改审计“四个重点”，充分发挥审计的增值功能。其中，金控公司、大同公司从预算全过程管理、投资预算、建立预算模型、预算刚性约束等方面，开展预算管理专项审计，坚持全面预算管理这条主线不动摇；浦镇公司开展麒麟、河西两个BT项目公司的管理审计；戚墅堰所聚焦“两金”开展专项审计；资阳公司和株机公司按照重组整合工作要求，开展低效无效资产审计调查，优化企业资源配置；株洲所围绕项目投资及零星基建管理全视角开展投资管理专项审计；齐车集团对冶炼工序主要材料投料过程进行全天蹲点写实，对标对表找差距；四方股份公司开展工序委外和供方质量管控专项审计，促进企业提质增效；长江集团、国际公司、大连公司等开展境外审计；长客股份公司、唐山公司开展国拨经费专项审计，落实巡视整改要求。积极落实国家对央企拖欠民营企业账款专项工作要求，统一组织开展民企清欠专项审计，督促各企业及时偿还无争议欠款37亿元。继续加强对重大工程项目实施工程项目审计，全年全集团工程项目及预决算审计金额约为41亿元，审减额约为1.7亿元。集团总部通过委托中介对子公司重点工程项目进行审计，降低工程投资6 003万元，当年审减率达到10.26%；长客股份、四方股份、唐山、浦镇、永济电机、戚墅堰所等公司开展投资项目建设全过程跟踪审计、结算审计、竣工决算审计，降低工程建设成本效果显著。进一步加大对招标及合同审计力度，全集团全年合同审计审减9 602万元。中车产投公司通过开展合同专项审计，完善合同条款和签订程序的管控；大连电牵公司开展合同大检查，推动合同审计常态化。

【责任追究】 公司各级审计和风控部门积极落实国资委和中车集团工作部署，有序开展追责体系建设工作，加强国有资产监督工作，防止国有资产流失。中国中车在央企中率先制定《中车责任追究工作手册》以及损失认定、责任认定等实施细则，规范工作流程和标准，获得国资委监督追责局的高度评价。组织制订《中车违规经营投资责任追究工作体系建设方案》，计划到2020年底全面建立覆盖集团各层级的责任追究组织和制度流程体系，年内已完成追责工作的组织体系、制度体系宣贯培训工作，并持续对违规问题线索进行查处。按照国资委和中车集团违规经营投资责任追究实施办法，组织开展融资性贸易专项追责工作，已完成对14家子公司42名相关责任人的违规责任追究，并通过通报和警示教育等方式，强化监督震慑效果。

【风险管控】 结合中国中车发展战略，搭建涵盖中车集团、子公司、业务岗位层面的“三位一体”的风险管控组织架构，加强风险管理三道防线，建立中车集团重大风险分类、分层和集中管控模式。建立风控体系架构，落实中车集团及各部门、各企业风险管控的职责，初步建立起系统化、规范化、流程化、体系化、上下有机联动的风险管控架构，确保中国中车的风险管控突出重点、分工明确、责任清晰，为加强整个中车集团内部控制及防范和化解重大风险提供机制保障。

深入贯彻习近平总书记关于防范化解重大风险的重要讲话精神，落实国资委关于加强中央企业防范化解重大风险工作要求，秉承底线思维，系统谋划、统筹推进重大风险防范化解工作：组织开展整个集团年度风险、境外投资项目风险、国际化经营风险、融资性贸易业务风险排查和敞口处置等6项排查工作，共识别风险事件2 593条，全面排查和梳理中车集团的风险，摸清集团风险的总体状况，明确风险管控的战略重点及方向；制订、下发中车集团重大风险防范化解工作方案，明确组织、细化目标、压实责任，全面深入推进风险防范化解工作；多措并举、多点聚焦、多角度发力，打出防范化解重大风险的“组合拳”：建立重大风险信息数据库，对重大风险实施持续动态跟踪，定期向集团党委会进行专题汇报，同时开展重大风险防范化解工作专项督导和专题培训，并通过建立日常工作通讯录、工作微信群、月度例会、专项座谈会等方式，加强工作协调，全年先后组织召开全集团重大风险防范化解会议 4 次、重大风险专题培训 2 次（培训人员达 6 000 余人）、专题汇报 4 次，签订重大风险防范化解责任书 16 份，专项督导企业 16 家。经集团全面系统推进及各企业积极行动，通过收回现金、签订新协议、资产保全、债转股等方式化解风险，全集团全年共收回资金 9.8 亿元。

【外部监督配合】 年内，中车集团所属各级审计和风险管理部门积极对接国资委及国家审计署安排的各项工作，并配合完成各项审计和检查任务，共配合完成国资委监督追责局安排的追责任务 3 项，参加国资委、审计署有关工作会议 14 次，按照国资委要求布置专项风险排查、监督检查工作 6 项，配合审计署专项审计 2 项，向国资委提交专题检查报告 7 份。按要求提报各项资料 2 200 余份，组织签认取证单 21 张，提报境外子企业财务决算、中美贸易问题、2018 年度财务决算等相关材料 178 份。按国资委要求和部署，组织开展对各子企业驻京办进行全面突击检查，并开展 6 项风险排查工作。按照相关工作要求，组织集团总部各部门和各子企业分工合作、密切配合，按时保质提交相关材料，圆满完成各项配合任务。通过配合外部监督工作，集团各级审计风控队伍充分学习借鉴外部监督的先进工作方法和理念，落实外部监督提出的各项整改要求，进一步提升工作质量，也促进各相关公司加强管理。

【工作交流】 年内，国资委首次在中国中车总部组织召开中央企业年度全面风险管理报告修订研讨会，中国中车所提的修改建议均被国资委报告课题组采纳。中国中车多次应邀到国资委组织的研讨会就风险管理、违规追责工作作经验介绍和交流，传播中车声音，提供中车经验；接待包括黑龙江省国资委、中铁建、中核电、中钢、河南投资集团等多家央企及地方国资企业到中国中车进行风险管控及审计监督工作交流，“中车风控名片”作用显现。

组织开展全集团重大风险防范化解专项培训、预警指标体系建设、内控自我评价、评级培训、专题座谈会，集团各层级专业人员全年培训、交流近 7 000 余人次。采用集中现场述职、书面述职、审计项目期间座谈等形式，坚持开展一级子公司审计和风控部门负责人年度工作述职，并对集团审计、风险部全体人员和各一级子公司审计风控部门负责人 50 人进行了绩效评价。运用“以干带训”方式，抽调金控公司、永济电机公司、大连电牵公司、工程公司人员到中车总部助勤。17 家子公司撰写的课题成果和论文获得奖项或在期刊发表，13 家子公司审计和风控部门获得当地或本公司先进集体荣誉，30 名审计风控人员获得所在省市或本单位先进个人荣誉，株洲所“战略管理审计”获湖南内审项目评选一等奖。

（审计和风险管理部　供稿）

法 治 工 作

【概述】 2019年，公司法治工作以习近平总书记全面依法治国新理念新思想新战略为指导，认真贯彻落实国资委法治工作会议和集团公司工作会议、党委常委（扩大）会议精神，以推进法治中车建设为主线，以落实合规管理指引为抓手，以防范化解法律风险为重点，不断夯实法治工作基础，努力提升法律管理水平，切实加强法务人才队伍建设，为集团公司依法合规经营，实现“双打造一培育”目标提供法律支撑和保障。

【法治建设】 年内，公司法律工作的组织领导得到进一步加强。在公司2019年法治工作视频会议上，公司党委书记、董事长刘化龙着重强调：各子公司要提高政治站位，深刻认识法治建设的重要意义；抓好责任落实，切实履行推进法治建设第一责任人责任；把住关键领域，切实强化海外经营法律保障；树立合规意识，推进合规管理建设；加强法律队伍建设，把法治工作有效开展下去。公司党委常委、副总经理魏岩从党建入章、落实法制建设第一责任人职责等六个方面全面总结公司2018年法治工作取得的成绩，深入剖析公司法治工作的困难和不足，提出了2019年法治工作的目标任务和重点工作。公司总经理孙永才高度重视中车法治建设，在年度工作会上明确：坚决贯彻落实依法治企要求，健全完善内控制度体系，开展规章制度年度评价，保障体系运行有效。按照领导的要求，法律事务部有序推进法治中车建设，进一步优化决策、授权、审批机制，推进“三重一大”决策运行实现全覆盖。完善法律顾问制度和法律体系建设，健全法律风险防范机制，提升全级次企业合规管理和依法治企能力。规章制度、经济合同、重大决策事项法律审核率持续保持100%。认真落实深化依法治国实践要求，更加突出法治建设的主体地位和基础作用；抓牢领导干部这个“关键少数”，通过落实领导干部法治学习制度、完善领导干部选用制度等措施，全面提升领导干部法治素养；着力构建世界一流企业法治体系，对照国内外一流企业在法治建设上的主要经验和做法，不断丰富完善法治建设顶层设计；全面推进依法合规管理工作，确保各个层级严格按照法定权限、法定程序，履行法定责任；突出抓好关键领域风险防范，通过制度完善、体系优化、责任追究等，确保不发生重大境内外法律风险。

【法治职责落实与整改】 严格落实主要负责人法治责任，针对问题和不足，认真抓好整改落实。公司以整改为契机，建立集团各级企业主要负责人履行法治建设的第一责任人职责的长效机制；查找企业主要负责人履行推进法治中车建设中存在的制度不健全、程序不完善、执行不到位等问题和薄弱环节，以及针对问题和薄弱环节所采取应对措施的有效性。

法律事务部牵头，总部各部门分工负责，抓好各自领域工作，确保考核项点整改工作有序开展，满足考核要求。最终将落实法治建设第一责任人职责作为法治建设的常态化工作，形成各条线各负其责、公司法治建设有序推进的良好局面。开展总法律顾问述职、法治工作会邀请公司董事长刘化龙出席并讲话、开展法律顾问等级评审，抓好向各级子企业延伸工作，严格责任，强化考核，把推进第一责任人落实情况纳入考核评价体系，细化对各单位“依法经营”指标的考核，针对薄弱环节有效开展整改。法治建设薄弱的子企业，通过加大人才引进以及同外部律所相结合的方式，补强自身工作短板。《中国中车子公司经营效绩评价考核办法》中明确将依法治企和合规作为考核项点，公司在四季度委派检查组赴部分子企业进行现场调研，提出相关意见建议，必要时进行扣分考核。公司考核自评得分 95.5 分，较上年 87 分有明显提高，整改取得显著成效。

【合规管理】 为全面开展合规管理工作，法律部到央企合规试点单位中国铁建和中国移动公司及世界领先企业西门子公司和伏伊特公司调研学习，同东方电气公司进行现场及电话沟通，对标先进企业，起草《中国中车合规管理暂行办法》，并在公司 2019 年度工作会议上征求集团总部及各子公司意见，提交总经理办公会审议并下发。

制定《中国中车境外经营合规管理指引》和《中国中车商业准则》，组织 10 家核心子公司的专家进行研讨。组织部署海外重点领域子体系建设，在出口管制、反腐败、反商业贿赂、反垄断、境外税务合规、境外劳动用工管理、知识产权保护等重点领域组织编写指南，防范境外合规风险，已初步形成合规管理体系。

针对中美贸易紧张局势，下发中国中车对外贸易风险提示函、关于中国企业涉美风险提示的通知等，要求各子企业加强对外贸易合规，规避外贸风险。健全法律风险防范机制，论证集团公司为非控股公司提供最高额保证存在的重大风险，集团公司不再提供最高额保证。参加部分子公司进行市场贸易风险论证会，提出专项意见。参与公司重大风险处置，跟安技环保部、人事部、审计风险部一起到部分子公司检查劳动用工存在问题，多次参加北车海工专题风险化解会议。组织 15 家子公司传达和学习国资委风险防范精神。到株洲所调研涉美合规事项。

关于涉及诉讼事项的整改，对重大案件多发子企业（中车租赁、株洲所、物流公司等）及案件本身加强指导；拟定进一步加强重大案件处置的指导意见，形成重大案件处置的长效处理机制，最大限度维护公司利益。在采取上述措施的情况下，完成销号。

【制度体系建设】 以巡视整改工作为契机，以适应风险管控为重点，构建完善的法人治理结构；以遵守章程和基本制度为基础，构建科学的决策程序；以巡视工作为契机，构建健全的内控体系，对各项规章制度进行全面的梳理，做好规章制度的废改立工作。安排检查组到子企业进行检查，确保此项工作年底全部完成并销号。

按照 2019 年巡视整改目标，法律事务部牵头组织人员到贵阳公司、成都公司、资阳公司、眉山公司、兰州公司等公司现场检查，确保完成质量和效果。整改涉及的子企业均提交了销号报告和完成情况汇总表，如期完成了规章制度巡视整改工作。

【法治工作价值发挥】 提供法律服务。主动并积极参与公司“双百行动”、混合所有制改革、创建世界一流企业、子企业中长期激励等改革发展工作，参加调研和项目评审，及时为公司深化改革提供有效法律服务，确保相关工作依法合规开展。牵头组织各部门梳理国资委 52 号文授权放权清单，形成中国中车承接授权计划表。针对双百企业和混改企业，相关部门单独制定权力下放安排。

为江西中车生一伦公司设立、中车数字公司成立、西安实业公司大集体改制、中车信息公司股权收购、永济电机与大连电牵股权重组、大连所增资收购北京华开领航公司、永济公司设立山东子公司、环境公司泰州 PPP 项目、天津实业公司注销、株机公司海外并购、中车集团和中车股份公司发债尽职调查等多个项目提供法律服务。

严控新业务领域新商业模式的法律风险，严格把关 PPP、基金、类金融等项目，严守国家政策监管底线，杜绝违规投资经营及决策。

【重大法律纠纷案件处理】 年内，以推进法治中车建设为主线，以管控减利因素、有效化解把控风险为目标，以减少损失就是为公司增利为导向，统筹综合施策，考核督导重点子公司，协调集团公司内部优势资源，合力攻坚重大案件，优先处理高危风险案件，突出做好涉外案件应对，分步化解遗留积案。拟定进一步加强重大案件处置的指导意见，形成重大案件处置的长效处理机制，最大限度维护公司利益。

完成集团总部纠纷处理及对子公司重大法律纠纷处理的指导、督导和检查。傅庆斌状告中车集团侵犯知识产权案件（傅庆斌申请再审至最高人民法院），经积极答辩，再审驳回傅庆斌的全部诉讼请求。对肖丽蓉等二人状告成都实业公司和中车集团的诉讼，委托成都公司代为处理。针对泉州中车水务有限公司建设工程施工合同纠纷案，委托律师处理案件。合理处理了柏林展展台搭建纠纷案。现场指导二七机车公司处理同北京希力药业诉讼纠纷；指导中车浦镇公司同喀麦隆国家铁路公司质量仲裁纠纷、贵阳实业公司担保债权纠纷、株洲所沃特玛案件、太原实业公司同陆建公司纠纷案、长江实业拆迁纠纷案等；到中车租赁公司实地调研；协助北车海工刑事举报并出具请求支持函件，协助二七机车公司处理同德国 WBN 公司诉讼，协助哈尔滨公司咨询国开厚德（北京）投资基金有限公司股权处置。处理贵阳实业公司破产案件，协助指导哈尔滨公司作为债权人参与达州钢铁破产案件。

【法治基础建设】 开展总法律顾问述职工作，推动法治中车建设，促进总法律顾问履职能力的提升。抓好法律顾问队伍建设，组织全系统法律顾问参加国资委第 22 ～ 26 期法治讲堂，组织全系统一百多名法律顾问开展现场培训，委派铺镇公司人员参加商务部组织的反垄断合规培训，推荐唐车公司参加总法律顾问履职能力培训，公司规范治理培训，同人事部协商在集团内部开展法律顾问职业岗位等级资格评审。集团法治人员队伍不断壮大，许多子公司在编制十分紧张的情况下，仍然注重引进法律人才。组织到西门子公司进行调研，对标世界一流企业法律管理。完成中车集团及中车股份公司在北京市工商局信息公示系统的备案。向 36 家子企业出具股东决定、章程修正案等相关材料，指导并督促其完成工商变更登记。同信息部联合推进制度体系信息化系统建设，实现数据信息横向集成、纵向贯通。

（法律事务部　供稿）

技术管理

本栏编辑　肖洪乐

科技管理

【概述】 2019年，中国中车紧扣“协同、补短、提质”3大主题，强化战略引领和目标导向，苦练内功，搭平台、建机制，促共享、提能力，科技质量工作取得长足进步，圆满完成年度目标任务。“复兴号系列动车组科技创新团队”获评国资委10个中央企业优秀科技创新团队之一。大连电牵公司获得科技部首批14家“一带一路”联合实验室建设资质。新建中车唐山公司意大利现代轨道交通技术联合研发中心、中车株机奥地利轨道交通技术联合研发中心，中国中车海外技术研发中心达到17个。中国中车先进膜材料与分离技术研发中心挂牌成立。株洲所、四方股份公司荣获工业企业质量标杆称号。齐车公司、戚墅堰所获得制造业单项冠军示范企业。株机公司“轨道交通转向架全流程数字化质量控制技术与应用”荣获中质协质量技术奖一等奖，齐车公司、长客股份公司、永济电机公司、四方股份公司等子公司7个项目分获中质协质量技术奖二、三等奖。

【产品研发】 完成京雄智能动车组、双层动车组样车研制；时速250公里中国标准动车组取得制造许可；长短编时速160公里动力集中动车组转化为市场订单；完成斯里兰卡高山线DMU、哥斯达黎加内燃动车组等产品研制；罗马尼亚有轨电车大部件通过认证。搭建统一技术平台，推进3000马力（1马力=735.5瓦）节能环保型（重混）内燃调车机车、4400马力货运干线内燃机车、青藏铁路高原动力集中电动车组动力车及适应青藏高原格拉线复杂多变环境电力机车等项目研制工作，促进机车装备升级。C96型运煤专用敞车满轴重运用考验、多式联运货车投入运用考验，实现常态化开行；SQ6车具备中蒙过轨上线运用考验条件；完成C87型运煤专用敞车、SKM81型煤炭漏斗车、2×40英尺（1英尺=0.3048米）集装箱车样机试制；完成时速160公里快捷货车系统配套研究。完成变轨距转向架关键技术研究，正在进行深入论证。国内首列市域D型动车组温州S1线研制交付；佛山高明氢能源有轨电车填补国内空白。

时速250公里标准动车组配套牵引电传动、网络控制、齿轮传动装置、制动系统完成运用考核，具备批量生产资质；新一代机车制动控制系统完成20万公里货运机车装车运用考核，同时实现在“绿巨人”动车组和3500马力调车机车装车运用考核；成功试制16缸D180高速柴油机2台装车样机；实现自主国产化IGBT在“复兴号”时速250公里和350公里动车组装车运用考核。

启动未来市场需求空间巨大的330吨级电传动矿车新产品试制工作；推进矿车用无人驾驶系统在包钢集团、神华准能集团、国电集团移动运输上的合作。9兆瓦半直驱永磁同步风力发电机下线，中国中车风电电机功率等级进一步提升。搭载自主IGBT芯片的风电变频器成功并网，开始运营考验。H12、H8型海外版纯电动客车获得欧盟认证。智轨电车首条商业运营示范线宜宾T1线18公里开通全线运营。2兆瓦船舶直流变频配电一体化装置、永磁同步发电机完成研制。蓄能保温箱通过中国船级社样箱认证。

【技术研究】 年内，重大项目取得阶段性成果。全力推进项目实施，“磁浮交通系统关键技术”等7个项目，顺利通过科技部高技术中心组织中期检查。5月，首辆高速磁浮试验样车下线，在国内外引起轰动效应。

“磁浮交通系统关键技术”项目获得科技部高技术中心颁发“项目执行优秀团队”荣誉称号。“时速400公里及以上高速客运装备关键技术”项目，突破跨国互联互通和速度提升等关键技术，实现高铁技术研究纵深发展，占领技术制高点。“时速600公里高速磁浮交通系统”和“时速250公里以上货运动车组”参展“2019年全国科技活动周”“国庆70周年大型成就展”和“第二十一届中国国际工业博览会”，取得良好宣传效果。

全力推进基础前瞻共性技术。深入研究中国中车轨道交通装备产品市场需求、技术特征、驱动因素及演进规律，形成中国中车主型产品代际特征及下一代产品规划方案，编制《铁路科技创新中长期发展纲要（2021—2035年）》《铁路科技创新基础性前瞻性研究方向及任务建议》等技术发展规划，为中国中车未来科技发展方向提供依据。全力推动新材料、新能源、智能产品、智能制造等领域前瞻基础及共性技术研究和跨越式创新，代表性成果《超级铜》和《AI行为分析系统》项目分获“2018中央企业熠星创新创意大赛”一等奖和二等奖。应用碳纤维车体和构架、碳化硅逆变器等领先技术的下一代地铁荣获上海工博会“科技创新大奖”。

深化节能环保新技术研究，参与编制《中国氢能源及燃料电池产业白皮书》，编制发布《轨道交通车载储能系统测试方法第1部分：动力电池系统》等中国中车标准。搭建国内首个轨道交通领域储能系统大数据平台，奠定中国中车建设企业级甚至国家级数据监控平台技术基础。开展燃料电池产业前期研究，完成100千瓦氢氧燃料电池电堆的设计与试制，并进行短堆耐久性试验，性能高于预期。

【技术创新体系】 科技改革加快实施。完成中国中车科技体制改革总体方案修订，提出“驱动创新、系统推进、渐进突破、抓两头促中间”的基本原则，明确近期、中期和远期目标，对加强科技创新决策体系建设、重构中国中车科技创新组织体系、激发创新活力、优化科技管理等方面进行规划，总体方案更加完善。

制定下发《中国中车轨道交通“双创”园区建设指导意见》，常州、株洲、南京、北京、大连园区正式挂牌，超额完成年度任务。统筹海外研发中心，推动技术获取与技术输出，申报4个中国中车重点项目及5个合作意向；利用海外研发中心优势资源，为中国中车105名科学家和首席技术专家开展国际化培训20余场；积极参与中国中车主办的各类学术论坛，提升海外研发中心影响力。开展科技创新指标体系讲座，组织科技创新评价研讨和调研，提出中国中车科技创新评价指标体系框架和工作计划，形成指标体系初稿。协调中车研究院、长客股份公司、四方股份公司、株机公司等，推动轨道交通车辆系统集成国家工程实验室项目建设，项目整体推进较为顺利。

国创中心建设大力推进。高水平规划建设国创中心展馆，充分展示国创中心规划、组织模式治理结构、科技创新成果、平台项目、招商引智等，取得良好社会效应。积极开展技术研究，协同组织实施国家“十三五”科技重大专项，参与科技部面向2035交通领域科技发展规划研究。投资建设的轨道交通车辆系统集成国家工程实验室、高速磁浮试验中心、高速磁浮试制中心3个平台项目率先落成，注册成立中车研究院青岛院。以打造宜居宜业的创新生态为目标，高标准、高起点完成《国家高速列车创新中心规划概念设计》。工程材料研究院、能源与动力研究院等平台项目陆续开工建设。多途径引进和培养人才，引进翟婉明院士、马伟民院士等6位高端人才及团队。采用内部“双聘制”等灵活用人机制，实现中国中车内部科技人才双向流动。与美国密歇根大学、沈阳材料国家研究中心等8家国内外科研机构联合成立专业技术研究室；北京航空材料研究院、机械总院哈焊所等6家国内科研机构落户创新中心，开展工程材料应用基础研究。

【科技预算及投入】 坚持“明志笃行，固本培元”方法论，主动担负央企使命和职责，持续深化自主创新，科技投入近5年累计达到621.7亿元，2019年科技投入占比达到5.83%，科技投入占比稳步提升。

【科研项目管理】 改革科研立项方式，打造中国中车重大项目战略引领。发挥中国中车科技专家、复兴号动车组科技创新团队力量，按照聚焦战略统筹谋划、突出市场价值导向、坚持“抓两头促中间”原则，强化顶层设计和总部战略统筹和组织作用，自上而下凝聚智慧，编制《2020年中国中车科研计划项目指南》，明确重大方向、重大课题。发挥子公司创新积极性，实现自下而上的协同申报。

【科技成果评审】 创新方式，科技奖励推陈出新。对申报材料的完整性、成果评价证书水平与申报等级匹配性、发明专利数量及相关性等方面进行严格审核，采用差额投票方式对一、二等奖进行评审，首次将专利、质量相关项目纳入中国中车科学技术奖进行表彰奖励。年内，中国中车全级次企业荣获国家技术发明奖二等奖3项、科技进步奖二等奖1项；获得中国铁道学会科学技术奖特等奖2项、一等奖2项、二等奖9项、三等奖9项；经中国中车科学技术奖励评审委员会评定，评出中国中车科学技术奖共155项，其中特等奖6项、一等奖22项、二等奖41项、三等奖86项。

表7-1　2019年中国中车获国家技术发明奖情况统计

序号	项目名称	获奖等级	主要完成单位
1	高电压大电流IGBT芯片关键技术及应用	二等奖	株洲所时代电气公司
2	大容量高效离心式空调设备关键技术及应用	二等奖	株洲所时代电气公司
3	大型低速高效直驱永磁风力发电机关键技术及应用	二等奖	株洲电机公司

表7-2　2019年中国中车获国家科技进步奖情况统计

序号	项目名称	获奖等级	主要完成单位
1	重载列车与轨道相互作用安全保障关键技术及工程应用	二等奖	齐车公司、大同公司

表7-3　2019年中国中车获中国铁道学会科学技术奖情况统计

序号	项目名称	获奖等级	主要完成单位
1	时速350公里复兴号动车组网络牵引系统研制	特等奖	株洲所时代电气公司、四方所、长客股份公司、四方股份公司、唐山公司、株洲电机公司、永济电机公司
2	时速350公里复兴号中国标准动车组车体研究	特等奖	长客股份公司、四方股份公司、唐山公司
3	市域铁路设计规范	一等奖	四方股份公司
4	高速列车结构NVH特性和关键部件低噪声设计技术开发	一等奖	长客股份公司
5	高速动车组整车电磁兼容性优化关键技术	二等奖	四方股份公司
6	HGCZ-2000型换轨车	二等奖	宝鸡中车时代工程机械有限公司、株洲时代电子技术有限公司

续上表

序号	项目名称	获奖等级	主要完成单位
7	和谐型电力机车无动力回送途中防寒取暖及防暑降温研究	二等奖	株洲所时代电气公司
8	沪昆客专高速铁路综合试验	二等奖	四方股份公司、唐山公司、长客股份公司
9	CRH2 型系列动车组三级检修规程优化	二等奖	四方股份公司
10	1 676 毫米轨距 25 吨轴重控制型转向架	二等奖	齐车公司
11	高速同步主辅发电机	二等奖	永济电机公司
12	内燃电传动力包技术平台构建及应用	二等奖	唐山公司
13	机车轮轴驱动系统试验台与试验标准	二等奖	戚墅堰所
14	高速动车组数字化调试试验技术研究	三等奖	四方股份公司
15	BAB 型集成制动装置制造工艺研究	三等奖	齐车公司
16	铁路机械冷藏车关键技术应用研究	三等奖	长江公司
17	27 吨轴重 DZ3 型转向架	三等奖	眉山公司
18	面向高铁线路维护的钢轨打磨车自主网络控制系统	三等奖	株洲时代电子技术有限公司
19	LKJ 设备运行监测管理系统	三等奖	湖南中车时代通信信号有限公司
20	高速动车组冷却系统技术研究与应用	三等奖	大连所
21	中国标准动车组辅助供电系统的开发	三等奖	四方所
22	既有交流 380 伏供电客车结合修程直供电改造	三等奖	四方有限公司、四方所、株洲所时代电气公司

表 7-4　2019 年中国中车科学技术奖情况统计

序号	项目名称	获奖等级	主要完成单位
1	自装卸式驮背运输车关键技术研究及装备研制	特等奖	齐车公司
2	全自动驾驶城轨车辆关键技术研究及应用	特等奖	长客股份公司
3	转向架数字化制造技术研究与应用	特等奖	株机公司
4	和谐号 CRH2 型系列动车组网络控制系统关键技术研究及应用	特等奖	株洲所
5	轨道车辆车头（2014-3）	特等奖	四方股份公司、中国国家铁路集团有限公司
6	一种用于动车组的快速粘着控制方法	特等奖	株洲所时代电气公司
7	30 吨轴重轻量化铝合金煤炭漏斗车关键技术研究及装备研制	一等奖	齐车公司、大连交通大学
8	高速动车组轮轨异常振动机理及控制措施研究	一等奖	长客股份公司、戚墅堰所、中国铁道科学研究院
9	服役动车组轮轨关系长期跟踪与研究	一等奖	唐山公司
10	基于前端承载结构吸能的城轨列车耐碰撞技术研究	一等奖	唐山公司
11	高速动车组库外停放防冻结技术研究	一等奖	四方股份公司
12	不锈钢车体高效、优质电阻点焊技术及产业化	一等奖	四方股份公司、上海交通大学

续上表

序号	项目名称	获奖等级	主要完成单位
13	基于芝加哥地铁车辆的不锈钢车体平台制造工艺技术开发及应用	一等奖	四方股份公司
14	大功率压裂装备柱塞泵电驱动系统研制	一等奖	永济电机公司
15	中国标准动车组前端开闭机构研制	一等奖	四方所
16	出口埃塞俄比亚六轴交流传动电力机车（客货）研制	一等奖	株机公司
17	6.0 MW 直驱永磁同步风力发电机研制	一等奖	株洲电机公司
18	机车牵引电机轴承试验系统研究	一等奖	株洲电机公司、株机公司、大连所
19	无损检测系统保障关键技术创新及应用	一等奖	戚墅堰所、齐车公司、太原公司、株洲机公司、长江公司、四方有限公司、唐山公司、长春股份公司、四方股份公司
20	冷链装备关键工艺技术研究及批量生产线建设	一等奖	长江公司
21	商用汽车用高性能减振弹性部件关键技术研究及产业化	一等奖	博戈橡胶塑料（株洲）有限公司、株洲所时代新材公司、湖南大学
22	工务后勤保障车研制	一等奖	宝鸡中车时代工程机械有限公司
23	轨道交通车载储能与传动关键技术研究	一等奖	中车研究院、北京交通大学
24	中国中车人力资源信息系统开发及应用	一等奖	中车股份人力资源部
25	ISO 945:4:2019《铸铁显微组织—第 4 部分：球墨铸铁球化率评定方法》	一等奖	戚墅堰所、河海大学、沈阳铸造研究所有限公司、江苏恒立液压股份有限公司
26	IEC 63076:2019《轨道交通　机车车辆　无轨电车电气设备　安全性要求与受流系统》国际标准	一等奖	株洲所、四方股份公司、株机公司、湖南中车时代电动汽车股份有限公司
27	IEC 61991:2019《轨道交通　机车车辆　电气隐患防护的规定》国际标准	一等奖	株洲所、长客股份公司、四方股份公司、株机公司
28	高通量复合纳滤膜产业化关键技术研究	一等奖	株洲所时代新材公司
29	特种集装箱制造技术研究及应用	二等奖	齐车公司
30	铁路货车关键铸钢件高能 X 射线工业 CT/DR 检测及逆向三维造型技术研究	二等奖	齐车公司、重庆大学 ICT 研究中心、重庆真测科技股份有限公司
31	高速动车组转向架结构模态匹配与振动传递技术研究	二等奖	长客股份公司
32	轨道车辆整车性能参数优化及可靠性关键试验技术开发	二等奖	长客股份公司
33	高速动车组转向架关键零部件自主化应用研究	二等奖	长客股份公司
34	HXD_3 系列电力机车 C6 修（大修）检修技术研究	二等奖	大连公司
35	转向架柔性制造工艺技术研究	二等奖	大连公司
36	仿真试验一体化的低振动噪声设计技术研究	二等奖	唐山公司
37	华东河网地区高排放标准条件下的净化槽提标关键技术体系研究与应用	二等奖	山东公司、江苏中车环保设备有限公司
38	全自动驾驶城轨车辆关键技术研究及应用	二等奖	四方股份公司
39	时速 250 公里纵向布置卧铺动车组研制	二等奖	四方股份公司
40	高速动车组车轴超声波探伤周期关键技术研究及应用	二等奖	四方股份公司
41	复兴号 CR400AF 型动车组知识产权分析研究	二等奖	四方股份公司

续上表

序号	项目名称	获奖等级	主要完成单位
42	既有 AC380V 供电客车结合修程直供电改造技术研究	二等奖	四方有限公司、四方所、株洲所时代电气公司、中国铁路青藏集团有限公司、浦镇公司
43	宁高城际线地铁车辆研制	二等奖	浦镇公司
44	HXN_5 型内燃机车 C6 修技术研究与应用	二等奖	戚墅堰公司
45	出口澳大利亚 PN 运糖漏斗车研制	二等奖	长江公司
46	出口 MRL 矿石漏斗车研制	二等奖	长江公司
47	新型紧固连接系统研究及应用推广	二等奖	眉山中车紧固件科技有限公司
48	出口塞尔维亚六轴大功率交流传动快捷货运电力机车研制	二等奖	株机公司
49	机车整车及主要部件全寿命数据跟踪（电子履历）技术研究	二等奖	株机公司、中国铁道科学研究院集团公司、大连公司、大同公司、戚墅堰公司
50	时速 80 公里等级 12.5 t 轴重铰接式轻轨辆车转向架研制	二等奖	株机公司
51	TB/T 2395—2018《机车车辆动力车轴设计方法》	二等奖	株机公司、中国铁道科学研究院集团有限公司研发中心、四方股份公司、四方所、戚墅堰公司、大连公司
52	混合储能技术在奥地利国铁调车机车的应用研究	二等奖	株机公司
53	高端定制超大容量储能式轻轨车辆研制	二等奖	株机公司
54	3.XMW 系列双馈风力发电机研制	二等奖	永济电机公司
55	1 300 kW 高速永磁直驱电机研制	二等奖	株洲电机公司
56	出口马来西亚 HMU 动车组用内燃动力包研制	二等奖	大连所
57	城轨车辆牵引制动系统线路试验测试系统研发设计	二等奖	四方所
58	城轨齿轮箱关键铸造技术研究及产业化	二等奖	戚墅堰所、常州朗锐铸造有限公司
59	时速 350 公里复兴号动车组用车钩缓冲装置研制	二等奖	戚墅堰所、常州中车铁马科技实业有限公司
60	乘用车小功率电驱动系统平台开发及应用	二等奖	株洲所时代电气公司、襄阳中车电机技术有限公司
61	应用于动车组的高可靠与智能化传感器研制及产业化	二等奖	宁波中车时代传感技术有限公司
62	轨道交通直线电机驱动系统研究及应用	二等奖	株洲所时代电气公司
63	高速动车轴箱体加工技术与应用	二等奖	四方股份公司
64	铸态下具有 −40℃冲击韧性的 QT500-7 铸件的熔炼工艺研究	二等奖	大连公司
65	一种多流制变流系统	二等奖	株洲所时代电气公司
66	轨道交通转向架全流程数字化质量控制技术与应用	二等奖	株机公司
67	构建数据驱动全生命周期协同创新质量管理模式的研究	二等奖	四方股份公司
68	实施产品精益研发中的可靠性系统工程实践经验	二等奖	株洲所
69	云智通车辆智能管理及大数据分析系统开发	二等奖	中车时代电动汽车股份有限公司
70	适应客货混编新型车钩关键技术及应用	三等奖	齐车公司
71	铁路货车轮对水砂除锈机研制	三等奖	沈阳公司

续上表

序号	项目名称	获奖等级	主要完成单位
72	高速动车组传动系统服役可靠性优化提升	三等奖	长客股份公司
73	基于美国标准 ASME RT-22014 的车体结构研发	三等奖	长客股份公司
74	碳钢车车体外观质量提升工艺技术开发	三等奖	长客股份公司
75	智能停缸技术开发	三等奖	大连公司
76	电力机车变流器可变中间电压调节技术	三等奖	大连公司
77	北京市现代有轨电车西郊线工程车辆研制	三等奖	大连公司
78	265H 柴油机动力组综合性能分析研究	三等奖	大连公司
79	列车网络控制系统功能安全与可靠性技术	三等奖	唐山公司
80	可扩编自牵引不锈钢天津 5 号线地铁研制	三等奖	唐山公司
81	高速动车组零部件自主开发与验证	三等奖	唐山公司、成都市天龙交通设备有限公司
82	轨道客车粘接技术研究与应用	三等奖	唐山公司
83	石砟漏斗车卸砟门开度限位控制的关键技术研究及应用	三等奖	石家庄公司
84	HXD_{3D} 型电力机车 C5 修检修技术研究	三等奖	天津公司
85	风电机组自适应控制算法研究及应用	三等奖	山东公司、山东中车风电有限公司
86	2 MW 超低风速风力发电机组研制	三等奖	山东公司、山东中车风电有限公司
87	全自动双轴齿轮毂拧紧关键技术研究及装备研制	三等奖	山东公司、山东中车同力达智能机械有限公司
88	适用于不同地区的水环境治理技术路线及系统解决方案研究	三等奖	山东公司、江苏中车环保设备有限公司
89	25 t 轴重木材和集装箱多功能运输平车关键技术研究及装备研制	三等奖	山东公司
90	新型 40 t 轴重坯锭运输车关键技术研究及装备研制	三等奖	山东公司
91	KH_{70} 型粉煤灰漏斗车研制	三等奖	太原公司
92	温州市域铁路 S1 线车辆转向架研制	三等奖	四方股份公司
93	TB/T 3453.1~3—2016《动车组词汇 第 1~ 第 3 部分》	三等奖	四方股份公司
94	Q/CRRC J 13—2017《轨道交通装备碳素结构钢及低合金钢焊接技术条件》	三等奖	四方股份公司、长江公司、戚墅堰所
95	高速列车大跨距高精度先进测量检测技术	三等奖	四方股份公司、海克斯康测量技术（青岛）有限公司
96	动车组配电盘（柜）接线质量检测技术研究	三等奖	四方股份公司
97	广铁集团旅游车改造项目研制	三等奖	四方有限公司
98	新型动车组设备舱模块化、精益化制造关键技术研究与柔性化装备研制	三等奖	四方有限公司
99	RTI（港铁 K1802）超声波检测车研制	三等奖	洛阳公司
100	CK55-9/598-JC 型交流传动超级电容式工矿机车研制	三等奖	兰州公司
101	铁路罐车尼龙鞍座垫研制	三等奖	西安公司、石家庄公司、邢台中车环保科技有限公司
102	出口孟买地铁一号线车辆研制	三等奖	浦镇公司

续上表

序号	项目名称	获奖等级	主要完成单位
103	多用途 R6280 柴油机开发	三等奖	戚墅堰公司
104	出口牙买加内燃机车研制	三等奖	戚墅堰公司
105	25 吨轴重加蓬矿石敞车研制	三等奖	长江公司
106	P72-AUS 型多用途棚车研制	三等奖	眉山公司
107	城市轨道综合检测车产品平台搭建及应用	三等奖	资阳公司
108	GB/T 34571—2017《轨道交通　机车车辆布线规则》	三等奖	株机公司、株洲所时代电气公司、四方股份公司、大同公司、大连公司、长客股份公司、浦镇公司、永济新时速电机电器有限责任公司
109	数字化工艺设计研究与应用	三等奖	株机公司
110	100% 低地板独立车轮转向架关键技术研究	三等奖	株机公司
111	转向架落成线工位制柔性节拍化工艺研究	三等奖	贵阳公司
112	时速 350 公里复兴号动车组牵引电传动系统研究	三等奖	永济电机公司
113	时速 160 公里城际混合动力动车电机组研制	三等奖	永济电机公司
114	30 吨轴重电力机车牵引电传动系统研制	三等奖	永济电机公司
115	时速 160 公里城际动车组牵引变压器研制	三等奖	株洲电机公司
116	有轨电车用全封闭水冷牵引电机研制	三等奖	株洲电机公司
117	930E 电动轮自卸车异步牵引电机研制	三等奖	株洲电机公司
118	HXN_3 型内燃机车牵引逆变器相功率模块和接口模块研制	三等奖	大连所、中国铁路沈阳局集团有限公司苏家屯机务段
119	大功率交流传动机车轴箱轴承技术研究	三等奖	大连所
120	时速 160 公里及以上速度等级城际动车组牵引电机冷却风机研制	三等奖	大连所、四方股份公司、长客股份公司
121	CRH6F-A/CRH6A-A 型城际动车组冷却系统研制	三等奖	大连所
122	地铁列车可编程逻辑控制单元（LCU）研制	三等奖	大连电牵公司
123	时速 160 公里动力集中电动车组拖车制动系统研制	三等奖	四方所
124	动车组高压检测系统研究	三等奖	四方所
125	动车组齿轮箱用铝合金材料与成型技术研究	三等奖	戚墅堰所
126	时速 160 公里动力集中电动车组基础制动装置研制	三等奖	戚墅堰所、常州中车铁马科技实业有限公司
127	轨道交通电子电气装备智能制造技术研究及应用	三等奖	株洲所时代电气公司
128	城轨车载高频辅助变流器研究及应用	三等奖	株洲所时代电气公司
129	城轨牵引供电混合型再生制动电能回收系统研制	三等奖	株洲所时代电气公司、株洲变流国家工程研究中心有限公司
130	海外城轨车辆和动车组平台悬挂系统研究及应用	三等奖	株洲所时代新材公司
131	HXD_{1D} 型电力机车 C5 修工艺研究	三等奖	广州公司
132	不同焊接规范对铁路货车高强度耐候钢焊缝内部质量的影响研究	三等奖	齐车公司

续上表

序号	项目名称	获奖等级	主要完成单位
133	高速动车组车体制造机器人柔性打磨技术	三等奖	唐山公司
134	PN 煤炭漏斗车关键焊缝质量提升的应用研究	三等奖	中车株洲车辆有限公司
135	地铁头车（墨尔本 HCMT）	三等奖	长客股份公司
136	基于物联网的高速列车走行部故障诊断与远程监测系统	三等奖	四方股份公司
137	动车组高压安全联锁系统	三等奖	唐山公司
138	柔性直驱式转向架	三等奖	浦镇公司
139	一种异步电机转子电阻辨识方法和装置	三等奖	株洲所
140	不同编组长度的列车混合运行的控制方法及 CBTC 系统	三等奖	湖南中车时代通信信号有限公司
141	一种减振器	三等奖	株洲所时代新材公司
142	IEC 62888-6:2019《轨道交通　列车电能测量系统　第 6 部分：计费之外的要求》国际标准	三等奖	浦镇公司、株洲所、株机公司
143	IEC 62848-2:2019《轨道交通　直流避雷器和限压装置　第 2 部分：限压装置》国际标准	三等奖	株洲所、株机公司、大同公司
144	IEC 60077-3:2019《轨道交通　机车车辆电气设备　第 3 部分：电工器件　直流断路器规则》国际标准	三等奖	株洲所、株机公司、大连所
145	IEC 62597:2019《轨道交通环境中电工电子设备产生的磁场等级的测量程序》国际标准	三等奖	株洲所、四方股份公司、大连公司
146	IEC 62912-2:2019《轨道交通　直流单稳信号继电器　第 2 部分：弹簧式继电器》国际标准	三等奖	大同公司、株洲所
147	IEC 62590:2019《轨道交通　地面装置　变电站用电力变流器》国际标准	三等奖	株洲所、四方股份公司
148	IEC 60077-4:2019《轨道交通　机车车辆电气设备　第 4 部分：电工器件　交流断路器规则》国际标准	三等奖	株洲所、株机公司、戚墅堰所
149	IEC 62290-3:2019《轨道交通　城市轨道交通运输管理和指令/控制系统　第 3 部分：系统要求规范》国际标准	三等奖	株洲所
150	IEC 60077-5:2019《轨道交通　机车车辆电气设备　第 5 部分：电工器件　高压熔断器规则》国际标准	三等奖	株洲所、株机公司、戚墅堰公司
151	铁路货车整车疲劳与振动试验技术及系统集成研究	三等奖	齐车公司
152	动车组健康管理平台助力企业质量提升	三等奖	长客股份公司
153	基于高可靠性的磁浮列车双面向创新模式及应用	三等奖	株机公司
154	轨道交通产品全寿命周期质量管控技术的研究与应用	三等奖	株洲所时代新材公司
155	DH 750/500 型单轨架空游览除水工程车研制	三等奖	株洲中车特种装备科技有限公司

【通用技术】 统筹共享，通用技术管理深入基层。中国中车通用技术委员会和专家组，在体系认证、人才培养、联合攻关等方面，开展工艺管理标准和无损检测标准贯标检查，举办第三届“中国中车通用技术发展论坛”。全年开展计量理化技术培训 4 个班 496 人次，焊接和无损检测技术培训 118 个班 3 540 人次。

【标准化工作】 突出重点，取得标准化工作新成绩。积极参与 IEC/TC 9、ISO/TC 269 等标准化组织活动，参与制修订国际标准发布 12 项，其中主持 3 项。主动承担国家标准、行业等各级标准制修订工作，参与制修订的国家标准发布22项，其中主持8项；参与制修订的行业标准发布58项，其中主持46项；组织中国铁道学会标准化专业技术委员会3项标准的制定工作，完成了送审稿初稿。积极推进中国中车技术标准体系建设工作，共发布中国中车技术标准45项。推进城轨产品技术标准体系和电线路标准体系建设工作，完成2个项目标准体系比对分析报告及拟制定标准明细，电线路2项标准正式发布，完成第1批66项城轨标准制定。

【知识产权及专利技术管理】 强化布局，知识产权工作态势良好。按照“总量适度、质量提升、全球布局”策略，保持专利资产稳步增长，重点关注专利质量提升和海外专利布局。全年专利申请5 189件，其中海外专利550件，发明专利3 481件。获得中国专利金奖2项、银奖1项、优秀奖7项，金奖获奖总数排名中央企业首位。加大重点目标市场专利申请力度，实现关键核心技术全球多个国家和地区同步保护。梳理统计各企业海外技术引进、海外技术合作及其海外商务活动中的知识产权合同条款，形成风险分析报告。

（科技质量部　供稿）

质 量 管 理

【概述】 2019年3月14日召开了中国中车2019年科技质量工作会议。会议发布了中国中车2019年质量绩效考核指标。中车全级次企业认真落实中国中车2019年度工作会议精神和科技质量工作会议部署，确保企业产品质量安全形势基本稳定。

【产品质量指标】 年内，中国中车产品质量安全形势保持稳定，未发生特别重大、重大、较大质量事故，发生一般B类事故1件，一般C类事故4件，批量质量问题1件，外部产品质量监督抽查不合格1次。

【质量体系认证及运行监督】 组织部分子公司专家，开展“中车Q质量管理成熟度评价研究项目”立项研究，探索建立多维度、多层次质量管理成熟度评价模型，为有效评价、改进、提升子公司质量管理体系充分性、适宜性和有效性提供实施路径。遴选四方股份公司、株洲所等4名质量管理专家，参加ISO/TC 269 WG05、AHG18工作组，参与ISO/TS 22163标准修订。

【供应商资质管理】 修订发布《中国中车股份有限公司供应商资质管理办法》。组织供应商管理模式调研，开展“一体化”供应商准入机制专项研究，探索建立以“中车Q”质量管理标准为基础的资质准入评估标准。

【质量人才培训】 与外部培训机构合作，对标国际先进企业质量人才培养模式，开展质量人才培养培训体系建设研究，建立三级质量人才培训课程框架。组织完成质量专家层级培训课程框架搭建、相关课程课件编制工作，并结合实际情况，组织开展3期质量专家型实战培训，培训人员97人。

【质量安全大检查】 组织开展质量安全大检查活动，以质量管理体系健全完善、设计结构科学合理、电气连接安全可靠、工艺方法先进合理、工艺要求落实到位、工艺装备保障充分、首件鉴定作用发挥、作业隐患管控全面、供应商管理延伸、惯性问题整改到位“十查”为核心，通过“子公司自查＋专项检查”方式，推动子公司查摆质量管理存在问题，督导问题整改。

【重大质量活动】 开展“迎接新中国成立七十年专项服务保障”“春运保障服务”“质量安全月”“质量安全大检查”“质量月”等质量专项活动，确保质量安全形势稳定。中国中车全级次企业结合自身实际，开展各具特色质量安全专项活动，形成上下联动局面。

【质量荣誉】 年内，四方股份公司、株洲所获得工业企业质量标杆荣誉称号；株机公司获得中质协质量技术奖一等奖，齐车公司、长客股份公司、株洲所时代新材公司获得中质协质量技术奖二等奖。株洲电机公司卓越QC小组获得“全国优秀质量管理小组”称号，浦镇公司钢结构车间、株洲所调试二班获得“全国质量信得过班组”称号，株洲所星星之火QC小组等40个小组获得“全国铁道行业优秀质量管理小组”称号，永济电机公司轨道交通产线电机总装班获得“全国铁道行业信得过班组”称号。

（科技质量部　供稿）

信息化管理

【概述】 2019年，信息化工作围绕中国中车“13568”经营总体思路和两化融合工作要点，聚焦“产业数字化和数字产业化”目标，落实信息化“存量贯标、增量统一”指导思想，全面推进各项工作。3月26日，组织召开中国中车2019年两化融合工作视频会议，从“深化体制改革、推进智能制造、建设数字中车、加快服务转型、支持国际化经营、支撑集团管控、强化网信安全、培养人才队伍”8个方面，安排部署2019年两化融合工作，以改革创新为主线，践行高质量发展，全面推进两化深度融合。

【信息化规划与顶层设计】 完成中国中车数字化转型顶层设计。确定数字化转型指导思想、建设目标和实施路径，形成围绕“一个核心”，聚焦“三大动力”，体现“三大作用”，推进“五个转型”，构建“四大体系”的“13354”数字化转型战略，为加快实现“数字中车”指明方向。落实“产业数字化、数字产业化”目标，编制“中车数字化产业发展总体方案”，回购中车信息公司49%股权，成立中国中车全资工业数字化公司，迈出信息化体制改革关键步伐。

编制《中国中车数字企业评估规范》《中国中车数字企业水平评价指南》《中国中车数字企业评估问卷》，形成《中国中车数字企业建设指导意见》，围绕全面实现“数字中车”目标，明确数字企业建设基本原则、发展指标、工作思路、主要任务和保障措施等内容，奠定企业数字化转型坚实基础。

【两化融合管理体系贯标】 统筹推进第三批两化融合管理体系贯标工作，中国中车30家一级制造型子企业全部开展贯标活动。取得体系评定证书企业29家，其中国家级贯标试点企业20家，贯标示范企业2家。2019年中国中车两化融合指数82.5，9家企业处于单项覆盖阶段，60%企业处于集成提升阶段，3家企业进入协同创新发展阶段，持续保持央企先进水平。

持续引领企业打造两化融合环境下的新型能力。34家企业通过两化融合，打造“研发设计制造一体化”“生产计划导向的数字化协同生产”“高端轨道车辆运维保障”“基于订单的产销协同管控”等新型能力40个，持续推动企业数字化转型，有力支撑企业竞争优势获取、保持和提高。株机公司《转向架数字化制造平台》、长客股份公司《高速列车应急指挥管理平台应用》2个信息化应用案例分别获评2019年央企信息化应用最佳案例和典型案例。

【信息化项目建设与管理】 完成中国中车“三重一大”决策和运行应用系统建设，实现与国资委“三重一大”业务系统对接，通过系统上报国资委所有指标数据。推进“三重一大”决策运行和监管系统，实现各级法人企业全覆盖，通过系统上报“三重一大”决策制度897项、事项清单51 819项、决策会议7 882次、决策议题19 011个。

搭建中国中车实时在线监管数据共享交换平台。升级改造大额资金动态监控系统，完成中国中车监管数据监控平台规划，制定数据分类和集成接口标准，实现与国资委国资监管统一数据交换平台对接，满足国资委国资监管体系建设。

启动供应链电子采购平台二期项目。结合中国中车采购管理新要求，优化完善业务蓝图，形成12个主干流程和51个分支流程，进一步优化完善平台功能，推动供应链协同、供应商管理、移动APP在中国中车供应链领域的深化应用，实现平台与企业多种ERP和WMS/QMS/PLM等业务系统的集成应用。全年线上采购金额1 479.3亿元，线上采购率90.1%，有效降低采购成本。

动车组配件电商平台全面上线运行。落实中国中车与国铁集团战略合作协议，按照“增量统一、存量贯标”原则，建立中国中车统一配件电子商务平台，实现动车组企业配件计划、采购、库存、仓储、物流全过程管理，以机制保障公平、用共享维护信任，推进中国中车制造＋服务转型。全年完成平台13项大模块和53项子模块功能开发，全面完成武汉、上海、广州、西安、北京、沈阳、成都7大配件中心上线实施，覆盖18个路局、66个段所，平台累计交易配件1 889万余件，有效降低客户配件储备，提升客户服务质量。

积极开展中车集团统一应用系统建设。完成中车统一移动应用开发和推广，初步形成“中车门户”“中车邮”“中车人”“中车通”等移动应用平台180余个，在总部、30家一级子公司上线运行，注册用户12万人，移动设备近3.6万台。搭建“中车通”即时通信系统，解决研发设计、售后服务及其他敏感数据交换问题，提升中车集团内部沟通效率，上线企业57家，上线用户3.2万人。搭建统一身份认证平台，建立中车集团统一身份信息识别库，实现总部员工与应用系统的统一登录和身份认证，提升信息安全防护水平。中国中车邮件外发审批功能上线运行，按照相关流程进行外发邮件审批，杜绝内部邮件非法外发，保证中车集团邮件系统统一的内容安全管理。

开展主数据质量提升活动。全面清理中车集团制造型企业在集中采购、内部配套、标准件、原材料、数据全生命周期管理等方面存在的数据质量问题，清理主数据系统一物多码、无效问题数据71万余条，梳理首批集采物料1.2万余条、内部配套物料5 200余条，建立数字化“中车授权集采物资目录”“内部配套物资目录”，奠定深化大数据分析应用、提升集采、内部配套率的基础。编制下发新版中国中车《客户、供应商主数据规范》，梳理供应商主数据14 628条，客户5 541条，完成中国中车主数据管理平台优化完善并切换上线运行。

【智能制造项目与管理】 唐山公司获批《轨道交通装备定制生产的网络协同制造集成技术研究与示范应用》项目，获得国家支持资金865万元。四方股份公司作为轨道交通装备行业唯一一家入选企业，获工信部2019年第二批“智能制造标杆企业”称号。

戚墅堰公司《基于三维的内燃机车设计和工艺设计一体化能力》、戚墅堰所《齿轮传动系统数字化生产能力》、石家庄公司《铁路货车精艺化造修能力》3个项目，获批“2019年制造业与互联网融合发展试点示范项目”。

四方所首获工信部智能制造项目系统解决方案供应商。围绕轨道交通转向架、制动系统等关键零部件，构建基于列车新造和检修的数字化智能化车间，以及基于列车状态及智能视觉轨旁检测系统的数字化维修车间。成为中国中车利用自身智能化升级转型优势，发展智能化产品解决方案的首个成功案例。

完成首批智能制造项目结题验收。6个智能制造新模式项目（株机公司1个、戚墅堰所1个、株洲所2个、中车时代电动1个、浙江中车电车1个）全部通过工信部验收，项目成果得到领导及专家认可，形成国家标准草案14项，企业标准草案54项，申请专利32项，获得软件著作权45项。依托验收项目，成功建成10条智能化生产线和2个数字化车间，降低运营成本20%以上，缩短产品研制周期50%以上，提高生产效率30%以上，提高能源利用率5%以上，建立轨道交通装备制造业基于智能制造新模式可参考的数字化车间建设模式和管理经验。

组建中国中车智能制造标准专家组，由研发、工艺、精益管理、信息化等具有智能制造项目实施经验10名专家组成，确定中车研究院牵头、智能制造专家组为载体的智能制造标准制定工作机制，加快中国中车智能制造标准体系建设进程。

11月14—15日，中国中车第五届智能制造业务创新论坛在长沙召开。论坛以“协同、补短、提质、创新”为主题，邀请行业内外专家共同研讨数字化智能化转型，140余人参加论坛。论坛对中国中车在智能制造方面获得的阶段性成果表示肯定，交流企业在智能制造、人工智能等方面的最新研究成果，论坛的成功举办，进一步明确中国中车数字化转型工作重点和发展方向。

【基础设施建设】 开展总部数据库云服务平台建设。通过分布式开放架构设计，数据双副本存储机制，搭建可靠的数据库云服务平台，提升中国中车数据库系统管理效率和安全防护水平，保障信息系统安全可靠运行。完成数据库云平台标准化建设，实现标准化资源配置、标准化版本控制、标准化运行环境和标准化管理服务。建立数据库云运维管理体系，数据库云平台较分散独立数据库整体性能提升4～5倍，降低综合成本。

提升互联网网络安全防护能力。完成总部互联网出口改造，实现互联网集中接入，减少风险和隐患。完成五棵松办公区6A楼网络系统及会议系统建设，满足国际公司业务需要。

开展数据中心应用系统及数据库系统资源整合工作。完成方庄数据中心开发、测试、生产共5套应用系统的虚拟化迁移工作，腾退6台小型机、1台X86服务器、1套存储。

完成总部数据中心空调UPS改造工作。改造机房精密空调4套、UPS机房5P空调2台、电信通信机房及监控室3P空调3台、五棵松数据中心采购UPS模块1台，整体提升数据中心基础环境保障能力。

完成总部数据中心环境监控系统建设项目。部署一套三维仿真环境监控系统，对方庄、五棵松数据中心进行环境监控保障，确保两数据中心运行环境安全。

【信息化安全保障】 完成“护网2019”演习行动。成立由中车集团分管保密工作副书记和分管信息化工作副总经理任组长的护网工作领导小组和配套工作组，按照护网准备、护网实战和总结上报3个阶段，积极响应护网演习行动。累计发现安全漏洞超过100处，发现并成功拦截各类攻击行为1.48亿次，及时研判处置各类入侵事件7起。利用护网行动，对总部及所属子企业进行2周的模拟演练，共发现24个系统112个漏洞，组织完成全部安全事件整改工作，顺利通过公安部护网演习和二次渗透检验。

加强中车集团网络与信息安全管理，全面排查网信安全风险。从组织制度、人才队伍、网络安全、终端安全、数据中心安全、应用系统安全和工业软件使用风险6个方面，全面调查中国中车全级次383家企业网络与信息安全检查治理情况，结合实际提出相应整改措施，形成《中国中车网络与信息安全风险分析报告》，奠定中国中车网信安全防护体系建设基础。

持续开展网络安全等级保护定级备案工作，完成中车集团346个业务应用系统定级备案，并持续推动定级备案系统信息完善工作。开展“2019年网络安全知识竞赛”活动，进一步提升员工信息安全意识和防范水平。组织开展年度保密和信息安全培训工作，针对国际和国内网络安全形势、电子邮件安全以及移动办公、云计算、工控系统新技术的安全防护等进行培训。戚墅堰所提报的《基于AI智能分析发现工业主机风险并深化工业纵深安全防护体系建设的信息安全实践》，获评2019年工业信息安全优秀应用案例。

（信息化管理部　供稿）

安技与环保

【概述】 2019年，中国中车安全生产工作，在习近平总书记关于安全生产系列重要论述指导下，认真贯彻落实党中央、国务院、国务院国资委等关于安全生产各项决策部署，以创建世界一流企业为契机，以安全生产风险防控为主线，围绕“协同、补短、提质”3大主题，认真落实安全生产主体责任，深入安全生产隐患排查治理，紧盯安全生产重要风险，采取针对性专项治理与督查方式，助推中车集团实现“双打造一培育”战略目标。

年内，消防安全、应急响应保持总体平稳态势，实现零一类火灾事故，在应对台风、地震、冰雪等自然灾害应急工作中，无人员伤亡及重大经济损失；应对境外各类突发事件总体得当，无境外人身安全事故发生。

中车集团被国资委授予2016—2018年任期考核“节能减排突出贡献企业”，唐山公司、株机公司列入国家工业和信息化部第四批绿色工厂示范企业名单，四方股份公司、株洲所时代电气公司通过中车集团绿色工厂试点评审，株机公司、株洲所荣获湖南省环境诚信企业，四方所荣获山东省节水型企业，大连公司荣获大连市节能管理先进单位。

【国家决策部署】 贯彻落实《国务院安全生产委员会关于认真贯彻落实习近平总书记重要指示精神坚决防范遏制重特大事故的紧急通知》（安委办明电〔2019〕1号）精神，印发《关于认真贯彻落实习近平总书记重要指示精神坚决做好当前安全生产工作的通知》（中车集团安技〔2019〕88号）。全面提高政治站位，压实安全生产责任；深刻吸取教训，做好事故风险预防；开展专项整治，确保全面取得实效；结合职业病防治宣传周，加强职业健康管理；评估自然灾害风险，构建自然灾害预防机制。贯彻落实国务院国资委紧急会议和视频会议精神，下达《关于贯彻国务院国资委紧急会议精神开展危险化学品和易燃易爆场所安全专项整治的通知》（中车集团安技〔2019〕57 号），第一时间通过办公厅以微信方式向中车集团党委常委传达，在全集团范围内开展专项整治活动，立即对中车工程公司建设项目进行现场安全检查。

【安全改革方案】 依据《关于中央企业创建世界一流示范企业有关事项的通知》精神，结合中国中车安全生产形势及《中国中车安全生产“十三五”专项规划》，印制《中国中车关于推进安全生产改革发展的实施方案》（中车集团安技〔2019〕26 号），明确中国中车安全生产改革发展指导思想和基本原则，提出总体工作目标及 5 项分类目标，制定 18 项具体安全生产改革举措，推动安全生产高质量发展。

【安全风险评估】 首次开展中车集团职业健康安全风险评估，在各一级子公司对 2018 年度各级次子公司危险源辨识、风险评价的基础上，结合中车集团安全生产形势、职业健康现状进行全面分析、评估，形成《中国中车 2018 年度职业健康安全风险评估报告》，目前无重大风险点，重要风险点 708 项。针对重要风险点，制定职业健康安全管理方案，提出 13 项改进建议。

【安全操作规程】 全面完成安全技术操作规程印刷。7 个编制小组近百人历经 3 年多时间进行编制、核稿，期间组织过 1 次试行、2 次校稿、3 次评审、4 次修改、5 次专题会议，高质量完成 20 大类 704 个安全技术操作规程的编制、印刷。

【安全专项整治】 开展有限空间作业专项整治，印发《关于开展有限空间作业规范性专项整治和检查的通知》（中车集团安技函〔2019〕52 号），从制度与流程、危害因素及风险等级、防护装备与设施、警示标识及安全告知、安全培训教育、承包方安全管理、作业审批和安全交底、通风监测及监护、应急演练效果和响应能力、管理台账及档案等 10 个方面进行整治提升。共有有限空间 27 117 个，其中 A 类 19 652 个、B 类 7 465 个。开展设备设施维修和调试作业安全专项整治，提升设备、工艺装备、厂房建（构）筑物、地下管网、轨道车辆等设备设施维修、调试作业的安全保障能力。开展高处作业安全生产专项整治，对高处作业安全生产条件、高处作业人员安全素养和行为、高处作业安全管理、高处作业过程安全管控、特殊环境下高处作业安全防范 5 个方面、28 项工作要求进行整治。

【安全专项检查】 开展机动车辆及移动设备专项检查，深刻汲取内蒙古银漫矿业“2.23”井下重大运输安全事故教训，2 月 25 日组织开展以通勤班车、起重机械、厂内机动车辆及其他移动装备为重点的安全检查，各子公司对机动车辆、移动设备状态以及人员资质情况进行检查确认，部分单位组织对机动车辆司机、起重机司机进行集中安全教育培训。

开展铸造作业场所职业健康安全专项检查，成立 2 个专项检查小组，对齐车公司及下属牡丹江金缘公司、大同公司及下属爱碧玺公司、大连公司、眉山公司、戚墅堰公司、戚墅堰所及下属朗锐铸造公司和汽车零部件公司、长江公司下属铜陵公司 11 家企业铸造作业场所安全生产和职业病防治工作进行专项检查，发现问题 138 项，整改 138 项。

贯彻落实10月9日总部行政例会关于“组织开展易燃、易爆、压力容器等专项检查，落实人防、物防特别是技防措施，坚决杜绝较大及以上安全环保事故”要求，同时检验动调试验、有限空间作业、设备设施维修作业、高处作业安全生产专项整治效果，在所有生产型企业中开展“回头看”及易燃易爆安全专项检查。中国中车成立3个检查小组，10月下旬开始对16家企业进行抽查，检查发现465个隐患，全部整改完毕。

【安全专项评价】 邀请中铁电气化局、中铁十一局、中铁上海局有关专家，对中车工程公司台州项目进行安全检查诊断。下发《关于开展危险建（构）筑物排查的通知》，对资产所有权归属中国中车所有厂房、办公楼、宿舍、宾馆、食堂、医院、学校、民房、出租房屋等，排查建（构）筑物危险等级、固定资产编号、房屋结构、面积、用途、竣工日期、资本化日期、期末原值、期末净值、使用寿命期间、剩余寿命、使用现状、安全状态等。下发《关于开展防冒进系统安装效果评价的通知》（ZCGFDB〔2019〕172号），开展防冒进系统安装效果评价，形成评价报告，有效防范司机误操作所导致的冒进风险。

【隐患排查治理】 年内，中车集团实施安全生产隐患排查治理周报告、月通报制度，所有生产型一级子公司及部分较大二级制造企业共41家，每周通过安全生产信息化系统进行报告。分析上半年隐患排查治理现状，指出隐患排查治理存在问题，提出对策措施。坚持“一聚焦、两原则、两结合”，升级安全生产隐患排查治理工作，重点抓好违反中车集团安全生产12条禁令的违章作业行为、生产一线班组作业过程中危及人身安全的隐患、8类危险作业中的管理隐患。印发《中国中车隐患排查治理体系建设实施指南（试行）》，对隐患排查基本术语、机构职责、资金保障、工作程序、隐患分类、档案管理、应急预案、评价评估等12个方面提出工作要求。组织大连公司、兰州公司、西安公司等多家单位安技部门负责人，到四方股份公司进行隐患排查观摩学习，观摩了解班前站队安全讲话、安全点检、各层级隐患排查治理与信息传递、专业隐患排查治理、相关方一体化隐患排查等内容，讨论建立中国中车隐患排查治理体系，共享隐患排查经验成果，为两少企业（隐患排查数量少、考核少）隐患排查变方式、上水平、提质量提供良好交流平台，推动各单位协力并进。全年共查处安全隐患89 548项，考核金额353.96万元，约谈1 246人次。

【相关方安全管理】 开展相关方管理现状调研，汇总、整理、分析企业填报的调查反馈信息，形成调查报告。同时，现场调研部分企业劳动组织现状。组织部分安技系统业内专家、人力资源和法律专业人员，分3个小组按照民主—集中—再民主—再集中形式，研讨相关方安全协议种类、格式及内容，确定并编制8大类相关方安全管理协议标准化模板。同时，聘请法律顾问，从合规性角度进行修订后下发使用。

【境外安全管理】 举办欧美安全生产共享学习培训班，从《美国工业领域先进应急救援技术装备》《法国重大工业事故应急能力建设》《英国危险化学品应急预案及事故应急处置能力建设》《德国系统防范道路交通安全重特大事故综合措施》《德国安全风险评价和安全设施检测及产品认证管理》《美国防范粉尘爆炸监管及防爆关键技术应用》《法国工贸行业重大危险因素关键技术》《德国博戈公司安全管理理念及安全生产的具体做法》8个方面，梳理中车集团出国安全培训学习成果，通过培训形式与各单位分享。

组织境外企业安全合规调研，对株机

公司所属马来西亚中车轨道交通装备有限公司、吉隆坡中车维保有限公司、伊斯坦布尔中车轨道系统车辆与工业有限公司、株机—MNG 轨道交通系统车辆工业与贸易有限公司的职业健康安全与合规性进行调研，拜访大使馆，考察生产作业现场，听取企业汇报，与外籍员工、外聘安全员进行座谈，为探索境外职业健康安全管理模式提供有力借鉴。

【安全文化活动】 下发《关于开展 2019 年安全生产月活动的通知》（中车集团安技函〔2019〕124 号），围绕“防风险、除隐患、遏事故”主题，组织开展各类形式多样、丰富多彩的安全主题宣讲活动、安全生产知识宣教活动、安全生产警示教育活动、安全专项整治活动、应急预案演练活动。齐车集团将中国中车安全月活动要求转化为可执行的行动方案，主要领导深入部分成员企业一线班组，与员工面对面分享安全生产管理先进经验，畅谈安全生产管理心得体会。长江公司常州分公司开展以“我是党员我当先　安全生产无事故”为主题的“安全五个一”党内主题实践活动，株洲分公司主要领导主讲安全生产公开课。长客股份公司承办吉林省安全生产月活动启动仪式。戚墅堰所公司举办安全生产晚会暨“安康杯”竞赛启动仪式。四方股份公司开展“安全环保、青年当先”主题青年大讲堂。资阳公司大力弘扬中国中车安全理念、中国中车安全文化。唐山公司领跑全国危化品及全民安全应急知识竞赛，答题积分超 20 万。

【防火安全】 着重抓好关键时间防火安全。抓重点节日，抓住元旦、春节、元宵、清明、五一、国庆等重大节假日消防安全工作，针对不同节日特点，开展节前检查、节中巡查、节后复查等火灾预防工作，确保企业、员工安全稳定渡过各个节假日。抓重点时段，抓好每年全国两会等重大活动期间消防安全工作，特别是新中国成立 70 周年大庆期间，提早谋划、周密部署、突出重点，组织子公司加强检查、扎实开展值班宿舍、动火作业、垃圾存放场、烟花爆竹燃放等防火管理工作，狠抓火灾预防落实，做到重大活动和节假日期间无火情、火险事故。抓重点季节，根据春季风干物燥、夏季高温高热、冬季取暖加热等不同季节特点，重点抓好 3 个季不同的消防安全管理，组织开展为期 100 天的防燃爆、防中暑、防台风、防洪汛“四防”专项安全工作，防范化解高温酷暑、易燃易爆、台风降雨等季节性安全风险。

【火灾事故预防】 着重抓好火灾事故预防管理。深刻吸取江苏盐城市响水县天嘉宜化工有限公司化学储罐特别重大爆炸事故教训，贯彻落实国资委紧急会议精神，第一时间将国资委会议精神落到实处。在沈阳公司发生通勤车火灾事故后，组织开展员工通勤安全专项隐患排查，确保员工通勤安全，全面防范上下班通勤过程中群死群伤事故发生。针对消防监管机构改革和消防执法改革实际情况，调研建设工程消防设计审查、消防验收备案政策，打好规范建设项目消防安全管理、防范化解建设项目消防隐患基础。组织开展视频监控系统建设及使用情况专项调研，进一步拓展安全保卫措施的应用范围。根据视频监控专项调研结果，召开视频监控系统建设情况研讨会，分析现阶段部分企业视频监控系统中存在问题，进一步做好后期视频监控系统规范化管理方向，形成中国中车视频监控调研报告。

【消防安全教育培训】 着重抓好消防安全教育培训。将消防宣传月活动与冬季防火工作相结合，组织开展消防宣传教育和冬季防火专项工作。针对中国中车第一个为消防专业开通的计算机信息工作平台，组织各单位业务主管进行应用培训，实现消防工作相关信息由平台报送，推进消防安全管理逐步向信息化升级。定期编制并发布消防月度工作信息，为子公司提供工作交流渠道。

【应急工作】 根据夏季高温多雨、冬季大风暴雪等季节特点，特别是汛期国资委对中央企业应对自然灾害的工作要求，及时做好各类自然灾害安全预警，组织各单位贯彻落实应急准备工作，重点做好夏季防汛、冬季防冻，积极应对各类自然灾害。及时跟踪了解大连公司伊朗员工受袭事件和义马气化厂爆炸事故，对中国中车企业及员工的影响情况。在斯里兰卡发生恐怖袭击后，及时了解并落实中国中车所属企业在斯里兰卡人员安全情况。在智利首都发生骚乱后，密切跟踪四方股份公司员工在当地的安全应急事宜，并指导子公司采取必要应急措施，正确应对突发事件，确保员工人身安全。根据应急管理部、司法部、全国普法办联合组织开展2019年应急管理普法知识竞赛活动要求，组织中国中车所属单位积极参加竞赛活动。组织各单位有针对性地开展火灾爆炸、环境污染事故、洪涝灾害、高处坠落等多项应急演练活动，全年应急演练近十万人次。组织唐山公司参加中国国际应急管理大会，了解国际先进应急设备、器材以及各种灾害、灾难应急处理方法。通过手机微信平台及时发布自然灾害预警和境外安全预警信息248条。组织开展国庆节期间企业加班人员情况统计，全面部署国庆节期间安全、环保、消防、交通、应急保障工作，确保应急值守，全力维护新中国成立七十周年大庆期间中国中车各子公司稳定良好局面。

【环境风险评估】 下发《关于全面开展环境风险和职业健康安全风险评估的通知》，组织各子企业进行排污情况调查、环境风险调查，编制子企业环境风险评估报告，制定评价准则，对每个环境风险进行评价分级，形成集团级和企业级环境风险清单，同时按照常规评价、特殊评价、管控评价3个方面，对所属子企业进行环境风险评估和分级，提出风险应对对策措施，形成《中车集团环境风险评估报告》。

【绿色工厂试点】 按照创建一流示范企业安排，在工信部绿色工厂总则指导下，组织调研机车、客车、货车、零部件子企业，确定框架结构、评价指标、数据对比，完善标准内容，编制形成具有行业特点的《轨道交通装备制造行业绿色工厂评价导则》，发布试点标准，指导各子企业创建绿色工厂，并在四方股份公司、株洲所时代电气公司2个子企业进行试点运行和标准验证。

【环保自主验收】 在从严审核建设项目环评基础上，加强环保“三同时”管理。搭建建设项目竣工环保自主验收平台，编制《建设项目竣工环境保护自主验收规范》，指导下属子企业开展建设项目竣工自主验收工作，提高验收质量，以铁路工业节能监测中心为依托，开展对四方股份、长客股份等子企业建设项目的环保自主验收工作，提升企业自主验收能力。

【能源环保统计】 为全面落实国资委能源节约与生态环境保护统计培训精神，提升能源环保统计管理精细化水平，查找节能环保绩效不足和差距，中车集团成立专家组，对能源环保指标统计范围和口径、统计方法进行研讨，修订能源环保统计报表、节能环保和非化石能源产业报表、九项单耗标准以及能源环保统计报表信息系统，开发中车集团能源环保统计信息系统。举办能源节约与生态环境保护统计报表培训班，对各子企业能源环保统计人员进行系统培训和上机操作，明确统计要求，规范统计过程，形成自下而上、逐级上报审核的统计报表机制。同时，加强对新能源环保统计报表正式上线运行后的监控评价和异常分析，提高统计数据质量，为明确绩效改善方向奠定数据基础。

【标准编制与印发】 与生态环境部评估中心、铁道协会一道，参与《排污许可证申请核发技术规范 铁路、船舶、航空航天和其他运输设备制造业》的编制、征求意见和审查工作。推动编制《轨道交通装备 水性涂料技术条件》和《轨道交通装备 水性涂料涂装技术条件》2 个技术标准，统一水性涂料相关环保要求。印发《关于发布实施九项重点能耗指标标准的通知》，修订中车集团 9 项重点能耗指标标准。

【大气污染防治】 中铁装备公司供热锅炉移交地方，长春车辆公司取缔燃煤锅炉，四方所将燃油锅炉升级为燃气锅炉，大幅削减二氧化硫和氮氧化物等排放量。在货车企业实现整车使用水性涂料，使用占比达到 70% 以上的基础上，打响水性涂料使用攻坚第二场战役——机车企业水性漆推广应用，组织召开机车企业水性涂料使用现场会，系统介绍水性涂料对产品、施工工艺和环保影响以及中国中车水性涂料技术标准，总结分享货车企业以及太原公司水性涂料推广使用经验和良好成效，明确机车企业推广应用水性漆具体目标和时间节点要求，太原公司实现修理机车水性涂料使用的全覆盖。

【水污染防治】 召开子企业直排废水治理专题会议，就 12 家子企业废水直排水环境存在问题和面临风险、拟采用治理方案及计划、治理实施存在难点进行充分交流研讨，从分流、截流、调蓄、治理等方面为 12 家子企业分别制定可实施、符合实际的具体措施，同时明确建立全面的责任管控体系，建设和运行好污水管线和处理设施等管理措施，形成中车集团直排废水治理时间表和路线图。

【能源环保评价检查】 持续开展能源环保评价检查，组成 2 个专业检查组，按照检查启动、现场检查、交流沟通、评价总结的步骤流程，从指标完成情况、节能降耗减污增效、能源环保数据来源、体系运行情况、环保信息公开、环保风险评估等 13 个方面对 10 家子企业进行能源环保评价检查，在中车集团内部印发能源环保评价检查通报，督促各子企业持续完善能源环保管理体系。

【环保督查】 全年组织开展第 3 轮次至第 7 轮次的环保督查工作，督查子企业 98 家，要求子企业加快整改、全面整改，进行污染防治攻坚。其中，第 3 轮次主要针对京津冀及周边地区、长三角流域及周边地区、汾渭平原、西南地区水、大气、固废进行环保督查，第 4 轮次主要针对货车企业水性漆料使用专项督查，第 5 轮次主要针对直排水企业以及地处长江流域企业专项督查，第 6、7 轮次主要针对机车企业环保督查“回头看”专项督查。

【监督性监测】 印发《2019 年环保能源监督监测及建设项目竣工环境保护自主验收工作计划》，加强 32 家子企业的能源审计、能效测试、能耗统计数据核查和污染源监督监测工作。通报环保能源监测情况，促进监督性监测工作及其数据应用，要求各相关子企业，深入分析污染物排放超标或设备测试不合格具体原因，加强整改，举一反三。

【资金投入】 全年各企业投入资金 4 亿多元，实施节能环保项目 400 多项。中国中车继续支持各子企业节能环保专项投入，纳入专项投入的，子企业按 1:3 配套资金，竣工验收后核减利润，向 6 家子企业下达 2019

年安全生产和节能减排集中投入计划，12个项目全面完成，总投资达1.8亿元，年末模拟计增考核利润近4 600万元，包括取消燃煤锅炉、水性漆使用改造、铸造烟尘和粉尘治理、重点区域和敏感区域废气和粉尘治理以及中车集团监督性监测等5个方面。

【能源管控系统建设】 各子企业根据自身用能特点，结合中车集团能源管控和关键效能监控系统标准要求，建设和扩展能源信息化系统，提升用能效率。眉山公司完成系统初步建设，齐车公司等3家子企业对能源管控系统进行进一步升级与完善，提升能源精细化管理水平。长客股份公司通过系统优化用能过程，提高设备状态，合理安排生产，提升子企业制造能力。四方股份公司应用平台数据，深挖节能降耗潜能，年节约蒸气2万吨，日节约空压机耗电3 000度。

【节能环保培训】 各子企业按照年初制定的培训计划，积极开展各项培训工作。株洲所开展废水、废气、噪声、固废、危废管理等专项培训；戚墅堰所开展环保内训师培训；大连公司开展危险废物规范化管理和风险防控培训；齐车公司开展环境统计、污染防治培训，大齐公司开展“垃圾分类”主题培训；长客股份公司开展精益能效培训。

（安技环保部　供稿）

人力资源管理

本栏编辑　俞鸣霞

人力资源规划与体系建设

【概述】 2019年，中车集团人力资源系统紧密围绕“集聚一流人才、驱动价值创造、支撑中车高质量发展”的工作主线，坚持练好内功和改革创新，全力推进实施“12175”攻坚计划，重点抓好“六个结合”，有效促成“六个实现”，推动全集团人力资源管理工作再上新台阶，有效提升了全集团人才创新创造活力、人力资源效能水平及人力资本核心竞争力。

【人力资源战略管控】 根据中车集团新形势新任务新要求，围绕创建世界一流示范企业奋斗目标和深化三项制度改革迫切需要，及时建立和实施人力资源系统《贯彻落实习近平总书记视察中车重要指示精神工作方案》，印发和实施《中国中车“十三五”人力资源战略规划（2019年修订版）》，编制和实施《中国中车深化三项制度改革方案》《创建世界一流示范企业人才强企工程专项工作方案》，初步谋划“十四五”期间人才工作总体思路和重点任务，系统优化全集团人力资源工作的顶层设计。按照《中国中车“五星HR”创建评价实施办法》，对各子公司落实“十三五”人力资源战略规划的情况进行了全面系统的考核评价。

【人力资源全球一体化管理体系建设】 突出科学化、数字化、实用化的导向，按照“一张蓝图、两箭齐发、三阶演进、四步循环、五星创建”的总体思路，有力推进和落实《全球一体化人力资本管理体系建设与实施2019年行动方案》，完成全年6个新项目的建设及14个既有项目成果落地实施细则的编制工作。应用人力资本管理体系项目成果，进一步夯实全集团深化三项制度改革、精准科学强化人才工作的理论、方法和制度基础。

【人力资源信息化建设】 扎实开展HCM系统基础数据质量提升专项行动，完成17万余名员工基础数据核实，建立实施保障数据质量的长效机制，提升HCM系统基础数据的完整性、规范性和准确性。持续优化系统功能和性能，全年新增系统功能68项，优化调整105项。深入推进HCM系统与集团其他系统的集成，开发部署HCM系统移动应用平台。加强人力资源信息化人才培养工作，组织举办1期关键用户训练营。人力资源信息化项目荣获2019年度中国中车科学技术奖一等奖。

（人力资源部（党委干部部） 供稿）

领导干部管理与监督

【概述】 2019年，中国中车党委持续深入贯彻党的十九大和十九届二中、三中、四中全会精神，全面落实中央组织部和国资委党委关于加强选人用人工作的系列决策部署，以加快推进干部人事制度改革、持续建设忠诚干净担当的高素质专业化干部队伍为工作主线，切实发挥党委对选人用人工作的领导和把关作用，为推进中国中车高质量发展、创建世界一流示范企业、加快落实“双打造一培育”战略提供了坚强的组织保证。

【干部管理制度建设】 研究起草《中国中车党委关于深入推进实施“两制一契”管理的意见》，修订完善《中国中车所属企业领导班子和领导人员综合考核评价办法》，加快推进干部管理机制改革。在“双百”、混改等企业中，优化完善公司治理结构，加大外部董事配备力度，推进实施职业经理人制度，并取得了积极成效。中车集团党委印发和实施《关于加快青年员工成长成才的十项措施》等5项制度，进一步完善干部管理制度体系。各有关子公司结合主题教育和巡视整改工作，丰富和完善各自的干部管理制度，进一步夯实和强化选人用人工作、干部管理机制改革的制度基础。经中车集团上报的长客股份三项制度改革经验交流材料入选国资委编制的第一批案例集（仅7家单位入选）。

【子公司领导班子建设】 优化完善、扎实开展子公司领导班子和领导人员年度综合考评工作，11家子公司及80家基层单位领导班子被评为2018年度“优秀领导班子”。持续加强干部选拔任用工作，中车党委全年共调整任免干部380人次，其中提拔使用44人（一级子公司及总部部门正职以上人员有17人）。持续推进干部交流工作，全年共有40名中车党委管理干部跨单位交流任职，其中一级子公司及总部部门正职以上人员有18人，总部和子公司双向交流任职有7人。各有关子公司持续推进中层管理人员任期制管理和竞争性选拔工作，有效激发了全集团干部队伍的内生动力和整体活力。

【优秀年轻干部队伍建设】 周密组织完成中国中车第二届子公司领导班子后备干部选拔工作。组织开展36家子公司正职后备及48家子公司副职后备在线推荐，共有2 500余人参加投票；深入13家子公司现场调研，听取750余人的意见；综合有关方面情况，研究提出后备干部初步人选；经严格履行其他程序，取消4名后备人选资格，最终确定55名子公司正职后备人员和221名子公司副职后备人员，并分4期开展集训。

【日常监督】 组织590名中车党委管理干部集中填报2019年个人事项报告表，并随机抽查60人、重点抽查376人，经比对核实后，对其中5人进行诫勉。对14家子公司干部选拔任用工作及“青年十条”落实情况进行专项检查，针对发现的问题，均严肃提出整改要求。认真贯彻全国干部监督工作会议精神，结合主题教育专项整治，组织开展选人用人问题自查整改，持续提升全集团选人用人工作制度化、规范化水平。

〔人力资源部（党委干部部） 供稿〕

人才队伍建设

【概述】 2019年，深入落实中国中车人力资源战略规划，持续深化人才发展体制机制改革，坚持“引培并举”方针，创新人才培养模式，厚植人才发展沃土，切实加大专业技术人才和技能人才队伍建设工作力度，持续构筑了中国中车人才高地。

【高层次人才队伍建设】 在组织开展调研

的基础上，起草上报《中国中车科技人才竞争现状及对策建议》等3份专项材料；研究和起草《中国中车关于加强科技人才队伍建设的指导意见》。组织五十余名高层次人才参加院士和15项国家级、省部级专业荣誉评选，新增国家“海外高层次人才”“万人计划”专家各1人、何梁何利奖1人、中国青年科技奖1人、“百千万人才工程”国家级专家3人、茅以升铁道工程师奖12人、1名引进的外国专家荣获“中国政府友谊奖”。株洲所入选国资委评定的“深化人才发展体制机制改革示范企业支持计划”名单（仅有20家单位），“复兴号系列动车组科技创新团队”入选“中央企业优秀科技创新团队支持计划”名单。

【技能人才队伍建设】 组织开展产业工人队伍建设情况调研，印发《中国中车新时代产业工人队伍建设改革实施意见》，为全面加强技能人才队伍建设提供了根本遵循。中车集团董事长刘化龙在全国推进产业工人队伍建设改革工作会议上作为唯一企业代表作经验交流。印发和实施《中国中车深入推进练兵比武活动指导意见》，并成功举办中国中车第三届职业技能竞赛；组织参加“嘉克杯”国际焊接大赛，中国中车再次斩获团体总分第一名，并在9个赛项中取得5个单项第一名。

【人才培训】 全年共举办集团级重点培训项目90期，累计培训3 800余人次。举办2期卓越领导力培训、4期优秀领导力培训、3期发展领导力培训，共培训565人。持续推进实施国际化人才培养“631”工程，共有647人参加高、中、初级项目培训。中车集团董事长刘化龙在中央企业人才工作会议上就国际化人才队伍建设作经验交流（央企仅5家）。举办核心技术人才境内外培训4期、核心管理人才境外培训2期、核心技能人才和班组长境外培训2期，共培训377人；举办高技能人才集中培训57期，培训1 800余人。各子公司积极强化人才培训培养工作，持续提升其人力资本质量水平。

【校园招聘与人才引进】 持续推进实施“全球引智”工程，组织10家核心子公司赴德国招聘，共签约160余人，为前两届签约总和的两倍。组织子公司赴清华大学等31所高校招聘，共收取简历3万余份，面试1.4万余人，签约1 800余人。积极探索实习生校企合作培养模式，组织开展硕士实习生专场招聘。中国中车入选“中国大学生最佳雇主50强”“新智造行业最佳雇主10强”“海外留学生最佳雇主10强”。

【职称评聘】 完善职称评审管理制度和评价机制，持续做好职称评审工作，全集团全年新增正高级职称人员274人、高级职称人员1 538人。

【职业技能鉴定】 深入落实国家人社部关于职业技能评价改革精神，推进职业技能等级自主认定工作，全面完成“双备案”工作，成为全国第二家颁发技能等级认定证书的企业，形成了国家人社部积极推广的“中车模式”。扎实组织开展技师、高级技师评审工作，全年新增高级技师397人、技师1 217人。“双师型”人才培养和评价工作实现突破，共有17名高技能人才取得高级工程师资格。

（人力资源部（党委干部部） 供稿）

劳动用工与薪酬管理

【概述】 2019年，人力资源部以严控用工总量、优化员工结构为突破口，深入推进用工制度改革，不断夯实用工管理基础，持续提升了人力资本效能水平。坚持市场化导向，持续深化分配制度改革，完善薪酬总额管理机制，推进实施中长期激励机制，有效激发了人才创新创造活力。

【劳动用工管理】 持续优化制造型、非制造型、境外企业“差异化分类管控”模式。加强员工劳动合同履约管理，对子公司下达履约评价退出员工下限百分比。组织开展劳动组织专项整治，印发实施《生产类业务外包管理办法》《作业许可证管理办法》等文件制度，从源头上规范劳动用工监管工作。对标对表国际同行业先进企业，导入用工总量与人均劳效指标双控模式，有力提升人力资源效能水平。2019年，中车集团全年实现总产值劳产率同比增长12.81%、增加值劳产率同比增长4.2%。中车集团实现从业人员人均营业收入144.05万元/人，现价工业总产值劳产率163.53万元/人，增加值劳产率36.75万元/人；中车股份实现从业人员人均营业收入143.32万元/人，现价工业总产值劳产率164.12万元/人，增加值劳产率38.65万元/人。

【员工构成】 2019年末，中车集团共有员工174 490人（其中股份165 715人），与上年同期减少3 380人。其中在岗员工163 568人，非在岗员工10 922人。剔除中车集团与中车股份之间正常的人员流动因素，年内新增员工12 891人，外部录用6 737人，非在岗转入137人，到外中车集团工作人员返回20人，其他新增5 997人。年内减少员工12 121人，其中退休退职2 632人，死亡129人，解除劳动合同4 216人，终止劳动合同256人，转为非在岗3 512人，其他减少1 376人。

员工学历结构：本科及以上学历67 441人，占员工总数38.65%，较上年上升1.93个百分点，其中，博士研究生510人，较上年末增加7人，硕士研究生12 920人，较上年末增加531人；本科学历54 005人；大专学历39 352人，占员工总数22.55%；中专以下学历67 697人，占员工总数38.8%。

员工年龄结构：25岁及以下的员工共有12 082人，占全部员工总数6.92%；26～35岁的员工66 526人，占38.13%；36～45岁的39 431人，占22.6%；46～50岁的24 847人，占14.24%；51～55的19 476人，占11.16%；56岁以上的12 128人，占6.95%。员工年龄结构较合理，平均年龄为38.89岁。

员工岗位结构：在岗员工163 568人，比上年减少3 474人，占员工总数的93.74%，与上年基本持平。其中：生产人员96 969人，技术人员36 337人，管理人员33 922人，服务人员2 609人，其他人员4 653人。非在岗员工10 922人，占员工总数的6.26%，其中内部退养8 621人，因病因伤长期休假1 113人，集体外出劳务89人，其他1 099人（含待岗人员）。

【薪酬总额管理】 印发实施《境外企业用工和薪酬福利管理指导意见》。《构建基于全球一体化境外用工和薪酬福利管理体系创新实践》荣获中车第四届管理创新成果二等奖。印发实施《薪酬总额预算管理办法》，强化工效联动机制、效率对标调节机制以及工资水平调控机制，并将薪酬总额预算管理模式由单一审批制丰富为“审批＋备案”制，引导子公司从“要工资”向“挣工资”转变。加强对薪酬发放的动态管理，2019年全集团实发工资总额216.63亿元，增幅6.53%，低于效益增幅，控制在国资委下达的预算范围内；实发人工成本总额343.67亿元，增幅5.75%；百元营业收入人工成本14.33元，增长0.16元；人工成本占总成本比例15.25%，增长0.39个百分点；劳动分配率56.18%，增长2.75个百分点。

【薪酬分配改革】 制定印发《中国中车中长期激励指导意见》和《关于加快推进中长期激励工作的通知》，为健全薪酬激励机制奠定了制度基础。对107家各级科技型子公司调查摸底，深入重点企业开展调研，多次向国资委沟通汇报，组织总部11个部门以及外部机构对有关子公司中长期激励方案进行评审。株洲所、四方所率先实施科技人员岗位分红激励计划，中国中车推进实施中长期激励机制实现“破冰”，得到国资委充分肯定。修订完善、推进实施《中国中车负责人履职待遇、业务支出管理办法》《所属企业负责人履职待遇、业务支出管理办法》；修订中车集团企业年金方案、企业年金管理办法，提高了企业和个人缴费比例上限。

〔人力资源部（党委干部部） 供稿〕

总部人事管理

【概述】 2019年，围绕强化中国中车集团战略管控和放管结合的要求，进一步明晰总部职能、细化部门职责、优化管理流程，实现职能管理与业务管理相互协调及工作有序衔接。着力健全完善员工动态培养、职业发展、考核分配等机制，强化总部执行力与作风建设，营造敢于担当、勇于任事、开拓创新的良好氛围。

【员工管理】 全面推进总部人事制度改革，按照“分级管理、区别对待、公开民主、科学配置、择优上岗、分步实施”的原则，组织完成总部37名一般员工双向选择聘用工作。优化总部人员配置，实施总部与子公司人员的“下派上挂”，选拔9名子公司人员到总部挂职锻炼。进一步完善总部薪酬福利保障体系，修订了总部企业年金实施细则，将企业与个人缴纳比例分别由5%、1.25%调整为8%、2%，提高了员工的工作积极性，促进了公司持续发展。

【职能管理】 制定下发《总部组织机构管理暂行办法》，规范了总部组织机构的设立和调整等管理工作，明确了组织机构调整的原则、职责分工、决策流程及权限等内容。根据国资委监察体制改革及公司总体改革方案要求，调整总部纪检监察等有关机构设置，明确相关职责划分。纪委内设纪委办公室、案件审理室、审查调查室、监督检查室，四个室作为纪委机关工作机构，明确了编制定员。撤销监察部，将监察部原承担的以下有关职能划转至其他相关部门。党委巡视工作办公室作为党委职能部门不再与纪委机关合署办公。

【总部机关化整改】 按照国务院国资委要

求，组织开展“总部机关化”问题专项整改工作。按照161号明确的整改目标和立行立改清单，加强组织领导，制定整改方案，将“总部机关化”问题整改确定为7个方面22项主要工作任务。调整具有行政色彩的机构名称和职务职级称谓。集团公司“办公厅”更名为“公司办公室”。修订印发《中国中车党委管理干部退居二线管理办法》，取消巡视员、副巡视员、调研员称谓，分别改用“高级顾问、顾问、协理”称谓，并对尚未免职退休的二线人员原职务称谓作了统一变更。加强总部作风建设，会同总部党委制定下发《进一步加强总部作风建设的若干措施》，明确整治官僚主义、形式主义若干措施在总部营造出“想干事、会干事、肯干事、干成事、不出事”的良好氛围。

〔人力资源部（党委干部部） 供稿〕

事业部管理与市场营销

本栏编辑　肖洪乐

机车事业部

【概述】 2019年，机车业务板块包括干线铁路装备的机车整车造修业务和轨道工程装备整车造修业务。成员企业有：株机公司（含洛阳公司）、大连公司（含兰州公司）、大同公司、戚墅堰公司、资阳公司、广州公司和天津公司。开展轨道工程装备整车业务的企业有：株洲所、株机公司（含洛阳公司）、大连公司（含兰州公司）、戚墅堰公司、四方有限公司、齐齐哈尔公司、永济公司、山东公司。全年机车业务（含轨道工程装备）营业收入231亿元；新造机车904台，检修机车1 359台。

【新产品开发】 新产品开发稳步推进，取得阶段性成果。八轴快速客运电力机车（FXD1/FXD3）完成动车组化提升改进，研制时速160公里动力集中动车组，实现时速160公里“复兴号”动力集中动车组批量制造和运营；八轴30吨轴重货运电力机车（FXD1B/FXD2B）取得型号合格证，丰富货运机车装备谱系；时速160公里客运内燃机车、3000马力节能环保型内燃调车机车，完成运行考核；研制4400马力货运干线内燃机车，进入型式试验；装用永磁直驱系统的交流传动电力机车完成部分型式试验、持续推进，进一步提升产品效率；新一代接触网检修作业车（DAS11）和轨道车（GCY-220）完成运用考核，升级原机械传动产品。轨道工程装备产品谱系进一步完善。

【市场开发与营销】 持续跟进铁路建设动态，加强与用户沟通协调，针对产品市场需求发生的新变化、新形势，统筹调配资源，加强营销组织与协调，针对不同市场类型制定差异化营销策略，满足用户需求；通过建机制、定策略、强协同等工作，超前谋划组织制订营销策略，维护良好竞争秩序，激励企业持续提升产品市场竞争力，提高用户满意度。积极引导市场需求，推动业务增长，以大秦铁路电力机车、青藏公司内燃机车为抓手，深入探索全寿命周期维保营销新模式。加快推进大功率机车配件中心建设，实现双方合作共赢，年内7家大功率机车配件中心全部实现挂牌运营。

机车造修市场需求平稳，全年签订合同金额183亿元。国铁市场签订造修机车1 661台，合同金额166亿元。其中，新造机车603台，合同金额124亿元；直流大修机车691台，合同金额16亿元；和谐机车C6修机车367台，合同金额26亿元。路外市场签订造修机车262台，合同金额17亿元。其中，新造机车签订103台，合同金额14亿元；大修机车签订159台，合同金额3亿元。

【运营管理】 结合业务板块市场需求形势预测，分解落实年度经营目标，制定年度经营计划。组织企业建立生产经营月报制度，实现产品从合同签订、生产组织到收入实现的闭环管理，动态管控企业生产经营情况，确保合同按时履约。开展月度运营分析工作，监控各项经营指标完成情况，发现问题及时管控纠偏，为完成年度经营指标提供支撑。年内，优化机车业务板块产业布局，稳步推进株机公司和资阳公司重组整合工作。落实巡视整改要求，制定措施全部整改，持续提升经营水平；强化“两金”管理，督导企业做好应收账款及积压存货处置工作。

【质量管理】 贯彻落实中国中车及机辆系统年度工作会议要求，以机车事业部年度质量工作纲要为抓手，以突发质量问题整改、惯性质量问题攻关、质量对标提升、服务用户、保障机车运用为重点，推进产品源头质量问题整治，加强实物质量管控。固化周、月简报督办机制，即机车月度运用质量通报、机车挂牌督办质量整治动态月报、季度和谐机车质量会问题整治动态月报、和谐型机车主要质量问题周报。坚持对接交流机制，每周与用户对接质量信息，定期召开路、企质量对接会，形成产品故障“三级响应”机制，即一般质量问题在机车月度运用质量通报中发布，典型质量问题组织专家开展专项检查，C类及以上质量事故组织企业交班。开展质量安全大检查专项活动，对产品各环节查漏补缺，系统提升产品质量管理水平。

（机车事业部　供稿）

客车事业部

【概述】　2019年，动客车业务板块包括动车组和铁路客车业务，动车组业务主要包括动车组新造和动车组检修业务，动车组整车业务企业主要有长客股份公司、四方股份公司（含江门公司）、唐山公司、四方有限公司（BST公司）、浦镇公司和株机公司6家企业；铁路客车业务主要包括客车新造和客车检修业务，客车整车业务企业主要有长客股份公司、四方股份公司（含成都公司）、唐山公司、四方有限公司、浦镇公司以及从事客车检修业务的西安公司6家企业。动客车业务形成“产品+服务”的产业体系。动车组业务收入641.57亿元，铁路客车业务收入153.28亿元。动车组新造交付268组，动车组高级修完成1 025组，铁路客车新造交付1 691辆、检修完成4 904辆。

【市场开发与营销】　强化营销协同，推进企业融合，强化国铁内、外市场一体化营销协同管理，规范国铁外市场行为，避免恶性竞争。年内，组织完成121组时速350公里“复兴号”标准动车组、44列城际动车组和134组（1 072辆）时速160公里“复兴号”动力集中动车组的新造动客车投标工作。

【技术引进与产品开发】　强化技术管理，实现企业间横向协同。持续完善国际先进产品技术平台，强化核心主机企业产品开发牵引地位和研发能力。重大产品以成员企业联合设计、协同研发为主。以科研立项为抓手，深化研发协同，杜绝重复投入。遵循协同创新原则，立项平台性、共性技术研究项目时，评定1家牵头单位、相关单位参与，推动联合开发，实现共建共享。年内，动客车业务重大项目协同研发率达到88%。

推进新产品研制、试验、运用考核及资质获取。京张智能动车组上线运营。京雄城际动车组研制有序推进。时速250公里中国标准动车组和时速160公里动力集中动车组整列按计划获得资质。11月14日，四方股份公司CR300AF型、长客股份公司CR300BF型动车组获得国家铁路局颁发的型号合格证和制造许可证；12月18日，唐山公司CR300BF型动车组获得国家铁路局颁发的型号合格证和制造许可证；浦镇公司和BST公司完成样车全部试验，并提交申请材料。

主动适应市场需求新变化，开展运维服务关键技术研究，提升铁路交通装备业务全寿命周期服务水平，加快由单纯售后服务向全寿命周期增值服务转变，促进铁路业务高质量发展。

【经营管理】 动车组产成品处置取得突破，解决5列城际动车组回购问题。通过与国铁集团有关部门沟通与协调，组织相关企业与广东省铁投和用户多层次汇报、交流。12月31日，5列城际动车组项目采购公告发布。

客车检修补差费用落实取得进展。通过与国铁集团有关部门沟通与协调，组织相关企业与国铁集团及铁路局集团公司多层次、多角度汇报、交流，并多次正式行文。12月，正式启动客修补差合同签订工作，补差数据基本核实。

深化与国铁集团战略合作，积极探索管理创新，实施配件中心设施建设、信息化建设和规范管理“三同步”推进模式。组织编制、评审并下发《中国中车动车配件中心管理手册》，依托信息化手段，推进中国中车信息化电商平台建设、推广与应用。截至年底，建成7个区域动车配件中心、11个（铁路局集团公司）分中心和68个配件库，并投入运营。

有序推进高级修战略合作，通过积极沟通用户，明确高级修企业与动车段产能布局和分工定位，实现双赢；组织企业主动参与修程修制改革，积极探讨动车组高级修业务发展应对策略、研究拓展新业务增长点。组织企业挖掘高级修检修潜力，提高检修效率，降低检修成本；推动高级修企业大部件属地化修和自主修范围，降低运输成本，提高配套修能力。第四季度，各企业动车组四、五级修修时压缩效果显著，基本达到标准修时要求。

【质量管理】 加快新产品开发和新技术应用研究，全力打造世界一流的产品质量，用一流的质量赢得用户和市场。深化高铁安全专项研究，持续推进动客车产品实物质量提升，强化产品质量管控和运用安全保障，确保高铁和轨道交通运输安全万无一失。组织开展质量安全大检查，持续开展动客车电气线路和车内空气质量专项提升活动，督导问题整改，形成闭环管理。搭建子企业间交流共享平台，推进产品源头质量安全风险挂牌督办。新中国成立70周年国庆期间，开展车辆产品运用保障现场专项督查，落实中国中车“十位一体”“七常态”工作要求。

（客车事业部　供稿）

货 车 事 业 部

【概述】 2019年，铁路货车业务板块主要包括铁路货车新产品研发，铁路货车新造、修理及配件等。成员企业有齐车集团和长江集团2个货车子集团，长江集团新增株洲公司、常州公司、铜陵公司3家成员企业。全年铁路货车业务收入206.42亿元，完成中车集团下达经营计划。

【市场开发与营销】 聚焦用户需求，紧抓铁路货运增量行动历史机遇，统筹资源配置，积极应对，满足市场需求。全年国内铁路货车新造市场签订订单37 687辆，国内铁路货车检修市场签订订单50 810辆。

超常组织，打破常规、多措并举，克服不利因素，积极配合国铁集团用户“三保三增”攻坚战。全年新造铁路货车49 478辆，检修铁路货车57 346辆，实现预期经营目标，其中4 200辆$C_{70E(H)-A}$型铁路货车从从用户开始启动到全部交付只用了45天，确保了合同按期履约。

【运营管理】 持续开展降低盈亏平衡点、

提高边际收益为目标的集约化经营活动，组织2个货车子集团按照统一盈亏平衡模型，开展货车造修盈亏平衡点专项分析。开展货车业务毛利率提升专项攻关，组织企业签署提升货车业务毛利率指标承诺书，学习西安公司经验，学习提质增效265项有效做法，开展横向对标，找差距、补短板，全年货车业务平均毛利率实现既定目标。牵头组织召开哈尔滨电商平台推介会，组织所属企业完成平台注册和交易，全年交易额3.53亿元。加强“两金”管理，应收货款清欠取得新进展，紧盯关键节点，年末按期完成货车业务板块“两金”指标。

【产品研发与推广】 坚持协同攻关，加快推进货车新技术、新产品研发推广。初步完成铁路货车模块化设计平台搭建及测试。完成国家重点科技计划项目轨道交通货运快速化关键技术时速160公里快捷货运列车（棚车、集装箱车）项目全部关键技术研究，通过国家科技部高技术中心组织的项目中期评审。完成大秦线专用27吨轴重C_{87}型运煤专用敞车样车试制和相关型式试验。完成特货2×40英尺长大集装箱平车项目样机试制及静强度试验。应用多种新型智能控制技术的KM_{81A}型铝合金煤炭漏斗车及配套转向架完成样车试制和型式试验，投入运用考核。QT_1、QT_2型自装卸式驮背运输车，通过国铁集团组织的方案评审和样车试用评审，开始试制第二代QT_3、QT_4型驮背运输车。完成变轨距转向架关键技术工作图设计、关键部件试验以及样机试制，STX系列驮背运输车正在神华铁路进行试运营试验。BH_1新型铁路隔热保温车通过国铁集团试运用评审。40英尺铁路运输发电箱完成规定的运用考验并通过国铁集团技术评审。完成铁路新能源锂电池冷藏集装箱全部技术程序。完成新型无金属摩擦副的150型制动系统、无线ECP制动系统、空气制动智能监测系统评审，投入扩大装车考验。

【质量管理】 召开铁路货车源头质量整治推进会，落实中车集团、国铁集团关于加强产品源头质量整治工作部署，督促企业查找分析源头质量问题原因，不断优化产品设计，改进生产工艺，完善产品质量保障体系。组织货车企业开展源头质量大检查、大反思、大整改，从全员质量意识、近年来发生典型故障整改、质量管理体系有效性工艺策划与风险识别、工装器具检测、外购原材料及部件入厂检验，责任追究与落实等方面，自查自纠，举一反三，吸取教训。全年未发生一般C类及以上行车责任事故。

（货车事业部　供稿）

通 用 机 电 事 业 部

【概述】 2019年，通用机电事业部主要负责轨道交通装备及相关延伸产业关键系统和核心零部件及集中采购与物流业务。成员企业有：株洲所、四方所、永济电机公司、株洲电机公司、戚墅堰所、大连所、大连电牵公司、南口公司、物流公司。

【经营管理】 以全面预算管理为主线，做好月度经营分析与重点指标监控和季度调度指标分解与落实。全年营业收入736亿元，归属母公司净利润31.21亿元，完成率分别为103.29%和102.33%，超额完成经营指标。

【技术管理】 研制关键核心系统部件，获得新进展，奠定后续装备全面自主化基础。完成新一代机车制动控制系统20万公里运用考核，通过国铁集团科技和信息化部评审，在“复兴号”动力集中动车组以及3000马力调车机车上实现装车运用考核；完成16缸D180高速柴油机所有试验，在时速160公里内燃“绿巨人”动车组上装车并与整车一起进行试验；自主国产化的IGBT在时速250公里、时速350公里复兴号动车组上实现装车运用考核；完成配套时速250公里复兴号动车组的牵引电传动、网络控制、齿轮传动装置、制动系统运用考核，具备批量生产装车资质；时速400公里跨国联运动车组关键系统部件研制进展顺利，保障整车研制进度；完成基于二氧化碳为冷却介质的动车组用空调原理样机和装车样机试制。

落实关键部件重大质量问题整改。针对DK-2型制动系统问题，组织完成中国中车目前在用全部进口及国产制动系统功能梳理，以及各种制动机故障安全导向分析，形成专题报告，完成城轨车辆、工程车辆、出口机车产品制动系统梳理分析。组织完成网络控制系统故障安全导向技术分析；推进时速160公里动力集中动车组牵引变流器重大事故质量问题分析、整改落实；组办成员企业质量安全大检查，持续强化质量管理工作。

【集采与物流】 通过增加集采品种、扩大组织集采等措施，快速提升集中采购比率。全年两级集采金额1 448.6亿元，两级集采率92.2%，较上年同期增长6%。其中，一级集采金额（含组织集采）489.7亿元，一级集采率30.4%，较上年同期增长18%。通过开展战略采购、集中采购、清理独家和代理采购等举措，全年制造类一级子公司采购成本降低34.1亿元，超额完成年初下达24亿元降本指标。持续推进中国中车供应链电子采购平台（EC平台）建设，完成EC平台二期优化开发。不断加大上网采购，全年上网采购金额1 479.3亿元，上网采购率90%。推进子公司招标室建设，规范招标采购流程。投入使用子公司专用招标室144间，实现招标监控、资料存储、评委遴选等功能和采购寻源过程的规范化、透明化，助力中国中车阳光采购。

通过多次会议部署、日常督导推动等举措，全年智慧物流业务签单3.6亿元，超额完成年度2亿元目标任务，较上年同期增长253%。开通循环包装物流运营线路52条，运输业务运营路线200条，循环包装覆盖各平台产品57种，降低包装费用超过1 500万元，节省木材3.7万立方米，保护森林资源470公顷（1公顷=1万平方米）。

【内涵式发展】 修订内部配套产品目录及企业名录，通过开展月统计季通报、专项督导检查等措施，不断强化产业链建设管理工作。全年内部配套目录产品采购金额444.7亿元，其中采购所属企业金额321.42亿元，内部配套率72.3%，较上年同期增加3.5%，超额完成国资委政治巡视及中国中车年度工作会议提出内部配套率68.5%目标。

【产业拓展】 首台240吨级电传动矿车成功下线，积极推进了与鞍钢集团、包钢集团战略合作，取得鞍钢齐大山矿运用考核机会，实现了矿车业务市场拓展重大突破。年内，启动330吨级电传动矿车新产品试制工作。策划组织通用机电业务板块代际产品专项研究，对标行业一流，稳步推进业务合作。

【产业扶贫】 落实推进国资委定点扶贫工作，组织与河北省邯郸魏县进行项目对接，初步达成两个合作项目，取得一定成效。河北陆星轮毂制造有限公司通过时代电动组织的供应商资质审核，成为中国中车产品合格供方，完成12支轮毂试装车，正在进行运用考核；株洲所北京重工公司将部分轨道车辆用防松产品作为扶贫项目，委托河北陆星轮毂制造有限公司生产，以租赁方式提供专用生产设备，完成产品试加工，受到国资委领导好评以及魏县政府赞誉。

【协作配合】 通用机电事业部配合分管领导做好包保企业联络对接工作，配合财务部和投资管理部做好预算审核工作，配合投资管理部进行相关项目立项论证与评审，配合科技质量部编写中美贸易对复兴号动车组影响分析报告，配合重组办编写制动业务重组整合意见报告。

（通用机电事业部　供稿）

城轨事业部

【概述】 2019年，贯彻落实中国中车年度工作会议精神，积极推动“强基提质、稳中求进”为主题的提质增效工作，围绕“协同、补短、提质”3大主题和“13568”经营工作思路，开拓市场、创新经营，严格自律、协调发展，全力推动系列化中国标准地铁列车和试验项目实施，实现业务由“适应市场”向“引导市场”转变，由“满足用户要求”向“主导行业发展”转型，不断增强城轨业务系统解决方案能力，促进中国中车城市基础设施业务高质量发展。全年城轨和基础设施业务实现销售收入437亿元，完成年度目标。工程公司营业收入32亿元，归母净利润0.9亿元。全年新造城轨车辆7 832辆，修理城轨车辆488辆。

【运营管理】 组织召开2019年城市业务工作会议，研究部署全年重点工作任务、明确年度经营目标，加强业务联动，采取切实措施，发挥中国中车集团整体优势，不断增强协同发展能力。创新管理方式，以课题负责制方式推动城轨业务工作，取得实效。按照“中国中车组织、一家牵头、共同参与、成果共享、协同推进”原则，组织研究明确7项研究课题。确定课题推进模式，建立协同、共享机制，组织城轨业务企业共同参与，成立专项课题团队，制定课题推进计划，充分发挥企业各自优势，深入分析课题面临环境、现状及存在问题，制定有效应对措施，取得研究成果，有力推动城轨业务重点工作完成。积极开展成本对标专项工作、全面完成应收账款管控目标、加快推动规范招标文件商务和技术条款，完成城轨板块提质增效专项工作，取得显著成果。促进PPP业务高质量持续发展，按照中国中车“双打造，一培育”高质量发展要求，研究制定并下发PPP业务管理细则，明确工程业务全过程管理要求，落实督导建设项目实施，及时协调处理解决实施过程中出现的问题，保障业务有效运行。强力推进风险化解专项工作、有效解决实践中的关键问题，落实责任主体，强化组织推动，项目账款如期到账。坚持问题导向，持续优化业务管理体系，根据城轨PPP业务特点和中国中车主导PPP项目现状，组织研究提出城轨PPP项目管理模式优化方案，理顺PPP业务实施主体，优化PPP项目管理模式，推进业务顺利实施，防范项目投资经营风险。

【产品开发】 组织推进中国中车承担的国家发改委重大技术装备攻关工程项目——系列化中国标准地铁列车研制及试验项目。按照"统一组织、整合资源、统筹经费、联合设计、开放协同、技术共享"原则组成项目组，全力推进相关工作，取得显著进展，完成项目立项、项目策划、技术方案调研分析、设计任务书编制和评审、车辆总体方案设计和简统化方案设计等工作。

【市场开发与营销】 抓住市场需求增长机遇，全力构建城轨市场有序竞争格局，奠定中国中车城轨业务持续发展良好基础。强化组织协调，完成国内 25 个城市 53 个项目投标工作，中国中车企业中标其中 50 个项目 8 949 辆车，涵盖地铁、单轨、市域和有轨电车等多种制式产品，中国中车城轨市场占有率约 95%。PPP 项目方面，按照国家有关政策及高质量发展要求，重点跟踪和运作财政部在库及优质城轨项目，高效完成无锡至江阴城际铁路 PPP 项目内部立项、可研、业务决策和投标工作，并顺利中标（总投资额约 139.85 亿元），完成工程业务市场年度目标。

（城轨事业部　供稿）

产业发展事业部

【概述】 2019 年，产业发展事业部负责风电、新能源汽车、新材料、环保、工业数字、重型机械、船舶电驱动和海洋工程装备及其他业务板块发展相关事宜。成员单位包括信息公司、中铁装备公司。按照中国中车发展战略、年度经营工作会议精神，以"13568"经营工作思路，攻坚克难，推动各项工作落地，全年签订订单突破 600 亿元，营业收入 362 亿元，同比增长 7.8%。其中中车股份营业收入 299 亿元，同比增长 8.8%。

【市场开发与营销】 风电产业：全年新签订单超过 350 亿元。新增装机容量行业排名提升两位，位居国内风电整机企业第九位，与华能、华电、华润、国电投、国能投、中电建等重点客户保持稳固合作关系，开拓中能建、中核、浙能等新客户，建立首个自建风场项目锡盟骆驼山风电项目，完成维斯塔斯样机交付，与维斯塔斯在欧洲、南美等其他国家开展进一步合作，并签订批量订单。与西门子歌美飒、MHI、Enercon 等海外客户，建立风电叶片合作关系，取得小批量订单。完成中交三航局盐城滨海海上风电项目配套塔筒吊装。全年签订风电齿轮箱订单达到 6.5 亿元，获得远景、明阳等整机企业批量订单。风电变频器，与湘电、海装、上海电气签订中压、低压变流器技术协议。

新能源汽车产业：全年完成整车销售 7 068 台，其中，新能源客车 6 763 台，整车销量同比增长 18%，订单同比增长 23%，行业排名跻身国内前三，新增客户 64 家，签订重庆、杭州、广州、太原、温州等大客户订单近 2 000 台，与株洲所、中车交通等企业协同开发宜宾、德清、吴江、荆州、九江等新市场并签订订单，在法国和匈牙利等海外新能源市场签订小批量订单。商用车电驱动系统，实现在吉利轻卡、上汽燃料电池项目定点和一汽解放、重卡及法士特 3 款平台产品装车验证。乘用车电驱动系统，全年销售 17 307 台，同比增长 92.7%。智轨 ART 示范项目，全年吸引海内外媒体报道上百次，其中央视报道 20 余次，株洲智轨 A1 线累计运行超过 6 万公里，首个功能区示范线江西永修项目开通试运行，首条商业运营示范线宜宾 T1 线开通全线运营。

新材料产业：签订保时捷踏板箱、奥

迪 W 平台引擎开关衬套、戴勒姆 MRA2 平台等多个新项目订单，与庞巴迪和阿尔斯通签订订单超过 2.7 亿元，新签美国市场订单超过 1 亿元，签订俄罗斯市场空簧项目首批订单。

环保产业：PPP 业务方面，中标常熟三期项目，总投资金额约 3.7 亿元，装备带动率 496%，远安项目、常熟一期、常熟二期项目进入稳定运营期。以 EPC+O 模式中标五莲县农村生活污水治理设计、建设、运营项目，项目总投资约 5.4 亿元。工厂污染治理业务，获取长江公司、唐山公司、永济电机公司、宝鸡中车时代工程机械有限公司等焊接烟尘、VOCs 污染治理项目，初步形成中国中车内部污染治理新模式。

工业数字产业：智能化装配产品，为中车电动、北汽、吉利、一汽等重点客户提供解决方案。BIM 业务，与深圳工务署签订 3 682 万元单体合同。实名制平台业务，成功在承德、雄安 2 个城市上线试运行。智慧出行平台业务，签约 22 个城市轨道交通项目和 1 个城轨易行项目，市场规模行业领先。智能制造业务中标河北物流项目。

重型机械产业：CR240E 型矿用自卸车交付鞍钢齐大山铁矿，进入工业性试验。矿用自卸车电驱动系统，与北方股份公司签订大吨位电驱合作协议，与包钢、神延、神宝公司达成改造市场电驱系统合作意向，获取徐工矿机大吨位订单。

船舶电驱动与海洋工程装备产业：上海汉格公司与招商局工业、中船集团 704 所、中远海运特运等重点客户新签订单。SMD 公司获得 FUGRO 与 ITECH 等一级运营商长期战略合作。

【技术开发】 风电产业：风电整机，完成 2.5 系列机组平台开发和优化、4 兆瓦系列机组平台开发、3.X 兆瓦 D160 机型开发，国内首次将 3.X 兆瓦功率等级风电机组风轮直径上探到 160 米，完成 4.5 兆瓦 D16X 机型方案设计。风电电机，完成采用定子模块化结构设计的 YJ316A 型电机研发、9 兆瓦半直驱永磁同步风力发电机和 4 兆瓦鼠笼异步风力发电机的研发。风电叶片，完成 3.3 兆瓦 -76 米叶片开发，应用轻量化与族系延长技术完成 71.5 米系列叶片开发设计，自主研发大节圆海上全新结构 4.5 兆瓦 -72.5 米叶片。风电变频器，完成搭载自主 IGBT 芯片的变频器开发。

新能源汽车：新能源客车，推出 8 米、10 米平台化模块化纯电动系列公交车型，10 米、12 米国六排放天然气插电式车型，560 千瓦时大电量 18 米纯电动 BRT 车型。完成智能网联 2.0 平台开发，驾驶成就系统、车身控制系统等功能产品实现批量推广，云控系统、碰撞缓解系统等完成产品定型，“云盾”24 小时安全监控系统实现“车—云—数据”三位一体，预警准确率、应用工程化率行业领先。商用车电驱动系统，基于中国中车自主 IGBT 的八合一商用车电驱动控制总成 TP6 样机下线，技术指标行业领先；驱动总成，实现机、电、控一体化集成；基于高速电机与行星齿轮集成的减速驱动系统，实现批量推广。乘用车电驱动系统，合众电机电控二合一项目实现量产，自主 IGBT S2 模块得到批量应用；长安小功率三合一平台，作为首个高度集成动力总成项目，掌握一体化集成产品技术开发能力、试验验证能力和生产制造能力。智轨列入国家工业和信息化部《首台（套）重大技术装备推广应用指导目录（2019 年版）》，完成 1 个国家重点项目结题验收。

新材料产业：芳纶浆粕及芳纶纤维备浆等工艺，主要性能超过国内外主要竞争对手产品，得到客户认可。聚酰亚胺薄膜工艺，完成 5G 用中试级样品试制，关键性能达到且部分优于国外同类产品。

环保产业：建成中国中车先进膜材料与

分离技术研发中心，参与国家标准《纳滤膜表面 Zeta 电位测试方法　流动电位法》制定，《印染废水低成本处理与高效再生利用关键技术和产业化》项目荣获中国纺织工业联合会颁发科技进步奖一等奖，《磷石膏渣场渗滤液污水资源化回收利用技术》和《磷化工低磷氟污水达标排放技术》2 项“三磷技术”项目入选国家污染防治技术。与中国科学院生态环境中心联合组建“分散污水处理联合工程技术研究中心”，成功申报 2019 年度国家重点研发计划项目 1 项，完成 5 吨、10 吨、15 吨、20 吨净化槽产品研制及规模化应用。

工业数字产业：构建机车产品全寿命周期数据平台，并在国铁集团机务电子履历系统、戚墅堰公司机电子履历系统 2 个项目上进行应用实践。牵头实施“出口机车远程监测与诊断平台”，完成资阳公司出口泰国机车传输子系统、地面子系统、双语（中文、英文）机务段用系统等功能开发和调试。完成基于动作编码的设计工艺制造一体化平台开发与应用，实现 JIT 生产。完成云边协同工业云平台开发，快速实现信息化应用和工业现场设备联通。开发基于 PHM 系统的智能运营解决方案，对 PHM 系统底层大数据平台进行迭代升级。

重型机械产业：开展 CR240E 型矿用自卸车永磁牵引技术、无人驾驶技术研究和应用，以及高海拔、多粉尘、连续长坡度环境适应性研究，完成 CR330E 型矿车样机组装。

船舶电驱动与海洋工程装备产业：完成直流变频配电一体化装置研发，完成电驱 ROV 产品、海底电缆高精度探测传感技术发布，完成水下 3D 激光扫描、水下导航和实时增强虚拟现实操作系统开发，浅水挖沟机、甲板设备 SPOOLER 等研制下线并实现本地化率 85% 以上。

（产业发展事业部　供稿）

国际事业部

【概述】　2019 年，国际事业部主要负责研究制定并组织实施海外业务发展规划、产业布局规划，对重点项目订单进行过程管控，统筹、规范海外市场管理，组织海外市场业务开拓、产品推介、售后服务等工作。针对国际形势变化，加大市场开拓资源配置力度。以中国中车“十三五”战略和国际化经营规划为指导，以全球化视野和国际化思维，联合各一级子公司，同心协力，开拓进取，激活力、增动力，主动服务国家战略，开拓创新，积极塑造“国家名片”，谋划全球布局，加大市场开拓，完善职能管理、加快区域布局，妥善应对各类风险，完成海外市场开拓及各项重点工作。

【国际业务发展规划】　按照中国中车“双打造一培育”目标和国际化经营需要，完成《中国中车国际化经营“十三五”发展规划》修订和《中国中车“一带一路”市场开发规划》编制，全面贯彻落实 2019 年工作会议精神，积极推进共建“一带一路”工作，致力践行“连接世界，造福人类”使命。统筹考虑区域市场容量、历史业绩、竞争对手情况、重点订单项目、中国中车资源配置等因素，完成欧洲、大洋洲、拉丁美洲等区域市场总体开发规划编制，强化顶层设计，增强对各区域市场开发工作指导。

【经营计划与运营管理】　制订国际化经营

指标计划，加强市场区域管理，规范市场竞争秩序。有序推进境外项目本地化运作。全面完成 2019 年国际化经营计划指标。国际公司、国际事业部内部实行管理职能与经营职能分开，提高管理效率，明确管理职能。

全年国际业务新签订单 68.77 亿美元，比上年同期增长 10%，销售收入达到 200 亿人民币，比上年增长约 6%。出口产品包括城轨 1 771 辆、电力机车 29 台、内燃机车 79 台、货车 4 441 辆、客车 176 辆、有轨电车 72 辆、单轨 270 辆、动车组 39 辆、工程车 28 台以及各类配件、维保服务等，满足多样化全球市场需求，为全球客户提供定制化解决方案。继续推进进口集采工作，进口集采率达到 50%。

加强国际化经营合规风险管控，提高合规经营意识，持续提升海外社会化媒体传播力度，推进品牌建设，提升品牌影响力。加快业务模式创新，加强业务板块国际化经营协同，加大市场拓展力度和密切跟踪项目进展、加强境外安全管理并保障境外人员安全。

以问题为导向，顺利完成国资委巡视整改工作。组织完成国资委巡视组要求的国际化经营问题清单和主题教育调研问题清单的相关整改工作。整改工作有序推进并按计划完成。

【海外政策研究和市场调研】 深度开展国际市场研究，周密制定国际市场营销策略。加强与咨询机构合作，强化区域公司地理优势。编制欧洲、大洋洲、拉丁美洲等区域市场总体开发规划。完成对“一带一路”市场及其他重点国家重点区域的贸易环境分析，特别是关注国际政治局势对国际市场的影响。

【国际交流与战略合作】 开展中国中车英文网站信息动态更新管理，及时传递最新消息；国际事业部协同企业文化部做好跨文化融合项目工作，开展中国中车澳大利亚轨道交通摄影大赛；研究撰写中国中车国际经营之道，从理论高度总结梳理中国中车国际化经营道路，提升中国中车影响力和知名度；持续推动中国中车海外社会化媒体传播工作，做好已开设中国中车四大平台账号日常维护，实现长期正常运营，根据人民日报海外舆情中心报告， 中国中车位居海外传播渠道建设指数第二位。

积极参加国际展览、国际高峰会议、第二届进口博览会、第一届中非经贸博览会及中非基础设施与融资合作对话会、中日产业合作论坛、中印战略经济对话、总包商会组织的“第十届国际基础设施投资及建设论坛”、中国对外承包工程商会举办的“一带一路”基建供应链绿色发展论坛、南南合作国际会议等，展现中国中车国际化企业形象。

【市场开发与进驻】 面对前所未有的风险和挑战，中国中车国际业务迎难而上，完成年度经营目标，实现中国中车版图再度扩张。首次将动车组出口到菲律宾，新签订整车出口葡萄牙、匈牙利、意大利、墨西哥订单。分别在乌兹别克斯坦、塞尔维亚、罗马尼亚新增海外分公司、办事处 3 个，布局全球。

【海外指导与服务】 组织、指导企业编制并实施海外业务发展规划和业务布局规划，明确企业海外业务发展定位。持续推进中国中车海外机构（办事处）设立建议方案。协助企业获得海外业务发展所需政策、融资及发展支持。提出与国际业务相关的国际投资、独资、合资合作建议，指导子公司进行国际合资合作和国际并购工作。

（国际事业部　供稿）

党群工作

本栏编辑　俞鸣霞

组织工作

【概述】 2019年，中国中车组织工作紧紧围绕新时代党的建设总要求和新时代党的组织路线，深入贯彻全国组织工作会议、全国国企党的建设工作会议、中央企业党的建设有关会议精神，推进“不忘初心、牢记使命”主题教育向基层延伸，以打造党建“金名片”为主线，以提升组织力为重点，突出政治功能，落实党建“成效跃升年”重点任务，全面提高组织工作质量和组织建设水平，为实现“双打造一培育”战略目标提供了坚强的组织保证。

【党组织和党员情况统计】 截至2019年底，中国中车有各级党组织2 417个，其中党委141个、党总支189个、党支部2 087个。有党员78 735名，其中在岗党员58 315名，大专及以上学历党员50 745名，占64.5%。全年发展党员1 381名，其中发展女党员212名，占15.4%，发展少数民族党员49名，占3.5%，发展35岁及以下党员1 014名，占73.4%，发展具有大专及以上学历的党员1 161名，占84.1%。

【“不忘初心、牢记使命”主题教育】 年内，分两批组织开展主题教育，持续跟进学习习近平新时代中国特色社会主义思想，把重温、学深、悟透总书记三次视察中车的重要指示作为领导班子集中学习“第一课”。制定《主题教育学习研讨计划》，设计10个学习主题，每次学习指定3～5名重点发言人，并进行10次集中学习研讨。邀请中央党校范文教授、国资委党委副秘书长赵世堂作专题辅导。公司领导班子成员累计深入基层调查研究50次，撰写专题调研报告10篇，现场解决问题83项，讲授专题党课总时长超过20课时。分两次召开调研成果交流会，梳理学习研讨、调查研究群众反馈的问题，形成专项整治方案和整改台账。专项推进、销号管理，截至年底，全集团53个专项整治问题整改完成49个，完成率92.5%；领导班子调研发现96个问题，整改完成75个，完成率78%。先后成立10个巡回指导组，坚持两批次上下贯通，全程精确精准、从严从实督导指导所属企业开展主题教育。公司党委书记、董事长刘化龙在国资委主题教育专题会议上发言，唐山公司在国资委第二批主题教育总结会议上作交流发言，中国中车的做法被国资委主题教育简报刊发7次，并获得中央督导组、国资委督导组充分肯定。

【党组织建设】 积极落实“四同步、四对接”要求，做到“应设必设”“应建必建”。成立中车建投公司党委；有序推进永济电机公司、长江集团、大连所、金租公司、长客股份公司等5家企业党委换届选举。因地制宜、灵活便捷、务实高效做好混合所有制企业和境外分支机构、境外单位党建工作，67家有实际控制权的混合所有制企业均建立了党组织；在境外设有6个工委、2个总支、1个支部，形成党建工作有效覆盖。做好无党员班组整治工作，企业无党员班组占比降至1.26%，超额完成8%的年度消减目标。

【队伍建设】 贯彻落实《中国共产党党员教育管理条例》《2019—2023年全国党员教育培训工作规划》要求，创新党员教育方式方法，全年举办24期党群及相关系统党务工作人员专题培训近1 720人次，提升从事党群工作的领导干部和业务人员能力和素质。持续推进中车党校建设，中车党校海南校区正式揭牌，成为集团党员教育培训又一主阵地。做好发展党员工作，认真贯彻《中国共产党发展党员工作细则》，规范发展党员各环节工作，推动落实发展党员必备材料“一袋两表22项”要求。全年发展党员1 381人，计划执行率100%。拓展党员发挥作用的载体，深化“创岗建区”“创先争优”等活动，激励党员立足岗位当先锋、作表率，其中株机公司、唐山公司、大连中车集装箱公司3个基层党组织，浦镇公司鲍凯、大同公司刘艳响、大连公司臧兰兰3名党员，四方股份公司张在中、长客股份公司张庆羽2名党务工作者受到国资委表彰奖励。

【制度建设】 严肃党内政治生活，“三会一课”和领导干部双重组织生活参与率、出勤率均超过90%。编辑印发中国中车《党支部标准化建设手册》和《党支部特色案例手册》，企业党支部建设逐步趋向标准化、规范化。落实中组部关于党费收缴、使用和管理的有关规定，加大党费工作制度落实情况检查力度，实现一级子公司党委全覆盖，并下发检查情况通报，作为指导日常党费管理的基本遵循。

【党建工作责任制考评】 重新修订《中国中车党建工作责任制考核评价暂行办法》，将党建工作责任制考评结果与所属企业领导班子成员基本年薪挂钩。组建4个考核组，对所属39家企业党建工作进行全面“扫描”，发现问题438个，较上年减少130个，平均每家企业11.2个（同比下降1.7个），党建基层基础工作得到提升。经集团公司党委常委会评审、研究，考评结果为A的企业：四方股份公司、长客股份公司、唐山公司、株机公司、齐车集团、大连公司、浦镇公司、长江集团、株洲所、株洲电机公司；考评结果为B的企业：四方有限公司、戚墅堰所、戚墅堰公司、四方所、大同公司、永济电机公司、科技园公司、中车产投、大连所、资本公司、国际公司、中车金控；考评结果为C的企业：天津公司、南口公司、财务公司、中车研究院、金租公司、大连电牵公司、广东公司、常铁校、工程公司、物流公司、中铁装备公司、广州公司、资阳公司、租赁公司、信息公司、二七车辆公司、二七机车公司。

【党务干部培训】 根据国资委党委要求，在深入开展“不忘初心、牢记使命”主题教育的基础上，扎实、系统、全面开展培训工作。把深入学习贯彻习近平新时代中国特色社会主义思想作为首要任务及党务干部教育培训的必修课，集团层面举办党委副书记培训班、优秀党支部书记培训班、组织业务专题培训班共10期，培训952人次；各企业党委采取多种方式，开展基层党支部书记培训，共3 845人次参训，党务干部学习贯彻党的创新理论取得新进步、达到新高度。

【党建信息系统建设】 继续做好依托内网搭建的全国党员管理信息系统的日常维护，努力建成企业党员、党组织管理的基础性数据库。落实国资委精神，在互联网推动中央企业党建信息化系统建设。在所属企业和相关党群部门的协同下，及时填报全级次党员、党组织信息报表。开通各级管理账户，按时完成党务管理、工会管理、共青团管理、统战管理等32张报表的采集填报和统计管理，促成系统常态化管理并成为年度业务统计、党建考核等数据报送平台。

【党内帮扶】 按照中组部、国资委统一部署，认真做好元旦、春节期间走访慰问生活困难党员和老党员工作。各级党组织共使用党费293万元（含国资委党委下拨89.9万元），发放慰问金286.6万元，购买慰问品6.4万元。慰问党员群众共计3 441名，其中慰问生活困难党员3 049人，慰问新中国成立前入党的老党员 98 人，慰问老干部 82 人，慰问优秀党员、优秀党务工作者 132 人，慰问困难群众 80 人。慰问基层党组织 453 个，帮助解决生产生活困难 441 个，听取意见建议 311 条，进一步增强了各级党组织凝心聚力、促进和谐、服务职工、推动发展的作用。

【党费管理】 认真执行中组部《关于中国共产党党费收缴、使用和管理的规定》、中央办公厅《关于进一步规范党费工作的通知》，贯彻《中国中车集团有限公司党费收缴、使用和管理办法》，指导各级党组织加强党费收缴使用管理工作。落实《中共中央组织部关于广东省信宜市委组织部原党费出纳范安祺挪用党费问题的通报》和集团公司党委领导批示要求，继续推动对所属企业的党费工作检查，经过两年三次抽查，全面覆盖所属 39 家一级子公司党委，并下发检查情况通报，有效促进了各级党组织对党费工作的重视程度，提高了党费管理的规范化水平。

（党委组织部　供稿）

宣传工作

【概述】 2019 年，党委宣传部（党委统战部、企业文化部）充分发挥宣传工作“举旗帜、聚民心、育新人、兴文化、展形象”五大作用，紧紧把握统一思想、凝聚力量这一宣传思想工作的中心环节，画好统一战线同心圆，以高质量的宣传和统战助推中国中车高质量发展，为中国中车“双打造一培育”提供坚强的思想保证和文化力量。

【政治理论学习与研究】 高举中国特色社会主义伟大旗帜，推动习近平新时代中国特色社会主义思想深入人心，是中国中车宣传工作的首要政治任务。充分发挥党委中心组学习的示范作用，及时学、跟进学、反复学习近平系列重要讲话精神和三次视察中车的指示精神。全年共组织中心组学习 18 次，在加强集中研讨、提高参学率、改善学习效果上下功夫，做到凡学习必研讨，确保党委中心组学习质量。以重大主题教育为契机，围绕习近平新时代中国特色社会主义思想、党的十九大精神、新中国成立 70 周年、高质量发展等，有计划地开展专题学习，圆满完成“不忘初心、牢记使命”主题教育研讨和宣传工作。利用“学习强国”平台，搭建中国中车学习组织，使登录“学习强国”平台学习成为中车员工日常习惯，中车学习强国日活跃人数近 5 万人，活跃度长期位居央企前列。开展丰富多彩的形势任务教育，在《中国中车报》开辟“形势任务教育”专栏，引导员工学习习总书记重要讲话精神、认清当前形势、明确工作任务；利用《中国中车报》主编评论、OA 新闻、微信微博等阵地，引导员工立足岗位，为中车改革发展贡献力量。加强对中车现实发展问题的研究，组织召开封闭式的专题学习会，就中国中车经营形势和发展战略进行理论务虚，开拓工作思路，发挥领导班子的整体合力。

【庆祝新中国成立 70 周年系列活动】 在新中国成立 70 周年前后，以多种方式组织策划和开展庆祝活动。组织参加国资委庆祝新中国成立 70 周年重大活动“放歌新时代”演唱比赛，并承办“时代新人说”演讲比赛等活动；组织开展新中国成立 70 周年暨中车日文艺作品征集活动，共收到征文作品 256 篇、书画作品 150 幅、摄影作品 150 幅、朗读作品 40 首。

【意识形态工作】 加强对中车意识形态工作的统筹协调，全面贯彻落实意识形态工作责任制，将责任制落实情况纳入年度党建考核和日常巡视范围。严格执行每年两次向党委做专题汇报的工作要求，坚决种好“责任田”、守好“主阵地”、汇聚“正能量”。加强对员工思想动态的了解，开展多种形式的形势任务宣讲，促进思想政治工作直达现场。

【典型人物选树推广】 加大对先进典型的包装和推广力度，使一批代表中国中车形象的先进典型获得各界认可而荣获各种重要的国家级表彰和荣誉。其中，中车集团总经理、中车股份总裁孙永才继当选国家级荣誉“改革先锋”后，又通过国资委渠道荣获新中国成立 70 周年“最美奋斗者”称号；四方股份郭锐荣获“最美铁路人”称号；长客股份罗昭强入选“感动交通年度人物”。

【企业文化工作】 年内，中车企业文化工作继续唱响主旋律，壮大正能量，朝着“双打造一培育”战略目标同心迈进。系统梳理“中车之道”九个方面内容，对中国中车的发展路径进行系统扫描和透视，从理论高度对中国中车发展的方法论进行提炼和概括，已形成 22 万字的书稿，其精华版陆续在《中国中车报》上刊发，进一步指导中国中车实践，提升中国中车影响力。开展丰富多彩的企业文化活动，启动企业文化目视化工程，设计“中车使命”系列主题海报，宣贯中车文化。征集企业文化案例，用生动的故事，感知中车文化。

启动并实施中车红色文化项目梳理工作，已经梳理出十个项点，并组织人员进行初稿写作，挖掘中车红色文化基因，丰富中车红色文化内涵，彰显中车红色文化底蕴，传播中车红色文化故事。根据《BI 建设 2020 实施方案》内容，加强对子企业第三阶段 BI 建设的督导，并根据第三阶段“四个结合”要求，对内持续夯实员工队伍 BI 建设，对外加强关键接触点岗位规范细化管理，同时督导各子公司转段工作。以“同一个中车”为导向，按照“使命统一，愿景贴切，中车之道必共守，精神理念可独有”的原则，规范集团共性文化和子公司个性文化的关系，突出弘扬共性文化，同时开展品牌文化点检活动，规范子公司提炼个性特色，实现共性文化统领下的个性文化有序展示。在充分调研中国中车当前文化产业资源基础上，制定中国中车文化产业发展纲要，将文化产业培育成为中国中车新的增长点。组织完成中国中车文化产业资源调研及调研报告，进一步研讨制定中国中车文化产业发展纲要，并推动落地实施。组织编写国资委央企机械制造类企业品牌战略。承担并完成国资委机械制造业工业文化遗产申报、评比工作。

【首个“中车日”活动】 集团公司决定将每年 9 月 28 日设立为“中车日”后，企业文化部统一部署首个“中车日”系列活动，统一制作宣传海报和宣传视频，并通过微信进行宣传，营造良好氛围。各子公司分别举行庆祝活动，增强广大员工对中车文化的认知和认同，提高企业凝聚力和影响力。

【新闻传播工作】 在澳大利亚进行跨文化传播。开展《梦鹤与云鹤故事》新书发布暨图片展活动、轨道交通摄影展、墨尔本工厂开放日、国别社会责任报告、文化宣传片等系列活动。

系统推进“五化”展会。开展以“展览制度化、流程规范化、内容模块化、交流全景化、传播国际化”为核心的“五化”展会系统设计。构建谋划决策体系、推动实施体系、反馈提升体系三大板块，编制《展会计划管理办法》《展会作业指导书》《展会评估考核管理办法》等系列文件，将“五化”展会体系在集团范围内推行。组织并参加十几个国内外展会。筹备并启动2020年柏林展相关工作。

重点产品推广方面，重点做好时速600公里磁浮车、17辆编组复兴号动车组、可变编组高速列车、时速160公里复兴号内燃动车组、列车信号控制系统出口以色列特拉维夫地铁等一系列产品的传播，打造新时期中车明星产品。

合理打造中国中车新媒体矩阵，重点建设好国内的官方微博、官方微信和国际的脸书、推特、英格、优兔等新媒体。策划适合网络传播的话题、视频、图片微报道。官方微信、微博粉丝数持续突破增长，粉丝的活跃度和互动率居央企新媒体前列，多次在央企传播力排名中名列前茅。

舆情管控方面，中国中车年内妥善应对了中美贸易战、南非舆情、动集异味、巴西动车组等舆情事件，没有发生重大舆情事件。

【品牌工作】 继续推进VI整改，细化VI整改标准，进一步统一公司视觉形象。开展VI整改“回头看”工作，对品牌执行标准降低的子公司和新成立的子公司进行重点VI督导。对子公司宣传册进行集中审核，编制中车标准宣传册设计草案。优化总部环境导视系统，对中车总部大楼近160幅楼层展示图片进行整体更新，展示中车在科技创新、文化引领、社会责任等最新形象。积极打造央企典范形象：公司董事长刘化龙、总经理孙永才在《党建》杂志刊发署名文章，介绍中车经验；全面承接中央企业形象宣传片《我们的路》拍摄工作；国资委《宣传工作》简报年内两次刊登中车宣传经验文章；推进落实创建世界一流示范企业品牌提升方案，牵头负责国资委中央制造企业品牌战略课题研究，对接组织中宣部对外理论研讨会、中国企业改革发展论坛、对接组织的中宣部对外理论研讨会、中国企业改革发展论坛、央企品牌工作培训班、国资委媒体通气会等，中车均有经验类发言。

更加强调传播责任中车形象，彰显中车社会责任。策划中央媒体中车精准扶贫专题报道；策划“走出大山看高铁”定点帮扶地区贫困孩子走进中车活动，广受赞誉；品牌公关活动“车迷有约走进中车”老树新枝，策划“央企开放日观摩活动”，组织国资委领导、兄弟央企前往参观，打造央企开放日典范。

【统战工作】 组织完成对中车民主党派情况统计。组织召开三次中车统战工作座谈会，征求统战代表人士的意见和建议。发挥“冯江华工作室”示范引领作用，带动统战工作上台阶，全年“冯江华工作室”征集整理各方面的意见、建议共22条，其中16条作为湖南省、株洲市两会提案进行了调研撰写和上报。及时向中央统战部、国资委统战部门进行工作汇报，并得到高度评价。

〔党委宣传部（党委统战部、企业文化部）供稿〕

巡视工作

【概述】 2019年，中国中车党委按照党中央、国资委党委对巡视工作的总体要求，认真落实中国中车党委五年巡视工作规划的总体部署及安排，将政治巡视作为加强党内监督的工作定位和内涵要求，坚持问题导向，查找政治偏差，持续深化中车党委政治巡视。全年派出4个巡视组，开展“常规＋专项＋专题”巡视及整治“形式主义、官僚主义”专项巡视，共完成2轮对12家子企业党委的巡视，形成综合报告12份、专项报告1份，向被巡视子企业党委领导班子反馈问题440个。

【组织建设】 年内，中国中车党委认真履行全面从严治党的主体责任，党委常委会和巡视工作领导小组全年共专题听取工作汇报、研究巡视工作8次。公司党委书记、董事长刘化龙领导部署巡视工作。持续推进巡视巡察组织体系建设，独立设置党委巡视办；指导子企业规范设立巡察组织机构，28家一级子企业中已有26家设立巡察领导小组与巡察办公室，共组建巡察组33个，配置专兼职巡察干部157名。建立巡视巡察“以干代训”人才库，遴选“入库”干部102名。强化巡视工作的交流研讨，提升巡视巡察干部工作水平。先后召开2次专题座谈会，组织巡视专员、部分子企业巡察工作负责人进行巡视巡察工作研讨；公司党委常委分管巡视工作领导带队深入27个基层单位召开座谈会，交流巡视巡察经验体会，推动巡视巡察工作质量提升。注重巡视干部培养，采取“上挂下派”“以干代训”等方式，先后派遣5名巡视干部参加中央纪委、国资委巡视工作业务培训；选派2名巡视骨干分别参加中央巡视组、国资委党委巡视工作。

【统筹协调】 充分做好巡前准备，党委巡视办与财务、审计、纪检等有关部门协调沟通，搜集整理被巡视企业的相关问题线索，单独向巡视组长“交底”，让巡视组带着问题去巡视；协调纪检、审计等部门负责人、骨干为巡视组人员进行培训2次，组织巡视研讨1次。加强巡视过程跟进：对巡视发现的重要问题线索，党委派出工作组第一时间到达“现场”，查清问题，提出整改建议，纪委及时介入，核查问题线索；对群众反映强烈、明显违反有关规定且能够及时解决的问题，巡视组现场督促被巡视企业党委予以及时纠正，立行立改。

【巡视监督】 3月、6月，先后启动2轮巡视。第一轮巡视为专项巡视，被巡视单位包括浦镇公司、齐车集团山东公司、戚墅堰公司、戚墅堰所、唐山公司、长江集团株洲分公司、永济电机公司、大同公司8家子企业，主要监督检查被巡视子企业在形式主义、官僚主义方面存在的突出问题，督促子企业党委提高政治站位，从思想上警醒起来，旗帜鲜明地同陈规陋习、顽瘴痼疾作斗争，以上率下，推深做实作风建设。巡视组现场听取汇报9场次，个别谈话560人次，召开座谈会23次，走访调研基层单位36个，开展问卷调查1 631份，调阅复制资料5 000余套份，受理信访29件次，移交问题线索51条，提交综合报告8份，向8家被巡视子企业党委领导班子反馈问题232个。同时，征集到被巡视子企业对中车集团和总部职能部门在形式主义、官僚主义方面存在的突出问题、具体表现及整改意见建议共49个。第二轮巡视以“常规＋专项＋专题”形式开展，被巡视单位包括大连公司、四方有限公司、四方所、株洲电机公司4家子企业。其中，“常规巡视”主要聚焦“四个落实”，重点督促检查落实党中央决策部署、落实全面从严治党主体责任和监督责任、落实加强党的建设、落实巡视整改情况；“专项巡视”重点监督被巡视企业在形式主义、官僚主义方面存在的突出问题；“专题巡视”重点监督检查领导人员及其亲属和其他特定关系人所办企业与本企业业务往来专项整治情况。第二轮巡视共听取汇报36场次，个别谈话437人次，召开座谈会33次，走访调研基层单位58个，进行专项问卷调查573份，调阅复制资料7 800余套份，受理信访29件次，移交问题线索39条，提交综合报告4份、专项报告1份，向4家被巡视子企业党委领导班子反馈问题208个。

【巡视整改】 在狠抓国资委党委政治巡视反馈问题整改的同时，不断健全内部巡视通报反馈机制，持续做好中车党委对子企业巡视整改督导检查。巡视工作领导小组成员带队向被巡视企业党委进行“双反馈”：向被巡视子企业党委书记反馈，压实党委巡视整改主体责任；向班子成员反馈，落实巡视整改“一岗双责”。巡视办向中车总部相关部门书面反馈“三基建设”“选人用人”“党风廉政建设”“思想建设”等共性问题，推动职能部门在系统内整改。加强对子企业党委巡视整改方案的审核，整改方案先后经巡视组、巡视办分别审核并提出意见建议，被巡视子企业党委修改完善后报中车党委。

【制度建设】 认真落实党中央、国资委党委巡视巡察工作新要求、新部署，研究制定并印发《巡视整改有关工作实施办法（试行）》《采取“以干代训”方式加强巡视巡察队伍建设的实施办法（试行）》《子企业党委开展巡察工作指导意见》《子企业党委开展巡察工作考核评价办法（试行）》《被巡视企业党委配合中车党委巡视组开展工作的清单》《常规巡视重点内容点检指引》等制度，进一步规范巡视巡察业务流程，强化对各子企业巡察工作的领导和指导。

（党委巡视办公室　供稿）

纪检监察工作

【概述】 2019年，中国中车各级纪检组织以习近平新时代中国特色社会主义思想为指导，深入学习领会十九大及十九届历次全会和中纪委三次全会精神，认真贯彻落实中央企业党风廉政建设和反腐败工作会议工作部署，牢固树立“四个意识”，始终坚定“四个自信”，坚决做到“两个维护”，紧紧围绕集团改革发展中心任务，持续推动“两个责任”落地落实落细，坚决把纪律挺在前面、把监督放在首位，准确妥善运用“四种形态”，持续强化执纪问责，加强纪律作风建设，坚定稳妥、扎实有效地开展党风廉政建设和反腐败工作，为中国中车高质量发展提供了坚强的纪律保障。

【政治监督】 提升政治站位，督促各级党委、纪委深入贯彻落实习近平总书记视察中央企业特别是视察中国中车所作的重要指示精神。中车纪委积极协调相关部门参与驻委纪检监察组组织的贯彻习近平总书记重要指示加强自主创新的实践调研和中央企业境外风险防控调研，为央企改革发展建言献策。切实督促各级党组织履职尽责，以“两个维护”实际行动推动中央和国资委党委重大决策部署落地见效。通过协助党委组织召开年度党风廉政建设工作会议，组织签订《党建和党风廉政建设责任书》，以政治建设为主题开展领导干部集体廉政谈话，加强监督检查并纳入经营绩效考核评价，夯实管党治党责任落实。督促职能部门修订完善《中车集团生产类业务外包管理办法》等17个制度，对所属企业推进“不能腐”体制机制和廉洁风险防控情况进行监督检查。集团党委书记、董事长刘化龙、总经理孙永才带头落实主体责任，对72件次重要问题线索做具体批示，对集团纪委立案审查的12件案件提出从严要求。年内，全集团两级党委书记累计约谈下属单位党政正职1 030人次，两级纪委书记累计约谈下属单位党政正职935人次，开展任前廉政谈话952人次。组织两级班子成员399人进行述责述廉，进一步促进“两个责任”落实落地。

【主题教育】 扎实开展纪检系统“不忘初心、牢记使命”主题教育，体现中车特色，坚持“五个聚焦、五个践行”，做到“四个贯彻始终、四个落地见效”，把学习教育、调查研究、检视问题、整改落实贯穿全过程。指导所属企业纪委开展主题教育，并突出立行立改，抓好巡回指导。31家企业纪委开展学习研讨285次，学习研讨789课时，检视问题628个，完成问题整改584个，整改完成率93%。切实履行监督职责，两批次主题教育期间，共成立10个巡回指导组，对109个单位进行全覆盖、精准化、穿透性的督查指导。进一步强化监督，使职工群众集中反映的一批问题得到切实解决，确保主题教育不走过场、不做虚功。

【纪律监督】 扎实做好信访举报、问题线索、执纪审查等各环节工作。全年，全集团共处理信访举报709件次，处置问题线索335件，立案审查64件，纪律处分79人，组织措施28人，下达纪律检查建议书28份，违纪人员直接上交公司财务的违纪资金共计75.16万元。其中，中车纪委本级处理信访举报445件次，处置问题线索74件，立案审查12件，纪律处分21人，组织措施3人。各级纪检机构践行“四种形态”，精准执纪问责，累计运用第一种形态345人次（占比79.9%），第二种形态62人次（占比14.4%），第三种形态13人次（占比3%），第四种形态12人次（占比2.8%）。各级纪委坚持“一案双查”，全集团共问责38起，问责追责199人。在全集团开展为期三个月的“清仓行动”，努力减存遏增，初核问题线索84件，结案12件，给予党纪处分15人，政纪处分3人，重点约谈重复访“重灾区”的3家子企业纪委主要负责人，大幅加快问题线索削减速度，实现预定目标。

【作风建设】 深入推进形式主义、官僚主义整治工作，全集团累计查摆问题2 155个，已整改完成1 850个，其中集团及总部各部门累计查摆具体问题105个，征集意见建议126条。紧盯元旦春节、中秋国庆等重要节点，开展专项检查、明察暗访、随机抽查，严查隐形变异的“四风”问题。中车纪委组织3次对18家子企业开展驻京办撤销情况监督检查和1次“回头看”，并对3家子企业下达监察建议书。各一级子企业结合自身“四风”突出问题累计自行开展118次专项治理。各级纪委全年共处置违反中央八项规定精神的问题15件，给予党政纪处分15人，并对问题突出的予以“点名道姓”通报曝光。协调督促相关职能部门进一步建立健全落实中央八项规定精神、纠正“四风”问题等相关制度15个，确保作风建设抓长抓常、持续有效。

【专项监督】 认真对集团拟提拔的75名领导干部出具廉洁意见，对其中1名干部提出暂缓提拔的意见，严把选人用人“廉洁审查关”、严防带病提拔。高度重视领导人员亲属和其他特定关系人所办企业与本企业发生业务往来专项整治工作，集团主要领导先后14次对此项工作作出批示；组织全系统14 239名领导人员参与自查，并对集团党委管理的590名人员进行核查比对，将未按要求整改到位或未按要求报告的7名领导人员作为问题线索进行处理。连续两年严查“深挖死账背后那些事”，对482笔“死账”进行追责，涉及人员245人，促进“死账”回收2.94亿元。严查扶贫资金使用，深入现场对涉及中央对口帮扶的广西壮族自治区和甘肃省的四县帮扶项目总计投入的3 436万元资金使用情况进行监督检查，组织承担扶贫任务的14家子企业对地方扶贫项目资金使用情况进行全面监督检查，发现6个方面12项具体问题，提出了8项整改建议。全年组织抽查各子企业“三重一大”决策事项253项，发现存在4个方面18项问题，督促有关单位进行整改落实，对问题突出的3个单位下达了纪律检查建议书。

【警示教育】 坚持“两次三级”案件通报制度，每半年一次在违纪党员所在支部、所在企业和全集团三个层级向全集团党员干部集中通报违纪案件。协助党委组织召开2次全集团干部警示教育大会，累计受教育人数达1.2万人次。持续开展中车“百名纪检干部讲纪律”教育活动，并形成教育品牌，各级纪委书记带头，200多名纪检干部进企业、下车间、到党小组讲纪律。坚持重要时间节点进行廉洁提醒，通过发通知、推送廉洁短信、重申禁令，构建“点线面”立体式全覆盖的宣传教育模式。坚持在“四风”问题易发多发的重要节点进行廉洁提醒、重申禁令，持之以恒强化纪律提醒。中车各级纪委共组织开展党章党规党纪教育780次，累计参加人数7.8万人次。

【派驻监督】 修订派驻工作办法等4项制度。8月向在京10家非制造类企业派驻纪检组。中车派驻监督改革推进专职监督“全覆盖”的经验被驻委纪检监察组广泛推介。派驻纪检组重点围绕“两个战略”，突出“六个亮明”，关注“三重一大”决策“七个异常”，纪委主要领导带队深入10家驻在企业调研。建立《工作清单》，明确7项配合事项、5种配合方式。设置10个信访举报箱，参与驻在单位各类会议30次，共提出异常情况和风险提醒24条。举办11场干部警示教育会，387名党员受到“普纪教育”，实现派驻监督高点起步、开局良好。

【队伍建设】 扎实推进纪检监察体制改革，按期完成了本级机构职能调整和制度废改立任务目标。坚持“一企一策”，分类指导40家所属子企业推进纪检监察体制改革。所属子企业设置纪检机构80个，配备纪检干部201人，修订完善制度603个。制定实施了《党风廉政建设和反腐败工作联席会议制度》，召开了联席会协调解决存在的问题，安排部署重点工作任务，形成监督合力。坚持内培外训、以干带训克服“本领恐慌”，全年选派6人次纪检干部参加中央纪委、驻委纪检监察组调训，组织23名专职纪检干部赴中国纪检监察学院集训，通过视频会议系统组织开展全集团纪检干部培训，1 224人次参与培训，选调企业优秀纪检干部27人次参加集团总部纪委执纪审查进行实战培训。

（纪委　供稿）

总部机关党委工作

【概述】 2019年，中国中车总部机关党委认真贯彻集团公司党委“成效跃升年”工作要求，扎实开展“不忘初心、牢记使命”主题教育，抓好“三基建设”和作风建设，增强支部活力，着力创建“专业、创新、高效、服务、廉洁”五型总部，有效增强了总部党支部的组织力、凝聚力、战斗力，并较好地发挥了中车总部在中国中车“双打造一培育”中的引领示范作用。

【政治思想引领】 督促和指导各党支部通过专题学习、学习强国平台、党课、集中培训、主题党日活动等方式，深入学习和领会习近平新时代中国特色社会主义思想，特别是习近平总书记视察中国中车的指示精神，提高政治站位，坚决维护习近平总书记核心地位及党中央权威与集中统一领导。组织总部全体党员参观“伟大的变革——庆祝改革开放40年大型展览”，全面了解中国改革开放40年历程和成果，进一步深化大家对习近平新时代中国特色社会主义思想的理解，从而强化“四个意识”，坚定“四个自信”，增强践行“两个维护”的自觉性。利用井冈山、延安等红色教育资源，组织四期共150余名党员参加党性教育培训班，进一步加强全体党员的理想信念教育和党性修养，增强“四个自信”及“不忘初心、牢记使命”的自觉性和坚定性。通过支部大会、党课、员工大讲堂、知识竞赛等方式，指导督促各党支部开展形势任务教育，传达学习中国中车年度工作会议、党委常委（扩大）会议、党风廉政建设会议、青年工作会议精神和各种例会重要工作部署。经常性组织开展中车核心价值观、中车经营管理之道、中国高铁精神、集团公司战略愿景宣传，凝心聚力，推动总部员工文化深度融合，唱响“同一个中车”主旋律。以“不忘初心，牢记使命，歌唱祖国歌唱党”为主题，组织开展庆祝建国70周年暨首个中车日员工歌咏比赛，13个合唱队（含金控、产投、国际公司）参加比赛，参加演唱人员400余人。

【“不忘初心、牢记使命”主题教育】 按照集团党委要求，总部机关党委及时抓好主题教育的动员和部署，周密制订《中车总部机关党委开展“不忘初心、牢记使命”主题教育工作安排》，组织总部179名副处级以上党员领导干部和91名党员参加6—9月的第一批“不忘初心、牢记使命”主题教育。总部各党支部以高度的政治自觉和责任感，认真贯彻“守初心、担使命、找差距、抓落实”主题教育总要求，分别制订推进计划，结合思想和工作实际，把学习教育、调查研究、检视问题、整改落实贯穿始终，把各项规定动作做细做深做实做好。组织总部党员通过学习发放资料和学习强国平台等进行自学，各党支部积极组织党员参加集团党委中心组（扩大范围）学习、聆听党课、专家辅导和集中培训，并开展交流讨论消化掌握学习内容。组织总部副处级以上党员领导干部，结合中国中车改革发展和党的建设中的突出问题，开展调查研究，撰写调查报告和心得体会44份，并于8月16日召开了调研成果交流会。除认真执行上级统一要求外，还组织总部各支部、部门认真检视部门和个人在作风建设方面存在的问题和薄弱环节，整理出问题清单，并组织总部两级职工代表广泛征集“不忘初心、牢记使命”主题教育意见和建议。

【问题整改与落实】 针对集团公司党委及各党支部检视的问题，及时组织总部各部门和全体党员制订整改措施，立行立改，抓好落实。总部党委结合支部工作考核，抓两头带中间，表彰先进，与考核靠后的支部进行沟通，督促其强弱项补短板，推动总部党支部工作向规范化迈进，实现中车总部党的建设“成效跃升”，总部党支部书记党建责任意识得到强化，“一手抓党建一手抓管理”已成常态；支部委员的工作积极性、主动性明显提高；党组织活动实现经常化，各党支部的组织力、战斗力明显提高。各部门融入中心抓党建、抓好党建促管理在实践中得到体现，较好发挥了党支部的战斗堡垒作用和党员的先锋模范作用。在学习调研、检视问题的基础上，组织全体党员结合个人的思想和工作实际，特别是作风方面存在的问题，围绕“不忘初心、牢记使命”主题和“守初心、担使命、找差距、抓落实”总要求，认真反思，深刻剖析，经受了一次思想政治洗礼和党性锻炼。指导和督促各支部开展主题教育“回头看”，重点检查检视问题的整改落实情况，巩固“不忘初心、牢记使命”主题教育成果。

【作风建设】 年内，总部机关党委把作风建设放在更加突出的位置，加大工作推进力度。及时传达集团党委领导在党委书记述职会、党群工作例会、行政月度例会、党委常委扩大会上有关加强总部作风建设的要求，督促各支部抓好教育落实。利用年度支部组织生活会和“不忘初心、牢记使命”主题教育，认真反思检视总部作风建设方面存在的问题。持续开展“我带头、我担当、我争先，为‘金名片’添光彩”争先创优竞赛。结合央企“总部机关化”问题专项整改，会同人力资源部提出《关于进一步加强作风建设的若干措施》。经申报和评审，总部党委决定对胡刚等51名同志、人力资源部（党委干部部）等13个部门、《国资委党委政治巡视问题清单梳理及整改工作》等45个项目予以表彰奖励和宣传；“七一”前后，总部党委又评选表彰了5个先进党支部、5名优秀党务工作者和48名优秀共产党员。这些表彰举措着力营造了“中车发展我带头、中车发展我担当、中车发展我争先”的良好氛围，有效发挥了榜样示范作用。

针对总部作风建设方面存在的问题，总部机关党委会同人力资源部等部门，先后下发《关于开展检视总部作风建设方面问题的通知》和《关于检视整改形式主义、官僚主义问题的通知》，要求各党支部、各部门整改总部部门和员工中存在的工作激情不足、工作担当不够、工作效率不高、工作能力不强、工作作风不实、大局意识不强、服务意识淡薄、职业道德缺失、廉洁自律不严、行为规范不够等10个方面的问题和不足，以及中车党委巡视组征集到的部分子公司反映总部职能部门在形式主义、官僚主义方面存在11个方面共49个问题表现。总部各党支部、部门和全体党员结合部门和个人实际，把自己摆进去，认真对照检查，主动认领，举一反三，明确整改措施和整改时限，立行立改，总部员工工作作风明显好转。

【总部党员代表大会】 4月12日，中国中车总部召开中国共产党中国中车总部机关第一次代表大会。中车集团公司党委书记、董事长刘化龙出席会议并讲话。大会总结了新中车成立以来总部机关党委的主要工作，安排部署了今后五年总部机关党的建设重点任务，选举产生了中国共产党中国中车总部机关第一届党委会和纪委会。

【“三基”建设】 根据总部机构和人员变动情况，及时调整党支部设置，健全支部委员会。完成总部机关工会主席替补选举和原工会主席离任审计。开展软弱涣散党组织专项整顿，督促各党支部补短板强弱项，落实《总部机关党支部工作考核标准》，实现党支部活动经常化、常态化。下拨活动经费，鼓励各党支部工作创新。督促各党支部通过OA、微信群、电子邮件、学习强国APP、交流谈心等不同方式及时组织学习和沟通交流，提高思想政治工作的有效性。做好预备党员转正和党员发展相关工作，并开展春节和“七一”送温暖和慰问困难党员，共慰问65名困难党员。认真落实总部党支部考核暂行办法，组织开展党支部工作季度、年度检查考核，并与部门绩效挂钩，推动总部各党支部工作达标，并在保障监督、纪律建设、“三会一课”、党员管理、基础工作、方法创新等方面取得明显进步，党支部的战斗堡垒和党员的先锋模范作用明显增强。按照上级党组织的有关规定，不断规范党费收缴、使用和管理，增强各党支部的组织力、向心力和凝聚力。

【纪律建设】 总部机关党委、纪委认真履行全面从严治党责任，加大党风廉政建设力度。积极配合中车集团纪委查处有关违纪违法案件，年内开除党籍3人，严重警告2人，警告1人，撤职1人。落实责任追究，对有关部门和部门主要负责人在评先评优和绩效考核上作了相应处理。组织总部党员参加中车集团公司干部警示教育，同时通过廉政专题教育和知识竞赛，学习党纪条规和《中国中车集团公司党委关于深入贯彻落实中央八项规定精神的具体措施》，让总部员工明纪律、知敬畏、存戒惧、守底线。督促各党支部和全体党员开展廉洁提醒，严防“四风”问题反弹回潮。督促各党支部认真落实好中车集团党纪〔2018〕103号《关于开展领导干部利用名贵特产类特殊资源谋取私利问题专项整治的通知》，组织总部副处长以上人员开展自查自纠。开展领导人员及亲属和特殊关系人所办企业与本企业业务往来专项整改，以及反对形式主义、官僚主义专项整治的相关工作。依据《中国中车集团公司关于廉洁风险防控工作的实施办法》，组织开展廉洁风险防控工作，增强总部预防腐败的能力，构建不能腐的体制机制，总部25个部门共查找廉洁风险点68个，并制定防范措施，切实防范制度缺失、内控失效、行为失范等带来的廉洁风险。

【党建带群建】 在总部全体员工中组织开展“创佳绩、添光彩”“服务之星”评比表彰活动和提报优秀提案。办好事实事，全方位服务员工：引入第三方服务，为全体员工洗涤工装；邀请诊疗师到总部免费诊疗，改善员工亚健康状况；组织总部员工观看电影、办理公园门票，开展传统节日慰问、冬送温暖、夏送清凉活动。本着“依法合规，部分覆盖，差别对待”的原则，让非总部工会会员更多参与总部工会活动和相关福利。组织开展“车迷有约　家园之旅　‘车二代’眼中的中国中车”——2019年中国中车总部机关员工子女“走进唐车”主题活动，共有34组家庭、70位员工及子女参加活动。督促、鼓励兴趣小组开展各项活动，开展春季“健步行”和春季户外活动，“三八”妇女节前夕组织总部女员工在二楼食堂进行手工烘焙培训。新增3台跑步健身器材，兴建3个羽毛球场和3个乒乓球场，改善了员工活动条件。积极响应国家消费扶贫号召，对麦积、甘谷、靖西、那坡等4个县（市）消费帮扶，采购帮扶物资近22万元。组织讨论和审议《中车总部企业年金方案实施细则（草案）》。组织两级职工代表广泛征集“不忘初心、牢记使命”主题教育意见建议，共收集反映员工群众最关心、最直接、最现实的利益问题及反映强烈的热点难点问题25个。总部团委开展“青春心向党·建功新时代”纪念五四运动100周年纪念活动；组织总部、工程公司、研究院、国际公司、置业公司等在京企业团员青年赴北大红楼和中国美术馆开展主题团日学习分享活动，重温五四运动历史；协助党委组织庆祝新中国成立70周年歌咏比赛，举办“守初心、谋发展、我贡献”主题演讲。

（总部机关党委　供稿）

工 会 工 作

【概述】 2019年，中国中车各级工会组织以习近平新时代中国特色社会主义思想为指导，全面落实习近平总书记三次视察中车重要指示精神，以党建工作“成效跃升”为目标，紧紧围绕“协同、补短、提质”三大主题，找准工作的切入点和立足点，结合政治站位提高、劳动竞赛推进、员工技能提升、和谐关系构建、改革成果共享、自身建设强化等方面，有效落实工会职能，开展富有成效的工作，在推进实现公司“双打造一培育”目标中彰显了工会组织的作为与作用。年末，集团公司工会下属一级子公司工会39个，会员179 830名。

【产业工人队伍建设改革】 为落实《新时期产业工人队伍建设改革方案》，会同人力资源部和永济电机公司、四方股份公司、长客股份公司、大连公司、齐车公司、沈阳公司、株洲所、大同公司、长江集团常州公司、株机公司、洛阳公司等单位的工会、人力资源部人员组成3个联合调研组，开展以“双十双百双千”为基本方式的调研，形成《中车技术工人建设情况调研报告》《中车技术工人建设情况问卷分析报告》，得到上级工会和公司党政主要领导高度评价。组织起草并以党政联合发文形式，下发《中国中车新时代产业工人队伍建设改革实施意见》。编制完成《中车技术工人调研成果资料汇编》。在全国产业工人队伍建设改革电视电话会议上，集团公司党委书记、董事长刘化龙作为唯一的企业代表在主会场作经验交流。集团公司工会在齐车公司召开贯彻落实全国推进产业工人队伍建设改革会议精神深化座谈会，进行推动部署。

【劳动竞赛】 以“紧扣三大主题、落实八大任务”为主题，审定确认41家单位96项劳动竞赛项目。要求各单位工会围绕“稳增长、强管控、增能力、防风险、激活力、优创新、提品质、塑品牌”八个方面，开展各类劳动竞赛。各单位工会坚持融入中心，强化目标导向，创新竞赛形式，注重竞赛过程，激发员工参与企业高质量发展的热情，取得良好经济效益。集团公司工会对12个红旗单位、13个先进单位、15个表扬单位给予经费支持413万元。

【群众性经济技术创新活动】 集团公司工会在中车大学举办员工创新和劳动竞赛工作研讨班，研讨起草《中国中车关于深化新时代群众性经济技术创新活动的指导意见》。各级工会以“促协同、补短板、提品质”为活动重点，组织开展征集员工金点子、合理化建议、创益改善提案、先进操作法等群众性经济技术创新活动，充分激发和挖掘广大员工聪明才智，攻难点、消痛点、解瓶颈，为企业排忧解难。

【劳模先进选树】 组织开展向长客股份公司高级技师罗昭强学习的活动，在全体员工中大力弘扬劳模精神、劳动精神、工匠精神，鼓励广大员工“学先进、比先进、做先进、超先进”。在庆祝“新中国成立70周年”系列活动中，组织齐车公司老劳模孙恒玉等12名劳模先进代表赴天安门广场参加庆典观礼。年内，9个单位获评“中央企业先进集体”、13名个人获评“中央企业劳动模范”。长客股份公司罗昭强当选“2018年感动交通年度人物”；四方股份公司管益辉和长客股份公司李万君、罗昭强参加全国总工会组织的“高技能领军人才赴德国高端制造培训”。各单位重视劳模选树培养和关心关爱，建立健全劳模管理服务长效机制。

【劳模创新工作室建设】 集团各级工会紧紧围绕“攻坚、育人、凝心、创新，培育高铁工匠”目标，以企业生产经营为中心，推进劳模创新工作室建设。以劳模和金蓝领创新工作室为依托，鼓励员工开展技术攻关、创新创造、名师带徒、结对子等活动，服务员工和企业发展，取得良好效果，其中四方股份公司周勇劳模创新工作室的创新成果代表中车参加了全路职工技术创新成果交流。

【职代会】 以视频形式组织召开中国中车一届四次职代会，现场召开一届二次、三次职工代表团（组）长联席会议，表决通过《集团企业年金方案》，选举职工董事、职工监事。各单位充分发挥职代会作用，落实职代会的各项职权，对企业改革改制、并购重组等过程中涉及员工切身利益的相关决策，提交职代会审议或表决通过，坚持开展民主评议企业领导人员，充分保障职工代表参与企业民主管理、民主决策和民主监督的权利。长客股份公司李万君《关于应用焊接规范自动监督系统提高生产智能化水平的提案》荣获“全国优秀职工代表提案”，戚墅堰所《职工食堂民主监督“四三二一”工作法》荣获铁路总工会“最佳三有创新成果”奖。

【厂务公开民主管理工作】 各单位认真开展厂务公开民主管理工作，结合企业实际，对实施办法进行修订和完善，使公开内容更加具体、公开程序更加规范、公开形式更加多样。通过组织职工代表讨论、完善集体合同内容、开展工资集体协商、检查集体合同落实等，确保员工利益得到有效维护。坚持做好劳动争议预防和化解机制，促进员工队伍稳定。齐车公司、株机公司荣获“全国模范劳动关系和谐企业”称号。

【劳动保护监督】 各单位认真落实上级工会和公司安全生产工作要求，充分利用工会资源和优势，健全完善信息反馈、职工代表巡查、落实整改机制。充分发挥群众性劳动保护监督检查网络体系作用，加大安全管理和劳动保护监督力度。以“安康杯”竞赛为载体，持续推进班前安全喊话、安全知识竞赛、培训等活动，增强员工劳动保护和安全卫生意识，维护员工安全健康。资阳公司等单位荣获“全国安康杯竞赛先进单位”称号。

【女工工作】 组织第三届“书香中车·女员工读书季”系列活动，集团公司女工委以“逐梦奋斗、巾帼芳华”为主题开展征文、摄影、书画、视频和家书征集活动，评比表彰了一批优秀作品、团队、个人，集团公司女工委获得“全国读书活动优秀组织单位”称号。开展女员工情况专项调研，起草《女职工权益保护专项集体合同》，从源头上维护女员工合法权益和特殊利益。组织纪念“三八”国际劳动妇女节、“传家训、立家规、树新风”等活动，推广应用《工作场所性别平等手册》。表彰了一批女工工作特色品牌。推进“妈咪小屋”建设，成为服务女员工的特色品牌。株机公司工会协助中车工会承办铁路总工会女工干部培训班，牵头举办中车株洲地区女校成果展示，得到了铁路总工会充分肯定。

【“新小家”建设】 按照中车党建“金名片”推进部署，集团公司工会强力推进“擦亮金名片、建设新小家”专项活动，制订下发“新小家”建设三年行动方案，对2019—2021年小家建设分年度提出计划。为做好各单位共享交流“新小家”建设经验，6月份在眉山公司召开“新小家”建设现场推进会，11

月份在齐车公司召开“新小家”建设深化座谈会。各单位坚持“人性化、标准化、立体化、可视化”原则，在一线生产班组以“全面提升水平、快速形成特色”为目标，在售后服务站点以“保障生活卫生、丰富精神文化”为目标，在海外子公司以“生活有保障、工作有尊严、文化有阵地、安全有保证”为目标，形成各具特色的“新小家”文化。

【员工关爱帮扶救助】 各单位以员工需求为导向，积极推进会员普惠性服务，推行关爱帮扶救助等普惠性项目“一站式”服务，依法依规办好员工福利。各单位通过开展“幸福列车”EAP进班组、“幸福大讲堂”等活动，培育员工健康心理。坚持以“六送三关注”为重点，通过调研摸底、健全帮扶体系、搭建帮扶网络，使帮扶工作精准到位、成效显著。2019年“两节”送温暖中，两级工会共投入慰问资金4 175万元，走访慰问困难员工、劳动模范、售后服务人员和生产一线员工5万多名。金秋助学活动帮困助学1 324人，发放助学金178万元。

【工会财务经审】 认真贯彻执行工会财务制度，严格执行工会经费“八不准”和财务管理规定，强化工会经费的预算管理和监督检查。举办1期新任会计业务培训班、1期财务经审人员业务培训班，参加全路工会财务经审工作培训。对2017—2018年财务工作规范化建设星级考评进行考核，表彰了一批财务工作先进集体和个人。集团公司工会和大连公司工会、戚墅堰所工会获“全国工会财务工作先进单位”称号，4家单位获“全路工会财务工作先进单位”称号，集团公司工会财务获“全路工会财务工作特等奖”。全年完成18个审计项目，委托专业事务所对北京地区企业工会开展经济责任审计工作。集团公司工会经审工作获“全路经审工作特等奖”，1个审计项目获“2019年全路优秀审计项目”称号。

【工会组织建设】 组织召开中车工会第四、第五次全委（扩大）会议，完成16名工会委员替补、选举产生新任工会主席。指导产投公司等3个单位工会理顺下属子企业工会组织关系。指导株洲电机公司等7个单位工会完成换届改选工作。指导金租公司等3个单位成立工会并召开会员（代表）大会。指导四方有限公司、广州公司等11个单位做好工会主席（副主席）替补。完成2018年度工会工作目标管理考评，对21家获A类、20家获B类单位进行表彰。指导各企业工会做好年度、季度工会工作目标管理制订、分解工作，组织参观学习戚墅堰公司工会目标管理看板及作法。通过中车工会网络平台，及时更新栏目内容，为各单位工会服务，全年编发《中车工会信息》83期，供各单位借鉴交流。

【工会培训】 集团公司工会先后选派30名新任工会主席、副主席参加铁路总工会主席任职培训班，举办2期“不忘初心、牢记使命”主题教育暨业务素质提升班、2期学习贯彻中国工会十七大精神研修班。各单位工会以组织红色教育、专题研讨、主题征文和讲座等形式，开展各类专项学习培训活动。

【文体活动】 组队参加2019全国铁路职工桥牌比赛，荣获团体第七名、双人（南北）第二名。组织参加全国铁路总工会“中国梦·铁路情·劳动美——与祖国同成长，与新时代齐奋进”演讲比赛和第五届全国铁路职工才艺集中展示活动，获得二、三等奖各1个。各单位工会坚持“快乐工作、健康生活”理念，组织员工广泛开展多种形式的体育健身和竞赛活动，丰富员工文化生活。

【工会年度重要纪事】 1月8日，长客股份公司工人罗昭强主持完成的《高速列车整车调试环境模拟技术及应用》项目荣获2018年度国家科学技术进步二等奖，是中国中车历史上首位单独获得国家科学技术进步奖的生产一线员工。同日，中车集团党委书记、董事长刘化龙，中车集团总经理、中车股份总裁孙永才，中车股份副总裁楼齐良，工会主席邱伟在中车总部接见了罗昭强。1月10日，中国中车第一届职工代表大会第四次全体会议以视频形式召开。公司党委书记、董事长刘化龙出席会议并讲话。230名与会职工代表审议通过了公司总经理孙永才作的《中国中车经营工作报告》。2月27日，集团公司工会在常州召开第四次全委(扩大)会议，传达学习全国总工会十七届二次执委会和铁路总工会十四届七次执委会精神，调整替（增）补选举中车集团工会委员会委员、常委，听取并审议工会工作报告和经费审查工作报告，通过了大会决议。3月7日，中国中车党政工团联合下发《关于开展向罗昭强同志学习的决定》，号召全体员工要向罗昭强同志学习，大力弘扬劳动精神、劳模精神、工匠精神。同日，根据中车集团党委审议通过的方案和《中国中车关于落实〈新时期产业工人队伍建设改革方案〉有关工作的通知》，群团工作部和人力资源部联合开展中国中车产业工人队伍情况调研，下发文件，启动实施方案。4月15—17日、5月9—11日，集团公司工会在复旦大学举办两期“学习贯彻中国工会十七大精神研修班”，中车工会委员会委员、经费审查委员会委员，各一级子公司工会主席、副主席，部分重点二级子公司工会主席共计110人参加培训。6月19日，中国中车召开第一届职工代表大会第二次职工代表团（组）长联席会议，审议通过《中国中车集团有限公司企业年金方案》。6月20日，集团公司工会在眉山公司召开“擦亮金名片、建设新小家”现场推进会。8月26日，在开展“双十双百双千”全面工作调研基础上，《中国中车新时代产业工人队伍建设改革实施意见》以党政联合发文形式下发。9月4—10日，集团公司工会在浙江大学举办两期“‘不忘初心、牢记使命’主题教育暨业务素质提升培训班”，中车所属单位工会部门负责人、部分基层工会主席共计114人参加培训。9月21—23日，集团公司工会在厦门国家会计学院举办中车工会2019年财务经审培训班，所属各子公司工会经审会主任（副主任）、会计共计80人参加培训。10月28日，集团公司工会在北京召开第五次全委（扩大）会议，同意免去邱伟工会主席职务，赵虎任公司工会主席。同日，中国中车召开第一届职工代表大会第三次职工代表团（组）长联席会议，选举楼齐良任中国中车集团有限公司职工董事，赵虎任中国中车股份有限公司职工监事。11月8日，在全国产业工人队伍建设改革工作电视电话会议上，公司党委书记、董事长刘化龙同志作为唯一的企业代表，在主会场与中组部、人社部、上海市、江苏省、黑龙江省进行经验交流。11月21—22日，集团公司工会在齐车集团齐车公司召开贯彻落实全国推进产业工人队伍建设改革工作会议精神暨“擦亮金名片　建设新小家”深化座谈会议。

〔群团工作部（工会办公室）　供稿〕

共 青 团 工 作

【概述】　2019年，集团公司团委在集团公司党委和上级团组织的领导下，以习近平新时代中国特色社会主义思想为指导，深入学习贯彻党的十九大和十九届历次全会精神，积极贯彻落实团的十八大各项工作部署，围绕中心服务大局，全面实施青春领航、青春育才、青春创效、青春强基四大工程，各项工作取得了新进展。

【青年思想政治引领】 始终坚持以习近平新时代中国特色社会主义思想为指导，充分依托“青春心向党·建功新时代”主题教育实践活动，通过“三会一课”、主题团日等形式，切实加强青年思想政治引领。开展“青春心向党·建功新时代”特别主题团日活动，包括重温入团誓词、新团员宣誓、团旗下演讲等九项内容。举办中车党校青年马克思主义者学院挂牌仪式，组织团干部、团员青年代表150余人参加。邀请团中央青年讲师团走进中车，开展主题为“不忘跟党初心、牢记青春使命”青年宣讲活动，来自新华社、东南卫视等单位的8位讲师作主题演讲。开展青年思想理论成果征集和《习近平在正定》读书征文等活动，征集理论成果75篇，择优选取3篇文章参加中央企业团工委组织的青年读书活动。

【主题教育】 以节庆日、纪念日为契机，紧密结合团员青年思想实际，策划并开展形式多样、内容丰富的主题教育，加强团员青年的教育与引领，激发团员青年爱党爱国情怀。广泛开展纪念五四运动100周年活动，集中收听、收看习近平总书记在纪念五四运动100周年大会上的讲话，认真学习总书记寄语新时代青年的六点期望，进一步坚定青年立足岗位、建功立业的决心。开展“对话百年五四，探寻中车百年青春”活动，征集和整理在革命、建设和改革开放等历史时期中车青年英模人物及其典型事迹，5月4日在公司微信公众号刊发，激励引导青年继承优良传统、弘扬五四精神；公司各级团组织通过召开纪念大会、表彰会，举办文体活动，开展青年大讲堂、联合团建等形式，广泛开展纪念活动。国庆节前夕，组织公司青年集中开展“我与祖国共奋进——国旗下的演讲”特别主题团日活动，唱响礼赞新中国、奋进新时代的青春主旋律，隆重庆祝新中国成立70周年。

【青年志愿者行动】 大力弘扬“奉献、友爱、互助、进步”的志愿精神，围绕员工群众生活、企业生产经营等实际，开展形式多样的志愿服务活动。“两节”期间，集中开展“心系员工、情暖中车”主题送温暖活动，走访患病及困难员工家庭2 771户，慰问各类员工9 110人，慰问金额4591 621元。“‘3·5’学雷锋纪念日”期间，广泛开展便民利民、帮困解难、社会公益等志愿服务活动，大力弘扬新时代雷锋精神，展示中车青年良好风貌和企业形象。日常工作中，充分发挥团组织自身优势，与企业生产经营实际、青年成长相结合，组织青年志愿者深入生产一线、单身青年员工宿舍，开展志愿服务活动，拓展活动范围，深化活动成果。年内，多家企业青年志愿者活动受到上级表彰，其中株机公司青年志愿者协会获全国“最佳志愿服务组织”称号。

【舆论宣传工作】 充分依托《中国中车青年工作通讯》，广泛收集工作信息，及时发布工作动态。注重宣传信息手段和方式的创新，加大视频新闻制作力度，编辑“一图读懂”系列长图等适合自媒体传播的信息，通过影像资料全面记录团内综合性活动，生动展示工作内容，扩大宣传的覆盖面。年内共编发《中国中车青年工作通讯》21期，综合信息、视频图片新闻9篇。围绕公司首次青年工作会议、公司第一次团代会等重要会议，及时向中央企业团工委反馈信息，向《中国青年报》报道青年工作会议情况，全面展现公司青年和共青团工作的良好风貌。

【青年工作会议】 根据集团公司党委工作安排，全面做好集团公司青年工作会议的筹备工作。1 月 18 日，集团公司党委召开青年工作会议，表彰公司十杰青年，交流企业青年和共青团工作，集团公司党委书记、董事长刘化龙讲话，分析青年工作面临形势，部署今后一段时期青年工作。会后，集团公司团委召开专门会议，研究部署会议精神的贯彻落实工作。按照公司党委要求，全面做好会议精神贯彻落实的督导检查工作，将会议文件分解细化，列出关键项点，制作情况反馈表，按季度汇总企业贯彻会议精神情况，及时向集团公司党委汇报，并先后赴青岛、株洲、戚墅堰、齐齐哈尔、武汉等地区，实地调研走访近 20 家企业，深入细致掌握青年工作会议的贯彻落实情况。

【青年技能人才培养】 根据青年的岗位需求，充分利用各种培训资源，分层次、分类别抓培训，增强培训针对性，提升培训效果。广泛开展青年拜师学技活动，推进青年员工职业导师制，重点提高新入职和新换岗青年的操作技能。充分发挥金蓝领、劳模、技能大师工作室等人才培养平台的作用，通过“教、学、练、比”、导师带徒、操作创新等形式，不断提升青工技能素质。在此基础上，与人力资源部、工会联合举办中国中车第三届职业技能大赛暨第三届青年职业技能大赛，参赛员工 145 人，其中 35 周岁以下青年员工 114 人，占比达到 78.62%；获奖选手中，青年比例 95.56%，充分展现了青年员工的精湛技术和良好风貌。

【青年技管人才培养】 以提高技术和管理岗位青年的专业能力和业务素质为目标，引导青年员工自觉成为“双打造一培育”的践行者和奋斗者。注重发挥好专家人才、业务骨干的“传帮带”作用，以入职培训、岗位交流等方式，帮助青年做好职业发展规划，启发新入职青年自我认知和自我规划的意识，引导青年树立正确的职业发展观。加强对新理论、新技术、新信息和新知识的学习，通过培训、竞赛等方式，提高青年对知识消化吸收和应用的能力。带领青年立足岗位开展技术革新、管理创新等活动，促进青年技术和管理人员提高技能、增长才干，不断提升企业发展质量和效益。

【青年人文关怀】 以“团聚中车　青春起航”为主题，面向 2019 年新入职毕业生开展迎新服务工作。所属企业团组织结合新员工思想实际，通过举办见面会、书写“心愿墙”、开展文体文化活动等形式，引导新员工畅谈入职体会，加深对企业的了解与认知。以新员工入职为契机，开展入职培训、职业生涯辅导讲座等活动，加强青年员工的目标引领。认真协助做好优秀见习生评选、入职 3 ～ 5 年青年员工职业规划等工作。全年服务新员工 2 000 余人次。组织开展“担当青春使命 擦亮高铁名片”慰问高铁售后服务青年活动，35 个企业团组织围绕售后服务青年工作、学习、生活等情况，走访 50 个高铁售后服务站（段），慰问高铁售后服务青年 1 000 余人。

【青年创新创效活动】 贯彻落实集团公司 2019 年提质增效工作要求，充分发挥共青团政治优势、组织优势和青年生力军作用。组织开展“提质增效当先锋　青春建功勇担当”主题实践活动，广泛开展劳动竞赛、岗位练兵、创新创效、降本增效等活动，努力营造比学赶帮超浓厚氛围，团结带领广大青年积极投身提质增效各项工作实践。其中，唐山公司团委结合青年实际，组织 38 个基层团组织全年累计完成“提质增效”指标 916.11 万元。面向提质增效等重点工作，开展公司青年岗位能手和青年文明号评选工作，命名表彰青年文明号5个，杰出青年岗位能手30人，青年岗位能手79人。

【青年安全生产管理】 抓住“安全生产月”活动契机，开展评选青年安全生产示范岗、深化青年安全生产工作；组织相关人员参加全国铁道团委组织的共青团安全生产展示观摩活动，进一步强化广大青年的安全生产意识，全面提高安全生产技能，积极投身安全生产管理。所属企业团组织围绕安全生产管理，组织开展“五个一”活动，带领青年积极投身安全生产实践，为提升企业安全管理水平贡献团组织和青年的力量。全年累计开展青年安全生产活动451次，参与人数16 769人，创建安全生产示范岗集体232个，命名表彰中车青年安全生产示范岗45个，申报2个青年集体参加全国青年安全生产示范岗创建活动，3个青年集体获得全国青年安全示范岗称号。

【青年榜样引领】 评选表彰集团公司第二届十大杰出青年，党政工团联合下发表彰决定，授予王位等10人“第二届中国中车十大杰出青年”称号、甘俊林等10人“第二届中国中车青年五四奖章”称号，在公司青年工作会议上集中表彰。“五四”期间，开展公司共青团“两红两优”评选表彰，命名表彰五四红旗团委12个、五四红旗团支部42个，评选优秀团干部58名、优秀团员59名。推荐优秀青年集体和个人参加上级团组织评选表彰活动，11个优秀青年集体、11名优秀个人受到中央企业团工委和全国铁道团委表彰；推荐1名青年参加第三届“中国优秀青年好网民”评选，组织20名青年通过网上自荐形式参与评选活动。同时，按照优秀青年事迹推介、十大杰出青年专访、主题宣讲和事迹巡讲三个阶段，通过“中车青年大讲堂”、多媒体资源综合宣传等方式，全面开展中车优秀青年典型宣传工作，增强青年典型的影响力。

【公司第一次团代会】 10月14—15日，集团公司第一次团员代表大会在京召开，集团公司党委书记、董事长刘化龙，国务院国资委党建局群众工作处处长李政，公司领导王铵、魏岩、余卫平、李铮出席大会开幕式。公司工会主席邱伟、总部党群部门负责人、在京企业党委有关领导应邀出席。大会选举产生了公司第一届团的委员会。在一届一次全体会议上，选举产生公司新一届团委常务委员会，苏旭当选为书记，刘辉辉当选为副书记。会后，集团公司团委下发文件，组织各级团组织和广大团员青年学习贯彻第一次团代会精神，统一思想、突出重点、联系实际，努力推动共青团工作实现新突破，迈上新台阶。

【基层组织建设】 协助集团公司党委起草制定并印发《关于进一步加强新时代中车党建带团建工作的指导意见》和《关于加强和改进新时代中车共青团和青年工作的指导意见》，为推动新时代中车共青团和青年工作发展奠定坚实基础。重新修订《中车共青团组织选举规则》，细化标准程序，严格推进执行。指导兰州公司、四方有限公司、广州公司、长江集团、株洲所、产投公司、浦镇公司、四方股份公司等企业召开团代会，完成换届改选工作，切实强化团组织建设。指导金租公司、财务公司等非规模制造企业成立团委，召开团员大会，选举组织机构，确保组织覆盖的同时，全面实现工作覆盖。配合国资委党建信息化统计，完成公司2019年度共青团组织信息的汇总统计。组织开展中车共青团品牌创建活动，企业各级团组织围绕思想引领、联系服务、岗位建功、组织建设等方面内容，确立品牌创建项目400余项。

【团干部团员队伍建设】 举办企业团委书记能力提升培训班，围绕公司改革发展与共青团工作实际，注重理论与实际相结合，通过专家引领、团队建设、行动学习、现场教学等环节，全方位、多维度开展学习培训，提升企业团委负责人的综合素养。举办企业基层团干部培训班，围绕中国青年运动史，结合青年工作实际，设置团史、中国青年运动史现场教学及新时代青年群众工作方法创新与发展等专业课程，进一步提升公司基层团干部的业务工作能力和素质，增强他们听党话、跟党走的思想自觉和行动自觉，坚定他们为公司高质量发展贡献青春力量的决心。扎实开展推优入党、团员教育、民主评议、团籍注册、团费收缴等基础工作，不断提高团员的政治意识、组织意识和模范意识，切实加强团员队伍建设。

〔群团工作部（工会办公室） 供稿〕

学会·协会

【政研会工作】 年内，集团公司政研会发挥理论研究“智库”作用，开展宣传思想企业文化和品牌建设重大问题研究，打造宣传思想“智库”。组织撰写的论文《国际视野下的企业文化融合》荣获央企政研会年度优秀课题一等奖和中央政研会二等奖。承担中央企业政研会4个课题的研究工作。累计编发会刊《中车文化研究》3期。

〔党委宣传部（党委统战部） 供稿〕

【企协工作】 7月12日，中车集团在齐齐哈尔召开中国中车企业协会秘书长会议，副总经理魏岩总结回顾中车企协一年来的主要工作，并对进一步加强企协工作提出了要求。

办好中车核心期刊，围绕“双打造一培育”和“创建世界一流示范企业”主题，突出经营管理和改革实践两个主题，宣贯集团公司经营管理新要求，分享改革发展新理念，推介管理实践新经验，为中国中车改革经营发展服务。结合经营改革重点、难点，突出重点栏目打造，搭建政策灵敏快捷宣贯、创新交流平台，推动经营改革向纵深发展。全年共征集稿件316篇，采纳198篇，编辑、出版《管理与实践》期刊6期。做好通讯员队伍素质提升，组织召开通讯员笔会，总结和部署期刊工作，表彰5位优秀通讯员，并组织专题业务培训，交流工作经验，激发新思路，探讨刊物创新发展方向。

（运营管理部 供稿）

【人力资源开发与管理研究会】 年内，人力资源开发与管理研究会以协助落实集团人力资源重点工作为主线，以理论研究和会刊编辑为载体，从加强自身建设、强化理论与实务研究、深入开展专题调研、着力提升会刊质量、扩大对外专业交流等方面创新推进工作，有效发挥了内部智库和平台窗口作用，为打造中车人力资源管理“金名片”作出了积极贡献。全年高质量编辑出版《中车人才》4期，共刊出论文85篇，评选出年度优秀论文一等奖10篇、二等奖20篇，有力提升了会刊的理论性、实用性、可读性和创新性水平。

（人力资源部 供稿）

【财会学会工作】 年内，中车财会学会参加了工业和信息通信业管理会计推广应用联盟创立工作；与工信部联合举行“中国中车财经峰会暨管理会计案例发布会”；揭牌成立“中车管理会计研究中心”和“管理会计研究中心株洲基地”；参与管理会计校园精英赛，组织管理会计高端研讨培训班，推动中车管理会计体系建设；召开2019年度“财会学会”工作会议，总结工作经验，研讨工作重点，部署2019年度工作任务；发行4期《中车财会》杂志，发挥平台作用，促进业务交流；组织开展多项课题研究活动，形成多篇管理创新成果。

（财务部　供稿）

打造受人尊敬的国际化公司

打造中车党建“金名片”

培育具有全球竞争力的世界一流企业

2019年3月1日，中车齐车集团有限公司召开2019年工作会议

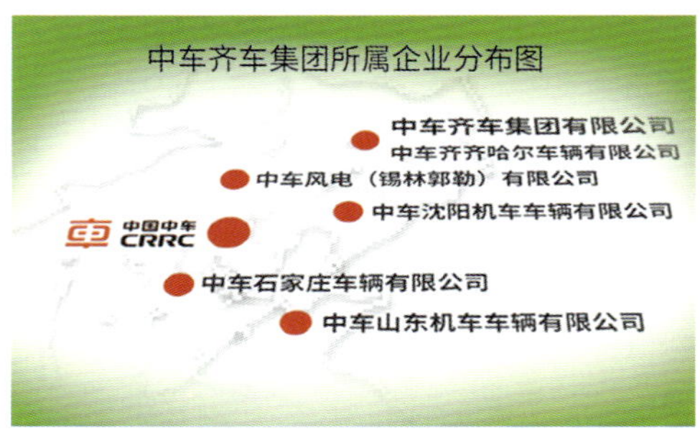

中车齐车集团有限公司一角

2019年4月4日，中车齐车集团党委召开理论学习中心组（扩大）学习会，全国人大代表、齐车公司货车分厂电焊工张敬华作全国两会精神主题宣讲

2019年1月7日，20多家中央重点新闻网站代表走访齐车公司

2019年8月7日，中车齐车集团召开2019年上半年运营分析和战略询审会

2019年10月29日，中车齐车集团举行2019年职业技能竞赛总结表彰大会

2019年4月26日，参加中车齐车集团劳模工匠座谈会的代表到大庆铁人王进喜纪念馆参观学习

中车齐齐哈尔车辆有限公司
CRRC QIQIHAER CO.,LTD.

2019年9月26日，公司举行第40万辆新造铁路货车下线仪式

2019年11月22日，国家重载快捷铁路货车工程技术研究中心结构可靠性研究院共建协议签约仪式

2019年3月12日，公司举行出口澳大利亚必和必拓公司第4000辆矿石车下线仪式

2019年6月24日，公司举行国家能源集团铁路货车公司1350辆C80型铝合金自用车完工交验仪式

C80B型不锈钢运煤敞车

L70型粮食漏斗车

C80型铝合金运煤敞车

出口刚果100吨伸缩臂铁路超重机

中车沈阳机车车辆有限公司

CRRC SHENYANG CO., LTD.

2019年1月24日，公司召开一届五次职代会暨2018年度先进集体和先进个人表彰大会

公司办公大楼

C70型敞车

GN70型黏油罐车

GQ70型轻油罐车

2019年4月18日，公司召开长钢轨运输车组机械化作业提升技术研究课题咨询会议

长钢轨车组

中车石家庄车辆有限公司
CRRC SHIJIAZHUANG CO., LTD.

C_{70E}-A型通用敞车

2019年3月8日，公司举行2018年度先进表彰大会暨“三八”妇女节纪念活动

出口泰国KZ_{42}-1000型米轨石砟漏斗车

2019年10月18日，公司举行石家庄地铁2号线首列车出厂仪式

蓄冷式智能冷链装备获第21届中国国际高新技术优秀产品奖

2019年10月7日，公司蓄冷式智能冷链装备亮相“中国国际物流与交通运输产业博览会”

2019年7月3日，中车蓄冷式智能冷链装备项目推进会在公司召开

2019年6月15日，公司举行蓄冷式智能冷链装备示范运营启动仪式

中车齐车集团有限公司
CRRC QICHE GROUP CO., LTD.

中车山东机车车辆有限公司
CRRC SHANDONG CO.,LTD.

2019年12月5日，公司召开第一次党代会

2019年3月19日，公司与DB货运公司签署战略合作备忘录

C80B型敞车

GQ70型轻油罐车

地铁隧道清洁车

地铁工程作业车

出口加蓬JC80B型敞车

转向架智能生产线

北京福伊特公司启动大会

北京福伊特公司一角

中外员工同场竞技

风电齿轮箱产品

轴承产品

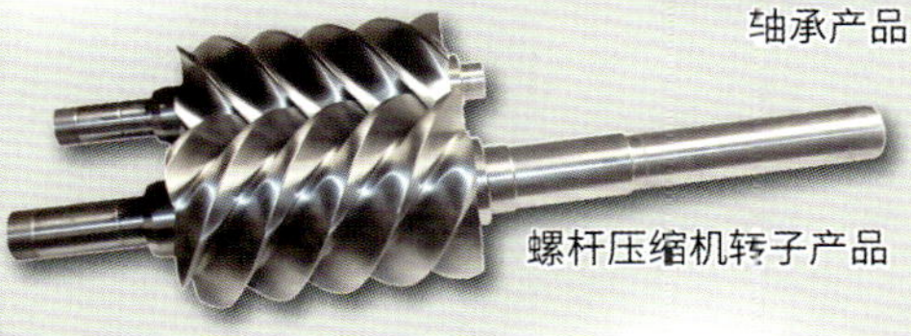

轨道齿轮箱产品

螺杆压缩机转子产品

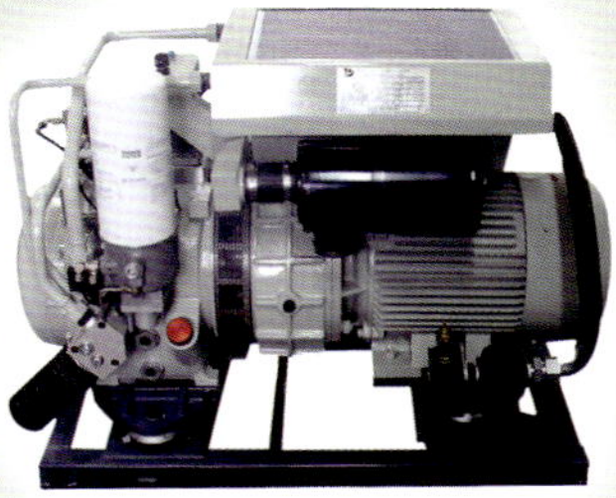

空压机产品

齿轮产品

道岔产品

斯凯孚公司

铁科装备公司

上海福伊特公司

克诺尔·南口公司

2019年2月18日，公司召开2019年工作会议暨二届一次职工代表大会、“双文明”竞赛总结表彰会

2019年4月24日，公司与白俄罗斯铁路联盟、中电公司签署深化合作备忘录

2019年9月30日，公司与大同市平城区人民政府签订中车大同公司城市棚户区改造（二期）项目

2019年10月16日，公司参加乌克兰国际轨道交通展

2019年5月9日，公司与北京交通大学轨道交通电气技术联合研究中心举行揭牌仪式

2019年9月30日，公司首台FXD1机车完成交检

2019年6月27日，CR240E型电传动矿用自卸车在公司下线

2019年12月10—11日，公司召开第一次党代会

2019年3月4—5日，公司召开2019年经营工作会、党建工作会、党风廉政建设和反腐败工作会

2019年3月7日，公司与中石化四机石油机械有限公司签订合作开发协议

2019年7月30日，公司举行山东中车电机有限公司成立仪式

2019年6月1日，公司举办“辉煌五十年 奋进新时代”全民健身活动

2019年8月23日，国内首台3.0兆瓦集中绕组模块化直驱永磁风力发电机下线

中车青岛四方机车车辆股份有限公司

CRRC QINGDAO SIFANG CO., LTD.

2019年2月27日，公司召开一届四次职代会暨2019年工作会议

2019年8月13日，公司与四川省交通投资集团有限责任公司签订合作框架协议

2019年1月30日，公司召开2019年党的建设工作会议暨党风廉政建设和反腐败工作会议

2019年8月30日，“时代新人说——我和祖国共成长”全国演讲大赛“大国重器”主题演讲赛决赛在公司举行

“美猴王”列车

北京新机场线市域动车组

佛山氢能源有轨电车

时速600公里高速磁浮试验样车

2019年5月23日，时速600公里高速磁浮试验样车在公司下线

中车成都机车车辆有限公司
CRRC CHENGDU CO ., LTD.

2019年6月13日，时速140公里8A编组市域车——成都地铁18号线列车在公司下线

2019年3月4日，公司召开第一届六次职工代表大会暨2019年度经营工作会议、2019年度党建工作会议暨党风廉政建设和反腐败工作会议

四川百强企业

中车成都机车车辆有限公司

按照国际通行方式，以销售（营业）收入为标准排序，你单位入围2019四川制造业企业100强。

特发此证

四川省企业联合会　四川省企业家协会

二〇一九年十二月

2019年12月6日，公司获“四川百强企业”称号

2019年12月30日　公司与新都区人民政府、中铁二院在新都举行三方合作框架协议签约仪式

2019年12月25日，公司通过CRH380A型动车组异地四级修资质审查

2019年7月6日，公司开展“不忘初心、牢记使命”主题教育参观学习，公司党委中心组成员集中参观青岛市党史纪念馆

2019年8月20日，公司四方厂区保护更新规划及控规单元调整专家评审会议在市政府会议中心召开

车体分厂烙铁画宣传阵地

2019年4月2日，公司签订技师学院和托幼中心移交青岛市暨职业教育培训合作协议

客车检修总装厂房

2019年9月18日，公司研制的苏州5号线全自动驾驶地铁首列车下线

2019年8月28日，新加坡翻新项目首列车接车仪式在新加坡举行

2019年9月3日，公司研制的上海地铁14号线新一代大运量全自动无人驾驶智慧列车下线

香港轻轨项目获用户赞誉

2019年4月9日，深圳4号线三期首列车接车仪式在深圳举行

公司助力印度轨道交通本土化进程

中车戚墅堰机车有限公司

CRRC QISHUYAN CO., LTD.

“复兴号”FXN5C型交流传动货运内燃机车

2019年9月28日，中车轨道交通双创园区（常州）揭牌

2019年11月14日，公司举办主题教育道德讲堂

广州地铁桥梁检测车

出口尼日利亚内燃动车组

2019年10月16日，公司举行首批出口尼日利亚内燃机车交车仪式

出口尼日利亚客运内燃机车

中车长江运输设备集团有限公司
CRRC YANGTZE GROUP CO.,LTD.

2019年3月21日，长江集团召开冷运装备产业整合研讨会

2019年2月22日，长江集团召开一届一次职代会暨2019年工作会议

2019年5月17日，长江集团召开海外业务发展及合规经营研讨会

2019年3月22日，长江集团召开党建暨党风廉政建设和反腐败工作会议

2019年5月28日，中车长江集团党员先锋、劳模创新工作室联盟成立大会在常州召开

2019年5月28日，长江集团新装备精彩亮相第三届世界智能大会

2019年10月30日，长江集团首届文体艺术节在贵阳公司举行

出口几内亚HZ30-GIN型转向架

公司铁路路基用洒水箱

翼展式半挂车

中车长江运输设备集团有限公司
CRRC YANGTZE GROUP CO.,LTD.

中车长江车辆有限公司
CRRC YANGTZE CO., LTD.

2019年4月29日，公司召开提质增效工作动员会

出口澳大利亚KM98-AUS型煤炭漏斗车

2019年5月15日，公司产品亮相2019长沙国际工程机械展览会

2019年1月10日，智利客户到公司访问

KM81A型铝合金煤炭漏斗车

PN三联平车

40英尺发电箱

中车太原机车车辆有限公司
CRRC TAIYUAN CO., LTD.

2019年11月29日，公司与克诺尔车辆设备（苏州）有限公司签订HX_3型系列电力机车制动系统C6修合作协议

公司荣膺“山西省优秀企业”

2019年9月28日，公司举行“中车日”升旗仪式

2019年4月23日，全国机车大修源头质量对接暨和谐机车C6修启动会在公司召开

公司设计制造的轨道工程作业车

中车西安车辆有限公司
CRRC XI'AN CO., LTD.

铁路工程用抑尘装置

JY43(1AA)型LNG罐式集装箱

公司获评“陕西百强企业”

2019年6月18日，信良车辆配件有限公司揭牌成立

2019年9月27日，公司举行庆祝新中国成立70周年合唱大会

出口澳大利亚柴油罐车

GQ70型轻油罐车

国内首例最厚铁路罐车封头，冷压成型22毫米厚封头

公司设计制造的铁路罐车运营在侯月线上

中车眉山车辆有限公司
CRRC MEISHAN CO., LTD.

2019年1月29日，公司召开二届三次职代会暨2019年度工作会

GHA70型罐车

2019年6月28日，公司召开劳动竞赛誓师大会

为我国台湾地区设计制造的新型货车

2019年9月28日，公司开展“中车日”活动

出口几内亚平车

公司开展迎春送福活动

轨道交通应急综合保障车

中车贵阳车辆有限公司
CRRC GUIYANG CO., LTD.

2019年11月8日，公司举行党员工作室和劳模创新工作室揭牌仪式

2019年1月24日，公司召开党建暨党风廉政建设和反腐败工作会议

公司积极实施水性漆工艺改造

2019年11月21日，公司召开工艺质量大反思、大检查专题会

2019年8月28日，中国石油西北销售公司自备车管理业务人员到公司考察

2019年4月20日，公司团委到息烽集中营开展主题团日活动

2019年8月19日，公司召开“大干150天，决战6100辆，全面完成年度生产经营任务”誓师大会

2019年7月15日，公司党委举办"不忘初心、牢记使命"主题教育专题党课

2019年6月28日，公司党委中心组召开"不忘初心、牢记使命"主题教育第一次集中学习研讨会

2019年8月22日，纯电动新能源轨道车在公司下线

2019年8月22日，公司与中铁十一局集团第三工程公司签订纯电动新能源轨道车采购协议

2019年2月14日，公司自主研制的窄轨交流传动内燃机车装车发往泰国

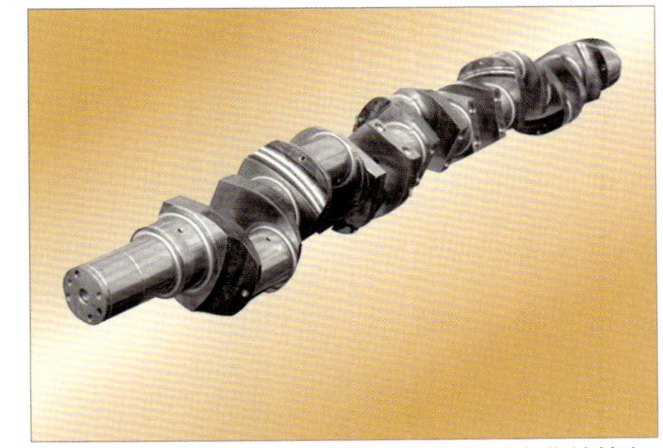

2019年7月24日，公司自主研制的11支曲轴首次批量出口土耳其

2019年2月6日，公司承建的孟加拉国最大单体重油电厂——阿苏岗杰150兆瓦重油电厂项目正式商业运营

2019年12月31日，公司棚户区改造项目安置房建设工程正式开工

中车株洲电力机车有限公司
CRRC ZHUZHOU LOCOMOTIVE CO., LTD.

2019年4月27日，公司举行无锡地铁1号线南延线车辆接车暨党建共建结对签约仪式

2019年3月1日，公司召开2019年党建暨党风廉政建设、反腐败工作会议

2019年7月4日，首列湘欧（株洲）国际货运班列发运仪式

2019年1月23日，公司举行与武汉理工大学校企合作协议签订暨国创科技院士工作站揭牌仪式

深圳地铁8号线车辆

上海地铁18号线列车（全自动无人驾驶地铁车辆）

2019年12月24日，CJ6型动车组在长株潭城际铁路上线运营

时速160公里动力集中动车组

杭港地铁工程车

中车洛阳机车有限公司
CRRC LUOYANG CO., LTD.

2019年11月12日，公司组织召开和谐1B、C、D型机车C6修静态评估会

2019年3月27日，株洛机车事业部举办“深入融合、帮扶提升”提升启动会

2019年3月27日，公司举办金蓝领和劳模创新工作室授牌仪式

2019年3月26日，公司召开2019年党建暨党风廉政建设、反腐败工作会议

2019年4月25日，公司党委中心组赴兰考进行“不忘初心牢记使命”主题学习

2019年7月26日，公司福清分公司研制生产的首台3.0兆瓦、6.0兆瓦直驱永磁风力发电机成功下线

2019年9月17日，公司举行时速600公里磁浮列车直线电机、电磁铁发布会

2019年2月24日，公司召开2019年度工作会议

2019年10月16日，公司举行公司升格"十周年"新能源汽车电机新品发布会

2019年9月28日，公司举行庆祝新中国成立七十周年、献礼公司升格十周年活动

工程研究中心

2019年9月12日，德铁柏林调车机车项目出厂发运

2019年12月24日，公司与乌克兰唐明铁路公司签订增压器叶片合同

公司举行电力变压器用新型高效风冷却器产品鉴定会

公司与大连地铁集团展开深化合作交流

全国团体标准信息平台

标准详细信息

标准状态	现行
标准编号	T/DLQYLHH 008—2019
中文标题	轨道车辆用R744空调机组
英文标题	R744 air conditioning unit for railway rolling stock
国际标准分类号	45.060.01 铁路车辆综合
中国标准分类号	S 34
国民经济分类	C371 铁路运输设备制造
发布日期	2019年11月04日
实施日期	2019年11月06日

公司《轨道车辆用R744空调机组》团体标准发布实施

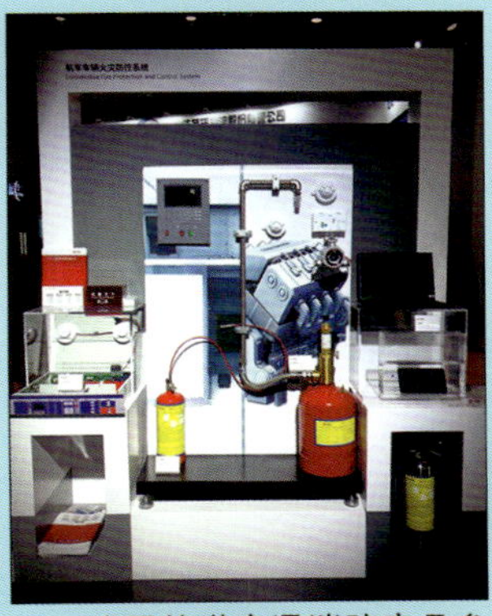
公司轨道交通消防产品参加国际现代化铁路技术装备展

公司研发的细水雾消防机器人

时速400公里动车组CO2空调系统顺利通过首件检验

2019年1月27日，公司召开党建工作暨及党风廉政建设和反腐败工作会议

2019年3月11日，公司举行2019年度绩效目标责任书签字仪式

2019年9月28日，公司举行庆祝新中国成立70周年暨“中车日”升旗活动

2019年6月28日，公司党委召开纪念建党98周年暨“创先争优”总结表彰大会

2019年11月29日，公司召开青年双创评审会

2019年6月20日，公司亮相南非铁路展

2019年4月18日，公司召开上海轨道交通车辆智能运维系统国家示范工程项目启动会

2019年4月26日，国家高端装备和智能制造（轨道交通装备）软件质量检验中心揭牌仪式在公司举行

2019年1月25日，公司举行院士工作站授牌仪式

2019年12月11日，公司研制成功变轨距转向架地面变轨装置

2019年11月15日，公司参与的科技部地下基础设施监控项目启动会

2019年10月10日，公司举办第十七届职工运动会

2019年12月31日，公司钩缓事业部“智能工厂”组装生产线启动试运行

2019年11月6日，JITRI—中车戚墅堰所企业联合创新中心成立

2019年9月25—26日，公司举办“2019轨道交通车辆车轮踏面摩擦控制技术国际论坛”

2019年11月29日，公司与上海智沪铁路设备有限公司签订动车组齿轮箱检修战略合作协议

2019年11月5－10日，公司在第二届中国国际进口博览会上与三家企业签约

2019年12月12—13日，公司与德国TüV莱茵集团共同主办第六届失效分析与安全设计论坛

2019年2月19日，公司研制的动车组前端开闭机构完成装车考核

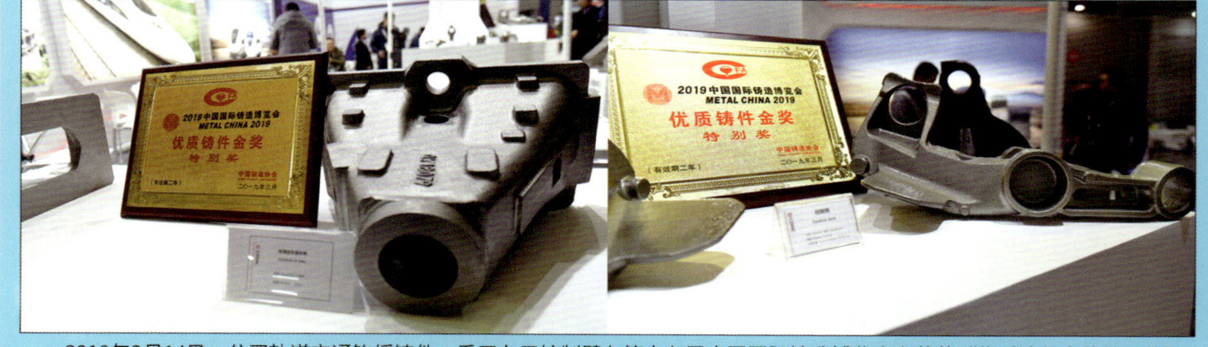

2019年3月14日，公司轨道交通钩缓铸件、乘用车用控制臂在第十七届中国国际铸造博览会上荣获“优质铸件金奖特别奖”

CR300型标准动车组

2019年5月31日，公司举行所庆60周年系列活动

2019年10月31日，公司英国伯明翰研发中心揭牌成立

时速160公里“复兴号”动力集中动车组

2019年10月5日，全球首条智轨运营线在四川宜宾开通

2019年12月25日，公司新能源乘用车产业工厂建成投产

高速动车组永磁同步牵引电动机

装载公司核心产品六轴7200交流传动电力机车承担我国货运主力

装载公司研制的地铁车辆门首列车正式交付使用

公司助力世界首条商业运营氢能源有轨电车上线

装载公司核心系统的北京大兴国际机场线地铁列车

公司风电产业新签订单实现大增长，开创风电产业新局面

2019年11月19日，公司召开2018年度股东大会及二届四次董事会、二届二次监事会

2019年6月至7月，公司分两批赴深圳开展“不忘初心、牢记使命”主题教育

2019年12月28日，公司举办第三届“奔跑吧·广机”迎新年欢乐跑活动

2019年9月29日，公司举办“璀璨七十载　逐梦新时代”庆祝新中国成立70周年晚会

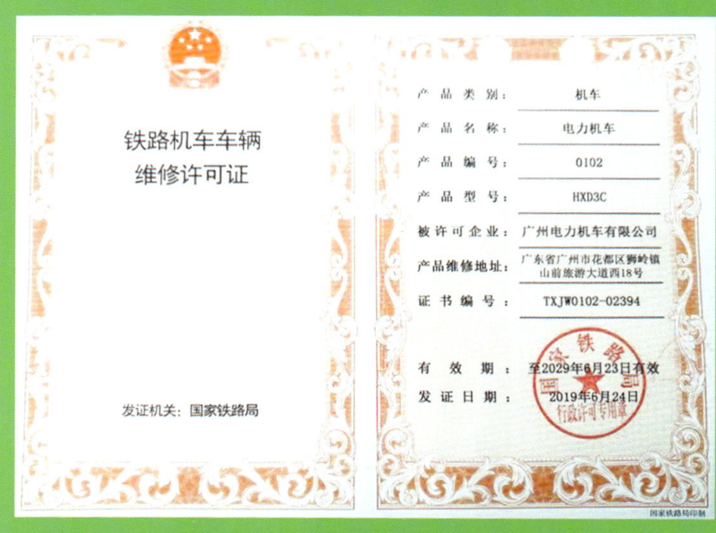

铁路机车车辆维修许可证

发证机关：国家铁路局

产品类别：机车
产品名称：电力机车
产品编号：0102
产品型号：HXD3C
被许可企业：广州电力机车有限公司
产品维修地址：广东省广州市花都区狮岭镇山前旅游大道西18号
证书编号：TXJW0102-02394
有效期：至2029年6月23日有效
发证日期：2019年6月24日

国家铁路局印制

2019年6月24日，公司获得HXD3C型电力机车C6修维修许可证书

2019年7月1日，公司首台HXD3C型电力机车C6修竣工出厂

2019年12月26日，北京大功率机车配件中心揭牌仪式在公司举行

2019年6月1日， 公司召开2019年供应商大会

2019年3月8日，公司召开HXD3D型电力机车C6修试修启动大会

2019年5月9日，公司举办领导干部领导力培训

2019年10月9日，公司与天津同创顶立机械有限公司签订战略合作协议

2019年9月28日，公司举行庆祝新中国成立70周年和首个“中车日”环厂跑活动

2019年1月29日，公司举行首台HXD2型（新八轴）电力机车C5修试修落成下线仪式

2019年4月20日，中车党校青年马克思主义者学院在学校揭牌成立

2019年4月20日，中车团委“青春心向党·建功新时代”特别主题团日活动在学校举行

2019年12月13日，学校聘请中车首席技能专家、“高铁工匠”罗昭强授课，点亮师生“匠心梦”

2019年8月7日，学校承办中国中车精益骨干特训营

2019年9月至12月，学校承办尼日利亚机车专业人才高级培训班

2019年5月14日，学校承办中国中车国际化技能人才培训班

2019年11月22日，学校学生夺得“第四届江苏省中等职业学校在校生模拟法庭大赛”金奖

2019年5月7日，学校学生陈永康夺得2019年全国职业院校技能大赛中职组焊接技术赛项金牌

中车股份所属子公司

本栏编辑　宁　娜　陈宗河
　　　　　周　娜　韩长城

中车齐车集团有限公司

（统一社会信用代码：91230200057435769W）

党委书记、董事长　谷春阳

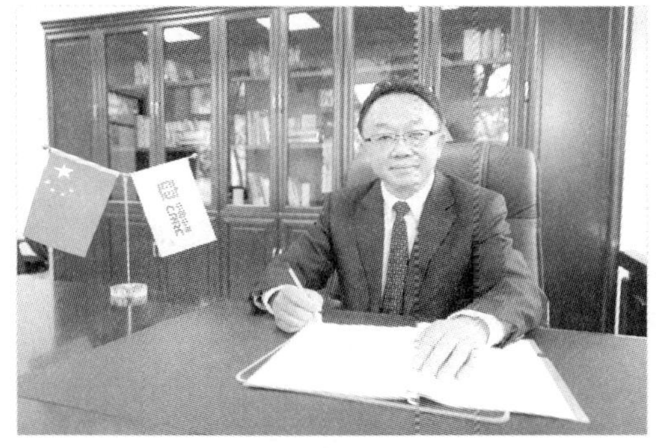

副总经理　兰　叶

【概况】　中车齐车集团下辖中车齐齐哈尔公司、中车沈阳公司、中车石家庄公司、中车山东公司、中车风电（锡林郭勒）公司等5家一级子企业，全级次成员子企业32家，其中境外企业2家，资产总额223.89亿元，员工18 727人。核心主业为铁路货车造修，新造产能为3.3万辆/年、修理3.4万辆/年。多元产业主要包括风电装备、环保水务、智能机械、制冷空调等高端装备制造业务，以及城轨地铁车辆、新能源汽车销售制造、循环物资第三方处置、市政公用工程等现代服务业务。2019年，中车齐车集团实现营业收入166.74亿元，同比增长6.73%；实现归母净利润4.83亿元，同比增长48.30%，实现“双T3”目标和中车调增目标。

【规划发展】　制定下发集团《战略规划管理办法》《战略合作管理办法》。进一步加强战略规划业务管理，《中车齐车集团“十三五”发展规划》通过董事会审议，并上报中车。在“十三五”规划基础上，认真思考“十四五”发展战略，明确了未来一定时期内，秉承“厚德行有道、载物达天下”的经营理念，聚焦交通、能源、环保、智能等领域，致力于为全球客户提供高端装备和系统解决方案，形成“展示使命担当，坚定创新领跑；融入全球市场，打造国际品牌；优化资源配置，塑造行业典范；强化融合协同，追求全局共赢”的发展思路。贯彻落实中车创建世界一流示范企业总体规划，制定《中车齐车集团创建世界一流示范企业实施方案》，并分解细化对标指标，推动企业实现高质量发展。

【改革改制】　9月，货车业务重组工作通过中车重组办中期验收。研究推进配件业务整合，开展了中车制动业务综合调研，成立专项工作组，研究制定了中车齐车集团制动业务整合重组方案。推进“双百行动”综合改革方案落地，工作台账完成率73.2%。制定下发“中车齐车集团混合所有制改革操作指引”，启动山东公司所属同力达公司混改。出台派驻所属企业外部董事办法及工作细则，向沈阳公司派出外部董事。推行工效挂钩及薪酬管控，建立“1+N”差异化绩效体系考核模式，推行精准激励机制。基本完成“三供一业”和市政设施移交工作。牡丹江机车厂、山东公司和沈阳公司厂办大集体改革完成职工安置，退休人员社会化移交工作全面启动。充分利用国家“僵尸企业”和特困企业治理政策，全年分流安置员工638人。

【经营管理】 围绕“12348”经营工作思路，系统推进各项工作。按照项目制管理组织，制定经营目标保障措施重点项目计划“一图一表”实施方案和阶段性评价标准，组织季度调度指标的测算、分解与落实，完成中车的年度调增目标。统筹推进“1+13”提质增效工作，组织制定“两金”压降专项整治工作方案，对重大清收项目实施销号管理，全年“两金”月平均占用降低15.71%；“一企一策”推进亏损企业治理，同步完成政治巡视整改和中车考核目标。组织策划对标工作，起草“中车齐车集团对标工作指导意见”，组织业务部门开展六大类18项指标对标工作。加强投资预算管理，全年完成投资11.10亿元，其中固定资产投资5.70亿元，长期股权投资1.94亿元，PPP项目在建工程投资3.46亿元。加强自身能力建设，提高投资项目管理水平，有效承接中车固定资产投资“放、管、服”政策，全年邀请内外部专家组织对大连海威钛合金项目、PRE公司股权收购项目、欧洲货车组装基地项目等股权投资项目，骆驼山风电场建设项目、哈车电商平台二期建设项目等固定资产投资项目，以及常熟水务二期增资项目、常熟三期投标项目等PPP投资项目评审论证，确保投资项目程序合规、风险可控。落实国务院国资委党委对低效无效资产处置整改要求，年度低效无效资产处置任务完成率100%。

【科技创新】 全年开展科研课题研究110项，其中国家重点专项“轨道交通货运快速化关键技术”、神华状态修等项目通过中期检查，“变轨距转向架关键技术研究”等2个项目通过国铁集团验收。新产业技术研究方面，完成旅客列车清洗机系列产品及2t/d净化槽国产化研制，完成适用于不同地区的小型净化槽出水提标关键技术研究。CO_2单冷空调系统、变频空调系统关键部件研究取得新进展。完成初芯“A25”系列蓄冷式智能保温箱等冷链技术装备研发，并进行50箱小批量试制生产及20万公里示范运营，在第二十一届中国国际高新技术成果交易会上获得“优秀产品奖”。全年研制完成27种轨道车辆整机产品，其中SKM_{81}型铝合金煤炭漏斗车、C_{87}型运煤敞车等重载智能车型完成试制和厂内试验。完成新西兰平车、GWA煤炭漏斗车、力拓钢轨运输车等出口车产品开发，部分车型实现市场销售。技术创新体系建设方面，初步搭建中车齐车集团铁路货车协同快速设计平台和协同仿真、试验研究平台。“重载列车与轨道相互作用安全保障关键技术及工程应用”科技成果获得国家科学技术进步二等奖。“铁路货车整车疲劳与振动试验技术及系统集成研究”等2项科技成果分别获得黑龙江省技术发明一等奖、科技进步二等奖。“1 676 mm轨距25 t轴重控制型转向架”等2项成果获铁道学会科技进步奖，其中二等奖1项，三等奖1项。获中车科学技术奖11项，其中特等奖1项，一等奖3项。全年申请专利257件，其中国内发明专利167件，海外发明专利30件。

【生产运营】 全年实现货车新造24 642辆，其中齐车公司14 498辆、沈阳公司4 211辆、石家庄公司866辆、山东公司5 067辆；实现货车修理27 757辆，其中齐车公司7 154辆、沈阳公司10 173辆、石家庄公司10 430辆。贯彻中车精益管理工作部署，依据中车齐车集团精益管理工作定位，编制下发年度精益工作要点；在齐车公司锻造分厂组织召开精益管理现场会，推广交流精益现场建设成功经验做法，促进精益现场管理工作提升；结合大批量生产订单，组织成员企业全面推行中车工位制节拍化生产模式；结合精益管理推进和“6621”平台建设，开展“改善不良、杜绝浪费”活动，强化过程改善、全员参与，进行改善课题立项，其中战略改善层共立项 12 项、职能实施层共立项 33 项、立足岗位创意改善提案 2 830 项，全年实现创效 4 088 万元。组织成员企业参加中车精益管理年度评价，参加中车采购管理工作对标评估。组织成员企业开展存货清查工作，共清查存货资产 137 874 项，金额 313 983.51 万元；制定 2019 年低效无效存货处置方案，有效盘活存货资产。组织成员企业开展物资供应链管理制度建设检查，对检查出的成员企业七方面 8 项问题进行整改。建立完善集团安全环保组织机构，建立健全安全环保制度、预案体系，理顺安全环保信息上报管理流程。建立运行安技环保系统专家平台，开展安全风险隐患排查治理。协同专业资源推动水性涂料应用加大基础设施改造，保障水性涂料持续稳定使用；组织开展焊接烟尘治理方案研讨、VOC 气体治理技术经验分享等工作。

【市场营销】 充分发挥引领、服务、支撑、协同作用，开拓铁路货车市场，打造专业化的业务管理平台，建立以信息共享、市场协同、资源协同为主的协同机制。全年新造货车实现签单 23 408 辆，修理货车签单 29 428 辆。国内货车板块实现销售收入 95.55 亿元，国内新造货车市场占有率 41%。国际市场，出口必和必拓公司第 4 000 辆矿石车成功下线，向肯尼亚提供的铁路货车成为内马铁路一期货物运输主力，德国 DB 项目样车运抵欧洲并通过认证试验，铁路起重机首次出口菲律宾。积极开拓国际市场，公司出口产品已经拓展到 62 个国家和地区，其中“一带一路”沿线 44 个。

【多元业务发展】 多元产业板块规模接近企业产业总规模的 40%。风电产业探索产业链延伸，锡盟骆驼山风电项目顺利开工并基本完成设备安装，打造中车首个自建自营风电场样板工程，泰来广源风电项目成功并网发电，5.X 兆瓦型陆上风电机组平台正式发布，风电塔筒登陆欧洲发达国家市场，海上风电市场取得突破。环保水务板块成功签订靖江项目特许经营协议，成功中标常熟三期项目，常熟一、二期项目进入商业运营，建设运营的 PPP 水务项目三上央视，集便器产品动车资质实现全覆盖。轨道工程装备业务快速成长，新型轨道吸污车组技术方案通过中国铁路上海局集团公司评审，技术水平全球领先，济南地铁 R1 和 R3 线等轨道工程项目成功交付。列车空调业务板块突破南通、洛阳城轨市场，获得时速 350 公里高寒动车组空调生产资质和首个时速 160 公里动力集中动车组空调生产资质，大巴黎项目成为全球首个使用 R513a 制冷剂的地铁项目。LNG 罐箱产品成功迭代，大连三期项目建成投产，特种集装箱业务提档升级。哈车电商平台年交易额达到 3.54 亿元，为中车增效 6 000 余万元。蓄冷式智能冷链装备填补了国内同类产品空白，初步具备“从田间到餐桌”的全产业链综合物流解决方案提供能力。

【人力资源管理】 全年制定或修订干部、薪酬、人才开发等人资制度 31 项。研究制定干部队伍建设 3 年行动方案，组织开展所属企业董事会、监事会结构优化，开展领导班子副职岗位竞聘和后备干部选拔，加强干部日常管理监督，有序推进干部队伍长效机制建设与实施。强化企业负责人薪酬管理，建立精准激励机制，利用国家“处僵治困”政策窗口期，减员分流 638 人。组织完成领导力、核心人才境（内）外培训 47 人次，培训初、中、高级国际化人才 65 人。持续推进总部干部人才队伍建设，完成集团总部职位编制方案制定和职位说明书编制。持续推进人力资源信息系统应用，完成人力资源信息化核心模块上线运行和基础数据质量提升工作。加强人资项目管理，全年完成13个课题项目研究。

【质量管理】 编制下发中车齐车集团《质量管理工作办法（试行）》《产品质量事故应急预案》《售后服务协同管理办法（试行）》，并推动落实。开展质量安全大检查、新中国成立70周年质量保障、运用安全保障等专题质量活动。对中车齐车集团智能制造工作进行策划。全年成员企业未发生整机、配件批量返厂修，未发生运用产品一般C类及以上质量责任事故，产品实物质量和质量管理水平稳定。

【企业文化建设】 全面贯彻落实中车企业文化和品牌建设工作相关要求，加大企业文化与品牌建设工作为企业高质量发展提供文化保证。提高政治站位，开展“牢记总书记嘱托、致力高质量发展”大讨论、大提升活动；在习近平总书记视察中车齐车集团一周年之际，推出《齐车集团报》专刊，编印30万字的《总书记，我们向您汇报》一书，全面反映中车齐车集团学习宣传贯彻落实总书记重要指示精神的综合情况。紧密结合集团中心工作，开展党建思想政治和企业文化重大问题研究，有两篇研究成果分获中车政研会优秀课题一、二等奖。紧扣重组企业文化融合，围绕“集团公司成立1周年”“习近平总书记视察中车齐车集团一周年”等重要节点，策划中车齐车集团周年庆“快闪”、成员企业同唱《齐车人之歌》等展思想文化融合活动。启动以新产业为重点新闻营销，助力新产业市场开拓。加强对成员企业的品牌准入管理，指导成员企业开展品牌建设、品牌传播工作。助力中车品牌价值提升，拍摄京广线、京沪线、沿海客专、青藏线等线路主型产品。代表中车参加国资委“放歌新时代”文艺汇演，完成中车定点帮扶地区学生走进齐车集团游学任务。被中国中车评为“2019年企业文化和品牌建设卓越企业”，并被授予“中国中车品牌专项突出贡献奖”。

【党群工作】 坚持把学习贯彻习近平总书记视察中车重要指示精神作为首要和长期政治任务，策划开展全员参与的“牢记总书记嘱托、致力高质量发展”大讨论活动，形成112项研讨成果，评选出47项优秀成果。扎实开展“不忘初心、牢记使命”主题教育。加强顶层设计，确保党的全面领导，制定党委工作要点，以10个重大专项工作、25项保障措施全面推进的党建工作；研究制定51项党委和纪委制度、77项行政制度，基本健全企业制度体系，进一步理清了党委会、董事会、经理层等企业治理主体责任。严格落实党委会前置程序，积极部署推动“三重一大”决策运行和监管系统上线运行。围绕“齐车集团成立一周年”“总书记视察一周年”“新中国成立70周年”等重要节点开展主题宣传教育。夯实基本组织建设，贯彻落实《中国共产党支部工作条例（试行）》，推动党的基层组织各项工作规范化运行。开展软弱涣散基层党组织排查整顿工作，落实基层党组织按期换届提醒督促机制。加强基本队伍建设，组织24名基层新任职党支部书记到中车党校参加业务培训班。制定《党务人才库管理办法》，建立齐车集团党务人才库。组织526名党务人员参加集中业务培训，100余名党务人员参加外出交流考察培训。抓好党员队伍建设，年内消除无党员班组56个，发展党员141名。建强基本制度体系，严格落实“三会一课”、组织生活会、民主评议党员、谈心谈话、主题党日等制度。落实管党治党责任，推动党建工作责任制、领导干部联系企业包保制度贯彻执行。抓实党建责任制考评，优化完善党建工作责任制考核评价内容，建立明责履责、考责问责的党建责任体系。加强领导班子建设，以“政治家＋企业家”为建设目标，加强顶层设计，制定高素质专业化干部队伍建设三年行动方案。规范公司治理结构，健全干部制度体系，强化干部日常监督管理。加强后备干部队伍建设，搭建青年培养平台，系统策划青年人才培养工作。完成24名中层管理人员入职入位，11人受聘为企业级管理专家，组织34人次参加中车领导力、核心人才、专业技能和党务知识等培训。加强总部岗位绩效管理，逐步建立健全绩效评价体系。加强纪律和作风建设，召开党风廉政建设和反腐败工作会议，部署重点任务，与5个党委签订责任书，压实“两个责任”和“一岗双责”。紧盯重要时点，持续深化中央八项规定精神落实落地。召开两次干部警示教育大会，受教育人数达1 400人次。按期完成纪检巡察的机构设置、人员配备和职能调整。开展形式主义官僚主义等6项集中整治。全年受理信访举报53件，给予52人次党政纪处分及组织处理。以统一思想、整顿作风为核心目的，党委书记发起总部全员参加专题组织生活会。以打造中车党建“金名片”、提升党建成效引领高质量发展为目标，召开党建工作研讨会，开展党建工作学习对标，开展4项党建课题研究。策划启动“同心筑梦、先锋齐车”党建品牌创建工作。积极组织参与中车党建“金名片”工作手册编写，选派人员参加中车党建“金名片”系列丛书编撰。中车齐车集团在中车《党支部标准化建设手册》中成功入围5项内容，在《党支部特色案例手册》初选中入围9项，完成征集推荐上报《基层党委工作手册》素材20项。加强舆情监测和管理，强化对成员企业新闻宣传工作的组织、指导、检查、考评。推动企业文化核心理念深入贯彻，深化BI建设，持续推进VI整改。加强品牌建设基础工作，设计宣传片、综合画册、产品样本等宣传载体，突出企业整体形象。坚持党建带工建、带团建，不断加强思想引领和制度建设。组织进行技术技能资源摸底，建立基本信息库；组织劳模工匠座谈交流，搭建献言献策平台；整合劳模工匠资源，组织成立劳模工匠宣讲团，开展劳模工匠主题宣讲活动，搭建劳模工匠技能展示、技能传播平台；开展员工先进操作法征集活动，征集评选出55项先进操作法。深入落实中车“擦亮金名片、建设新小家”3年行动方案。认真贯彻落实中车第一次团代会精神，各级共青团组织广泛开展青年思想引领、青工技能大赛、英语风采大赛、青年联谊活动、慰问高铁售后服务青年等活动。

【重要纪事】 1月3日，水利部副部长陆桂华在中车集团副总经理贾世瑞陪同下，到山东公司常熟基地考察农村污水处理项目。1月12日，中车风电公司骆驼山风电场建设项目正式立项。3月12日，齐车公司举行出口澳大利亚必和必拓公司第4 000辆矿石车下线仪式。3月19日，山东公司与德国DB货运公司签署战略合作备忘录。4月2日，中车齐车集团启动全员大讨论活动，深入学习贯彻落实习近平总书记视察中车齐车集团重要指示精神。6月20日，齐车公司参加2019南非铁路展。9月26日，齐车公司自新中国成立以来累计新造的第40万辆铁路货车下线出厂。10月22日，2019年北京国际风能大会暨展览会（CWP2019）在北京召开，山东公司5.X兆瓦陆上风电组平台正式发布。10月18日，由石家庄公司生产的地铁2号线首列车出厂。11月11日，石家庄公司出口几内亚的18辆GF_{48}-1000型轨氧化铝粉漏斗车全部完成发运。11月14日，中国中车总裁孙永才到哈车公司调研电商平台运营情况。11月，齐车公司与加拿大安赛乐米塔尔公司签订56辆矿石车销售合同。12月16日，中国中车党委书记、董事长刘化龙到齐车集团肯尼亚维保项目组调研并慰问项目团队全体员工。12月17日，由齐车集团造铁路货车在肯尼亚内马铁路线上担任首发车，从内罗毕车站驶出，标志着内马铁路一期货运正式开通。

【公司党政工负责人】

党委书记　谷春阳
董事长　谷春阳
总经理　刘　溥（2月免）
副总经理　兰　叶（2月任）
祝　震（7月免）
常文玉　李宏阁
唐绍明　于　维
张贤彬（12月任）
总工程师　于　维（兼）
财务总监　唐绍明（兼）

党委副书记　刘　溥（2月免）
兰　叶（2月任）
高永君
纪委书记　张全勇
工会主席　高永君

（齐车集团公司　供稿）

中车齐齐哈尔车辆有限公司

（统一社会信用代码：912302006638574352）

【概况】 2019年末，中车齐车公司在册员工8 301人，在岗员工7 027人，占地面积304万平方米，资产总额74.26亿元，拥有各类设备4 552台（套）。全年实现营业收入68.3亿元，归母净利润2.35亿元。下辖中车哈尔滨车辆有限公司、牡丹江中车金缘铸业有限公司、大连中车大齐车辆有限公司、大连中车集装箱有限公司4家全资子公司；大连中车铁龙集装化技术装备研发有限公司、齐齐哈尔中车重载快捷工程技术研发有限公司2家控股子公司；太平洋铁路工程公司、新西兰中车机车车辆服务有限公司、齐齐哈尔三益铸造设备有限公司3家参股公司，其中2家属于海外合资公司，在海外设有多个办事机构。

【规划发展】 研判中国国家铁路集团改革、东北振兴等政策信息，跟踪中美经贸摩擦等外部重大变化进展，编制公司2019—2021年三年发展规划。完成齐车公司创一流承接方案（草案）编制。研究策划制动业务整合重组方案。与金车公司、龙铁公司等6家配套企业签订合作框架协议等并实施，组织成立市轨道交通产业联盟。

【改革改制】 全面完成“三供一业”、市政设施和家属区房屋维修基金移交。把握政策窗口，完成254名员工分流安置。制订组织变革三项调整方案，通过生产制造部和物流中心合并、站场装备项目组撤销，以及纪委机关和审计监察法务部取消合署办公方案实施，持续推进公司组织变革、流程优化工作，职能部门减少2个。全面铺开“四定”工作，核减部室系统编制10%，完成生产分厂技管岗位编制核定和定员，核减辅助人员653人，核减比例28.3%，增加值劳产率同比提升42%。施行组织绩效和全员绩效评价，推行薪酬分配变革。以货车分厂、锻造分厂为试点，实施单位产品人工成本承包，其中锻造分厂主产品产能同比提升30%；以动能运输分厂为试点，实施绩效考核承包。

【经营管理】 用“过程方法”对设备和人力资源系统管理制度进行整章建制与流程优化，共梳理管理标准及文件157项。制定发布设备和人力资源各16项管理标准，作废管理标准109项、制度性文件48项。开展质量、环境、职业健康安全、能源、轨道交通行业、两化融合、CCRC认证和AAR等9个体系一体化内审工作；实施质量、环境、职业健康安全等6个体系一体化管理评审工作。推进信息化建设，完善PDM系统和试验研究中心数字化网络平台，推进ERP系统的改进提升，实现能源管控及关键设备智能监控平台上线试运行。推进“多标一体”经营管理体系建设工作。

【生产运营】 C_{80}型铝合金车和L_{70}型漏斗车分别创日产32辆和14辆的历史最高水平，特种平车、新西兰平车等多种车型按期交付，全面打赢“981”生产攻坚战，累计完成新造货车20个品种14 333辆；修理货车19 292辆（含沧州分公司12 156辆），供外配件235.14万套件。推进精益管理，确立攻关课题22项，公司级改善项目1 172个，直接取得改善效益632.8万元，共完成196个工位、35条精益示范线、12个精益车间的建设工作。

【科技创新】　全年完成20种整机产品开发，牵头完成加高C_{70E}型敞车方案设计、试制实验，实现批量交付。SKM_{81}型铝合金煤炭漏斗车、C_{87}型运煤敞车等重载智能车型完成试制和厂内试验。新西兰平车、GWA煤炭漏斗车等出口车完成试制和定型，部分车型实现市场转化。快捷、LNG、集装箱运输、驮背运输等系列产品技术不断完善，基本具备推向市场条件。基础研究方面，国家重点专项“轨道交通货运快速化关键技术”、神华状态修等项目通过中期检查；“变轨距转向架”“制动管系”项目通过国铁集团验收；智能货车关键配件装车运用，快捷货车大部分关键配件完成试制，新材料、制动混编等前瞻技术研究持续推进。全年科研计划完成率92%，申请专利124件。工艺研究方面，水性漆全面推广应用，统一出口车钩热处理工艺标准，车轴热处理组批得到优化，多种柔性化工艺装备投入使用，完成大连基地工艺布局优化。优化工艺定额，推进工艺创新改进，降低制造成本1 935万元。

【市场营销】　国内铁路货车签单10 463辆，综合占有率22.54%，新造货车销售13 475辆。国际市场签约1.66亿美元。货车整机产品、起重机产品首次分别出口加拿大、菲律宾，产品覆盖“一带一路”沿线国家增至22个。深入谋划全球布局，推动PRE股权收购事项，推进巴西合资项目。持续探索高效运行规则，施行营销与订单执行相融合的一体化管控模式，优化国际业务岗位编制结构，进一步增强国际营销能力。持续推进营销售后深度融合，紧贴大客户需求，以C_{96}型敞车、驮背运输车等新产品运用考验保障为重点，强化故障处理和技术服务，在大秦线及唐呼线实施C_{80B}型运煤敞车运用联保。强化既有产品售后服务保障，迅速处理故障，杜绝一般D类及以上事故发生。

【多元经营和新产业】　集装箱业务方面，瞄准市场需求，完成14种新产品的样箱试制试验，全年签约集装箱1 582只，签约额1.54亿元。起重机业务方面，完成多型号大吨位及出口铁路起重机设计，高铁专用、新型160吨铁路起重机通过CRCC认证和技术评审，造修起重机8台。哈尔滨电商平台业务方面，实施平台二期建设，扩大交易范围，完善交易规则和盈利模式，注册用户新增1 603家，平均溢价率21.38%，实现收入260万元。钛合金业务，深化对外合资合作，完成项目投资立项，研究制定项目实施方案和工作计划。舰船钛合金方面，继续承揽舰船钛合金构件项目。

【财务管理】　加强预算过程监控与推进力度，开展成本管理、重点费用管控、“两金”压降、优惠政策争取等工作，取得效益7 829万元。以技术创新、管理创新为驱动，推进落实降本增效措施，降低成本费用4 123万元。全力推进落实“两金”压降工作，完成齐车集团下达的“两金”压降目标。跟踪并推进大额逾期应收账款清收工作，全年收回大额逾期应收账款2 375万元，冲回减值1 351万元。加强与政府有关部门沟通，取得资金补助5 564万元。对接中车、齐车集团相关制度，制定或修订《应收账款管理办法》《价格管理制度》等10余项制度。

【审计工作】　完成哈车公司、营销业务等审计项目629项，重点项目审计完成率达到100%；完成内部审计发现问题整改110项，建设项目审计核减资金支出167.76万元，经济合同审计实现审计效益139.26万元。牵头组织完成重载快捷、研发平台、能源管控3个项目竣工决算审计。开展防范化解重大风险工作，制定并印发《专项实施方案》，组织全面风险排查，识别风险100余项。强化风险防控，加强重大风险事项跟踪管理，每月跟踪报告事件进展，重点推进哈车重大风险事项化解措施落实。完成全级次风险识别、排查，制定有效防范措施。通过德勤事务所体系外审。

【基建与技改】 全年完成固定资产投资13 128万元。完成“重载快捷铁路货车制造工艺技术水平提升改造项目”“中国北车重载快捷铁路货车技术研发平台建设项目”“能源管控及关键设备智能监控平台项目”等所有工程建设及设备安装、验收和纳固；完成“特种集装箱研发制造基地能力提升建设项目”工程施工结算审计及所有设备安装。

【质量管理】 坚持“质量第一、重在管理、力在从严、贵在坚持”的工作方针，持续强化过程质量管控，以全面推行标准化工序建设、开展制动系统整治、加强实物质量管控、强化供应商管理、发挥质量机制作用、推进质量损失管理、夯实质量基础管理为重点，有效应对内外部质量形势变化，全面落实质量工作计划各项措施。2019年杜绝整机、配件批量返厂修，未发生运用产品一般D类及以上质量责任事故，行车设备故障同比降低50%。产品实物质量和质量管理水平稳步提高，实现各项质量目标。

【设备管理】 重新搭建管理框架，确定资产、能源、工程三大职能，管理标准由原来的48个整合到17个。组织新编设备保全基准书68种、修订59种，修订设备操作规程22种。万元增加值综合能耗0.27吨标煤/万元，实现能源降本增效1 014.1万元。完成中车和地方政府节能减排指标，开展全面清查工作，处置各类工装、备品备件、设备5 530台（套），盘活资产1 071万元。完成设备小修1 380台、定保3 928台、设备换油1 363台、大修115项。全年共办理完成540余项委托修理业务。

【物资管理】 通过内强基础工作、外抓资源管理，开展市场价格预测分析、完善价格管控机制、细化分解降采指标。推进车轮、板材等重点项目，处置积压物资170余种，盘活资金1 289万元。深挖集采降本空间，扩大二级集采范围，降低采储成本6 983万元。着力压降“两金”，控制增量，盘活存量，一年期以上存货比年初降低3 800万元。强化存货资金指标分解，形成二次指标考核控制机制，加强采购订货环节存货资金的控制与管理，减少存货资金增量。加强仓储基础业务管理，提高账实管理质量。以严把入库物资质量验收和精准发送为切入点，结合年末物资盘点审计问题，开展整改整顿，持续夯实基础管理。

【人力资源管理】 推进人才队伍建设，修订完善《中层后备干部管理办法》等制度。组建中层后备干部队伍，中层管理人员选拔和交流151人。新聘中车核心人才105人，聘任新一届内部专家302人。选派22名优秀学员参加中车国际化人才项目，持续加强高技能人才培养，已培养“双师型”人才8名、“金蓝领”18名，以及多技能、复合型技能人才246名。统筹“三省五地”劳动力资源，严格控制用工总量，加强平衡调剂，全年平衡人力资源1 000多人次，调剂152批次410人次。规范相关方资质管理，健全“以本工为主，派遣劳务为辅，临时用工和业务外包为补充”的市场多元化劳动用工模式。充分发挥“金蓝领”工作室平台作用，全年累计解决生产操作难题47项，取得专利3项。持续贯彻落实“8+1”劳动关系管理制度体系，规范管控流程，建立动态调控机制，制订《人工成本管理办法》《全员绩效管理办法》《薪酬调整方案》。

【企业文化建设】 对企业核心文化理念进行整改并大力宣传。开展“中车日”等文化落地活动，树立“同一个中车、同一个齐车”

意识。深入挖掘“争先创优”的企业文化内涵，加大企业红色历史和劳模工匠事迹的宣传，建立全国劳模孙恒玉精神展览室。组织开展“最美齐车人”评选和“我为齐车代言”活动。推进企业文化核心理念、行为规范与管理融合，发布《中车VI齐车公司执行手册》。组织策划出口必和必拓公司第4 000辆矿石车下线仪式。在总书记视察齐车集团一周年之际，组织策划公司第40万辆新造铁路货车下线仪式。公司演出团队代表中国中车参加国资委组织的中央企业爱国歌曲展演。在澳大利亚中华文化节和国际铁路展览会上，公司退休员工举办了“中车人眼中的丹顶鹤”主题摄影展。参加挪威国际重载大会等展览展会，传播中国中车高端货车品牌形象。全年在国家和省市主流媒体发表有关公司新闻201篇。

【安全环保】 落实公司安全生产责任制，坚持以“安全第一、预防为主、综合治理”为方针，严守安全生产“三道防线”。本着持续改进的原则，进一步夯实基础管理，及时排查和治理隐患，确保职业健康安全、环境管理体系持续有效运行。消防安全四个能力进一步提升，厂区治安防范工作进一步扎实开展。生产安全事故数量得到有效控制，环境污染物排放量有所下降，全年未发生重大、特大刑事案件和火灾爆炸事故。

【党群工作】 公司党委以深入学习贯彻习近平新时代中国特色社会主义思想为主线，紧密围绕党建“成效跃升年”各项部署，突出品牌导向、实效导向、问题导向，坚持补短提质、固本强基，党组织作用充分彰显，党建工作实现“成效跃升”，为公司高质量发展提供了坚强保证。围绕抓政治建设，提升推动企业发展的驱动力。持续将贯彻落实习近平总书记重要指示精神引向深入。扎实开展“不忘初心、牢记使命”主题教育。打造齐车特色党建“金名片”，党群部门输出10余项亮点品牌工程，18个基层党支部结合自身特色和工作实际，创建较为成熟的党建工作品牌。全面推进国资委政治巡视问题整改，巡察工作实现常态化推进。突出思想文化建设，提升企业品牌影响力。深入推进“三基建设”，基层党组织建设更加有力。群团工作稳步开展，助力生产攻坚，建设“新小家”，弘扬劳模工匠精神，充分发挥桥梁纽带作用。召开公司首次青年工作会，出台加快推进青年员工成长成才十项保障措施，营造青年人才拼搏向上、成长成才的良好氛围。截至年末，公司党委下设直属基层党委4个、党总支7个、支部27个，非直属基层党组织123个。公司共有党员3 468名，其中在岗党员3 431名。加强基本组织建设，细化完善组织工作考核要点，开展季度基层党建工作考核，并将考核结果作为党内先优评选依据。把握“述、问、评”三个环节，组织开展年度基层党组织书记抓党建工作述职评议，将评议结果纳入基层党建工作考评。制定公司基层党组织规范化建设方案。建成公司党建广场、“争先”讲堂和基层党建活动阵地。加强基本队伍建设，对30名专兼职党务干部进行了党建知识专项培训，对60余名党组织书记和支部委员进行发展党员业务知识培训。对37名新党员进行集中培训，对57名发展对象培训，全年发展新党员62名。制定《学习宣传贯彻总书记视察重要指示精神2018年总结和2019年工作安排》，5大类29项重点工作全面完成。全面统筹推进两批主题教育八项重点工作，公司两级领导班子共检视出问题1 180项，完成整改523项。公司全级次企业巡视整改清单584项问题，整改完成445项。开展内部政治巡察3轮，实现异地子分公司全覆盖，发现并反馈问题251项，整改销号114项。持续深化宣传思想教育工作，两级中心组围绕全国两会精神、十九届四中全会精神等内容，开展专题学习研讨20次。扎实开展“牢记总书记嘱托、致力高质量发展”大讨论活动，形成重点研讨课题53项。以牢记总书记重要指示精神、践行总书记嘱托为主题，开展系列宣贯活动，推动学习贯彻习近平新时代中国特色社会主义思想往深里走、往心里走、往实里走。加强和改进意识形态工作，守好“主阵地”、汇聚“正能量”。加强思想政治工作，以“三会”精神为重点，围绕新中国成立70周年、“四定”、内部退养、“981”生产攻坚等焦点、难点、重点问题，开展全员性的形势任务教育，营造浓厚氛围。聚焦管党治党主责，持续营建“32441”党风廉政建设工作格局。持续开展“百名纪检干部讲纪律”等廉政教育活动，累计受教育4 100人次。深化廉洁风险防控与内部控制一体化建设，对115项廉洁风险进行识别评估，补充完善内控手册；开展廉洁风险防控立项37项，巩固廉洁风险防控成效。推进纪检监察体制改革，按期完成纪检机构设置、人员配备和职责调整。工会以“抓特色、创品牌、求实效”为工作主线，在助力生产攻坚、“新小家”建设、弘扬劳模工匠精神和职工文体活动等工作中精准发力。深入推进民主管理工作，以“两节”送温暖、慰问到岗位等为载体，广泛开展帮扶工作。团委以贯彻落实青年工作会议精神为主线，召开公司第一次团代会，全面搭建青年职工创新创效、技能提升、国际化人才培养、建功扶植等教育培训和才华展示平台。

【重要纪事】 1月16日，公司自主完成的“BHPB公司40t轴重矿石车关键技术研发及应用”项目获得2018年度“中国铁道学会科学技术奖”二等奖。3月7日，黑龙江省副省长程志明到公司调研。3月12日，公司举办出口澳大利亚必和必拓公司第4 000辆矿石车下线仪式。4月18日，国家能源集团神华货车公司党委书记、总经理康凤伟到公司参观考察。5月24日，公司召开首次青年工作会议。6月14日，由公司研制生产的2台出口刚果100吨伸缩臂式铁路起重机交付用户，实现国内伸缩臂式铁路起重机首次整机出口海外。6月24日，公司举行国家能源集团铁路货车公司1 350辆C_{80}铝合金自用车完工交验仪式。7月25日，中国中车党委书记、董事长刘化龙到公司调研，指导开展“不忘初心、牢记使命”主题教育。9月26日，在总书记视察一周年、新中国成立70周年、第一个中车日之际，举行新造第40万辆铁路货车下线仪式。10月17日，以上海市政协主席董云虎为团长的住沪全国政协委员学习考察团到公司参观调研。11月，公司成功入选国家工业和信息化部发布的第四批国家级制造业单项冠军示范企业，是黑龙江省唯一上榜企业。11月15日，中国中车集团党委副书记、总经理孙永才为公司工艺技术系统讲“不忘初心、牢记使命”专题党课。11月，公司与加拿大安赛乐米塔尔公司签订56辆矿石车销售合同，标志着中国铁路货车整机产品首次出口到北美市场。

【公司党政工负责人】

党委书记　谷春阳
董事长　谷春阳
总经理　张玉祥
副总经理　祝　震（7月免）
　马盈山　李宏阁
　唐绍明　于　维
　孟庆江　王会武
　王立文（4月任）
　张贤彬（12月任）
　景　丹　闫玉贵

党委副书记　张玉祥　张全勇
纪委书记　张全勇
工会主席　张全勇

（齐车公司　供稿）

中车沈阳机车车辆有限公司

（统一社会信用代码：91210106117919299A）

【概况】 2019年末，沈阳公司员工总数3 431人，其中具有高级专业技术职称197人，中级职称353人，高级技师73人，技师115人。公司下设23个职能部室、8个生产分厂、5个参股公司、1个全资子公司、3个分公司。厂区占地面积86万平方米，建筑面积29万平方米，固定资产原值17.14亿元，净值9.45亿元。全年实现营业收入21.07亿元，归母净利润7 555万元。

【规划发展】 深入贯彻落实习近平总书记重要指示和党的十九大精神以及中国中车全面推进创建世界一流示范企业要求，深入开展战略研讨，研究制定公司高质量发展指标体系，并初步形成高质量发展指标体系草案。在全公司开展新产业项目征集活动，收集轨道交通工程装备、非标设备等六大类93项项目提案，经过公司多次评审，确定在“铁路线路施工作业装备项目”等5个项目上进行可行性研究。

【改革改制】 制定并试行全员绩效考核制度，进一步完善分配机制。推进试行大班组改革试点，将安全管控、质量管控、成本管控纳入班组这个最小管理单元进行全面管理。实施厂办大集体改制工作，改制企业完成新公司注册成立，成为面向市场的独立法人实体和市场主体。“三供一业”分离移交工作基本完成。启动退休人员社会化管理工作，持续推进档案资料整理等前期工作。

【经营管理】 持续优化“两金”占用管理，连续四年实现同比压降，期末余额降至33 989万元。常态化开展物资采购对标管理，平台上网采购率达97.12%，全年实现降采3 281万元。全年总成本费用同比降低12.3%，期间费用增幅低于利润增幅63.69个百分点。货车产品毛利率达18.6%，同比提升4.92个百分点。持续优化18项对标指标，指标改善率达61%，经营品质持续改善。扎实开展制度对规对标专项整治工作，评审制度340余项，新增管理制度18项，修订管理制度56项，废止管理制度6项。持续推进精益载体建设，建成精益示范线16条、标准工位247个、中车精益车间4个。

【科技创新】 扎实推进长钢轨运输车组智能化升级项目，其中自动收轨装置等5大类19项升级改造项目通过国铁集团技术方案评审。完成澳大利亚力拓钢轨车项目联合设计相关工作，进入生产阶段。初步形成英国路网公司长轨车一体化项目、广州地铁纵向换轨车项目设计方案。快速推进铁路工务装备开发，相继完成轨道探伤设备运输车、轨道垂直打磨车等方案设计。完成GHA_{70A}型对二甲苯罐车罐体自制、C_{70E}-A型敞车工艺开发，保障生产稳定推进。公司全年申请专利23件，其中发明专利17件。

【生产运营】 深入推行生产组织精细化管理，持续化解频繁转产、交叉生产等难题，新造C_{70E}型敞车日产稳定至18辆，新造货车月产达695辆。优化检修货车生产节拍，在厂周期持续压缩，提前一个月兑现订单任务。2019年，完成新造货车4 211辆，同比提升11%；完成检修货车10 174辆，同比提升9.9%；完成神华检修轮对15 288条，同比提升42.85%。

【市场营销】 国内市场方面，全年签订新造货车订单 3 120 辆，其中国铁 C_{70E} 型敞车 2 400 辆、NX_{70} 型平车 600 辆，企业自备 GHA_{70A} 型对二甲苯罐车 70 辆、GQ_{70} 型轻油罐车 50 辆；签订检修货车订单 10 181 辆，其中国铁车 10 019 辆，BX_{1K} 车 162 辆；签订货车改造订单 212 辆。全年实现销售国内新造货车 4 209 辆、检修货车 10 173 辆。铁路配件市场持续增长，全年外销车轴 10 277 根、交叉杆 9 764 根。国际市场方面，与齐车公司共同中标澳大利亚力拓公司 400 米钢轨车组项目，铁路换轨装备打入国际市场。再获 7 辆澳大利亚塔铁市场水泥车订单。相关多元业务方面，非标设备市场取得突破，自主研制的五联冲床瓦背自动输送线、制动杠杆自动识别涂打装备，以及镁渣机械手成套设备投入市场应用。

【基建与技改】 全年实施更新改造项目 118 项，重点组织完成转向架分厂数控轴端三孔钻床的新购、摇枕侧架打砂生产线改造、锻造热处理厂房改造和产品结构调整以及新造敞车侧墙生产线改造工作。开展 C_{70E} 型敞车增产增效分析，从配件供应、钢结构生产、转向架组装、油漆涂装、整车落成等多角度分析瓶颈工序，确保 C_{70E} 型敞车提高产量。对 C_{70E} 型敞车进行原材料用量横向对标交流，改进上侧梁、下侧梁、侧柱连铁等配件下料尺寸，单车降低料费成本 306 元。攻克水性预涂底漆喷涂工艺瓶颈问题，实现水性漆进一步推广运用。

【人力资源管理】 不断优化干部队伍结构，中层管理人员人数降至 118 人，同比减少 10.6%。全面推行中层管理人员竞聘上岗模式，持续完善干部选拔任用机制。进一步加大干部交流培养力度，组织 23 名干部在党务岗位和行政岗位间双向交流。持续加强人才队伍建设，举办各类培训班 299 个，累计培训 8 269 人次，选拔公司级核心人才 187 人。

【质量管理】 开展质量“大反思、大检查、大整改”等 11 项专项活动，源头质量问题减少 22%。坚持正向激励与责任考核相结合，全年质量奖励 28.1 万元、扣罚 20.3 万元。全年未发生一般 D 类及以上质量责任事故；行车设备故障数量同比下降 20%；检修货车季度典型故障反馈率排名两个季度进入前三名；在铁路货车 HMIS 网络质量抽查排名中，公司新造货车和检修货车均进入前三名。

【安全环保】 建立安全包保制度，压实各级领导安全主体责任。持续推进安全网格化管理，并推广到齐车集团下属子企业和沈阳市部分制造企业。在全公司范围内开展安全生产大检查、大整治工作，成立 5 个专业组，全系统、全覆盖排查整改安全隐患，共计 1 561 项，整车打砂线、车体组装胎等安全改造项目全部实施完成。持续做好安全投入，安全资金投入同比提升 42.4%。推进落实公司《生态保护污染防治攻坚战三年行动计划》，完成制备分厂中厚板、薄板、型材预处理线涂装线水性预除底漆改造等 17 项问题整改落实。持续完善环境风险应急体系，制定《公司突发环境事件应急预案》，通过定期开展应急演练，提高环保风险管控能力。

【企业文化建设】 以开展庆祝新中国成立 70 周年群众性主题活动为主线，将“9.26”习近平总书记视察齐车集团一周年、“9.28”第一个中车日、齐车集团成立一周年、《齐车之歌》传唱等工作有效融入，推进文化落地，引导广大员工牢固树立“同一个中车、同一个齐车”意识。加强专业级 BI 督导和考核，开展做“沈阳公司安全第一人”、“沈阳公司标准作业第一人”、质量标兵班组和质量能手评选等系列活动，促进公司BI建设和员工行为养成。持续推进阵地建设，在厂区和生产现场投入10余万元，完成近500平方米的文化阵地建设。

【党群工作】 扎实开展“不忘初心、牢记使命”主题教育，坚持立足实际统筹谋划，领导干部示范带动，健全机制加强指导，问题导向狠抓落实，两级领导班子集中学习研讨570余学时，开展调研950余人次，形成调研报告140余篇，检视问题2 084个，年内整改完成率97.4%。对习近平总书记视察中国中车及中央企业重要讲话、指示批示再学习再认识再深化，开展“牢记总书记嘱托、致力高质量发展”大讨论活动，输出课题成果80项，形成85篇理论文章。贯彻《中国共产党支部工作条例（试行）》，严格落实中车党建“成效跃升年”部署，持续夯实“三基建设”，巩固提升党建工作基础。深入推进党建品牌创建，制定“特色党内主题实践活动”工作指南，创建基层党建品牌33项，形成“一支部一品牌一特色”的良好局面。深化“创先争优”和“共产党员先锋工程”等党内活动，推动党建工作和生产经营深度融合。压实全面从严治党“两个责任”，召开党建暨党风廉政建设和反腐败工作会议，持续开展监督检查，完善制度体系，完成纪检监察体制改革工作。注重抓早抓小，全年提醒谈话8人，集体廉政谈话260人；组织教育4次，参加党员干部人数3 500余人次。扎实推进巡视整改，整改完成率达到76.58%。发挥巡察利剑作用，建立巡察机构，完善制度机制，开展两轮政治巡察。开展“五比一创”全员劳动竞赛，发挥劳模、工匠示范引领作用，打造特色劳模文化。做好“六送三关注”工作，深入调研、实施“新小家”建设工作，为公司全体在职员工办理综合互助保障险，为员工发放药品、节日食品和生日蛋糕等物品。组织召开第一次团代会，开展“青春心向党、建功新时代”主题教育实践活动、青年知识竞赛等活动。

【重要纪事】 1月15日，公司与中车澳大利亚有限公司签订7辆水泥漏斗车销售合同。1月30日，中国中车总裁孙永才到公司调研，并参加指导公司领导班子专题民主生活会。3月15日，沈阳市国防及中省直企业工会2019年工作会议在公司召开。4月18日，国铁集团工电部组织的长钢轨运输车组机械化作业提升技术研究课题咨询会议在公司召开。4月19日，中国中车货车事业部总经理张振翔，在齐车集团副总经理兰叶陪同下到公司调研。4月28日，公司如期履约交付澳大利亚塔斯马尼亚水泥漏斗车订单。5月8日，中国中车安全总监王宫成到公司调研。5月28日，中国中车副总裁魏岩到公司调研。6月18日，中国共产主义青年团沈阳机车车辆有限公司第一次代表大会胜利召开。7月7日，中国中车副总裁余卫平到公司调研。11月28日，公司新造$C_{70E\text{-}A}$型敞车样车通过技术评价。12月5日，沈阳市市长姜有为到公司调研。12月27日，公司如期兑现全年生产订单。

【公司党政工负责人】

党委书记　张海涛
董事长　张海涛
总经理　张明东
副总经理　王剑秋　信恒文
　许英奎　樊金成
　张　权（5月免）
总工程师　许英奎
财务总监　樊金成

党委副书记　张明东　张　进
纪委书记　张　进
工会主席　张　进

（沈阳公司　供稿）

中车石家庄车辆有限公司

（统一社会信用代码：91130100663692052X）

【概况】 2019年末，中车石家庄公司在岗员工总数3 413人，其中，硕士及以上学历110人，本科学历747人，专科学历515人，中专及以下学历2 041人。占地面积56万平方米，建筑面积18.3万平方米。公司有子公司3个，设22个职能部室、4个生产经营单位、5个生产车间和1个辅助生产车间。全年实现营业收入28.07亿元，归母净利润-4 095万元。年末资产总额35.70亿元，负债总额22.80亿元，资产负债率为63.87%。

【规划发展】 修订公司"十三五"发展规划，编制公司2019—2021年三年滚动发展规划。根据齐车集团战略规划管理程序，修订完善《发展战略和规划管理办法》，并编制流程图，着重理顺管理职责和权限，加强对子公司及各业务板块的规划管理，注重规划实施情况的评价环节。通过对实施情况评价，掌握规划目标的差距，把握规划发展的进程，有针对性地掌握规划实施的发展动态。发展规划从调研、制定、审核、审批、上报及下发文件实施的全流程实现重新理顺和优化。

【改革改制】 制定"双百行动"改革行动方案。优化机构设置，职能部室从24个调整到22个，撤销分解检查部和综合管理部，精益管理办公室与生产制造部合署办公；撤销监察部，设纪委办公室、监督检查室。加强检修货车成本管理，将原分解检查部部分职能分别划归生产制造部、人力资源部及相应生产车间。将原综合管理部的后勤管理、医疗服务职能调整到综合保卫部。加强实物资产管理，将装备工程部设施维修职责调整到动维车间，装备工程部定位为公司实物资产管理的归口管理部门，动维车间定位为装备、设施状态保障部门。

【经营管理】 以解决关系企业运营管理的关键核心内容为目标，坚持问题导向、能力提升和主体责任落实，实施"6+1"管理变革措施。启动财务信息化工作，有序推进全成本核算工作。开展基于战略的流程与组织体系建设，以"价值链"分析为基础，系统梳理、搭建横向到边、纵向到底的流程体系架构。实施基于能力提升的人才队伍建设方案，畅通人才发展通道，构建特色人才队伍管理体系，将员工成长与企业发展有机结合，为人才发展提供广阔空间；完善分车计划及排程规则，深化应用MES系统。优化设备设施管理，基本电费"容改需"、浴池节水改造等项目降本增效成果显著。搭建聚合管理、技术、提案改善、微创新等多元领域的"1+6"创新管理体系，为公司发展注入"群众智慧"，形成全员创新创造的良好氛围。

【生产运营】 全年获得国铁检修订单9 536辆，中标中铁特货公司各类订单1 314辆，检修规模达到1万辆，实现搬迁后恢复性提升。把握"三年铁路货运增量"机遇，获得国铁新造订单600辆；通过装备承制资质认证，开拓特种装备运输领域。配件业务实现销售收入1.32亿元。运用"专业管理+精益思维"的思路，充分发挥精益项目载体作用，着力提升生产效率。全年完成造修货车生产 11 199 辆，实现销售收入 9.83 亿元。

【技术创新】 完成新版《铁路货车厂修规程》落地实施，推进水性漆推广运用。深化轮轴工位的智能制造平台建设，实现系统间数据的互联互通，挖掘数据价值，推动货车生产管理创新提效。自主研发生产 18 辆出口几内亚铝粉漏斗车；CO_2 单冷空调系统、变频空调系统关键部件研究取得新进展。冷链项目立足自主研发，完成 50 箱小批量试制生产；与顺丰、永辉公司等客户开展合作，完成 20 万公里示范运营；完成初芯“A25”系列蓄冷式智能保温箱等冷链技术装备研发；开展冷库场景盲测，完成 6 台保温箱销售，研发阶段即实现市场订单零的突破；冷链项目参展中国国际物流发展大会，蓄冷式智能冷链装备在第二十一届中国国际高新技术成果交易会上被评为“优秀产品奖”。

【新产业发展】 城轨车辆完成 15 列地铁车辆生产。推进城轨基地可持续经营，市场开拓向纵深发展，推动多方合作，促成邯郸跨座式单轨联合开发合作意向。主动谋划石家庄地铁车辆架大修项目。石家庄地铁 2 号线车辆成功下线，城轨产业实现营业收入 3.81 亿元，净利润 1 300 万元。环保业务响应铁路橡胶件市场的快速变化，拓展无损剥离技术应用领域；推动铁路平车复合地板推广，通过国铁集团运用考验复审；推进浇铸尼龙、废旧橡胶高值化利用等项目落地。新能源汽车业务深化与时代电动公司合作，强化协同，发挥潜力，发展定位更加明晰。发挥在地企业优势，组织时代电动公司与石家庄公交公司开展技术对接，完成样车试制。

【人力资源管理】 加强员工总量调控，用工总量同比减少 116 人；开展劳动力平衡管理，全年余缺调剂 660 余人次。完成 165 人次新型学徒制申报，获得培训补贴 92.4 万元。推进员工创新工作室与人才培养相融合，推动公司整体技能人才能力提升，年内培养高级技师 2 人、双师人才 24 人，通过二技能鉴定 66 人，创建创新工作室 3 个。在统筹考虑各种因素，充分尊重员工意愿的基础上，完成人员分流安置。

【质量管理】 推进质量体系建设，推动以轮轴线为试点的三检制信息化，工位质量自控能力持续提升。开展质量安全风险工位评价，强化工位质量安全风险管理。制定质量检查队伍素质提升方案，培养“工匠”型质检人员，实现质检员的“一专多能”。开展铁路货车造修质量对标问题整改检查、铁路货车造修“安全质量回头看”、货车检修“三板”质量专项检查等质量专项检查活动，夯实“检查常态化”机制，保障公司产品造修过程有效控制。

【安全环保】 强化“双控”体系建设，推进隐患排查治理，通过完善体系、落实责任、堵塞漏洞，提高企业本质安全度。落实公司生态保护污染防治攻坚战 3 年行动计划，健全环保管理制度，强化分级管理、分线负责，加大环保投入，消除环境风险，被列为石家庄市环保正面清单企业。对子公司、相关方环境管控力度持续加强，保障公司生产经营大局稳定。

【品质提升】 建立“双效优先”经营调度点检制度，精准发力，保障公司决策部署有效落实。开展提质增效活动，实现增利 2 117 万元，可控费用降低 1 121 万元，财务费用降低 668 万元，采购成本降低 837 万元，消化不良债权、存货 2 790 万元。实施压降成本工作方案，全年归口费用同比降低近 2 343 万元。压实政治责任，扎实开展“两金”压控、实施专项治理，完善应收账款清收制度，确保“两金”保持在合理区间。充分挖掘废旧物资价值，依托中国中车资源再利用电商平台，累计完成订单97笔，实现收入2 205万元。推进合规经营，完善内控体系建设，以国资委“三重一大”系统上线为契机，推进决策运行科学化、规范化。推动粮机业务去库存、清欠款工作，完成15台干燥机销售，经营风险得到有效控制。统筹推进退休人员社会化管理，推动老厂区土地处置后续收益工作，获得“中国中车提质增效专项奖”。实施精准扶贫，投建基础设施，扶贫对象赤城县富山村生活环境进一步改善。

【党群工作】 公司党委贯彻落实《关于学习宣传贯彻习近平总书记视察中车齐车集团公司重要指示精神的决定》，切实做到总书记重要指示精神在企业的扎根铸魂。全面落实“不忘初心、牢记使命”主题教育各项要求。扎实推进国资委党委政治巡视整改。修订完善《党委主体责任清单》《“三重一大”决策制度实施细则》，切实发挥党委领导作用，进一步规范决策行为，防范决策和经营风险。制订年度“四好班子”创建活动计划，构建优秀班子建设的长效机制，通过学习“延安精神”，进一步坚定理想信念，提升领导力、执行力和创新力。探索“1+6+3X”的党建品牌总体格局，系统打造公司党建“金名片”。开展“转观念、促变革、求发展”主题系列活动。创新探索党建阵地建设，持续优化党组织设置，落实《党建工作责任制考核评价暂行办法》，夯实党建工作基础。全面落实党风廉政建设责任制，开展纪检监察体制改革，查纠“四风”，开展公司领导班子成员履行“一岗双责”履行情况等9项专项监督检查，保障企业健康发展。工会不断加强创新工作室建设，李强创新工作室、马龙飞创新工作室、宇文卧龙创新工作室获得“河北省劳模和工匠人才创新工作室”称号。慰问员工千余人，医疗救助186人，金秋助学6人。团委开展“青春心向党、建功新时代”主题教育系列活动，持续加强“248青年学堂”团委品牌建设。开展雷锋月和“十大杰出青年”评选活动。深化“号手岗”评选，开展迎接新入职大学生、慰问高铁售后青年等活动。

【重要纪事】 1月30日，中国中车党委副书记万军参加公司党委2018年度领导班子民主生活会并慰问困难党员。4月，公司冷链项目获得中车集团重大项目立项批复。4月28日，中国中车总裁孙永才到公司调研指导工作。5月22日，公司通过年度质量/环境/职业健康安全管理体系监督审核。6月28日，公司党委举办“不忘初心、牢记使命”建党98周年纪念大会暨公司党建品牌建设项目发布会。7月31日，中国中车副总经理魏岩到公司专项调研货车集团改革、提质增效等工作。8月，公司开展以“双效提升、稳中求进”为主题的提质增效活动。9月20日，公司通过信息化和工业化融合管理体系第二次监督审核。10月18日，公司举行石家庄地铁2号线首列车出厂仪式。11月8日，公司研发的铁路平车纤维增强复合地板装车运用通过评审。11月，公司“铁路货车精益化造修能力”信息化项目，被评为工信部2019年制造业与互联网融合发展试点示范项目。12月，国祥公司成功中标庞巴迪北美区美国新泽西州交通局双层通勤客车项目。

【公司党政工负责人】

党委书记　王合法（12月免）
　　　　　王　华（12月任）
董事长　王合法（12月免）
　　　　　王　华（12月任）
总经理　王　华（12月免）
　　　　　张建武（12月任）
副总经理　高崇生　孙瑞林

	陈伟京　　尹立涛	党委副书记	王　华（12月免）
	姚　勇		王宏斌
	张建武（12月免）	纪委书记	王宏斌
总工程师	孙瑞林	工会主席	王宏斌
财务总监	高崇生		

（石家庄公司　供稿）

中车山东机车车辆有限公司

（统一社会信用代码：91370100664851254J）

【概况】 2019年末，山东公司员工总数2 681人，其中，具有正级高级专业技术职称21人，高级职称163人，高级技师47人，技师145人，核心人才119人。公司设有5个党委部门、13个行政部室、1个研究院、1个货车制造中心及6家全资子公司、1家控股子公司。设有济南东、西两厂区与常熟生产基地，占地面积合计154万平方米；拥有各类设备3 684台（套），其中大型、精密设备161台（套）。资产总额94.93亿元，全年实现营业收入54.12亿元，归母净利润1.7亿元。

【改革改制】 深化干部人事制度改革，积极探索“两制一契”模式，导入职业经理人制度，在风电和环保产业成功引进急需高端人才，在风电公司总经理岗位首次选聘职业经理人。搭建人才成长和岗位价值创造平台，导入职业生涯发展通道管理模式，在产品研发、市场营销和其他一般技术管理岗位，推行职业生涯通道管理。坚持价值导向和效益优先原则，构建适应集团化管控要求的薪酬总额激励模式和人工成本体系。利用国家“处僵治困”相关政策，分流安置39名员工内部退养；积极与政府部门协调，妥善安置员工，完成济南北方铁路机械厂大集体改革。启动退休人员社会化管理服务移交工作。

【企业管理】 公司将2019年定位为“精益·价值年”。举办大厂精益论坛暨2019年改善成果发布及评选活动。搭建母子公司管控体系，提升集团化管控能力。积极推进规章制度废改立工作，按时完成两年整改计划。组织招标采购728次，货车重要零部件内部配套采购率达98.7%。参与中车EC系统二期建设，策划了系统的基本蓝图、操作流程和指导手册。完成固定资产投资41 465万元。完成两化融合体系贯标外审工作。2019年公司能源消耗总量同比下降13.6%；万元增加值综合能耗0.055吨标准煤/万元，同比下降25%；万元产值综合能耗0.01吨标准煤/万元，同比下降24%。

【生产运营】 全年新造铁路货车11种车型5 116辆，其中国内货车7种，出口货车4种，创当年单线月交车792辆的最高记录。C_{80B}、C_{70E}型敞车生产效率同比分别提高18.2%、16.7%。主型货车实现“半天转型、一天达产”。德国DB项目560.3型车开始批量生产，560.4型车完成设计。积极推进DB项目物料国产化，持续提高国际供应链管理能力。全年完成7种车型共计20辆工程车的生产制造，其中完成济南地铁R1和R3线、佛山地铁2号线等工程车项目。紧抓风电产业“抢装潮”机遇，完成中车第一个自营风电场骆驼山项目的风机吊装工作。钢构产业由提供“产品”向提供“产品+服务”转变。新布局湖北大悟、内蒙古呼和浩特两个塔筒生产基地，首次向法国出口塔筒，并成功交付首批海上塔筒。集便器产品实现动车资质全覆盖，全年新签8列短编组、7列长编组时速350公里标动用集便产品订单，实现在各主机厂小批量装车。常熟一期、二期项目进入商业运营期，并实现运维收入。成立上海崇明农村生活污水处理工程运维养护中心。自主开发的智能数显扳手达到国际先进水平，并实现批量生产销售。成功交付国内首条机车、城轨转向架智能化生产线相关配套装备。中标北京、广州地铁智能化装配项目，首次进入城轨下游零部件市场。

【科技创新】 完成瑞士 Sggmrss90 型关节式集装箱平车、德国 DB 公司 Laaers 560.3 型汽车运输专用车、Sggmrss90 型关节式集装箱平车、伦敦地铁工程车、坦桑尼亚集装箱平车及佛山地铁、济南地铁等工程车设计开发。完成符合欧洲标准的铁路货车螺栓强度计算关键技术研究及满足欧洲标准的铁路货车焊缝疲劳仿真关键技术研究。完成旅客列车清洗机系列产品及 2t/d 净化槽国产化研制。完成农村有机固体废弃物处理关键技术及模式研究和示范应用项目的样机试制、中试试验。全年申报各级科技项目 44 项，其中获山东省经信委技术创新立项 13 项，成功申报省重大专项 1 项。主持或参与国家标准 4 项、行业标准 2 项、中车企业标准 5 项，山东公司企业标准 28 项。全年申请专利 79 件，其中国外发明专利 7 件，国内发明专利 57 件。取得计算机软件著作权 12 项。通过国家高新技术企业复评。通过 ISO 17025 国家实验室认可复审及船级社认证复审。重点实施锡盟骆驼山 50MV 集中式风电项目、净化槽技术引进和分散式污水处理设备产业化项目。

【国际业务】 积极开拓欧洲、非洲及亚洲等重点市场，签订苏丹货车、坦桑尼亚货车、埃塞俄比亚货车、马达加斯加配件等货车整车及配件销售合同。做好加蓬货车维保服务，规范加蓬维保基地建设，并积极推进其他项目落地，顺利签约埃塞俄比亚亚吉铁路货车维保项目。签订法国风电塔筒、古巴和尼日利亚集便器、莫桑比克道岔等多元产品订单。加强海外办事处建设，全力打造公司海外制造、研发及营销中心，进行周边市场海外布局。

【市场营销】 全年中标各型货车 3 985 辆，其中国铁货车 3 800 辆，企业自备车 185 辆，全年实现销售收入 16.07 亿元。全面加强应收账款管理，集中力量关闭一年期以上账款项目。全年网上采购率达 96.5%。风电公司全年获取项目订单近 200 万千瓦，签约额 72.7 亿元。中标 16.5 万千瓦风资源项目开发权，首个自营风场骆驼山项目正式开工建设。环保产业与靖江市政府签订特许经营协议，中标常熟三期项目。中标北京、广州地铁智能装配项目。签订国内新能源客车领域智能化项目，完成国内重卡领域第一条智能化线体的交付。

【质量管理】 全年未发生一般 D 类及以上事故。全年典型故障反馈 1.985 件 / 百辆，完成≤ 2 件 / 百辆的年度目标。顾客满意度 CSD 数值是 97.806 分，完成≥ 97 分的年度指标。在货车系统推行检验人员红线管理办法，在国际项目生产环节实行“质检项目经理制”。按照“中车 Q”体系要求，修订《国内铁路货车售后服务管理办法》等体系文件。

【资产管理】 加强设备管理，生产设备完好率 96.3%；故障停机率 0.11%；重大设备事故为零。全年采购焊接设备、外圆抛光机、制动管气密性试验装置、全自动切管机、标志牌刻打机等设备 197 台（项）。全年共签订基建工程合同 136 份。完成预处理水性漆应用改造工程，新增不锈钢搅拌釜、水性漆专用喷漆泵等设备 21 台（套）。完成德国 DB 项目所需车型研制和批量生产的设备与设施建设，新增氩弧焊机、数控铣床、数显卧式镗床等设备 92 台（套）。积极推进东厂区闲置资产处置。完成常熟项目部分基础建设。完成教育楼改造项目。完成大修 83 项，其中计划外 19 项。做好家属区“三供一业”分离移交、厂办企业大集体改革、泰山疗养院资产处置、退休人员社会化管理以及存续企业资产管理、土地权属变更等相关工作。

【技术改造】 全年完成C_{70E}型敞车、C_{80B}型不锈钢敞车、加蓬敞车、伦敦地铁车、德国双层汽车运输车等25种货车产品、大部件的试制或批量生产工艺技术准备工作。开展标准工位建设，提高精益制造能力，持续优化车体总装线工艺布局。做好DB项目工艺设计开发及各项技术准备工作，通过样车试制验证，对原材料存储、瓶颈工序、设备能力、质量要求、局部布局、焊接顺序等识别改善点进行持续改善，确保批量生产稳步展开。完成EN 15085、ISO 3834焊接体系年审工作。完成德国DB项目STBP 2焊接审核。完成各类工装设计225项，其中非标工具83项。

【人力资源管理】 组织制定27项管理制度，优化30余项人力资源管理指标。开展中层管理人员综合考核评价和任期考评。实施劳务派遣供应商市场化选用，完善用工机制，优化用工结构。建立中层管理人员、优秀青年人才领导力提升培训机制，组织培训11期。制定《大厂工匠评聘管理办法》，有3人被聘为“大厂工匠”。加强人才政策研究，编制《人才支持政策指引》。加强企业年金管理，保持企业年金保值增值，2019年投资收益率达7.64%。全年招录各类人才197人。评聘核心人才123名，发放核心人才津贴115万元。实施重点人才开发项目，培养中车各级国际化人才21人；培养并聘任内训师57人，开发课程57门；组织写作提升培训3期；开展多能工培养培训，平均每条示范线多能工大于5人。组织各类人员外出培训86期、169人次；内训77期、5 882人次。落实《产业工人队伍建设实施方案》，加快技能人才培养，高技能人才占比达到62%。加快技师工作室建设，深入推进技师攻关和导师带徒活动，技师攻关课题成果66项，签订带徒协议400余份。参加各级技能竞赛4期，公司获得齐车集团焊接大赛团体二等奖。成功举办公司第一届“匠心杯”技能大赛，共9个工种300余人参赛。

【企业文化建设】 全年上海崇明水务项目被中央电视台综合频道《新闻联播》《美丽中国》及财经频道《深度财经》播出3次。利用公司在德国成立办事处，牵头组织参加意大利展会，与驻公司的英国、德国人进行广泛交流，加强文化融合。借助公司是山东省第一个企业党支部和第一个产业工会这一红色优势，以及厂史馆这一历史优势，加强红色文化传播。厂史馆全年共接待参观人员160余批、2 200多人次。制作的专题视频获得致敬新中国70华诞“最富活力山东企业称号。”全年在新华社、人民网、中国新闻网等国家及省部级以上媒体发稿30余篇。编发官微152条。创办《新闻快播》，已制作播出22期，使公司异地、海外员工在第一时间能了解中车和公司的大事要事。“五一”劳动节、新中国成立70周年、“中车日”之际，通过合唱、快闪、文体活动等及时宣传企业文化。开展“我与公司共成长”系列活动。组织1 800名员工开展“不忘初心、逐梦前行”歌咏大赛。完善品牌工作制度、实施计划，加强BI网站管理，建立全覆盖品牌工作网络，编发21项品牌关键接触点行为规范。围绕精益管理，精心策划“精益视窗”“精益小讲堂”“大厂精益论坛”等专栏专题。组织开展“高层领导讲精益”“精益思想大家谈”活动。

【党群工作】 坚持以习近平新时代中国特色社会主义思想为指引，深入学习贯彻党的十九大及十九届历次全会精神和习近平总书记视察中车集团重要指示精神。组织召开公司第一次党代会，选举产生新一届党委委员会和纪律检查委员会，明确提出公司未来五年的奋斗目标和发展思路。严格落实中心组学习制度，坚持每月一次集中学习，每季度一次学习研讨，坚持每月下发《中心组学习》专刊，进一步推进基层中心组学习规范化、制度化。深入开展“牢记总书记嘱托，致力高质量发展”大讨论活动，共形成调研报告31篇。落实意识形态工作责任制，定期了解各单位意识形态工作情况，牢牢把握意识形态工作的领导权、话语权和主动权。加强形势任务教育，通过撰写文字材料、评论、报纸、微信、广播等深入进行教育引导，践行中车、齐车集团战略和文化，凝心聚力，共促发展。围绕打造中车党建“金名片”，不断夯基础、补短板、抓特色、树品牌。落实党委主体责任和领导班子成员“一岗双责”，加强“三基建设”，严格做到“四同步、四对接”，健全完善基层党建工作制度，全面提升规范化、标准化水平。完善“三重一大”决策机制，严格执行决策信息上报制度，发挥党委“把方向、管大局、保落实”作用。扎实推进国资委政治巡视和中车党委专项巡视整改工作，年内各项整改任务全部按计划完成。深入开展“不忘初心、牢记使命”主题教育，坚持做到“四个贯穿始终”，着重突出实效性，聚焦为民服务解难题，改造一线职工更衣室，增设空调设备。持续加强两级领导班子建设，坚持内部选拔与市场化选聘相结合，加强“两制一契”管理，不断拓宽选人用人视野和渠道。完善《构建“不能腐”体制机制实施方案》，强化监督执纪问责。开展“百名纪检干部讲纪律”教育宣讲活动，做到对所有支部全覆盖。设立党委巡察办公室，开展第一轮巡察工作。完善“三重”帮扶救助制度，开展“六送三关注”活动，丰富员工精神文化生活，提升员工幸福感、获得感。关注青年员工成长成才，开展青年“六小”科技攻关等活动，策划举办第二届青年英语风采大赛。

【重要纪事】 1月3日，水利部副部长陆桂华在中车集团公司副总经理贾世瑞，苏州市副市长蒋来清陪同下考察公司常熟农村污水处理项目。1月15日，全国总工会副主席张工到公司走访慰问困难员工。3月19日，公司与德国DB货运公司签署战略合作备忘录。4月25日，中车集团公司副总经理魏岩到公司调研指导企业改革改制工作。4月27日，尼日利亚联邦交通部长Amaechi到公司参观访问。5月15日，同力钢构公司出口法国的风电塔筒在天津港装船发运。5月30日，公司为济南地铁R3线研制的工程车通过出厂验收。6月5日，公司在上海崇明首个农村污水处理项目通过完工验收。7月9日，中车集团党委“不忘初心、牢记使命”主题教育第一巡回指导组到公司指导主题教育。7月12日，齐车集团副总经理兰叶到公司调研产业发展和企业经营情况。8月15日，山东省省总工会主席张江汀到公司调研。8月，同力达公司混合所有制改革工作启动。10月3日，公司德国DB项目560.3型车样车在青岛港装车启运，发往欧洲。10月25日 公司与中车四方所、济南轨道集团签订合作协议。12月23日 公司举行山东中车风电总经理（职业经理人）竞聘会，正式启动职业经理人社会化选聘。12月底，厂办大集体改制完成。

【公司党政工负责人】

党委书记	王子长
董事长	王子长
副董事长	李广伟
总经理	李广伟
副总经理	杨知猛　郑旺春 耿家声　代西恩 刘少印 于帮会（5月免） 刘寅华（8月任）
总工程师	于帮会（5月免）

刘寅华（8 月任）
财务总监　刘少印

党委副书记　李广伟　范永强

纪委书记　范永强
工会主席　范永强

（山东公司　供稿）

中车风电（锡林郭勒）有限公司

（统一社会信用代码：91370100664851254J）

【概况】 中车风电（锡林郭勒）有限公司隶属中车齐车集团，是中国中车为拓展新能源板块市场，投资打造的以整机制造为核心、配套核心配件生产为支撑、运维服务为依托的国内一流兆瓦级风电装备产业园。公司占地300余亩（1亩=666.7平方米），专业从事风力发电设备及主要零部件的研发、制造、销售及风力发电工程的设计、建设和技术服务，具备年产500套1.5～3兆瓦风力发电机组及风机配套机舱罩、变流器、主控柜、变桨系统等大部件的能力，市场辐射内蒙古、河北、山西等地。公司现拥有各类设备11台，其中B类4台，C类7台。拥有各类工装31台（套），其中，A类1台，B类4台，C类26台。

【生产经营】 全年实现营业收入1 771万元，净利润8万元。9月，新签107.5兆瓦风力发电机组设备供应合同；11月，签订117.5兆瓦风力发电机组设备合同。

【项目执行】 中车风电骆驼山项目全部风机已经吊装完毕。与中国电力工程顾问集团东北电力设计院有限公司在执行的两个风力发电机组合同正在有序推进。

【公司负责人】

董　事　长　李宝明

总　经　理　杨　凯

副总经理　杲和刚

（山东公司　供稿）

中车长春轨道客车股份有限公司

（统一社会信用代码：9122000735902224D）

党委书记、董事长　王　润

总经理　安忠义

【概况】　2019年末，中车长客股份公司员工总数13 659人，其中，具有高级专业技术职称1 215人、中级职称1 153人；高级技师466人、技师1 447人；硕士及以上学历1 056人。设立一级机构29个、二级机构123个、全资和控股子公司19个。用地总面积396万平方米，建筑面积130万平方米；固定资产原值109亿元，净值57亿元。全年实现销售收入360亿元，净利润27.8亿元。

【规划发展】　紧盯跨国经营战略目标，持续推进国内外战略布局、技术布局和产业布局，基本完成公司的全球化布局，并为企业转型升级找准方向。国内布局方面，持续推进深圳和北京二七公司增资、西安公司引资等工作，完成天津公司正式注册，在原有六大区域基础上，增加以深圳为中心的粤港澳大湾区，区域营销网络更加完善。海外布局方面，建立美国、澳大利亚、以色列等海外制造或检修运维基地，并根据国际形势，对不同区域建设思路进行了调整，为跨国经营奠定基础。技术布局方面，国内外6个研发中心均已走上正轨，欧洲研发中心并购工作稳步推进，形成以长春本部为主体、多地协同发力的研发格局。产业布局方面，确立公司的主营业务是轨道交通客运装备全寿命周期服务业务，并开始建立全寿命周期服务体系，搭建了检修运用模板，开展了城市轨道交通智能运维系统建设，为未来高质量、可持续发展打下基础。

【经营管理】　持续推动“6621运营管理平台”建设，全面推进精益制造体系贯标，建设一级精益车间4个、二级精益车间7个、三级精益车间13个，获评中车级精益车间5个，精益车间覆盖率达到68%；建设工位制节拍化生产线35条，精益标准示范线32条。大力开展降成本专项行动，着力解决影响成本管理的短板和瓶颈问题。初步搭建设计成本管理体系，梳理了8个平台项目的设计配置清单及7个平台项目的采购成本，为后续开展标准平台产品成本数据库建设工作奠定基础。完善两化融合管理体系，发布两化融合一、二级新型能力，通过国家两化融合管理体系认证评定及首次复审。发布支撑经营管理全周期的信息化蓝图，并利用 SAP、PDM、MOM 等系统推进管理蓝图固化。完成虚拟制造技术体系搭建及业务执行标准的建立，初步具备冲压、机加、焊接等工序仿真验证能力。

【科技创新】 秉持自主创新的技术发展路线，加强创新能力建设，进一步增强了技术对企业发展的支撑力。在研发能力建设方面，开展国家级“一室、一站、一中心”建设工作，完成国家工程实验室二期工程建设并投入使用，已具备 15 大类 69 个项点的 CNAS 检测资质；不断加强院士工作站建设及运行，联合行业顶尖专家，合作开展关键技术研究。在新产品研发方面，以市场和客户需求为导向，开展时速 400 公里跨国互联互通高速动车组等新产品的研发工作，进一步完善公司产品谱系，填补部分产品和技术空白。在基础、前沿及核心技术研究方面，依托各地研发中心，系统规划并实施基础技术研究。在工艺技术开发方面，实现碳纤维制造工艺突破，探索了设备舱地板、车体内饰板等部件制造的工艺参数；牵头编制轨道交通装备激光焊接技术条件，形成中车技术标准，并在集团内发布执行；绿色环保的水性涂料、胶粘剂实现批量应用，VOC 排放治理成果显著；工艺实验室通过 CNAS 国家认证，标志焊接和化工技术开发能力、有限元分析能力达到行业领先水平。年内，多项创新成果获奖，科技地位进一步提升，其中，“京张高铁复兴号智能动车组”获中国设计红星奖原创奖银奖、“时速 350 公里复兴号中国标准动车组车体研究”获铁道学会科技进步奖特等奖、“地铁车头墨尔本（HCMT）”获中国专利外观设计优秀奖、“铝合金厚板搅拌摩擦焊方法”获吉林省专利金奖。

【生产运营】 公司总体生产任务比上年有较大增幅，特别是在城铁车板块任务量大幅增加的情况下，经过周密组织生产，全面释放产能，圆满完成各项生产任务，保证了经营业绩持续稳步增长。实现安全生产零死亡、零重伤。运营方面，完善了依法治企体系建设。以体系、流程、制度建设为依托，组织各系统开展层级式流程体系建设，制订各岗位工作步骤，将依法治企体系贯彻到岗位层级，形成以岗位为最小工作单元的操作规范。持续推进公司内部及下属各级子公司制度废改立工作，全年完成公司全级次 3 042 个制度的废改立，全面优化公司基本制度体系和运行机制。搭建集团化管控体系，按照“战略引领、根在长客、重点集中、运营管控、法人独立、区域经营”的工作思路，完成公司的集团化管控模式方案设计，构建了集团化管控的顶层体系。组织各系统进一步梳理制度、流程对子公司覆盖情况，理顺母子关系界面，编制各系统集团化管理手册，从系统、体系及平台等维度实现集团与子公司的有效对接。落实子公司指标管理体系，确立经营指标基本框架，各子公司已经开始承担公司收入、利润等指标，初步发挥对母公司经营的支撑作用。

【市场营销】 紧跟市场形势变化，充分发挥国内外布点的市场辐射功能，市场订单收获丰硕，市场地位不断稳固，为企业持续经营奠定基础。铁路客车市场方面，实现高铁市场份额和配件销售稳中有升，检修签约额大幅上涨。城铁车市场方面，持续巩固传统市场，积极开拓新市场，并努力拓展维保修理业务。中标厦门、金华等新造项目，以及深圳 3 号线等维保、架大修项目。海外市场方面，积极应对中美贸易摩擦带来的不利影响，实现悉尼双客二期采购项目、埃塞俄比亚轻轨转向架返修项目等合同的顺利签约。连续中标波哥大地铁和有轨电车项目，进一步巩固和开拓了美洲市场，并在海外市场实现“产品＋服务”业务模式新突破。

【人力资源管理】 不断落实人才强企战略，持续加强人才队伍建设，提升人才对公司实现跨国经营的支撑力。人才引进方面，初步构建集实习生培养、高校毕业生及留学生招聘和成熟人才猎取为一体的人才招聘体系，在国内30余所高校及德国五所一流工科院校开展招聘工作，首次面向铁路院校开展硕士研究生联合培养工作，加速培养公司所需的技术人才。人才机制建设方面，推进薪酬体系改革和人才发展“双通道”建设，完成技术系统人才发展通道聘任工作，进一步调动了员工的积极性和创造性。人才培养方面，持续开展技术、管理、国际商务等各项培训，开展职工经济技术创新和岗位技能竞赛，促进各层次人才素质提升。完成国际化高级项目学员培训工作，高素质国际化人才队伍初具规模。干部管理方面，修订完善干部考核制度，发布反对“五种不良作风”工作方案，营造了重实干、弘正气的氛围；举办新时代企业经营管理干部培训班，着重培养优秀管理帅才；开发“大数据＋干部管理”的干部管理信息系统，提升了干部管理水平。作为中车唯一推荐的子企业，公司干部管理工作经验被国资委采纳，成为全国央企范围内学习的典型案例。

【质量管理】 持续强化质量管控，实现产品质量和工作质量提升。运用ISO/TS 22163体系的理念、原理和方法，结合公司质量工作的实际，对各子系统的质量管理体系进一步梳理和融合，并以流程制度的方式将其固化。以问题为导向，系统地分析源头及惯性质量问题产生的根本原因，针对与这些原因相关的质量要素，从体系制度入手，制定整改措施，确保不再重复发生。落实质量管理重心转移的要求，策划编制制度用以支持已编制的流程运行，实现市场投标、工作策划、业务实施、运维售后等各阶段工作质量管理全覆盖。通过开展质量提升活动，查找各系统在质量工作中的管理漏洞，并通过改进和完善，实现各系统质量管理体系与实际工作需求的匹配。通过质量提升活动的监督检查，提高了各系统按流程制度执行的自觉性，形成严谨自律的质量文化。

【企业文化建设】 始终坚持“科学、严谨、精准、法治”的工业文化，树立“诚敬报国、客户至上、崇尚奋斗、勇于担当、兼容并蓄、自信自强”的价值理念。利用报纸、广播、电视、新媒体等各类宣传阵地，围绕庆祝新中国成立70周年、自主创新、工匠精神、“一带一路”建设等主题开展全媒体品牌传播工作。深入宣贯公司发展路线、工业文化等企业特色文化，发挥价值引领作用，做到正能量充沛、主旋律高昂。开展“奋进长客新时代”主题教育实践活动，将形势任务教育与思想政治教育相结合，统一员工对企业发展的思想认识，在全公司掀起“开启跨国经营新时代”的新思潮。

【党群工作】 公司党委按照中央和上级要求，深入开展两个层级的“不忘初心、牢记使命”主题教育，将党员干部职工的思想认识统一到企业发展的初心使命上来，营造了秉持理想信念、坚守初心使命、敢于担当作为的浓厚氛围。公司各级党组织以建设党建“金名片”为目标，以打造高铁先锋工程为载体，以中车党建“九个一工程”为抓手，全方位抓好“三基建设”“三会一课”基础工作。党建“金名片”建设更加系统，形成2个党建工作标准化案例、11个党支部特色案例在中车集团推广，构建“一党委一特色、一支部一品牌”的党建格局。

【特色条目】

罗昭强荣获国家科学技术进步奖 1月，高速中心铁路车辆装调工、高级技师、首席操作师、中国中车首席技能专家罗昭强，创造的“高速列车整车调试环境模拟技术及应用”，在国家科技技术奖励大会上荣获科学技术进步二等奖。这也是高铁领域，一线工人首次获得该奖项。

公司以色列特拉维夫红线轻轨项目下线 4月，公司为以色列特拉维夫红线轻轨项目研制的首列车下线，该车辆采用全球低地板轻轨车最高技术标准，在网络安全、防弹、防爆、可靠性、舒适性以及性能表现方面均达到世界一流水平。

新一代中低速磁浮列车亮相 9月20日，由公司打造的新一代中低速磁浮列车亮相中国（长春）轨道交通博览会。作为成熟的商用磁浮列车，车辆交付于广东省清远市的磁浮旅游专线，开启“磁浮交通＋生态旅游”的全新旅游资源开发模式，成为国内首列投入商业运营的磁浮列车。

公司混合动力动车组CJ5E获得“准生证” 10月，公司获CJ5E电力动车组设计许可、制造许可双“准生证”。公司已经研发出“接触网供电＋动力电池”混合动力系统和“接触网供电＋油电”混合动力系统两种样车。动车组的行驶动力依据车辆行驶状态由单个动力源或多个动力源共同提供，最高运营时速为160公里，在绿色低碳方面的探索在国际上具有示范效应。

公司成为波哥大地铁指定车辆供货商 11月27日，中国企业联合体中标波哥大地铁一号线项目。中标联合体包括中国港湾和西安地铁，中车长客和加拿大庞巴迪为指定供货商。在整个项目中，公司作为中国港湾组建的联合体的指定车辆供货商，负责30列（7辆编组）GoA4等级无人驾驶地铁车辆的供货和长达20年的车辆维保服务。

“长客造”动车组在京张高铁承担首发 12月30日，北京至张家口高铁（含崇礼铁路）正式开通运营。中共中央总书记、国家主席、中央军委主席习近平作出重要指示。他指出，1909年，京张铁路建成；2019年，京张高铁通车。从自主设计修建零的突破到世界最先进水平，从时速35公里到350公里，京张线见证了中国铁路的发展，也见证了中国综合国力的飞跃。回望百年历史，更觉京张高铁意义重大。习近平强调，京张高铁是北京冬奥会的重要配套工程，其开通运营标志着冬奥会配套建设取得新进展，其他各项筹备工作也都要高标准、高质量推进，确保冬奥会如期顺利举办。京张高铁是我国“八纵八横”高速铁路网北京至兰州通道的重要组成部分，承担首发的“长客造”复兴号CR400BF-C型动车组最大的特点就是“智能”，即智能行车、智能服务、智能运维。

【重要纪事】 1月8日，公司员工罗昭强创造的“高速列车整车调试环境模拟技术及应用”荣获国家科学技术进步奖二等奖。1月13日，内蒙古呼和浩特市地铁1号线一期工程首列车下线。1月28日，公司召开2018年度总结表彰大会。1月31日，公司召开领导班子民主生活会，中车股份总裁孙永才、工会主席邱伟到会指导。2月20日，吉林省委副书记、省长景俊海在吉林省人大常委会副主任、省政府秘书长彭永林，长春市委副书记、市长刘忻等陪同下到公司参观调研。2月，公司与澳洲合作伙伴唐纳公司联合获得澳大利亚悉尼城市双层客车项目二期采购订单。3月8日，中国工程院院士、原铁道部部长傅志寰在中国中车总工程师张新宁陪同下到公司考察。3月25日，在中国中车主办、公司承办的清远中低速磁浮列车技术设计评审会上，清远中低速磁浮列车设计方案通过专家组评审。3月26日，在中国中车2019年两化融合工作会议上，公司大数据技术助力动车组故障预测与健康管理项目团队获中车两化融合创新实践优秀团队奖。4月2日，公司与都江堰轨道交通有限责任公司举行都江堰M-TR旅游客运专线项目签约仪式。4月9日，十三届全国政协副主席、致公党中央主席、中国科学技术协会主席万钢到公司考察。4月16日，公司举行以色列特拉维夫红线轻轨项目首列车下线仪式。5月16日，公司与长春理工大学举行战略合作协议签约仪式。5月22日，公司与长春市人民政府举行战略发展协议签约仪式。5月24日，经美国CMMI研究所发布许可，公司顺利通过CMMI-DEV（研发模型）和CMMI-ACQ（采购模型）三级的认证审核，成为全球唯一同时通过CMMI（研发和采购）双模型三级认证的轨道交通企业。5月28日，由中共中央政治局委员、天津市委书记李鸿忠，天津市委副书记、市长张国清率领的天津市党政代表团，在省委书记巴音朝鲁，省委副书记、省长景俊海等领导陪同下到公司考察。6月14日，公司顺利通过两化融合管理体系监督审核。6月，公司接连中标重庆市郊铁路尖顶坡至璧山段工程车辆设备集成采购项目和重庆市轨道交通2号线运营设备大修、更新改造项目。7月11日，中国中车党委副书记、总经理孙永才就中车“不忘初心、牢记使命”主题教育到公司调研。7月，公司中标世界领先高速综合检测试验列车研制项目。8月18日，公司举行中车长客长春车辆公司整体搬迁改造合作协议签订暨检修运维基地建设启动仪式。8月20日，浙江省委书记车俊在省委书记巴音朝鲁，省委副书记、省长景俊海等陪同下到公司考察。8月23日，陕西省委副书记、省长刘国中到公司考察。9月20日，公司打造的新一代中低速磁浮列车亮相中国（长春）轨道交通博览会。9月，公司中标世界领先高速综合检测试验列车研制项目。9月，公司成功中标武汉轨道交通11号线二期车辆工程采购项目。10月11日，海关总署署长、党委书记倪岳峰到公司参观考察。10月22日，国家发改委副主任、国家统计局局长宁吉喆到公司参观考察。10月30日，中国中车集团公司纪委书记王铵到公司调研。10月，公司CJ5E电力动车组获得国家铁路局颁发的设计许可和制造许可。11月27日，波哥大地铁一号线PPP项目签约仪式在哥伦比亚总统府隆重举行。12月4日，泰国BTS绿线延长线开通仪式在曼谷举行，由公司研制的崭新车辆正式亮相并将在新线运营。12月6日，厦门地铁3号线首列车下线。12月16日，公司上海轨道交通15号线全自动驾驶列车下线。12月20日，在京张高铁开通运营前夕，国铁集团党组书记、董事长陆东福，总经理杨宇栋等一行，乘坐京张高铁智能型复兴号动车组，对京张高铁建设情况进行现场检查调研。

【公司党政工负责人】

党委书记　王　润
董事长　王　润
总经理　安忠义（12月免）
副总经理　韩凤武（4月免）
周传河（7月免）
李景义　于洪波
娄彦君　王　锋
徐汝君　刘长青
张　波　刘长城
王贵久
沙　淼（8月任）
总工程师　刘长青（兼）
财务总监　徐汝君（兼）

党委副书记　安忠义（兼，12月免）
王献红
纪委书记　邸晋英
工会主席　王献红（兼）

（长客股份公司　供稿）

中车大连机车车辆有限公司

（统一社会信用代码：91210200241283929E）

党委书记、董事长　林存增

总经理　孙荣坤

【概况】　2019年末，大连公司员工总数9 442人，其中在岗员工9 433人，具有高级技术职称621人，中级职称951人。固定资产原值49.82亿元，净值27.82亿元。设备总数4 906台。占地面积220.60万平方米，其中老厂区占地面积114万平方米，新厂区占地面积106.60万平方米。公司设25个行政管理机构、9个党群工作机构、9个分公司。全年实现营业收入105.43亿元，全员劳动生产率110.36万元/(人•年)，利税总额5.37亿元，利润总额2.23亿元。

【改革改制】　3月8日，撤销审计监察部，组建审计和风险部；撤销机车分公司、钢结构分公司、电气分公司。10月1日，设立党委巡察办公室。11月4日，撤销监察部。推进以兰州管控为试点的子公司管控工作。推动存续企业改革，4月10日，完成高新园区分公司工商注销。处置低效无效股权，12月17日，完成大连机车天源实业有限公司全资子公司大连强力机车工艺装备有限公司注销。公司与中车集团公司签订二七机车厂100%股权无偿划转协议，12月24日，完成股权交割，划转净资产18 818.78万元。推进厂办大集体改革工作，通过内部整合重组的方式启动大连机车车辆厂激光应用中心等3家集体企业注销工作。12月25日，启动实施大连机车车辆厂配件二分厂等3家集体企业的改制工作。做好企业股权管理工作，7月16日，完成太原中车轨道交通装备有限公司参股，设立太原中铁轨道交通建设运营有限公司。做好“创建世界一流示范企业”工作，10月，成立以公司董事长和总经理为组长的领导小组，组建公司深化改革办公室。

【企业管理】　深入推进精益管理，公司领导部署、动员，带头学精益、干精益，强势推进“一把手”工程；建立以主要财务指标为重点的三级精益指标管理体系；工位制节拍化产线建设覆盖率达到100%；精益物流信息化配送范围扩大至5个分公司7条产线，城铁分公司车辆车间实现信息化一级配送全覆盖；打通SAP系统与物流MES系统的数据通道，SAP系统中整车成本构成更加准确。加强质量管控，深入开展“大反思、大讨论、真提升”活动；IRIS 和 CRCC 铁路产品认证体系通过外部审核；开展 FXD3 型动力车“记名造”，覆盖 95 个工序 1 467 个项点，总装一次提票数降低 36%；国铁机车全年机破数同比降低 27 件，兰州公司在全路大修机车质量综合排名中连续获得第一名。不断深化人才培育，召开首届青年工作会议，表彰第一届“十大杰出青年”；加强产业工人队伍建设，在中国中车第三届职业竞赛中荣获团体二等奖；搭建国际化人才库，建立海外项目人员培养与派出双向优选制度，形成“选拔—培训—使用”的国际化人才培养机制。扎实开展风险管理，以“全面 + 专项”方式，相继完成全面重大风险、境外风险等专项排查工作，持续跟踪 PPP 项目风险；打造以合规为内涵的内部监管体系。完善法治建设，以推进法治建设为主线，强化落实企业主要负责人履行推进法治建设第一责任人职责；以落实合规管理指引为抓手，建立合规管理体系；以防范法律风险为重点，开展法律和招标风险排查；建设 BPM 合同管理信息系统，提升合同管理水平，加强法治宣传教育，构建依法合规经营环境。

【生产发展情况】 完成新造内燃机车 50 台，其中 HXN_3 型机车 39 台（其中自销 3 台），HXN_{3B} 型机车 1 台，DF_{4D} 货 6 台，$DF_{4D}D$ 1 台，GKD_{1A} 机车 2 台，$DF_{10D}D$ 1 台。新造电力机车 284 台，其中 HXD_{3C} 型货运机车 162 台（其中自销 3 台），HXD_2 型机车 48 台，FXD3-J 型动力车 74 台。新造城市快速轨道车辆 264 辆，其中城市快速轨道车辆（四动二拖）78 辆，城市快速轨道车辆（二动一拖）78 辆，城市快速轨道车辆（二动二拖）12 辆，城市快速轨道车辆（四动四拖）24 辆，城市快速轨道车辆（三动三拖）72 辆。修理机车 79 台，其中大修 DF_{10D} 调机车 1 台，HXN_3 型机车（C4 修）2 台，HXD_3 型（C6 修）17 台，HXD_{3C}（C6 修）59 台。修理城轨车辆 4 辆。

【新产品新技术自主开发】 牢固树立“技术立企”发展理念，新产品研制稳步推进。整机方面，时速 160 公里动力集中内燃动车组动力车、时速 160 公里城际列车、尼日利亚阿布贾动力分散内燃动车组、智慧云控无人驾驶工程电机车等新产品相继下线，产品谱系持续完善。完成 4400 马力干线货运内燃机车低温等型式试验、3000 马力节能环保型混合动力调车机车全部型式试验、时速 160 公里客运内燃机车完成运用考核，产品试验有序开展。部件方面，完成 D180-16 高速柴油机型式试验并实现装车应用，完成 6240H 柴油机样机试制与型式试验。实现 100% 低地板有轨电车独立轮差速传动齿轮箱完全国产化，打破国外技术垄断。完成城际列车用系统集成式牵引变压器自主设计，填补公司技术空白。实现液压制动系统、DT 型单元制动器等装车应用。实现“大连市双创基地”挂牌。交通运输部首个绿色节能技术研发中心落户公司。

【市场营销】 坚持“顾客引领、市场导向”的理念，以“投资 + 产业”“产品 + 服务”等多种营销模式开拓市场。机车方面，获得国铁新造机车订单 207 台，检修机车订单 307 台，自销机车订单 21 台。城轨方面，获得西安地铁 6 号线 318 辆、广州地铁 13 号线 336 辆、太原地铁 2 号线 144 辆无人驾驶地铁订单，签订大连地铁 3 号线大修、架修合同。柴油机方面，签订船用柴油机 12 台、船用及路用柴油机修理改造 50 台订单。海外市场，签订 24 台乌兹别克斯坦电力机车、2 台南非矿业公司内燃机车合同。新产业方面，空气净化系统、憎水性保温降噪环保材料等 4 个项目实现签约；风电板块累计新签塔筒订单 319 套。全公司累计新签订单 173.5 亿元，同比增长 23.9%。HXD_{3B}、

HXD_{3D} 型电力机车获得维修许可证。沈阳大功率机车配件中心作为国内首个路企共建机车配件中心正式挂牌运营，西安、北京等“配件超市”开业，后服务市场潜力持续深挖。

【售后服务】 创新售后服务模式，着力提升顾客响应能力，组建“一体化”售后服务团队，升级“远程技术支持平台”，构建国铁产品运用现场—客服中心—技术平台“三点一线”响应机制，畅通应急信息快速响应渠道，实现故障不过夜分析和快速处置。C6 修布线等工艺提升获得国铁集团高度认可，常规修检修停时降至 28 天。累计新造出厂和谐型机车、复兴型动力车共计 4 330 台，整车在质保期内 795 台。累计检修和谐型机车 1 082 台，整车在质保期内 85 台。机车配属 18 个铁路局集团公司 53 个机务段和 8 个车辆段，以及神华集团、广西沿海 2 个地方铁路用户单位。全年共收到国铁集团、各铁路局段电报、传真以及现场服务人员外部质量信息报告 2 177 件，共接待 15 个路局（公司）26 个机务段的机车监造人员 131 人、乘务员 468 人。

【多元经营】 全年实现销售收入 11.18 亿元。至年末，公司所属集体企业有：配件分厂、配件二分厂、工贸公司、粉末冶金厂。在册员工总数 1 683 人，其中集体员工 1 582 人，国有员工 101 人。配件分厂陆续交验天津工务公司钢轨超声波探伤车、轨道检查车、天津地铁 1 号线重型轨道车、沈阳地铁 9 号线、10 号线接触网检测作业车，共计 4 种车型 5 辆工程车。产品开发部负责牵头的探伤车及轨道检查车顺利完成车辆各项试验并通过国内专家级项目出厂验收评审，填补配件分厂高端工程车辆的空白。配件二分厂成功研发时速 160 公里内燃动车组制动电阻装置、通风机、制动部件装配和风源系统等 19 种部件，并实现同时在一种车型上装车运用。粉末冶金厂批量生产了 160 公里动车的铝合金顶盖、各种铝合金柜体等产品，产品结构逐步由碳钢向不锈钢、铝合金产品升级。工贸公司研制 Φ80 直径 HXD_2 机用压力表、Φ75 直径动高铁新型通用压力表、160 公里动车组新型窄幅电压表、网压表、速度表，以及 3000 马力功率吊车的五类传感器等产品，并全部试验成功。

【基建与技改】 全年完成大修理计划项目、工艺调整项目、技改项目、设备基础及配套设施项目、厂区环境综合整治项目等共计 43 项，合同金额 557.54 万元，包括重大项目招标 14 项，中标价合计 403.58 万元；完成老厂区厂房及建筑物各类维修 104 项，完成旅顺新厂区各类维修 10 项，合同金额 118.90 万元；完成老厂区厂房及建筑物屋面防雨维修 36 项，合同金额约 60.08 万元；完成车间经费维修项目 21 项；完成大连机车旅顺基地建设项目共 19 项，完成投资额 300 余万元。柴油机公司气缸盖生产线数字化升级改造项目总投资 2 000 万元，规划新增机器人、AGV 物流车和数字化检具等装备，提升原有两条生产线的数字化水平；新建一条阀座装配线、一条气缸盖数字化装配线，升级现有各信息化系统和装备，并进行融合集成，构建与信息系统集成的数字化制造体系。总投资 64.3 万元，对工艺企业文化展示区由北一跨 V19-U20 处移位至北三跨东侧 L40-K41 区域，北三、四跨总装流水线终端工位西侧各增加一个登高安全台位，对北三、四跨的总装流水线中耐压工位进行布局调整，设置固定式防护工装进行隔离。

【党群工作】 以习近平新时代中国特色社会主义思想为指导，深入贯彻党的十九大精神，围绕集团公司党委打造党建“金名片”的工作主线，以“标准化支部建设”为抓手，着力打造党建特色品牌，全面提升党的建设质量。公司党委全面开展“不忘初心、牢记使命”主题教育。对巡视整改工作进行专题研究，制定下发《关于推进2019年巡视发现问题清单及决议目标整改落实的通知》，推进问题整改和销号。中车党委巡视四组对公司进行了“常规＋专项＋专题”巡视，公司党委制定260余条整改措施，形成整改方案，并有序推进整改落实。第一批主题教育期间，党委理论学习中心组进行集体学习12次，完成学习研讨48课时。举办2019年两期中层领导干部“不忘初心、牢记使命”井冈山专题党性教育培训班和第二十期中青年干部培训班。完成中国中车党委党建“金名片”系列丛书编著相关工作，牵头编著《党支部标准化建设手册》，公司4篇党支部党建特色案例入选。对公司所属42个基层党组织的党建基础工作进行专项检查指导。持续建立完善基本制度，印发了公司《民主评议党员细则》《基层党组织书记述职评议制度》。重点策划组织公司建厂120周年暨首届机车品牌文化节系列活动，举办公司纪念建厂120周年暨自制25米机体加工数控组合机床搬迁启动仪式；发布公司建厂120周年徽识，摄制电视纪录片《机车摇篮、逐梦前行》，建设完成公司“摇篮情、复兴梦”文化展示区，举办“庆祝新中国成立70周年暨中车大连公司建厂120周年大会”等一系列工作。组织开展“大反思、大讨论、真提升”活动。“擦亮金名片，做好中车人”主题活动取得新成果。将BI建设融入公司精益车间建设和精益管理过程评价体系。强化巡察工作力度，全年巡察基层党组织6个，覆盖率达到13.95%。各级工会组织紧密围绕公司生产经营任务，组织广泛开展劳动竞赛、职工经济技术创新和劳模创新工作室建设等活动。扎实开展“新小家”建设等工作，继续深化“六送三关注”活动。举办公司首次青年工作会议，举行公司第一届“十大杰出青年”评选表彰，全面落实中车党委加快青年员工成长成才十项措施，加强和改进新时代公司共青团和青年工作及党建带团建工作。

【特色条目】

旅顺基地项目建设 旅顺基地一期项目建设已基本结束，进入收尾阶段。年内，完成消防验收6项、工程质量验收4项，取得产权证3项。全年签订合同12项，合同金额265万元。旅顺基地二期建设项目已进入收尾和搬迁阶段。完成消防验收8项、工程档案验收11项、工程质量验收11项，取得产权证4项。完成项目可行性研究调整报告，通过公司“三重一大”决策。全年签订合同91项，合同金额1 803万元。旅顺基地二期（机车部分）建设项目完成转向架及机车总装联合厂房基础施工、物流中心基础施工；完成厂区铁路场地平整70%的工作。环形试验线项目建设内容已全部完成，形成批复要求的试验条件和试验能力。大连机车旅顺基地总降压站增容及管网配套建设项目完成档案专项验收和项目公司内部自验收。能源管控与关键设备智能监控建设项目可研已取得集团批复。大功率交流传动机车工程技术研究中心实验室建设项目建设可研已取得集团批复。大功率交流传动机车工程技术研究中心实验室建设项目，已完成项目备案、详规等手续。

公司与阿根廷国铁运营公司签署进一步合作备忘录 4月12日，由阿根廷国家铁路运营公司（SOFSE）公司总裁Marcelo Enrique Orfila率领的高级代表团到公司访问，双方签署进一步合作备忘录。Marcelo表示，阿根廷正处于铁路快速发展时期，SOFSE公司是阿根廷最重要的客运铁路运营公司，每天约有100万乘客搭乘SOFSE公司的列车出行。经过会谈，双方就公司出口阿根廷20台客运机车中修、大修技术支持及配件供应等问题达成共识，并签署进一步合作备忘录。

我国首台4400马力交流传动货运内燃机车下线 8月21日，我国首台4400马力交流传动货运内燃机车在公司下线。8月27日，在铁科院集团公司开始进行型式试验前的准备工作。这款机车是大连公司在成熟的和谐系列内燃机车基础上开发的新一代内燃机车产品，机车装车功率3 500千瓦，最高运营时速120公里，为DF_{4D}型和DF_{8B}型机车的升级换代产品。机车设计为底架承载式燃油箱、隔离式双司机室结构，采用内电统一平台驱动装置，实现各系统模块化设计，充分考虑机车设计的系统工程、人机工程、隐蔽工程、美学工程、安全工程，具有通用性、可维护性及可靠性等特点。机车动力源采用12V265C型中速柴油机，燃油消耗率198克/(千瓦·时)，排放达到EPA Tier3指标，配置PHM健康管理系统，具有远程数据传输、大容量数据存储、故障统计、智能化故障诊断及运用维护管理功能，以及智能、绿色、环保等特点。

公司首台“复兴号”动力集中内燃动车组动力车下线 12月末，由公司自主研制的首台“复兴号”动力集中内燃动车组动力车下线，开始进行调试及型式试验前的准备工作。该车是在成熟的和谐、复兴系列内燃机车基础上，借鉴时速160公里动力集中电力动车组成功的研发经验，开发的新一代内燃牵引装备。该车采用与电力动车组相同拖车，采用2M8T～2M12T灵活编组形式，适用于在既有线路上运行。该车型在微机网络、操作方式、轮轴驱动、重联、钩缓等方面，实现与FXD3-J型电力动力车全面简统，并实现互联互通互控，可与之进行混编，组成内电混编动车组，实现列车跨线不间断运行及旅客的快速送达，提高运输效率。该车动力源采用公司自主研发的D180-16型高速柴油机，装机功率3 000千瓦，燃油消耗率≤195克/（千瓦·时），加装后处理装置后整车排放达到EPA Tier4指标，达到国际领先水平，填补我国在大功率高速柴油机领域的产品空白。

【合资合作公司】

东芝公司 全年实现营业收入12.58亿元，净利润6 772万元，缴纳各项税收2.40亿元。生产的国铁机车配件实现销售收入9.33亿元，同比增长5%，其中主变流装置594台，牵引电机120台，TCMS控制系统176台，生产销售武汉地铁产品19编组；实现检修收入20 450万元，出口收入8 172万元。在新产品试制方面，完成机车用动力电池、双模式供电电源产品的样机试制，并在年内实现产品的装车试验。在售后及检修方面，继续维持7大片区责任分管，建立质量问题的快速响应机制，增强客户满意度。在C6修业务方面，东芝公司本地除HXD_3、HX_{3C}车型外，新增加HXD_{3D}相关产品的高级修资质，顺利推进了国铁集团各高级修业务的进行，并在大修本地化服务上提升了新的层次。年内，通过ISO 45001:2018安全管理体系、ISO/TS 22163:2017质量管理体系、ISO 14001:2015环境管理体系和CRCC铁路产品认证的监督审核。

【下属子公司】

珠海中车装备工程有限公司 北京西郊线和珠海1号线2个项目共计四列车辆如期交付，标志着年度主营任务按期完成。承接广东鑫光智能公司自动化生产线工装2套，加工生产建筑类钢结构1 000余吨。珠海基地一期项目现场验收全部达标，并以珠海基地项目验收报告形式通过集团总验收。第八标段土建部分已收工程款7 138.8万元，车辆部分已收工程款22 550.6万元；第九标段已收工程款3 803.7万元；第十标段已收工程款70 336.7万元（包含与海川地产三方协议）；第十一标段已收工程款3 362.6万元，共计10.72亿元。参与广州市轨道交通18号线、22号线车辆设备及运维服务采购、张家口崇礼奥运赛区太子城冰雪小镇有轨电车EPC工程设计施工总承包等项目投标工作；与中信、中建、广州市交通规划研究院、广东广华控股集团等单位共同推进荔湾区轨道交通和相关产业园的规划和建设等前期工作。8月，与山东曹县牧原农牧有限公司签订过滤器买卖合同，标志着公司正式进入空气净化行业。

【重要纪事】 1月24日，中车集团公司纪委书记王铵，走访慰问公司员工。2月14日，大连市委副书记、市长谭成旭到公司走访调研。3月2日，尼日利亚阿布贾内燃动车组设计审查会在公司召开，由公司设计的阿布贾内燃动车组通过审查。4月12日，由阿根廷国家铁路运营公司（SOFSE）公司总裁Marcelo Enrique Orfila率领的高级代表团到公司访问。双方签署进一步合作备忘录。4月18—19日，中国中车总裁孙永才、执行董事徐宗祥到公司检查指导工作。5月24日，甘肃省委书记、省人大常委会主任林铎到兰州子公司新厂建设项目调研。6月10日，公司正式启动HXN_3型过渡方案高原内燃机车C4合作修项目。9月28日，公司召开庆祝新中国成立70周年暨中车大连公司建厂120周年大会。10月28日，第28、29列西安地铁1号线增购车辆成功交付。11月5日，以公司牵头的沈阳大功率机车配件中心揭牌仪式在苏家屯机务段举行。

【公司党政工负责人】

党委书记	林存增
董事长	林存增
总经理	连家余（12月免）
	孙荣坤（12月任）
副总经理	马延臣　梁圣童
	高武清　王旭东
	曲天威　高中德
	王大伟　代兴军
	陈柏宁（1月任）
	孙荣坤（12月免）
总工程师	曲天威
财务总监	高武清
党委副书记	马延臣
	连家余（12月免）
	孙荣坤（12月任）
纪委书记	张　健
工会主席	马延臣

（大连公司　供稿）

中车兰州机车有限公司

（统一社会信用代码：9162010366004384X5）

【概况】 2019年末，兰州机车公司在册员工1 801名，其中拥有高、中级专业技术职称及高级技工706人。资产总额近33亿元，厂房面积16万平方米；拥有各类高、精、尖和重型设备2 330台（套），具有较高水平的理化计量和检测能力。公司下设23个部室、1个全资子公司、4个分公司、8个生产车间。全年实现营业收入8.7亿元。

【规划发展】 公司以强化战略引领和提高资源配置能力为主线，实行规划动态管控机制，建立和完善规划制定、实施、监督检查全流程管控模式。抢抓国家推进“一带一路”和甘肃省加快实施交通强省战略的机遇，制定《深入落实“三基地一中心一总部”战略定位实施方案》，实现公司战略与《中国制造2025》战略对接。以滚动管理推动战略落实，编制《公司2019—2021年滚动发展计划》，明确关键战略举措的资源支撑计划和保障措施，使战略规划成为引领公司高质量发展的重要依据。实施考核激励，保持发展压力，强化运营管控，推进提质增效，优化业绩考核。

【改革改制】 按照“六统一”的总体思路，实施风电运营管控模式变革，进一步整合风电板块各类资源，强化内部统筹协调能力，促生内部经营活力。积极推进纪检监察体制改制，撤销公司监察部，对原监察职能进行划转调整。推进“减员增效”“处僵治困”等专项工作，办理离岗退养75人，协商解除劳动合同16人。优化薪酬分配体系，实行全员绩效考核管理。关闭公司驻京办事处，以租赁方式盘活资产。完成公司兰工坪厂区供地拆迁工程，与中车科技园公司办理土地移交手续。厂办大集体企业改制工作于8月正式启动，相继完成方案制订、资产清查、资产审计评估、政策宣传等工作。实施“三供一业”分离移交，与兰州国资利民资产管理集团有限公司签订《中车兰州实业公司职工家属区物业管理及物业管理配套资产分离移交协议》。

【经营管理】 持续开展提质增效，不断提升经营品质。成立新厂建设、和谐型机车C6修、原址土地处置等13个专项工作组，有效推动工作开展。落实清欠责任，强力清欠催收，全年累计回款12.61亿元，年末应收账款余额5.55亿元，比年初的7.17亿元下降1.62亿元。年末库存资金余额2 707万元，比2018年降低1 997万元。一年期以上的存货，由年初3 097万元降至2 104万元。利用公司整体搬迁契机，通过合规程序，加快低效无效资产妥善处置；通过中车订钢网及甘肃省产权交易平台，全年处置原材料类、固定资产类低效无效资产，实现收入2 603万元；原驻京办6套房产全部出租。加强物资采购成本管控，将风电、工程机械物资采购职能、生产部委外修职能统一划归物资采购部，推行物资集中采购；对公司常规检修的各车型检修成本，进行重新写实、测算分析，继续开展检修攻关和精益改善，合理降低检修成本，有效提升经营效益。全年累计降低物资采购成本3 089万元。加强动能费用控制，全年累计节约风水电气等动能费用107万元。大幅压缩期间费用，对差旅费、业务招待费等各类非生产性费用严格管控，全年期间费用比上年减少1 117万元。持续加强危险源识别和分级管控，全年未发生死亡、连续安全生产 5 594 天，实现第 15 个安全生产年。12 月 27 日，公司顺利通过一级安全生产标准化企业考评。持续夯实三级环保管理网络体系建设，切实履行环保和能源管控职责，全年未发生环境污染事故。以新厂建设和 HXD_{3D} 机车 C6 修为契机，持续强化精益管理，开展精益“两模线”模拟推演，为后续“两模线”建设奠定基础。有序推进“两化融合”，顺利取得两化融合管理体系证书。落实巡视整改要求，深入推进“废改立”制度，对工艺技术纪律，以及物资采购、废旧物资管理、委外修、生产管理、党建工作等制度进行修订完善，理顺管理流程，加大制度执行的检查，并从严考核管理。

【科技创新】 推进 HXD_{3D} 型电力机车 C6 修技术开发，完成在新厂区检修静态评估所需的 21 项必要设备明细和技术要求；编制完成检修工艺文件 429 份、备品目录一册、检修记录 51 份、通用技术规则 61 本；编制完成作业指导书 111 本、62 项工装明细及 13 项工具明细；编制在新厂区的工艺分工、工艺流程、工艺流程图及关特工序等。加快推进电子实验室建设，修订《科研开发项目实施办法》，加大对科研开发项目的奖励力度，全年完成科研开发项目 23 项、质量提升项目 17 项。2019 年获授权专利 15 项，其中发明专利 3 项，向国家知识产权局提交专利申请 8 项。适应工程机械产品绿色环保低碳需要，与有关单位合作开发的国内首台智慧云控无人驾驶工程电机车成功下线，使公司工程机械产品在轨道工程机车无人驾驶领域迈出第一步。研制成功国内首创 40 吨准轨工矿机车，并打入东南亚市场。

【市场营销】 全年各业务板块累计新签订单 13.18 亿元，其中，机车板块承揽国铁机车 169 台，市场占比达到 23.4%；承揽地方铁路机车 76 台，合同金额 1.07 亿元。风电板块累计新签塔筒订单 410 套，合同额 7.59 亿元。驻外项目由“扩基地”向“选基地”转变，重点培育了宁夏银川、河南三门峡、山西运城等优质合作生产基地，项目执行更加顺畅，合同履约能力和经济效益得到提升。工程机械板块累计新签订单合同额 1.32 亿元。以色列、新加坡工矿机车项目成功交付用户。与泰国、乌克兰、乌兹别克斯坦客户达成合作意向，加快拓展东南亚、东欧、中亚市场。与兰飞公司合作完成 DF_{4D} 型励磁调节器、ZY2000 微机控制装置以及 DF_{7C} 电子恒功率调节器研制，目前研制的 3 种微机控制装置均已完成地面试验和车上试验。与甘肃省轨道交通有关企业达成业务互助协议，主动搭建产业合作平台，加快培育新的经济动力源。

【基建与技改】 公司新厂区机车检修厂房、铁路专用线、相关辅助工程等全面施工。项目红线外市政配套的供水、排污、供电、天然气、北环路连接线匝道基础工程、截排渠工程基本完成。红线内各项工程均已开工建设，联合 A 厂房工程已完成 86.27%；联合 B 厂房工程已完成 87.81%；联合 C 厂房工程已完成 80%；联合 D 厂房工程已完成 83%；挡土墙工程完成 100%；柴油机试验站、李黄沟工程桥梁工程和洪道改造工程全部完工；铁路专用线工程、综合办公楼及其他单体建筑、厂区道路管网工程正在进行基础施工。已签订项目建设合同总额约 21 亿元，占投资额的 86.21%；已支出 15.29 亿元，占投资额的 62.77%。原址土地处置方面，兰工坪厂区土地腾退拆除工作全部完成并交付，腾退土地 134 亩，取得 4 亿元的土地出让收益。扎实推进兰工坪厂区柴油机检修试验过渡搬迁，3 月 2 日，召开搬迁启动会；5 月 30 日，召开柴油机检修老厂过渡工艺方案技术交底及项目开工动员会，通过搬迁项目可行性方案，对搬迁工作进行整体规划；10月8日，柴油机车间全部设备全面投入生产，搬迁工作顺利完成。

【人力资源管理】 制定或修订《中层以上管理人员问责暂行规定》《工作交接管理制度》等制度，切实加强对中层管理人员的考核和交接管理，有效防范经营损失。破格提拔3名30岁以下年轻干部。深入推进薪酬体系建设，修订《公司工资管理管理办法》等制度，优化薪酬分配体系。完善公司核心人才考核管理，补充选拔公司首届核心人才57人。完成各类公司级培训238期8 520人次。健全完善人才选聘评价方法与工具体系，校园招聘本科生34人。制定公司工匠评选办法，授予王怀玉、张云峰2名员工“兰州机车检修工匠”称号。公司机车车间员工王继荣，在2019“嘉克杯”国际焊接大赛中，取得手工焊条电弧焊项目青年组一等奖第一名。

【质量管理】 以开展“强化质量意识、完善工作标准、严格过程管控”质量提升活动为主线，以客户需求为导向，制定质量专项提升目标，多措并举全面提升产品质量。顺利通过ISO 9001和ISO/TS 22163质量管理体系监督审核。深入推进“中车Q”体系落地，切实加强机车源头质量整治，通过完善检修标准和局段技术协议、严格落实质量工作责任制、建立零公里信息反馈渠道、对供应商现场审核和惯性质量问题攻关等措施，实现大修机车杜绝C类及以上质量事故，无大部件破损，零公里整备得分超950分等目标，公司在国铁集团2019年第1次、第2次全路大修机车质量综合排名中连续取得第一名的成绩，创造公司历史最好成绩。

【企业文化建设】 强化品牌营销价值，举行公司首台智慧云控无人驾驶工程电机车下线仪式，组织公司产品及品牌传播等系列品牌落地活动。公司策划的“敦煌文博会品牌案例”荣登国家品牌网。以创建“品质兰车”党建特色品牌为依托，深耕品牌传播，开展“第四届健康徒步走”“喜迎新中国成立70华诞暨公司建厂65周年文艺演出”系列活动，协办甘肃省职工“庆祝新中国成立70周年‘劳动筑梦’文艺晚会暨争做好网民主题活动”颁奖典礼，进一步提升了公司知名度和美誉度。大力推进BI建设，针对行为规范关键接触岗位，策划开展“机车检修质量大反思、大讨论、真提升”活动。继续深化中车VI规范，组织各单位对VI应用问题进行整改。策划实施公关活动，组织开展“匠心大讲堂”“最美家庭”评选“祝福祖国”微视频大赛、“大手拉小手、从家到‘家’”员工家属走进公司开放日活动，以及“我与祖国共命运、我与企业共成长”图片展等主题活动。

【党群工作】 公司党委深入开展“不忘初心、牢记使命”主题教育，检视出问题192项，均按计划有序推进整改，部分已整改完成，取得积极成效。坚持“三重一大”事项党委会前置。党委会全年依法依规集体讨论和决定公司重大事项33项，并将十九大以来的重大事项数据，上传国资委在线监测平台。制定或修订《公司党委意识形态工作责任制实施办法》等党内制度文件10多项。开展软弱涣散党组织整治，彻底消灭党员空白班组。对巡视整改任务目标进行梳理，在整改清单71项问题中，已整改完成70项。每季度对基层支部进行考核打分，评选党建先锋，并进行表彰奖励，党建工作日常指导、季度检查、年度评价、结果运用的考核评价体系日臻完善。加强党建特色品牌建设，创建形成“打造走行部质量精品”“党团双岗联动”“一融两精三提高”“激情风电”等一批基层党建品牌。充分利用新闻传媒资源宣传各类先进典型事迹，弘扬高铁工人精神。落实巡察工作责任，制定下发《巡察工作三年规划》《公司党委2019年度巡察工作计划》，对7个支部开展了巡察。切实推进全面从严治党向基层延伸。紧盯关键岗位，查找岗位风险点237个，有针对性地同步制定廉洁风险防控措施。开展员工经济技术创新、技术比武等活动；开展“深化十大行动、落实十大任务、争当十大先锋”劳动竞赛活动。召开第一次团代会，选举产生共青团兰州公司新一届委员会。

【重要纪事】 1月1日，公司全面完成“三供一业”分流移交地方工作。2月27日，公司获得“中车精益生产一级企业”称号。3月23日，公司获中国铁路总公司2019年度第一次机车大修综合排名第一的成绩。4月1日，公司沙井驿新厂区厂房首根钢结构吊装成功。5月22日，中车集团副总经理魏岩到公司调研指导工作。5月24日，甘肃省委书记、省人大主任林铎实地调研中车西北高端轨道交通装备造修基地建设项目。7月5日，公司开展“不忘初心、牢记使命”主题教育。8月16日，公司举办喜迎新中国成立70华诞暨公司建厂65周年文艺演出。9月11—12日，中国中车党委书记、董事长刘化龙到甘肃省天水市麦积区、甘谷县开展扶贫工作。11月12日，公司首台国内智慧云控无人驾驶工程电机车成功下线。11月28日，中国中车党委书记、董事长刘化龙、总经理孙永才在兰州与甘肃省委书记、省人大主任林铎，就中车在兰州项目建设、产业发展、扶贫工作进行座谈交流。12月31日，公司全面完成年度内、电机车检修任务，全年共检修机车232台。

【公司党政工负责人】

党委书记　王旭东
董事长　王旭东
总经理　周颜忠
副总经理　张　军　袁立新
　　刘志祺　李长江
　　王常智（6月免）
　　李培优（9月免）
总工程师　张　军
财务总监　李长江

党委副书记　周颜忠（兼）
　　王　波
纪委书记　王　波
工会主席　王　波

（兰州公司　供稿）

中车唐山机车车辆有限公司

（统一社会信用代码：911302216636887669）

党委书记、董事长　侯志刚

总经理　周军年

【概况】 2019年末，中车唐山公司在册员工10 149人，其中，具有高级专业技术职称707人，中级职称1 434人，博士研究生9人，硕士研究生941人。公司下设27个职能部室，9个生产单位，6个事业部（国铁事业部、城市基础设施事业部、海外事业部、服务事业部、客车检修事业部、动车检修事业部），9个子公司；占地面积218.65万平方米，建筑面积97.02万平方米。公司资产总额277亿元，其中，流动资产198亿元，固定资产净额53.1亿元。设备总台数9 059台（套），进口设备1 166台（套）。全年实现销售收入180.5亿元，归母净利润13.2亿元。

【改革改制】 对城市基础设施事业部机构进行调整，撤销工程总包部、环保产业部，成立新产业部；将服务事业部城铁区域服务中心划拨城市基础设施事业部，成立城铁服务部。全面整合试验检测资源，在公司技术研究中心下设工程研究中心，承接技术研究中心原仿真技术部、实验技术部、质量管理部检测中心全部职责。将公司制造技术中心机械、电气类实验台和产品研发中心实验台业务划拨工程研究中心。选择铝合金厂和总装配一厂作为优化组织机构的试点，撤销车间层机构，实现分厂对工位的直管。

【研发制造平台建设】 加强产品研发平台建设，环境、列车性能、车体强度与碰撞等仿真试验能力大幅提升。建立海外机构技术孵化新模式，与德铁成立联合研究中心；申报中国合格评定国家认可委员会（CNAS）认证121项，认可范围和能力逐渐覆盖城轨车辆试验项点，并向材料级领域扩展。制定公司内控规范TCF00000222499《车内主要材料、部件的甲醛和挥发性有机化合物技术规范》，对车内22大类材料、部件提出管控限值及措施要求，并对供应商执行情况进行监督检查，从源头管控挥发性有机化合物。与长客股份、四方股份等多家主机厂进一步探索材料、部件挥发性有机化合物释放规律，完善22大类材料、部件的管控限值。完成车内挥发性有机化合物监测系统技术方案、净化系统调研及备选供应商净化效果验证。开展新一代燃料电池混合动力系统能效提升技术及实验室建设方案研究。掌握基于西创（Selecton）平台的能量控制器代码开发和调试技术，开发便携式能量控制器代码开发和调试平台；设计基于水吉能（Hydrogenics）电堆平台的燃料电池混合动力系统技术方案，完成多电堆串并联方案设计、多电堆能量管理策略制定、整车布局方案设计等；启动燃料电池内部控制技术研究。完成微轨监督检验许可评审，取得进军游乐设施行业通行证。完成公司 ISO 10012 测量管理体系监督审核，取得最高级 3A 级测量管理体系认证证书；完成企业最高计量标准建立工作，建立涵盖长、热、力、电 4 个专业的 24 项企业标准，保证公司计量检定工作的合法性；着手中国合格评定国家认可委员会（CNAS）国家实验室认证，完成《质量手册》《程序文件》编制和检测、校准作业指导书和设备期间核查作业指导书等技术文件的编制工作，完成认可领域的能力验证工作。加强制造技术平台建设，推进标准化生产线建设，制造资源库、技能培训模块、智能工具柜、储运一体化工装等均已有效运行，工位建设不断优化提升，流水生产布局已完成，数字化建设初见成效。提高专项制造技术能力，重点依托国家《高速车车体制造新模式》项目，从焊接技术、工装柔性化及机器人应用等方面对高速车车体制造车间进行全面智能化升级改造，建成离散型大部件生产车间及次部件自动化车间。水性漆已在时速 400 公里跨国互联互通动车组、货运动车组、“复兴号”动车组上分别进行了整列、整车试用。加强特殊工艺研究，完成碳钢激光焊侧墙工装设计，并进行了工艺试验，为样件生产提供了数据依据。开展单轴肩搅拌摩擦焊缺陷制备及性能测试工作，依托新引进的超厚板搅拌摩擦焊设备，成功研制地铁车钩连接板及枕梁，实现搅拌摩擦焊部件的技术全覆盖。

【新产品研发】 加强高速动车组研制，时速 250 公里以上货运动车组研制项目，是科技部十三五“先进轨道交通”重点专项定向研发的项目，该货运动车组包括带空调端车和中间货车两种车型，标准轨距，运营速度 350 公里/小时，已展开单车调试工作。跨国互联互通高速动车组装备与运维系统研制项目，是科技部十三五“先进轨道交通”重点项目，针对跨国互联互通运用需求，重点开展互联互通高速列车系统集成技术、适应不同标准的高速列车普适化产品平台、时速 400 公里跨国互联互通高速列车研制等研究工作。样车采用多制式牵引系统、制动系统、旅客信息系统，以构建满足互联互通运用需求的产品及创新能力平台。已完成单车调试工作。10 月 14 日，CJ-2 型城际动车组获得国家铁路局颁布的型号合格证和制造许可证。在前期引进消化吸收国外高速动车组技术的基础上，进一步深化关键技术自主创新。12 月 18 日，CJ-3 型城际动车组获得国家铁路局颁布的型号合格证和制造许可证。该产品是在时速 250 公里 CJ-2 型城际试验动车组技术的基础上，围绕“快起快停、大载客量、快速乘降、快速通过”等城际铁路运营和客流特点，以及安全、可靠、舒适的需求，最大程度实现简统化和模块化，以最小的变化满足时速 160 公里站站停城际动车组需求。加快国际市场产品的研制，新研制的安哥拉内燃动车组共 10 列，采用全欧洲标准设计，编组方式为 Mc+T+T+Mc，其中两端为动车，中间为拖车，以柴油发电机为动力源。该动车组配备微机控制系统，采用交—直—交电传动方式，最高运行速度为 80 公里/小时，可实现三列车重联运行。新研制的尼日利亚 60 辆铁路客车项目分为 16 辆和 44 辆两部分，其中，16 辆客车与动车组连挂，44 辆客车与内燃机车连挂，共 7 个车型，标准轨距，运营速度 160 公里/小时。参照国内 25T 型铁路客车进行优化设计，车上座椅根据需要，设置商务座椅、一等座椅和二等座椅。车上配置照明系统、影视系统、火灾报警系统、视频监控系统等，并设置吧区，吧区的配置根据尼日利亚国情，设置符合当地使用的咖啡机、微波炉等设备。加快普通铁路客车产品的研制，时速160公里动力集中电动车组（鼓形车体）研制项目，是时速160公里速度级“复兴号”定型产品，基于2018年研制的时速160公里动力集中动车组（直车体），主要对动车组车体断面、列车信息网络、制动系统等进行了适应性升级，进一步强化整列动车组一体化设计理念，提升安全性、可靠性、舒适性。动车组动、拖车采用鼓形断面；辅助供电系统动力车、拖车DC110V干线全列贯通，设置车门、轴温、制动、火警和停放制动一体化的安全环路；拖车采用以太网，与动力车监测网络采用一体化设计，形成统一的列车监测信息网。加快城轨车辆研制，厦门地铁2号线为时速80公里的B型铝合金地铁列车产品。列车采用先进的永磁牵引系统和功能完善的弓网检测系统，实现节能设计与弓网关系安全监测。加快新一代B型地铁研制，该产品采用全自动无人驾驶、轻量化内置轴箱转向架、永磁牵引系统、以太网综合承载技术、电动折叠座椅、模块化的内装、乘客计数等多项新结构、新技术。最高运行速度120公里/小时，最大载客量2 300人。高温超导磁浮车关键技术研究及原理样机研制项目，应用高温超导体在永磁场中的自稳定悬浮和钉扎效应，实现悬浮架在永磁轨道上的悬浮和低速移动。清远磁浮旅游专线车辆研制项目，是公司为广东清远磁浮旅游专线开发的新型产品，三辆编组，轨距1 860毫米，最高运行速度120公里/小时。中速磁浮交通系统关键技术研究项目，是科技部十三五“先进轨道交通”重点专项，公司承担时速200公里中速磁浮交通系统技术路线二的开发工作。2月，该项目通过科技部组织的中期检查，截至2019年底，已完成详细设计，主要部件均已进入生产、采购阶段。2019年，公司申报国内专利305项，其中发明专利215项，通过专利合作条约（PCT）途径申请专利40项，进入国家阶段的外国专利6项；获得国内授权专利138项，其中发明专利57项；获得中国专利优秀奖1项。公司获得“国家知识产权示范企业”称号。

【生产运营】 公司动车组生产，以短编标准化动车组（8辆编组）和长编标准化动车组（16辆编组）交替生产为主，全年新造动车组44标准列，完成动车组检修114标准列。碳钢线完成新造碳钢车721辆，完成检修客车791辆。城轨线产量与2018年基本持平，产能负荷不饱满，标准化生产线建设初见成效，唐山、天津、泉州3地生产组织模式统一，生产工序接续顺畅。全年累计新造城轨车342辆，检修24辆。

【产品销售】 全年签订14列CR400BF（16辆编组）动车组销售合同。签订动车组高级修销售合同，签约额46.99亿元。签订新造时速160公里动力集中动车组销售合同，签约额28.06亿元。签订775辆检修普通客车销售合同。全年签订国内城轨产品合同27.01亿元。其中，签订天津地铁4号线南段工程电动客车采购合同，签约额6.01亿元；签订福州市轨道交通5号线一期工程车辆采购合同，签约额6.40亿元；签订台州市域铁路S1线一期PPP项目车辆采购合同，签约额12.55亿元；签订武夷新区旅游观光轨道交通武夷山东站至武夷山景区线工程PPP项目车辆采购合同，签约额2.05亿元。签订意大利时速200公里客车项目合同，签约额9 703.07万美元；签订尼日利亚客车项目合同，签约额4 550.02万美元。

【市场开拓】 积极开拓国铁市场，先后取得CJ-2、CJ-3、时速250公里“复兴号”动车组资质许可。为中国铁路哈尔滨局集团有限公司改造了16辆“呼伦贝尔号”旅游车，已按期交付用户。开拓国内城轨市场，全年共参与投标项目21个，成功中标天津地铁4号线南段工程电动客车采购项目、天津轨道交通B1线一期工程电动客车采购项目、福州市轨道交通5号线一期工程车辆采购项目。公司海外市场拓展以欧美发达国家为重点，完成意大利、乌克兰哈尔科夫，葡萄牙里斯本及葡萄牙波尔图项目招投标工作，并获得意大利项目订单。与中国中土公司联合开拓尼日利亚市场，签订新项目订单。

【售后服务】 强化售后服务工作，从动车配件中心建设与运营、动车检修配件承接和服务拓展项目等入手，积极探索服务产业化发展模式，形成“新造配件+检修配件+服务业务”三位一体的产业化拓展方向。推进动车组配件中心建设布局，通过上海、广州等5个配件中心建设，建立中心总部、配件中心、配件分中心三级管理架构。按照公司大技术体系、大质量体系的发展战略，构建数字化业务平台，优化改进搭建数据库，梳理运维阶段业务流程及表单。在公司数据中心和全生命周期体系内建立运维数据库和数字化服务平台，利用IETM（交互式电子技术手册）、PHM（健康管理平台）及大数据分析等数字化和智能化技术手段，实现结果共享和信息互通。全年公司动车组百万公里故障率0.56件，比2018年降低11.11%。

【基建和资本性项目】 2019年末，公司拥有固定资产总数25 698项，固定资产账面原值85.58亿元，固定资产净值53.22亿元。2019年度新增固定资产2 514项，价值7.88亿元，其中，新增设备2 506台（套），建筑物8项；新增费用化工装4 073项，价值0.97亿元。

【质量管理】 深入推进“中车Q”标准落地实施，针对难点问题专题研究解决，为公司级“中车Q”成熟度评价奠定基础。规范项目质量管理，细化分解市场、技术、采购、制造、运维各阶段质量工作任务，实现输出成果信息化存储。加强信息化建设，结合公司标准化生产线建设，实现配置管理、更改管理的信息化，并在动车线、城轨线、碳钢线完成功能验证和推广应用。开展源头质量控制，强化子公司质量体系建设，公司天津基地针对美国费城项目、加拿大蒙特利尔项目执行车体原材料100%追溯管理，开展“打造精品车，高品质交付北美车辆”质量竞赛；公司泉州基地开展“为厦门争福，为唐车争气，为泉州争光”等特色质量活动。公司“降低160公里动力集中动车组车下裙板变形率”等9个课题获河北省优秀成果奖；“基于信息化质量工作平台的大质量体系建设”项目获河北省质量协会质量技术奖三等奖；“解决CRH3型动车组开水炉出水温度低问题”等4个课题被评为中车集团优秀质量成果。

【企业管理】 围绕经营管理体系优化，结合公司组织机构调整和体系运行发现的问题，新增和升级相关文件和标准。为实现公司数字化转型，确定数字化技术、数字化制造、数字化运营3个A类管理创新项目，并通过SAP、WINDCHILL、MOM、BI系统形成数据分析平台。全年围绕标准化数字化生产线建设，完成模拟两线、标准供应线、标准技术线、数字化工位建设及精益车间评价工作。积极参与中车“双百行动”和“创建世界一流示范企业”工作，制定实施方案，有序推进。加大信息化基础设施建设，开展服务器虚拟化平台升级等工作，并在此基础上持续盯控网络及信息安全。严格按照能源管理体系要求，持续加强能源管控工作，并顺利通过第三方能源管理体系监督审核；纠正不合理用能现象，全年共节约标准煤278吨。

【人才队伍】　公司引进技术、管理、操作类人员198人。推进人才发展体制机制改革，员工职业发展层级评价模式全面实施，截至年末，公司共有高级师及以上人才1 218人。打通高技能人才与工程技术人才职业发展通道，加快“双师型”人才培养，有1名高技能人才取得高级职务任职资格，9名高技能人才取得中级职务任职资格。承接中国中车职业技能等级认定评审会，顺利通过双备案。开展职业技能等级认定工作，年内培养技师83人，高级技师36人。加强国际化人才培养，全年选派56名员工参加中车“631工程”国际化人才培养项目。

【企业文化建设】　成功策划举办第七届“车迷有约、走进中车”国企开放日活动。加强品牌管理队伍建设，建立公司内部品牌专管员队伍，组织各基层单位品牌专管员开展中车视觉识别系统和行为识别系统的专项培训。严格按照中车VI标准，为公司服务事业部南翔服务站、兰州服务站等多个服务站进行文化布置。在公司范围内开展中车VI应用情况专项检查，对公司多媒体办公系统VI标准版中的PPT模板进行了升级，并发布中国中车模板图示库。扎实推进BI建设，强化公司内部BI执行情况督导检查，选派骨干先后赴北京、兰州、南京，针对驻外售后服务站BI建设进行督导检查，并对驻外售后服务员工进行行为规范专项培训。完成瑞典UITP世界公共交通展、第十七届中国·海峡项目成果交易会等国内外18个展会的组织工作。

【党群工作】　公司党委组织5期党员教育管理培训，1 006名党员参加集中培训。深入开展“提质量、降成本、增效益”活动，年内节约成本3 600余万元。围绕打造党建“金名片”工作，组织开展“一支部一品牌”建设活动。精心组织开展党建思想政治工作暨企业文化建设理论和实践研究，申报的研究课题《中国高铁先锋培育与选树模式的探索与实践》，获得2018年中国中车政研会优秀研究成果一等奖。全面完成巡视问题年度整改工作，对国资委党委政治巡视梳理的158项问题，累计整改完成140项；对中国中车专项巡视提出的23项问题，累计整改完成20项。“不忘初心、牢记使命”主题教育走深走实，得到中央主题教育第11督导组的充分肯定，并在国务院国资委、中国中车主题教育总结大会上进行了经验交流。利用红色资源搞教育、《我与国旗合了个影》等信息被中央党的建设工作领导小组简报刊登。在集团公司新中国成立70周年暨“不忘初心、牢记使命”主题教育文艺作品征集评比活动中，公司选送的16篇作品分别获得一、二、三等奖，公司获得优秀组织奖。全年累计接收预备党员75名，按期转为正式党员81名，参与主持编写的发展党员工作程序入选中车《党支部标准化建设手册》。公司纪委持续保持执纪审查高压态势，对违纪人员运用监督执纪“四种形态”处置，召开警示教育大会予以通报。坚持以案促改，深挖案件反映出来的深层次问题、廉政风险点，做好案件查办的“后半篇文章”。聚焦监督职责，对国资委党委政治巡视问题整改情况、形式主义官僚主义专项巡视问题整改情况、主题教育开展情况、“三重一大”决策制度执行情况及廉洁风险防控开展情况进行专项督导检查。组织开展领导干部利用名贵特产类特殊资源谋取私利问题专项整治、领导人员及其亲属和其他特定关系人所办企业与本企业业务往来专项整治等工作。强化党风廉政教育，通过组织纪检干部讲纪律、开展廉政谈话、签订《廉洁承诺书》、建立领导干部廉政档案、党风廉政建设工作评先、组织观看警示教育片等多种形式，积极培育廉洁文化。

工会先后评审操作创新成果672项，开展教学练比活动769场，累计18 023人次参加。举办公司2019年“工匠杯”员工技能大赛。组织开展多种形式的帮扶救助活动，累计发放困难员工补助72万元，补助困难员工1 150人次。共青团组织强化团员青年理想信念教育，组织开展纪念五四运动100周年系列活动。举办“青春建功新时代、岗位逐梦新征程”青年英语风采大赛、“不忘初心、牢记使命”主题演讲比赛等活动。

【重要纪事】 1月2日，由公司自主研发的世界首列全永磁电传动内燃机车完成全部型式试验，并验收合格。1月23日，中国中车副总裁余卫平走访慰问公司全国劳模苏健和困难员工杨杨。2月19日，公司承担的“铰接式低地板轻轨车研制及产业化”和“A型铝合金地铁车辆研制及产业化”项目，通过河北省重大成果转化项目验收。3月15日，公司首批80辆出口古巴铁路客车竣工。4月9日，中车唐山与德铁系统技术轨道车辆研究中心在公司工程试验中心举行挂牌及合作签约仪式。4月12—13日，公司承办第七届“车迷有约、走进中车”国企开放日活动。4月26日，福州地铁2号线试运营开通仪式在福州南门兜地铁站举行。5月22日，全国政协委员、教科卫体委员会副主任曹健林带领全国政协调研组到公司调研。5月23日国内首条采用PPP模式的市域铁路项目——台州市域铁路S1线一期工程车辆项目正式启动。5月24日，“德铁系统技术&中车唐山车辆检修技术中心”在德铁系统技术公司正式挂牌成立。6月18日，公司在意大利都灵，举行意大利现代轨道交通技术联合研发中心揭牌仪式。8月15日，2019年度“火箭卫星高铁大船飞机”总装制造党建共建工作联席会在公司召开。9月4日，全国人大常委会副委员长艾力更·衣明巴海到公司调研。11月7日，公司最新研制的新一代智能B型地铁列车通过无人驾驶测试。12月4日，德铁系统技术公司总经理克史根到公司参观交流，双方签署技术合作协议。12月11日，公司研制的全球首创交互式卧铺动车组获得2019中国设计红星奖金奖。

【公司党政工负责人】

党委书记　侯志刚
董事长　侯志刚
总经理　周军年
副总经理　吴胜权　王文平
叶　彬　陈　亮
李　娇　黄烈威
周新远　郭良金
梁　军（7月免，挂职一年期满）
邱宝光　刘春明
总工程师　陈　亮
财务总监　郭良金

党委副书记　周军年　李　娇
纪委书记　王洪奇
工会主席　周新远（1月免）
刘春明（1月任）

（唐山公司　供稿）

中车北京南口机械有限公司

（统一社会信用代码：91110000664625580F）

党委书记、董事长、总经理　孙　凯

【概况】　2019年末，中车南口公司在岗员工总数175人，其中，硕士及以上学历24人，本科学历106人，专科学历24人，中专及以下学历21人。固定资产原值7 099万元，净值376万元，长期股权投资5.9亿元。设置行政部室8个、党群部门1个、经营实体单位1个（转供服务），合资合作企业5个。全年实现营业收入1.87亿元，归母净利润6.03亿元。不动产权由南口公司转移至南口科创公司登记办理工作圆满完成，获得减免土增税、契税两项税费共6亿元。

【改革改制】　以资产管理与处置、投资监管与服务、业务规划与发展作为主要业务，重新调整组织机构，管理部门由17个精简为9个，并根据已有业务重新划分职能分工。根据公司经营机制调整，完成规章制度“废改立”工作，废止规章制度82项、修订126项、新立8项，完成公司规章制度“废改立”整改销号上报工作。

【经营管理】　完成“十三五”发展规划修订。与德国莱茵认证公司签署轨道交通产品及延伸产业合作意向协议，为后续轨道装备、风电及其他工业产品试验、检测、认证等领域进一步合作奠定基础。通过与中车研究院深入交流，确定“超级铜”项目在南口建立中试实验室初步设想。加强全面预算管理，有效降低“两金”占用。存货处置方面，公司存货期初账面金额4.46亿元，截至2019年底，减少存货共计5 531万元。应收账款方面，公司应收账款期初账面金额3.16亿元，截至2019年底，应收账款减少共计3 210万元，清户42家。完成集团公司“两金”占用净值压降指标。通过法律手段清欠应收账款，共起诉7家公司，胜诉5家公司，并已申请强制执行；另外2起诉讼正在审理中。公司“中国北车整体信息化建设工程项目南口机械公司子项目”通过中车验收。通过向北京市环保局提报相关资料，南口公司不再列入北京市重点排污单位名录。

【基建与技改】　严格控制设备维修、基建工程整体费用指标，年度设备维修及更新费用实际发生71.88万元，完成克诺尔供电系统增容改造、110千伏变压器维护、办公楼及主马路监控设备安装工作。完成公司家属区天然气入户改造，已投入使用。修缮公司主干道800米。合理供电，提高功率因数，获得供电局奖励20万元，年度节省电费409万元。

【人力资源管理】 完成公司二次分流安置，协议解除劳动合同32人，内部退养6人，荣誉岗内退15人、中层管理人员退二线21人、自愿申请及未被南口公司聘用进入待岗人员24人。完成公司定岗定编和人员重新招聘工作。完成聘入福伊特合资公司人员三方协议签订243人。开展人力资源信息系统基础数据维护工作，完成员工基本数据的审核、维护等工作，共计630人。完成职称评审工作，中级工程师7人、助理工程师1人通过审核；推荐高级政工师1人、高级会计师2人、正高级工程师1人、高级工程师3人参加中车职称评审。完成公司内外部培训89项，其中内部培训47项，委外培训42项，参培员工505人次。完成7名入职大学生转正定职答辩及竞聘上岗工作；招聘入职15名高校毕业生。针对公司外方合资企业较多的实际，开展全员英语培训。年内，公司荣获中车四星HR荣誉。

【企业文化建设】 加强宣传思想和企业文化建设，深挖企业文化内涵，为公司发展营造良好氛围。全年推出微信55篇，广播26期。启动设备陈列馆项目，对现存老旧设备进行发掘整理、收集，并建立台账。与南口镇政府联合启动爱国主义教育基地——“昌平红色起点——中共南口特支”纪念馆建设。公司清末及民国建筑遗产入选国资委制造业工业遗产申报初选范围。组织开展“中国品牌案例征集”“‘9·28’中车日，请您大声对我说！”活动。深化VI整改、BI建设，开展“回头看”。制定下发《办公室规范管理制度》，成立专项检查小组进行督察。实施品牌准入机制并对品牌使用情况开展检查，完善品牌使用管理制度。

【党群工作】 持续开展“不忘初心、牢记使命”主题教育，学习教育方面，全年共组织党委中心组集中学习34次，开展学习研讨17次，党员领导干部累计完成学时56.5小时，撰写研讨发言提纲39篇，深入普通党员中上党课、讲体会累计15次；普通党员累计人均学时20.6小时；先后共编制学习题库3期，发放学习册1 000余本，组织线上周测试25次、线下考试5次，近900人次参加考试。调查研究方面，党员干部深入联系点或分管领域开展调查研究，共召开座谈会32次。检视问题和整改方面，对照党章党规找差距查找问题119项，完成整改113项；主题教育形成专项整治问题52项，制定具体措施151项，整改完成问题41项、整改措施139项；针对政治巡视查摆出的112项问题，整改完成93项。按照党建“四同步、四对接”工作要求，指导北京福伊特公司成立党委和基层党组织、召开党员大会，建立“党建公共文件夹”、HCM学习平台、微信平台，实现党建工作数字化管理；推动铁科装备公司党建工作列入公司章程。制定“三重一大”决策和运行监管系统工作方案，健全完善“三重一大”事项决策的内容、规则和程序。跟进“深挖死账背后那些事”，制定跟踪进度表落实责任，跟踪回款动态。完成巡察工作机构方案、纪检监察体制改革方案编写和上报工作。工会完成员工之家和暖心驿站建设工作；组织劳动竞赛、员工技术创新、班组安全建设、安康杯以及拔河比赛、趣味接力、朗读者、迎国庆健步走接力赛等活动，丰富员工文体活动；履行国企社会责任，承办国庆安保反恐演练活动。团委制作“我和我的祖国”MV向新中国成立70周年献礼；“南口青年”微信公众平台推送微信32篇；创办阅听分享“南口青听”节目，推送 13 期。

【合资合作企业】

中车福伊特传动技术（北京）有限公司 3 月 1 日投入正式运营，员工 378 人，全年获得市场订单 1.74 亿元。铁路市场方面，机车业务平稳交付，供货资质由南口公司顺利转到合资公司；时速 250 公里标准动车组 CR300 齿轮箱在长客股份公司完成 30 万公里在线运营考核，测试结果良好，通过 CRCC 现场审核；新开辟地铁齿轮加工业务，为厦门 3 号线、北京 22 号线、深圳 6 号线、成都 9 号线和洛阳 1 号线项目配套齿轮产品。风电市场方面，与芬兰美闻达公司确立合作关系，引进先进风电齿轮箱技术，提升开发能力，在中车系统内部企业形成批量订单，并取得风电齿轮箱关键部件出口订单；与远景能源公司等国内领先的风电厂商合作，提供关键零部件。压缩机配件市场方面，转子业务继续保持稳定发展态势，正在进行铸件转子试制；重点开发具有竞争优势的新型主机产品，产品技术含量不断提升。

北京南口斯凯孚铁路轴承有限公司 有员工 415 人，实现销售收入 4.55 亿元。主要业务包括货车 353130B、SKF197726 轴承产品新造及修理，地铁及 AAR 系列轴承产品制造，SKF 高铁、动车、机车及地铁城轨轴承产品检修。全年完成各类轴承产品造、修共计 36 万套，同比增长 0.9%。完成地铁轴承 BT2-8546 轴承新产品开发，通过台架实验，具备批量交货条件；TBU120 地铁轴承实现首次批量销售。投资 1 000 余万元，新增外圈磨加工自动生产线一条、新造及大修组装自动合套机、清洗机和轴承拔罩、除锈、激光打字、游隙机等一般检修设备。坚持推行 SKF 生产管理系统，严格质量控制，采取各种举措降本增效，实现持续盈利。

克诺尔南口供风设备（北京）有限公司 有员工 175 人，实现销售收入 2.83 亿元。全年生产各类新造螺杆空压机 1 300 台，新造干燥器 2 750 台、风源产品 540 台；检修空压机 696 台、干燥器 860 台，风源模块大修 804 台。时速 160 公里“复兴号”动力集中型动车组双平台供风单元实现批量交付；宁波、南宁、广佛等地铁线路空压机开始批量交付；北京 17、19、22 号线完成样车空压机产品交付。完成转子大修生产线标准化作业 CAA 系统升级，电机检修、风单元检修生产线投入使用。动力集中车高原型应用完成新产品试验验证；“复兴号”时速 350 公里和时速 250 公里标准化动车组用主供风单元完成与中车南京海泰公司制动系统匹配；满足零下 50℃极寒环境应用的 SL16 型主供风单元和 V10-T 型无油辅助供风单元，完成时速 400 公里国际互联互通高速列车样车装车，随车进入试验验证阶段。完成 CRCC 年度监督审核、克诺尔慕尼黑和 EMS 公司主导电机检修业务审核、克诺尔总部 REX 审核；获得城市轨道交通装备空压机认证（SL20-5 和 SL22 系列空压机）、俄罗斯 GOST 认证（SL6 空压机）；通过 16 个大铁路产品和 8 个城铁产品客户首检。

【重要纪事】 3 月 1 日，公司控股的中车福伊特传动技术（北京）有限公司和参股的上海中车福伊特传动技术有限公司正式投入运营。5 月 15 日，中车股份总裁孙永才、副总裁、财务总监詹艳景到南口公司调研考察。8 月 6 日，中车第三巡回指导组联系企业主题教育过程督导及创新创效研讨会在南口公司召开。10 月 17 日，中车集团公司党委主题教育第一巡回督导组到公司调研指导主题教育推进情况。11 月 21 日，公司与德国 TÜV 莱茵（上海）有限公司签署《合作意向协议》。12 月 3 日，德国绿党联邦议院党团主席戈林 - 艾克哈特女士等一行七人到南口公司考察访问。

【公司党政工负责人】

党委书记　孙　凯
董事长　孙　凯
总经理　孙　凯
副总经理　樊学军　穆乃利
　　耿　刚（5月免）
　　武德全（5月免）
　　王　珩（5月免）
　　王文颖（5月免）
　　魏亦南（5月免）
总工程师　魏亦南（5月免）
财务总监　穆乃利

党委副书记　宋焕其
纪委书记　宋焕其
工会主席　宋焕其

（南口公司　供稿）

中车大同电力机车有限公司

（统一社会信用代码：91140200602161186E）

党委书记、董事长　黄启超

总经理　付拥军

【概况】　2019年末，中车大同公司主业在岗员工4 612人，其中硕士及以上学历158人，本科学历1 227人，高级专业技术职称298人，中级职称444人。注册资本6.56亿元，用地总面积233.75万平方米，设21个行政部室（中心）、7个党群部门，13个生产车间（分厂）、7个控股（包括合资控股）企业。2019年，公司实现营业收入5.11亿元、归母净利润2.47亿元。

【规划发展】　2019年，公司组织修订《“十三五”发展战略规划》《2019—2021年发展规划》，进一步加强顶层设计，系统规划经营管理各项工作。以“品质、效率、效益”提升为根本，大力推动以“七大管理平台”（对标管理、精益管理、项目管理、目标成本管理、绩效管理、信息化管理、风险管理）为依托的管理模式，全面实施管理改善提升工作。深入转化规章制度“废改立”工作成果，大力推动管理体系优化整合，以专业体系认证要求为切入点，运用项目制管理模式，对管理业务、规则制度、管理标准全面进行梳理，系统识别专业规范、管理要求，推动内部认证体系整合，逐步构建“多标一体”管理体系。

【改革改制】　积极推进厂办大集体企业改革，制定厂办大集体改革总体实施方案及人员安置、资产处置专项实施方案，经中车集团批复同意后，加快推进大同机车实业公司、大同机车厂建筑安装公司改革；年末，改制后的大同赛诚轨道交通设备有限责任公司正式注册成立。在基础管理体系、业务管控模式、人力资源及薪酬管理等4个方面加速变革，不断优化提升管理模式和水平，进一步探索建立事业部管控模式，持续推进员工职业发展通道，实施薪酬管理改革。持续跟进山西省、大同市有关退休人员社会化管理政策，主动与地方政府及大同市试点企业沟通，结合公司退休人员规模和现状，广泛开展相关信息搜集和沟通咨询，全面筹划退休人员社会化移交方案，明确退休人员社会移交的目标和工作流程，完成对人员情况摸底、信息分类、档案编号、整理和归类，有序推进退休人员社会化移交工作。

【经营管理】 以全面预算为纲，强化预算滚动执行，严控期间费用增长；以“净资产收益率”为核心，努力降杠杆减负债。针对“两金”压降等经营难点，加强客户信誉管理，挂牌督办逾期应收账款，销号处置低效无效资产，加大盘活存量资产力度；按照“一企一策”原则，制定亏损子企业治理措施，推动亏损子企业治理工作。深入推进“1+13”提质增效工作，年末，公司一年期以上应收账款比上年度减少 8 489 万元，降幅达 35.34%；亏损子企业数量降至 1 户，亏损额大幅降低。全年期间费用同比降低 3.95%，采购成本降低 8 938 万元，通过实施“提品质”专项对标改善，总资产收益率、销售净利率分别同比增长 0.5% 和 1.04%，成本费用与收入占比同比下降 1.08%，公司盈利能力持续提升。结合提质增效、体系融合等经营管理工作，搭建以营业收入、归母净利润等 8 大类指标为主的精益指标管理体系，圆满完成年度经营调整指标，其中归母净利润指标实现连续三年增长，获得集团公司年度经营“突出进步奖”，获评“山西省功勋企业”和“山西省优秀企业”。

【科技创新】 申报发明专利 54 项、国际专利 8 项。国家级技术中心通过评审。完成 2 台新八轴技术提升机车整车试制，技术提升方案顺利通过国铁集团评审。自主研发设计的永磁直驱客运机车完成静态试验项目，同步开展永磁直驱货运机车技术研究，持续领跑机车永磁直驱技术发展。取得 FXD1 机车制造许可，完成动力车电器屏柜试制。FXD2B 机车相关部件全面通过型式试验。电力蓄电池牵引车已发往呼和浩特地铁运营公司进行动力学试验。CR240E 矿用自卸车成功下线，并开始运行试验。102 型重载车钩获得 CRCC 资质认证。基于 GOST 标准体系，积极搭建多流制宽轨客货运电力机车技术平台。组织开展机车氢燃料混合动力驱动研究，以及重载机车车轮异常损伤机理及控制、电力机车主辅电路仿真平台、和谐型机车全寿命周期评估等基础性研究工作。“宽轨电力机车关键技术及系统集成”项目获得山西省科技重大专项支持 725 万元。“轨道交通机车车辆布线规则”和“电力机车 GOST 认证试验技术研究”分别获得中国中车科学技术一等奖和二等奖。

【生产运营】 组织完成 52 台 HXD_2 新八轴机车、17 台 HXD_{3C} 机车、7 台 FXD1 机车，以及 33 台 HXD_2 新八轴机车成套大部件的生产任务，并试制 2 台技术提升新八轴机车，新造各型机车共计 78 台（132 节），合同订单全部按期履约。获得交流机车高级修资质，通过推动部件属地化检修、严控部件委外检修周期等措施，完成 3 台 HXD_2 机车 C6 修、13 台直流机车检修任务。出台《推进安全生产改革发展实施方案》，组织开展“反三违”“安全生产月”等活动，重点对安全隐患进行专项排查整治。实施环保技改项目，推广应用环保水性漆，降低了员工职业健康风险。淘汰使用燃煤锅炉，获得集团公司节能减排工作表彰。通过实施精益制造体系筑基项目，深化精益载体建设，强化职能管理支撑，推进精益物流管理，开展物料配送制建设，进一步提升了生产现场的管理水平。

【市场营销】 公司中标 52 台八轴 9600 千瓦货运电力机车和 17 台六轴 7200 千瓦货运电力机车订单，市场份额保持稳定。全力开拓高速客运市场，中标 7 台时速 160 公里动力集中动车组 FXD1 机车订单。依托研发平台主导优势，积极拓展交流机车检修市场，获得 16 台 HXD_2 机车 C6 修订单，承揽通辽机务段和天津检修基地 HXD_2 新八轴机车 C4/C5 合作修项目，实现 HXD_2 系列机车中高级检修的全覆盖。直流机车检修业务方面，全年中标16台整车检修订单。持续强化配件业务销售力度，全年实现33台套新八轴机车大部件销售。积极参与国铁集团区域配件中心建设，与沈阳局、西安局、兰州局等配件中心签订销售合同并实现供货。充分发挥配件业务专业化优势，销售受电弓等产品4.99亿元，签约额同比增长11.37%；销售变压器等产品7.34亿元，销售货车车轮25万片。在乌克兰首都基辅设立办事机构，加快推动乌克兰机车采购项目，参加“一带一路”国际合作高峰论坛，与白俄罗斯铁路联盟签订深化合作备忘录，与波兰铁路客户建立互访关系，达成氢燃料混合动力机车项目的合作意向。随着印度铁路市场需求回暖，公司中标1.5万根车轴订单。公司实现产品签约额53.02亿元，其中海外市场收入6 079万元。

【人力资源管理】 围绕中国中车人力资源战略管理体系和公司管理提升目标这两条主线，以人才队伍建设为重点，完善领导干部管理和监督机制，加大人才引进和培养力度，持续推进人才队伍优化和配置工作，进一步提升了人力资源效能水平。制定公司《人力资源信息系统基础数据提升专项方案》，持续推进信息化建设，全面梳理部门职责和职位设置情况，规范组织机构和职位管理，不断提高人力资源管理规范化和信息化水平。创新校园招聘模式与策略，健全人才内部流动机制，打造“多层次、全方位”人才发展机制，多措并举，牵引员工自我成长，构建人岗匹配为基础的多元化人员招聘与配置管理模式。不断加强中层管理岗位后备人才队伍建设，强化核心技管人才培养，全面推进基于战略的长效激励约束机制建设，合理管控人工成本，推进实施工资分配制度改革、岗位绩效工资试点。

【质量管理】 以客户需求为导向，围绕机车新造及检修开展各类专项质量提升活动，不断增强质量管控能力，提升产品质量水平。开展“问题导向、聚力改进”新造机车质量提升劳动竞赛及总结评估，质量改善指标完成率达到80%。开展“强基固本、提升意识”年度质量提升活动，完善预投机车质量计划，强化工序质量管控，新造机车质量品质不断提升。严格HXD_2机车C6修检修过程质量控制，以问题为导向，制定整改措施，实施销号管理，机车零公里整备问题数量显著下降，确保检修机车在段稳定运用。围绕FXD1机车试制及量产，制定实施专项质量管控方案，开展质量包保，专项工作组和攻关组现场驱动，全面落实动车组制造标准，确保FXD1机车的产品质量。积极落实中国中车和谐型机车质量问题对接会整改项目，整改存在的质量问题，不断改善机车运用品质。修订发布新版《质量手册》，进一步明晰质量管理过程接口，组织开展供应商业绩评价，提升了外购部件质量管控能力。启动开展质量管理系统（QMS）建设，推动打造体系融合、数据共享的质量管理平台。在安康机务段、重庆车辆段建立标准化服务站，积极调配资源，充实服务力量，有效提升了客户服务水平，确保在段机车运用安全。

【企业文化建设】 利用《前进》报、“中车大同”微信公众号、宣传展板、海报等传播平台，大力进行中车理念文化传播。围绕公司专业研发实力和高端制造能力、产品质量和服务、多元产业、管理提升、企业精神、先进模范选树、党建“金名片”、精神文明建设、精准扶贫等内容，设计制作展示中车理念文化和公司品牌形象的“文化长廊”。以中车理念文化为指引，先后策划了“中车心、中车行，大同机车工匠环湖健步走”“爱我中车”文化品牌知识竞赛系列主题活动。编制《公司2019年宣传思想、企业文化与品牌建设工作要点》《2019年度品牌建设工作实施方案》。围绕行政办公系统、多媒体办公系统、环境导视系统等，对各单位参观路线、办公区域等进行VI检查，编制公司《企业文化和品牌建设工作简报》，通报文化品牌工作情况，全面实现“以考促建”。

【党群工作】 公司党委进一步完善两级中心组学习制度，促进习近平新时代中国特色社会主义思想入心入脑入行。把学习贯彻习近平总书记三次视察中车重要指示精神作为重大政治任务，实现重要指示精神进车间、进班组。明确21项重点任务，细化配套推进措施，实现党的十九届四中全会精神学习宣贯全覆盖。坚持围绕“一个中心任务”，强化“两级联动衔接”，突出“三位一体整改”，着眼“四个全面聚焦”，构建“五项保障机制”，推动“不忘初心、牢记使命”主题教育扎实开展。优化巡视整改工作机制，高质量完成巡视整改工作任务。深化推进党建“金名片”建设，组织开展“强基础、树先锋、创品牌”活动，有7个案例入选中车《党支部特色案例手册》。开设党建“金名片”宣传专栏，搭建交流平台，党建品牌影响持续扩大。修订《“三重一大”决策制度实施细则》，全级次接入中车“三重一大”决策运行和监管系统。修订公司《“十三五”规划》，制定《创建世界一流示范企业工作方案》。坚持底线思维，制定专项工作方案，建立风险清单、落实销号和跟踪机制，着力防范化解风险隐患。压实“党政同责、一岗双责、齐抓共管”责任，强化安全环保管理，全年无安全环保责任事故发生。加强“三基建设”，依托公司党建工作质量管理体系，深入推进标准化、规范化党支部建设。集中排查软弱涣散基层党组织，完成基层党组织委员会换届选举。规范党支部书记7项25条通用工作考核内容，全面抓好党支部书记述职工作。进一步加强党建工作过程管控，首次采用“季度+年度”模式开展党建工作责任制考评，以考促建、以考促为，收获实效。改进公开竞聘、选拔任用模式，积极探索加大市场化选聘力度。以强化激励为导向，实施中层管理人员薪酬制度改革。坚持打造高素质专业化干部队伍，大力开展中层管理人员、后备人才网络培训。以“五个一”要求推动培训效果落地转化，干部队伍素质有效提升。持续推进员工职业生涯发展通道试点建设工作，年内17人次在国内外赛事中取得优异成绩，3人被授予“全国技术能手”称号。加大宣传思想工作，深入落实意识形态工作责任制，完善舆情应急响应处置机制，全面加强基层单位二级新媒体平台备案管控。成立“形势任务宣讲团”，年内实现宣讲全员覆盖。召开统战工作座谈会，积极听取统战人员意见建议。围绕新中国成立70周年等重大主题，统筹策划开展宣传庆祝活动。创新舆论引导模式，连续推出系列主题评论员文章。加强监督，完成公司纪检监察体制改革，修订完善10项工作制度。常态化加强廉洁警示教育，召开2次干部警示教育大会。严格落实中车纪委15条禁令，强化节日教育提醒和监督检查。深入开展专项整治、专项监督，对相关单位下达整改建议6条，给予经济处罚6人。灵活运用“四种形态”，对5人进行诫勉谈话、2人进行谈话提醒、30人进行批评教育。全面启动党委巡察工作，着力完善公司巡察监督体系，全年巡察8个基层党组织。聚焦关键领域，突出审计重点，全年共完成13项离任审计、2项任中审计、6项专项审计，内部审计扎实有效。大力弘扬公司新时期前进精神，弘扬劳模和工匠精神，制定下发《“争当主力军、建功新时代”劳动竞赛管理办法》，深入推进公司劳动竞赛机制改革。全面推进“擦亮金名片，建设新小家”工作，全年建成27个“新小家”。为困难员工发放补助近28万元，为困难员工子女提供资助金3万元，为大病员工发放互助金38万余元。召开员工学技练兵促进会暨十大前进先锋表彰会，评选出公司首届“十大前进先锋”。

【下属子公司】

大同中车爱碧玺铸造有限公司（简称DCACC） 中车大同公司与美国ABC铁路产品中国投资公司共同投资组建的中国第一家以生产铸钢车轮为主的中外合资企业。至2019年末，公司有各类设备1 500余台（套），生产的铸钢车轮覆盖美国、巴西、印度、澳大利亚、南非、坦桑尼亚等国家。全年生产销售铸钢车轮25万片，实现销售收入6.60亿元、净利润5 279万元。

大同中车煤化有限公司 注册资本2 770万元，主要从事活性炭生产、销售，以及机车相关产品、环保设备等业务，是以活性炭为主业、喷涂和气体多元发展的综合性企业。产品以各系列煤质活性炭为主，广泛应用于水处理、空气净化、脱硫脱硝等多个行业，2019年通过NSF年审，申报MUI—Halal认证，申请并通过Halal认证、Kosher认证和质量管理体系认证。与欧洲、韩国、日本等国外直接采购商建立联系，直接出口原煤破碎炭和压块炭及粉状活性炭934吨。全年活性炭实现销售收入1.05亿元，公司销售收入共计1.36亿元。

北京中车赛德铁道电气科技有限公司 注册资本7 116万元，是由中车大同公司投资组建的国家高新技术企业，是车顶高压电器产品系统集成供应商。公司总部位于开发区，有北京、大同两个生产基地，占地面积约2万平方米，有各类设备138台/套。主要从事机车车辆关键部件的研发和制造，拥有轨道交通行业高压电器产品先进技术。公司主型产品DSA 200和DSA 250型受电弓，是HXD_2型、HXD_3型电力机车，以及CRH1、CRH2、CRH5和谐号动车组唯一指定的产品。全年实现销售收入4.2亿元，归母净利润0.7亿元。

大同中车重工有限公司 中车大同公司立足多元化产品发展组建的全资子公司，注册资金1亿元，厂房面积3万多平方米，拥有各式桥式天车23台，各类生产设备210多台，其中数控及高精尖设备30多台，具有现代化下料、铆焊、数控加工、组装、退火、试验等全套专业化生产设备。加大市场开拓力度，承揽大同高速ETC项目、赛能杰冶金炉项目、平朔ND_5机车检修项目、大同公司3台桥式起重机项目。在CR240E矿用自卸车、HXD_2机车C6检修、赛德公司下臂、环保设备制造、风电定子项目及其他业务等方面获得订单突破。全年累计实现营业收入6 137万元。

世纪华扬环境工程有限公司 注册资本金5 110.2万元，拥有环境工程设计专项（水污染防治工程、大气污染防治工程、固体废物处理处置工程）甲级、土壤修复设计乙级、环保工程专业总承包一级等行业资质，拥有水、气、固废环保处理先进成熟技术，在工程设计、方案咨询、可行性分析、工程施工、设备制造、调试、运维等方面具有丰富的实践经验。全年申请实用新型专利5项，申请发明专利1项。推进污水一体化装置系列产品的市场应用，在晋城市阳城县蒿峪村污水站项目、福建漳浦农村污水处理PPP项目中，实现一体化污水处理设备供货。全年实现销售收入2.30亿元，净利润782万元。

和县中车环保科技有限公司 中车大同公司的控股子公司，注册资金2 520万元，是为服务和县乡镇污水处理PPP项目而组建的SPV（特殊目的实体）公司。公司主营乌江镇、石杨镇（含绰庙社区）、功桥镇、善厚镇等乡镇污水处理厂（站）及配套管网设计、建设、运营、移交。项目合作期为29年（其中建设期1年+经营期28年）。2019年公司完成乌江镇、石杨镇（含绰庙社区）、功桥镇、善厚镇总计5座污水处理厂（站）及部分配套管网建设。

惠州中车环保科技有限公司 中车大同公司的控股子公司，注册资本金为5 989万元，是针对“惠城区PPP模式整区推进农村生活污水处理设施建设项目”组建的SPV（特殊目的实体）公司，项目合作期15年，主要内容为：新建42座“一村一设施”和138座“100户或300人以上”农村污水处理设施并运营维护管理；改造37座既有农村污水处理设施并开展日常运营与管理；对14 372户已有农村生活污水简易处理设施改造；对26座既有人工湿地升级改造。年内，完成42座污水处理设施的工程建设，理顺“两个验收”全项手续流程。

【重要纪事】 3月11日，大同市市长武宏文率团与中国中车总裁孙永才等高层领导进行会谈，双方就力促大同公司做大做强、拓展合作领域等事宜深入探讨。4月11日，公司新八轴机车技术提升项目列入中国中车级重点科研项目。4月24日，公司与白俄罗斯铁路联盟、中电公司签署深化合作备忘录。5月9日，公司举行与北京交通大学“产学研”合作会谈暨联合研究中心揭牌仪式。6月27日，公司制造的中国中车CR240E型矿用自卸车下线。7月16日，公司党委召开“不忘初心、牢记使命”主题教育深化部署会。9月6日，公司技术提升HXD_2型电力机车挤压试验圆满成功。9月23日，山西省委常委、大同市委书记张吉福、大同市市长武宏文率团与中国中车党委书记、董事长刘化龙、总裁孙永才等一行进行座谈交流。9月30日，公司与大同市平城区政府签署棚户区改造（二期）协议。同日，公司制造的首台FXD1型机车成功下线。11月13日，中国中车副总裁余卫平到公司讲授专题党课。12月10日，公司首台复兴号动力车投入使用。12月15日，亚洲基础设施投资银行副行长到公司考察。

【公司党政工负责人】

党委书记	郭胜清（12月免） 黄启超（12月任）
董事长	郭胜清（12月免） 黄启超（12月任）
总经理	付拥军
副总经理	沈立德　陶　逯 赵明元　杨东平 王宇飞 余党会（1月任）
总工程师	赵明元
财务总监	余党会（1月任）
党委副书记	付拥军　郭同生
纪委书记	边东宏
工会主席	郭同生

（大同公司　供稿）

中车永济电机有限公司

（统一社会信用代码：91140881664458751J）

党委书记、董事长　南秦龙

总经理　肖安华

【概况】 2019年末，中车永济公司在岗员工4 671人，其中管理人员1 014人，工程技术人员1 191人，技能操作人员2 466人。用地总面积164万平方米，拥有各种机械动力设备4 299台（套），固定资产原值25.3亿元。下设43个部门，子公司6个，其中境内4个（西安中车永电捷力风能有限公司、西安中车永电电气有限公司、西安中车永电捷通电气有限公司、永济中车电机电器修配有限公司），境外2个（印度中车先锋电气有限公司、南非中车永济电机有限公司），中外合资公司2个（西安中车永电捷通电气有限公司、西安阿尔斯通永济电气设备有限公司）。全年实现营业收入76.1亿元，归母净利润6.04亿元。

【规划发展】 编制发展三年行动计划。分解制定高质量发展8大工程22项工作任务，全力推动公司高质量发展落地实施。制定《高质量发展三年行动计划任务分解表》，共分解安排工作135项，明确2019年工作节点（里程碑）346个，年度工作节点整体完成率94.3%。修订公司“十三五”发展规划，调整规划目标为至2020年末公司营业收入达到100亿元，明确了重点任务及保障措施。组织开展“十三五”规划询审工作，对7项核心指标开展客观评价。编制新产业发展规划，进一步明确新产业定义，细化已有新产业发展战略、阶段目标与阶段任务，制定公司新产业选择与评估指引。2019年中国中车批复公司年度投资预算4.39亿元。稳步推进公司风电的“两海战略”落地实施，整体规划风电产业布局；统筹规划西安地区产业布局调整，解决风电产业和核心器件产业发展过程中的限制性因素，提升公司管理效能。

【改革改制】 推进与大连电牵公司重组，按照集团要求，永济公司出资持有大连电牵公司50%股权，大连电牵公司等额持有永济公司6.05%股权，完成重组第一阶段目标，制定并实施7个整合子方案。推进混合所有制改革和股权多元化改革，以实物资产出资，同时引入3家社会投资者，共同成立中车山东电机有限公司。创新检修业务合作新模式，与沈阳局、哈尔滨局集团公司合资设立沈阳公司，11月5日，公司《关于设立沈阳中车永电铁路装备有限公司项目建议书及可行性研究报告的请示》上报中国中车，并被列入2020年股权投资计划。尝试比照子公司管控模式，通过引入符合条件的战略投资者，以及控股混改、员工持股等多种方式，构建机加工产业平台。

【企业管理】 紧扣创新变革主线，深入推进管控模式变革和管控体系建设。通过优化“放管服”，重新构建总部和产业单元，平台由7个调整为5个，部门由61个调整为43个。优化治理管控，初步形成公司管控体系，进一步规范企业管理、增强管理效能，将13个专业管理体系有效融合，搭建体系化的经营管理体系。完成内部市场化实施方案，按照“整体规划、分步实施、试点先行”原则，以试点单位为切入点，从定价体制、价格体系、结算机制、内部交易凭证等方面细化完善合同模板，为产业单元增加经营自主性提供制度和机制保障。基于企业管理协会“经营管理参谋”定位，围绕精益管理、绩效管理等主题，遴选部分管理成果参加中车第四届管理创新成果展。持续完善、优化绩效考核，促进“要我完成到我要完成”的考核机制转变：通过优化组织绩效管理，构建“三级一体”的全面组织绩效管控模式；修订相关文件，指导产业单元初步搭建内部组织绩效管理体系。大力推动“两金”压降等专项工作，两金总额及一年以上“两金”均超额完成年度指标。全年新增2个创新平台，申报省级创新平台4项，技术投入比5.28%。严格控制质量损失，督促及推进公司源头质量整治工作，优化供应商索赔；强化风险化解力度，完善公司风险管理体系，提升风险管控能力。积极推动国际化经营，形成本地化生产能力，拓展南非及非洲市场多元化业务。设立欧洲驻外机构，贴近发达国家风电、轨道整机企业。强化“提品质”专项对标管理，全年4项运营能力指标、2项投资评价指标、2项债务风险指标全面提升，18项对标指标同比改善15项。

【科技创新】 加强科技创新平台建设，以“创新驱动、引领转型”为发展目标，确定基础技术能力提升11项、体系和能力建设7项、产品竞争能力提升4项等重点任务的实施路径与阶段目标，通过年度计划分解实施，发挥科技规划的引领作用。获得各类科学技术奖项6项，其中2项获中车科学技术奖特等奖。装备运行安全保障与智能监控国家地方联合工程研究中心、山西省轨道交通牵引电机重点实验室获得批准建设。制定ISO、IEC国际标准3项、上级标准17项；申请国际专利4件，获国际授权专利1件，获授权发明专利27件。全年获得各类外部资金扶持2 077.3万元。加大重点产品开发，铁路轨道交通方面，实现时速350公里标准动车组变流器批量供货，完成时速250公里标准动车组牵引辅助变流器整车试验。牵引电机在国内首列京张绿色智能高铁装车运用；时速400公里跨国互联互通永磁牵引电机交付用户。城市轨道交通方面，基于安全导向的永磁牵引系统正在联调试验；中车系列化标准地铁电传动系统完成方案设计。风力发电方面，3兆瓦集中绕组模块化分瓣永磁直驱风力发电机研制成功；4.X兆瓦全功率变频异步风力发电机获批量订单。新产业方面，GCD-450/1000重型轨道车完成运行考核；国内首台大型工程机械升降平台用三相同步磁阻电机完成型式试验。基础前瞻共性技术研究方面，大功率永磁直驱客运电力机车完成环铁静态试验；碳纤维牵引变流器箱体完成调研报告；超级铜、取向硅钢研究完成技术方案。以产品全寿命周期为主线，策划形成3大分类、36项管控要求、40余个支撑文件的工艺管理体系。

【生产运营】 全年完成各类电机及变流装

置（含新造、检修业务）共计 23 627 台/套。新造项目产品 7 374 台/套，同比增长 11.95%，其中国铁电机 4 788 台/套，变流器 431 台/套，城轨电机 1 768 台/套，国际电机 56 台/套，工程机械类电机 331 台/套；电机检修 12 067 台，电控检修 840 台，模块检修 3 346 台。根据公司组织机构调整及职责定位，聚焦客户需求，围绕订单交付，全力探索实施全寿命周期项目制管理。建立健全项目管理体系，编制《项目管理程序》《项目变更管理程序》等制度，优化完善 21 份项目管理表单，按产品类别组建新造电机、检修电机、电控项目组；全年启动 5 个重点研发项目，其中国际项目 2 个，城轨项目 2 个，南非矿业车电机项目 1 个。完善生产管理体系，共修订发布《生产过程管理程序》《异常管理与程序控制》等文件，规范生产过程控制标准。运用 ERP 系统软件，加强生产计划管理，确保产品交付的均衡性。加强市场预测，组织市场需求预测及项目资源平衡，确保订单的按时兑现。优化、规范异常响应管理流程，强化异常管理平台应用。通过有效实施 TPM、标准作业、快速切换、5S、可视化及现场质量控制，推行节拍化、高效、联动的拉动式精益生产组织方式，实现生产组织交付的准时化目标。

【市场营销】 根据市场总体布局，将国铁业务划分成 10 个区域。通过技术营销一体化、现场市场互通一体化的协同工作机制，为客户提供完善的解决方案及技术支持。机车市场方面，签订八轴 9600 千瓦和六轴 7200 千瓦电力机车既有配套份额订单，以及株机平台 5 台车配套牵引电机、变流器订单。动车组市场方面，时速 350 公里标准动车组项目采购数量 121 列；长客平台牵引电机确保公司独家供货；签订长客公司 4 列非高寒变流器订单，已实现销售收入；7 月初，签订四方公司小批量试装 5 列牵引电机订单。时速 250 公里标准动车组项目，签订四方公司 10 列牵引电机订单。城际动车组项目，完成四方股份公司 3 列海南城际动车组牵引电机、3 列阳大、连云港城际动车组牵引电机的签单和交付；持续跟进长客、唐车、大连和戚墅堰等公司的动车组、机车项目等。出口车项目，主要完成唐车公司出口阿根廷内燃动车、四方股份公司出口斯里兰卡内燃车、大连公司出口伊朗内燃机车等 20 余个项目。检修市场方面，开拓 CRH3 型车原装西门子电机、HXD3（C）型车原装东芝电机检修市场；全年完成 HXD2/HXD21/HXD2B 机车变流器检修业务和 100 列模块检修业务；与沈阳铁路局成立合资公司。动车检修项目，保持长客股份公司 CRH5 型车三、四、五级变流器及充电机检修市场，拓展沈阳铁路局 CRH5 型车变流器及充电机检修市场。

【质量管理】 依托“中车 Q”和 ISO/TS 22163 标准，优化质量管理模式，明确总部与各产业单元质量职责，建立质量指标库，完善质量激励考核机制。12 月，通过德国莱茵认证机构的年度监督审核，质量体系证书持续有效。开展“中车 Q”质量管理标准培训，分析标准差异，将“中车 Q”融入新的质量管理体系中。按照 AB 清单法对照质量管理标准，梳理存在的问题，制定整改措施。从检验策划、首件检验、进货检验、过程检验等 10 个模块，搭建质量管理系统平台，其中 8 个核心模块已在国铁事业部正式上线运行；与中车购、公司 OA、ERP、WMS 等系统、产品大数据平台实现集成。实施过程质量监造，对 12 项典型质量问题实施“双归零”管理；加大质量损失指标监督及源头问题攻关等工作，梳理源头和惯性质量问题 25 项。质量损失率完成值 0.63%，同比下降 0.04%。组织公司 QC 项目、质量信得过班组参加省属、行业及国家成果交流会，获得国家级荣誉 2 项、铁道行业 2 项、省部级 14 项、中车 1 项。策划并参加国家、行业及中国中车组织的专项活动，获得“全国百佳质量诚信标杆企业”等10项荣誉称号。

【基建与技改】 全年累计完成设备（含计算机）转固 412 台、设备调拨 653 台、设备报废 195 台套、房屋报废拆除 3 092 平方米。累计处置低效无效设备 972 台套，净值 2 764.40 万元，处置低效无效厂房面积 1.87 万平方米，净值 2 861.65 万元，合计净值 5 626 万元。全年共计完成基础设施大修项目 18 项，大修费共投入 794.56 万元。完成日常维修 270 余项，共发生费用 614.6 万元。全年共完成设备大修项目 50 项，计划费用 692.65 万元。加大设备更新改造，非重点项目 1 类主要围绕试验能力提升、环保、信息化、精益及智能制造、基础能力投入五个方面进行投资，预算 4 000 万元，实际完成 3 941 万元，共计 39 项、365 台（套）。

【人力资源管理】 持续推进全面人才管理机制构建，深化人才发展体制机制改革创新。制修订并发布公司《中层管理人员交流管理办法》等制度文件，进一步建立健全人才引进、培训培养及干部管理等体系。完成企业领导班子和领导人员 2019 年度述职评价、副职业绩考核及员工代表民主测评工作；完成新一届党委委员 11 名候选人、纪委委员 9 名候选人及纪委副书记提名人选相关材料上报工作。严格执行企业中层管理人员轮岗交流管理规定，57 人完成岗位职务交流；严格干部管理制度，完成 12 个单位 13 名中层管理人员试用期满考核。积极开展省部级高层次专家推荐，1 人获 2019 年度茅以升铁道工程师奖。严格落实中车核心人才管理规定，完成首届核心人才年度业绩考核工作。完成《中车全球一体化薪酬与福利管理体系项目建设落地实施细则》专项工作，通过集团公司项目成果鉴定。完成公司职业技能认定在山西省备案工作，完成 2019 年度职业技能认定工作，275 人通过认定考核，119 人通过中车集团技师、高级技师评审。27 人分别参加中车“631 工程”国际化项目培训。

【企业文化建设】 严格两级中心组理论学习研讨，提高政治站位。聚焦“不忘初心、牢记使命”主题教育和“辉煌五十年奋进新时代”工作主线，开展系列宣传活动，建成综合展示中心和 50 年纪念雕塑，发布 50 年纪念徽章，印发《电机人》《永电印记》等画册。作为中车唯一一家子公司通过中国品牌管理委员会《跨文化融合案例》评审，参加第10届西湖公共关系论坛发表主旨演讲。全面加强意识形态责任制实施，压紧压实意识形态工作政治责任和领导责任。强化文化战略引领，规范文化建设，举办调研工作。征集党建政研课题 46 项，开展两级道德讲堂 32 期，开展最美永电人评选活动。完善品牌管理体系，搭建品牌管理平台。牵头组织和参与上海国际轨道交通展，参加俄罗斯石油展等海内外展会 11 次，侧重展示系统解决方案展示，助推品牌国际化传播。对宣传片、宣传册等品牌推广物料进行统一策划，规范化、系列化编印。

【党群工作】 公司党委先后三次召开党委会、党委专题会，研究规划公司高质量发展顶层设计。7 月，正式发布实施《公司高质量发展三年行动计划（2019—2021）》，共设置高质量里程碑节点 332 个，全年节点完成率为 94.5%。统筹谋划公司高质量发展重大工作部署，落实“定政策、促改革、防风险”要求。将全年重大工作确定为六个方面 16 项尽职履责、担当作为的实践项目，推动公司改革发展。紧扣创新发展理念，对运营管控方式和组织机构进行优化，发布《关于调整公司组织机构及职责的通知》，优化

“放管服”，压缩管理层级，做实产业单元；推进实施人事、劳动、分配三项制度改革，建立健全职业发展通道，建立全面薪酬管理体系，优化完善员工个人绩效评价机制。深入开展“不忘初心、牢记使命”主题教育。成立主题教育领导小组和工作机构，制定两批次的主题教育工作方案和推进计划，坚持把学习教育、调查研究、检视问题、整改落实贯穿全过程。持续推进党建工作“成效跃升”，持续推进公司党建“金名片”建设，建立“金名片”品牌创建包保责任机制，组织党建专家对基层支部进行两次系统培训；落实国资委政治巡视问题清单整改，2019年企业本级次103项问题已完成82项，年内应完事项全部完成；公司党委7项决议整改目标40项，2019年应完成的32项全部完成，“形式主义、官僚主义”专项巡视整改2019年应完成的82条全部整改完成；着力推进“三基”建设，结合公司组织机构变革和管控模式调整，下发《关于调整设置基层党组织机构的通知》。着力从制度层面建设公司人才工作系统解决方案，为高质量发展提供保障。完善人才管理制度，制定实施《社会成熟人才引进及使用管理办法》《校园招聘及待遇管理办法》，建立健全校园招聘和社会招聘两条人才引进渠道；完善人才使用制度，制定实施《核心人才使用管理办法》《后备人才选拔培养和管理办法》等，修订《内训师管理办法》《导师带徒管理办法》，健全导师带徒工作机制。加快人才培育，实施《人才梯队建设实施方案》《核心人才育成项目实施方案》《关于加快青年员工成长成才的工作方案》。12月11日，召开新中车成立以来的第一次党代会，选举产生9名第一届委员会委员和7名纪律检查委员会委员。工会开展“聚焦高质量、奋进新时代”劳动竞赛评先工作，开展员工职业技能比赛。“两节”期间送温暖共筹集基金226.61万元，慰问困难员工189户，全年组织开展32项文化体育活动，近2.8万余人次参加。团委组织实施“青年工程”项目32项，举办项目人才及团干能力提升培训，举办主题演讲比赛、主题彩跑等各类青年活动50余项。

【下属子公司】

西安中车永电捷力风能有限公司 全年实现营业收入45亿元。年内，引入3家社会资本，成立山东中车电机有限公司，以混合所有制改革模式加快推动“两海战略”落地。东营定子基地建设项目全面完成，广东阳江基地建设项目获得中国中车批准。具有世界先进水平的3兆瓦集中绕组模块化分瓣永磁直驱风力发电机研制成功，维斯塔斯YJ258G空水冷双馈风力发电机实现批量供货。

永济中车电机电器修配有限公司 全年实现营业收入9 576万元。在市场开拓方面，获得电铲车2台K408和1台K558B电机国产化订单，签订长春轻轨77台YJ146A电机维修等合同。中标神华宝日希勒12台GEB25电动轮和10台GEGTA41主发电机大修、长城钻探哈萨克斯坦维修等项目。地铁方面，新开发大连地铁牵引电机SEA-445电机检修项目；对深圳地铁1号线1TB2010-1GA02电机改造方案进行了交流。矿山方面，新开发平朔矿日立EH3500卡车发电机新造、830E电动轮发电机GTA41修理和电动机MT4400修理项目。国贸方面，新开发巴基斯坦HIT395HP整机修理项目。完成巴基斯坦铁路395HP电机国产化。全年交付新造57台转子、60台整机配件。

西安中车永电电气有限公司 全年实现营业收入11亿元，其中新市场新行业新客户收入1 833万元。2019年研发项目共26项，完成国家高新技术企业申报，并通过国家科技部和陕西省科技厅公示。完成18米级纯电动航道快艇项目设计输出评审，并完成项目交付和试航；完成工信部高效示范两个渔船项目的设计输出；完成深圳芯能半导体技术有限公司600V/30A IGBT 等3个项目的结项评审；完成矿用防爆变频器项目可行性和立项评审等科研项目评审工作。

西安中车永电捷通电气有限公司 全年实现营业收入6.6亿元。完成长客时速160公里城际动车组牵引电传动系统研制，以及上海6、8号线4期电气牵引系统研制等工作。成功中标太原二号线一期牵引工程系统项目；中标西安14号线车辆电气牵引项目；签订CRH6F-A型城际车共计6列的新造合同；获得印度孟买地铁2&7号线辅助电源装置项目63列车共计126套辅助安电源装置及蓄电池充电机订单；签订株洲时代公司杭州1号线三期、杭州9号线电机项目订单；中标大连电牵公司广佛线牵引电机144台；与大连电牵公司签订珠海1号线永磁电机合同，填补公司永磁电机在供货业绩上的空白。

西安阿尔斯通永济电气设备有限公司 总投资366万欧元，法国阿尔斯通公司控股51%，中车永济电机公司参股49%。全年共生产各类电机3 106台，实现销售收入2.12亿元。公司的技术来源于法国阿尔斯通奥尔南工厂，没有新产品研发。

印度中车先锋电气有限公司 全年实现营业收入7 004万元。6月，公司获得西门子歌美飒风电电机定转子样机订单。9月，公司电力机车牵引电机通过首检，10月，取得6套牵引系统订单，正式进入电机机车牵引电机和系统市场。11月完成2台2.6MW空冷双馈风力发电机组装，标志着中车永济电机公司风力发电机实现印度制造；取得内燃机车牵引电机检修批量订单并实现交付，成功开发内燃机车电机检修市场。

南非中车永济电机有限公司 全年实现销售收入430万元。开发承揽大连所公司26台机车主发励磁控制器等6项产品的售后维保；成功开发南非机车直流电机、南非客车风扇电机、尼日利亚机车压敏模块等机电产品市场。

【重要纪事】 1月30日，维斯塔斯公司中国区采购副总裁Christoph 到访公司，参加供维斯塔斯产品YJ258G 样机下线交付仪式。5月10日，公司举行首批供智利YJ151B 型矿山自卸车发电机样机交付仪式。5月30日，装备公司核心动力系统的国内首艘纯电动航道快艇成功下水。7月30日，山东中车电机有限公司在山东东营市河口区成立。8月23日，国内首台3.0 MW(S)集中绕组模块化直驱永磁风力发电机在公司下线。9月26日，公司举行永电学院揭牌仪式。9月29日，陕西省第一条城际铁路——西安北至机场城际铁路正式开通运营，公司为线路上运营的城际列车提供了配套牵引系统。12月11日，公司召开新中车成立以来的第一次党代会。

【公司党政工负责人】

党委书记	南秦龙
董事长	南秦龙
总经理	肖安华
副总经理	史治国　张红卫（兼）
	李咏梅　王　彬
	张　帆
	代玉东（1月任）
	贾　健（1月任）
	郭永安（6月免）
	戴碧君（6月任）
总工程师	王　彬（兼）
财务总监	代玉东（兼，1月任）
党委副书记	肖安华（兼）
	张红卫
纪委书记	孙永奎
工会主席	孙永奎（兼，1月免）
	史治国（兼，1月任）

（永济电机公司　供稿）

中车青岛四方机车车辆股份有限公司

（统一社会信用代码：91370200740365750X）

董事长、党委书记　田学华

总经理　马利军

【概况】　2019年末，中车四方股份公司在册总人数11 840人。其中，高级专业技术职称1 117人，中级职称1 613人；高级技师316人，技师1 522人；博士研究生学历81人，硕士研究生学历1 334人，本科学历4 453人，大专学历2 988人。固定资产原值75.62亿元，总净值37.94亿元；用地总面积177万平方米；建筑面积93.50万平方米。公司设置总部、事业部、技术本部及制造本部4大系统，下设36个单位。共设立13个全资与控股子公司。全年实现营业收入437.06亿元（不含广东公司），归母净利润28.9亿元。

【规划发展】　有序推进重点项目投资，高速磁浮实验中心部分试验台相继投用，完成关键零部件复合材料中试线、高速磁浮试制中心项目厂房设备大部分的招标，开工建设调试线，轨道交通车辆系统集成国家工程实验室项目陆续进入设备安装调试阶段。基于大数据云平台的轨道交通装备远程运维服务新模式项目获得中国中车批复，并启动实施。推进国企改革工作，成功入选国资委第二批“双百企业”名单，推动创一流工作开展；有序推进香港公司压减。

【经营管理】　持续优化管理机制，深入开展管理精细化，有序推进34项重点管理工作，持续固化管理模式，不断夯实管理基础。不断完善项目管理体系，建立并应用项目综合毛利率评价模型，提升项目效能；建立项目阶段评估机制，优化项目组绩效评价办法，培育项目管理核心团队，持续提升项目管理规范化水平。扎实推进提质增效工作，完善通用激励指标，加强过程管控；清理长账龄物料、控制“两金”和节约创效取得显著成果。有效提升财务管理效能，持续深化全面预算；充分利用国家财税政策，获取财税降费红利；积极进行资金筹划，资金价值持续提高；提升财务共享中心运营效率，获得财政部年度中国管理会计创新奖。持续完善风险管理体系，初步构建风险管理“三道防线”；完成韩城项目投资本金回收，重大风险防范化解效果显著。设立合规管理委员会，初步建立合规管理体制机制；全面加强境内外重大项目法律风险防范，妥善处理法律纠纷。深入开展内控工作，针对工序委外和供方质量管控等关键环节实施专项审计；建立违规经营投资责任追究体系。不断加强法治建设，持续落地实施法治建设第一责任人制度，推动法律管理与经营管理深度融合。不断夯实安全环保基础，顺利通过安全环保体系换版。全面开展班组“5 米经理”管理模式建设和消防、电气等专项整治，现场安全一体化管控向非产品领域和异地延伸。持续提升环境绩效，通过中国中车首批绿色工厂标杆企业验收，危险废物连续四年实现总量递减。实施新建污水处理站、环保设施升级改造等源头治理提升重点工程。保持安全环保形势稳定，开展应急预案演练和警示教育，筑牢安全环保风险防线。

【科技创新】 持续提升科技管理能力，开展精益研发技术一体化协同试点验证，完成以可靠性为中心的修程修制（RCM）体系开发。不断增强创新能力，初步构建检验检测学科体系及列车复合材料自主研发体系；完成结构强度快速仿真技术开发及应用，具备动车组车辆级时速 76 公里高速对撞试验能力，全自动驾驶、智能化、轻量化等专项技术深化应用，初步建成 A 型、B 型地铁模块化平台并试点实施。加强中德、中英、中泰研发中心建设，拓展中意、中阿科研战略合作领域。公司获评“国家级工业设计中心”。稳步推进“国家高速列车产业计量测试中心”建设。时速 600 公里高速磁浮试验样车成功下线，实现我国高速磁浮技术领域重大突破。下一代地铁列车项目通过科技部验收，并成功实现碳纤维复合材料、碳化硅逆变器等先进技术装车应用；完成双层动车组、快速货运动车组、时速 400 公里动车组样车研制，动车组产品谱系进一步完善；稳步推进系列化中国标准地铁及“卡脖子”技术攻关等国家重大项目，荣获中车“协同创新专项奖”；时速 350 公里“复兴号”动车组车体研究荣获铁道科学技术特等奖。持续提升行业话语权，新增主持智慧交通国际标准 1 项，发布国家标准 3 项、行业标准 15 项；有序推进城轨产品中国标准体系项目；申请专利 748 项，其中海外专利 121 项，连续获得中国专利金奖。稳步推进数字化研发，完成 PDM 系统升级，全面支撑设计、工艺、质量技术准备工作，借助图文档系统，打通技术文档下现场“最后一公里”；完成产品需求管理功能模块并试点应用，启动产品配置管理系统建设工作。MES 系统在转向架、车体分厂实现在产车型业务覆盖，有序推进产线数字化改造和数据贯通工作，初步建立转向架数字化车间，数字化制造初具雏形；完善 QMS 系统功能，完成智能监造系统建设，质量管理数字化范围进一步扩大。完成 SGO 二期建设和 31 个动车组 PHM 模型开发优化，数字化服务取得初步成果；启动城轨 MRO 建设，搭建城轨 PHM 平台，提升城轨运维服务水平。启动数字化运营工作，数字化财务建设取得进展，实现材料价格、物料成本动态管控分析和预警。建立 ERP 全球管理模板，并在美国子公司应用。公司荣获工信部“智能制造标杆企业”称号。

【生产运营】 建立制造资源统筹机制，坚持“大制造”理念，全年完成 99 个项目 6 027 辆车的生产；地铁生产数量同比提升 61%，子公司制造能力持续有效发挥。优化动车组检修周期，实现资源配置、技术优化、生产组织协同联动。发挥工艺、质量、分厂“铁三角”作用，实现管理责任落地和异常处置效能提升。细化供应商资质管理，优化供应商分级管理，建立供应商标准化名录，引进电商、工业品超市等社会化供方。完善供应商绩效评价机制，实现供应商不良行为与业绩评价、订单份额、资质处置挂钩。提升采购管理成效，优化模拟配送线系统，建立物料交付风险预警机制，提升物料节点兑现率；不断加大产品类物资跨项目、跨平台集采力度，积极拓展非产品类物资采购渠道，采购成本明显降低。持续提升物流管理水平，启动物流 WMS 一期建设，扩大储运一体化和 JIT 配送应用，优化仓储方法，库房面积、物流成本明显下降。

【市场营销】 国铁新造业务方面，新造高速动车组 956 辆。深化大客户营销，签订 51 组时速 350 公里“复兴号”动车组订单；依托区域营销，实现 3 个城际新市场突破和 2 个既有市场增购，中车广东公司取得深茂等城际订单，中车成都公司协助公司取得成灌项目订单；成功实现 CRH380AM 型综合检测车、CRH380AN 型永磁动车组、动力集中动车组、CRH6 型城际动车组样车销售。获得时速 250 公里“复兴号”动车组型号许可，完成京雄智能动车组研制。国铁检修业务方面，检修动车组 4 296 辆。开拓广州局集团公司整车检修合作业务，与济南局、武汉局集团公司探索新型检修合作模式。逐步拓展自主检修范围，开展 90 项零部件检修标准优化、修复技术应用，在青岛、武汉、江门等三地实现 39 项零部件自主检修。精益售后提质升级，圆满完成售后服务保障任务。完成“1+6+N”多层级配件中心建设，配件销售网络化服务能力得到有效提升。城轨业务方面，交付城轨地铁 1 548 辆。北京新机场线全自动驾驶列车和全国首条氢能源有轨电车实现载客运营。首次进入云南市场并获得保山有轨电车项目，在济南与广州实现“车辆＋机电”业务模式双突破。发挥区域一体化统筹作用，持续推进市场、制造、售后服务的全链条协同，开展成都、广东、郑州等区域供应链建设。海外业务方面，突破欧洲市场，中标罗马尼亚大部件项目，签订中国香港项目、巴基斯坦轻轨项目、智利电动车组项目。顺利推进海外项目实施，积极推进“一带一路”雅万高铁项目，稳步推进 TSI 认证工作；完成新加坡 T251 无人驾驶地铁、巴西圣保罗地铁、中国香港地铁、斯里兰卡内燃动车组等项目的批量交付。完成中国香港、巴西、斯里兰卡等标准化售后服务站建设，稳步推进标准化售后维保服务。顺利完成广深港高铁运营一年期 RAMS 考核，获得业主高度认可。子公司业务方面，中车成都公司业务结构不断完善，“城轨＋动车组检修”业务模式逐步成熟。中车广东公司顺利完成股权调整，业务融合效果明显，动车组检修业务快速发展，实现扭亏为盈。武汉公司有效提升“整车检修＋部件自主修＋区域售后服务”业务能力，经营能力持续增强；郑州公司顺利完成扭亏目标，佛山公司提前一年实现扭亏，温州公司控亏效果良好；成都轨道公司核心零部件自主造修能力稳步提升；天津公司持续保持盈利；美国公司作为首个海外本地化生产基地，完成原型车总组装工作。

【人力资源管理】 确立人力资源优化管控方向，合理管控员工总量、优化队伍、激发活力，实施新员工“菁才计划”培育项目，优化青年员工职业发展路径。不断释放激励机制效能，加大部门二次分配力度，以业绩为导向调动核心骨干积极性；提升项目专项奖励额度，进一步强化项目管理横向统筹的核心拉动作用；建立境外企业薪酬福利管理体系；探索当期激励与中长期激励相结合的多元激励模式。加快大学型培训中心建设，举行全员岗位内训、移动在线学习和岗位技能竞赛，推动员工能力素质提升。

【质量管理】 不断夯实质量管理基础，开展质量管理体系专项优化，实施关键制造环节过程审核，ISO/TS 22163 认证得分提升到历史最高的 72 分。公司荣获“全国质量标杆企业”称号，CR400AF 型动车组通过“泰山品质”产品认证。不断提升项目质量管理，试点实施工步质量策划和嵌入式项目质量监管，建立项目质量经理工作规范。不断丰富质量控制手段，组建SQE团队，持续开展供方“扶管服”、“飞行检”、FAI优化等工作；应用生产制造过程“合字”作业法、探伤监督等方法；试点实施子公司质量综合模拟评价方法，实现公司产品质量总体稳定，动车组百万公里故障率为0.31件，持续保持行业最低。

【企业文化建设】 推进全员使命责任教育，开展庆祝新中国成立70周年、“中车日”、“我与企业文化”系列主题教育实践活动。弘扬中国高铁工人精神，“最美科技工作者”梁建英、“最美铁路人”郭锐等高端技术技能人才成功为企业代言。企业文化持续落地见效，“中车之道”深入人心，“理念—制度—行为”建设不断深化，班组文化、质量文化等专项建设稳步推进。不断提升品牌影响力，聚焦国家战略、社会热点和公司经营发展重点，培育员工品牌意识与品牌行为，开展重要产品、重大成就和高端形象宣传，彰显四方价值，擦亮中车品牌。

【党群工作】 坚持以政治建设为统领，层层落实党建工作责任，进一步增强“四个意识”、坚定“四个自信”，坚决做到“两个维护”。扎实开展“不忘初心、牢记使命”主题教育，重点加强11类24项问题专项整治，取得了高满意度成效。全面启动创建“高铁先锋、引领四方”党建品牌“六大工程”，加强三基建设，培育“一支部一品牌”，党建品牌谱系建设初显成效。持续落实政治巡视问题整改，完成108项，完成率74.48%，完成年度目标。加强党风廉政建设，完成纪检监察体制机制改革，聚焦重点领域和关键环节，强化廉洁风险防控和监督执纪问责，为公司持续健康发展创造良好环境。进一步深化民主管理，持续落实平等协商、职代会制度，集体合同兑现率100%。开展全员全过程创效活动，以“向新中国成立70周年献礼”为主题，大力开展“三保”劳动竞赛，助力生产经营。加强先模培育，郭锐劳模创新工作室荣获“国家级技能大师工作室”称号，王文建荣获“中央企业劳动模范”称号。持续加强员工帮扶救助，为员工参保青岛市医疗保障A计划，开展困补、助学、慰问等活动。持续提升员工幸福感，建设工会“新小家”，做好单身公寓管理，提供特色餐饮服务，组织先模员工健康疗休养。持续开展扶贫捐赠工作，积极扶贫助农、向疫区捐款，有效发挥企业社会责任。召开公司第一次团代会和青年工作会议，开展“三比一创”等活动，助力青年员工成长成才。

【特色条目】

时速600公里高速磁浮试验样车下线

5月23日，时速600公里高速磁浮试验样车在公司下线。全国政协副主席万钢、山东省副省长刘强，青岛市市长孟凡利，国资委综合局副局长孟繁英，国家铁路局副局长苏全利，科技部高新技术司副司长续超前，中国工程院副院长、院士何华武，中国中车党委书记、董事长刘化龙出席活动并致辞。时速600公里高速磁浮交通系统是国家重点研发计划“先进轨道交通”重点专项的重要组成部分，标志着我国在高速磁浮技术领域实现重大突破。其目的是攻克高速磁浮核心技术，全面自主掌握高速磁浮设计、制造、调试和试验评估方法，研制具有自主知识产权的时速600公里高速磁浮工程化系统，形成我国高速磁浮产业化能力。该项目于2016年7月启动，由中国中车组织、公司具体实施，聚集国内高铁、磁浮领域优势资源，联合30余家企业、高校、科研院所组成“联合舰队”共同攻关。

公司获“国家级工业设计中心”称号

10月，公司获国家工业和信息化部发布的

第四批“国家级工业设计中心”称号。国家级工业设计中心是经国家工业和信息化部认定，工业设计创新能力强、特色鲜明、管理规范、业绩突出，发展水平居全国先进地位的企业工业设计中心或工业设计企业。此次获评标志着公司在轨道车辆行业工业设计创新层面得到国家权威机构的高度认可。

公司获“智能制造标杆企业”称号 12月12日，2019中国智能制造系统解决方案大会在北京召开，公司通过工信部智能制造标杆企业评选，获得2019年第二批“智能制造标杆企业”称号。智能制造标杆企业评选是工业和信息化部为落实《智能制造发展规划（2016—2020）》及2019年部工作要点，深入推进智能制造，进一步做好新模式落地推广，围绕人员、技术、资源、制造四个能力要素，全面评估企业在设计、生产、物流、销售、服务等业务环节所达到的智能制造能力水平，选择实施成效突出、示范带动作用强、智能制造能力成熟度较高的企业，树立为标杆企业，开展模式总结与复制推广，具有较大的社会影响力。经过智能制造评估评价公共服务平台自评、合规审核、专家推荐、现场核查、专家评审和公示等多轮严格的筛选评审，公司成为中国轨道交通行业唯一一家入选企业，充分展现公司在智能制造先进技术应用和数字化工厂建设方面处于轨道交通行业的领先地位。本次评选一个行业只遴选一家作为智能制造标杆企业，目前全国仅有19家企业获得该称号。

出口巴西圣保罗13号线项目车辆下线 6月3日，出口巴西圣保罗13号线项目车辆下线活动在公司举行。圣保罗市域铁路公司董事长佩德罗·特贡·莫罗，公司党委书记、董事长张在中等出席活动。参与制造圣保罗13号线车辆的150余名总装分厂员工一同见证车辆下线。该项目是公司在巴西市场获得的首个车辆采购订单，为公司未来持续开拓巴西乃至南美市场奠定坚实基础。

“复兴号”车辆级碰撞试验 7月23日，国家工程实验室实施“复兴号”车辆级碰撞试验。此次“复兴号”车辆级碰撞试验实现公司的3项“首次”：公司首次进行车辆级撞击试验；公司碰撞试验台自建成以来首次进行时速50公里以上速度级整车碰撞试验，此次试验目标碰撞速度为52公里/小时，实际试验速度为51.9公里/小时；首次在试验车辆上搭载车载假人进行碰撞试验。此次“复兴号”整车碰撞试验的完成，标志着公司碰撞试验能力已经在列车被动安全领域达到国际先进水平。公司碰撞试验台总长260米，15吨调试实验车最高试验速度为150公里/小时，60吨整车最高实验速度为72公里/小时。试验台于2018年通过CNAS的EN 15227和ASME RT-2两项标准。2018年7月美国交通技术研究中心专家在现场对轨道车辆碰撞试验能力进行评估并通过评估。

国资委“大国重器”主题演讲赛决赛在公司举行 8月30日，“时代新人说——我和祖国共成长”全国演讲大赛“大国重器”主题演讲赛决赛在公司举行。中宣部宣教局副局长韩流，国资委宣传局局长夏庆丰，中车党委常委、纪委书记王铵，公司总经理马云双等出席活动。公司钳工首席技师郭锐与来自国家电网有限公司的罗理、中国航天科工集团有限公司的李倩茹等3位选手获“大国重器”主题演讲赛金奖。

下一代地铁列车获中国国际工业博览会科技创新大奖 9月17日，公司下一代地铁列车在上海举行的中国国际工业博览会CIIF大奖颁奖典礼上，荣获2019年中国国际工业博览会科技创新大奖。中国国际工业博览会作为中国最具影响力的国际工业品牌展，是经国务院批准的唯一具有评奖功能的大型工业博览会。第21届中国工博会首次推出CIIF大奖，经过专家评审和社会投票，评选出10项最具硬核实力和社会价值的 CIIF 大奖。

CR400AF“复兴号”动车组荣获中国外观设计金奖 10月，公司设计的CR400AF“复兴号”动车组荣获第二十一届中国专利奖评审“外观设计金奖”。中国专利奖由国家知识产权局设立，是我国唯一专门对授予专利权的发明创造给予奖励的政府部门奖，堪称中国专利届的“奥斯卡”。公司凭借该设计获得外观设计金奖，这标志着公司工业设计创新成果达到国家级水平。

【下属子公司】

天津中车四方轨道车辆有限公司全年实现销售收入 1.21 亿元，净利润 386 万元。青岛中车四方轨道装备科技有限公司全年实现销售收入 9.5 亿元，净利润 1.09 亿元。武汉中车四方维保中心有限公司全年实现销售收入 64 874 万元，净利润 2 369 万元。温州中车四方轨道车辆有限公司全年实现销售收入 1.42 亿元。青岛四方川崎车辆技术有限公司全年实现销售收入 4 098 万元，利润总额 607 万元。佛山中车四方轨道车辆有限公司全年实现销售收入 6.06 亿元，比上年增长 112%，实现扭亏为盈。成都中车四方轨道车辆有限公司全年实现销售收入 14.94 亿元，利润 5 019 万元。郑州中车四方轨道车辆有限公司全年实现销售收入 8.7 亿元，实现盈利 650 万元，提前两年完成中国中车下达的扭亏增盈目标。

【重要纪事】 1月15日，公司通过美国焊接学会 CWF 换证审核，被授予美国焊接学会 CWF 认证资质。2月20日，国务院发展研究中心副主任张军扩、国务院发展研究中心企业研究所所长马骏到公司考察交流。2月21日，公司中标北京地铁 3 号线一期项目（B 包）20 列时速 80 公里 A 型不锈钢全自动驾驶地铁车辆。3月2日，泰国国家铁路局（SRT）副总裁 Siripong 率代表团到公司参观考察。3月8日，公司与武汉局集团公司、长客股份公司、唐山公司、青岛庞巴迪公司组成的联合体签订武汉动车配件中心战略合作协议，成立武汉动车配件中心。3月15日，公司与罗马尼亚当地合作伙伴签订有轨电车项目的部件销售合同，将为其提供车辆转向架、牵引系统和空调设备。4月4日，科技部副部长黄卫到公司考察调研。4月11日，国资委主任、党委副书记肖亚庆到公司考察调研。4月15日，公司与中国中铁工程设计咨询集团有限公司就公司新一代跨坐式单轨车辆技术合作和市场开拓达成一致意见并共同签署合作协议。4月，美国交通技术研究中心（简称“TTCI”）通过对国家工程实验室的铁路车辆车体静强度试验和车体碰撞试验能力评估并颁发证书。5月11日，公司中标郑州 3 号线一期工程车辆采购项目。15日，国家铁路局安全监察司司长田军到公司开展造修源头质量管理情况调研。5月29日，国家工业和信息化部党组成员、副部长辛国斌一行到公司考察调研。5月29日，公司中标广州市轨道交通 7 号线一期工程西延顺德段车辆及车辆段相关设备采购项目。6月17日，国务院发展研究中心党组书记马建堂带领调研组到公司考察调研。6月17日，摩洛哥国家铁路局副总经理 Mohammed Smouni 到公司参观考察。7月8日，计量理化检测中心通过美国 NVLAP 认可机构专家组进行 NVLAP 认可复评审。8月26—28日，公司通过莱茵检测认证服务（中国）有限公司审核组对公司实施 ISO 9001 监督审核。9月5日，公司与米兰理工大学《战略合作备忘录》签署仪式在公司举行。9月23日，时速 76 公里高速动车组整车级对撞在国家工程实验室轨道车辆碰撞试验台完成试验。9月26日，新西兰国家铁路公司总裁 Miller 率代表团到公司参观交流。9月，公司申报的“构建数据驱动全生命周期协同创新质量管理模式的经验”课题，被认定为“2019年全国质量标杆”。10月12日，中央“不忘初心、牢记使命”主题教育第十一巡回督导组到公司调研指导主题教育工作。10月13日科技部部长王志刚专程赴德国德累斯顿考察“中德轨道交通技术联合研发中心”。10月23日，公司中标工信部2019年国家新材料生产应用示范平台建设“高速铁路装备材料生产应用示范”项目。11月4日，国资委党委书记、主任郝鹏到公司考察工作。11月14日，全国政协副主席、交通运输部党组书记杨传堂到公司调研。11月28日，公司在罗马尼亚设立分公司。12月11日，公司与长客股份公司、成都轨道集团在成都签署《组建成都中车轨道交通装备智能检修科技有限公司合作框架协议》。12月27日，城轨列车单车级车辆以25公里/小时以上速度在轨道车辆碰撞试验台完成对撞试验。12月30日，公司研制的氢能源有轨电车在佛山高明上线载客开跑，标志着世界首条氢能源有轨电车——高明现代有轨电车示范线正式投入商业运营。12月，智利国家铁路公司（EFE）与公司联合体签署阿拉米达—兰卡瓜项目8列共计24辆电动车组采购合同。12月，公司与成都轨道集团、长客股份公司在成都举行《组建成都中车轨道交通装备智能检修科技有限公司合作框架协议》签约仪式。

【公司党政工负责人】

党委书记　张在中（11月免）
　　　　　田学华（11月任）
董 事 长　张在中（11月免）
　　　　　田学华（11月任）
总 经 理　马云双（10月免）
　　　　　马利军（11月任）
副总经理　姚林强　倪胜义
　　　　　王成龙　罗　斌
　　　　　梁建英　吕任远
　　　　　刘　彩　李永乐
　　　　　邓小军　徐　磊
　　　　　余　江　张安营
　　　　　田学华（11月免）
　　　　　马利军（11月免）
总工程师　梁建英（兼）
财务总监　刘　彩（兼）

党委副书记　马云双（兼，10月免）
　　　　　　马利军（兼，11月任）
　　　　　　姚林强
纪委书记　张忠敏
工会主席　林　豹

（四方股份公司　供稿）

中车成都机车车辆有限公司

（统一社会信用代码：91510100663026922P）

【概况】 2019年末，成都公司共有员工2 217人，其中管理人员318人，工程技术人员283人，技能人员1 616人。固定资产原值12.83亿元，主要生产设备1 124台；占地面积71.56万平方米，建筑面积22.83万平方米。全年完成地铁新造388辆，客车修理974辆，参与动车组三级修52组。全年实现营业收入32.83亿元，归母净利润1.25亿元。

【改革改制】 按照“先改造、后移交”的总体思路，累计筹集1.84亿元，全部投入“三供一业”改造工程。截至年底，家属区“三供一业”改造工程全面完工，并实现资产移交，改造后的家属区被树为“成都市老旧小区改造典范工程”，获中车最美家属区赞誉，入围“国家2019年民生示范工程”。坚持“有机更新＋社区治理”的理念，全面完成家属区“三供一业”改造移交工作，有效分离企业办社会职能。采用“政府收储＋自主改造（开发）”的组合模式，完成成华厂区7家改制企业搬迁，腾交土地127.8亩，为中车置业公司节支土地购置金超过11亿元，为中国中车贡献多出净利润7.2亿元。

【运营管理】 持续推进以“提高品质、降本节支”为主题的提质增效工作，着力推进11项重点管理工作，全年降低采购成本2.78%，成本费用占营业收入比率下降1.12%，质量损失率下降0.11%，一年以上应收账款降低20.15%，消除一年以上存货，减免各类税款2 786万元，获得政府补助资金1 297万元。全面贯彻落实中国中车“强基、赋能、攀高”精益管理主线，确定“12345”精益管理工作思路，初步搭建“6621”运营管理平台模型，优化分厂工艺布局，夯实工位制物流配送，开展“改善不良、杜绝浪费”专项活动，完成“生产制造流程”等11项专项改善，节约成本1 119万元，有效提升了公司经营效益。多形式、全覆盖的开展安全警示教育，重点整治易燃易爆场所，全面消除安全环保风险，全年未发生轻伤及以上事故，未新增现岗职业病，安全生产形势保持稳定；制定《生态保护污染防治攻坚战三年行动方案》，通过能源体系贯标审核，绿色工厂建设有序推进。建立健全公司经营全过程法律风险防控体系，制定防范化解重大风险实施方案，依法治企、风险防控能力大幅提升。

【科技创新】 加大技术自主创新力度，工艺技术支撑能力显著提升。自主完成首辆时速140公里的成都地铁18号线车辆、成都地铁11号线及17号线车辆试制；完成地铁车辆空调试修，实现地铁车辆铝合金司机室、操纵台等大部件自制；获取时速160公里速度等级的25T型客车检修资质，形成国铁客车全谱系化检修能力。顺利获取客车轮对组装、气路控制箱、“三阀”（高度阀、差压阀、空重车阀）等关键部件厂修维修资质。积极推进动车组四级检修业务落地，完成CRH380A-2644列动车组四级修试修工作，同步取得动车组轮对分解检修、齿轮箱检修资质。启动实施PDM系统，建立产品质量信息管理平台、售后服务信息化平台；通过长度、热学等26项企业最高计量标准建标复查；通过国家实验室认可换版及监督审核，形成铝合金型材、板材等重要原材料复验能力；通过 EN 15085 焊接质量管理体系增项认证审核，实现铝合金、碳钢焊接能力全覆盖。取得两化融合管理体系评定证书，科技管理体系日益完善。参与 1 项行业标准的修订和 1 项中国中车标准的制定，行业内技术话语权进一步提升。组织开展 13 个科技项目；全年获得发明专利 13 件、实用新型专利 15 件、专利授权 6 项。

【生产运营】 依托生产管理平台建设，强化生产组织，通过优化工艺布局、实施精益物流配送、力推工位制节拍化生产，城轨车辆新造 2 辆/天节拍化生产持续稳固，全年完成地铁车辆新造 388 辆、轮对架修 66 辆；客车检修紧盯异常环节，聚焦瓶颈工序，持续优化检修周期，固化 5 辆/天产能，国铁客车平均在厂周期同比缩短 18 天，全年完成国铁客车检修 829 辆、地方铁路及改造车 145 辆，合同兑现率评价系数重回行业第一，国铁客车检修市场占有率持续保持前三。

【市场营销】 全面兑现城轨新造、客车检修、动车组三级修年度合同订单。积极发挥西南市场桥头堡作用，协助四方股份公司获取保山有轨电车项目，并落地成都公司，成功进入云南城轨市场；协助四方股份公司成功获得成都地铁 7 号线增购车辆订单，使其在成都地铁市场占有率达 71.43%。挖掘潜在需求，开拓呼和浩特局集团公司工务路用客车改造市场，获得公司在成都区域外的第一笔大批量改造车订单；开发以 25T 型车和各型工务改造车为主的新型产品，打开客车检修业务新的突破口。获取动车组轮对、齿轮箱和整车异地（成都）维修资质，实现动车组高级修在西部地区战略布局的规划目标。

【基建与技改】 全年完成固定资产投资 15 332 万元，其中，城轨业务板块投入 3 720 万元，客车检修业务板块投入 7 751 万元，动车组高级修业务板块投入 374 万元，其他公用设施投入 3 487 万元，主要用于产业园建设项目的尾款支付、动车组高级修装备新增以及生产所需的设备更新改造。全年新开工项目 71 项，续建项目 6 项，实际完成 68 项，在建项目 9 项，主要完成“列车防冒进装置”“300 吨公铁两用车”“司机室试制工装”“制动试验台”及“动车组检修工装工具”等项目。

【人力资源管理】 聚焦中车“创新、臻优”两大主题，贯彻严管厚爱思想，强化干部任期交流，调整中层管理人员 81 人次；开展一般技管竞聘上岗、通道人才任期考评，精简一般技术管理人员 23 名；选拔企业副职后备干部 6 名、中层后备干部 50 名。全年完成 66 个精益班组建设，精益班组达标率 100%，劳动效率提升近 15%。紧贴专业人才使用需求，开展项目管理培训、动车组高级修培训、领导力培训等专题培训，完成内外部培训 455 项，受训达 12 500 余人次。大力推进人才队伍建设，培养国际化人才 6 人，职称提升 66 人，学历提升 8 人，技能提升 75 人，8 人获评“香城工匠”，5 人获评“成都工匠”。

【质量管理】 坚持“质量优先”经营原则，开展“全员质量意识提升”“3.7 质量警示教育”等系列专题活动，持续提升全员质量意识。通过 TS 22163 质量管理体系监督审核，确保质量管理体系持续运行有效。做实做细产品质量基础管理，编制下发《产品质量考核实施细则》，明确各部门及各层级质量责任，规定质量红线考核内容，形成强有力的质量威慑。深入开展“QC 小组活动”“双归零”“开工质量门”等专项活动，持续加强质量过程管控，客车、城轨产品一次交检合格率同比分别提升 0.3% 和 0.08%，客车产品交验回修活同比下降 22%，城轨 PSI 辆均回修活同比下降 16%，质量损失率同比下降 0.11%。深化供方质量管控，强化对供应商的评价管理和质量问责，全年对 19 家发生典型质量问题的供应商实施质量交班，有效促进供应商产品实物质量提升。

【企业文化建设】 强化品牌营销价值，充分利用新闻传媒资源展现企业品牌形象，组织拍摄的“与国旗合影”“庆祝中车日”活动在央视网《直播中国》栏目播出；参与拍摄的“流动博物馆”主题列车、“成都快闪”，在新华社、学习强国等多个高端平台发布；自主拍摄的《我和我的祖国》快闪，在中车微信公众号、抖音号、成都日报、川报观察等多家媒体发布。聚焦“经营成效”，完成《五年转型升级纪实》《“三供一业”改造移交纪实》的稿件撰写。通过开展“致敬劳动者”主题宣传、“百例员工故事”征集系列活动，挖掘普通党员、团员、员工的工作点滴，提振员工精气神，凝聚发展力量。

【党群工作】 公司党委坚决贯彻习近平视察中车重要指示精神，扎实落实上级党委要求，聚焦经营发展，持续深化精益党建“一体五化”工作体系，为推进生产经营提供坚强保证。开展“不忘初心、牢记使命”主题教育学习研讨，紧紧围绕“十二字”总要求，坚持“四个贯穿始终”，抓好“八项重点工作”，通过影片教学、外聘讲师、讲座学习等多种学习形式，扎实开展两批主题教育。积极培育党建品牌，“星光灿烂”“红色驿站”两个品牌被中车《党支部标准化建设手册》《党支部特色案例手册》采纳。全力做好巡视巡察整改工作，对巡视 103 个问题，已完成整改并销号 70 个，整改完成率 100%。狠抓党风廉政建设，全年开展专项监督检查 13 次，压实主体责任，确保高压态势。有效发挥群团桥梁纽带作用，组织参加成都百万员工技能大赛；持续开展“EAP 员工幸福帮助计划”“新小家建设”活动，累计发放帮扶费用 74.55 万元，慰问品 253.52 万元。打造“青字号”品牌，创建“青年安全示范岗”“青年文明号”，凝聚青年投身发展的力量。

【重要纪事】 3 月 15 日，四川省副省长杨洪波在成都市副市长曹俊杰等陪同下到公司考察调研。4 月 17 日，中国中车党委书记、董事长刘化龙到公司检查工作。4 月 28 日，公司荣获四川省“五一劳动奖状”。6 月 13 日，时速 140 公里 8A 编组市域车—成都地铁 18 号线列车在公司亮相。6 月 18—19 日，中国中车总裁孙永才到公司检查工作。7 月 26 日，中国中车副总裁、财务总监詹艳景到公司调研。10 月 25 日，成都局集团公司联合公司，开展四川铁路系统地震综合性救援演练。11 月 14 日，国家铁路局向公司颁发 YZ25T、YW25T、RW25T 三种客车维修许可证。12 月 4 日，成都市委书记范锐平到公司调研。12 月 25 日，公司通过 CRH380A 型动车组异地四级修资质审查。12 月 30 日，公司与新都区人民政府、中铁二院在新都签署三方合作框架协议。

【公司党政工负责人】

党委书记	王成龙
董事长	王成龙
总经理	杨　松（4 月任）
副总经理	张　敏　杨　明
	胡　彬　曾得江
	高　恒
	杨　松（4 月免）
财务总监	张　敏
党委副书记	杨　松（4 月任）
	曾得江（兼）
纪委书记	曾得江（兼）
工会主席	曾得江（兼）

（成都公司　供稿）

中车四方车辆有限公司

（统一社会信用代码：9137020016357624X1）

党委书记、董事长　兰玉贞

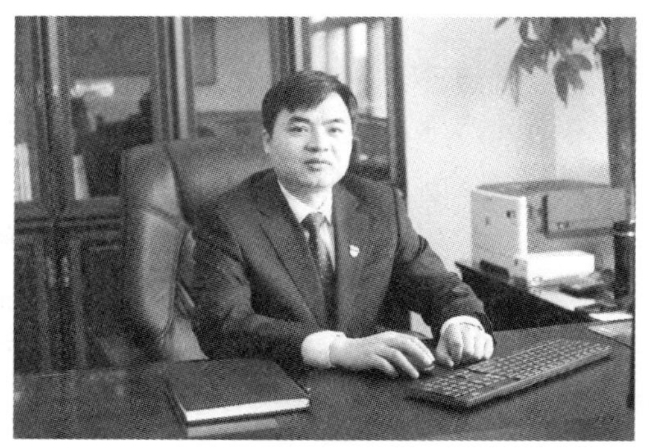

总经理　谭　沐

【概况】 2019年末，公司在册员工共2 927人。注册资本34 310万元，占地面积102万平方米。公司行政组织架构由公司总部、事业部、制造本部、技术中心四大系统组成。其中总部设11个单位，事业部设5个单位，制造本部设9个单位，技术中心设3个单位，参控股公司共3个（物流公司、BST公司、铸锻公司）。公司与BST公司并表口径营业收入实现105.86亿元，其中本体实现销售收入37亿元，实现归属母公司净利润5亿元，各项主要指标完成了中国中车下达的计划目标。截至年底，公司申请专利26项，其中申请发明专利21项；授权专利12项，其中授权发明专利8项。公司共拥有有效专利149项，其中发明专利52项。

【规划发展】 修订完成了“十三五”发展规划，确定了“立足自主提升求生存、着眼协同融合谋发展”的企业定位，确定了“以客户为中心，以员工利益为出发点”的经营理念。撤销车间层，实行公司、分厂、班组三级管理，落实了现场管理责任，加强了工艺技术、售后服务、分解检查、探伤等专业管理体系建设。积极推进落实中国中车“1+13”提质增效工作部署，处置低效无效固定资产3 214万元；全年降低采购成本共计7 877万元，完成全年目标的131%，在中国中车2019年度经营业绩突出企业表彰会上，公司荣获中国中车授予的“提质增效专项奖”。四方厂区土地盘活取得重大成果。始终坚持中车利益最大化原则，既关注当前、又着眼长远，兼顾经济效益和历史文化价值，稳妥推进四方厂区土地控制性规划调整，探索并实施了土地一级整理和二级开发有效联动的土地盘活路径，迅速推进土地收储，签订一期收储土地收地补偿协议，并顺利获得首笔补偿资金。职教幼教移交工作顺利完成。以在校学生、在园幼儿和教职员工的利益为出发点，坚持目标明确、积极作为的工作姿态；依法合规、高效运作的工作原则，顺利完成技师学院和四机幼儿园移交，移交共涉及7 000余名人员、3 000余万元资产，最终117名员工得到妥善安置，闲置多年的家属区幼儿园得以收回利用。实现了职工群众满意、集团公司满意、地方政府及移交双方满意的共赢目标。

【市场营销】 客车检修业务不断巩固，全年完成检修客车911辆。一标车签单539辆，市场份额13.45%，青藏车检修实现100%市场占有率；二标客车中标312辆，中标数量首次进入行业前三名，中标数量创历史最高，市场份额12.41%。获得武汉局集团公司10辆硬座改硬卧、乌鲁木齐局集团公司18辆硬座改软卧等旅游客车改造项目、乌鲁木齐局集团公司淋浴车等项目订单，加装改造市场年度签单额同比增长30%。配套业务成果丰硕，在四方股份公司、BST公司的大力支持下，持续加大区域协同力度，配套产业主要产品签单额稳定增长，动车组设备舱模块签单额同比增长13%。海外业务稳步推进，立足既有市场推进项目签单落地，各地项目发运与货款回笼均进展顺利，设备如期支付，推动激活重启项目支付流程，积极推进海外项目风险化解工作并取得实效。快轨业务扎实开展，积极推进铜梁项目，完成3列车的交车发运和已完工10列车的货款回笼。专用车业务，探索授权经营模式，项目管理取得成效，完成8辆公铁车车辆转向架配件、车辆维保等业务交付工作；探索联合开发模式，设计效率显著提升。物流业务基础夯实，完成10家供应商循环取货检修与新造项目的实施，涵盖牵引电机、标动配电柜等202个品类；获取国家专利证书9项；完成循环取货仓储服务的转包、质检、准时化配送物流模式的验证和实施。动车组业务稳步开展，BST公司顺利完成CR300AF首列车环铁静态及低速动态型式试验和正线型式试验；全年新造动车组23组，检修各型动车组640辆。

【科技创新】 公司“既有AC380V供电客车结合修程直供电改造技术研究”等6项科技成果获中国铁道学会、中国中车和青岛市的科学技术奖。主持编制的《现代导轨电车交通工程技术标准》已通过青岛市标准化协会专家组评审并将予以发布。完成转向架结构件智能制造的技术可行性分析报告及技术条件，顺利通过四方股份公司首件鉴定。强化客车检修工艺技术能力，优化导轨车调试安全性能及制造工艺，持续推进专用车产品的型谱化系列化。完成两化融合贯标，为公司高质量发展提供保障。

【质量管理】 持续强化源头质量控制，对于发生重大产品质量问题的责任单位，实行年度评优、评先“一票否决制”。产品质量监督抽查合格率为100%，公司本体未发生D类及以上责任事故，无重大质量投诉。持续深化质量体系建设，完成ISO 22163（原IRIS体系）换版贯标并通过体系审核，2019年ISO 22163阈值从66%提升到66.5%。

【人力资源管理】 制定下发《公司人力资源发展规划（2019—2021）》，坚持严控总量，优化结构，提升能力，提高效益；加强干部管理，制定公司中层干部负面清单，强化中层干部日常管理监督。

【企业文化建设】 着力员工行为规范。完成公司经营理念和企业精神提炼，深入开展VI“回头看”和BI督导工作，编制员工行为规范三字经，弘扬正能量。精准聚焦新中国成立70周年、“中车日”主题，多维度策划开展文化宣传和落地活动。

【党群工作】 加强公司党建工作顶层设计，突出“四个融合”，打造“四个合力”，把党的建设内嵌到法人治理结构，不断优化党建运行机制，持续构建“大党建”格局，以“强化党建，落实党委主体责任，深入开展‘两学一做’学习教育，持续完善党建工作制度体系和考评体系”为重点，贯彻落实加强党建重点任务，促进党建工作与经营管理的深度融合，实现了党建工作与经营管理的双丰收。聚焦“不忘初心、牢记使命”这一主题，开展公司党委中心组主题教育学习研讨12次。紧紧围绕“12字”总要求，坚持“四个贯穿始终”，按照“四个对照”“四个找一找”要求，做到抓深入学习到位、抓检视问题到位、抓整改落实到位、抓组织领导到位，做好分类分层培训指导，开展“互看互比互学”活动，全力抓好专项整治，精心组织“回头看”，推动两批主题教育横向到边、纵向到底，解决了影响公司经营发展和员工群众关心的重大问题。完成幼儿园、技校向地方政府的移交；完成四方老厂区土地控规优化调整和盘活处置；制定办法，实现员工公积金调整、职业生涯通道晋升常态化；推进员工关切的休息环境、用餐质量等工作持续改善。开展“擦亮‘金名片’建设‘新小家’”专项活动，推进“入心”工程。开展“紧扣三大主题落实八大任务”劳动竞赛，弘扬劳模精神、工匠精神，推进“聚心”工程。做好“六送三关注”，推进“舒心”工程。改善一线员工生产作业环境，做好员工疗养、困难补助等，推进“暖心”工程。贯彻落实中国中车青年工作会议精神，召开公司首次青年工作会议，发布加强和改进新时代党建带团建等3项工作制度。召开团代会，组织纪念五四运动100周年系列活动，搭建青年风采展示平台，持续推进青年工作提升。

【下属子公司】

青岛中车四方车辆物流有限公司 经中国中车集团公司批准，于2000年10月18日成立，是集仓储、运输、包装服务、成品油销售、钢材经营等多种业务为一体的综合性现代化的物流企业，公司注册资本为6 000万元，系中车四方车辆有限公司的控股子公司。全年实现销售收入约20亿元。2019年通过5A级物流企业复审；ISO 9001质量体系认证复审；ISO 14001环境体系认证复审。公司现有员工300余人，中高层管理人员90%具有本科以上学历和行业组织物流师认证，业务人员80%以上具有大专以上学历或专业资格。

青岛四方庞巴迪铁路运输设备有限公司 简称BST，是中外合资经营企业，2019年在册员工3 757人，其中管理人员210人，专业技术人员1 278人，直接生产人员2 118人，辅助人员151人。公司设人力资源和行政部、财务部、市场和检修部、项目管理部、采购部、工程部、生产部、技术服务部和质量管理部9个部门。截至年底，BST公司完成并交付CRH1A平台动车组、CRH380D平台动车组和CR400AF平台动车组374列（含CRH1B-1046，折合428标准组），高档客车28列/520辆，累计运营里程达10.60亿公里。全年BST公司实现销售收入70.15亿元，净利润8.34亿元，总产值71.67亿元。截至年末，公司资产总额为114.90亿元，其中，固定资产原值16.14亿元，净值8.19亿元。

【重要纪事】 3月12日，中国中车党委书记、董事长刘化龙，副总裁王军一行，到公司调研指导工作；22日，公司开展第三届“情满中车　爱在四方”无偿献血公益活动，共计197名员工积极参加公益献血，献血量合计56 300毫升。4月2日，“一院一园”移交仪式在青岛府新大厦举行，公司技师学院和托幼中心移交青岛市暨职业教育培训合作协议正式签订。6月14日，青岛市精神文明建设委员会办公室、青岛市卫生健康委员会和青岛市红十字会对中车四方车辆有限公司进行联合表彰，授予公司“青岛市无偿献血先进集体”荣誉称号。8月5日，山东省委常委、青岛市委书记王清宪一行到公司四方厂区调研；20日，公司四方厂区保护更新规划及控规单元调整专家评审会议在市政府会议中心召开。《中车四方厂区保护更新规划及控规单元调整方案》通过了专家评审。9月9日，转向架分厂辛仁建在“2019‘一带一路’暨金砖国家技能发展与技术创新大赛之嘉克杯国际焊接大赛”中荣获熔化极气体保护焊一等奖。10月10日，青岛市委副书记、市长孟凡利一行到公司四方厂区现场调研“中车四方智汇港”项目。12月3日，中国中车党委常委、财务总监李铮，中国中车财务部部长陈勇一行莅临公司参观调研；4日，中国中车党委巡视三组巡视四方有限公司情况反馈会在公司第八会议室召开；6日，公司出口刚果（金）的10辆窄轨铁路客车顺利发运，启航赴非洲大陆。

【公司党政工负责人】

党委书记　赵家舵（11月免）
　　　　　兰玉贞（12月任）
董事长　赵家舵（11月免）
　　　　兰玉贞（11月任）
总经理　兰玉贞（12月免）
　　　　谭　沐（12月任）
副总经理　高玉功　尹建忠
　　　　　李效伟　陈剑鹏
　　　　　殷红姝　周建乐
　　　　　王晓峰
总工程师　王晓峰
财务总监　殷红姝

党委副书记　兰玉贞（12月免）
　　　　　　谭　沐（12月任）
　　　　　　周建乐
纪委书记　董　斌
工会主席　盛同浩（4月免）
　　　　　高玉功（4月任）

（四方有限公司　供稿）

中车南京浦镇车辆有限公司

（统一社会信用代码：9132019166376465 0N）

党委书记、董事长　李定南

总经理　杨　奇

【概况】　2019年末，公司从业人员总数6 479人，公司行政组织架构主要由管理本部、技术中心、营具有高级专业技术职称439人（其中49个正高级），高级技师136人、技师428人。销中心、制造中心、控股公司组成，共有27个管理部门。公司占地面积1109 308.9平方米；建筑面积232 733.83平方米；拥有各类机械动力设备2 780台。拥有固定资产原值377 469.30万元、固定资产净值224 478.19万元。全年实现销售收入135亿元，归母净利润4亿元。

【规划发展】　组织开展研讨分析和调整完善，完成《浦镇公司“十三五”发展规划》修订工作和《浦镇公司2019—2021年三年滚动发展规划》的编制工作，公司地处南京江北新区和自贸区，公司向市政府多次汇报了厂区搬迁建设方案和原址土地开发方案，按照南京市政府协调会议要求正在与江北新区进行对接。全年完成5个项目〔合肥公司轨道车辆维修基地建设项目（一期）、浦镇公司新建钢材料场项目、杭州公司城市轨道车辆维修组装基地建设项目（一期）、浦镇公司转向架焊接厂房除烟除尘项目、浦镇公司新建二号直流牵引变电所项目〕竣工验收工作，已获中车批复通过。公司联合中车旗下时代电气、四方所、戚墅堰所在印度投资设立印度中车公司，实现整车与零部件协同出海。于12月3日完成印度基地可研上报，于12月17日完成公司注册工作。新加坡翻新车项目执行的需要，公司在新加坡拟设立项目公司满足部分零部件采购和进口报关、劳务人员招聘等需求，该项目已获得中车批复，于11月5日完成公司注册。持续完善公司发展规划，切实推进创建世界一流示范企业工作，制订实施方案和工作计划；加快推进厂区搬迁工作，梳理公司产业结构，谋划公司未来定位。存续企业管理扎实平稳，根据中车统一部署要求，完成浦镇实业、常州实业、铜陵实业重组工作。继续推进退休人员社会化管理移交，完成档案整理等各项前期准备。浦镇实业公司全面完成年度经营指标，实现营业收入636万元，净利润36万元，确保了国有资产保值增值。

【经营管理】　强化过程运营分析管控，推进“两金”压降，开展“低效无效存货”专项压控工作，压控低效无效存货约1.2亿元，处置1年期以上原材料约6 007万元；聚焦提质增效，采购管理不断优化提升，子公司集采全面推进，完成采购降本约2.09亿元，降本率2.25%。加快低效无效资产处置，完成率108%；强化股权投资管理，完成调整江门公司股权、挂牌转让江苏省城市轨道交通研究设计院股权等工作。修订子公司资产经营责任制评价考核计分细则，加强亏损企业治理，亏损子公司由3户减至2户。加快“6621”运营管理平台建设。探索精益研发和设计管理线建设，持续推动工艺管理线和模拟生产线，不断优化采购管理线和模拟配送线，《基于工位制精益制造MES系统建设》创新成果荣获中车第四届管理创新二等奖。

【科技创新】 全力推进动车组项目研制，快速推进时速250公里标准动车组项目研制，并已完成型式试验；应用三维设计模式，对时速160公里动力集中动车组进行设计优化；开展时速160公里动力集中动车组鼓形优化方案及图纸联合设计，启动鼓形动车组样车试制。完善城轨产品平台，推进无人驾驶列车项目，依托上海14号线和苏州5号线，完成A型和B型全自动驾驶地铁列车研制；快速推进标准地铁列车研发，完成初版工业设计方案；开展虚拟轨道橡胶轮式低地板车辆研究，完成初步方案设计和评审。深入研究转向架新技术，加快永磁直驱转向架研制，完成转向架试制和国家标准的编制报批；开展转向架悬挂装置随机振动及疲劳强度研究，完成冲击试验。持续完善智能列车建设，开展视频检测技术正线性能试验，完成车辆底架设备机械故障报警系统等智能化技术研究。不断推广新工艺应用，推广应用水性涂料，实现城轨车辆业务板块全覆盖；研究使用水性涂料静电喷涂技术，不断提升涂装质量；掌握激光清洗技术，实现自动化激光清洗应用。提高科技管理水平，持续推进信息安全体系和两化融合体系建设，加强网络和IT基础建设的集团化管控，深化研发设计、经营管理和供应链的新型能力建设。年度申请专利135件，年度授权专利43件，获得第二十一届国家优秀发明专利奖；《时速160公里动力集中电动车组的研发及产业化》科技成果获江苏省科技扶持资金1 500万元。

【生产运营】 全年公司生产任务呈现剧增态势，在手项目多，试制和批量生产交织，组织难度大。完成时速160公里动力集中动车组528辆，新造客车13辆，修理客车681辆；完成城轨车辆1 578辆；完成制动系统新造1 388辆，检修4 272辆，圆满完成各项生产任务。全年实现销售收入135亿元，归母净利润4亿元，全面完成年度生产经营目标和中国中车下达的资产经营责任制指标，经营业绩重登百亿，再创新高。

【市场营销】 中标时速160公里动力集中动车组528辆，新造车16辆，修理客车632辆，中标金额39.24亿元。全年中标杭州、合肥、南通、上海、南京、贵阳共12个项目1 944辆，中标金额135.14亿元。其中上海10号线大修项目实现了维保业务新突破，开启了公司城市轨道交通维保市场的新篇章。签约新加坡武吉班让线、埃及开罗单轨、尼日利亚客车和班加罗尔地铁二期项目，签约金额约5.77亿美元。完成印度公司注册，积极推进印度制造基地设立筹备工作，增强公司在印度市场的竞争能力；注册成立新加坡中车浦镇车辆服务有限公司，进一步做深做实新加坡及东南亚市场。

【基建与技改】 统筹新老厂区城轨车辆、动车组及新造客车、修理客车生产，统一调配内外部资源，确保组织高效。优化设计流程，提升设计效率，全力确保时速250公里标准动车组、时速160公里动力集中动车组、上海14号线等重点项目设计工作稳步推进。超前布局生产计划，实现老厂区造修协同推进。根据老厂区造修并举、产能不均衡等特点，策划年度生产纲领，采取错峰生产措施，保证老厂区生产任务圆满完成。强化城轨项目执行，确保新厂区生产稳定有序。根据城轨项目交付需求，结合生产节拍和产能布局，制定年度生产需求计划，加强生产前期管理，将生产管理前移，减少等待时间，提高生产效率。坚持精益先行，识别生产瓶颈，抓住采购配套关键，确保按时有序执行，保证项目生产进度。

【人力资源管理】 健全人力资源集团化管控，制定浦镇公司《人力资源集团化管理暂行办法》，初步构建了人力资源管理职能监管的框架。完善员工职业发展管理机制，组织开展第二届职业发展等级评聘工作，加强员工职业发展任期管理。搭建高技能人才成长平台，组织高技能人才操作创新申报和评审，以赛促培，不断提升技能员工的技能水平。创新劳动用工形式，试点城轨售后服务团队“M+N”（即M名公司售后员工和N名外包售后操作工）模式，解决城轨市场售后用工紧缺问题；试点业务外包用工模式，降低用工冗余和质量安全管理等风险；持续推进余缺调剂，完成余缺调剂300余人次，缓解用工短缺问题。发挥薪酬激励作用，持续优化员工福利项目，调增住房公积金缴存比例，完善企业年金管理，提高工作餐标准，与员工共享企业发展成果，员工平均工资得到较大增长，员工的获得感和幸福感增强。

【质量管理】 将2019年作为公司“质量复兴品牌年”，确定了以习近平总书记视察中车的重要指示为引领，深入贯彻国铁集团、中国中车质量工作总体要求。公司推进“中车Q”、ISO/TS 22163融合，管理体系稳中有升，焊接管理体系、粘接管理体系顺利通过换证审核，重要部件各型构架通过CRCC认证；强化供方帮扶，规范供方业绩评价，促进供方质量保证能力提升，得到监造部门以及国铁集团检查组给予的高度评价；时速160公里动力集中电动车组质量基本稳定可靠，城轨产品得到业主认可，公司产品运用故障率、源头质量信息数量持续降低；加快推进质量信息化平台（QIMS）建设，实现检验策划、检验执行、任务管理、问题整改、例外转序、NCR处置、售后信息处置等线上处置，开发了产品可追溯性系统。强化质量管控，持续开展对标对规和专项整治，质量损失率同比下降，实物质量不断提升，源头质量信息数量持续降低，未发生一般C类及以上事故和批量质量事件。加强风险管控，完善风险管理体系，建立健全风险管理组织机构；聚焦海外重点市场，强化重大项目的法律风险防范；建立《重大风险事件数据库》，做好重大风险事件化解跟踪报告；开展子公司及PPP项目风险评估，指导子公司加强风险防范。

【企业文化建设】 推动文化落地，塑造公司品牌形象，品牌文化建设再现新成效。进一步梳理打造公司“五大文化”特色体系，着重建设具有浦镇公司特色的先锋文化，公司本年度申报的《打造“先锋文化”，铸就企业亮丽名片》，获得了第十届江苏省企业文化优秀奖。以庆祝新中国成立70周年和“不忘初心、牢记使命”主题教育为契机，开展“我们都是追梦人”故事分享会和“学党史、学新中国史、学公司发展史”活动，到异地子公司开展公司文化宣讲，组织子公司开展“文化寻根”活动。深化VI标准建设，推进BI品牌建设，品牌建设根基牢。在VI标准化建设方面，通过开展“VI回头看”，对公司各部门及二级子公司开展了3次专项全面检查整改，保证了各部门尤其是子公司VI使用的一致性和严肃性；对照中车VI使用标准，梳理更新公司宣传物料，联合公司研发工艺、市场营销、规划管理、技术信息等多个部门对公司形象宣传画册进行了商议设计并最终定稿印刷发行。在BI品牌建设方面，根据中车品牌准入管理办法，对二级子公司进行品牌准入的申报、审批、授权等工作；以《中车BI建设2020工作方案》和《公司BI建设2020工作计划》开展第三阶段向第四阶段转段工作；对公司展览展会业务进行梳理，打造展览制度化、过程流程化、内容模块化、交流全景化、传播国际化展会管理模式，通过组织开展国内外行业展览展会，提高公司品牌认可度和知名度，全年累计组织参加了11次国内外展会（牵头4次，参加7次），重点在印度和伊朗两个国际市场进行了集中展示，对时速160公里双流市域A型车进行展出，国内展览主要对公司新一代大运量无人驾驶智慧列车进行了宣传展出。

【党群工作】 扎实开展“不忘初心、牢记使命”主题教育。加强组织领导，有效推动高质量发展和党建成效提升重点难点工作落实以及系列员工切身利益问题解决，得到国资委督导组和集团党委高度评价。高标准抓好政治巡视整改工作，落实“建立工作制度、定期督导检查、用好包保方法、严肃考核问责”四项举措，加快推进巡视整改，完成情况在集团保持前列。着力打造公司“1+15”党建名片，按照“五有、四突出”工作要求，结合“一支部一品牌”工作思路，构建了“1+15+N”的党建名片建设格局。深入推进纪检监察体制改革，认真落实党风廉政建设和反腐败工作总体部署，强化两个责任，落实“三个为主”，创新开展巡察监督，坚持突出监督执纪问责主线，深化廉洁风险防控，不断提升自身建设，为打造“高优亮强”新浦镇提供坚强的纪律保障。树立宣传舆论工作新格局。围绕新中国成立70周年，策划《思想的田野》电视节目和“壮丽70年，奋斗新时代”系列活动。持续加强群团建设服务生产经营，开展“圆梦浦镇”劳动竞赛活动，促进员工技能水平提升。落实“六送三关注”，全年共计走访慰问和补助困难员工2 212人次，发放补助金和慰问品价值160多万元。组织员工集体疗休养1 213名。组织召开公司首次青年工作会议和第二次团代会，成立公司青年创客空间，凝聚青年创新思维，围绕企业改革发展充分发挥共青团的生力军和突击队作用。

【特色条目】

公司获印度班加罗尔地铁订单 2019年12月2日，公司成功中标印度班加罗尔地铁项目216辆，这是公司继孟买一号线地铁项目、诺伊达地铁项目之后在印度市场取得的最大数量地铁车辆订单，也是中车在印度市场的最大一单，彰显了“装备制造业走出去”战略的浦镇力量。

公司发明专利荣获第二十一届中国专利奖优秀奖 10月18日，中国国家知识产权局公布了第二十一届中国专利奖获奖名单，公司转向架设计部的发明专利“柔性直驱式转向架”经过层层选拔，荣获了第二十一届中国专利奖优秀奖。公司的柔性直驱式转向架技术采用了一种新型的柔性横梁，同时简化一系的悬挂元件，并将永磁电机弹性安装于轮对上，从而大幅度地减小轴距，提高传动效率，是最理想的设计，使转向架既能通过较小曲线，又有较高的临界速度，同时对线路的不平顺有良好顺服性；柔性直驱式转向架采用永磁同步电机抱轴安装于车轴，直接驱动轮对，省去了齿轮箱，提高效率的同时，降低了重量且可以缩小轴距提高曲线通过能力，所采用的直驱式永磁同步电机具有效率高、噪声低、节能环保等优点。

公司成功中标新加坡翻新列车项目 8月28日，新加坡C751A车辆中期翻新项目首列车接车仪式在新加坡举行。新加坡新捷运公司（SBS Transit Ltd）东北线列车副总裁黄济昌、浦镇公司副总经理曾要争，在首列车交接证书上签字；新加坡陆路交通管理局（Land Transport Authority）高级项目经理林新明和有关人员出席签字仪式。签字仪式结束后，与会人员在首列车前合影留念。新加坡东北线C751A翻新项目是对已运营的25列/150辆无人驾驶地铁车辆进行中期翻新和大修，主要包括新增状态监测系统；PIS、空调、内装等设备更换；事件记录仪、制动、贯通道等系统设备检修，旨在提升车辆的安全性、舒适性和智能化程度，并满足车辆全寿命周期剩余15年内的使用需求。

【下属子公司】

南京中车浦镇城轨车辆有限责任公司 公司始建于2006年，注册资本为5亿元人民币，年末在册员工1 205人。全年完成国内外各类车辆整车交付892辆，其中国内地铁860辆，海外项目16辆、标准动车组16辆；配套基地车体、转向架670辆，共计1 562辆车，为城轨经营目标的实现提供了重要保证。全年累计降低城轨车辆采购成本约为6 654万元。积极利用国家优惠政策，减免企业所得税922万元，取得企业所得税退税428万元，享受研究开发费用加计扣除3 214万元，取得政府各类补贴31.02万元，从而保证了全年实现销售收入73.2亿元（含内部关联交易），净利润7 457万元。

南京中车浦镇海泰制动设备有限公司 全年动车组制动系统新造109列，检修531列，地铁车制动系统新造506辆，APM项目等新领域新造10辆。动车组制动系统领域，累计获得时速350公里“复兴号”制动系统订单45个标准列，获得城际动车组制动系统订单37列；城轨车辆制动系统领域，获得合肥地铁4号线、合肥地铁5号线、金义东市域轨道交通线、合肥地铁2号线等项目，累计获得868辆制动系统订单；液压制动系统领域，累计获得新加坡APM车、泰国APM车、中唐空铁新能源悬挂列车等制动系统订单52辆。

杭州中车车辆有限公司 全年实现营业收入148 536万元，较去年增长124.34%，净利润达到6 503万元，较去年增长61.97%，实现经营规模和经营效益双突破，稳步向全国综合型城轨基地目标迈进。持续深化产业布局，市场突破成效显著。围绕新造、机电、维保加综合板块的“3+X”产业战略，不断深化产业布局，积极获取市场订单，累计中标金额超52亿元。车辆新造方面，全年累计实现400辆车辆生产交付，超过去年产量232辆，创造公司产量历史新高。车辆维保方面，完成杭州1号线48列车60万公里修项目12列车架修，实现架修项目完美收官。公司新获8项发明专利授权，现有发明专利14件，实用新型专利26件，软件著作权8件。

合肥中车轨道交通车辆有限公司 全面完成了年度经营目标，实现营业收入11.4亿元，净利润5 600万元。整车市场，协助中车浦镇城轨公司成功中标合肥4、5号线项目和1号线车辆架大修咨询项目。新产业市场，实现空气处理装置批量销售，弓网监测装置项目中标5个。按时召开季度运营分析会，分析经营情况。充分利用现有条件延缓现金流压力从而有效节约资金成本。积极申报财税优惠，向税务机关申报18年度研发费用加计扣除工作及高企税收优惠，节省企业所得税120万元。机电产品（独立中标）销售额超过3 500万元，毛利润超过1 500万元。

苏州中车轨道交通车辆有限公司 全年实现销售收入1.34亿元，净利润165万元，圆满完成各项经营目标。公司狠抓“企业面临持续经营风险”等重点、关键问题，推动企业转型升级、改革发展，把拓展中低运量制式车辆、地铁产品修造业务、建设产品平台作为全年经营工作重点。不断加大技术平台建设力度，增强技术实力，获评苏州高新区“瞪羚企业”，取得各类科技发展资助补贴共计 25.7 万元。

常州中车轨道交通车辆有限公司 常州轨道交通车辆修造基地建设项目（一期工程）已完成 1 号地块 146.6 亩的购置，完成厂房主体工程、水电安装，室外工程道路、1 号地块内轨道工程，设备基础、强弱电管线预埋等施工。截至 2019 年 12 月 31 日，项目累计签订合同金额约 13 090 万元，累计完成投资付款 9 098 万元。2019 年共完成固定资产投资 462 万元，其中工程类固资付款 350 万元根据中车股份重组〔2019〕185 号《关于实施城轨基地重组整合的指导意见》要求，常州基地退出城轨业务，处置相关资产。

南京中车浦镇工业物流有限公司 公司完成销售收入 11 524.43 万元，实现净利润 1 015.24 万元。全年内部物流服务配合老区完成新造车 544 辆，修理车 580 辆；配合新区完成地铁车辆 908 辆。工业物流公司积极做好各生产项目收尾物料转库清理工作，并及时做好贬值报废多余积压物资处理。外部市场 1 至 10 月份主要签单 8 个，已签订单总额为 6662 849.42 元，目前在手洽谈项目有 2 个，分别是苏州中车物流托管项目，签单金额 40 万元；上海局集团公司配件中心配件销售项目，签单金额主要以物料单价为主，按实际领用结算确定销售金额。全年外部销售收入指标 1 100 万元，截至 10 月 31 日，已经完成销售收入 818.31 万元，截至 12 月底，预计销售收入 300 万元。

中车浦镇庞巴迪运输系统有限公司 全年公司销售芜湖单轨车辆 60 余辆，实现销售收入 5.6 亿元，利润 2 351 万元，全面完成全年生产经营指标。公司先后获得芜湖市高质量先进发展集体、中车浦镇公司先进单位等荣誉称号，公司党总支书记、中方总经理赵小文当选安徽省人大代表。全年市场订单总签约金额约为 26 亿元。其中国内市场合同金额约为 2.5 亿元，新加坡项目和开罗单轨项目金额共计约为 23 亿元。其他零星合同金额约为 5 000 万元。年度科研共立项 38 项目，项目预算总投入为 1 400 万元。2019 年完成国家高新技术企业申报并已获得认定。公司将从 2019 年起享受高新技术企业的相关政策及所得税减免 10% 的优惠。申报并获得“第二批安徽省首台（套）重大技术装备”称号、安徽省第 12 批“115”产业创新团队等奖项，获得“省级研发中心”称号。

【重要纪事】 1 月 5 日，公司制造的时速 160 公里“复兴号”动力集中电动车组在昆明至蒙自线路正式开通运行。1 月 25 日，公司研制的印度诺伊达城市地铁正式开通运营。1 月 31 日，中国中车副总裁楼齐良来公司走访慰问。2 月 12 日，中国铁路总公司副总经理刘振芳一行添乘公司新造 CR200J 复兴号动车组。3 月 2 日，全国人大代表孙景南赴京参加全国人大十三届二次会议。3 月 14 日，南京市委副书记沈文祖来公司对新时期党建创新和智能制造进行专题调研。3 月 20 日，中国中车党委常委、纪委书记王铵来公司调研指导工作。3 月 29—30 日，中国中车 2019 年度海外业务工作会议在南京召开。4 月 9 日，深圳 4 号线三期首列车接车仪式在深圳举行。4 月 21 日，大型理论实践探访节目《思想的田野》江苏篇在公司开机。4 月 24 日，中国中车党委常委、副总经理贾世瑞来公司调研城轨业务。4 月 25 日，中国中车智慧物流现场交流会在南京举行，中国中车副总裁余卫平出席会议。4 月 25—26 日，中国中车 2019 年资金管理工作会议在南京召开，中国中车副总裁、财务总监詹艳景出席会议并来公司调研智慧物流业务。5月15日，安徽省委书记李锦斌考察中车浦镇庞巴迪公司。6月14日，国家铁路局质量安全督查组一行7人来公司监督检查。6月15日，中国中车总裁孙永才来公司调研，对近年来取得的成绩给予了充分肯定。6月21日，国家市场监督管理总局副局长、中国国家标准化管理委员会主任田世宏一行在南京市副市长蒋跃建陪同下来公司考察调研。6月25日，中国中车副总裁楼齐良来公司开展“不忘初心、牢记使命”主题教育调研工作。8月22日，南京市企业联合会、企业家协会组织30余家会员企业走进公司开展“不忘初心、牢记使命”主题教育。8月28日，新加坡翻新项目首列车接车仪式在新加坡举行。9月3日，公司研制的上海十四号线新一代大运量全自动无人驾驶智慧列车——上海十四号线首列车下线。9月8日，国家发改委基础设施发展司司长罗国三一行，到公司驻印度诺伊达售后服务站调研慰问，中国中车党委常委、副总裁楼齐良陪同。10月12日，国资委党委“不忘初心、牢记使命”主题教育第一督导组组长苏文生一行3人来公司检查指导工作，中国中车党委常委、副总裁楼齐良陪同检查。11月13日，党的十九届四中全会精神中央宣讲团成员、中央政策研究室分管日常工作副主任江金权在南京市委书记张敬华、江苏省委宣传部副部长杨力群、南京市副市长罗群等领导陪同下走进公司与员工“零距离”宣讲十九届四中全会精神。11月16日，江苏省“海企中车数字杯”智能制造物流管理技能竞赛在公司开幕。12月16日，中国中车党委书记、董事长刘化龙到公司驻肯尼亚售后服务点慰问调研。12月26日，徐州中车轨道装备有限公司产业基地竣工投产。

【公司党政工负责人】

党委书记　赵大斌（12月免）
　　　　　李定南（12月任）
董事长　赵大斌（12月免）
　　　　李定南（12月任）
总经理　李定南（12月免）
　　　　杨　奇（12月任）
副总经理　郭　新　李　立
　　　　　杨　威　唐永明
　　　　　李春广　曾要争
　　　　　王晓阳（8月免）
　　　　　忻　群（4月免）
　　　　　施青松（2月免）
　　　　　陶兆山（9月免）
　　　　　杨　奇（12月免）
总工程师　杨　奇（12月免）
财务总监　杨　威

党委副书记　李定南（兼）（12月免）
　　　　　　杨　奇（兼）（12月任）
　　　　　　李　立
纪委书记　宋雪松
工会主席　忻　群（4月免）

（浦镇公司　供稿）

中车戚墅堰机车有限公司

（统一社会信用代码：913204006638182170）

党委书记、董事长　姚国胜

总经理　徐世保

【概况】　2019年末，公司在册员工4 008人，其中技能人员2 804人（高级技师112人、技师280人）。公司占地面积97.8万平方米，房屋建筑面积34.24万平方米；拥有各类设备4 092台。全年完成电力机车新造49台、内燃机车新造42台、工程机械新造5台、既有机车大修210台、中修21台、HXN5机车C6修83台，实现营业收入32.12亿元，完成集团公司下达指标的100.36%。公司对组织机构和部门职责进行了四次调整，成立“双创”中心、党委巡察办公室、纪委办公室、监督检查室、门系统分公司，新增国内贸易中心柴油发电机组的销售职责。共下设职能部门18个、生产单位11个、党群部门7个。公司分2级，除母公司外共有各级子企业1家。

【经营管理】　公司紧紧围绕集团公司的“1+13”提质增效工作要求，“一条经营主线”（营业收入、归属母公司净利润）超额完成了集团公司指标；公司所涉及的11项专项工作总体指标完成率91%。成本费用总额占营业收入比率明显下降，由2016年度130.52%降为2019年度99.34%。强力压降采购成本，全年累计降本5 616万元，超额完成集团公司下达的3 000万元的指标。低效无效资产处置卓有成效，全年累计处置2 998.33万元。扎实推进“改善不良、杜绝浪费”专项活动，实现增利金额2 408万元。“提品质”18项专项对标指标全部完成年度计划，较上年同期改善明显，其中2019年资产负债率61.34%，较2018年降低3.27个百分点。持续开展管理创新活动，全年立项54个管理创新课题，完成结题49个，向集团公司申报2项管理创新成果。落实公司精益管理工作行动纲领，巩固中车精益管理三级企业水平，成立精益管理推进委员会，建立总部领导精益包保制，建立精益管理“三挂钩”机制，导入微改善提案制度，建立精益管理信息平台，开展“改善不良、杜绝浪费”专项活动，继续保持了“精益管理三级企业”称号，部件公司获中车三级精益车间称号，机车检修公司升级为中车二级精益车间，C6修机车生产线获中车优秀模拟线项目。

【规划发展】　深入学习贯彻十九大会议精

神、习近平总书记三次视察中车重要指示精神和改革开放40周年等重要讲话精神，按照中国中车“十三五”发展战略，抢抓“一带一路”战略机遇，坚持创新求变，加快机制变革，激发内生动力，坚持以客户为中心，以业绩为导向，以精益为主线，深化内部改革，加快创新驱动，强化质量管控，推进产业突破，提升效益效率，推进公司高质量发展，实现企业稳健经营。编制《戚墅堰公司2019—2021三年滚动规划》及公司《“十三五”发展规划期中评估及修订》，启动公司“十四五”战略发展规划的编制工作，制订完善实施计划，开展“十四五”目标愿景征集、征文活动，策划组织公司高层战略研讨会，结合公司高层、各专业条线、全公司员工等多方意见，初步整理形成“十四五”战略发展研究课题清单。全年中国中车批准戚墅堰公司的固定资产总投资为5 129万元，公司实际完成投资额5 719.23万元，完成了计划的111.5%。中国中车要求公司2019年固定资产周转率目标达到3.6次，公司实际固定资产周转率为3.66次，达到了中国中车下达的指标。轨道交通车辆门系统建设项目完成了投资建设，达到了年产1万套轨道交通车辆门的生产能力；机车新造部分水性漆涂装工艺改造实施项目进入设备安装阶段；机车修理部分的水性漆改造年内完成了项目调研、方案制定等前期工作。完成公司机车电器建设和中车股份在常企业排水防涝自保综合治理设施建设两个重点项目验收。

【市场营销】 国内市场全年落实合同278 747万元（除税，下同），实现销售收入265 776万元。国铁市场全年落实合同166 854万元，其中，签订国铁市场新造HXD_{1C}机车44台；在国铁集团两次招标中，中标159台大修机车，占到投放总量的23.25%，同比上升2%；中标国铁集团89台和谐机车C6修。进一步扩大各路局集团公司市场，签订上海局集团公司东风系列机车修理合同；深入客户现场，提供定制服务，签订路局集团公司客户HXN_{5B}机车C4、C5合作修项目合同；年底前签订DF_{11Z}中修项目合同。路外市场取得新造机车市场较大突破，全年落实合同54 257万元，形成销售50 626万元，年内开发了10家整车市场新客户。抓住和谐机车部件检修机遇，做好机车高价互换配件、机车轮对业务开拓及延伸服务市场，全年签约44 592万元，实现销售收入43 019万元。

国际市场签约8 768.76万美元，全年实现销售收入2.34亿人民币。签约方面，实现整车签约39台，签约总金额为7 400.89万美元。配件项目签约依旧保持良好势头，合同总计约为1 057.44万美元；成功开拓新的业务模式，与中土公司签订人员培训合同，金额为16.24万美元。销售方面，全年实现销售收入2.117亿人民币，其中整车销售数量为11台，包括1台几内亚机车及10台尼日利亚机车，实现配件销售收入约7 293万人民币。持续推进驻地客户服务模式，在客户运营现场开展驻地服务，保证24小时在线服务。

【科技创新】 2019年公司科技计划项目共84项，新立项目51项，其中国家科技部1项，国铁集团项目2项，中车项目11项。年末共结题31项。公司科技投入约14 824万元，实际技术投入比为4.616%，完成了中车下达的技术投入比≥4.6%的指标。积极组织申报上级成果奖评选工作，组织“甲醇-柴油双燃料系统在280柴油机上的研究”等10项科技成果鉴定。组织“HXN_5型内燃机车C6修技术研究与应用”“多用途R6280柴油机开发”“甲醇-柴油双燃料系统在280柴油机上的研发”“出口牙买加内燃机车研制”等4项成果参加中车科技成果评价会。“出口牙买加内燃机车研制”达到国内领先水平，其余三项全部达到国际先进水平。“出口阿根廷贝尔格拉诺机车平台化研究与试制”“地铁轨道探伤车的研制”“柴油机综合性能试验台研制”等三项申报了中国铁道学会科技奖。“出口牙买加内燃机车研制”“HXN_5 型内燃机车 C6 修技术研究与应用”“多用途 R6280 柴油机开发”“甲醇柴油双燃料系统在 280 柴油机上的研究”等四项申报了中车科技进步奖。HXN_{5B} 机车申报国家科技奖。

【基建与技改】 全年共完成设备、工装购置 566 项 3 513 台（件），购置总金额 3 725.57 万元，总预算费用为 4 101.15 万元，购置费用比预算费用减少 375.57 万元，减少比率 9.16%。其中应招标项目为 106 项 284 台（件），全部组织了招标，招标项目采购总金额为 2 552.35 万元。年内完成基建更新改造项目共有 17 项，总投资约 1 029.94 万元，其中，中车重点项目中车股份公司在常企业（戚墅堰公司）排水防涝综合治理建设项目、电机电器厂房建设项目完成中车验收并投用。

【人力资源管理】 认真落实政治巡视、专项巡视和主题教育中各类问题整改，全年共完成干部管理、人才晋升和薪酬分配等 12 项制度的修订和完善，用实际成果促进人力资源管理水平提升。严控干部总量，规范管理程序。结合组织机构的调整，全年共调整中层领导干部职位 7 次、50 人次。按《公司中层领导干部选拔任用管理办法》中的规范程序，采用公开竞聘方式新选拔两个批次 9 名中层干部，其中有 7 名 35 周岁以下优秀青年员工，精简高效配置的同时优化了干部队伍年龄结构。优化干部结构，加强梯队建设。落实集团和公司《关于加快青年人才成长成才的十项措施》精神，首次开展青年中层继任人员选拔，形成 27 人继任资源池；增加了新提拔干部中青年干部的比例。2 名现职中干由经营管理通道转向专业技术通道；提高行政干部和党务干部之间的交流比例。外引内育助力，培养高端人才。贯彻中车创建世界一流示范企业部署，修订公司“十三五”中期人才规划，制定分解第三届核心人才培养措施目标，推进公司创一流专项工作。与知名高校合作，通过博士后科研工作站建设培养博士后，为清华大学研究生提供暑期社会实践，解难题和培养高端科技人才双管齐下。公司获 2018—2019 年度常州市优秀研究生社会实践基地、2019 年度常州市优秀博士后科研工作站。控制员工总量，优化员工结构。出台《关于继续办理内部退养的通知》，稳妥办理内部退养 68 人。人力资本管理精益化。选派专业人员赴肯尼亚建立培训体系和管理规范，开展职业技能鉴定，提升属地化人员技能水平，拓展人力资本配置渠道。以赛促培锤炼高技能人才。参加 2019 年嘉克杯国际焊接大赛，3 名选手获得好成绩。获奖选手报请国资委授予“中央企业技术能手”“中央企业青年岗位能手”。参加中车第三届职业技能竞赛，3 名选手获得名次，公司总分第四，获得团体三等奖，获奖选手获“中央企业技术能手”“中车技术能手”等荣誉称号。

【质量管理】 保持 ISO/TS 22163 体系有效运行。7 月 24 日至 26 日公司举办了 ISO/TS 22163 国际铁路行业标准培训，邀请法国贝尔认证公司资深专家授课，公司内审员、相关单位质量分管领导、质量员、业务骨干 70 人参加了培训。组织开展 ISO/TS 22163 程序文件（管理制度）修订工作，新版质量手册、程序文件于 6 月 25 日公布实施。11 月 4 日至 6 日配合法国贝尔国际验证机构审核组对公司进行 ISO/TS 22163 年度监督审核，公司以 68 分通过监督审核，比 2018 年增加了 1 分。保持 EN 15085 焊接质量体系有效运行，并组织铝合金焊接扩项认证。组织开展内部审核，4 个问题均已整改完成。10 月 21 日，德国莱茵（TÜV）上海公司审核专家对公司 EN 15085 焊接体系进行年度监督审核。外审未提出不符合项，公司顺利通过此次审核。组织做好 CRCC（中铁检验认证中心）产品认证工作。按照 CRCC 新版认证实施通用规则，修订公司 CRCC 质量保证手册和程序文件，开展 CRCC 产品认证管理培训，结合 ISO/TS 22163 体系集中审核，对 CRCC 体系进行了内部审核，公司顺利通过中铁检验认证中心监督审核并继续保持认证证书。组织推进中国船级社（CCS）认证工作，公司继续保持 R6280ZC 型柴油机认证证书，11 月配合完成中国船级社换证审核工作。组织公司优秀 QC 小组成果参加常州市、江苏省、中国中车的成果交流。机车制造公司部件班 QC 小组、机车检修公司工位四 QC 小组、采购中心供应商管理 QC 小组、配件公司凸轮轴 QC 小组、机车部件公司总装二班 QC 小组等六个 QC 小组荣获 2019 年度常州市优秀 QC 小组称号；公司副总工程师杨善伟被授予常州市质量管理小组活动卓越领导者称号。联合常州机车车辆监造项目部共同策划，对 HXN_5 机车 C6 修开展“三对三查”专项检查活动，自查问题均已整改完成。组织开展产品源头质量安全挂牌督办及和谐型机车源头质量问题整治，确定 2 项挂牌督办项目，制定 4 项措施，均按计划实施中。

【企业文化建设】 将宣贯中车企业文化与弘扬社会主义核心价值观教育有机结合起来，加强“中车之道”的宣传，丰富“中国高铁工人精神”内涵，优化评选、宣传方案，建立先进典型评价机制，持续开展“280 之星”评选。以庆祝新中国成立 70 周年为契机，开展“我和我的祖国”快闪活动、员工书法美术摄影作品展等活动。开展喜迎“中车日”活动，员工组成 CRRC 等图案，为“中车日”营造氛围；组织开展“喜迎中车日　奋进新时代——品读红色家书”活动。聚焦精益、质量等方面重点工作，全年策划并组织开展系列专题道德讲堂活动 10 场次，参与员工近 1 500 人。深入开展 BI 建设融入管理工作，牵头组织六个主要职能部门负责具体推进，形成 BI 融入管理“五步法”，即“识别→公布→整治→评价→提升”。开展班前安全讲话竞赛、标准工位展示、承诺签名等 BI 实践活动。深入开展 VI“回头看”工作。按照集团展览展会计划安排，全年共参加了中东、巴西、印尼、马来西亚、俄罗斯、波兰 6 场国际展会，北京国际轨道交通展和上海国际轨道交通展 2 场国内展会，并代表集团公司牵头实施伊朗展会的参展工作。充分挖掘公司红色资源、工业遗产资源，公司入选江苏省拟申报第三批国家工业遗产名单。组织开展“文化之旅”亲子活动、小车迷参观活动等特色品牌文化活动。

【党群工作】 高举习近平新时代中国特色社会主义思想伟大旗帜，全面贯彻落实党的十九大精神，深入落实全国组织工作会议、全国国有企业党的建设工作会议精神，深入开展“不忘初心、牢记使命”主题教育，牢牢把握“12 字”总要求，紧紧围绕“五个具体目标”，把深入学习贯彻习近平新时代中国特色社会主义思想作为最突出的主线，把推进中车“双打造一培育”发展目标、创建世界一流示范企业、推动戚墅堰公司高质量发展作为最迫切的任务，贯穿到学习教育、调查研究、检视问题、整改落实的各方面、全过程。持续深入学习贯彻习近平总书记系列重要讲话精神，贯彻落实习近平总书记视察中车三次重要讲话精神，组织党委理论学习中心组专题集中学习研讨 4 次，中层领导干部集中学习研讨 1 次；围绕“苦练内功，推动公司高质量发展”核心主题进行交流研讨，下发《关于推动公司高质量发展的决定》，制定公司精益管理提升和质量提升专项行动方案。围绕科技创新、管理创新、防范化解重大风险、廉洁规范从业、做好青年工作等多个主题开展学习，并组织进行主题发言和深入研讨；在全公司推广“学习强国”学习平台，开展微感言征集活动，营造浓厚学习氛围。开展“领导干部和专职党务干部学习贯彻党的十九大精神集中轮训班”，赴井冈山开展集中学习教育。

按照要求，成立6个基层党委，新设立肯尼亚维保事业部党支部，并完成委员会选举。建立并规范基层党委会、中心组学习制度。落实党建“金名片”九个一工程，制定公司党委《“打造党建金名片、创建党建品牌”实施方案》，组织基层党组织书记开展专题培训。举办2019年度基层党建特色品牌项目成果发布会，评选优秀成果11个。修订发布《党建工作创新与特色品牌创建管理办法》，结合党建活动项目化管理，对各级党组织党建品牌创建工作实施分级打造、分类管理和同步实施。开展年度基层党组织书记抓党建述职评议考核，实现一级党组织、二级党组织书记全覆盖。

公司纪委聚焦主责主业，认真落实管党治党政治责任和监督责任，扎实开展党风廉政建设和反腐败工作，持之以恒落实中央八项规定精神。全面推进纪检监察体制改革工作，新成立了纪委办公室和监督检查室，单设党委巡察办公室，更加聚焦监督执纪问责的主责主业；认真开展专项监督整治，重点开展形式主义、官僚主义专项整治，持续纠正“四风”；用好监督执纪“四种形态”，强化执纪审查，形成有效震慑；持续强化警示教育，筑牢思想防线；认真抓好巡视整改，推进内部巡察；公司保持了风清气正的良好局面，未发现违纪违法行为。

公司工会创新“群创”活动，组织近500人参与“群创”立项竞赛，选树58名岗位技能带头人。围绕“提质量、保目标、促双效提升”主题，开展劳动竞赛26项，全部按期完成。组织技术工人在实践中挖掘、总结、提炼先进操作法200余项，汇编成册进行推广应用。公司申报的多个项目分别入选常州市“双推双促圆梦行动”五大类优秀成果，1项操作法获评2019年常州市职工十大先进操作法，1项合理化建议获评2019年常州市职工十佳合理化建议，1个团队荣获“常州市五一巾帼标兵岗”称号。持续加大精准帮扶力度，落实“六送三关注”政策，全年组织走访慰问1 273人次，发放慰问金近177万元。持续落实凝心惠民工程。持续抓好“三线建设”“跨国建家”，对邯郸、北京、乌鲁木齐等国内售后服务站点，以及肯尼亚、尼日利亚、沙特等海外服务站点进行三线物品配置和拾遗补阙，1个单位荣获常州市“信赖职工小家”称号。

公司团委紧密围绕“双打造一培育”目标，深入贯彻落实集团公司青年工作会议精神，全面履行引领凝聚、联系服务、组织动员青年的使命职责，强化基层团组织建设，团结带领广大团员青年服务企业发展，为全面完成公司各项目标任务贡献青春力量。深入开展“青春星计划”立项竞赛活动、“青春心向党·建功新时代”纪念五四运动100周年系列活动、“青年安全生产示范岗”争创活动、“青春精益行·建功新时代”主题活动、“与祖国共奋进”升旗仪式和青年员工座谈会等，激发团员青年锐意进取、争先创优的热情，提升工作创新力；持续开展《我和我的祖国》观影活动、羽毛球活动等青年喜闻乐见的文体社团和欢聚活动，激发青年内在活力，凝聚青年，服务青年；不断加强团干部的素质培养，举办团干部培训班，为团干部成长提供更多的学习培训条件、历练提升平台、交流共享机会。

【特色条目】

“复兴号”FXN5C交流传动货运内燃机车 大力推进FXN5C交流传动货运内燃机车的研发工作。5月开始根据公司试制计划，积极开展现场服务，保障公司首台样机的试制工作顺利进行。8月首台“复兴号”货运机车顺利落车并完成厂内调试和机车限界、小曲线等二十多项试验工作。9月机车顺利出厂开赴北京铁科院开展型式试验，一次性顺利通过机车挠性系数、静态和动态等12项试验。10月机车返厂进行优化改造、调试和部分型式试验。12月机车完成机车冬季低温试验各项准备后将出厂开展低温试验。

采用永磁技术的混合动力调车机车 持续推进采用永磁技术的混合动力调车机车项目，优化并确定整车油漆效果图，完成机车总图的绘制工作；组织完成机车首件评审清单及评审验证计划的编制；完成质量分配、蓄电池组装等设计文件的编制工作；完成研究性试验大纲初稿；完成蓄电池方案评审；实现首台样车落车。

氢燃料电池项目 积极响应内燃机车绿色环保的市场需求，探索氢燃料电池在调车机车上的应用。利用高校资源，与同济大学沟通燃料电池电堆的最新进展及接口信息；完成与同济大学的燃料电池系统界面及接口会谈；完成与同济大学的技术规格书讨论及编制工作；策划编制氢燃料电池产业化分析报告；通过整车方案技术设计评审。

R12V280ZJ柴油机 研究不同测试条件下对R12V280ZJ型柴油机性能及颗粒物排放的影响，进行机车排放测试工装的设计制造，在机车上完成排放颗粒物的测量；开发了多种喷油器喷嘴、凸轮轴，通过控制模式、VTG控制、爆发压力的调整等完成柴油机油耗及排放优化试验；为实现货运机车控制系统与柴油机的以太网通讯，进行了柴油机控制系统XIOS通信定义，完成控制通信方式及控制策略的改进；完成柴油机振动、曲轴箱负压、扭振、不同油温下柴油机润滑系统的压力等测试准备及文件编制工作。

【下属子公司】

常州中车通用电气柴油机有限公司 常州中车通用电气柴油机有限公司是由中车戚墅堰机车有限公司和通用电气运输系统（中国）有限公司合资建立的内燃机车柴油机生产制造、服务型企业，主要从事主干线EVO16型机车发动机的涡轮增压器及动力组新造、修理，青藏线7FDL型机车发动机大修及其部件维修。截至年底，资产总额达30 413万元，销售收入23 659万元。全年完成了增压器修理440个，动力组修理1 650个，缸套加强套维修32个，QTR动力组维修137个，QTR柴油机修理5个及QTR增压器维修14个，销售新造增压器2个和新造动力组16个。

【重要纪事】 1月7—8日，公司顺利通过CRCC监督审核。1月10日，公司4400马力货运内燃机车通过中国铁路总公司技术方案评审。1月25日，公司与中国土木工程集团有限公司在北京正式签署出口尼日利亚21台内燃机车合同。2月11日，公司荣获常州市“2018年度提质增效、创新争星”活动工业五星企业称号，公司党委书记、董事长姚国胜被评为“提质增效、创新争星”活动明星企业家。3月21—22日，2019（第八届）中国智能制造高峰论坛、第十六届中国智能制造岁末盘点颁奖典礼在杭州举行。公司副总经理、总工程师仲怀清荣膺“2018年度中国制造业优秀CIO”。3月22日，召开中国中车党委巡视二组专项巡视戚墅堰公司工作动员会。4月16日，应肯尼亚国民议会邀请，访问肯尼亚的全国人大常委会副委员长曹建明，在访肯期间，专程赴肯尼亚蒙内铁路考察指导工作，并乘坐由公司制

造的 DF_{11} 机车所值乘的工作列车前往阿西河站考察。4月28日，公司荣获常州市“五一劳动奖状”荣誉称号，公司高技能人才缪玮、侯恩进、王祚忠被授予常州市“五一劳动奖章”，袁志伟被评为“常州市文明职工”。5月16日，公司应邀承办在常州举行的“2019中国（常州）轨道交通产业国际技术对接交流会”。5月24日，$HXN_{5\text{-}0192}$ 机车交车完工，机车检修全流程27天，标志着和谐机车C6修在厂检修首次实现30天目标。6月13日，人社部国家级技能大师工作室考评专家组在常州市人社局领导陪同下，来公司检查评估张忠国家级技能大师工作室运行情况。7月25—27日，2019北京国际城市轨道交通展览会（Metro-Trans）在北京中国国际展览中心成功举办，公司生产的 NDJ_3 型和谐长城号准高速内燃动车精彩亮相。7月31日，FXN5C“复兴号”货运内燃机车样车成功落车。9月4日，在2019中国设备管理大会上，公司荣获“年度设备管理与技术创新标杆企业”称号。在常州市第二届“龙城工匠”颁奖典礼上，公司钳工高级技师袁志刚当选为第二届“龙城工匠”。10月16日，公司举行出口尼日利亚阿卡铁路和拉伊铁路用内燃机车交付仪式。11月12—14日，第十四届上海国际轨道交通展览会在上海新国际博览中心成功举办，公司生产的 HXN_{5B} 型内燃机车和自行式钢轨探伤车两款机车模型精彩亮相。12月24—25日，公司主持起草的《机车、动车用吸附式压缩空气干燥器》《内燃机车冷却水泵》2项中国国家铁路集团有限公司技术标准顺利通过标准审查会的审查。12月25日，公司与赢联盟几内亚铁路公司在青岛签署赢联盟几内亚达圣铁路14台4400马力交流传动干线货运内燃机车供货合同。12月31日，公司成功签署2台SDD6型内燃机车出口合同。

【公司党政负责人】

党委书记	姚国胜
董事长	姚国胜
总经理	徐世俣
副总经理	许人华　沈永平　陈永平　钟　平　仲怀清　管艳华
总工程师	仲怀清
财务总监	管艳华
党委副书记	徐世俣　秦　辉
纪委书记	秦　辉

（戚墅堰公司　供稿）

中车长江运输设备集团有限公司

（统一社会信用代码：91420115MA4KYAEH3B）

党委书记、董事长　胡海平

总经理　赵维宗

【概况】 2019年末，长江集团员工总数18 793人，其中在岗员工16 591人，非在岗员工1 816人，其他从业人员386人；拥有高级职称988人，中级职称1 671人，初级职称1 813人，高级技师511人，技师1 168人。长江集团总占地面积607.29万平方米，固定资产原值928 173万元（合并）、净值506 691万元（合并）。年内，新造货车24 565辆，修理货车29 685辆，修理机车176台，修理客车501辆；出口整车1 300多辆，实现海外收入11.5亿元，新签海外订单2.7亿美元，国际业务完成率达到106.8%。全年，销售新造货车24 355辆，修理货车26 623辆；实现营业收入151亿元，实现归母净利润6.27亿元（考核口径），同比增长近10%，实现中车下达的双T3指标。长江集团获中国中车2019年度特别贡献奖，入选首批武汉市总部企业。

【经营管理】 梳理与所属企业、核心企业、中车之间的管控关系，按照“对接中车、归口管理与专业分类管理相结合、协同优先于细分”的原则，完善组织机构及职责，搭建制度体系，形成相对较完整的基于母子公司架构的“战略＋运营”管控体系。按照“战略引领、业务主导、效益取舍、责任落实”的原则，结合项目实施进度和经营需要，组织编制年度投资预算并获中车批复，年度计划固定资产投资5.36亿元，其中重大投资项目3.04亿元、非重点投资项目2.32亿元，主要支持以水性漆为主的环保改造以及新产业，年内完成投资30 247万元。构建全面预算管理体系，明确全面预算管理组织架构及机构职责，并结合中车预算指标体系，建立以营业收入、归母净利润为核心，资产运营质量、“两金”压降、期间费用控制等企业运行质量指标为辅助的预算指标体系，实行分级控制、专项控制相结合的预算管理模式。构建财务核算管理体系，制定系列体系文件。构建财务管控机制；设计以成本、费用、薪酬为重点监控对象的管理会计报表，收集并建立成员企业产品成本、费用、薪酬关键财务数据库，为长江集团全面预算编制、过程管控、季度分析等提供支撑。开展货车业务毛利率提升专项工作，明确将年货车业务毛利率提升至18.5%的工作目标，所属公司结合实际采取各种措施落实专项工作方案，长江集团货车业务综合毛利率达到 19.84%。把握国家减税降费政策，实现税收红利最大化，年内长江集团减税降费达 4 537 万元。制定《效绩评价管理办法（实行）》，构建考核、对标、监控、履职和重大事项五部分组成效绩评价指标体系；发布年度效绩评价方案，突出“新兴物流装备及现代服务”的双主业战略，明确考核指标为归母净利润、营业收入和资本回报率三项；组织所属签订效绩目标责任书，有效传递经营压力。

【规划发展】 确定以“转型升级、深化改革、创新发展”为主要特征的相关多元战略和国际化战略，积极践行“双主战略、集群拓展”的产业发展思路。编制《长江集团发展规划（2019—2021 年）》，立足铁路运输装备、新兴物流装备、现代服务业三大板块，建立与业务结构、产业布局、管控模式和组织结构等相匹配的规划体系。基本建立与长江集团业务结构、产业布局、管控模式和组织结构等相匹配的规划体系，完成国内市场管理、海外产业发展、新兴产业发展、科技发展、信息化建设、人力资源规划、投资管理、精益管理、审计风险和内控、法治建设、财务管控、安技环保、党建品牌等 13 个职能规划，以及铁路冷链装备产业发展、深冷装备产业发展、多式联运装备产业发展、“一带一路”发展等多个专项规划。结合长江集团党代会目标及重点任务，初步构思下一个五年发展目标，制定相关措施，完成《长江集团“十四五”发展规划纲要（初稿）》，奠定后期编制“十四五”发展规划的基础。编印《长江集团深化改革暨创建世界一流示范企业的指导意见》。

【人力资源管理】 以融合发展为引领，加强领导干部队伍建设，建立健全领导干部选拔任用、交流任职、履职待遇及日常监督管理等干部管理制度，强化干部监督管理；按照五湖四海、一体化原则，选拔总部各层级领导干部 50 人，其中来自所属企业 13 人，占比约 28%。注重青年干部培养，搭建成长平台，优先锻炼选拔任用 80、90 后青年员工，着力推动干部年轻化，年内提拔 35 岁以下青年干部 28 人。选育结合，注重干部梯队建设，选拔确定长江集团领导班子后备干部 13 人，选拔所属公司高层副职后备干部 66 人。根据产业发展需求，聚焦“高稀缺专业”人才，依托网络平台、猎头、项目单位、校园招聘等多种渠道，通过项目合作、岗位特需等方式引进新产业成熟人才 3 名，通过校园招聘 93 人。搭建平台，培养能工巧匠，开展职业技能等级鉴定，749 人参加，465 人通过理论、实作考试和答辩考核，通过率为 61%，高级技师 28 人推荐到中车评审，到年末，高级工以上技能人才 6 186 人，高技能人才占技术工人总人数比例约 58%；推进金蓝领和劳模创新工作室建设，建成 16 个由高技能领军人才（劳模）领衔的创新工作室，以创新、攻关、育人为目标，年度完成攻坚克难任务 300 多项，工艺（生产）优化项目 400 多项。加强用工规划，统筹协调企业用工总量，从严控制新增人员。开展员工分流安置工作，年内分流安置 543 人。建设“专业、精干、高效”的服务型总部，在严格定编的基础上采取竞争上岗方式选配总部一般管理人员 45 人。根据经营目标及“两低于”要求，按照兼顾企业历史与实际、保持适度增长且与效益挂钩的原则，下发所属企业 2019 年工资总额预算。开展企业之间劳动效率横向对标，系统梳理并推行铁路货车劳动定额标准编制工作，夯实强化劳动定员管理、提升劳动效率、科学分配的重要基础。适应企业人才发展战略需要及生产经营需求，重点围绕中高层、国际化、新产业、新技术、各类后备人才等，开展领导力、海外业务风险合规、压力容器技术技能考核扩充、新材料新工艺新规范学习普及、安全环保知识、管理创新和精益改善、知识产权体系管理、质量等体系换版设立、HCM学习管理系统业务应用等方面的培训，年内完成149个计划项目、4个新增和计划外项目，7 527人次参加培训。

【科技创新】 坚持创新驱动理念，不断增强发展动力。瞄准冷运装备广阔的市场前景，以满足个性化冷链运输需求为出发点，具备节能环保、低运输成本等优点的新一代铁路隔热车成功研制，通过国铁集团试用评审，系列化铁路锂电池冷藏集装箱获得国铁集团领导高度赞誉，将服务于“一带一路”中欧班列跨温区运输的蓄能保温箱顺利通过中国船级社样箱认证，冷运装备产品种类不断丰富。发挥技术领先优势，成功研制30吨轴重侧卸式煤炭漏斗车、苯类罐车等重要产品，漏斗车、罐车主导地位不断巩固，无线供电、电制动、驻车制动、变轨距转向架、低碳材料环保顶盖等基础技术研究取得预期成果，牢牢掌握铁路货车技术主动权。全力满足客户个性化需求，新型无线遥控铁路除尘装备交付使用，破解铁路除尘环保难题。国内首款轨道交通应急综合保障车在成昆线抗洪抢险中发挥重要作用，获得客户表扬。聚焦基础工艺研究，高强度、大规格铁路罐车标准封头一次性冷压成形技术，环保型高压灌注整体发泡技术等工艺攻关取得较大突破，始终站在行业发展前沿。紧跟现代物流技术发展风向标，开展智能站场、城市地下物流、铁路AGV、集装化货物智能装卸等现代物流技术研究，完成空轨系统升降式货运动车研制和自动装卸技术升级，空轨系统获“2019年物流技术创新奖”。

重视科技成果转化，强化知识产权保护，2019年长江集团承担国家重点科研专项4项，国铁集团重大课题2项，国家能源集团项目3项，省级科研项目4项，中车重大项目2项、重点项目22项。全年共完成专利申报368项，其中发明专利188项，海外专利46项。

【市场营销】 搭建市场信息化平台，不断完善市场信息平台功能，实时了解所属企业的合同执行情况、应收账款情况、厂修车完成情况等相关信息，促进长江集团市场资源高效融合和资源共享；根据市场实际情况，以月报或者季报的形式，对市场动态、所属企业市场信息等相关内容进行分析通报，供相关领导、部门参考。统筹协调管理长江集团LNG相关业务，统一营销策略，形成市场合力，提高铁路LNG装备整体竞争力。开展货车成本价格分析工作，探讨和规范价格管理工作，提升长江集团经营品质。全年，长江集团在国内铁路货车市场获得18 874辆整车订单，其中国铁车采购中标17 100辆，在4.02万辆铁路货车大单中市场占有率突破应得总体份额达到42.54%；自备货车实现订货1 774辆（含神华850辆既有合同）。共建售后服务平台，推行区域包干、联保互保的国内售后服务模式，发挥所属企业区位优势、技术优势、配套优势，提高资源使用效率和服务响应速度。构建售后服务信息沟通渠道，开展数据收集统计分析。拓展互联互保工作内容，完善相应的规则制度，组织召开《长江集团成员企业售后服务“区域包干、联保互保”研讨会》，所属企业共同签订“区域包干、联保互保”协议，确保新的售后服务模式正常运行。在区域包干、联保互保整体售后服务模式的基础上，指导和督促各成员企业成立工作专班，制订详细工作计划和应急预案，全面完成“春节”和“国庆节”期间的售后服务工作，确保铁路运行安全。以太原公司为主体，“三西（山西、陕西、内蒙古西部）”重载铁路沿线涉及的成员企业为辅，组织相关所属企业开展重载货车和大功率机车检修区域维保中心建设的可行性的相关调研；完成相关方案设计，并召开“重载铁路货车区域维保中心建设”研讨会。

【质量管理】 将质量相关指标进行层层传导，每月掌握质量损失情况，针对异常情况要求责任单位深入分析、整改落实。根据“中车Q”质量管理体系的要求，以长江公司为试点开展系列标准培训、管理制度宣贯、质量体系审核等工作，积极推动“中车Q”质量管理标准落地。全年，未发生因产品质量问题导致影响交货期，无重大投诉或拒收和召回，无一般C类及以上行车责任事故。年内质量损失共计1 648.82万元，质量损失率为0.166%。

【党建工作】 组织召开长江集团第一次党代会，确定“1+6”高质量行动纲领、明晰“7+7”高质量行动路径。深入开展主题教育，制定实施方案，把学习教育、调查研究、检视问题、整改落实贯穿全过程，检视问题1 213条，完成整改1 053条，切实解决职工反映集中的问题。做好政治巡视“后半篇”文章，各级领导干部严格落实“一岗双责”，协同推进反对形式主义、官僚主义专项巡视问题整改和政治巡视反馈问题整改，巡视反馈问题整改完成率达87%。逐步建立党建信息化平台，党建信息化推动“三基”建设成为国企党建工作的创新典范。以落实党建责任制为前提，构建完整的两级党建管理体系，结合“1+8”组织架构，上下联动，搭建具有长江集团特色的党建“金名片”建设格局，长江集团获评中车2019年度党建工作责任制考评A类企业。深入推进纪检监察体制改革，健全党内监督体系，推动全面从严治党向纵深发展。推进“先锋中的先锋”一体化建设，党员先锋、劳模创新工作室结成联盟，充分激发集群优势和基层组织活力。召开长江集团第一次团代会，不断提高团组织的凝聚力、战斗力，制定《加快青年员工成长成才十项措施》，进一步激发青年员工队伍活力，发挥生力军和突击队作用。

【重要纪事】 1月9日，所属长江公司与加蓬客户签订220辆敞车供销合同，金额2 134万美元（折合人民币1.45亿元）。1月17日，长江集团获中国中车“改革重组攻坚奖”，所属西安公司、眉山公司获“中国中车2018年度突出贡献奖”，长江公司、贵阳公司荣获“中国中车2018年度突出进步奖”。1月25日，中国中车党委书记、董事长刘化龙到长江集团开展工作调研，并出席指导2018年度领导班子专题民主生活会、看望慰问困难员工。1月，所属长江公司移动式压力容器应变强化工艺样罐应变强化试验及试板焊接通过国家市场监督管理总局委托的技术专家组验证，成为国内第二家按照新标准实施并通过试验的单位。2月，中车下发了《关于发布（机车车辆用铸钢件通用技术条件）等6项中国中车技术标准的通知》，由长江集团长江公司主持，齐齐哈尔公司、长江集团眉山公司、大连公司等6家单位共同研制的中车标准《机车车辆用铸钢件通用技术条件》位于公告首列；所属长江公司中标秘鲁客户100辆铁路货运漏斗车招标项目。3月6日，所属长江公司和中铁特货公司主持的铁路总公司科技研究开发计划重点课题《铁路冷藏运输发电装备关键技术研究》通过中国铁路总公司结题验收。3月7—8日，在2019年全球物流技术大会上，所属长江公司“多式联运智能空轨集疏运系统”获评“2019年物流技术创新奖”，并获“物流技术装备推荐品牌”，联运装备研究所副所长苏利杰获评“2019年物流技术匠心奖”。3月14日，长江集团获“2018年度中国中车科学技术奖”16个奖项，其中一等奖1项、二等奖3项、三等奖12项。

3月18日，所属长江公司研制的复合材料在铁路货车领域应用可行性技术研究项目通过国家能源集团方案评审；所属长江公司25吨轴重新技术集成铝合金煤炭漏斗车设计方案通过国家能源集团神华铁路货车运输有限责任公司组织的评审。3月21日，长江集团召开“冷运装备产业整合研讨会”，推进冷运装备业务融合与产业发展。3月22日，所属长江公司多式联运智能空轨集疏运系统获在武汉市工会首届职工创业创新大赛决赛上获创新组优秀项目奖。3月，长江公司株洲分公司易冉、西安公司周世发、眉山公司甘俊林、贵阳公司代顺生获评“最美中车人”，易冉同时被聘为中国中车形象代言人。4月18日，中国中车党委书记、董事长刘化龙到眉山公司调研。5月22日，长江集团参加在上海举办的多式联运中国日创新论坛，向与会的国内外嘉宾展示多式联运一系列新技术新装备。6月13日，第二届中国智能物流技术装备大会暨物流技术装备企业家年会在杭州召开，长江集团获评“智能物流技术装备技术革新奖”。6月27日，所属长江公司株洲分公司电焊工易冉在“时代新人说——我与祖国共成长”全国演讲大赛之“劳动筑梦”全国职工演讲比赛决赛上获金奖。9月5日，所属长江公司株洲分公司易冉获第七届全国道德模范提名奖。9月8日，中车集团总经理、中车股份总裁孙永才到所属长江公司铜陵公司调研。9月21日，中央企业先进集体和劳动模范表彰大会在人民大会堂召开，眉山公司铸钢分公司获“中央企业先进集体”称号，罗斌、尹利、令狐克书3名员工获“中央企业劳动模范”称号。9月26日，长江集团与中铁联集在北京签署《合作框架协议》，推进“多式联运智能空轨集疏运系统”在铁路集装箱中心站应用，推动物流装备及场站设备创新升级。11月15日，长江集团在中国铁道学会第七届车辆委员会货车学组（通用、特种）成立大会暨2019年中国铁路货运市场发展和多样化运输装备技术研讨会上7篇获优秀论文奖。

【公司党政工负责人】

党委书记　胡海平
董事长　胡海平
总经理　赵维宗
副总经理　赵　勇（9月免）
张　磊（1月任）
蔡德权　王红卫
胡海滨
刘　涛（1月任，8月免）
朱洪晖（10月去世）
王洽军（12月任）
总工程师　胡海滨（兼）
财务总监　朱洪晖（10月去世）
王洽军（兼，12月任）

党委副书记　赵维宗　何朝阳
赵向东（12月任）
纪委书记　成　光（兼，12月免）
赵向东（兼，12月任）
工会主席　何朝阳（兼）

（长江集团公司　供稿）

中车长江车辆有限公司

（统一社会信用代码：91420115792416628C）

【概况】 2019年末，员工总数7 954人，其中在岗员工7 453人、非在岗员工115人、其他从业人员386人；拥有高级职称319人、中级职称580人、初级职称825人，高级技师283人、技师560人。长江公司总占地面积224.26万平方米，固定资产原值303 786万元（合并）、净值179 182万元（合并）。

公司运营架构为总、分模式，总部设置34个职能部门。全年销售新造货车11 444辆，修理货车10 411辆；实现营业收入60.5亿元，实现归母净利润472万元。完成中国中车下达的年度经营目标，获中国中车2019年度突出进步奖，被评为湖北省、武汉市企业100强、制造业100强。

【发展规划】 持续优化“中长期发展规划—三年滚动规划—年度经营计划—年度预算指标—年度绩效指标”管理链建设，完善长江公司“十三五”发展规划（修订稿）；完成长江公司2019—2021年发展规划编制，并监督所属公司落实三年滚动计划。组织开展专题研讨，编制铁路冷链装备发展规划。根据中车“一带一路”建设规划，完成“一带一路”沿线市场开拓计划编制。围绕公司多式联运装备、冷链运输装备、站场设备及轨道工程机械等方面，积极推动战略合作，促进公司新产业发展。贯彻落实中国中车“双打造一培育”战略目标和创建世界一流示范企业统一部署，确定长江公司深化改革要点和创建世界一流示范企业的思路和实现路径。根据优质高效服务铁路市场、提升管理效能的总体目标，对长江公司所属公司进行存续分立，减少长江集团管理层级，分设为由长江集团100%控股的株辆公司、常州公司以及新长江公司（武汉分部与存续长江公司融合），并逐步将铜陵车辆有限公司100%股权划归长江集团。

【经营管理】 围绕“深化改革、主业升级、产业转型”三大任务，编制公司年度经营计划，确保经营计划实施完成。编制年度投资预算，制定固定资产投资实施指导意见，年内组织5个重点项目的公司级评审，批复3个项目，完成常州分公司排水防涝项目、长江公司铁路货车试验验证体系项目、铜陵公司防洪安全整治项目验收，全年固定资产投资预算19 350万元，实际发生7 992万元，完成投资预算41%。把握政府相关政策，积极推进营业外收入工作，年内收到各类营业外收入（专项）4 070.26万元。积极开展管理创新实践，获湖北省管理创新成果一等奖1项、二等奖2项、三等奖1项，武汉市管理创新成果一等奖1项、二等奖3项，中车管理创新成果二等奖1项、三等奖1项。建立预算指标管理体系，以全面预算保证年度指标；加强预算执行管控，建立以月度滚动预算为抓手、以季度经营活动分析为载体工具的预算指标动态预警和监管机制，确保年度预算目标完成。开展货车业务毛利率提升专项活动，制定《长江公司货车业务毛利率提升专项工作实施细则方案》，分解落实主体责任及目标，推进提质增效工作。开展对标改善工作，通过长江集团组织的铁路货车水性漆、$C_{70E(H)}$新造车、四年一期货车修理、铸造业务等一系列工艺成本对标，制定切实可行的工艺成本改进措施。从预算管理、资金管理入手，明确所属公司年度控制目标和专项激励措施，将“两金”压降目标分解落实到具体责任人，协调各专业管控，强化“两金”压降工作；加大催收力度，年内收回内蒙古坤德长账龄应收账款237万元。加强财税管理，做好长江公司存续分立税务筹划，合理分配未弥补所得税亏损，有效规避重组过程中无谓的应税行为；利用国家减税降费政策，年内减税降费额达1 857万元。

【科技创新】 瞄准国家战略，立足国内外铁路货车市场，开展新产品研发及关键技术研究。国内市场产品，完成神华25吨轴重煤炭漏斗车、S_{1602}型吊臂平车产品设计开发与交付，完成D_{15B}型凹底平车、TB_2四氧化二氮储罐运输车设计改进；完成TB_2、TP_{70}车完成运用考核工作，C_{96H}型专用敞车技术整备，并开展KM_{98}/$KM_{100A(H)}$/$KM_{100A(F)}$铝合金煤炭漏斗车运用及可靠性研究。国外市场产品，完成Aurizon石灰石漏斗车、窄轨煤炭漏斗车，PN三联关节式集装箱平车，智利FCAB集装箱平车及转向架，印尼KAI集装箱平车及转向架，智利米轨集装箱平车及转向架，秘鲁铜矿漏斗车及转向架，加蓬载重80吨矿石敞车、凹底平车、加宽平车、原木平车及几内亚集装箱平车等16项新产品的开发与设计。加强基础技术研究，重点开展货车自供电、电制动、驻车制动、环保顶盖及健康管理等基础技术研究，完成货车自供电轴驱发电、驻车制动样机试制及试验，并进行无线供电技术研究；开展健康管理（PHM）系统开发、神华25吨轴重煤炭漏斗车新技术集成等货车前沿技术应用研究，推进铁路货车信息化、智能化及环保化技术发展。全年专利申请185件，其中发明专利申请96件，PCT及国外专利申请27件；获得专利授权113件，其中发明专利36件，获得湖北省技术发明奖三等奖1项。

【市场营销】 落实片区责任制，加大市场调研力度，年内重点跟踪国家能源集团C_{80}型铝合金敞车、中石油西北销售公司GQ_{70}型轻油罐车、宁煤集团KM_{70}型煤炭漏斗车、鸳鸯湖电厂KM_{70}型煤炭漏斗车等项目进展，并与中石油西北销售公司等单位签订《技术咨询服务协议》、与酒泉钢铁集团签订合作协议。发挥公司技术优势，引领客户需求，为用户提供满意的解决方案和个性化定制产品，与平煤集团签订KF_{75}型自翻车合作协议，组织江铜集团、金川有色公司、平煤集团等客户到涟钢现场观摩KF_{75}型自翻车运用，完成在涟钢公司、平煤集团、金川有色公司的试运用。持续强化国家能源集团战略合作，推进国家能源集团KM_{81A}型新技术集成铝合金煤炭漏斗车研制及敞车顶盖改造项目，顺利完成样车试制；启动850辆C_{80}型铝合金敞车项目，为国家能源集团“百日会战”提供保障。推进冷链运输装备项目进展，对接特货公司，完成发电箱和冷藏集装箱的研制和试运用，并与中铁特货公司签订30台发电箱、100台隔热箱合同及70辆隔热车协议。贯彻国家发展战略，持续推进相关项目落地和新项目研发，全年签订新造车54辆、厂段修车756辆合同。2019年，新造货车采购总量（按实际交付数量统计）56 730辆，公司中标10 880辆，份额19.18%；国铁修理车招标59 000辆，公司中标8 968辆，份额15.2%，中标份额均高于公司基础份额。积极拓展海外市场，组织参加中东展、印尼展、马来西亚展、巴西展、南非展、挪威重载大会、慕尼黑物流双年展和澳大利亚展等8次海外展会；组织20余批次、20余家客户的出国走访。年内，中标赢联盟（几内亚）铁路公司1 000辆铝土矿敞车项目、与中铝秘鲁公司签订100辆漏斗车合同、与加蓬Comilog公司先后签订220辆敞车和45辆平车合同、与FMG公司先后签订合计252辆不锈钢矿石敞车合同、与Aurizon公司先后签订合计264辆窄轨煤炭漏斗车合同、与Adani公司签订360辆窄准轨煤炭漏斗车合同，并在欧洲市场取得突破，获得奥铁集团100件车轴试验订单。全年正式商务立项的海外投标和报价项目40余次，新签13个整车项目、14种车型，合计2 422辆整车及配件订单，订单总金额16.21亿元，折合2.46亿美元；海外业务实现收入7.81亿元，其中出口整车965辆，产品出口到大洋洲、非洲、亚洲、南美洲、北美洲等各地。

【人力资源管理】 加强领导干部队伍建设，厘清所属企业领导干部队伍现状，建立多维度的领导干部库，按照规定程序，补充选拔所属公司领导班子成员；组织中高层领导干部培训，选拔长江公司领导干部参加中车领导力培训。围绕冷链运输产业、多式联运产业、信息化市场等发展需求，依托网络平台、猎头、项目单位等多种渠道，通过项目合作、岗位特需等方式引进新产业成熟人才8名。参加中车、高校招聘会，针对“高稀缺”专业举办专场招聘会，全年实现校园招聘118人。结合企业经营状况，加强用工规划，统筹协调所属公司用工总量，从严控制新增人员。根据中车《关于下达“僵尸企业”和特困企业处治员工分流安置指标的通知》要求，开展员工分流安置工作，年分流安置20人。建立健全以合同管理为核心、以岗位管理为基础的用工制度，持续推行服务期履约评价退出机制。进一步完善薪酬激励体系，按照与效益挂钩，兼顾企业历史、适度增长的原则，编制所属企业年度工资总额预算并监督执行。持续加强各类培训，提升员工综合素质，年内举办安全环保知识、管理创新和精益改善、海外业务风险合规、知识产权体系管理、项目管理IPMP资质、项目经理的领导力课程等多个培训班，并选送600多人参加中车招标采购、焊接、无损检测、精益、信访、保密、成本、体系标准等各类技术、管理培训班200多人次，技能人才培训200多人。

【生产运营】 根据生产订单集中、出口项目和国铁车分配困难的局面，强化生产指挥和协调，综合考虑所属公司既有能力和项目既往经验，促进公司综合制造能力人效发挥，将17个出口项目分别安排到株洲、武汉、常州和冷智分公司生产，并将印尼、秘鲁、PN转向架等项目的轮对生产安排到铜陵公司生产，全面推进出口项目生产交付，全年累计完成PN、印尼、秘鲁、AURIZON、智利、加蓬等项目出口整车969辆，完成PN转向架交付97台。针对生产车型较多，多品种连续转产对生产组织的挑战，通过提前策划组织，着力改善提升工装改造能力，缩短产品转产时间，各型转产基本实现无缝对接。结合公司“以机代人”项目和精益改善项目的推广，统筹谋划，公司日产和月产均创历史新高，其中株洲分公司创造连续3个月日产30辆、当月交付950辆车的新纪录和40天完成850辆神华C_{80}铝合金敞车的成绩。按项目生产计划和交付计划科学制订采购计划，综合考虑各所属公司生产需求，采购批量及采购时点，识别采购风险和预警防范措施，分批次落实采购交付时间，做精做细采购计划，保障生产计划和项目计划的完成。全年公司完成11 843辆新造整车，其中国铁车10 750辆，出口整车969辆，市场车111辆，试制车6；检修各类车辆9 704辆，其中70吨级车占比达到55.8%。

【质量管理】 以履职检查为抓手，落实质量责任，对可能导致一般C类事故的漏装、漏焊、漏铆等质量问题从严考核，年内落实质量考核24.12万元，其中扣罚20.12万元，奖励4万元。完善质量管理体系，健全质量保证机制，加快推进“中车Q”质量管理标准的落地实施，优化质量管理体系过程绩效KPI指标，年内总部及所属公司均通过相关质量管理体系监督审核。以问题为导向，加强源头质量整治，开展货车造修“三对三查”活动，查摆、整治质量安全隐患，对排查出的60余项产品质量问题和隐患落实整改，并开展“质量安全回头看”活动，固化整治效果。突出过程控制，分解质量损失指标，强化质量整治或质量改进，降废减损增效，年内质量损失1 347.76万元，质量损失率0.38%，比计划值低0.02%。建立供应商质量不良行为认定准则和供应商“黑名单”机制，开展关键、重要配件产品质量抽查和供应商质量保证能力“飞行检查”，完善铸锻件入厂检验文件，督促供方整改等加强采购产品质量控制，提高供应链保障能力。全年一般D类及以上质量事故无重大质量投诉、退货、拒收、索赔情况，质量损失率0.38%，比计划值低0.02%；国铁集团通报的运用货车典型故障反馈率排名中株洲分公司进入同行业前列；获铁道行业优秀QC小组活动成果奖1项，中车优秀QC小组活动成果奖3项。

【新产业拓展】 着力打造“新兴物流装备、现代服务业”两大新产业板块，逐步做实、做强做优冷运装备、多式联运装备、核心零部件、信息化业务等业务领域。持续推进重点新产业项目，冷运装备产业完成产能建设，形成产品谱系。强化市场培育，巩固与国铁集团、中国燃气、中海油、中铁加仑、中铁特货及各铁路局集团公司等合作关系，推动LNG罐箱正式进入铁路运营考验阶段。发电箱、保温箱、改进型隔热保温车、锂电池运输集装箱等多个产品得到客户认可，实现批量生产与交付，实现营业收入6 800万元。提升行业影响力，与铁科院、交通运输协会等建立长期合作关系，联合申报多个科研项目与行业标准。夯实“多式联运装备”板块产业发展基础，逐步提高以多式联运智能空轨集疏运系统为代表的系列多式联运装备的市场关注度，先后接待了新加坡环通物流集团、广西防城港、中铁集装箱、钦州港等意向客户的现场考察和对接，分别与中铁联集、三航设计院签订合作协议。深入开展轨道工程装备配套业务调研分析，改善盈利能力，全年实现营业收入超过3亿元；公司新产业实现营业收入19.6亿元（含铜陵公司、斯威公司并表），“多式联运智能空轨集疏运系统”获得中国物流与采购联合会“2019年物流技术创新奖”。

【党建工作】 深入开展“不忘初心、牢记使命”主题教育，把学习教育、调查研究、检视问题、整改落实贯穿全过程，有效解决职工反映集中的问题，主题教育成效明显。持续做好政治巡视“后半篇文章”，各级领导干部严格落实“一岗双责”，反对形式主义、官僚主义专项巡视问题整改和政治巡视反馈问题整改协同推进，巡视反馈问题整改完成率达89.7%，无未按时完成的整改项目。以落实党建责任制为重点，持续推进党建信息化考评体系建设，推动“三基”建设成为国企党建工作的创新示范。加强舆论引导和正面宣传，开展形势任务宣传教育，深入推进纪检监察体制改革，健全党内监督体系，推动全面从严治党向纵深发展。围绕中心开展系列主题劳动竞赛和技术攻关活动，深度实施“六送三关注”，持续改善员工生产生活条件，开展形式多样、内容丰富的大众文娱活动。组织青年“双攻关、双促进”主题实践活动，坚定团员青年发展信心，充分发挥生力军和突击队作用。

【重要纪事】 1月25日，中国中车党委书记、董事长刘化龙到长江公司调研、慰问困难员工并出席指导2018年度领导班子专题民主生活会。1月，长江公司首批中欧班列冷藏集装箱成功运行，助力“一带一路”物流运输。2月20—21日，公司联合中国铁道科学研究院和中海油完成LNG铁路运输关键技术相关试验。2月，长江公司中标秘鲁客户100辆铁路货运漏斗车招标项目。3月7—8日以“科技YU见未来”为主题的2019年全球物流技术大会在成都召开，所属长江公司“多式联运智能空轨集疏运系统”获评“2019年物流技术创新奖”，并获“物流技术装备推荐品牌”，联运装备研究所副所长苏利杰获评“2019年物流技术匠心奖”。3月，长江公司研制的复合材料在铁路货车领域应用可行性技术研究项目通过国家能源集团神华铁路货车运输有限责任公司方案评审。4月22日，公司收到赢联盟（几内亚）铁路公司签发的1 000辆铝土矿专用敞车订货通知。5月，长江公司最新研发的蓄能保温箱顺利通过中国船级社样箱认可。7月17日，长江公司主持制定的《机车车辆铸钢件第1部分：技术要求及检验》通过国家铁路局评审。8月29日，2019年武汉企业100强榜单发布，长江公司列第68位，同时列2019年武汉制造企业100强第15位。9月，北部湾国际港务集团有限公司、北部湾港股份有限公司、中铁联合国际集装箱广西有限公司、中交第四航务工程勘察设计院有限公司等单位到长江公司考察多式联运智能空轨集疏运系统，并洽谈钦州港应用空轨系统项目相关事宜。10月11日，长江公司承办的现代物流技术及装备交通运输行业研发中心管理委员会、技术委员会年会暨现代物流技术及装备发展学术交流会在汉召开。11月11日，长江公司8项科技成果通过中车科技成果评价。

【公司党政工负责人】

党委书记	胡海平（兼，12月免）
	张　磊（兼，12月任）
董事长	胡海平（12月免）
	张　磊（12月任）
副董事长	何朝阳（12月免）
总经理	张　磊（12月免）
	成　光（12月任）
副总经理	刘　涛（8月免）
	王红卫（12月免）
	胡海滨（12月免）
	朱洪晖（10月去世）
	杨　军（12月任）
	李钦锋（12月任）
	江锐锋（12月任）
	王宝磊（12月任）
总工程师	胡海滨（兼，12月免）
财务总监	朱洪晖（兼，10月去世）
党委副书记	何朝阳（兼，12月任）
	张　磊（兼，12月免）
	成　光（12月任）
	彭　飚（12月任）
纪委书记	成　光（兼，12月免）
	彭　飚（兼，12月任）
工会主席	姚正凡（12月免）
	彭　飚（兼，12月任）

（长江公司　供稿）

中车太原机车车辆有限公司

（统一社会信用代码：911401006644610372）

【概况】 中车太原机车车辆有限公司隶属于中车长江运输设备集团有限公司。2019年末，公司注册资本9.88亿元，资产总额43.74亿元，固定资产原值21.07亿元，净值16.5亿元。拥有各类设备2 451台（套），设备原值6.06亿元，设备净值3.46亿元。占地面积113.73万平方米，总建筑面积28.37万平方米。搭建六中心管理构架，下设生产单位17个，分公司1个、子公司1个、合资公司2个。年末在册职工2 877人，其中在岗职工2 154人；各类在岗专业技术人员709人，其中高级及以上技术职称人员161人，中级技术职称人员319人；技师人员99人，其中高级技师人员27人。全年累计实现营业收入21.06亿元，归母净利润382.76万元。

【规划发展】 编制《中车太原公司创一流示范企业实施方案》。修订实施《中车太原公司“十三五”发展规划》，明确主要发展目标及2025年愿景目标，到2025年营业收入达到40亿、归母净利润达到1亿元。深化体制机制改革，形成“六中一司”组织架构体系，实现管理链条扁平化、专业化；压减车辆分厂管理层级，实现公司—车间二级管控；成立机车分公司，突出机车业务利润贡献；通过调整压缩，公司一二级组织机构精减10个。优化干部基础管理，开展中层正职竞聘上岗，启动后备干部选拔，中层干部职数下降35%，70后、80后干部占比由48%提高到63%。加快剥离国有企业办社会职能，宿舍区“三供一业”基本完成移交。厂办大集体改革取得突破性进展，达到预定目标。低效无效固定资产和股权处置按计划有序推进。忻州疗养院完成工商注销、资产评估，进入资产处置和报备阶段。职工家属区早期人防工程纳入太原市人防办统一管理。

【经营管理】 强化全面预算管理，全年可控管理费用同比降低770余万元，财务费用减少支出1 600余万元。深入开展以“降低物耗、降低费用、降低动能、补齐短板、提高品质”为核心的“三降一补一提”提质增效活动，优化管理基础，提升经营品质，六大类18项对标指标显著改善。制定《货车业务毛利率提升专项方案》，年末货车产品综合毛利率达20.11%，创历史最优。开展“两金”占用专项整治，全年“两金”占用降幅3.15%。防范化解重大经营风险，关闭风险敞口。优化“三重一大”决策机制，启用决策和运行监管系统，实现经营决策依法合规。开展精益制造体系贯标，夯实精益载体建设。持续完善“6621”运营管理平台。以持续改善为主题，以解决生产瓶颈及管理短板为切入点，持续开展“现场塑形”活动，提升精益管理水平。开展车辆新造期量配送。完成C_{70E}钢结构“两模线”建设。坚持后拉式准时化生产，和谐型机车检修周期达到30天控制目标。强化生产组织，实施动态管控，及时解决各类生产异常。深入开展“改善不良，杜绝浪费”专项活动，累计创造经济效益700余万元。中车授牌精益车间达到4个，标准工位达到60%。

【科技创新】 年内研发了组合式多功能石砟漏斗车、KF_{62}型单侧卸自动倾翻车、25吨轴重煤炭漏斗车、多式联运自翻敞顶集装箱、卷钢多式联运平台等产品车型。设计了23吨轴重及以上石灰石和铁矿石漏斗车以及30吨轴重侧卸式煤炭漏斗车。研制了载重70吨熟料漏斗车、煤炭漏斗车底门开闭状态监测系统。取得HXD_3、HXD_{3C}型电力机车C6修维修许可证及相应车型轮对、轮轴驱动装置高级修维修资质。全年申请专利30件，其中发明专利17件，截至年末，公司现有有效专利278件。全年取得各车型产品资质许可6项，公司共有有效产品资质共计159项。“出口澳大利亚40英尺集装箱平车”“莫桑比克窄轨石砟漏斗车”项目荣获山西省科学技术奖三等奖；“22t轴重米轨石砟漏斗车”“22t轴重米轨通用敞车”项目荣获中国中车科学技术三等奖；“KH_{70}型粉煤灰漏斗车研制”项目完成了中车科技成果评价，技术水平达到国际领先。全年科技经费投入7 150万元，技术投入比率3.4%。企业技术中心被认定为国家级企业技术中心。

【生产运营】 落实安全生产责任制，深入开展隐患排查治理，累计消除隐患2 067起，实现“新三零”目标。年内完成直流机车检修85台（其中地方铁路占比15.2%），完成和谐机车检修81台；完成车辆新造1 568辆（其中地铁市场占比28.4%），完成车辆检修4 253辆（其中地铁市场占比28.6%）；完成工程车造修77台（辆）。

【市场营销】 直流机车业务稳中有进，交流机车业务快速增长，年内实现收入7.24亿元；车辆造修业务加大路外市场开拓力度，签约高附加值产品，年内实现收入8.01亿元；坚决实施“走出去”战略，抢占海外空白市场，成功中标孟加拉国订单；开拓海外配件市场，轮轴产品顺利通过TSI认证，全年出口实现收入1 161万元。以合资合作为契机，加速新旧动能转换，实现轨工产业钢结构、转向架等大部件配套。紧跟城轨地铁业务快速发展步伐，夯实属地化组装、维保基础。积极融入太原市现代物流体系，发挥区位及供应链上游优势，大力开展钢材加工、仓储、配送等增值服务，全年承揽晋西集团、包头北创公司钢卷开平1万余吨，实现收入6 995万元。

【基建与技改】 年内实施静态电子轨道衡、内燃机车等设备大（项）修项目27项。完成低压柜试验台、120阀滑阀座平面度检测机等更新改造项目77项。开展停车场等土建工程90余项。完成整车打砂装置、机车轮轴压装、制动盘压装等和谐机车修理项目的装备施工、完善工作。对117台设备、16 271平方米厂房及办公用房进行租赁。按照太原市政府要求，积极办理规划调整和后续土地摘牌手续，年内已办理39.49万平方米土地使用证，剩余40.23万平方米已摘牌土地正在办理土地址界手续。加快旧厂区土地处置，完成旧厂区2.92万平方米权属土地收储，确定80%土地出让金返还政策。协调政府相关部门，缓解资金缺口，稳步推进棚户区项目建设。

【人力资源管理】 落实中车集团内退分流安置政策，优化职工结构，健全考勤制度，加大清岗力度，严控用工总量，职工总数及在岗职工同期分别下降7.9%和20%。规范劳务派遣管理，严格准入机制，建立灵活多样的用工形式，管理费用下降1%。加强人才队伍建设，广泛开展技能培训，人力资本质量水平持续提升，总产值劳产率较上年同比增加23%。强化相关方管理，明确双方责权，同47家相关方签订管理协议，提升属地管理水平。成功获批山西省级职业技能等级认定中心，取得104项职业工种省级备案资质，公司技能人才成长成才外部评价体系更趋完善。

【质量管理】 持续完善质量管理体系，质量形势平稳可控。改善薄弱环节，组织QC攻关，《提高牵引电机机座一次交检合格率》荣获“全国铁道行业2019年度优秀质量管理小组优秀奖”。规范供应商管理，“供应商质量信息化管理平台”正式运营。年内未发生一般C类及以上质量责任事故，外部产品质量监督抽查合格率100%。提升售后服务能力，完善保障体系，加快售后服务响应速度，新增青岛、迎水桥等售后服务站点，顾客满意度逐年上升。

【企业文化建设】 制定下发《中车太原公司关键接触点岗位行为规范》《中车太原公司微信群管理办法》《中车太原公司对外宣传奖励办法》等制度办法，完善品牌管理体系。下发了《中车太原公司关键接触点岗位员工行为规范》，细化并确立了关键接触点岗位和操作岗位行为规范。按照中车集团VI标准，开展VI检查回头看工作，定期检查、持续整改。结合中车企业文化核心理念，按照中车集团“使命统一、愿景贴切、中车之道必共守，精神理念可独有”的原则，对公司两个甲子传承的企业文化理念进行全面系统的梳理。在庆祝中华人民共和国成立70周年和首个中车日期间开展了升旗仪式、文艺汇演、文艺作品征集、歌曲MV快闪拍摄等活动，为企业文化落地提供支撑。首次作为承办牵头单位，组织中车大同公司、太原中车轨道公司参加了2019中国（山西）国际交通产业博览会，提高中车品牌的知名度和美誉度。持续围绕热点开展对外推广，新华社、山西电视台、太原电视台、《山西日报》、《太原日报》等多家媒体对公司进行宣传报道，助力公司及中车媒体影响力的提升。

【党群工作】 深入学习党的十九大和十九届四中全会精神，贯彻落实习总书记三次视察中车重要指示精神，坚定实现高质量发展的信心和决心。牢牢把握“守初心、担使命，找差距、抓落实”的总要求，科学组织，统筹推进，高质量完成各项任务，主题教育取得扎实成效。牢固树立抓整改就是促发展的理念，坚决做好“后半篇文章”，按计划全面完成各级巡视整改。规范“四型五化”党支部建设，擦亮党建“金名片”。加强“三基建设”，抓队伍、强素质，消除了无党员空白班组，党建质量实现成效跃升。纪检监察体制改革方案落地实施，推进从严治党纵深开展。深化民主管理，汇集职工才智。切实发挥好宣传工作的舆论优势，凝聚人心，团结力量。广泛开展劳动竞赛，提升职工技能水平。加强青年人才培育，持续提升青年职工归属感、认同感。公司团委在公司党委和上级团组织的正确领导下，紧密结合企业实际和青年特点，以“组织有力、作用明显、青年信赖”为目标，不断创新活动形式，较好地发挥了党的助手、行政的帮手作用。并以强化青年思想引领、服务青年成长成才、深化青年创新创效、夯实团建基础、贯彻从严治团要求为主线，开展了一系列富有生机活力、扎实有效的共青团品牌活动，为推动公司实现发展目标和企业改革发展稳定作出了积极贡献。全年工会通过开展劳动竞赛、导师带徒、“五小”竞赛等工作，职工创新活动蓬勃开展；承办中车工会女职工委员会权益保护组研讨会，形成《中车女职工权益保护专项集体合同》（初稿）；组织“在一起”送温暖活动、亲子活动、“健康关爱课堂”、建设爱心屋等，不断增强送温暖“恒温效应”；通过组织维权知识竞赛、读书系列活动、“我们都是中车人”歌咏诵读、承办并参加中车体协秘书长会议、长江集团“三力杯”系列活动、参加长江集团首届职工文化体育艺术节各项活动以及组织开展形式多样的大众体育比赛，激发职工的集体荣誉感和奋发向上的精神，营造先进文化环境。

【重要纪事】 1月23日，太原中车时代轨道工程机械有限公司举行成立大会暨揭牌仪式。3月22日，公司56人获得山西省首批“三晋英才”荣誉称号，3名公司级领导荣获高端领军人才荣誉、7名干部职工荣获拔尖骨干人才荣誉、46名干部职工荣获青年优秀人才荣誉。4月23日，2018年全国机车大修源头质量对接暨和谐型机车C6修启动会在公司召开。同日，中国铁路总公司机辆部副主任王德明、中国中车副总裁余卫平等到公司调研考察。6月，公司全面开启第一批“不忘初心、牢记使命”主题教育。6月17日，山西省政协副主席，太原市委副书记、市长李晓波到公司调研考察。8月12日，中车股份党委常委、副总裁楼齐良一行到公司宣布主要负责人调整决定。9月，公司全面开启第二批“不忘初心、牢记使命”主题教育。10月18日，公司荣获“山西省优秀企业”称号。11月15日，山西省政协副主席、太原市委副书记、市长李晓波到公司就学习贯彻党的十九届四中全会精神进行宣讲报告。11月29日，公司党委书记、董事长史洪斌与克诺尔车辆设备（苏州）有限公司总经理钱宏共同签订《HXD_3系列电力机车制动控制系统C6修合作协议》。

【公司党政工负责人】

党委书记　秦忠义（8月免）
　　　　　史洪斌（8月任）
董事长　　秦忠义（8月免）
　　　　　史洪斌（8月任）
总经理　　史洪斌（9月免）
　　　　　段云龙（9月任）
副总经理　李兴钊（6月免）
　　　　　梁建平
　　　　　段云龙（9月免）
　　　　　杨景林　张海玲
　　　　　苏晓伟（11月任）
　　　　　柳广军（11月任）
总工程师　李兴钊（6月免）
财务总监　张海玲

党委副书记　段云龙（9月任）
　　　　　　史洪斌（8月免）
　　　　　　赵向东（12月免）
纪委书记　赵向东（12月免）
工会主席　赵向东（12月免）

（太原公司　供稿）

中车西安车辆有限公司

（统一社会信用代码：916101006631640309）

【概况】 2019年末，西安公司在册员工总数3 474人，其中在岗员工2 888人，经营管理人员474人、工程技术人员277人、技能操作人员2 137人，正高级职称11人、高级职称103人，中级职称316人、初级职称337人。设有19个行政职能部室、10个党群部室、4个生产制造单元、3个车间、2个子分公司。公司占地面积66.47万平方米，生产房屋建筑面积29.2万平方米，经管铁路26.03公里，固定资产原值10.77亿元，净值3.25亿元，拥有各类设备6 243台。全年实现营业收入31亿元，净利润1.37亿元。

【规划发展】 坚持“做强传统产业保生存、做大新兴产业促发展”发展思路，着力提升传统产业，新造完成日产18辆C_{70E}工艺方案设计，罐车精益制造、智能制造工艺研究持续推进，新造交车线延长、预处理线水性漆改造和油漆线供漆系统改造完成方案设计；货修启动轮轴厂房延长和钩缓、制动配件涂装线改造方案，制动室搬迁及技术改造项目现已投资立项；重组客车检修制造单元，持续升级客修基础设施，客车修理月产由50辆提高到62辆，同步做好25T型客车的试修准备。着力培育新增长点，城轨组装检修业务顺利推进，完成西安地铁四号线4列（24辆）车的新造任务；加强罐车物流租赁业务管控，定期做好甲醇贸易市场的分析研判，灵活铁路罐车租赁方式，力争甲醇贸易的稳健经营和罐车租赁收入的最大化；化工装备初步形成完整生产单元，黄磷罐式集装箱批量交付。“三供一业”分离移交工作重心由正式协议签订转向协议履行，切实做好了改革的“后半篇文章”。厂办大集体改革持续推进，顺利实现集团公司要求的年底前完成厂办大集体改制任务的目标。退休人员社会化管理工作已启动，成立了专项工作领导小组及工作组，明确相关单位职责，并已做好前期信息收集及资料准备等工作。西安北车医院国有股权退出工作实质性推进，土地分宗、变性等工作正逐步实施。公司内部结构调整，撤销客修事业部，组建客车技术质量市场部、客车检修部，提升了管理效能和生产效率。

【经营管理】 将公司战略规划中设定的目标分解到年度工作中，以方针目标管理模式按项目化、指标化进行管理，确保战略规划的扎实落实与执行。在生产经营中，围绕“协同、补短、提质”三大主题，制定年度提质增效工作方案，继续深入开展以“强基提质、稳中求进”为核心的提质增效专项工作。认真贯彻落实中车集团、长江集团“1+13”提质增效工作方案精神，围绕年度方针目标和经营工作要点，以提高发展质量为目标，致力做强传统产业保生存、做大新兴产业促发展，聚焦“兴产业、增实力、拓市场、强管理、惠民生”五大任务，通过落实战略、技术创新、精准营销、夯实基础、党政齐抓等举措，公司创造了较好经营效益，在中车年度效绩评价中被评为A级企业。

【科技创新】 铁路货车方面，积极推进80吨级罐车研发，解决了GQ_{80}型轻油罐车两证问题，完成GN_{80}型粘油罐车技术升级和后续运用考核方案，开展80吨级轻质化工品通用罐车、80吨级加热类化工品通用罐车、80吨级沥青铁路罐车、80吨级浓硫酸铁路罐车、80吨级液碱铁路罐车研发工作；完成带加热装置的GQ_{70A}型苯类罐车设计方案优化、公铁两用车和沥青罐式集装箱施工图设计、C_{70E-A}型敞车技术引进、新一代铁路工程用现场降尘装置设计和小批量生产、港口用工程平车关键技术研究和方案设计；完成GQ_{70}、TG_1、GYA_{70}、GYA_{70S}、GYA_{70A}、GYA_{70AS}、GYC_{70}、GYC_{70S}等型罐车结构改进；开展大轴重罐车承载技术、铁路罐车用特种涂料适用性、重载罐车加热技术、电加热技术、重载罐车保温技术、专用车与箱式运输的需求关系、“一带一路”沿线国家及AAR铁路罐车标准研等究工作；完成A41X型呼吸式安全阀阀体阀盖螺纹卡滞问题分析、铁路罐车检修周期优化研究、G17D系列罐车运用情况及处置建议分析等既有罐车故障分析研究工作。铁路配件方面，完成整体保温人孔设计、试制及批量装车，完成改进型保温旋塞阀改进设计及批量装车，完成危化品罐车远程安全监测系统总体方案设计和部件模拟试验，完成黄磷等罐式集装箱用安全阀试制、试验并通过了船级社认可，完成铁路罐车制动系统集成方案设计、公司方案评审和施工图设计，完成新型人孔、大轴重罐车用安全阀初步方案设计。新产业方面，完成JY_{46B}（1AA）型冷冻液化气体罐式集装箱试制、型式试验和定型，J26（1CC）型乙二醇罐箱设计、试制、型式试验和定型，J_{17}（1C）型浓硫酸罐箱定型；完成海运LNG罐式集装箱、J_{26A}（1CC）型碳钢通用罐箱和$J1_{7A}$（1C）型浓硫酸罐箱设计；开展大容积不锈钢通用罐箱、27吨轴重冷冻液化气体铁路罐车和新型液氢铁路罐车研制。铁路压力罐车方面，完成GYA_{70}型和GYA_{70S}型低压液化气体罐车的图纸复用、样车试制和制造许可证换证；完成GYA_{70A}和GYA_{70AS}型液化石油气罐车的图纸复用、样车试制、型式试验和制造许可证重新取证申请；完成液化气体罐车快速加排技术可行性研究、压力罐车封头形状偏差与应力状态研究。

【生产运营】 完成新造货车4 508辆，修理货车4 738辆，修理客车516辆。新造货车完成9个品种的批量生产，其中C_{70E}货车3 600辆、NX_{70}货车400辆、GL_{70}型罐车75辆、GQ_{70}型罐车200辆、GHA_{70A}罐车50辆、GN_{70}罐车8辆、$GYA_{70(S)}$罐车2辆、J_{19}（1C）罐式集装箱120个、洒水装置3辆，同比增加242辆，增幅5.6%。修理货车完成4 738辆，其中国铁车4 449辆，厂修路外车277辆，其他车12辆，同比增加279辆，增幅6.2%。修理客车完成516辆，包括空调车474辆，非空调车42辆，同比增加57辆，增幅12.4%。

【市场营销】 签订新造货车合同3 533辆，其中国铁车2 800辆C_{70E}（包括300辆C_{70E-A}）、400辆NX_{70}；自备车250辆GQ_{70}、50辆GHA_{70A}、8辆GN_{70}、15辆GYA_{70}和5辆GYA_{70S}，货款回收率达到100%。签订货车检修合同4 611辆，其中国铁货车检修合同4 449辆，自备车检修合同162辆，货款回收率达到100%。与成都盛蓉公司的300个黄磷罐式集装箱合同已执行90个；完成城轨地铁项目合同9列；销售抑尘洒水装置5台；签订人孔更换合同19个。走访重点企业自备车用户和铁路管理部门，收集、跟踪、落实近3年自备车市场需求信息3 000多辆。抑尘洒水装置市场化进一步扩大，与大秦铁路股份有限公司太原工务机械段再签订洒水装置4台，与中国神华能源股份有限公司轨道机械化维护分公司签订洒水装置1台。为西安光谷加工承揽的地铁救援车顺利完成交付，与西安中车长客轨道车辆有限公司签订的西安地跌4号线销售合同完成9列车交货。国际贸易方面，完成中车澳大利亚社会责任清单及海外需求信息上报；与长江公司海外产业中心沟通195辆液氨铁路罐车项目合作意向、有效协作长江公司250辆油类罐车需求项目、与眉山公司国际部合作2台60吨级轻油车配装罐体项目以及缅甸PUMA公司需求40台载重30吨的铁路配装罐体项目、与齐车公司合作的10辆澳大利亚BHPB罐车再购项目、与宝鸡中车时代公司就阿根廷和东南亚地区施工用石渣车及平车展开合作。

【基建与技改】 按照“统筹规划、技术升级、快速成型、服务本地”发展思路，“既有厂房及配套设施技术改造项目”，截至年末，实际投入1 642万元，项目累计已投入3 064万元，已用资金来源于公司自有资金；完成公司磅房搬迁改造及生活配套设施工程；新建组装联合厂房的设计图纸已通过审查，工程量清单已完成审核；新建组装联合厂房已完成公开招标，厂房主体建设工程合同已签订完毕。加大环保投资力度，有计划地推进水性漆应用，从货车制造、检修车体涂装线改造入手，完成货修涂装线环保技改，启动客修涂装线和新造预处理线环保技改。对产品制造部、转向架车间、北门南侧、铸造厂房等十余处外墙面进行整修，对原铸钢办公室及货修系统办公室进行翻新，提高员工工作环境舒适性。年度新开工立项67项，完成37项，其余30项在建，新开工投入1 088.7万元，往年在建项目投入1 196.3万元，实际投入2 284.9万元。

【人力资源管理】 公司各项效能指标稳步提升，做好员工总量控制工作，在生产任务较上年大幅增加的情况下，职工总数控制在3 474人，低于集团控制指标88人，其中在岗人数已压缩至2 888人；加强工资总额控制，坚持工资支付“两低于”原则，全年支出工资总额32 444万元；人力资源管理效率和效能稳步提升，工业总产值劳产率100.23万元/人、企业增加值劳产率29.43万元/人、百元销售收入人工成本15.82元、劳动分配率56.78%，均优于去年同期水平；员工收入稳步增长，员工平均收入年均增长13.4%。优化调整组织管理架构；按照责权对等、管理高效的原则，调整了货修扣车、废旧物资管理、客修零部件入厂复验等管理职能；明确了产品制造部、货车检修部、客车检修部内部划分的生产区职责，重新修订了各部门工作职能说明书；持续抓好管理部室和管理技术人员工作作风转变，全年查处违反劳动纪律金额5.01万余元；调整优化纪检监察部门管理模式；完善统战工作机构设置，设立党委统战部。统筹抓好干部队伍建设，有效落实干部轮岗交流机制；抓好公司后备干部管理，推选出公司级领导后备干部5名；对40个中层领导班子（部门）和135名领导人员进行了考核，评选出优秀领导班子7个、优秀领导人员20名、管理经营业绩贡献奖人员29名。加快人才队伍素质提升，重视高知识层次结构人才引进，引进大学生26名；组织开展西安市D、E类人才申报认定，670余人获得西安市D、E类人才称号；落实全员绩效考核制度，评选出骨干人才968人；组织70人参加职称和技师评审，38人取得相应专业技术资格和职业资格，首次实现技能操作人员获评专业技术职称2人；开展职业技能等级认定试点方案制定，完成在省职业技能鉴定中心的登记备案；组织参加地方人才评选，多人先后荣获“中央企业劳动模范”“西安市五一劳动奖章”等荣誉称号；做好国际市场人才储备，培养国际化初、中级人才6名，累计已达31名。优化薪酬分配和社保管理，开展薪酬分配专项调研检查，促进更好发挥薪酬分配“指挥棒”作用；适时调整新造罐车、客车修理、城轨制造及其相关配件产品工日指标，确保工时定额随产品工艺变化动态调整；做好基本养老保险、医疗保险、工伤和失业保险、企业年金等社保工作，开展养老金手机APP认证工作，利用国家政策争取政府补贴资金，获取西安市稳岗补贴131万元。持续加大人才培养力度，组织开展企业各级培训共265期，累计参培人数3 200余人次；开展培训工作及培训体系专项检查；强化各类资质鉴定，完成国际焊工复证培训60人、焊工压力容器业绩档案考核28人；发挥技能大师工作室的引领示范作用，签订目标责任书7份；利用中车大学等培训资源，参培人员达150余人次，其中境外培训6人。

【质量管理】 实现ISO/TS 22163管理体系与“中车Q”质量管理体系的有机融合，新版体系文件正式发布。根据国家特种设备相关法律法规变化，修订完善压力容器制造质保体系文件，保证了GYA_{70}和GYA_{70S}型丁二烯罐车的批量生产和销售，以及$JY_{46A（1AA）}$和$JY_{46B（1AA）}$型LNG罐式集装箱的上线运用考核。通过国家铁路局的监督检查以及德国莱茵认证机构的监督审核。对18个铁路局集团公司及下属40个车辆段的运用、检修、安全、站修等部门和企业自备车用户进行了走访服务，完成了GL_{70}、GQ_{70}、GHA_{70}、GN_{70}各类车型的首次运用现场服务，顾客满意度达90%。

【企业文化建设】 开展“打造特色文化品牌，推动高质量发展”年度主题活动，使企业文化建设年年有主题，激励员工始终保持蓬勃向上的工作热情。突出宣贯中车企业文化核心理念，组织开展践行核心理念优秀案例征集活动，优秀作品在公司报纸等媒体进行刊登。开展“中车心、新长江”主题宣传活动，加速推动文化融合。加强品牌推广力度，参加“第27届中国西部国际装备制造业博览会暨中国欧亚国际工业博览会”；与陕西省园林商会合作，组织员工参加义务植树活动；联合沣东新城交巡警在西安三桥万象城附近开展品牌推广活动；以斯里兰卡记者团来访公司为契机，对中车品牌及公司形象进行推广。举办庆祝新中国成立70周年暨“中车日”系列活动，对广大员工开展爱国主义教育，激发员工的自豪感和荣誉感。稳步推进BI建设工作，开展“由我来办，马上就办，办就办好”主题实践活动，召开主题实践活动会议，倡导良好规范的工作作风。对各基层党支部书记和企业文化与品牌建设督导员进行企业文化与品牌建设知识专题培训。开展“回头看”深化VI整改工作，对技术中心设计部、开发部、工艺部、综合技术部标准化室、市场部国际贸易组进行部室VI示范区项目建设。在产品制造部建设一条品牌参观路线，定期对基层单位进行VI巡查督导，持续巩固深化VI成果。

【党群工作】 强化政治引领，推进“两学一做”常态化制度化，坚持把习近平新时代中国特色社会主义思想、党的十九大及习近平总书记视察中车重要指示精神作为主要学习内容；利用党委会、中心组等学习平台和机制，采取学习研讨、主题征文等多种形式，促进党员干部牢固树立“四个意识”，坚定“四个自信”，坚决做到“两个维护”。组织两级党组织扎实开展“不忘初心、牢记使命”主题教育，坚持“四个贯穿始终”，落实八项重点工作，注重前后两批衔接联动，达到了主题教育的目标。将巡视整改工作和具体整改任务纳入公司年度方针目标和党建重点工作进行一体部署落实，执行好月度督查督办、月度汇总上报、整改台账、销号关闭等制度，国资委党委政治巡视的82项问题已完成整改72项，完成率87.8%；中车党委巡视二组现场巡视指出的69项问题完成整改58项，完成率84.1%。加强组织建设，形成了47项量化指标、53项工作要点和189条工作措施的党建指标体系，通过年初党建会总体部署、月度滚动实施、季度巡查督导、全年绩效考评一整套机制强化落实；严格落实“三会一课”、民主生活会等制度；着力打造党建“金名片”，形成并重点抓好“五个一”品牌建设；坚持“融入中心抓党建”，广泛开展创岗建区、创先争优等活动。落实从严治党，加强廉洁警示教育，组织中层以上领导干部和重点岗位人员参加警示教育390余人次参加中车警示教育；开展廉洁风险排查，建立了重要岗位管理人员和廉洁风险防控台账；从严监督执纪问责，受理信访举报6件，办结率100%；完成纪检监察体制改革，建立健全巡察工作机制制度；实施物资采购招标管理、工程建设管理等专项监察检查6项。凝聚企业向心力，坚持群团工作与党建工作同布置同检查同总结；工会组织加强源头参与，坚持职代会等民主管理，广泛征集职工代表提案；把职工经济技术创新、劳动竞赛与全方位改善、精益管理有机结合，组织开展“增光‘金名片’齐步‘三二一’”主题劳动竞赛、“双创一提”精益管理专项劳动竞赛、全方位改善、“安康杯”、“安全隐患随手拍”等活动；完善帮扶救助保障体系，做好员工健康管理，举办多种文体活动；共青团充分发挥引领作用，开展了“青年创新创效”“青年诗歌朗诵会”等活动，彰显了团结带领青年优势。

【重要纪事】 1月2—3日，公司党委书记、董事长张向东作为优秀企业家代表列席了中国共产党西安市委十三届八次全会。1月10日，中国中车副总经济师、党委宣传部部长高亢一行3人组成中车品牌点检组，莅临公司调研检查工作。1月17日，公司荣获“中国中车2018年度突出贡献奖”。1月24日，中华全国总工会保障部部长龙学高一行来公司慰问困难职工。1月25日，公司总经理韩志坚代表公司参加首届“世界旅游轨道大会”。1月28日，中车集团党委副书记万军莅临公司走访慰问。2月，公司被再次认定为陕西省高新技术企业。2月27日，西安市副市长马艳萍一行来公司参观调研。3月13日，中车集团专职外部董事苗永纯一行4人莅临公司调研指导经营工作。3月14—17日，公司参加了第27届中国西部国际装备制造业博览会暨中国欧亚国际工业博览会。3月20日，公司被评为中车精益生产一级企业。5月，公司荣获中国化工装备协会突出贡献单位称号。5月15日，陕西省政协副主席李晓东莅临公司调研。6月19日，国家铁路局检查组莅临公司检查指导工作。6月29日，中车主题教育第五巡回指导组莅临公司参加领导班子集体学习研讨。7月6日，中国中车副总裁余卫平莅临公司开展主题教育调查研究。8月，由公司自主研发的二代铁路工程用抑尘装置圆满完成生产任务和相关实验，并交付用户。9月5日，由中央广播电视总台邀请，斯里兰卡记者团一行6人在外交部、中央广播电视总台和陕西省外事办等人员的陪同下，对公司进行了参观访问。9月20日，国内首例厚板材铁路罐车封头在公司一次冷压成型，使公司成为国内首家掌握高强度、大规格铁路罐车封头一次冷压成型技术的企业。9月28日，公司荣获中车第四届管理创新成果一等奖。10月26日，国资委党委主题教育第一督导组副组长吴炳坤一行3人，莅临公司专题调研指导第二批主题教育工作。11月8日，中车党委第二巡回指导组组长陈孝敏一行4人来公司检查指导第二批主题教育开展情况。11月21日，国家发改委环境司副司长赵鹏高一行8人莅临公司调研污水资源化利用成果。12月3日，公司获评2019年陕西百强企业。12月15日，公司荣获西安市沣东新城2019年统计调查先进单位。12月22日，公司员工王永智等四位高技术人才荣获西安市工匠称号。12月25日，中国中车股份公司副总裁马云双莅临公司调研指导工作。

【公司党政工负责人】

党委书记　张向东
董事长　张向东
总经理　韩志坚
副总经理　郑国忠　武　强
郭小锋　李胜林
苏宇东　郭志挺
总工程师　郭小锋
财务总监　郭志挺

党委副书记　韩志坚　吴青林
纪委书记　吴青林
工会主席　张革斌

（西安公司　供稿）

中车眉山车辆有限公司

（统一社会信用代码：91511400662787535Q）

【概况】 2019年末，眉山公司在册员工2 800人，其中经营管理120人，工程技术319人，市场营销58人，专业管理406人，技能操作人员1 685人，其他212人。公司下设22个部室，5个直属车间，2个分公司，2个全资子公司，1个控股子公司。有固定资产原值10.97亿元（净值4.37亿元），占地面积79.12万平方米，建筑总面积30.77万平方米。全年实现营业收入28.86亿元，归母净利润2.129亿元。

【规划发展】 全年修订了《“十三五”发展规划》，编制完成《三年滚动发展规划（2019—2021年）》，提出了构建“541”经营格局的总体思路。完成《2019—2021年投资管理规划》《2019—2021年科技发展规划》等多个职能子规划。编制完成《眉山中车紧固件公司“十四五”发展规划》（草案），确立了“双转”发展战略。围绕“五大类21项”指标，聚焦创新引领、国际化经营等重点建设任务，编制完成“眉山公司创建世界一流示范企业建设方案”，提出了综合经济技术指标达到国内行业领先水平的发展目标。完成“注销清算中车（眉山）加拿大机车车辆有限责任公司”项目的资产评估备案阶段工作，取得商务部颁发的《境外企业注销确认函》，回收资金282.9万美元，正在开展注销加拿大国家注册登记证、税务登记证等工作。完成“眉山中车制动科技股份有限公司处置部分土地”资产评估备案工作。在国资委产权管理综合信息系统里，完成眉山公司、3个一级子公司、1个二级子公司的工商登记；完成四川中车复合材料公司增资、眉山中车制动科技公司指标修正事宜的产权登记工作。

【经营管理】 全年共计完成9种车型5 713辆新造货车生产任务。其中：C_{70E}型通用敞车完成3 100辆，$C_{86\text{-}GIN}$型矿石敞车完成240辆，C_{80B}型不锈钢运煤敞车完成600辆，GHA_{70}型醇类罐车完成5辆，L_{70}型粮食漏斗车完成600辆，$N_{60\text{-}AGO}$型安哥拉低帮平车完成60辆，$C_{70E\text{-}A}$型通用敞车完成700辆，NX_{70}型共用平车完成400辆，GQ_{70A}型罐车完成8辆。

全年生产任务相对饱和，呈现多品种、小批量的生产经营格局，且交货期时间紧、任务重，特别是60辆安哥拉平车的生产，从合同签订到整车交付仅有3个月的时间。坚持做好订单生产经营计划的预排工作，合理预排交货期，加强出口车的项目计划管理，2个出口车合同全部按期兑现。进一步规范公司配件销售订单管理，充分利用公司既有信息系统，搭建配件销售订单BPM流程平台，实现了配件销售订单从合同签订到成品交出全过程信息化管理。坚持每月开展运营分析，严密监控经营计划执行过程，主动协调解决存在的问题和困难，确保了经营目标实现。

【科技创新】 紧跟国家战略，积极开展适应高坡、高寒、高原特点的装备技术研究，相关科研项目先后列入中车和四川省科技项目，为公司深度参与川藏线建设创造了有利条件。紧跟“重载”“快捷”趋势，研制的KM_{100AF}铝合金漏斗车通过用户阶段性研究成果评审。完成活动顶盖运煤货车设计定型，25吨轴重澳大利亚矿石漏斗车得到客户认可。大力推动科技成果转化，主动润滑 120 阀实现批量装车，主动润滑 104 分配阀获得全面推广，150 型制动系统在神华货车实现扩大装车。在桥梁钢结构等领域，研制的大规格环槽铆钉及配套工具，在国内桥梁实现首次批量装用。联合科研院校研制成功 10.9 级不锈钢拉铆钉，并通过专家鉴定。在多式联运、绿色环保方面，试制完成驮背运输铝合金厢式半挂车、智能渣土车，且智能渣土车实现小批量销售。全年获批中车重点科技项目 6 项，四川省科技项目 1 项，立项数量创历史新高。加强专利管理工作，专利申请数量与质量有效提升，全年申请专利 166 件，其中发明专利 84 件，海外专利申请 8 件，成为十家四川省专利育成中心之一。大力提升工艺制造技术，编制完成“眉山公司铁路货车制造 2025 规划”，积极引进先进工艺装备，开展“以机代人”项目，转向架组装线、枕梁焊接机器人、摇枕侧架油漆线等 11 个子项目累计减员 81 人，产品质量、制造效率、工作环境得到显著提升。通过工艺流程优化、补充工艺装备等手段，C_{70E}、C_{80B} 等车型的单班生产能力稳定在 16 辆；L_{70} 型粮食漏斗车的生产能力由单班 6 辆提升到 8 辆；NX_{70} 型共用平车的生产能力由单班 14 辆提升到 16 辆，公司铁路货车生产的产能和生产效率均得到了大幅度的提升。

【市场营销】 年内，眉山公司强化项目策划，新签订国铁整车订单 4 400 辆，份额同比增长 0.77 个百分点，连续三年实现增长，优质订单比重达到 27.27%。海外业务签订整车订单 100 台。积极推进新项目培育，轨道交通应急综合保障车实现销售，新项目市场推广累计创收 574.8 万元。公铁两用焊轨车进入新加坡地铁市场，签订订单 980 万元。制动机产业完成收入 4.06 亿元，利润 2 840 万元，收入利润均实现两位数增长，创历史新高。150 制动系统、MUB 制动系统持续获得海外订单，UIC 认证工作取得实质性突破。紧固件产业实现收入 2.19 亿元，利润 1 850 万元，货车新造市场实现收入 9 695 万元，同比增长 82%；海外市场实现收入 4 820 万元，同比增长 123%。物流装备产业完成收入 7 855 万元，利润 120 万元。不断扩大营销网络力度，客户数量同比增长 50%。签订半挂车订单 207 台，同比增长 300%。铸钢业务实现收入 4.7 亿元，利润 1 830 万元，新签订单及收入均创历史新高。摇枕侧架销售同比增长 196%，车钩销售同比增长 150%，44 辆份两大件随主机产品走出国门。信息科技业务实现收入 1 487 万元，利润 75 万元。

【人力资源管理】 进一步优化机构和人员，新组建完成合规管理部，并下设招标中心，实现采购、招标分离。持续提升管理效能，调整质量体系、产品认证等职责到技术管理部。引进高校毕业生 69 名，通过理论、实践严格选拔，选聘 58 名优秀青年人事代理人员转为合同制员工，员工年龄、知识结构进一步优化。加强绩效管理，引入两阶目标，构建起三级绩效管理体系，修订完善《直属单位绩效考核办法和评分细则》，加大销售收入、党建、精益管理在绩效考核中的权重占比，并强化结果应用。不断完善分配机制，搭建起效益、效率、工资水平协调运转的工资总额决定机制，改进差别计件工资制、销售提成办法，健全领导人员薪酬分配机制，充分发挥了工资分配的激励、约束作用。

【质量管理】 推动供应商、质量损失的动态化、信息化管理，策划建立“大售后服务模式”，聚合客户、供应商等多方的配件储备资源，快速处置降故障，有效减少损失。将质量压力有效传递给一线员工，全员质量意识进一步增强。同时，将统计的检查数据反馈给工艺技术部门和生产单位，作为引导改善的依据，提高了质量管控的针对性。年内，外部故障信息同比降低 49.5%，连续四个季度典故排名位居前三。

【企业文化建设】 深入开展了两批次“不忘初心、牢记使命”主题教育，编写了主题教育学习手册，发放到每一名党员。开展了“传承三线红色基因走好新时代长征路”学习、研讨、教育活动，用三线建设精神教育广大员工强化爱党爱国爱企的情怀，不断增强大局意识和集体意识。参加中车新中国成立 70 周年暨“不忘初心、牢记使命”主题教育文艺作品征集评比取得优异成绩，公司共获四个一等奖，两个二等奖，两个三等奖。开展理念可视化宣传，更新公司宣传栏、立柱广告栏、生产现场文化看板、围墙海报、生产现场宣传海报；对新入职员工进行企业文化专项培训以及“正确理解中车标识，规范应用 VI 系统培训”；持续开展“不规范行为销项”活动、“告别不良行为”活动、“一口清一手精”活动。

【党群工作】 深入学习习近平新时代中国特色社会主义思想，把学习宣贯习近平新时代中国特色社会主义思想和落实作为长期和根本任务。组织公司中层领导干部深入学习《习近平新时代中国特色社会主义思想学习纲要》，撰写心得体会 104 篇。组织编写了十九大知识应知应会，利用网络知识竞赛、学习心得体会征文、观看主旋律电影、中心组集中研讨等形式，吸引、激励广大员工自觉参与十九大精神和党的基本路线方针等理论学习，确保学习进班组、到人头、全覆盖。

严格落实意识形态责任制，把意识形态工作作为党的建设的重要内容，纳入重要议事日程，纳入党建工作责任制、纳入领导班子、领导干部目标管理，建立意识形态工作责任清单，明确了党委书记、各级党组织、宣传部等 8 类别人员（单位）的 33 条意识形态工作内容和责任清单，强化了各类人员（单位）的责任意识。加强宣传阵地管理，强化微信群管理，组织员工学习党员干部使用微信新规、网信办和公安部联合发布的微信十条禁令，充分利用先锋“e+6”平台建立工作群，有效防范了意识形态工作风险。

在“三力长江”品牌的指引下，公司党委紧扣“合力、活力、美力”主线，通过实施“六化”路径（党建品牌化、品牌体系化、体系项目化、项目标准化、标准数据化、数据信息化），搭建四大平台（先锋项目平台、先锋信息平台、先锋阵地平台、先锋战斗队平台），围绕六大体系（政治引领、纪律作风、干部人才、宣传思想、工会作用、青年工作），着力打造了“强、严、能、众、惠、活”党建六字品牌，将党建品牌和特色工作细化为 6 大体系 30 类 104 个项目，充分运用党建“先锋 e+6”管理平台，实现“互联网 + 党建”的动态管理。以党建“金名片”可视化要求为标准，打造“五心四力一旗帜”先锋阵地，用实效塑造六字品牌，与公司“十三五”发展规划相呼应，实现党建工作与生产经营深度融合。

坚持问题导向，全面从严治党，认真贯彻落实党风廉政建设“两个责任”要求，严格执行中央八项规定，开展“感悟三苏文化，争做廉洁先锋”主题教育；组织 1 700 余人次参加了党纪条规微信答题活动；梳理出 76 名关键岗位人员现状，搭建起廉洁风险防控信息管理平台。开展形式主义、官僚主义集中整治、“三重一大”决策制度执行情况专项监督、原驻京办事处房产出租情况专项核查等专项工作，有效防控企业生产经营风险。

为基层职工小家统一更换衣柜、桌椅、空调、书架、水杯、应急医疗包等设施，改善了员工的工作休息环境。开展“两节”送温暖活动，先后慰问劳动模范、困难员工等各类群体 313 人次。开展季度困难补助及日常走访慰问工作，帮扶困难员工200多人次，日常慰问生病员工10人次，救助大病员工30多人次。

【重要纪事】 1月16日，公司向交通运输部科技司申报的交通运输标准（定额）项目“公铁两用车运输技术要求”研究大纲，顺利通过评审委员会立项评审。1月17日，公司获评中国中车“2018年度突出贡献奖”。1月，公司获评“四川省绿色制造示范企业”。2月21日，公司轨道交通应急综合保障车交付出厂。2月22日，公司党委召开2018年度领导班子民主生活会。中国中车党委常委、副总经理魏岩参加会议并讲话。3月14日，国家能源集团运输产业运营管理中心副主任赵洪涛到眉山公司考察。4月18日，中国中车党委书记、董事长刘化龙到眉山公司调研。5月23日，公司获评“四川省企业信息化建设先进单位”。5月，紧固件公司入围工信部专精特新“小巨人”企业名单。6月19日，四川省经济和信息化厅副厅长顾红松到眉山公司调研。6月20日，中国中车在眉山公司召开“擦亮金名片，建设新小家”现场推进会。中车集团总经理、中车股份总裁孙永才，中国中车工会主席邱伟，长江集团董事长、党委书记胡海平参加会议。6月28日，眉山公司举行“守初心　担使命　创佳绩　迎华诞　勇当长江集团排头兵”主题劳动竞赛誓师大会暨L_{70}型粮食车交车仪式。7月5日，四川省财政厅副厅长易林到眉山公司调研。8月27日，公司副总经理曹平带队拜访了江苏省商务厅，并同商务厅副厅长孙津进行了深入交流。8月30日，公司入围2018年“四川机械工业50强企业”。9月20日，公司国家重点专项“轨道交通货运快速化关键技术”通过中期检查。10月12日，公司几内亚GAC项目498辆铁路货车完成交付。10月28日，公司承担的《铁路货车系列制动装置运用性能预测与改善研究》课题，通过国铁集团结题验收。10月，眉山中车物流装备有限公司联合交通运输部公路科学研究院研发的项目“适应驮背运输的公路货运车辆关键技术研究与装备研发”获中国物流和采购联合会科技进步三等奖。11月12日，公司签订新加坡地铁项目的2台公铁两用焊轨车销售合同。11月19日，公司与四川路桥桥梁公司、中水四局签订战略合作协议。12月6日，公司总经理潘树平获评“四川省循环经济领军人物”。12月13日，眉山公司与澳大利亚Martinus Rail公司签署了40辆石砟漏斗车供货合同。12月20日，中国中车副总裁马云双到眉山公司调研。12月，公司科研项目“27 t轴重DZ3型转向架”，荣获中国铁道学会科学技术奖三等奖。

【公司党政工负责人】

党委书记	吴晓东
董事长	吴晓东
总经理	潘树平
副总经理	雷自原　肖　颖 黄核仁　杨　鸣 王治军（12月免） 曹　平
总工程师	杨　鸣
财务总监	王治军（12月免）
党委副书记	潘树平　王云东
纪委书记	王云东
工会主席	王云东

（眉山公司　供稿）

中车贵阳车辆有限公司

(统一社会信用代码 915200003142129700)

【概况】 贵阳公司隶属中车长江集团，主要从事铁路货车修理、制造及其配件生产，钢结构等产品的生产等业务。2019 年末，公司实现营业收入 14.18 亿元，利润 5 792 万元，计划完成率分别为 118%、165%，创下公司重组以来最好经营业绩。公司总占地面积 105 万平方米，总建筑面积 51 万平方米，拥有各类设备 2 109 台（套）。公司用工总量 2 190 人，其中：员工 1 521 人，劳务用工 669 人；高技能人才 418 人，占比达 48%。公司运营架构分 3 级设置 22 个职能部门，7 个生产单位，下辖 1 个子公司。

【规划发展】 完成公司“十三五”发展规划（2019 年修订）上报、2016—2018 年执行情况及 2019 年预计完成情况分析报告；完成公司 2019—2021 年三年滚动发展规划、创世界一流企业发展规划工作方案、公司多元产业现状分析及未来愿景规划报告。贵阳实业公司注销工作取得实质进展，法院于 9 月 27 日下达了受理贵阳实业破产清算的《裁定书》。法院破产管理员已进驻公司开展调查和情况核实工作。启动离退休人员社会化管理移交工作。续签了两份协议，与黔兴公司重新续签《厂外资产管理服务协议》和与都新物业公司续签《运动休闲公园物业服务协议》。基本完成汇通大道道路改造和设施的移交工作。

【经营管理】 拟定了公司“1+13”提质增效工作方案并分解落实；组织编写前三年提质增效亮点材料、2019 年对标铁路兄弟单位有效做法材料的提炼和对标学习材料，以及物资管理和存货管理材料的编写上报。开展“提品质”六大类 18 项指标的对标分析。精益管理方面重点从降低劳动强度、提高生产效率、美化生产环境、规范员工行为及物资管理方面进行改善，以创造价值为工作中心，提升公司盈利能力和员工幸福指数。

【科技创新】 完成 C_{70E}、C_{70EH} 型敞车厂修试修，取得维修许可证，再次扩大了公司货车修理业务的品种和范围。完成 $C_{70E\text{-}A}$ 型敞车样车试制，实现批量生产。完成了弹簧 30 个项目 60 个规格型号的配件新产品开发，获得复兴号动车组的供货资质，进军高端弹簧市场取得实质突破。制定公司技术发展三年规划，为公司加快推进“以机代人”工程，全面提高自动化、智能化水平提供指引。

【生产运营】 公司深入贯彻以“强基提质、稳中求进”为主题的提质增效总体要求，以提高毛利率为主要抓手，全面落实“1+13”提质增效方案，提升运营质量。采购成本方面，研判市场价格波动，规范招议标流程，全年降低采购成本 3 580 万元，同比降低 3.98%。控本增效方面，以全面预算为统领，在优选并延续往年控本增效项目的基础上，创新控本措施，深度挖潜，制定下发了 45 个控本增效项目，全年节约成本 4 300 余万元。应收账款周转率、存货周转率分别较上年提升 0.2 次、0.48 次。低效无效资产处置方面，加强设备资产清查，拓展竞卖渠道，全年处理闲置、低效设备 120 多台，实现残值回收约 180 万元；结合配件搬迁工艺改造总体方案，盘活利用原铸造事业部闲置厂房，提升资产质量和效率。深入开展“改善不良、杜绝浪费”，实施专项改善，节约各项费用约800万元。

【市场营销】 公司聚焦用户需求，加大资源配置，调整优化产业结构。国铁车方面，全年完成检修车9 012辆、新造车1 600辆，分别较上年增加462辆、112辆，创造新的历史纪录。自备车方面，全年完成自备检修车1 312辆，较上年增加270辆，创公司历史新高。弹簧业务方面，全年实现销售收入1.5亿元，利润906万元，分别较上年增长15%、384%；工程机械弹簧市场持续做大，非中车产品市场占比达58%，产品结构进一步优化。钢结构业务方面，推进产业转型，拓展高毛利业务，全年签订订单3.16亿元，工程承包项目占比达到78%，全年实现销售收入1.56亿元，较上年增长20%，亏损1 429万元，较上年减亏1 527万元，完成“两金”指标，生产经营逐步好转。

【基建与技改】 为改善员工休息环境，公司对7个一线单位154个房间，共4 411平方的员工休息室和员工小家进行了改造。完成储运部站台风雨棚、新造四连跨外墙维修、员工活动中心及后台维修改造等20项工程。完成水性漆项目中厂房轨道铺设及附属设施工程、厂房修整工程等五个标段的招议标、合同签订、施工现场质量安全监督等工作。全面推行维修项目预算制、工作票制。

【人力资源管理】 持续深入优化人力资源，严格控制用工总量，强化干部管理，加强人工成本控制，注重员工技能提升，筹建整备车间，不断提升公司人力资本质量与效能。以定岗定编规划为依据，严控用工总量。截至年底，用工总量2 190人（员工1 521人，劳务用工669人），劳务用工占比由2018年底的39.41%下降到30.55%，员工人数控制在中车集团下达的计划人数指标范围内。工资总额严格按照“两低于”原则及时间进度发放工资，对下属子公司及事业部按其收入利润完成情况核算工资总额，规范各类业务奖励发放，做细工资异常管控，2019年工资总额控制在集团核定范围内。践行责任担当，强化领导干部管理。规范干部选拔任用流程，周密策划交流方案，培养复合型人才，年度中层干部交流22人，中层后备轮岗7人，重要岗位交流6人；落实《加快青年员工成长成才的十项措施》，公司35岁以下中层管理人员占中层管理人员百分比超过32%，达中车集团目标。持续推进技能人员的资质保持、技能提升等方面的培训，不断提高劳动效率，全年技能操作人员《上岗合格者》持证率达97.45%。

【质量管理】 着力推进全员、全过程质量管控，充分发挥厂监联席会作用，深入推动“中车Q”质量体系贯标，持续开展质量安全风险源和风险点识别，强化源头质量整治，狠抓惯性质量问题攻关，深刻吸取事故教训，开展工艺质量“大反思、大检查”专项检查，存在的46项问题已按期整改完成42项，产品质量显著提升，质量损失率为0.13%，同比下降0.01%。全年未发生D类及以上质量事故、车辆责任故障及批量返厂事故，质量外反馈及缺陷发生率同比下降，质量典故排名前列，在下半年铁路货车网络质量抽查中，取得了厂修车、新造车均排名第一的成绩。

【企业文化建设】 以新中国成立70周年、“不忘初心、牢记使命”主题教育等为契机，开展企业文化工作。利用电视、广播、OA、厂报、微信、横幅等方式营造主题教育氛围；举办红色主题电影月，观影人数超1 000多人。开展员工思想调研分析5次。承办中车政研论文开题报告研讨会。全年在省部级以上刊物发表公司新闻7篇，中车OA网发布94篇，《中车报》发布15篇，中车官方微信发布相关信息3条，公司官方微信全年发布信息 150 条；全年制作电视新闻 50 余期，报道公司新闻 300 余条；利用道旗对 20 多位党员先锋及劳动模范进行展示宣传；全方位开展《中车心，新长江》主题宣传。同时，在公司公众号开设了《精益竞赛》专栏；开展了 VI 回头看活动，对公司内部各类目视化物料进行整改；重新更换公司体育馆、员工活动中心等标志性建筑名称。

【党群工作】 以习近平新时代中国特色社会主义思想为指导，开展“不忘初心、牢记使命”主题教育，公司党委深入开展调查研究，针对性地解决了一批员工关心关注的难点和焦点问题，切实把主题教育的成效落到实处。认真做好政治巡视“后半篇文章”，2019 年，完成问题销号 84 项，整改完成率达 80%。牢固树立“抓党建就是抓发展，抓发展必须抓党建”的理念，坚持党建工作与生产经营深度融合。组织中心组学习 14 次。推进党建“金名片”建设，17 个基层党支部全部建立了各自的特色品牌。坚决贯彻中央“八项规定”精神，持续纠正“四风”，强化监督执纪问责，加强干部警示教育、党风廉政建设和反腐败工作持续深化。完成《学习强国》平台的搭建和运管。开展形势任务宣讲，组织开展了“大干 150 天、决战 6 100 辆”誓师大会，进一步统一思想认识，汇聚员工合力，充分发挥群团工作“双带”作用，形成了上下联动的氛围，为完成年度生产经营任务提供保障。

【重要纪事】 1 月 17 日，公司凭借 2018 年良好的经营业绩，荣获“中国中车 2018 年度突出进步奖”。2 月 19 日晚，公司和都新社区联合主办“中车贵阳梦、都新百姓情”第五届社企元宵文艺晚会。2 月 20—21 日，中国中车党委常委、副总裁魏岩指导公司领导班子年度民主生活会，并深入生产现场调研。3 月 4 日，广西那坡县委副书记、县长农斌率领县政府领导班子成员到公司参观，并与公司领导进行交流与座谈。4 月 22 日，高健担任公司董事、总经理、党委副书记。7 月 4—5 日，中国中车副总裁余卫平到公司调研。6 月 27 日—7 月 9 日，开展第一届“青安杯”青年安全生产演讲比赛。7 月 30 日—8 月 2 日，公司党政工团联合举办“不忘初心、牢记使命”庆祝新中国成立 70 周年党史国史厂史知识竞赛。8 月 8—9 日，公司党委书记、董事长严世栋和总经理高健分别作题为《守初心担使命，永葆干事创业激情，推动公司高质量发展》《找差距抓落实，不辱使命谋发展、心怀员工谋幸福》的专题党课。8 月 19 日，公司举行“大干 150 天、决战 6 100 辆，全面完成年度生产经营任务”誓师大会。9 月 20 日，公司举行庆祝新中国成立 70 周年和首个中车日员工大型歌会。10 月 31 日，中国中车党委常委、副总经理魏岩在公司作“坚守初心不忘本，勇担使命敢作为，全面推进集团公司改革发展”专题党课。11 月 8 日上午，公司令狐克书“党员先锋工作室、劳模创新工作室”揭牌。

【公司党政工负责人】

党委书记	严世栋
董事长	严世栋
总经理	严世栋（4 月免）
	高　健（4 月任）
副总经理	刘火长　胡鹏飞
	高　健（4 月免）
	董合军
	黄　峻（7 月任）
财务总监	黄　峻（7 月任）
党委副书记	高　健（4 月任）
	简　勇
纪委书记	简　勇
工会主席	简　勇

（贵阳公司　供稿）

中车资阳机车有限公司

（统一社会信用代码：91512200078669305 5N）

党委书记、董事长　向　军

总经理　杨文胜

【概述】　2019年末，资阳公司在岗2 015人，其中，经营管理421人，工程技术412人，技能人员1 182人；非在岗451人；其他从业人员89人。经营管理、工程技术、技能人员结构比约为42∶41∶118。公司占地约172万平方米，资产总额48.38亿元。公司共设置16个职能部门，下辖7个事业部，3个控股子公司，4个参股子公司。2019年，公司生产各型机车96台，其中，电力机车46台，内燃机车50台；中速发动机39台，各型曲轴1 228支；实现营业收入23.5亿元。

【市场营销】　在国铁集团和中国中车的大力支持下，公司获得15台9600千瓦、16台7200千瓦电力机车订单。在路外市场，全年新签订单45台，同比增长80%。地铁工程车全面进入成都在建地铁线路。DF_{7C}和28吨纯电动机车销售实现“零”突破。开展巴基斯坦、加蓬、苏丹机车维保业务，实现收入约4 000万元。孟加拉国K/S电站维保项目平稳实施，玻利维亚项目主机、辅机采购工作陆续开展，全年实现收入1.36亿元。孟加拉国达卡配电公司授予公司8个变电站优异性能证书。曲轴出口呈现上升趋势，出口到德国、韩国、印度、埃及、土耳其、阿根廷等6个国家，锻造产品在清洁能源、运输动力等领域取得突破；船舶发动机锻件市场份额逐步增长。开展HXD_{1C}机车C6修各项准备工作，通过铁科院静态评估。获得DF_{4B}和DF_{12}机车检修资质。

【技术创新】　完成HXN_6混合动力机车优化设计改造，完成机车型式试验、运用考核和动力电池型式试验，通过了国铁集团技术评审，完成了取得型号许可和制造许可的前期工作。完成28吨纯电动轨道车研制，并交付成都地铁8号线投入使用。完成空铁列车橡胶轮胎结构和性能、制动系统可靠性、逃生救援措施等关键技术的设计改进。开展氢燃料动力电池调车机车研究，初步掌握了氢燃料动力电池调车机车关键技术，机车牵引用超大功率动力电池系统技术研究通过国铁集团评审。完成基于4G公网的铁路调车机车远程智能控制系统开发，并在柳钢GK_{1C}机车上批量运用。实施DF_7系列机车技术平移，获得型号合格证，开展DF_{7C}样车试制。持续开展金属板材、管材、电线电缆等原材料工艺优化，原材料利用率在2018年基础上有所提升。完成水性漆工艺开发，实现DF_{8B}、地铁综合检测车等批量推广应用。开展“工艺一口清”“不规范行为销项”活动，促进职工提升工作质量。

【质量管理】 强化供方产品质量管控，黄牌警告2家，质量索赔87份。持续推进机车电线路质量提升，完成改进项点58项，并固化到设计规范、工艺文件和检查文件之中。严控质量损失，全年质量损失率0.06%，低于中车0.3%的监控目标。完善体系“控”风险，抓好企业主要负责人履行法治建设第一责任人职责专项工作，搭建公司合规管理体系，风险管理、内部控制和法治工作有机融合。突出重点“防”风险，细化30类风险管控措施，落实年度防范化解重大风险行动方案。紧盯难点“查”风险，强化经济责任审计力度，开展加蓬、阿苏岗杰等海外项目审计，完成采购供应链、加点装等管理审计。强化效果“化”风险，建立审计整改联席会制度、验收销号和执规考核制度，出台违规经营投资责任追究办法。强化法律维权，追回老难款项3 559万余元。

【规划发展】 按照中国中车统一部署，在中车重组办指导下拟定株机公司与资阳公司重组整合方案。12月19日，中车股份下发《关于实施株机公司和资阳公司重组整合的指导意见》（中车股份重组〔2019〕186号），重组整合由此进入实施阶段。中车玉柴实施“分块搞活”方案，中速机事业部纳入公司模拟法人单位实施管控。完成电气公司股权转让，获得中国中车批复，并与四方所签订《股权转让协议》，完成工商变更。实施成都隧道公司股权转让。按照中车“1＋13”提质增效工作要求，结合自身实际制定工作方案。实施《项目降本增利工作方案》，实现设计、采购、制造一体化成本管控，全年实现降本增效2 270万元。严格控制“两金”，全年“两金”净值为11.43亿元，完成年度12.5亿元目标。全年财务费用压降4 200万元。加强可控费用管控，全年可控费用压降920万元。全年获得非经营性贡献7 700万元。

【人力资源管理】 实施财务人员充实基层。有序开展采购部岗位竞聘、人员优化工作。全年分流安置净减员190人。实施人才强基工程。加强核心人才管理，深化“双师型”人才培养。建立国际化复合型人才库，入库221人。加强产业工人队伍建设。组织职工参加国际焊接大赛、中车职业技能竞赛、“四川工匠杯”“资阳工匠杯”职业技能大赛，10人次分获一、二、三等奖，赵玉东获得“嘉克杯”国际焊接大赛成品件焊接第一名。

【企业文化建设】 开展“八七六”典型不良习惯案例曝光，开展不规范行为销项活动，形成“上标准岗、干标准活”的文化氛围。公司官方微信宣传实现常态化，有效提升行业影响力。开展国际品牌传播，举办澳大利亚轨道交通摄影大赛，扩大了中车品牌影响力。

【党建工作】 坚定不移推进政治巡视整改工作，坚持月度点检、季度通报，全年巡视整改完成率95%。对曲轴事业部、锻造事业部开展巡察，促进基层单位加强党的建设。全面开展“不忘初心、牢记使命”主题教育，明确“为职工谋幸福、为公司谋发展”是初心和使命在资阳公司的具体体现，第一批主题教育专项整治完成率94%。持续推进党建“金名片”建设工作，实施“一支部一品牌”，3个案例入选中车《党支部特色案例手册》和《党支部标准化建设手册》。公司工会大力开展各项劳动竞赛，全公司各单位共完成

17项重点劳动竞赛项目，参与职工3 500余人次。加强劳模管理，推进劳模创新工作室建设，全年各工作室共开展技能培训31次，“钟俊林劳模创新工作室”荣获国家级工作室；深入推进“六送三关注”，开展“两节送温暖”等活动，积极推进“三线”建设和“跨国建家”活动，完成12个“新小家”建设。公司团委服务青年成长发展，促进青年岗位成才。实施纪检监察体制改革，推动公司全面从严治党向纵深发展。深入开展形式主义、官僚主义专项整治，查找问题53项，制定整改措施150余条，整改完成率98%。有效运用“四种形态”，开展谈话函询一件，立案审查审理两件，分别给予两名违纪人员留党察看一年、开除党籍处分；两级党组织对3个部门通报批评，对3名领导干部诫勉谈话，对8名领导干部提醒谈话，对1名领导干部通报批评。

【下属子公司】

资阳中车电力机车有限公司 资阳中车电力机车有限公司地处四川省资阳市，占地面积5.3万平方米，配置工艺装备1 000余套，员工238人。资电公司成立于2008年2月，注册资本3.28亿元，资产总额10亿元，主要从事和谐型大功率交流传动电力机车、山地观光旅游列车的生产、销售与修理。先后通过IRIS国际铁路行业认证与质量/环境/职业健康安全管理三体系认证，同时获得国家铁路局颁发的主力机型生产许可证，是西南地区唯一的铁路货运电力机车制造基地。全年公司销售15台HXD_1型、16台HXD_{1C}型电力机车，完成2018年50台HXD_{1C}机车转向架C5修结算，实现收入9.22亿元，净利润1 433.48万元。全年降税降费232万元，实现利息收入750万元，获得非经营性收入816万元。

四川中车玉柴发动机股份有限公司 四川中车玉柴发动机股份有限公司占地约196 333平方米，资产总额4.67亿元。公司设置综合管理部（安全办）、中速机事业部、高速机事业，其中，中速机事业部和高速机事业部按照“分块搞活”方案，分别由中车资阳机车有限公司和广西三柴集团实施承包经营。2019年末，中车玉柴公司在岗员工538人，其他从业人员10人，非在岗员工180人，经营管理、工程技术、技能人员结构比约为14∶15∶71。全年，公司共生产各型柴油机14 640台，其中中速机（含机车用）39台，高速机14 605台，实现营业收入4.29亿元。

【重要纪事】 2月6日，孟加拉国总理为资阳公司承建的孟加拉国最大单体重油电厂——阿苏岗杰150兆瓦重油电厂项目成功商业运营进行剪彩。2月14日，资阳公司自主研制的窄轨交流传动内燃机车装车发往泰国。资阳公司已为泰国用户提供各型内燃机车累计达21台。6月21日，来自蒙古、巴基斯坦、埃塞俄比亚、孟加拉国、印度尼西亚等7个国家的20多名铁路技术专家，走进资阳公司，参观了内燃机车的车体、备料、构架、转向架、总组装生产线，以及电力机车组装生产线，聆听了资阳公司出口产品到“一带一路”国家的故事。6月27日，资阳公司跟随四川省商务厅参加中非贸易博览会。四川省副省长李云泽率队巡视了四川馆。6月28日下午，公司党委中心组召开“不忘初心、牢记使命”主题教育第一次集中学习研讨会。公司党委中心组成员、党群部门相关负责人参加学习。7月15日，公司党委开展“不忘初心、牢记使命”主题教育专题党课。7月24日，中车资阳公司自主研制的11支曲轴装车发往土耳其，这是我国机车曲轴首次批量出口土耳其。8月9日下午，资阳公司召开“不忘初心、牢记使命”主题教育“对照党章党规找差距”专题会议。中国中车主题教育第六巡回指导组组长王志强及成员管庆凯到会指导。8月22日，四川首台纯电动新能源轨道车在资阳公司下线，这是公司继成功研制油电混合动力机车、双燃料机车后，研发的又一款绿色环保型轨道交通产品。9月9日，公司钢结构事业部电焊工赵玉东，荣获“嘉克杯”国际焊接技能大赛成品件成年组一等奖第一名。9月17日，国铁集团机辆部调研组到公司开展HXD_{1C}型机车C6修准备情况调研。10月27日，公司派出8名选手参加2019年中国中车第三届职业技能竞赛暨中国中车第三届青年职业技能竞赛三个项目的角逐，资电公司曾纪云荣获机车电工第三名，龙真金获机车电工第十三名，钢结构事业部缪辉荣获电焊工第五名，公司获团体三等奖。11月12日，铁科院工作人员莅临公司对HXD_{1C}型电力机车C6修静态评估现场审查。11月14日，公司获得DF_{4B}型内燃机车维修许可证。11月29日，中车资阳机车有限公司HXD_{1C}型电力机车C6修静态评估结果合格。12月17日，公司获得DF_{12}型内燃机车维修许可证。12月31日，资阳公司棚户区改造项目安置房建设工程正式开工，棚户区改造项目进入全面实施建设阶段。

【公司党政负责人】

党委书记　向　军
董事长　向　军
总经理　任利军（9月免）
　　　　杨文胜（9月任）
副总经理　熊建平　胡宪昌
　　　　李　权（8月免）
　　　　许德祥（10月免）
　　　　党保雄（11月任）
　　　　阳云波（11月任）
总工程师　李　权（8月免）
　　　　党保雄（11月任）
财务总监　胡宪昌

党委副书记　任利军（9月免）
　　　　杨文胜（9月任）
　　　　温晓听
纪委书记　温晓听（兼）

（资阳公司　供稿）

中车株洲电力机车有限公司

（统一社会信用代码：914302007790310965）

党委书记、董事长　周清和

总经理　傅成骏

【概况】 2019年末，公司本部下设一级机构49个，其中分公司5个、事业部6个、研究所2个、职能管理部门15个及营销、研发、管理中心共11个，党群工作部门10个；全资、合资控股子公司共27家，参股企业有14家。在册员工9 333人（含各子公司员工），其中株洲本部员工7 670人（含分公司员工）。各类专业技术人员共3 970人，其中工程技术人员3 077人。各专业系列高级技术职称人员586人，其中正高级职称人员103人。高级技师人员143人。公司株洲本部占地面积116万平方米；公司固定资产原值38.78亿元，净值21.51亿元，其中房屋资产166栋，建筑面积45.52万平方米，原值15.6亿元，净值9.69亿元；设备资产19 682台，原值23.18亿元，净值11.82亿元，其中主要生产设备1 856台，设备完好率98.60%。年内主营业务有电力机车、城轨车辆、城际动车组及磁浮车、轨道工程车、有/无轨电车等产业，全年实现营业收入230亿元（同比增长5.36%），归母净利润14亿元（同比增长11.5%）。

【发展规划】 完成公司“十三五”规划修订、2019—2021年3年滚动发展规划编制；牵头编制完成湖南省先进轨道交通2019年发展规划，将公司战略与湖南省战略有效衔接。跟踪工信部“中国智造2025”、发改委“国际产能合作”“重大技术装备攻关”等专项，申报重大技术装备攻关专项“中国系列标准化城轨车辆研制项目”等项目，获得国拨资金5 000余万元；工信部智能制造专项“轨道交通车辆转向架智能制造车间项目”通过验收，获得6 000万元资金支持；国际产能合作专项“TRANSNET轨道交通装备有限公司中车南非铁路装备修造中心项目前期工作”获得1 000万元资金支持；完成公司“创一流”暨“双百行动”顶层设计方案，并于5月获国资委批复，成功入选“双百企业”名单。顺利完成数据中心、公共操场站台改造、X射线探伤室扩建等项目报批报建，减免费用约100万元。“H项目”获得中国中车立项暨可研批复，新设独资子公司并开展所需相关产品的生产、组装及销售。与上海SRCC、湖南国基公司开展检测认证合作，提升城轨业务检测认证领域的话语权；借助产业合作，稳步推进申通南车股改项目、郑州地铁维保合作项目，绑定架大修业务；文山州现代有轨电车PPP项目获得中国中车可研批复。国际合作方面，推进欧洲子公司增资项目、MID并购项目，完成中国中车首个收购境外整车公司项目；实施TREE并购项目，补强了工业设计能力。

【经营管理】 设定公司三级经营指标，持续开展以“强基提质、稳中求进”为主题的“1+13”提质增效活动，进一步加强项目成本管控，完成城轨、机车、有轨电车、动车和磁浮等项目成本梳理，建立城轨A/B型车、机车6/8轴车、有轨电车等5种通用车型的基准技术方案和基准成本，实现年度降成本2.98亿元。完成两金压控总额115亿元目标。通过争取外部资金支持，全年到位财政补助资金2 537万元，获得保险索赔额5 000万元。充分发挥财务管理在企业价值创造和盈余管理中的核心作用，节约财务费用约1.23亿元，实现节税2.40亿元。完成客户服务中心、法律与合规部和维保分公司等机构的设立与调整，在奥地利组建公司首个欧洲研发中心。立足部门职能职责定位，逐步形成管理改善体系，进一步提升绩效工作效率。配合中国中车编制完成资阳公司和制动产业重组整合预案。进一步规范子公司管控，完善子公司绩效模式，与26个分、子公司签订绩效责任状，促使各分子公司经营业绩达到历史最好水平，同时推进“处僵治困”工作，使亏损子公司控制在3家以内，并完成广州研究院公司和株洲期刊社公司的压减。完成华融湘江银行股权转让、株洲中车轨道交通期刊社有限公司股权转让、宁波现代交通投资有限公司注销、时代电气所持广州研究院9%股份收购以及广州城轨基地与广州有轨研究院的吸收合并协议签署和广州有轨研究院的注销。

【科技创新】 全年推进重大研发项目49个。在推进和完成上年度时速160公里市域动车组、铝合金双层动车组、捷克动车组等新产品后续研发与试验工作的同时，全面启动和推进德铁柏林调车机车、匈牙利RCH调车机车、巴西淡水河谷调车机车、洛阳地铁1号线车辆、武汉地铁6号线二期项目车辆、南宁地铁5号线一期项目车辆、南宁地铁1号线一期工程增购车辆、墨西哥蒙特雷市轻轨车辆、张家口崇礼奥运赛区太子城冰雪小镇有轨电车（园区专线）EPC工程车辆、无锡地铁4号线一期项目车辆、广州地铁3号线东延线车辆、广州地铁7号线二期车辆、广州地铁10号线车辆、广州地铁11号线车辆、广州地铁12号线车辆、广州地铁14号线二期车辆、长株潭城际动车组（2.0版）、符合TSI标准的双层动车组、广州18&22号线车辆等新项目研制，其中部分机车项目完成首台车试制，部分城轨车辆项目已交付或开始运营。在开展整机、整车产品研发的同时，还开展了多款新型转向架、受电弓、制动产品、车体及车载储能系统、智能网络产品等与整机配套的零部件产品研发。

新增科研项目145个，发生科技经费2.9亿元，获评湖南省发改委批复组建双创园区示范基地。自适应转向架、新构架、智能工厂等3个项目获科技部批复为国家重点研发计划任务，另获国家发改委系列化标准地铁研发项目1项、国铁集团科研项目2项、中国中车重大项目8个，共获得直接到账资金4 744.47万元，税费减免6 975万元。完成科技奖励申报18项，其中中国铁道学会科技进步奖3项、湖南省科技进步奖4项、中国城市轨道交通协会城轨科技奖2项、中国中车科学技术奖励申报9项。上年申报的13项科技奖项均获奖，其中获湖南省科技进步一等奖1项、二等奖1项、三等奖1项，中国铁道学会铁道科技二等奖2项，中国城市轨道交通协会二等奖1项，中国中车科技进步一等奖1项、二等奖4项、三等奖2项。完成中国中车科技成果评价9项，其中转向架数字化制造技术研究与应用等3个项目被评价为国际领先水平，数字化工艺设计研究与应用等5个被评价为国际先进水平。中标神朔智能驾驶项目、朔黄安全保障技术研究项目和大准公司神朔SS_{4B}改造项目。信息化建设方面，围绕“数字化运营”转型规划、设计工艺一体化平台升级、转向架智能制造项目深化应用、供应链管理持续优化体系、数据中心扩建、信息安全等重点，持续建设与优化公司两化融合新型能力，其中“转向架数字化制造信息化平台”获评国资委2019年度“中央企业信息化应用最佳案例”，“研发与制造协同集成平台”获湖南省“上云上平台”标杆企业。完成专利申请341项（其中国外专利申请30项），其中发明专利申请211项。取得授权专利204件，其中发明专利143件，发明专利授权量占总授权量的70%。获得各类专利资助26.2万元。

【生产运营】 制定、下发《项目制绩效管理实施方案（试行）》，强化各部门责任意识及对项目执行的支持力度，提升项目执行的协同效率和项目规范化管理水平。同时，新编公司海外项目现场执行、协同计划管理、项目制物料管理、兼职项目经理管理、项目交付文件管理等5项管理办法，完善公司项目体系建设。进一步加强安全生产管理，优化调整产品、生产、经营三大板块的安全方案，制定手机管控十条禁令，健全安全生产“重奖重罚”机制。开展产品绿色生态设计、绿色供应链管理、水性漆推广应用、中水回用、绿色照明推广、管理体系优化等工作，提升公司绿色制造水平，公司荣获国家级“绿色工厂”和中国中车能源环保绩效一等奖。进一步巩固、提升星级现场建设，公司本部在保持11个五星级现场、9个三星级现场成果的基础上，新增四星级现场3个，异地子公司试点推广后新建四星级现场6个、三星级现场2个。全年共执行项目110个，其中海外项目21个、国内项目85个、科研项目4个，新启动设计项目29个，试制33个项目，批量制造项目43个，收尾项目25个。交付机车项目486节、城轨项目1 499节；检修项目中，完成机车检修531台、城轨架修项目20列；配件交付29 231项。全年未发生重伤及以上事故、无新增职业病、无环境污染事故及重大火灾事故、无重大刑事治安案件和群体性事件，污染物排放总量实现达标排放。

【市场营销】 年内参与国内外投标项目85个，其中电力机车与电动工程车投标项目45个、城轨车辆投标项目33个、动车组投标项目7个，国内投标项目59个、海外投标项目26个。新开发战略客户单位10余家，先后与5家单位签署战略合作协议。

在国铁集团4次机车、动车组招标采购中，公司中标机车、动力车共计195台，其中动力车66台、HXD_1型机车67台、HXD_{1C}型机车62台（含25台高原车），中标金额共40.65亿元，市场占有率稳居第一。全年国内机车、动车组新签订单共计96.26亿元，实现销售收入91.2亿元。其中，“复兴号”动车组首次配属沈阳局、南昌局、广州局集团公司，使公司实现国铁机车市场新突破；湖南城际公司10组CJ6型动车组订单使公司实现国内城际动车组市场零的突破；浩吉铁路公司50台HXD_1型机车订单使公司实现非国铁机车市场新突破。机车配件与检修业务新签订单29.83亿元。

城轨市场全年获得16个地铁项目共2 848辆车、2个有轨电车项目共69辆车、12个蓄电池工程车共61台车订单，地铁车辆、工程车订单均创历史新高；城轨市场配件、架修、大修及运维订单累计约42亿元。

地铁车辆订单中，广州 18 号线与 22 号线项目（320 辆）及广州“十三五”部分线路项目（1 586 辆）采用列车、车辆段设备和运维服务打包采购模式，开创国内城轨市场营销新模式。

海外市场全年获得 7 个市场订单，其中新市场订单 5 个，新签订单总金额 9.225 亿美元（含配件）。先后新签得新加坡、巴西、匈牙利、墨西哥、菲律宾、奥地利整车订单，重签马来西亚 LRT3 无人驾驶车辆项目，新签整车订单合同共计 8.8 596 亿美元；完成南非、马来西亚共 9 个项目约 2 687 万美元配件销售；强化应收账款管理，完成回款约 5 亿元。先后参加 15 个海外展会，持续向全球展示技术、产品及品牌实力。

【基建与技改】 围绕推广制造平台智能化转型升级、作业现场安全环保改善、关键工艺技术提升及企业信息化建设等工作，全年投资 9.15 亿元，针对性地开展技术改造。积极落实建设环境友好型企业的目标，完成公司主要生产厂房室内环境改善，推动涂装工艺逐步向低污染的水性化喷涂工艺转变，补充和完善各类试验资源与生产资源。全年固定资产投资预算 62 155 万元，实际完成 62 209 万元。实施资本性支出项目 454 项，合同金额 3.83 亿元；实施完成大修改造项目 149 项，合同金额 1.16 亿元。完成 1 440 台（套）新购设备安装、验收。完成数据中心改扩建、电气联合厂房扩建项目、中速磁浮落车线项目建设及车体生产场地资源调整、园区内运动场改造项目主体工程施工，其中数据中心改扩建项目实现当年取得施工许可证、当年建设开工、当年验收的项目总控目标。

【质量管理】 完成公司城轨、机车、轨道工程车、维修及新产业等业务板块共一百余个项目的质量策划、质量控制及质量改进工作，开展质量专项审核、体系诊断及抽查督查共 60 余次。制定《项目阶段质量门实施细则》，加强质量门检查，确保项目质量良性运行。推进中国中车 Q 标准和 ISO/TS 22163 标准双标融合，多举措构建符合双标准要求和公司发展实际的质量管理体系。ISO/TS 22163、EN 15085 焊接质量体系、DIN 6701-2 粘接质量体系、测量管理体系、环境/职业健康管理体系及能源管理体系顺利通过外部复审认证。长株潭时速 160 公里城际动车组（CJ6 型）、30 吨轴重交流传动货运电力机车（型号 FXD1B）获得国家铁路局颁发的型号合格证与制造许可证书；出口马其顿货运电力机车获得欧盟 TSI 认证证书；CJ6 城际动车组 18 种零部件产品与 FXD1B 机车 20 余种零部件产品顺利获得 CRCC 认证证书及装车资质。同时，公司动车组受电弓、动车组真空主断路器、交流传动机车受电弓、真空主断路器、制动控制器、微机控制空气制动系统、制动夹钳单元等自制产品均顺利通过监督认证审核，继续保持装车资质。大力开展产品质量问题尤其是涉及车辆走行安全的问题整治，并针对重大事件和节假日实施春运暨两会专项保障、新中国成立 70 周年庆专项保障及五一黄金周、“圣诞•元旦”双节保障、马来西亚“大宝森节”等专项保障工作，确保产品运用安全。年内质保期内境内机车动车组产品责任机破率 0.011 件/百万公里、责任临修率 1.74 件/百万公里，顾客满意平均指数 CSI 为 96.13 分；三包期内境内城轨车辆产品责任救援率 0.02 件/百万公里、责任清客率 0.11 件/百万公里，顾客满意平均指数 CSI 为 92.5 分；境外三包期内产品责任救援率 0.02 件/百万公里、责任清客率 0.11 件/百万公里，顾客满意平均指数 CSI 为 90.39 分。公司获亚洲质量功能展开与创新委员会颁发的亚洲质量创新奖。转向架智能制造项目和 TRIZ 方法应用项目分别获得全国质量技术一等奖、二等奖。

【人力资源管理】 在2018年任职资格体系试点优化基础上，制定完成公司任职资格体系优化整体方案及设计研发、工艺技术标准优化与支持技术、专业管理任职资格标准优化方案，开展任职资格认证及职业生涯发展层级评聘工作。完善《公司岗位绩效管理实施办法》，持续创新岗位绩效发布模式，优化年度月度绩效档级，并将岗位绩效与组织绩效进行强关联，推进公司岗位绩效管理中的问题解决和绩效管理全面实施落地。启动定岗定编“回头看”，盘活现有人力资源，优化人才队伍，规范职位及配置标准，提高人工效能，降低用工成本。深化用工制度改革，以“合并、撤销、转岗、换人”为原则，优化部分低价值管理岗位及职能，构建“能进能出”用人机制，保持人才队伍的流动机制和高效率发展。编制并组织实施《共享服务中心建设中长期建设规划》，推动人力资源共享服务中心（HRSSC）建设，实现业务流程信息化。基于HRBP四种角色定位，开展薪酬调整优化、人岗匹配优化及劳务外包管控模式改革探索，促进人力资源管理和业务融合。完善公司人才评价及内部分配与激励机制：加大绩效工资投入力度，推动差异化分配；完善层级工资管理体系，激励员工通过提升任职资格、职业发展来实现自我价值；重新定位稀缺人才薪酬，对市场稀缺人才采用市场化的薪酬定位，同时也建立市场化的淘汰机制。

落实国资委党委巡视要求，优化现有管理干部职级体系，搭建管理干部职业发展通道，构建管理干部任职资格标准及评价工具；系统构建中层管理者综合考核评价办法、薪酬管理办法和职业经理人薪酬管理办法等。结合公司现状，确定岗位分红、超额利润分红、项目收益分红、任期激励4种中长期激励措施，并综合运用各类措施，建立符合公司发展实际的中长期激励约束机制。制定系统化、全方位的境外薪酬福利管理方案，完善公司外派人员管理体系建设。采用“积分制管理＋挂职锻炼”的模式，搭建青年骨干快速成长平台，加快后备干部培养进度。实施“千人储备计划”和“百人登高计划”，充实国际化人才储备。通过自主招聘和集团招聘相结合、招聘会和宣讲会相结合的方式，多渠道引进高端人才，同时树立“大薪酬”理念，依靠立体式薪酬来吸引人才，留住人才。

【企业文化建设】 围绕新中国成立70周年、打造受人尊敬的国际化公司、企业成立83周年等主题，立体化传播企业文化。挖掘公司火车头文化、工业遗产等文化资源，开展国家级文物保护单位申报，其中粤汉铁路株洲总机厂筹备处、筹备处（复建）办公楼、联合厂房顺利入选湖南省第十批省级文物保护单位。以西门食堂、老干活动中心、孝刚文体中心为载体，打造园区、社区新地标，提升园区、社区文化品位。协助拍摄反映新中国电力机车、高铁事业发展辉煌成就的大型电视剧《奔腾年代》《最好的时代》。在海外杂志、户外广告牌等刊登广告，提升国际社会对株机文化的认可度。

深化推进BI建设与“VI回头看”专项工作，提升企业品牌形象，助力公司打造“金名片”。策划、实施中国中车职业技能大赛大宣传工作，并编选优秀品牌故事和品牌案例，参选国资委“中国品牌案例征集”活动。督促各单位开展班前会竞赛，强化标准化班前会管控。持续开展员工行为规范督导工作，提升员工职业化素养。

【党群工作】 年内，公司党委在国内设一级党组织49个、二级党支部98个，在海外设立一级党组织4个、二级党组织4个。公司在册党员8 499名，其中在职党员5 150

名，发展新党员111名。公司党委高举习近平新时代中国特色社会主义伟大旗帜，深入学习贯彻习近平新时代中国特色社会主义思想和党的十九大及十九届历次全会精神；严格按照“守初心、担使命，找差距、抓落实”总要求，坚持“学习教育、调查研究、检视问题、整改落实”贯穿始终，分两批开展“不忘初心、牢记使命”主题教育，受到国资委第一巡视督导组和中国中车党委的充分肯定；围绕标准化党支部建设、党群绩效体系、“两学一做”制度化常态化等工作，持续开展服务型基层党组织课题认领活动、“党课大讲堂”竞赛活动、遵义理想信念教育、党员先进典型培养等专项活动，全力推进“新时代、新株机‘四力一品’党建‘金名片’”落地。按照“常规＋专题＋专项”模式，继续开展党委巡察工作，并全面完成年度巡察40%基层党组织的目标。提升企业影响力和知名度。围绕新中国成立70周年、“一带一路”倡议6周年、全国“两会”等大事件，全方位多角度开展宣传工作与新闻营销活动，邀请新华社、《人民日报》、中央电视总台等国家级主流媒体作相关专题报道；围绕中国出口欧盟首列动车组、中车欧洲研发中心成立、匈牙利“火车头”订单、马来西亚ETS2上线运行、墨西哥签约、菲律宾签约等国际化项目，邀请本地媒体及中国驻当地媒体，做实本地化传播。开通公司官方YouTube、抖音账号，并与公司官方微信、微博、官方网站等平台协同联动，形成全媒体传播矩阵，其中公司官方微信全年对外发布信息200余期。制作《逐梦新时代》《株机，靓丽的青春舞台》《中车技能大赛开闭幕式视频》等专题视频，拍摄重点项目、商务活动164个。公司党委获评“中央企业先进基层党组织”。

公司纪委大范围组织召开党建暨党风廉政建设、反腐败工作会议，全面推进“不能腐”体制机制建设；严格执行“双报告”制度，层层压实两个责任；将廉洁风险管理纳入公司全面风险管理体系，制定公司廉洁风险管理办法，编制廉洁风险评估模型，并根据廉洁风险点制定并组织实施相应的防控措施。全面监督检查各单位落实国资委政治巡视整改情况，督促整改完成相关问题。将纠正形式主义、官僚主义问题作为日常监督的重要内容，进一步加强作风建设。开展三级廉政谈话，做到公司关键岗位人员、高中层管理者谈话全覆盖，廉洁从业制度化、常规化。

公司工会按期组织召开职工代表大会，总结2018年工作，研究部署2019年工作，并审议通过相关重要议案，组织与会职工代表对公司高管团队成员开展民主评议。以“培育大国工匠精神、弘扬精益制造文化”为主题，组织开展精益管理、技能竞赛、知识竞赛等主题、专项劳动竞赛10项，持续开展“双创”和“安康杯”“芙蓉杯”竞赛，形成全方位、多层次、宽领域、广覆盖的竞赛格局。坚持“快乐工作、健康生活”理念，组织员工开展丰富多彩的文体活动。出台公司《“六送三关注”管理办法》和《三线建设管理办法》，构建多层次、多元化生活保障体系，不断提高员工的获得感和幸福感。公司获评“全国和谐劳动关系模范企业”称号。

【特色条目】

公司工业设计再获大奖 公司一直坚持“始于颜值、成于细节、终于品质”的设计制造理念，工业设计屡创佳绩。年内，公司自主设计的五模块储能式现代有轨电车获得素有“设计界奥斯卡”美誉的德国iF设计奖；公司工业设计中心获世界工业设计大会组委会颁发的“TIA十佳企业设计中心”。

中国出口欧盟首列动车组“天狼星号” 欧盟作为全球轨道交通装备高端市场，对列车质量和可靠性有严苛的要求和准入门槛。当地时间9月18日，公司研制的中国首列出口欧盟动车组“天狼星号”抵达捷克，开始服务欧盟市场，标志着中国轨道交通高端装备产品获得欧盟市场认可。

公司首获北美市场订单 当地时间12月12日，公司与墨西哥蒙特雷地铁局签订26列轻轨车辆供货合同。列车将用于蒙特雷轻轨1、2、3号线。这是公司也是中国高端轨道交通装备产品首次进入墨西哥市场。

公司动车组圆梦国内市场 年内，公司研制生产的两款动车组产品相继在国内市场投入运营，圆梦国内动车组市场。其中，CR200J型动力集中“复兴号”动车组先后在全国6个铁路局集团公司投入运营；CJ6动车组获得设计和制造许可，实现批量交付，并于12月24日在长株潭城际铁路线上载客运营。

公司党委获上级嘉奖 公司党委坚持以习近平新时代中国特色社会主义思想为指导，积极学习和贯彻党的十九大精神、习近平总书记三次视察中车的重要指示精神，围绕中国中车党委“新时代高铁先锋工程”系列要求，全力打造“新时代、新株机‘四力一品’”党建“金名片”，扎实开展“不忘初心、牢记使命”主题教育，获得国务院国资委主题教育第一巡回督导组五个“扎实有效”的高度肯定。6月底，公司党委被国务院国资委党委授予“中央企业先进基层党组织”称号。

【下属子公司】 公司不断完善子公司绩效模式，充分发挥绩效指挥棒作用，同时开展专项行动，推进“处僵治困”，全年亏损子公司控制在3家以内，并完成广州研究院公司和株洲期刊社公司的压减。截至2019年末，公司下属全资、控股子公司共27家，其中全资子公司6家、控股公司21家〔其中一级子公司（含中车洛阳公司）14家、二级子公司6家、三级子公司1家〕，国内子公司15家、海外子公司有12家。

6家全资子公司：沧州中车株机轨道装备服务有限公司完成直流机车大修19台、神华号（HXD_1）交流电力机车C5修41台，实现销售收入26 969万元，净利润2 319万元；吉隆坡中车维保有限公司继续履行“安邦线”50列车5年维保和38列SCS动车组3年维保项目，实现收入12 787万元，归母净利润4 519万元，利税合计约6 167万元；中车株机（欧洲）有限责任公司获得匈牙利铁路货运公司两个机车项目、奥地利私营铁路运营商双层动力分散动车组订单，助力中国中车在奥地利成立联合研发中心，全年营业收入约4亿元；印度中车株机有限公司完成印度古尔冈南延段项目售后服务分包合同执行，同时大力推动新孟买地铁1号线项目的执行与索赔工作，实现营业收入744万元、净利润70万元；伊斯坦布尔中车轨道系统车辆与工业有限公司、南非中车株机有限公司无实质性生产，分别代母公司投资和控股管理其在土耳其和南非的子公司。

14家一级控股子公司，分别为宁波市江北九方和荣电气有限公司、广州中车轨道装备有限公司、洛阳中车轨道交通装备有限公司、昆明中车轨道交通装备有限公司、宁波中车轨道交通装备有限公司、武汉中车株机轨道交通装备有限公司、南宁中车铝材精密加工有限公司、南宁中车轨道交通装备有限公司、河南中车重型装备有限公司、马来西亚中车轨道交通装备有限公司、宁波中车现代交通投资有限公司、乌鲁木齐中车轨道交通装备有限公司、株洲中车物流有限公司、中车洛阳机车有限公司。6家二级控股子公司，分别为义马金裕机械有限公司、兰达亿飞地中车维保有限公司、株机—MNG轨道交通系统车辆工业与贸易有限公司、南非株机电力机车项目公司、南非中车株洲联合体有限公司、南非中车株机维保服务有限公司。1家三级控股子公司，为中车Transnet轨道交通装备有限公司。其中，国内控股子公司中，中车洛阳机车有限公司检修机车319台，实现营业收入16.26亿元，净利润136万元；广州中车轨道交通装备有限公司完成广州地铁14号线、21号线、8号线北延段三大新造项目及多个维保检修项目，实现销售收入7.6亿元、净利润304万元；武汉中车株机轨道交通装备有限公司完成武汉地铁8号线二、三期车辆制造及武汉地铁4号线6列车转向架的架修与部分线路车辆维保和售后服务工作，实现销售收入44 949万元（含外部市场收入465.4万元），净利润1 520万元；昆明中车轨道交通装备有限公司全力开展新造重启、维保执行、架修量产等三大重心工作，实现营业收入41 548.37万元，自主盈利441万元；洛阳中车轨道交通装备有限公司实现销售收入32 425万元、净利润243万元；南宁中车铝材精密加工有限公司实现销售收入13 363万元、净利润1 466万元、外部市场收入2 716万元，新签城轨车辆铝合金整体配套制造订单逾1.3亿元、外部市场产品订单3 450万元；宁波和荣电气公司实现销售收入2.25亿、净利润1 602万；宁波中车轨道交通装备有限公司满产能生产，完成NBML3项目7列车、NBML4（异步）项目首列车试制及18列车批量制造，实现销售收入7.8亿元、净利润1 500万元、非关联外部市场收入6 085万元，中标宁波市轨道交通5号线一期工程车辆段机电设备集成采购等5个项目共计7 652万元；河南中车重型装备有限公司以“转型、改革、扭亏”为发展主线，着力打造煤机装备与轨道交通零部件制造两翼发展的产业格局，实现2.05亿元销售收入，同比减亏1 500余万元。海外控股子公司中，南非株机电力机车项目公司是公司南非项目的总包执行单位，全年累计实现销售收入233 774万兰特、税后净利润13 185万余兰特；南非中车株机维保服务有限公司完成首个非主机项目——贯通道项目的执行，与南非合作伙伴深入开发列车空调、卫生间、制动系统、机车大修等项目市场；马来西亚中车轨道交通装备有限公司积极推进ETS2和DMU两个项目执行，实现营业收5 341.58万元、利润373.88万元；株机—MNG轨道交通系统车辆工业与贸易有限公司完成所有安卡拉项目本地化生产车辆交付并签订PAC及安萨尔多就安卡拉地铁车辆改造订单，全年实现营业收入8 787.71万元、营业利润18.30万元。

【重要纪事】 2月28日，公司召开一届四次职工代表大会。3月12日，湖南省副省长吴桂英到公司调研。3月20—21日，公司承办中国中车2019年度精益管理工作会议。3月22日，湖南省副省长何报翔到公司欧洲子公司调研。4月10日，团中央书记处书记徐晓到公司调研。4月11日，公司与淮安市交通运输局、淮安市现代有轨电车经营有限公司举行“现代有轨电车自动驾驶技术研究项目合作协议”签约仪式。4月17日，全国人大常委会委员、教科文卫委员会副主任委员殷方龙与全国人大常委会委员、教科文卫委员会委员、全国人大常委会副秘书长古小玉到公司考察。4月22日，公司“轨道交通车辆转向架智能制造车间项目”顺利通过工信部专家验收。4月29日，“中国梦•劳动美”第六届全国职工摄影展启动仪式在公司举行。5月22日，公司与绿地城市投资集团有限公司签署战略合作框架协议。5月26日，江西省委副书记、赣州市委书记李炳军一行到公司考察。6月19日，公司在维也纳举行奥地利轨道交通技术联合研发中心揭牌仪式，并与柏林工业大学签订战略合作协议，与亚琛工业大学签订合作谅解备忘录。7月19日，公司转向架事业部通过德铁STBP2焊接认证。7月22日，公司获8台新加坡工程车增购订单。8月12—13日，公司承办2019年国际智能制造与机械动力学学术大会。8月20日，公司获签巴西淡水河谷（VALE）公司双源制电力机车订单。8月27日，公司与中南大学签署列车动态气密性现场测试项目合作协议。8月，国家重点专项“间歇式供电轨道车辆车载储能系统”在公司研制成功。9月11日，公司获签匈牙利铁路货运公司干线电力机车与调车机车订单。9月14日，湖南省人大常委会副主任、省总工会主席周农到公司欧洲子公司调研。9月18日，公司研制的中国首列出口欧盟动车组“天狼星号”抵达捷克。9月24日，国务院发展研究中心副主任王安顺到公司调研。9月，公司试制完成首个全铝合金司机室动车车体。9月底，公司成功中标广州地铁“十三五”部分线路项目，总金额212亿元。10月10日，公司马来西亚城轨基地本地化生产的首列ETS2米轨动车组下线。10月17日，上海地铁18号线首列车（全过程无人值守的最高等级全自动驾驶列车）下线仪式在公司举行。10月21日，公司与马来西亚国家资源有限公司、乔治—肯特公司联合体（MRCBGK）重新签订22列LRT3无人驾驶轻轨车辆销售合同。10月28日，中国中车党委书记、董事长刘化龙到公司调研，并讲授专题党课。同日，中国中车第三届职业技能竞赛暨中国中车第三届青年职业技能竞赛（国家级二类竞赛）在公司落幕。10月，公司出口马其顿货运电力机车通过欧盟TSI认证；公司轨道交通装备国家级工业设计中心通过工信部复核；公司250公里/小时速度级统型干线受电弓研制及其智能化研究项目通过国铁集团结题验收。11月8日，公司与铁路局集团公司合作的首个大功率机车配件中心——武汉大功率机车配件中心战略合作签约暨揭牌仪式在武汉大功率机车检修段举行。11月12日，公司与洛阳市签署战略合作框架协议。12月12日，公司获签墨西哥蒙特雷地铁局26列轻轨车辆订单。同日，湖南省委常委、常务副省长谢建辉到公司考察调研。12月18日，公司获签菲律宾国家铁路公司3列动车组订单。12月24日，公司研制的首列CJ6动车组（C7852次列车）在长株潭城际铁路线上载客运营。12月，公司中标中国香港铁路有限公司19台蓄电池工程车订单。

【公司党政负责人】

党委书记　周清和
董事长　周清和
总经理　傅成骏
副总经理　肖高华（享受正职待遇）
　陈又专（享受正职待遇）
　索建国　何恩广
　廖洪涛　张旻宇
　陈　成　陈志新
　单　勇　王巧林
　张力强（4月免）
　熊锐华（4月任）
总工程师　索建国
财务总监　张力强（4月免）
　熊锐华（4月任）

党委副书记　傅成骏（兼）
纪委书记　余　斌

（株机公司　供稿）

中车洛阳机车有限公司

（统一社会信用代码：91410300664668740Y）

【概况】 2019年末，洛阳公司在册员工3 430人，在岗员工2 704人，其中技术人员344人、管理人员447人，技能员工1 913人，高技能人才占比达82%。公司总占地面积102.80万平方米，建筑面积28.91万平方米，拥有各类机械设备3 250余台（套），固定资产净值3.59亿元。2019年，公司不断优化调整组织机构，设置有“1室、4中心、9部、4事业部和3分公司”。2019年公司共检修机车319台，其中和谐机车74台、既有国铁直流机车200台、路外机车45台，实现了营业收入16.26亿元，净利润136万元。

【规划发展】 以习近平新时代中国特色社会主义思想为指导，深入贯彻落实“五大发展理念”和习近平总书记视察中车重要指示精神，对照中车集团创建世界一流示范企业和株机公司“双百行动”暨“创建世界一流示范企业”工作要求，遵循创新驱动、品质一流、结构优化、绿色智慧、开放共赢、协调共享的经营方针，构建产业发展、技术研发、项目管理、运营管控和人才保障五大平台，培育检修、制造和服务三大业务，将洛阳公司打造成为技术能力最强、市场占有最高、质量服务最优、检修品种最多的机车检修行业中的标杆企业。

【经营管理】 按照株机公司管控要求，持续推动管理、人员、文化、党建深度融合，管控模式和运行机制进一步得到完善提升。优化了公司目标体系，重点突出订单、交付等业绩结果指标原则，优化设置公司级、单位级年度经营目标，确保了上下层目标的关联性和一致性。完善了组织绩效评价体系，突出核心指标评价，彰显订单、收入、回款、交付等核心指标评价权重，同时加强指标评价监督，提升绩效评价的可比性、有效性。全力推动扭亏脱困工作，围绕运输费、工卡模具费、物业费、物料消耗费、仓储经费五大费用大力开展费用压降工作，较上一年减少1 300万余元。积极争取地方政府等上级单位科研、培训等政策支持，获得资金支持1 800万余元。扎实推进环保整治工作，按照中车“15+66”项整改要求，完成分公司雨污分流改造、接入市政管网、污水处理站、污水在线监测、厂外明渠治理等工作，襄阳分公司于6月底全面恢复机车检修业务，经营管控各项工作得到持续改善。

【市场营销】 聚焦“检修、制造、服务”三大业务，在株机公司统一营销策略和工作步调下，做好市场开拓工作。检修业务方面，牢牢把握和谐机车市场，全年承揽和谐机车68台；积极开展HXD_{1B}、HXD_{1C}、HXD_{1D}机车市场拓展，为C6修试修机车入厂做好准备。持续巩固既有国铁机车检修市场，承揽国铁直流机车192台。积极拓宽路外机车检修市场，与包神公司签订3年的属地修维保合同。制造业务方面，承揽深圳地铁20台工程车新造分包采购合同，中标广州地铁18、22号线16台工程车新造项目。13台专用平板车已完成试车验收。继续与金鹰公司保持紧密业务合作，获得770箱集装箱配套订单。服务业务方面，中标广州地铁工程车辆检修项目、蒙华铁路场段设备集成采购包。创新营销模式，与锦源汇智公司和广州粤基公司合作，成功中标沈阳浑南新区有轨电车公司工程车辆检修项目和沈阳地铁探伤服务项目。顺利签订 7 500 万元的铁路物流服务合同，物流业务实现突破。

【科技创新】 坚持以技术创新为驱动，在抓好机车检修产品技术开发的基础上，持续推进轨道工程车平台建设。加大和谐机车工艺技术开发，实现 HXD_1 机车批量检修；完成 HXD_{1B}、HXD_{1C}、HXD_{1D} 机车 C6 修试修工艺方案、工艺文件编制，并通过三种车型 C6 修静态评估；持续推进构架组装、制动盘组装等 5 条数字化生产线建设，其中部件清洗生产线全面投入使用。围绕再制造技术研究，先后开展了大油封检修、SS_3、SS_4 机车齿轮罩修复、G 型连杆修复等 8 个项目，并完成高压水射流、干冰、碳氢磨料等环保清洗技术在机车检修部件表面处理方面运用可行性的研究及验证。系统梳理零部件物料编码，完成 DF_7 型、DF_{4D} 型机车编码转运交接，实现对关键部件全过程流转信息追溯。积极推进轨道工程车研制，重点围绕上海地铁 03 钢轨探伤车、双动力钢轨铣磨车等项目，依据客户个性化需求，开展产品开发技术研究；加大轨道工程车检修技术攻关，完成广州地铁、上海地铁、神朔铁路的轨道工程车中大修订单项目的技术研究，其中广州地铁 JY280 型轨道车大修、JX-3DT 接触网作业车大修等 6 种车型为新车型。

【基建与技改】 结合公司经营发展实际，重点做好部件综合厂房建设、新建解体厂房、内燃北附跨厂房改造、内燃备品库改造等项目。完成电力联合厂房、内燃联合厂房及解体工段等生产区域加装室内消火栓系统，敷设各类管道 7 000 多米，安装室内消火栓 184 套，投资约 140 万元。同时，完成雨污分流改造、接入市政管网、污水处理站、污水在线监测、厂外明渠治理等，持续完善环保基础建设。

【人力资源管理】 盘活存量，用好增量，持续释放人力资源潜能。优化人力资源结构，引入年轻劳务派遣员工，强化关键、重点工序岗位员工配置，同时，争取上级政策支持，继续办理内部退养 170 余人。实施绩效激励变革，对事业部、分公司技术管理人员月度绩效工资总量实施差异化管理，将技管人员绩效工资与技管人员对操作员工占比挂钩，引导各生产单位压缩管理人员数量。同时将有限工资资源向一线员工倾斜，员工工作士气持续提高。为适应公司高质量发展，开展多形式、多层次人才培养，选派中高层管理人员 12 人次参加了中车优秀领导力、赴德精益研修等培训，3 名核心人才参加了境外培训。立足解决生产现场实际问题，做大做强技能专家工作室，充分发挥金蓝领和劳模创新工作室的头雁作用。加强人才梯队建设，选拔 40 名新一期“后备人才”。

【质量管理】 落实“中车 Q”质量要求，对标株机公司，对体系文件进行修订，增加工艺设计开发、工艺纪律检查、产品标识和可追溯性等 7 个过程，完成公司质量管理手册及 44 个程序文件的修订，确保公司质量管理体系文件的适用性和有效性。编制《外协项目质量管控方案》，强化外协工序质量控制。开展“五项”“八防”工序专项检查和整治、“擦亮金名片”质量意识主题教育、产品质量安全“大反思大检查大整改”等活动，不断强化全员质量意识。持续改善和夯实公司计量管理水平和计量检测能力，顺利取得专项计量授权证书。

【企业文化建设】 坚持文化引领，践行核心价值观，不断加强企业文化建设。持续宣传身边榜样，聚焦生产一线员工，通过微信公众号、报纸等推出《和谐之光人物》《我们身边的榜样》《建功之星》等先锋人物和奋斗故事 40 余篇，全年累计播出广播稿

400余篇，制作文化墙100余幅。大力营造“不忘初心、牢记使命”主题教育宣传氛围，制作宣传展板126块，OA首页开辟“不忘初心、牢记使命”主题教育专栏，发布学习材料45篇，组织1 000余名党员参加主题教育应知应会考试，并开展主题教育专题广播月活动。举办庆祝新中国成立70周年系列活动，开展“我和我的祖国”主题征文，评选出27篇优秀文章。开展“有图见证”图片征集、“壮丽70年，奋斗新时代”及“中车日”图片展，进一步激发员工爱国热情。

【党群工作】 深入学习贯彻习近平新时代中国特色社会主义思想和党的十九大精神，始终坚持“两个一以贯之”，推进党建工作与生产经营深度融合。紧扣巡视问题清单和整改决议，切实做好巡视“后半篇文章”。按照中车、株机公司党委统一安排部署，围绕12字总要求，落实8项重点工作，扎实推进主题教育。不断聚焦基层党建“三基建设”，推动全面从严治党向基层延伸，向基层扎根。全力打造“党建制度体系、专业党支部、主题党日”洛阳特色党建品牌，为公司发展提供坚强保障。以党的政治建设为统领，不断落实党风廉政建设责任制，持续开展形式主义、官僚主义集中整治工作，深入推进党风廉政警示教育，持之以恒正风肃纪。加强形势任务教育，宣传身边先进典型，为完成公司年度经营目标不断注入精神力量。落实“六送三关注”，开展擦亮“金名片”、建设“新小家”专项活动，建成“初心驿站”“员工书吧”，坚持与员工共享企业发展成果，不断提高员工幸福感和获得感。

【重要纪事】 3月14日，公司“神华包神铁路发电车改造研究”和“深圳地铁钢轨探伤车研制科技项目”荣获中车科学技术奖。5月8日，公司与包神铁路集团有限责任公司成功签订2019—2021年机车属地修合同，实现传统的入厂检修到属地化检修的转变。5月28日，公司自主研发的上海地铁03号钢轨探伤车成功装车发往上海地铁公司8月30日，公司取得专项计量授权证书。9月，公司首台双动力钢轨铣磨车试制完成。10月8日，公司成功获得HXD_1型电力机车克诺尔制动系统属地修检修资质。10月30日，国资委党委主题教育第一巡回督导组组长苏文生莅临公司调研指导工作。11月13日，公司通过HXD_{1B}、HXD_{1C}、HXD_{1D}型电力机车C6修静态评估。

【公司党政工负责人】

党委书记	单　勇
董事长	单　勇
总经理	李　涛
副总经理	王　淼（8月免）
	杜志品（9月免）
	秦　远　滕南春
	叶以兵　常宏岩
	毛军明　柳　炜
总工程师	毛军明（兼）
财务总监	滕南春（兼）
党委副书记	李　涛　谢永才
纪委书记	谢永才
工会主席	谢永才

（洛阳公司　供稿）

中车株洲电机有限公司

（统一社会信用代码：9143020076071871X7）

党委书记、董事长　周军军

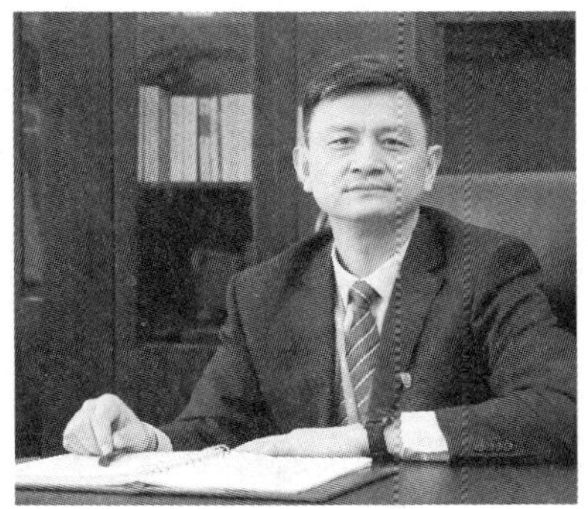
总经理　宁文泽

【概况】 2019年末，公司在册员工3 966人（含各子公司员工），其中本部员工2 578人。各类专业技术人员共1 575人，其中工程技术人员808人。高级技术职称人员176人，其中教授级高工31人。公司总体实行“总部＋事业部”模式的“平台化＋专业化”的组织架构。本部宗地总数共计3宗，土地总面积为253 600平方米（合380亩），主要建筑物数量为17栋，总建筑面积为154 754.87平方米。主营业务牵引电机、牵引变压器、风力发电电机、工业驱动电机、新能源汽车驱动、特种装备电机和特种变压器等产业。公司注册资本13.42亿元，净资产30.43亿元，总资产近84.71亿元。全年销售收入80.97亿元，归母净利润3.69亿元。

【规划发展】 围绕公司调整后的“小总部，大业务”组织机构管理需求，充分发挥产业单元在战略目标落地过程中的主体地位，促进业务规划有效支撑公司总体战略。组织重新修订了《公司发展战略及规划管理办法》，并新编制了《公司发展战略及规划分层分级管理工作指引》《产业单元负责人任期战略绩效管理办法》，重新梳理战略规划研究、编制、实施与评估等环节的工作流程，并尝试引入战略绩效，平衡短期经营与长期发展的关系。开展“十四五”预研究，磁浮产业发展、科创板上市、创世界一流企业、检修服务布局等专项战略投资课题研究。结合双百综合改革工作需要，对未来三年重点投资项目进行了盘点摸底。公司重点固资及股权投资项目进展顺利，各项目均按照计划稳步推进。

全年“双百行动”有序推进。不断加深学习交流，创新改革思路；为改革方案的总体设计和实施提供了有益的借鉴和参考。创新机制，制定了《公司“双百行动”综合改革专项工作规定》；落实主体责任，建立了各产业单元责任主体和配套支持责任矩阵，将改革任务清单细化分解为19项责权清单和17项专题工作计划，从上至下层层分解、层层落实。公司根据国资委和中车“双百行动”综合改革相关要求，结合自身特点，分层分类制定了整体和产业单元的“双百行动”综合改革方案。《株洲电机公司混合所有制改革方案建议书》《株洲电机公司工业驱动产业混合所有制改革方案建议书》两项实施方案通过评审。

【经营管理】 针对组织变革，全年梳理解决相关职责不清、边界不明的问题约20项，三次发布部分组织和职能职责调整的文件。完成规章制度“废改立”巡视整改目标，累计完成废38项，改372项，立116项，总数526项，严格对照巡视整改验收标准完成证明材料的汇总，完成中车总部销号。搭建战略性组织绩效体系，完成《公司级组织绩效管理办法》《产业单元组织绩效管理办法》等文件编制并发布实施；规范《KPI指标输出表》《绩效分析报告》等配套表单、文件的报送，固化绩效考评、申诉、绩效质询等动作流程，强调过程方法，形成绩效管控的PDCA闭环。制订《关于持续深入开展以“强基提质、稳中求进”为主题的提质增效工作方案》及《两金专项整治方案》，全面落实1+13提质增效各项指标。组织申报的“基于品质提升的成本优化创新实践”项目获评中国中车第四届管理创新成果二等奖。“持续打造通用机电企业核心竞争力的学习型组织建设”获评湖南省第二十届管理创新成果一等奖，并由省企业和工业经济联合会推荐参评第26届全国企业管理现代化创新成果（全省5个推荐名额）。

【科技创新】 全年科研项目共立项341项，其中2019年新立项224项、结转117项，国家级项目15项，公司级以上重点项目147项。项目主要分布在轨道交通、风力发电、高效电机、特种变压器和新能源汽车领域以及支持产业领域的基础技术和前瞻性技术。全年针对公司目前承担的国家及省级共计19个研发项目，积极申报政府相关奖励补助，截至10月底，本年度相关项目已累计获得政府财政资金支持共计1 506.85万元。积极开展高端项目的深层次合作。公司与浙江大学、中车戚墅堰所等院校、单位共同申报“面向深远海的大功率海上风电机组及关键部件设计研发”“车用燃料电池空压机研发”“工程机械大扭矩轮毂驱动关键技术及应用示范”三项国家重点研发计划项目，内容涵盖风力发电机、工业特种装备、高速永磁电机等领域。全部国家重点研发计划项目均已通过预申报，并完成正式申报书提交及答辩。全年完成专利申报128件，其中发明专利80件，海外PCT专利申请15件。相比2018年发明专利占比提升10%，海外专利占比提升50%。全年新立项国家标准4项、行业标准5项、团体标准2项。发布国际标准2项、国家标准2项、行业标准1项。完成报批国家标准4项、行业标准1项、团体标准1项。10月23日，“连接世界、心动未来”绿色动力装备国际高峰论坛顺利召开，邀请来自全世界的动力装备行业专家齐聚株洲，共同见证中车株洲电机有限公司“升格十周年”主题庆祝活动的开展。论坛的报告环节邀请了行业专家和资深从业人员，其中，邀请了4位中国工程院院士以及来自日本、奥地利和西班牙的国际专家友人，为公司搭建了良好的技术交流和研讨平台，提升了公司品牌形象。

【质量管理】 以业务流程为体系构建的主线，梳理识别ISO 9001、ISO/TS 22163、GJB 9001C、IATF 16949、“中车Q”等体系质量标准要求，构建统一的顶层质量管理体系。公司现有质量管理体系流程制度共计106个，形成一套满足ISO/TS 22163、IATF 16949、GJB 9001C、EN 15085和ISO 3834焊接标准、“中车Q”等标准要求，符合公司业务管理过程运作实际，体系运行过程、环节和接口简明清晰的质量管理制度。持续开展QC小组活动，公司“卓越QC小组”以《降低动车组牵引变压器低压端子板报废率》成果获评国内QC奖项最高荣誉“全国优秀质量管理小组”，实现了公司 QC 小组“国优”级别奖项“零”的突破。“精品定子 QC 小组”以《提高牵引电机定子装配绝缘制作合格率》获评全国铁道行业优秀质量管理小组和第二届中央企业 QC 小组成果发表赛三等奖，这也是公司首次获得中央企业 QC 小组成果发表赛参赛资格。

【市场营销】 在稳固既有市场的基础上，不断加快新产业新市场拓展。轨道交通业务，动集和标动产品实现在集团内客户和“复兴号”全系列车型上的全覆盖；时速 600 公里高速磁浮和混动工程车等高端移动装备获得订单突破；检修市场布局进一步完善。风电业务，蝉联国内永磁直驱市场占有第一；异步、双馈和中速永磁风电市场不断扩大；维保业务稳步推进；“两海”风电布局在福清和阳江取得阶段性成果。工业驱动业务，合资设立江西中车生一伦公司；实现工程机械、暖通、真空透平、特种装备等领域高、中端产品的全覆盖，成功进入川煤、陕煤、淮南矿业集团市场群。新能源汽车驱动业务，完成多家国内外重点客户的拓展，顺利通过采埃孚供应商体系审核；实现商用车和乘用车双线的批量供给。特种变压器业务，实现了在传统配电变、轨道交通和新能源变压器市场的全面突破。国际业务，实现了海外订单飞跃式增长；土耳其轻轨、印度机车变压器等多个项目同步推进；完成欧洲分公司设立并获得澳洲公司可研批复，欧洲和澳洲市场布局初步完成。

【人力资源管理】 以“战略管控、深化协同、激发活力”为重点，重塑集团化人力资源管控模式的职能定位；以“双百行动”综合改革为契机，以“三项制度”改革为突破口，稳步推进干部能上能下、员工能进能出、收入能增能减，探索中长期激励方案。调整员工工资结构。全面落地薪酬体系变革，构建聚焦“岗位价值＋工作业绩＋职业能力”的新型价值分配体系，新增职业能力等级工资，实现“能力提升、收入增长”，体现职业能力的价值，推动人力资源合理流动与员工职业能力发展。全年共开展重点培训 26 项，参训人员达 4 600 人次，各部门和事业部自主培训项目 320 余项，参训人员达 18 100 人次，全年培训计划完成率 100%。探索项目制招聘管理体系。创新 2020 届校招工作机制，全年签约大学生 61 人，招聘计划完成率达 77.2%，其中 985、211 院校生源占比 75%，实现高电压绝缘、电磁设计等紧缺专业博士高端人才突破。规范人才奖补申报流程，先后组织申报了国家百千万人才工程、中国青年科技奖、国家“万人计划”青年拔尖人才、茅以升铁道工程师奖、湖南省政府特贴等 11 人次各级别人才奖项。

【企业文化建设】 标准化、项目化推进企业文化工作；引入项目管理思维，依据企业文化专项活动和日常管理的特征进行分析和分工，并将具体工作流程进一步规范，形成标准化。严格落实《两级理论学习中心组学习制度》，结合实际，精心制定了 2019 年党委中心组理论学习计划。策划全媒体宣传“爆点”，增强企业对外影响力和品牌知名度。“五一”期间，以动车组装班获得“全国工人先锋号”为契机，邀请央视《焦点访谈》以“小工种、大作为”专题报道了公司牵引电机车间动车组装班，公司首次登上央视重点专题栏目。9 月，策划开展了“中央省市媒体进企业”活动，重点聚焦公司时速 600 公里磁浮项目、TQ800 型电机和 A00-A0 级乘用车“三合一”高集成电驱动系统电驱系统平台中国高端动力。10 月，与新能源汽车驱动事业部开展的“突破科技 引领未来——新能源汽车高集成电驱系统新品发布会”和研究院开展的“‘连接世界 心动未来’绿色动力装备国际高峰论坛”，对公司新能源新产品和公司研发技术进行了重点报道。全年获得多项荣誉，《创建内忧外美受人尊敬的国际化公司》荣获“2018—2019年度全国企业文化优秀成果一等奖”；董事长及总经理荣获2019年度企业文化建设功勋人物等荣誉；获评中国中车2018年度“新闻传播贡献奖”“企业文化和品牌建设优秀企业”；荣获2018年度“株洲市思想政治工作创新案例二等奖”；获评“2019年度全国企业文化优秀成果一等奖”“2019年度全企业文化建设典范企业”；获评“全国企业文化先进管理者”；获评“公司精益改善提案二等奖”；在国家级刊物《管理学家》发表专业论文“基于企业文化的国企政工工作创新问题研究”。

【党群工作】 坚持以习近平新时代中国特色社会主义思想为指导，紧密围绕新时代党的建设总要求和党的组织路线，全面落实中车党建“成效跃升年”各项工作任务，以开展“不忘初心、牢记使命”主题教育为重点，以打造党建“金名片”为主线，以强化“三基建设”为基础，持续提升公司党建工作科学化水平，努力为企业变革发展提供坚强的组织保证。开展“不忘初心、牢记使命”主题教育。按照中车、公司党委部署，加强主题教育顶层设计，成立组织机构，编制方案和推进计划、调研计划、学习研讨计划。结合实际工作做好研讨分享，全年一阶段组织学习10次，集中专题学习研讨共计9次，累计时长超过47小时。落实习近平总书记视察中车重要指示精神；公司党委针对习近平总书记视察中车提出的“加强自主创新，练好内功”“不断做强做优做大”等指示精神，研讨部署了贯彻措施，从深化改革、提升技术能力、加强领军人才培养和引进、推动业务落地等方面，认真落实《关于进一步落实习近平总书记视察中车集团所作重要指示的决议》。工会工作有序开展；组织召开公司一届四次职代会全体会议，审议通过了公司年度经营工作报告等相关报告，确立了职工代表提案立案、工作建议案、答复案条目。组织召开5次专题职代会，组织职工代表就与员工切身利益相关的重大事项、重大决策进行专题审议。开展“创建学习型组织，争当学习型员工”活动。以学习型班组建设为主要活动载体，通过学习型实验室课题申报与结题总结，激发、调动广大员工学习钻研的积极性，年初评比表彰了公司44个“学习型班组”。大力推行周末女校分校制，各分校开设了鬼步舞、特色瑜伽、排舞、尤克里里等特色课程，在公司庆祝“中车日”活动中全面展示了分校学习成果。策划、组织第三届“书香中车，女员工读书季”女职工读书活动，收到读书和家书征文70余篇，开展读书活动50余次，为树立“书香家庭、书香企业”的形象作出了贡献。团委工作秉承积极发挥团的组织“引领、纽带、协助”作用，进一步解放思想，开拓进取，不断深化青年工作，从服务企业中心工作、服务青年成长成才、丰富青年业余文化生活三个维度，立足“成长”服务体系和“成才”选培体系，通过“才艺展示＋技能竞技＋‘青年夜校’培育＋青年榜样选树”四大平台，从课题攻关、提质增效、创新创意、技能培训、志愿服务等方面策划开展了一系列工作。公司团委及企业班组、个人先后获评中央企业五四红旗团委、湖南省五四红旗团委、中车五四红旗团委、株洲市五四红旗团委等荣誉。一线班组牵引电机车间数一班获评全国青年安全生产示范岗、牵引变压器车间绝缘班获评湖南省青年安全生产示范岗，青年员工申政获评中车十大杰出青年、周亮获评中车青年岗位能手。

【下属子公司】 公司子公司包括全资子公司江苏中车电机有限公司、成都中车电机有限公司和控股子公司广州中车骏发电气有限公司。

江苏中车电机有限公司 拥有江苏盐城、湖南株洲、内蒙古包头、新疆哈密、江西南昌、福建福清、广东阳江（在建）七大生产基地。形成了双馈异步风力发电机 750 千瓦到 5.0 兆瓦级、直驱永磁风力发电机 1.2 兆瓦到 8.0 兆瓦级、中速永磁 2.0 兆瓦到 7.0 兆瓦级的产品系列与技术平台，是专业从事陆地、海洋用大功率风力发电机的科研、生产、销售、服务及咨询的国家级高新技术企业。

成都中车电机有限公司 位于四川省成都市东北部，占地 12.37 万平方米，注册资金 2.5 亿元，总资产 6 436 万元，在册员工总数 558 人。公司主要从事电机研制和造、修业务，产品以轨道交通配套电机为主，涵盖地铁、能源采集，新能源汽车、通用工业机械、分布式发电、风力发电、环保设备等领域，产品覆盖全国多个铁路局集团公司和众多地方铁路市场，并随整车出口澳大利亚、阿根廷、伊朗、沙特等海外市场，同时配套矿石、电厂、油田等用户。

广州中车骏发电气有限公司 年末在册员工 200 余人，公司年生产能力 250 万千伏安，主要从事树脂绝缘干式变压器、风电及光伏发电箱式变压器、轨道交通特种变压器、特殊输变电设备、成套设备、电气自动化及系统集成产品的研发、制造、销售、安装、贸易和服务，同时经营进出口业务。

【重要纪事】 1 月 5 日，装载了公司核心动力装备的时速 160 公里动力集中型复兴号“绿巨人”动车组，顺利完成了昆明至蒙自首次试运营。5 月 1 日，央视《焦点访谈》以“小工种、大作为”为题，专题聚焦公司荣获“全国工人先锋号”的班组——牵引电机车间动车组装班进行了报道。6 月 28 日，公司党委按照党中央、国资委、中车党委要求和部署，召开 2019 年“不忘初心、牢记使命”主题教育启动会。围绕“坚守‘三创三化’初心，用实际行动落实好习近平总书记的重要指示精神”学习主题，对照主题教育“12 字”总要求，分别进行了研讨交流发言，并对后续推进主题教育工作提出了具体要求。7 月 10 日，公司与重庆一公司签订 3 000 万余元的氢能源空气压缩机用高速永磁电机批量供货合同，标志着公司正式进入氢能源空气压缩机领域，也象征着公司十三五战略“1+1+5+X”中“X”在氢能源领域有望形成新的支柱产业。8 月 6 日，公司“卓越 QC 小组”以《降低动车组牵引变压器低压端子板报废率》成果获评国内 QC 奖项最高荣誉“全国优秀质量管理小组”。至此，公司实现了 QC 小组“国优”级别奖项“零”的突破。8 月 23 日，首台风力发电动力装备成功在 Excelsior 项目中完成吊装。这是自 2015 年公司风力发电产品顺利进入欧盟市场后，直驱永磁技术首次进入南非市场。10 月 16 日，公司在湖南省株洲市轨道交通创新创业园举行了 2019“突破科技 引领未来”公司升格十周年新能源汽车电机新品发布会。对新产品“乘用车高集成电驱动系统电机”进行了发布，并对“湖南省新能源汽车电机工程技术研究中心”组织了揭牌。8 月 5 日，全国企业文化年会在北京举行，会上揭晓 2018—2019 年度全国企业文化优秀成果名单，公司荣“2018—2019 年度全国企业文化优秀成果一等奖”。10 月 17 日，在 2019 年度“不忘初心、牢记使命——新时代中国企业文化建设的责任与担当”企业文化建设峰会上。公司荣获“2019 年度企业文化建设典范企业”荣誉称号，公司党委书记、董事长周军军荣获“2019 年度企业文化建设功勋人物”荣誉称号。这是公司连续 5 年蝉联“全国企业文化建设典范企业”荣誉称号。10 月 23 日，“连接世界、心动未来”绿色动力装备国际高峰论坛在株洲举行。来自业内政产学研用的 200 余名重要嘉宾，包括中国工程院院士顾国彪、刘友梅、丁荣军、黄小卫，高校知名教授，国内外专家，聚焦绿色动力装备技术研发应用，发布系列主旨演讲，共同探讨绿色动力装备未来发展趋势和方向。11 月 25 日，国家知识产权局在官网发布《2019 年度国家知识产权优势示范企业评审和复验结果公示》，湖南省 10 家企业上榜，公司凭借着领先的创新实力和知识产权管理能力在经过层层评审后，荣获“国家知识产权示范企业”称号。“国家知识产权示范企业”是国家知识产权局对企业的知识产权管理能力的最高评价，是知识产权管理方面的最高级别荣誉称号。

【公司党政工负责人】

党委书记　周军军
董事长　周军军
总经理　宁文泽
副总经理　江有名　王小方
　　胡雄辉　聂自强
　　余　乐　晋　军
　　李敏良（2 月免）
　　谢　欣（2 月任）
　　卢雄文（4 月任）
总工程师　胡雄辉（兼）
财务总监　李敏良（2 月免）
　　卢雄文（4 月任）

党委副书记　宁文泽　聂自强
纪委书记　刘建勋
工会主席　晋　军

（株洲电机公司　供稿）

中车大连机车研究所有限公司

（统一社会信用代码：91210200243024402A）

党委书记、董事长　姜　冬

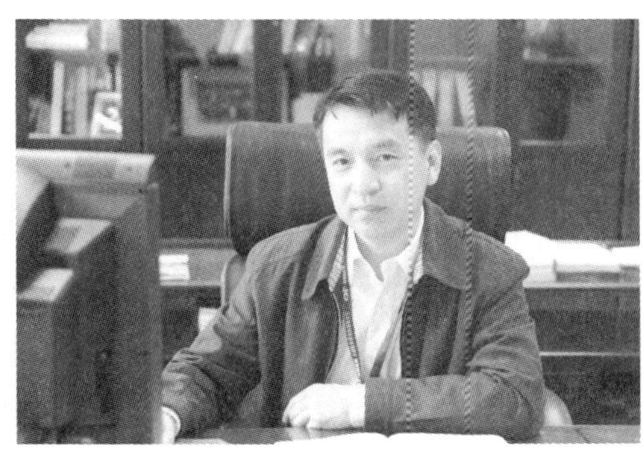

总经理　刘会岩

【概况】　大连所占地面积22万余平方米，其中中长街所区占地面积2.33万平方米，高新所区占地面积1.15万平方米，旅顺所区18.9万平方米。2019年末，大连所职工总数753名，其中本科及以上学历549名，硕士及以上学历175名，高级工程师90名，高级会（审）计师3名，高级政工师1人，教授级高级工程师35名，教授级高级会（审）计师1名。集团专家46人，公司核心人才88人。年内实现营业收入10.36亿元，实现归母净利润1 096万元，完成市场签约额12亿元，实现出口签约额1 397.8万美元。

【经营管理】　大连所采用事业部制组织结构，设有6个事业部和1个直属公司、13个行政职能管理部门、3个业务部门、4个党群管理部门、2个纪委部门。2019年成立轴承重大专项（产业化）办公室，负责轴承产品的技术研发及产品设计、轴承检修的技术研发及工艺工装设计、营销及售后服务业务、采购、制造及产品实现过程的质量控制。深入推进大连所纪检监察体制改革，撤销监察部，监察部职能划转，纪委内设机构由之前的纪委办公室（审理室）、纪检监察室更改为纪委办公室、监督检查室；成立巡察办公室，作为党委职能部门单设。由中车精益生产二级单位水平达到中车精益生产一级单位水平。在五车间一中心实施一体化MES项目，初步建成换热和城铁智能组装生产线，初步形成基于MES的制造过程、仓储物流信息化管理。建设模拟线5条，覆盖率达到100%；精益车间建设5个，覆盖率83%；标准工位96个，占总比85%。新增精益内训师14人。积极探索运用精益思维实现各项管理的新突破，在现场环境、作业效率、工艺改进、质量改善、降低成本、提高效率和效果上全方位体现，共计改善提案402项，共计节约金额100余万元，形成了良好的精益改善机制和氛围。存货物资管理方面，强化对一年期以上存货的管控，一年期以上存货下降了18%，同时完成集团巡视整改目标。完善存货盘点制度，修订《存货管理办法》，对物流中心的账实相符率进行考核，保证物流中心配送的及时性，准确性。在存货指标管理方面，存货周转率提升了23%。

【规划发展】 完成“十三五”规划修订，下发三年滚动计划。开展 4 次战略询审。为 6 个事业部设置了 30 项考核的战略实施重点任务，提高考核对战略的引导作用。组织开展“十四五”规划前期工作。下发《创建世界一流示范企业实施方案》。

【科技创新】 优化科研管理流程，提高科研管理效率，以市场为导向持续强化产品研发，全面推进技术市场一体化战略落地。2019 年科研项目数量总计 72 项，其中结转项目 38 项、新立项目 34 项。全年项目达成率为 90.2%，技术投入比率 7.36%。申报专利 51 件，其中发明 35 件、实用新型 12 件，PCT 申请 4 件。现拥有有效专利 195 件，其中发明 104 件、实用新型 91 件；软件著作权 34 项。获批“辽宁省轨道车液力传动重点实验室”“大连市中车大连机车研究所重点实验室”。大连所科技创新平台已达 6 个，分别是国家企业技术中心、辽宁省大连机车研究所工程技术研究中心、辽宁省涡轮增压器重点实验室、辽宁省轨道车液力传动重点实验室、大连市中车大连机车研究所重点实验室、中国中车换热技术研发中心。“高速列车转向架轴承攻关”“D180-20 高速柴油机”“系列化中国标准地铁列车研制”获中国中车协同创新专项奖。4400 马力内燃机车柴油机用 ZN280 型增压器的研制项目荣获辽宁省科学技术进步奖三等奖。出口南非窄轨大概率交流传动内燃机车研制获中国中车科学技术奖特等奖。时速 120 公里欧式液力传动箱研制获中国中车科学技术奖二等奖。和谐型电力机车司机室空调系统自主研制、牵引系统用冷却单元、智能乘客信息系统研制获中国中车科学技术奖三等奖。IEC 62888-42018《轨道交通列车电能测量系统 第 4 部分：通信》国家标准获中国中车科学技术奖三等奖。交流传动电力机车用模块化冷却装置荣获辽宁省首届专利奖二等奖。贯彻中国中车创建世界一流示范企业实施方案，以建立激发科技创新活力、提升科技创新能力为目标，制定《大连所科技体制改革总体方案》。开展专利布局研究，尤其是海外专利布局规划，针对重大重点科研项目开展专利预警分析；完成企业知识产权贯标认证，于 9 月 23 日获得中知认证颁发的《知识产权管理体系认证证书》。

【市场营销】 机车、动车市场：时速 160 公里动力集中动车组 ACU/PCU，冷却系统等产品实现批量交付。CR300AF 和 CR300BF 复兴号动车组冷却产品完成装车考核，即将批量交付。尼日利亚、柏林动力包批量交付，马来西亚动力包顺利完成 8 000 公里无故障考核。

检修维保业务：机车电传动系统检修技术平台搭建完成，属地化检修服务能力显著提高。动车组冷却单元高级修取得批量资质。

多元化市场：输变电、氢燃料电池、船用增压器等领域取得突破。SVG 水冷系统的模块化、平台化设计顺利开展。DTA11、DTR21 增压器进入装船准备阶段，DTR18 增压器通过潍柴评审。大连地铁 2 号线 B 型车空调完成运用考核。风电项目控制产品签订技术协议，低压电器配件集采顺利展开。

国际市场：紧跟主机工厂，以“一带一路”沿线国家为重点开展工作。在俄罗斯、越南、乌克兰签约新订单，俄罗斯、越南完成了新产品的供货，越南是 2019 年开发的新国家市场。

【质量管理】 产品管理方面：在新增长春检修基地及检修业务的情况下，顺利通过 ISO/TS 22163:2017 版 &ISO 9001:2015 版一、二阶段审核和 CRCC 认证中心的第三次产品监督审核。国铁集团监督抽查合格率 100%，各月产品质量目标完成情况均达到 90% 以上，全年公司质量损失率为 0.416%，完成集团下达 0.43% 的指标要求。完成了电子产品高级修维修、换热动车组产品新造及检修、335 增压器高级修等重要产品的资质办理。工艺改进方面以《基于结构化工艺的精益制造与智能物流一体化执行系统》项目为契机，推进制造系统向数字化、智能化方向发展。在切分标准化工位的基础上，以操作者动作分析为切入点，搭建完成通用类及电子类两大类别的动作编码库。EMS 导入典型产品工艺数据并接受工艺模块培训，利用信息化手段改善手工作业环节的质量和效率。首次确立 8 个工艺技术研究类项目。

【人力资源管理】 多种渠道并行引进人才 102 人。薪酬激励机制更加完善，优化超利润奖励办法，运用省市人才政策推荐优才获取各类津补贴。李瑜团队入选辽宁省“兴辽英才计划”高水平创新创业团队，辽宁工匠新增 1 名，辽宁省百千万工程人选新增 4 人，累计增加至 13 人，各序列核心人才占比 10%。干部队伍建设配合集团公司开展第二届领导班子副职后备干部选拔工作，确定领导班子副职后备 7 人。根据组织机构调整和岗位空缺情况，通过竞争上岗方式选用中层副职 11 人，通过组织选拔方式选用中层副职 1 人、中层正职 2 人。对选拔流程进行进一步优化，引入管理人员应知应会考试，强化管理认知，通过签订任前承诺，保证服从组织工作安排、廉洁从业，强化组织意识。选拔出 35 名后备人才，结合后备干部培养方向，进行后备干部轮岗交流，轮岗比例达到 16.1%，为推动实现干部年轻化目标奠定基础。

【党群工作】 高举习近平新时代中国特色社会主义思想伟大旗帜，全面贯彻落实党的十九大和十九届二中、三中、四中全会精神，紧密围绕新时代党的建设总要求，以党建“成效跃升年”为主题，以“服务改革发展、输出党建品牌”为目标，以打造党建“金名片”为主线，抓好“定期报告、人才成长、三基建设、活力激发、廉洁防范”五大机制建设，深入落实“提能力、保落实、育人才、强基础、树正气、激活力、聚合力、上水平”八项重点任务，全面提升工作质量，为企业快速做强做优提供坚强政治保障、组织保障和思想保障。

党风廉政建设方面公司党委以习近平新时代中国特色社会主义思想为指导，深入学习领会党的十九大及十九届历次全会和中纪委三次全会精神，认真贯彻落实集团公司党风廉政建设和反腐败工作会议的部署，牢固树立“四个意识”始终坚定“四个自信”，坚决做到“两个维护”，紧紧围绕公司生产经营中心任务，持续推动“两个责任”落地落实落细。一年来，公司党委主动履行主体责任，党委主要领导率先垂范，积极践行第一责任人职责，对党风廉政建设重要工作进行部署、重大问题进行过问、重点环节进行协调、重要案件进行督办，以实际行动推动公司全面从严治党向纵深发展。

公司纪委切实履行监督责任，坚持惩防并举、注重预防的方针，以服务公司生产经营为主线，部署抓好“五个严格落实”的年度重点工作，准确运用“四种形态”、持续强化执纪问责、加强纪律作风建设、加强对重点领域监督、紧盯重点正风肃纪，不断把反腐倡廉建设引向深入，进一步推动公司党风廉政建设和反腐败工作取得新成效。

工会紧密贴近公司和员工的多元需求，扎实推进工会工作成效跃升，着力推进产业工人队伍建设改革，竭诚服务员工群众，带领广大职工立足新起点、建功新征程。围绕“三化三心”，切实做好党的十九大、工会十七大、妇女十二大、习近平总书记视察中车重要讲话、上级工会及公司党委重要会议精神的贯彻执行，完善工会各项制度，在继承总结以往工作成果的基础上，持续深入开展技能比武、劳动竞赛、精益改善、医疗互助、“六送三关注”等活动，逐步推进职工小家建设，充分发挥工作室的引领作用，为企业创造更大的利润价值及人才价值，不断提升服务质量。

团委紧密围绕“双打造一培育”目标，以贯彻落实青年工作会议精神为主线，以提升组织力、激发队伍活力为重点，加强青年思想引领、推进共青团品牌建设、搭建青年成长成才平台、提高团的科学化水平。通过开展主题教育实践、青年业务和成长“双导师”结对、打造青年之家活动阵地、“走出去，请进来”团干部培养等活动，全面履行引领凝聚、联系服务、组织动员青年的使命职责，强化基层团组织建设，团结带领广大青年为推动公司高质量发展贡献青春力量。

【下属子公司】

大连中车泽通机械有限公司 成立于2001年4月，是大连所全资子公司，主要经营流体机械、仪器仪表、机电一体化产品的开发、研制、销售，技术装让，技术咨询服务，货物进出口、技术进出口。注册资本2 618.282万元。

大连中车泽隆机械有限公司 成立于2005年9月，是大连所控股子公司，注册资本475万元，大连所占股权比例60%。主要经营范围：流体机械、机械设备、轨道交通检修设备的研发、生产、销售、维修、安装、技术咨询；金属制品、橡胶制品、电子产品、仪器仪表、五金交电、机械设备、建筑材料的销售；计算机系统服务；计算机软件及辅助设备的研发、销售；机电设备安装工程专业承包；货物进出口、技术进出口。

洛阳中车泽隆机械有限公司 成立于2009年1月，系对原洛阳润柴机车增压器有限公司增资扩股更名后成立。公司注册资本400万元，其中大连所占股权比例51%，洛阳机车厂工业公司占股权比例26.5%，大连天地机械设备有限公司占股权比例10.5%，广东标顶技术有限公司占股权比例12%。

大连中车睿通科技开发有限公司 成立于1988年7月，是大连所全资子公司，注册资本31.2万元。主要经营生产各类高低压开关及控制设备、电机启动设备、变压器及其相关电器电子成套设备和零部件、高低压电器的生产及销售。

中铁检验认证（大连）机车检验站有限公司 由大连所和中铁检验认证中心共同出资于2015年4月成立。其中，大连所出资275万元，占比55%；中铁检验认证中心出资225万元，占比45%。主要经营轨道交通领域整车及零部件的试验、检验；技术咨询、技术服务，主要承担内燃机车、机车用柴油机、增压器、机车空调、散热器、中冷器、热交换器、冷却风扇、空气压缩机、滚动轴承、喷油泵、喷油器、铁道机车车辆电子装置等产品的检测。

【重要纪事】 2月26日，公司《HXD3B型电力机车牵引及网络系统部件》项目荣获辽宁省科学技术进步奖三等奖。2月27日，可调喷嘴增压器技术研究课题顺利通过铁总结题验收。4月18日，中车集团总经理、中车股份总裁孙永才，中车股份执行董事徐宗祥到公司调研指导工作。4月19日，公司“牵引系统用冷却单元”项目获中国专利奖。5月9日，中国中车集团公司党委常委、副总经理贾世瑞到公司调研指导工作。6月20日，公司党委书记、董事长姜冬被授予“2018年度辽宁省优秀企业家”荣誉称号。7月6日，公司陈广泰、张延蕾分获“茅以升铁道科学技术奖”“茅以升铁道工程师奖”。7月18日，首台空调机组组装在长客时速400公里高速动车组7号车上，标志着国际首款制冷量 40 千瓦以上 CO_2 空调系统装车。7 月 31 日，内标委“动车组用驱动齿轮箱轴承技术性能分析基础分析类项目”通过国家铁路局结题验收。8 月 23 日，长春检修基地顺利完成中车长春轨道客车股份有限公司样件试修评审及检修基地场地资质审核。9 月 12 日，首台柏林动力包成功交付。9 月 18 日，HXD_2 机车空调系统通过中车大同电力机车有限公司的首件检验。11 月 5 日，国资委党委“不忘初心、牢记使命”主题教育第一巡回督导组到大连地区三家中车企业调研指导主题教育工作。11 月 20 日，在“第十五届中国国际现代化铁路技术装备展”展出自行研发的轨道交通消防系列产品。11 月 28 日，承办股份公司在大连召开的“中国中车轨道交通装备换热技术研讨会”。12 月 7 日，承办“环保型 CO_2 空调在城轨车辆推广应用”评审会。12 月 10 日，在北京召开铁道行业内燃机车标准化技术委员会四届三次会议暨 2019 年年会。12 月末，辽宁省 2019 年度“百千万人才工程”人选名单公布，公司 1 人入选“千”层次，3 人入选“万”层次。

【公司党政工负责人】

党委书记	姜　冬
董事长	姜　冬
总经理	刘会岩
副总经理	王忠勋（6 月免）
	于长波（12 月免）
	安帮贤
	于明东（4 月免）
	辛文涛　王　宇
	吴明涛（6 月任）
	包洪涛（9 月任）
	张日广（9 月任）
总工程师	王　宇（6 月任）
财务总监	于长泧（9 月免）
	包洪涛（9 月任）
党委副书记	刘会岩　王龙华
纪委书记	王龙华
工会主席	于长波

（大连所　供稿）

中车大连电力牵引研发中心有限公司

（统一社会信用代码：91210212079459729R）

党委书记、董事长　南秦龙

总经理　郭建斌

【概况】　2019年末，大连电牵公司正式员工总数451人，中国中车首席专家、资深专家、专家81人，享受国务院特殊津贴3人，茅以升工程师奖5人。公司新构建以“经营为中心、市场为导向”的组织机构和管控模式，设立以国铁、城轨、新产业、实验四个事业部为主体的业务平台及党群、管理、技术三个中心，实施目标管理、责权利匹配机制，为提升业务运作能力、提高经营效益提供架构支撑。公司研发经营保持“两地化”布局：旅顺作为公司本部，配套面积6万平方米，用于综合办公、技术研发、产品制造及实验业务开展等；沙河口工作区作为辅助工作区和对外交流窗口开展相关工作。全年实现营业收入5.08亿元，工业总产值6.11亿元、企业增加值1.6亿元，完成中车调整后的经营指标。年末公司资产总额14.19亿元，资产负债率65.43%，资产状态良好，质量、安全、节能减排情况正常，无安全环保事故发生。

【规划发展】　积极贯彻中国中车高质量发展、创一流相关工作部署，制定《大连电牵公司推动高质量发展暨创建世界一流示范企业实施方案》，明确公司高质量发展和“创一流”工作的工作思路和主要目标，策划创新引领、资源优配等八大工程26个方面47项具体工作任务。印发《中车大连电力牵引研发中心有限公司创新驱动发展战略报告》，将创新驱动摆在公司发展全局的核心位置。为强化战略引领，激发内在动力，将“战略规划执行及改革创新发展指标”首次纳入公司年度绩效目标管理。修编《中车大连电力牵引研发中心有限公司2019—2021年三年滚动发展规划》《中车大连电力牵引研发中心有限公司“十三五”发展规划（2019年修订）》等战略指导文件，引领公司改革发展。依照中车电气资源整合部署，开始与永济公司进行重组整合，目前已完成双方的股权重构，对公司党委、董事会、经营班子进行了相应调整。进一步健全公司法人治理结构，有效划分党委、董事会、经理层等各治理主体权责边界，理顺治理关系。加强董事会建设，强化董事会运行和董事履职评价情况，深化落实董事会职权。积极推行经理层成员任期制和契约化管理，以管资本为主，加强国有资产监管，建立违规经营投资责任追究机制。积极推进内部改革，进行业务结构、管控模式变革，持续深入推进内部分配制度改革，组织业务运作、薪酬分配向基层放权，员工收入与业绩考评挂钩，薪酬激励和约束作用开始发挥。

【经营管理】 围绕公司年度经营目标，制定各业务板块工作分解计划和绩效考核实施办法，签订绩效目标责任状。持续深化提质增效及“亏损企业治理等13项”重点专项工作，开展“改善不良、杜绝浪费”专项活动，努力改善经营效益。围绕年度预算目标，全面强化预算管控，加强预算执行监控、分析和考核，严控费用增长。精益管理有序推进，精益思想深度嵌入日常管理，实现管理水平的整体升级，荣获大连市推进企业管理现代化示范单位称号。加强审计风险管理，推进审计全覆盖，组织清理拖欠民营企业账款、合同管理等专项审计，建立两级风险管理制度体系，开展防范化解重大风险专项工作，推进依法治企顶层落实，依法治企能力和风险防范意识更加强化。获评辽宁省“守合同重信用”企业。

【科技创新】 着力加强弱势项目攻关。高速智能网络系统研制等六项国家先进轨道交通专项通过中期审核，城轨车辆电传动系统平台研究良好开展，中车重点专项列车网络控制系统核心芯片研制和装车应用稳定。持续进行主业核心技术提升。机车控制产品平台进一步充实，新八轴优化提升产品完成交付，永磁直驱电力机车、印度电力机车完成装车调试；高铁产品配套车型更加丰富，时速160公里动力集中动车组产品批量运营；与永济公司联合研制的牵引与控制系统成功配套时速350公里超长编组动车组投入京沪高铁春运服务，成功配套时速250公里动车组支持整车生产资质许可获批。内燃特色平台和优势打造渐入正轨。3000马力重混调车、4400马力内燃机车、时速160公里内燃机车配套产品完成装车调试，投入试验。结合中车承担的国家级项目——中国标准化地铁列车研制，城轨牵引和控制系统平台持续完善。特色产品持续打造。完成碳化硅充电机、氢燃料轨道车辆DC/DC变换器、中低速磁悬浮牵引逆变器、高频辅助电源开发。完成基于氮化镓的板级电源产品、单相逆变电源产品研制，具备装车条件。自主化MPU在动力集中动车组和八轴机车开始批量配套应用。LCU（逻辑控制单元）产品实现批量配套突破，获得安全等级2级证书。开展罐车监测与诊断系统、货车信息采集智能终端、船舶智能监测系统等产品研制，公司产品领域更加丰富。成功获批国家首批、行业首家“一带一路”联合实验室。持续完善半实物仿真平台，积极开展无人驾驶实验室、无线通信实验室、基础电源实验室建设。基于移动5G与无线时间敏感网络的列车控制技术、机车车辆灵活编组技术两个面向未来的跨代技术研究项目需要，公司申请获批成为大连市首批“5G工业互联网应用示范区”。通过国家知识产权优势企业复审和两化融合复审。全年共开展科研课题36项，其中参与国家科技部重点专项6项，国铁集团1项，中车7项。新获授权专利37项，其中发明专利21项，实用新型专利16项。获得中车科技成果奖特等奖一项、二等奖一项、大连市科技成果进步奖一项。参与制修订国家标准3项、中车级8项、企业级6项。

【生产运营】 强力推进精益生产，优化生产计划和调度体系，实现精益标准与现场实际融合，务实提升生产组织与管理能力，提高客户对交付进度和质量的满意度。全年完成电路板生产测试66 000余块，机箱组装测试3 293台，模块组装及测试8 478个，柜体组装及测试349台。定型产品平均一次交检合格率达到94%以上，生产计划兑现率达到95%。规范物资采购组织，中车采购平台线上采购率达到90%，授权集采率100%，完成采购降本1 112.77万元，降采率2.8%。年终电子电器车间获得“中国中车精益生产二级车间”，武汉地铁八号线牵引控制系统产品模拟线建设团队获得“中车优秀模拟线”称号。严格落实安全环保要求，强化安全教育，规范现场管理，持续推进隐患排查整改，全年实现安全生产零事故、零职业危害事件、零火情，实现各类环境污染物达标排放，未发生任何环境污染和环境负面事件。全年万元增加值综合能耗0.08吨标煤/万元，工业总产值综合能耗0.02吨标煤/万元，COD排放量2.51吨，氨氮排放量0.925吨，公司安全环保、职业健康、消防节能各项指标达标。

【市场营销】 加大市场开拓力度，持续推进营销模式创新升级，全年新增订单6.54亿元。国铁市场，完成HXD_2型八轴电力机车、动力集中动车组（大连平台及株机平台）等各项目产品交付。新签安哥拉内燃动车组网络控制系统订单。和谐系列机车检修业务稳步推进，CRH3制动电阻完成试修。强化与永济公司的用户服务协同，围绕重点客户，共同派驻服务团队。城轨市场，成功中标广佛线新造及大修项目，新签武汉地铁6号线二期牵引系统、都江堰储能及网络系统等多个项目。公司实质性启动与永济公司在太原地铁2号线、广佛线大修项目、印度电力机车及坦桑尼亚牵引系统等项目合作。国际市场，积极跟进加尔各答地铁车牵引系统检修等多个项目，签订南非项目网络备件合同订单。新产业有序拓展，农机装备业务实现国内外同步推进，积极拉动白俄罗斯与中国一重的农机制造合作，推动农机电传动系统在国内配套落地。以中车唐山公司牵枕缓智能焊接生产线项目实施为依托，持续跟进智能焊接线、智能装配线项目订单。在船舶海工领域，启动了与恒星船舶设计院、四八一〇厂的相关合作项目，完成舰艇综合机舱自动化系统检修、船舶电力推进系统方案设计、智能船舶控制系统产品方案设计。实验业务覆盖范围明显扩展，承接中车内外42家企业的67个项目型式试验。售后服务方面，成功挂牌12个中车电气产品“4S店”。公司产品系统配套的机车车辆共计1 681台（列）在国内外运营，全年累计新增运营里程1.5亿公里。全力保障2019年春运、新中国成立70周年华诞、第二届中国国际进口博览会等国家级大型活动。

【基建与技改】 全年投资23 371万元。其中，长期股权投资22 548万元，用于购买永济电机公司6.05%股权；固定资产投资823万元，主要用于充实研发试验能力、提升信息安全管理等。通过新购与升级电磁兼容仿真软件、系统集成设计优化系统、资产管理信息系统等软件，服务研发、实验和质量、安全、客户服务管理，推进新动能培育，提升公司管理水平。全年计划的无效资产已全部处置完成，低效设备，通过更新改造、业务拓展等方式进行重新利用，目前低效设备负荷率可达到65%左右，实现了资产提效。

【人力资源管理】 以企业转型发展为契机，坚持价值创造导向，优化人才选育留机制，人才队伍迸发新活力。围绕公司业务发展需求，结合公司经营发展实际，通过校招、社招等形式，补充各类人才31名，与海事大学签订了人才培育合作协议，就实习基地、硕士生联合培养、博士后基地合作等达成共识。积极组织员工参加中车和公司内外部的各项培训，全年累计组织培训90余项，覆盖领导力、国际化人才、精益管理、项目管理、专业技术、电工实操等各方面。积极开展职称评审工作、詹天佑茅以升奖项申报、百千万人才和大连市高层次人才申报工作，1人获评辽宁省千人计划，4人获评辽宁省万人计划，1人获评茅以升铁道工程师奖，人才梯队不断优化。年初成立薪酬体系改革领导小组，深入推进“四位一体”薪酬体系改革，全年完成岗位价值的评估和员工职业发展通道等级评定，新的《薪酬管理办法》等制度下发，职业发展通道标准更加明确。

【质量管理】 通过国际铁路行业质量管理体系标准（ISO/TS 22163:2017）扩项监督审核，检修业务成功纳入公司质量管理体系认证覆盖范围。持续推进铁路专用产品认证（CRCC）工作，成功通过动力集中动车组网络控制系统产品CRCC认证。强化设计过程规范组织，公司设计开发过程成功通过国际能力成熟度模型集成CMMI 3级评估。全年组织专项大型质量问题反思排查整改组织2次、质量月活动2次，组织质量攻关小组22个，其中获得辽宁省优秀质量管理小组4项，大连市质量管理小组一等奖2项，二等奖2项，中车公司级奖励3项。在大连市首届“工匠杯”职工技能竞赛中，公司质量检验室获得优秀团队奖。完善公司供应商管理体系配套规章制度，规范供应商准入、审核、业绩评价和退出机制要求，确保与集团相关制度体系文件全面对接。截至2019年底，公司合格供应商为183家，供应商（新准入）质量保证框架协议签订覆盖率100%。

【企业文化建设】 聚焦重点任务，以践行社会主义核心价值观为内核、弘扬新时代劳模精神为重点，通过开展弘扬新时代中国高铁工人精神、打造受人尊敬的国际化公司、“不忘初心、牢记使命”主题教育等系列活动，推选并宣传23个先进集体和69个优秀个人的典型事迹，组织全员合唱《我和我的祖国》，将庆祝新中国成立70周年活动推向高潮；紧跟时代特点，将“电牵之道”官方微信作为主要宣传阵地，全年发布稿件191篇，全面展示公司整体形象；围绕形势任务，运用电子屏、广告展架、海报条幅等灵活方式，宣传中国中车核心价值观、公司生产经营中心任务，特别在主题教育期间，召开“不忘初心、牢记使命”优秀共产党员事迹宣讲会以凝聚人心；牢牢把握“新时代”“新坐标”，按照《大连电牵公司BI建设2020实施方案》的相关部署，组织“奋进新时代、激扬中车梦、文化我践行”主题徒步大会、“我爱我的祖国”暨庆祝“中车日”主题宣传等活动，通过组织培训交流、关键岗位重点把控、将BI管理融入制度与绩效等管理手段，深入推进中车文化理念落地，使以“中车之道”为内核的企业核心价值体系深入人心；创活品牌效应，进一步完善品牌传播制度，制定下发《大连电牵公司舆情工作管理办法》，积极落实中车国际化跨文化融合宣传战略，不断聚焦打造具有核心技术自主研发能力的高科技企业典范的宣传定位。

【党群工作】 以构建“三个协同”党建特色品牌，推动党建“金名片”建设为主线开展党建工作。强化政治方向，签订党建和党风廉政建设责任，将党建责任分层压实。加强理论武装，聚焦习近平新时代中国特色社会主义思想和习总书记视察中车指示精神，组织党委中心组集中学习研讨9次、发布12期党员自学内容指导全体党员学习，通过组织全体党员每月集中观看大型政论专题片、领导班子成员到包保支部讲党课、用好“学习强国”平台等多种形式推进学习全覆盖。加固基层建设，规范开展支部换届改选，加强党建业务知识培训，每季度开展基层党建工作责任制考核，做实做好特色“主题党日”活动，以庆祝新中国成立70周年和首个“中车日”为落脚点，开展系列促凝聚活动，党支部战斗堡垒和党员先锋模范作用得到充分发挥。扎实开展“不忘初心、牢记使命”主题教育。

公司纪委持续强化监督问责，以考核压实责任，以问责推进落实，全年共启动问责2起。完成纪检机构改革，成立党委巡察办公室。全覆盖开展任前廉政谈话。开展集中整治形式主义、官僚主义专项工作，制定具体整改措施。认真做好国资委党委政治巡视整改责任清单落实和实行动态监督，累计完成63个问题的整改销号，完成率达75%。集中抓好“不忘初心、牢记使命”主题教育检视问题整改工作，完成率达72%。开展中层以上领导干部利用名贵特产类特殊资源谋取私利问题专项整治、关联交易专项整治、“三重一大”相关制度执行情况专项问题整治等专项监督工作。建立干部警示教育常态化机制，面向基层党支部开展12场“纪检干部讲纪律”宣讲活动。

公司工会突出政治性、先进性和群众性，不断凝聚合力促发展。规范召开职代会，落实代表提案的审查督办，集体合同兑现率保持100%，通过“大连市厂务公开民主管理工作标准化建设单位”认证。围绕落实产业工人队伍建设改革的意见，开展覆盖全员的“紧扣三大主题、落实八大任务”劳动竞赛，取得直接经济效益260余万元。弘扬新时代高铁工人精神，成功申报大连市劳动模范1人，实现公司成立以来市级劳模“零”的突破，通过微信公众号对23个先进集体和67名优秀个人的典型事迹进行宣传报道。扎实开展“六送三关注”活动，精准服务患病及生活困难职工20人，共补助金额2.5万元。投入资金18万元，建成“新小家”31个，并通过开展篮球赛、慢速自行车赛、徒步健身大会、第五届乒乓球台球比赛等丰富多彩的文化体育活动，切实提升了员工的获得感、幸福感、安全感。

公司团委推进团组织架构优化，在基层团支部基础上并行成立青年工作委员会。持续加强基层建设，出台青年工作制度办法5项，完善团干部选拔、培养、考核机制，将共青团及青年工作考核指标按10%的比例，纳入党建工作量化考核范畴。持续深化思政引领，策划4期青年论坛，广泛开展青年员工座谈会、青年思想调研，举办“我与祖国共奋进——国旗下的演讲”特别主题团日活动，培育选树各级青年奖项7项。持续举办第二届青年英语风采大赛、新春联欢会。与永济电机公司联合举办青年创新创效大赛。多维度开展“提质增效当先锋　青春建功勇担当”主题实践，开展2次志愿服务活动；公司团委年度累计开展各类青年活动40余场，参与人次1 000余人次。

【特色条目】

“一带一路”联合实验室　公司申报的中国—捷克牵引与控制技术“一带一路”联合实验室经科技部批准，成为全国首批14家“一带一路”联合实验室认定建设名单之一。此次获批的联合实验室，依托中国中车—捷克技术大学联合研发中心的国际科技合作平台进行建设，联合研发中心现有捷克技术大学和大连电牵公司相关教授、专家等共同组成的专业人才队伍，配套相关研发办公场地和研究实验室，在国内更有“国家重点实验室”和“国际科技合作基地”的强大研发和试验资源支持，以轨道交通装备牵引控制技术基础理论及其应用研究为主要方向，将国外的先进控制理论、工程应用方法与中方的牵引与控制技术研究应用实践结合，相关技术成果已经在标准动车组、动力集中动车组、大功率电力内燃机车和城市轨道车辆上批量使用。为我国轨道交通装备服务“一带一路”沿线国家和产业发展提供核心技术和关键产品的有效支撑。

【下属子公司】

武汉中车电牵科技有限公司　于2014年12月成立，注册资本2 000万元，大连电牵公司持股70%。公司坐落于武汉市黄陂区临空经济产业园临空南路1号，占地面积3 000余平方米，是从事轨道交通装备核心技术产品研制的高科技企业，是《武汉制造2025行动纲要》中智能制造和信息技术的重点产业培育企业，是大连电牵公司牵引及控制产品在武汉的本地化研制企业。公司形成以轨道交通装备牵引系统造修业务及智能制造装备业务两大板块为主，相关产业为辅的产业布局策划。具备年产控制系统产品500台套、变流产品300台、牵引系统50台套的能力。全年实现销售收入3 783万元，实现不亏损。

【重要纪事】 1月8日，首台装配公司牵引与控制产品的时速160公里复兴号动车组，从甘肃兰州正式上线运营。3月14日，公司“出口南非窄轨大功率交流传动内燃机车研制”项目获得中国中车科学技术特等奖。3月19日，公司荣获大连市推进企业管理现代化示范单位称号。3月20日，公司组织的动力集中动车组车载网络特定区段通信受扰专题攻关顺利完成，配套公司网络控制系统的长编组动力集中动车组开始在京沪线正常运行。4月18日，中车集团总经理、中车股份总裁孙永才，执行董事徐宗祥，总工程师张新宁及中车总部相关部门负责人一行到公司调研指导工作。4月30日，公司员工王建强获评大连市劳动模范，实现公司市级以上劳模“零”的突破。6月5日，公司获批建设“一带一路”联合实验室。8月8日，装配公司牵引与控制产品的“绿巨人”复兴号动车组，在高温高寒地带的新疆库尔勒至乌鲁木齐段，正式开通运营。10月18—20日，荣获5G工业互联网应用示范区。12月23日公司和永济公司联合研制的牵引系统配套CR400BF-B-5155号超长编组动车组完成在长客股份的全部出厂调试试验成功交付，标志着公司正式进入复兴号超长编组高速动车组配套序列。12月27日，荣获“武汉轨道交通8号线三期工程建设先进单位”的称号。

【公司党政工负责人】

党委书记 唐献康（4月免）
　　　　 南秦龙（4月任）
董事长 唐献康（4月免）
　　　　 南秦龙（4月任）
总经理 郭建斌
副总经理 慕　楠　蔡景荣
　　　　 戴碧君（6月免）
　　　　 郭永安（6月任）
　　　　 吴　涛
总工程师 吴　涛
财务总监 慕　楠

党委副书记 郭建斌　张永军
纪委书记 张永军
工会主席 张永军

（大连电牵公司　供稿）

中车青岛四方车辆研究所有限公司

（统一社会信用代码：913702002645827888W）

党委书记、董事长 孔 军

总经理 邢晓东

【概况】 2019 年末，四方所公司拥有员工 2 462 人，其中大学本科及以上学历人员 1 555 人。占地面积 21.5 万平方米。设置党群部门 5 个、职能管理部门 8 个、业务管理部门 4 个、平台组织 3 个、战略业务单元 8 个，下辖 4 个全资子公司、11 个控股参股公司。设有基础技术研究与行业技术支持、电气、电子、钩缓、减振、制动、智能装备、储能及信号等业务板块。全年实现营业收入 68.8 亿元，同比增长 17.9%；归母净利润 7.66 亿元，同比增长 14.7%，保持营业收入与归母净利润双增长。年内，获得集团公司“改革发展专项奖”、3 项“协同创新专项奖”，连续第五年荣获集团公司“突出贡献奖”。

【改革改制】 公司落实中国中车“三重一大”决策系统要求，细化党委会、董事会、总经理办公会决策机制和决策范围，提升决策效率。确立三年滚动规划暨“十四五”战略前期规划，立足轨道交通核心系统装备打造创新驱动、资本协同、业务多元、全球经营智能产业集团战略目标，进一步清晰业务重组方向与路径。把握国有企业混合所有制改革第四批试点单位发展机遇，成立公司混改专项工作机构，专题研讨混改目标方向，与外部智库探讨混改政策研究及框架方案确立混改原则与主要方向。

【战略投资】 公司做实芬兰倍耐克投后整合与思锐智能公司管理工作，ALD 业务规模增长 20%，与京东方等企业开展深度合作，对接京张智能高铁；完成对青岛四方思锐智能技术有限公司二期增资，相关业务本地化落地工作有序开展。推进“处僵治困”，实施天津产业基地建设，完成产业基地项目工程招标，进入施工阶段；天津装备公司围绕既有货车缓冲器业务和四方所新注入的钩缓、电气业务，加快转型升级步伐。承接资阳中车电气科技有限公司业务，设立成都中车四方所科技有限公司，助力资阳电气公司转型升级。加快区域布局，与青岛地铁集团、四方股份组建青岛地铁轨道交通智能维保有限公司；与济南轨道交通集团资产管理有限公司和中车山东公司组建济南轨道济南思锐轨道交通装备科技有限公司，推动轨道交通装备和核心配套系统产业发展。

【经营管理】 公司以“提能力、补短板、谋发展”为主线，以客户需求为导向，强化战略管控，坚持技术创新和管理提升，实现企业经营更高质量发展。推进一体化运营绩效考核体系建设，开展公司主流程梳理与评审，审核公司级主业务流程112项目，组建制度流程工作委员会，初步搭建一体化流程制度管理平台。公司通过“中车精益管理三级单位”预评价，开展精益制造体系贯标，年内新建1个精益车间、6条模拟线，升级6条精益生产线，完成标准工位示范建设和15个主产品贯标；试点运用“指标和可视化”“层级责任会议”等工具，推进“精益运营管理体系”建设。落实中车提质增效工作要求，对铁路业务管理中心成员单位提质增效13项265条有效做法逐项对标；开展“改善不良、杜绝浪费”专项工作，产生经济效益1 300余万元。推进公司两化融合和产业化转型升级，搭建智能制造产业平台，加快高铁核心机电系统产品智能制造专项落地，完成车间基建和网络改造、线边智能仓储建设、智能组装产线安装调试，实现软硬件集成互联互通；高铁减振产品智能制造专项建设通过集团立项可研评审，部分信息化管理平台与高铁核心机电系统产品智能制造项目同步上线。

【科技创新】 公司申请国内外专利214件，其中发明专利141件〔包括国外专利（PCT）申请27件〕。首次获得全国软件和信息技术服务综合竞争力全国百强企业称号，首次荣获“国家知识产权示范企业”称号，荣誉称号获得3项山东省科技进步奖三等奖、1项山东省技术发明奖三等奖、1项铁道学会科技成果奖三等奖；通过中国中车5项科技成果评价，5项成果技术水平均达到国际领先及国际先进。围绕国际标准，推进年度UIC SET02标准复审，提报UIC 845等5项提案，持续参与ISO、IEC国际标准制修订，《轨道交通车辆座椅》完成标准立项；围绕行业标准，推进15项国家标准、行业标准归口工作；围绕集团标准，新签中车标转制修订合同46项，发布中车标准18项，中车研究课题《轨道交通国际标准与法规研究》进入验收阶段；围绕软件评测行业标准，《轨道交通装备软件测试规则》获认监委归口RB标准立项，抢占轨道交通装备领域软件测评认证标准制定权。成立国家高端装备和智能制造（轨道交通装备）软件质量监督检验中心，主持和参加在手国家科技支撑计划、国铁集团等各级课题38项；实施国家重大攻关工程，研制第一代时速600公里磁浮列车用涡流制动器，开展轨道交通车辆装备节能减排评价体系研究，完成城轨车辆节能减排评价体系文件。围绕京张智能高铁和时速400公里中国标准动车组等新车型，推动产品创新；CAB-B型新一代机车制动系统通过20万公里运用考核，装用“和谐号”和“复兴号”系列机车；研制中国标准动车组牵引控制器，装用CRH6F型市域车进行调试。

【市场营销】 公司新签订单74.5亿元，同比增长15.2%。国铁市场签约同比增长17%，获得时速350公里标准动车组、时速160公里动力集中动车组、机车新造市场及动车检修市场订单。城轨市场签约同比增长15%，网络系统、钩缓装置、空气弹簧等主要产品市场占有与2018年持平。海外市场获得西班牙铁路车辆制造商塔尔高公司电气、减振等项目产品订单，钩缓系统首次出口瑞士，减振系统首次获得德铁直供空气弹簧订单。多元市场稳中有进，轨道交通储能系统获得北京亦庄线、甘肃天水线等有轨电车项目订单；完善无锡、苏州能馈系统，获得北京、苏州、无锡订单。

【人力资源管理】 公司优化员工激励模式，完成岗位分红激励方案并获得中车集团批复。实施《核心人才培养指导意见》，制定培养、考核激励措施，强化人才队伍建设。建立青年员工成长成才机制，开展首届暑期实习生招聘工作，转化签约率36%。组织公司首届“十大杰出青年”评选活动，青年员工学习典型，争当先进。加强核心人才队伍建设，聘期内中车首席技术专家8人、资深技术专家12人、技术专家73人、管理专家4人、技能专家2人。搭建高技能人才培养平台，首次建成机械加工、车辆电工、焊接技师工作室，培养“全国焊接机器人操作技术能手”1人、青岛市“突出贡献技师”2人。

【质量管理】 公司强化实物质量管控，加强源头质量控制，年度安监报和清客下线同比下降12.4%和25%；管控攻关和源头整治项目53项，计划完成整治项目26项，调整计划3项，项目封闭率91%。推进质量管理体系流程一体化项目建设，梳理采购与供应商管理、生产和交付、服务三大核心业务流程，形成质量管理体系一体化流程框架图。对产品设计、生产工艺、产品采购等过程强化监控，全面提升制动产品质量。贴近用户需求，强化与客户质量对接，组织分析整改零千米调试故障、一般运营故障及安监报故障，确保质量问题得到有效整改，降低产品运用故障率。梳理动车组运行10年以上产品情况，奠定后续全寿命周期产品质量管控数据分析基础。启动质量信息化建设，制定质量信息化方案，钩缓试点质量信息化建设项目主要模块上线运行，满足质量信息化运行要求。

【企业文化建设】 公司深化思想政治建设，强化意识形态、舆情管控。推进精神文明建设，培育优秀企业文化。加强思想政治宣传和形势任务教育，弘扬社会主义核心价值观。结合主题教育，在“学习强国”平台展示企业风采。组织庆祝新中国成立70周年、建所60周年系列文化活动，总结提炼“不忘产业报国初心、牢记领先领跑使命”企业文化内涵。举办职工运动会，倡导健康生活理念、强健员工体魄，凝心聚力企业发展。邀请中国中车、国铁集团、发改委交通协会、地铁公司、四方所等专家、人员召开座谈会，感怀建所60年发展历程，谋划未来更高质量发展。在央视、人民日报、瞭望等国家级媒体、杂志宣传企业形象，公司企业文化和品牌建设工作再次入选中车集团“卓越企业”榜单。

【党群工作】 公司党委以习近平新时代中国特色社会主义思想为统领，全面贯彻落实党的十九大和十九届二中、三中、四中全会精神，深入贯彻习近平总书记视察中车重要指示，落实中车党建“成效跃升年”各项工作要求，围绕公司“11231”总体工作思路，坚持党委统一领导，强化党建引领作用，聚焦高质量发展目标，推进党建与经营管理工作深度融合，持续保持高质量发展态势，展现党建工作推动企业发展强大动力。深入开展主题教育，政治建设成效跃升；强化整改任务落实，标本兼治成效跃升；强化政治学习落地见效，理论武装成效跃升；强化组织力提升，“三基建设”成效跃升；强化思想建设，凝聚发展合力成效跃升；强化考核监督，干部队伍建设成效跃升；强化监督执纪问责，党风廉政建设成效跃升；强化群团组织建设，党群一体化成效跃升。

【下属子公司】

天津中车机辆装备有限公司 四方所的全资子公司。2019年实现营业收入3亿元，同比增长16%，亏损2 980万元，同比减亏58%。把握整体搬迁机会，以高质量发展为主题，通过技术高质量、生产高质量、实物高质量、管理高质量四方面工作提升，逐步实现经营管理“规范化、标准化、数字化、自动化、智能化、智慧化”六个方向发展，全面推动转型升级。

中铁检验认证（青岛）车辆检验站有限公司　四方所的控股子公司。2019 年实现销售收入 9 584 万元。安全管理达标，实验室外审通过率 100%。搭建噪声试验验证平台；完成禁限用物质检测平台建设、防火阻燃检测平台和整车试验验证能力平台规划、称重试验台和限界规建设、TB/T《铁路货车转向架结构件》送审稿、《城轨车辆整车空调系统舒适性和试验方法》编写工作。

重庆中车四方所科技有限公司　四方所的控股子公司。2019 年实现营业收入 2.01 亿元，完成年度经营 T1 指标。年内签订合同金额 1.10 亿元，完成重庆、广州、成都等项目产品交付。

【重要纪事】　1 月 10 日，公司召开干部警示教育大会。1 月 11 日，公司召开战略研讨会。1 月 17 日，公司荣获中车突出贡献奖、协同创新专项奖、管理创新一等奖三个奖项。1 月 26 日，公司名列“2018 青岛企业综合 100 强”第 25 位、“2018 青岛企业收入 100 强”第 42 位、“2018 青岛制造企业收入 100 强”第 19 位。2 月 19 日，公司党委组织召开年度民主生活会，中国中车副总裁王军等领导到会指导。3 月 13 日，中国中车党委书记、董事长刘化龙，副总裁王军到公司调研考察。3 月 14 日，公司 10 项科技成果获得“2018 年度中国中车科学技术奖”。4 月 1 日至 5 日，公司轨道交通智能技术首次参展德国汉诺威工业博览会。4 月 26 日，国家高端装备和智能制造（轨道交通装备）软件质量检验中心在公司揭牌。5 月 5 日，中捷轨道交通研发合作框架签约仪式在公司举行。5 月 8 日，中国中车党委常委、副总经理贾世瑞到公司调研指导。5 月 16 日，公司智能运维系统、智能检修系统、车网路一体化仿真平台、BENEQ 透明显示产品以及牵引、网络、制动“三大系统一体化”控制单元参展第三届世界智能大会。6 月 12 日，中车党委常委、纪委书记王铵到公司调研指导。7 月 15 日，公司召开干部警示教育大会。7 月 30 日，中国中车副总裁余卫平到公司调研指导。8 月 1 日至 2 日，公司通过德国焊接学会 DVSzert 和国际授权（中国）焊接企业资质认证委员会 CANB 审核认证，获得 EN 15085 证书。10 月 20 日，公司召开第十七届职工田径运动会。10 月 31 日，中车党委常委、执行董事徐宗祥到公司讲授专题党课。12 月 3 日，公司“混合式城市轨道交通再生制动能量节能系统”荣获中国节能协会节能减排技术发明奖二等奖。12 月 6 日，公司通过国家知识产权示范企业评审，荣获“国家知识产权示范企业”称号。

【公司党政工负责人】

党委书记　孔　军
董 事 长　孔　军
总 经 理　邢晓东
副总经理　陈　凯（12 月调离）
　　　　　颜　强　姚小强
　　　　　崔凤钊　李照平
　　　　　聂　翔　冯　勇
财务总监　颜　强

党委副书记　邢晓东　李宏峰
纪委书记　李宏峰
工会主席　颜　强（7 月任）

（四方所　供稿）

中车戚墅堰机车车辆工艺研究所有限公司

（统一社会信用代码：91320400137168058A）

党委书记、董事长　王洪年

总经理　王文虎

【概况】　2019年末，戚墅堰所公司在岗员工总数3 165人，其中女员工533人、高级技术职称338人、中级技术职称547人、高级技师119人、技师234人、博士研究生学历9人、硕士研究生学历501人、本科学历1 089人、大专学历806人，中专、技校学历303人，高中及以下学历457人。公司固定资产原值33亿元，净值18.7亿元；占地面积70.3万平方米。公司设有国家认定企业技术中心、江苏省轨道交通关键零部件与材料工艺工程技术研究中心、中车机械传动技术研究中心、江苏省机械传动技术工程研究中心、JITRI——中车戚墅堰所企业联合创新中心、江苏省高速列车基础制动系统关键部件工程技术研究中心、江苏省轨道交通养路机械工程技术研究中心、江苏省汽车进排气系统零部件工程技术研究中心、江苏省轨道交通铸钢件工程技术研究中心等9个专项中心、3个事业部，下属子公司10个。全年实现销售收入42.3亿元，同比增长9.6%。

【经营管理】　公司开展“提品质”专项对标与“1+13”提质增效专项工作，净资产收益率等13项对标指标大幅改善，经营品质持续提升。获得工业和信息化部制造业单项冠军示范企业、中国齿轮行业30年最具影响力企业、中国中车突出进步奖、协同创新专项奖等系列荣誉。获批成为第四批混合所有制改革试点企业，开展“十四五”规划预研究，完成总体改革方案设计与相关前期准备工作。依托核心技术聚合产业资源，创新产业培育模式，引入高压继电器、智能焊割装备业务，新设1个单元式创业组织，业务培育实现由内培向外引有效拓展，失效分析及质量鉴定等青创客项目加快培育，业务梯队不断丰富。统筹内外部资源，优化生产运作体系，生产保障更加平稳，订单准时交付率提升至98.73%。优化完善QCDSI生产指标体系建设，开展“三对三查”活动，加强供应链质量管控，高效开展客户服务，为新中国成立70周年保大庆保安全保运营提供坚实保障。完善组织绩效考核体系，建立重点工作督办考核联动机制，试点开展流程效率专项提升，推进专项成本改善与成本管理优化，构建多部门联动成本管控机制，试行产品工艺负责人制度，加强劳动定额管理，导入卓越绩效管理，促进效益效率综合改善。深化 ERP 应用，推进仓储管理系统建设，扩大精益研发平台应用范围，实现设计工艺制造一体化平台批量产品应用。强化决策管理，“三重一大”决策运行监管系统实现全覆盖。初步搭建合规管理体系，开展全面风险防化与“两金”管理、废旧物资管理专项审计监督。深化风险分级管控与隐患排查治理双重预防机制建设，开展相关方安全管理专项治理。落实生态保护污染防治三年行动计划，设备管理、基建管理、动能管理、节能降耗、治安消防、公共服务等工作稳步提升。

【技术创新】 公司主持制定并发布国际标准 1 项、参与制定国际标准 2 项，在材料工艺国际标准化领域取得历史性突破。制定行业标准 6 项、申请发明专利 106 项，获中车及以上科技成果奖励 19 项，“时速 350 公里速度等级动车组摩擦副”获江苏省科学技术成果一等奖。举办轨道交通车辆车轮踏面摩擦控制技术国际论坛，行业影响不断扩大。联轴节项目纳入中国中车关键核心技术攻关专项，油压减振器项目获批中国中车重大专项，实现中国中车重大专项零的突破，获批江苏省企业联合创新中心与双创示范基地。深化材料工艺研发平台建设，国际交流合作不断加强。复兴号动车组系列产品新获 10 项 CRCC 证书，联轴节实现时速 350 公里复兴号动车组扩大装车，时速 400 公里动车组齿轮箱、基础制动与踏面清扫装置等产品完成开发，弹性车轮实现地铁车辆装车应用突破，290 吨电动轮装车考核性能达到国际领先水平，感应正火作业车等集成产品完成开发。铝基陶瓷制动盘研发进入 1∶1 制动试验阶段，新型耐热钢材料通过客户验证，金属型低压铸造实现工艺固化与产品批量装车应用，齿轮钢连铸连轧工艺实现机车产品装车试用，接地装置碳刷材料工艺研究取得重要进展。获得工程机械轮对压装资质，轨道集成装备试验线、齿轮箱振动可靠性试验台、轴承试验台、倾斜试验台建成投用。

【市场营销】 公司年内新签订单 40.61 亿元。时速 350 公里复兴号动车组齿轮箱市场份额保持领先，时速 160 公里复兴号动车组产品订单加快增长。城轨齿轮箱连续 3 年新签订单突破 1 万套，保持行业第一；钩缓装置新获 3 条线路批量订单，风缸模块市场份额加快提升。汽车零部件高镍不锈钢业务占比提升 15.1 个百分点。工程机械横向市场份额保持领先。重型机械业务同比增长 30%。船用柴油机零部件业务逆势增长。生产性技术服务业务稳步增长，获批国家职业教育改革“1+X”证书制度试点。基础制动业务同比增长 70%，CRH380A 动车组制动盘实现批量装车。前端车钩实现时速 350 公里复兴号动车组、CRH6 型城际动车组批量应用。公铁两用牵引车、珩磨机等集成装备市场推广进一步加快。新能源汽车驱动系统突破进入主流车企。进入液压铸件、钛合金锻件等业务领域，实现批量应用。齿轮箱、制动盘印度市场布局成效初显，参股设立海外公司，构建战略市场阵地。检修业务同比增长 67%。动车齿轮箱检修新增成都检修基地，实现与上海智沪战略合作，获得长客股份批量检修订单，构建形成覆盖铁路局集团公司、系统集成商、主机企业等客户差异化检修业务模式。闸片销售收入同比增长 150%，集采订单同比增长 392%，新增 4 家属地化合作检修基地。青岛减振器检修基地启动建设。城轨齿轮箱属地化检修布局取得突破。

【人力资源管理】 公司持续加强经理人、后备人才、核心人才、高技能人才队伍建设。实施中层管理人员任期考核和重新竞争上岗，1 人考核退出，5 人提前退出，5 人到龄退出，激发干部队伍活力。加大力度选拔优秀年轻干部，新提拔 15 名年轻中层干部；职位调整交流 8 人，11 人退二线。实施中层后备人才岗位锻炼，后备梯队人才岗位交流 27 人，新补充主管岗位人员 17 人。聘任 L5 及以上职业发展等级 23 人。开展工程、政工、会计、经济等职称评审，7 人获评正高级工程师，45 人获评高级工程师，4 人获评高级经济师，1 人获评高级会计师，1 人获评高级政工师。实施员工补充医疗保险，建立员工法律咨询室和劳动调解室，加强员工关怀。健全公司培训学院功能平台，基于学院、项目部、分院三级管理架构，统筹成立 4 个分院，建设 1 个学院级实训中心，强化关键领域人才培养。公司就业见习基地获评“2018—2019 年度常州市优秀青年就业见习基地”。核心人才影响力不断提升，2 人获国务院特殊津贴，1 人获评茅以升铁道科学技术奖，2 人获评江苏工匠，1 人获评中国铸造大工匠，1 人获评热处理技能大师，3 人获评江苏省企业首席技师，3 人获评常州市企业首席技师；1 个工作室获评江苏省技能大师工作室，2 个工作室获评常州市技能大师工作室。

【企业文化建设】 公司深化 VI、BI 建设，深度打造“中央厨房”融媒体机制，高频次、高质量、高平台对外展示企业形象。开展 VI 回头看检查并督促整改，形成“BI+售后”“BI+ 质量”“BI+ 安全”“BI+ 党建”四个专项 BI 建设工作，将 BI 与生产经营相融合。融媒体集中报道，刘云清专题报道在中央电视台《新闻直播间》《晚间新闻》《精彩一刻》等节目中滚动播出，宣传稿件 1 136 篇次，累计观看超过 25 万人次，微博累计触达人数 237.8 万。组织宣传高铁关键技术突破、国际标准制定、“哪吒风火轮”等热点典型产品。以新中国成立 70 周年、建所 60 周年为契机，打造“六个一”文化工程和开展系列庆祝活动，拍摄“我和我的祖国”MV，通过央视新媒体客户端发布。展示“中车之道”，出版《戚所印象》；制作“辉煌历程　壮丽诗篇”图片展馆，观展人数突破 2 000 人次；发布《甲子流光》画册，拍摄《戚所征程》文化影片，《戚所印象》《戚所征程》《甲子流光》形成文化三部曲。建设文化展厅，展示公司发展成就。建立青年志愿者团队，组织毅路同行千人毅行、汉式集体婚礼、“中国梦、劳动美、戚所情”金秋歌会、“9·28”中车日庆祝大会暨第二届员工大众运动会，展现企业文化内涵。

【党群工作】 公司党委把贯彻习近平总书记重要指示精神作为首要政治任务，在创新、智能制造、国际化、人才、品牌、改革等六个方面制定落实措施 105 项。分两批开展“不忘初心、牢记使命”主题教育，坚持“四个贯穿始终”，高起点谋划、高标准推进，将主题教育成果转化为推动公司改革发展强大动能。做好巡视“后半篇文章”，严格执行巡视整改定期报告制度，推进巡视发现问题监督检查、销号管理和整改决议落实，国资委政治巡视和中车专项巡视按期整改完成率均为 100%。深化“双创先锋”党建“金名片”建设，公司党建“金名片”顶层设计更加完善。持续推进标准化党支部建设，6 个支部案例入选中国中车党建“金名片”系列丛书，基层党建工作实现跃升。严格落实“两个责任”和中央八项规定精神，工作作风持续改进。紧抓“双庆”重要契机，凝聚企业发展合力，协调推进八大民生工程。召开公司首次青年工作会议，启动“1234”青年员工成长成才工程，“青创客”成果逐步显现。

【下属子公司】

［全资子公司］年内，全资子公司包括常州市瑞泰工程机械有限公司、常州中车铁

马科技实业有限公司、常州中车汽车零部件有限公司、常州中车柴油机零部件有限公司、常州朗锐铸造有限公司共5家企业。

常州市瑞泰工程机械有限公司 全年实现销售收入3.29亿元。累计完成新产品17项，申请发明专利7件、PTC专利2件；发表论文5篇，制定/修订标准4项，参与4项行业标准起草。完成国铁集团临修捣固装置、印度版捣固装置、DCCX-120轮对总成、高寿命耐磨耙链等13种大机新产品开发；完成自行式移动正火车、槽型轨补焊车、精密扳手车、500T牵引车等4种集成产品开发。开展电气技术研发，完成智能型踏面摩擦控制系统、车钩电加热控制系统、真轴齿轮箱倾斜试验台、齿轮箱搅油试验台等非标设备电控系统开发，配套开发完成公司焊轨车远程控制系统等5种集成产品电控系统。对接主机厂和路局客户需求，初步达成96头打磨车齿轮箱、道岔铺换设备、高空作业车、综合作业车、工务捣固车、时速160公里电传动作业车、II型探伤车、金鹰清筛车传动系统等8项新项目配套意向。承担江苏省国际科技合作项目，“电驱动自行式钢轨探伤小车的联合研发及产业化”项目通过江苏省科技厅验收，并在深圳地铁现场应用比武中获评综合成绩第一。年内通过铁路工务机械车轮对压装技术现场复查评审，通过ISO 9001:2015质量管理体系监督审核，通过安全生产标准化二级企业期满复评评审，获评“常州市企业技术中心”认定，WMS信息化系统上线应用。1项成果获2019年常州市优秀QC小组活动成果发布二等奖、1项成果荣获三等奖；DPZ-440配砟车换挡机构优化研究QC小组荣获全国铁道行业优秀质量管理小组，DCL-32主从动齿轮国产化研究QC小组、车轴精加工改进QC小组获得“2019年常州市优秀质量管理小组”称号；瑞泰公司齿轮箱组装班、设备维修组获得“2019年常州市质量信得过班组”称号。

常州中车铁马科技实业有限公司 全年实现入库产值7.61亿元，较好完成质量损失率、期末存货余额、物资采购降本等各项指标。深化“职能＋项目”运行管理模式，成立项目群组办公室，合并重组7大项目群组，选拔优秀骨干担任经理。强化过程质量、行为质量、质量文化，确立14项子工程，质量损失率有所降低。完成动/机车制动盘、时速160公里动力集中车闸片、踏面清扫装置、弹性车轮4条自动化生产线建设。取得动车组闸片检修资质，开拓昆明、郑州、武汉、上海、南宁等路局闸片属地化检修业务，闸片年产值创历史新高。踏面制动、钩缓装置批量化装车运用于常州地铁1号线，制动盘、闸片、夹钳装车运用于时速160公里动力集中车。上线WMS、优化SAP，提升仓储物流效率。公司获得“中央企业先进集体”称号，首年度投入使用“蒋宇锋技能大师工作室”获评常州市技能大师工作室、常州市劳模工作室，蒋宇锋获得常州市五一劳动奖章、江苏省技能大师等荣誉称号。

常州中车汽车零部件有限公司 全年实现销售收入10.88亿元。开拓高镍、不锈钢高端乘用车产品市场，高镍、不锈钢产品销售同比增长27%；获取戴姆勒2.0高镍涡壳、长安1.5T不锈钢涡壳等多个高端乘用车全新项目，所有项目成熟年份需求超过105万件。成立新产品、新装备开发专职团队，开展液压产品、铸造用冒口材料、焊接电极、差速器总成项目等方面产业调研，其中液压铸件产品年内形成约680万元销售规模。持续推进降本增效专项工作，减员514人，实现人工降本2 000余万元。根据环境保护治理规划，铸造三事业部整体合并至铸造一事业部。实施部分组织机构优化调整，成立新品开发部、运营保障部、安全环保部。公司获评博格华纳公司“最优质供应商奖”、上海菱重公司“最佳质量奖”；乘用车用控制臂荣获优质铸造金奖特别奖。

常州中车柴油机零部件有限公司 全年实现销售收入超过1亿元。稳定和传承活塞、活塞环等核心产品市场，重塑产业结构、优化产品结构，向动车组产品和新产业转型。推进接地装置谱系化，完成油压减振器产线建设，提升配套供应能力；实施齿轮箱轴承盖、RV减速器等新项目。推动工信部《低速机活塞环项目》研制，完成《油压减振器国产化》研制、《装备用高速柴油机活塞组件项目》开发，攻克锻钢活塞激光焊接技术。完成专利授权6项，发布论文2篇，申报科技项目9项。修订发布年度标准成本，进一步规范强化成本核算业务流程，提升SAP数据准确性。建立订单拉动式生产管理体系，优化履约能力评审流程，实施订单投产审批机制，订单履约率与生产计划品种完成率显著提升。完成活塞环生产外部扩能，提高内部人均效能，活塞环人均产出同比增长30%以上。落实盘点机制，改善存货管理，减轻长账龄存货压力。开展质量专项提升活动，有效降低质量损失率；通过质量、环境、职业健康安全管理体系复评。

常州朗锐铸造有限公司 全年实现销售收入1.92亿元，生产计划完成率98%。新立B级科研项目2项、C级4项，完成C级项目结题2项、中车科技成果鉴定1项。完成高强高韧铸态球铁QT700-7、QT800-5材料开发与研制。完成齿轮箱泥芯机械制芯工艺研究，新开发地铁齿轮箱毛坯工艺出品率稳定在70%左右。完成1模8件销座模具开发与优化，销座成品率提高10%，铸件出品率提高8%，生产效率提高200%，并取消采购陶瓷管，杜绝磁粉探伤时毛坯面因夹渣导致打磨问题。加强外协质量管理，抽查生产过程关键项点，强化全过程质量管控。通过开发战略供应商，有效解决齿轮箱产能不足问题，机车齿轮箱同期交付量增长8%。完成6项精益改善项目及2项价值流项目、齿轮箱造型工序自动化改造及vocs治理项目、浇注废气治理项目、电炉除尘改造、事故应急池建设等项目，进一步降低污染风险。开展“不忘初心、牢记使命”主题教育，组织经理层及以上人员共11人集中学习研讨4次，针对公司发展核心问题深入调查研究，形成两篇调研报告。

[控股子公司] 控股子公司包括中铁检验认证(常州)机车车辆配件检验站有限公司、常州朗锐凯迩必减振技术有限公司(详见中外合资公司条目)共2家企业。

中铁检验认证(常州)机车车辆配件检验站有限公司 年内完成铁路总公司计划交流传动机车车钩、交流传动机车制动盘、铁路货车锻钢上心盘等产品质量抽查检验；完成中铁检验认证中心有限公司(CRCC)下达各类机车车辆零部件产品认证检验、图谱备案检验、技术审查检验等任务，以及各类委托检验，检测业务实现产值3 728万元。完成并通过NILPT-1769轴承钢中化学成分分析、CNAS PT0017-T097塑料玻璃化转变温度测定、PT-原油-201901-04原油检测、NILPT-2079工件尺寸内外径检验、NILPT-2052-2金属材料棒材室温拉伸试验(国际比对)、NILPT-2044-2金属布氏硬度测试(国际比对)、CCTPT-0015-M10六角头螺栓拉伸试验、NILPT-2094铝合金铸件X射线透射检测等8项中实国金实验室能力验证项目。完成人员培训、不确定度评定、人员比对、设备比对、方法比对等实验室年度质量监控计划。累计参与CRCC现场审核数20余个厂项，涉及产品包括动车、机车、货车、客车、动车等相关零部件；主持或参与CRCC认证规则编制与修订工作，涉及铁路客车制动盘、动车组闸片、交流传动机车车钩、客车车钩、货车组合式制动梁、动车组齿轮箱等产品。

[中外合资公司] 中外合资公司包括常州朗锐凯迩必减振技术有限公司、常州朗锐东洋传动技术有限公司共2家企业。

常州朗锐凯迩必减振技术有限公司 全年实现销售收入2.33亿元，同比增长8.3%。新造减振器交付67组，累计修理动车及客车等各车型各修程减振器44 543个，高度阀、差压阀销售7 665个，交货及时率97.5%。国产化项目持续推进，启动250标动油压减振器国产化工作；完成符合EN 15085焊接体系要求的减振器焊缝工艺开发，获第三方工艺评定证书。启动企业经营模式调整，在青岛设置分公司，将检修业务全部转移至青岛分公司；经双方股东通过，组织召开临时董事会履行相关程序，完成青岛分公司工商注册，进行设备搬迁和产线量产。年内，公司通过三体系复评及ISO 22163监督审核。

常州朗锐东洋传动技术有限公司 全年实现销售收入2.33亿元。年内获得北京3号线960套、天津10号线/4号线656套、昆明5号线336套、哈尔滨2号线576套、重庆9号线及1、6号线增购836套、西安3号线增购464套、成都7加车160套等9个新造项目。齿轮箱大修市场取得突破，与天津中车四方达成合作框架协议，深化京津冀以及东北三省区域齿轮箱检修业务合作。开展A、B包齿轮箱统型问题研究及车辆齿轮驱动装置改型研制，增加公司技术储备。

【重要纪事】 1月8日，公司“复兴号中国标准动车组机械传动系统研发及产业化项目”获江苏省战略性新兴产业发展专项立项支持。1月10日，公司“100%低地板轻轨车辆用轴桥驱动装置横向耦合一体式技术攻关”等4个项目获江苏省工业转型升级专项资金支持1 136万元。1月23日，中车党委书记、董事长刘化龙到公司调研考察。2月27日，公司作为项目合作单位参加工信部工业强基项目“高性能齿轮渗碳钢工程实施”启动和签约仪式。2月28日，阿尔斯通法国总部铸锻件大商品经理Adriana、印度区采购总监Kamesh、中国区采购总监梁晓松一行到公司访问。3月14日，公司获得第十七届中国国际铸造博览会最高奖。3月21日，公司副总经理、总工程师陈笃荣获“2018年度中国制造业杰出CIO”称号。4月12日，公司铝合金金属型低压铸造生产线完成首次小批量试生产。5月，公司首席技能专家刘云清作为“高铁工匠”代表录入中央电视台《大国工匠·匠心报国》栏目进行专题报道。5月8日，公司主持制定第一项国际标准ISO 945:4:2019《铸铁金相组织——第四部分：球墨铸铁球化率评定方法》正式出版发行。5月8日，机器人用精密RV减速器组装及疲劳试验区正式投入使用。5月12日，中国机械工业联合会召开公司“复兴号”中国标准动车组用基础制动装置及车钩缓冲装置、城轨车辆用分块式橡胶弹性车轮三个项目科技成果鉴定会。5月28日，公司定为“江苏省大众创业万众创新示范基地”。5月，公司列为国有企业混合所有制改革第四批试点单位。7月9日，中车党委常委、纪委书记王铵等领导一行到公司指导工作。7月20日，公司与澳大利亚科工组织CSIRO举行低烟雾焊枪项目签约仪式。7月26日，中车党委委员、执行董事徐宗祥到公司调研指导工作。8月，公司完成CR300A/BF和CR200J“复兴号”动车组关键零部件产品布局并取得5张CRCC正式证书。8月13日，公司首台自行式钢轨感应正火车出厂上线运用考核。8月，公司获得2016—2018年度“常州市文明单位标兵”称号。8月28—29日，公司获得“全面质量管理推进40周年杰出推进单位”称号。9月4日，公司职工杨余明、董国节分获常州市第二届“龙城工匠”“龙城技能标兵”称号。9月，公司工会《实施“家·年华”战略，增强员工幸福感》获得江苏省“职工思想政治工作优秀案例”一等奖。9月18日，公司广州地铁六号线地铁车辆用弹性车轮通过客户首件鉴定。9月21

日，公司产品助力常州地铁1号线正式开通运营。同日，铁马公司获得“中央企业先进集体”称号。9月23日，公司《以固本强基为核心目标的管理标准体系及其集成管理平台建设》荣获中国中车第四届管理创新成果一等奖。9月25日，公司员工刘云清劳模创新工作室被授予“江苏省技能大师工作室”。9月25—26日，公司举办2019轨道交通车辆车轮踏面摩擦控制技术国际论坛。10月22日，公司首次在台湾举办ISO 3834国际焊接体系认证以及相关无损检测技术标准解读研讨会。11月5—10日，公司在第二届中国国际进口博览会上与三家企业签约。11月8日，公司荣获中国齿轮行业30年“最具影响力企业（1989—2019）”称号。11月9日，公司定为国家级制造业单项冠军示范企业。11月18日，公司陆堰龙《攻关轮边机减速器系列行星轮组产品工艺瓶颈突破及磨齿工艺创新》项目荣获江苏省职工十大科技创新成果，张晋伟《轨道交通车辆用缓冲装置》荣获江苏省职工十大发明专利。12月13日，公司试验检测中心通过冲击比对试验国际标准和美标双重认证。12月25日，公司《高端装备制造企业以世界一流为目标的数字化管理标准体系建设》《高端装备制造企业以价值创造为导向的精细化、差异化、柔性化绩效薪酬体系重构》两项管理创新成果分别获得江苏省一、二等奖。12月27日，公司“机车轮轴驱动系统试验台与试验标准”项目获中国铁道学会科学技术奖励二等奖。12月27日，公司再次获评“优秀”国家企业技术中心。12月30日，公司《高端装备制造企业基于智能化平台的新产品开发管理》项目荣获第二十六届全国企业管理现代化创新成果二等奖。

【公司党政工负责人】

党委书记　王洪年
董事长　王洪年
总经理　王文虎
副总经理　陈笃李　培顺
　　　　　金国宝　郑剑云
　　　　　施建锋　庄　军
　　　　　高　兵
　　　　　莫彦承（12月任）
总工程师　陈　笃（兼）
财务总监　施建锋（兼）

党委副书记　王文虎　刘建华
纪委书记　刘建华
工会主席　刘建华

（戚墅堰所　供稿）

中车株洲电力机车研究所有限公司

（统一社会信用代码：9143020044517525X1）

党委书记、董事长　李东林

总经理　杨首一

【概况】　2019年末，株洲所公司员工总数17 926人，其中境外员工4 674名；员工中35%以上是技术人员，其中博士225人，硕士2 839名，整体人力资源结构呈现高学历和年轻化的特点。公司拥有“电气传动与自动化、高分子复合材料应用、新能源装备、电力电子（基础）器件”四大产业板块、十大业务主体、两家上市公司、十个国家级科技创新平台、三个企业博士后科研工作站，并在美国、英国、德国等地设有五个海外技术研发中心。全年实现销售收入302亿元，同比增长2%。

【科技创新】　公司完成国家项目列车控制与信息服务网络技术攻关，多约束模型预测控制、环境感知、智能人机交互技术行业领先。国内首台3 300伏全SiC牵引变流器完成研制，体积、重量降低30%。时速600公里高速磁浮、高压电力电子变压器、图像识别、智能集成功率组件（PCU）、寿命预测与健康管理系统（PHM）、多流制网侧控制等前沿技术均取得重大进展。时速250公里标动技术平台成功构建，机车变流器2.0平台全面升级，推出高原、高寒多场景方案。智能驾驶技术在重载机车、智轨、矿卡等领域实现应用，填补多项行业空白。FAO系统具备工程化条件。全球下潜最深、功率最大作业级电动ROV下线发布。基于自主IGBT芯片750伏双面冷却模块达到国际先进水平。世界最长聚氨酯风电叶片生产下线。全球最大桩深旋挖钻机研制成功。高性能芳纶材料通过认证审核，获得航天市场“通行证”。“使命号”智轨电车新平台基本定型，安全性、可靠性、舒适性显著提升。创新平台持续优化，新增1个“国家企业技术中心”，新建中国城交协和湖南省两个轨道交通标准平台；英国伯明翰研发中心挂牌成立，创新实验平台完成奠基，汽车电机、电控产业新基地建成投用，产线智能化水平行业领先。

年内，荣获两项国家科技发明二等奖，中国专利金奖1项、银奖1项、优秀奖3项，省部级科技奖励12项；申请专利1 176项，其中发明专利927项；主持或参与颁布国际标准8项，国家标准6项，行业标准6项。

【市场开拓】　公司年内新签订单463亿

元，同比增长28.4%。其中国铁市场获得389台交流传动机车、136列动车组牵引系统订单，市场占有率均超过50%，实现检修服务收入15亿元。城轨牵引系统新签订单65亿元，市场占有率连续8年稳居国内第一。LKJ-15C、机车自动驾驶、电子开关过分相获得批量订单。钢轨、双动力和大修打磨车等高端产品试用效果良好。永磁电机获得3条地铁应用业绩。智轨进入工信部首台套重大装备推广应用名录，全球首条运营线在四川宜宾开通，日均载客量超3万人。风电整机销售收入同比增长149%，年度新签订单超过百亿元。风电叶片销售收入同比增长34%。汽车塑料件获得戴姆勒6亿欧元订单。5G用导热PI膜批量销往三星、华为等公司。乘用车电驱新进8家整车供应体系，首次获得海外订单。汽车传感器在手订单量纲超过1 100万只。直流组网电力推进系统实现首单突破。金融业务稳健发展，长泰项目投资收益率达432%。海外业务年度新签订单超过14亿美元，同比增长10%。

【管理创新】 公司完成“十三五”战略询审、“十四五”规划调研，强化战略牵引力。建立科研立项管理机制，确立产品线清单及准入标准，提升管理规范性与科学性。推动“放管服”改革，发布BOGE固定资产投资差异化管控方案。创新推行人才管理新政策，启动人力资源共享中心试点。深入实施管理帮扶，有效推动轨外产业历史问题解决和管理能力提升。坚持全流程降本，年度降本金额达3.2亿元。开展“两金”压降，一年以上逾期应收账款及存货完成年度管控目标。强化质量整改与管理提升，质量损失率控制在0.39%，连续7年保持下降趋势。全面推行集采信息管理系统，集采总额达156亿元。强化战略审计，及时预警战略偏差，促进过程纠偏。合规建设纵深推进，合同管理信息化系统、“三重一大”决策和运行监管系统全面上线。法律维权工作不断深化，维护企业合法权益。

【改革改制】 公司围绕“五突破、一加强、一提升”改革目标，28项改革任务全面启动，多项改革方案获得上级批复，“双百企业”阶段评估获得中车A级评价。推进混合所有制改革，PI膜、智轨、芳纶、乘用车电驱四个产业混改方案成功获批，其中PI膜项目完成股权转让；向中车上报7个科创板备选项目，正在推进。探索中长期激励约束机制，在中车内部率先推进科技型企业岗位分红、员工持股、项目跟投等中长期激励措施，岗位分红获批实施，丰富激励手段；以智轨产业为试点建立创新业务跟投机制，为核心骨干团队持股参与公司增量业务孵化开辟通道。持续优化市场化管理机制，推进法人治理结构改革，推动外部董事过半数，争取中车充分授权，构建现代企业法人治理体系；在时代投资、国变中心试点市场化选聘职业经理人，为推行“两制一契”积累宝贵经验。

【党群工作】 公司创新实施“四个五”工作方法，高起点谋划、高标准要求、高质量推进“不忘初心、牢记使命”主题教育，实现理论学习有收获、思想政治受洗礼、干事创业敢担当、为民服务解难题、清正廉洁作表率工作目标。继续夯实党建工作基础，“三基”建设纵深推进，党员学习和干部教育得到加强，党群云信息化管理平台创新搭建，召开公司首届党建论坛和首届青年工作会议。年度党建责任制考核获中车A级评价。强化监督执纪问责，党风廉政建设和反腐败斗争持续深化。做好政治巡视整改“后半篇文章”，落实整改决议，压实整改责任，下属全级次年度销号完成率达94%，推动公司高质量发展。以新中国成立70周年、建所60周年为契机，创新开展系列文化品牌活动，达到传承历史、激昂斗志、鼓舞未来良好效果。实施惠民工程，提高员工中餐补贴标准，成立 EAP“心灵驿站”，提质园区工作生活环境，协调资源推动时代馨园、雪峰岭公园等民生项目，满足广大员工对美好生活的追求和向往。

【下属子公司】

中车株洲所电气技术与材料工程研究院 2019 年，研究院坚持分层研发策略，持续夯实科技创新保障，以领先技术支撑产业健康发展。

探索前沿技术，填补国内空白或步入世界领先行列。多约束模型预测控制、环境感知、智能人机交互技术行业领先。业内首创基于电信号的电机轴承、绕组绝缘 PHM 技术。PCU 在时速 350 公里双层动车组（模型车）实现装车。首创高压电力电子变压器三电平谐振拓扑及关键控制技术。攻克高速磁浮开放式电机控制、高精度测速定位、超大功率变流技术，应用于时速 600 公里高速磁浮项目。

服务市场需求，打造竞争新优势。推进和保障轨道交通核心业务发展、技术同心多元化运用。成功开发四轴/八轴机车 2.0 平台。动力集中动车组电气系统稳定可靠，实现市场份额超 60%。自主 IGBT 器件首次在动车领域通过 30 万公里装车考核。构建集信号、调度于一体的机车智能驾驶系统并实现装车运用，神朔智能驾驶创造多个世界第一。新余钢铁冷轧机主传动系统实现单柜功率全球最大，建立国内唯一具备冷轧、热轧应用业绩自主品牌。研制全球首套大功率磁悬浮一体机并应用于离心式中央空调。

深构平台技术，积淀产业新动能。成功研制面向国际市场安全型 G600 和 DCU 平台，业内首批（株洲所、庞巴迪）获得 DAkkS 国际 SIL2 级证书。形成业务场景覆盖最广、多维数据融合能力最强轨道交通 FORESEE 智能运维平台。城轨传动控制平台深度降本近 40%。基础共性技术屡获突破，科研试制快速迭代能力显著提升。

株洲中车时代电气股份有限公司 2019 年，公司实现营业收入 163 亿元，完成归属母公司净利润等关键指标。

产业发展规模与效益稳中有进。机车牵引、网络系统市场份额均超 52%。动力集中动车组在株机、大连平台表现优异。标动配套产品首次突破长客市场。3C 装置稳步推向机车和高铁市场。城轨市场牵引系统国内市场占有率超 60%，永磁牵引系统在手订单超 100 列。近 20 个城轨和机车智能运维项目全面启动。制动系统斩获昆明地铁 2 个项目。养路机械电气系统铁路局集团公司销售和回款均创新高。轨道交通 IGBT 可靠性稳步提升，乘用车“S2/S3+”模块批量交付，风电 H1 模块装机考核。站台门中标总金额突破 3 亿元。车载集便器实现中车主机厂全覆盖。环保水处理设备、中央空调变频器新签订单均超亿元。能量回馈装置国内市场中标率第一。电驱动 ROV 成功投放市场。

技术创新活力与动力显著增强。构建时速 250 公里标动技术体系和平台。预研时速 350 公里双层动车组、多制式时速 400 公里高寒动车组牵引系统。3000 马力混动机车系统更为绿色高效，节能提升 30%、噪声降低 80%。装载公司三大系统全球首列时速 600 公里高速磁浮原型车成功下线。城轨 P2 永磁平台创造性实现永磁电机免解体维护。神朔铁路重载列车智能驾驶项目“融合”地面和车载设备，创多项世界第一。试研试制改进型接触网检修作业车、混合动力轨道车、长大坡道电传动工程车。研制并交付 DDC-16 多功能捣固车电气系统。完成 PCU 元件开发和 1200 伏 /3300 伏 SiC MOSFET 试制。直流 1500 伏三电平双向变流器降本 30%，功率密度提升 25%。110 吨永磁矿卡电驱系统节能、减重指标明显提升。

精益运营基础与品质不断夯实。大额投

资加快“硬件”基础换代。创新实验平台建设项目获批，汽车组件配套建设项目稳步推进。SiC产线投产；IGBT一期技改产线拉通，新增年产50万只模块封装能力。重点专项加速“软件”装备升级。深度研究关键物料及部件可靠性、产品EMC等领域，PHM技术不断深化。机车、动车和城轨新产品运行质量持续改善。质量追溯项目稳步推进。检测试验中心盘活试验资源，自主开发功率模块加速寿命试验、关键物料验证筛选等平台。降本增效成效显著。精细化管控供应链，引入品类降本方法，提升全球询比价和议价能力，增强集中采购效能。

株洲时代新材料科技股份有限公司 2019年，公司完成销售收入112.5亿元，国际化指数突破50%，达到51.8%。

轨道交通产业，实现销售收入超5亿元，同比增幅21%，新签订单近20亿元，其中GE、AT和BT三大客户战略供应地位进一步巩固。“一带一路”海外轨道交通市场新增订单超过1.3亿元。对标EN 45545国际最新标准，阻燃配方应用取得进展，获得大客户庞巴迪认可；空气弹簧、抗侧滚扭杆等产品首次进入土耳其高速车市场，扭杆、牵引杆等产品零开口项通过波兰PESA客户首检；开展极寒环境动车组及跨国联运核心技术研究，取得首个俄罗斯莫斯科地铁空气弹簧研发订单；研发下一代高铁新技术，完成时速400公里变轨距动车组平台系列产品开发和交付；攻克时速600公里高速磁浮列车减振弹性元件技术难点并完成产品开发交付。

汽车产业，BOGE通过获取一系列中高端客户重要订单，保障企业未来业务稳定，获得Daimler（戴姆勒） MRA2平台多个项目，预计全生命周期将给博戈带来近6亿欧元收入；获取奥迪W平台动力总成配件订单，其中引擎可开关衬套等预计全生命周期销售额可达5.1亿欧元；获取奥迪底盘件和保时捷踏板箱订单，生命周期销售额合计超过1.49亿欧元。

风电叶片产业，获得全球排名第一整机商VESTAS认可，稳步推进战略合作关系；海外客户Nordex实现批量交付，实现收入2.8亿元，与上海电气签订战略合作协议，联合开拓海上叶片市场，国内首款海陆双用叶片S72在海上风场挂机；双海市场逐渐贡献业务新增长点，国内市场新签订单37.5亿元，同比增长43%。布局抢装潮，实施天津工厂二期提质扩能改造，新增6条70米以上大叶型产线；启动并推进蒙西和射阳两大新工厂投建项目，实现南方、华北、西北、华东地区四大基地产能覆盖全国，辐射海上海外市场战略规划与格局。

战略产业，芳纶纸突破芳纶浆粕及芳纶纤维备浆等工艺难题，产品主要性能行业领先；聚酰亚胺薄膜，主绝缘用聚酰亚胺薄膜完成主要客户内部评估；5G用导热厚膜研发成功并批量销往三星、OPPO、华为等公司；突破低介电树脂及薄膜制备工艺，完成5G用低介电聚酰亚胺薄膜中试级样品试制，关键性能达到且部分优于国外同类产品。

中车株洲电力机车研究所有限公司风电事业部 2019年，事业部实现营业收入16.06亿元，奠定公司新能源产业持续健康发展基础。

市场开拓创历史新高，新增整机订单4.08吉瓦，订单总额144亿元；智能运维市场竞争力持续增强，完成销售收入6 060万元，同比增长151.86%；累计签订风资源开发协议254万千瓦。

产品研发成效显著，推出2.5兆瓦D146机型，获得业内广泛关注，新签订单累计823台；独立自主完成首台140米轮毂高度柔塔机组在封丘项目并网运行；完成3.X兆瓦D146机型设计开发及优化，获得3.X兆瓦系列产品全套设计认证、型式认证，获得300余台市场订单；完成3.X兆瓦D160

机型发布，使国内3.X兆瓦功率机组风轮直径首次上探到160米以上，具有历史开创性意义；推动构建SCADA3.0、一体化数字集成仿真等多项技术平台，为持续提升产品市场竞争力、优化产品性能、降低产品成本提供有效技术保障。

质量提升稳健持续，年内2兆瓦及以上机组MTBF平均值为4 792小时，TBA平均值为99.23%；市场项目调试效率较上年平均提升34.8%；严抓过程质量控制，累计发现问题282项，问题闭环率96.4%，质量损失率下降至0.65%；产品可靠性受到用户认可，累计完成8个风场321台机组出质保，完成5个风场240考核。

新兴业务持续发展，四个分散式风电项目合计61兆瓦获得核准，其中尧都5兆瓦分散式风资源项目具备开发建设条件，预期成为风电事业部首个自建自营风电项目；获得国家电力工程施工总承包三级证书及安全生产许可证；综合能源服务业务实现零突破；通过智谷项目实施，初步形成规划设计平台与能量管理平台。

襄阳中车电机技术有限公司　2019年，公司实现销售收入10.73亿元，同比增长13%。

市场拓展“内外”兼修，年内获得市场订单12.2亿元。城轨永磁电机首次实现批量装车运行，并获取115列地铁项目订单；协同中车电动业务，实现新能源商用车电机过亿元订单；新能源乘用车电机批量交付产品1万余台；变压器、电抗器实现内部配套占比超7成；城轨开关箱完成500列车交付；风电业务量实现大幅增长；深化与中水北方、中车环境水行业自动化合作，签订合同超过7 000万元；成功开发光大集团市场，签订千万级垃圾发电合同，推进生物质发电、精加工基地等项目，累计签订过亿合同。

技术创新获得突破，攻克免解体轴承更换关键技术，实现轴承更换效率提升67.5%；实现高磁阻转矩、少永磁电机设计突破，永磁体用量减少20%；攻克NVH仿真分析技术难题，电机振动噪声值降低10分贝；攻克绕组端部喷油冷却技术难题，油冷电机温升较传统水冷电机降低26%；持续优化产品平台，完成国内速度等级最高动车组用永磁同步牵引电机、国内首台水冷却机车用永磁同步牵引电机、全球首款轨道交通车辆用一体化牵引电机研制；新能源电机同平台派生电机零部件复用率超过90%，乘用车电机构建“纯电驱动和混动”电机产品平台，完成长安新能源、国机智骏、合众等11款系列电机产品开发，实现批量交付；商用车电机实现老平台产品系列化与新平台开发，变压器/电抗器完成高频牵引变压器样机试制与试验。

扩能提效、低成本制造，推动工艺改进提效，完成电机产品工艺试制开发35项、磁钢装配和定转子合装工艺，实现磁钢自动化装配，提高装配效率5倍；突破大功率强磁性永磁电机自动合装工艺关键技术，提升合装效率4倍以上。

北京中车重工机械有限公司　2019年，公司实现营业收入7.5亿元，各项经营指标持续改善。

提高公司主业经营质量，完成TR-H系列电控底盘旋挖钻机研发，关键部件全面升级，以TR-600H为代表在超大、超深钻机细分领域保持行业领先市场地位；轨道制动BY-A变牙型防松螺母产品核心技术应用于魏县扶贫项目；深入研究ABB机器人编程控制技术，应用于电力机车车顶智能检测系统与危废物自动化倾倒产线；无锡公司超大尺寸现场智能加工关键技术研究通过验收，推进飞机复合材料机翼自动研磨技术研究，迭代优化大型客车打磨与涂装喷涂机器人产品。做实“两减两降”，公司“两金”总额同比下降11.95%，优于年度下降8%目标近4个百分点，一年以上应收账款、存货较国资委政治巡视目标分别优化13.03%、7.21%；化解应收账款风险7 012万元，超额完成目标2%；“两减”工作取得突破性进展，“E+M”终获退出，襄阳专汽历时四年确定破产清算路径，达兴股权退出。

上海中车汉格船舶与海洋工程有限公司 2019年，公司深化与央企交流合作，探索机电联合开发新模式，逐步回归正常运营。

市场项目，完成招商重工中天集团2艘600吨风电安装船、1艘1 600吨起重船电力推进系统集成项目、武昌重工1 200吨中型航标船电力推进系统集成项目、尚德国盛号游轮电力推进改造等多个项目交付。面向多个优质客户达成合作意向，与招商工业围绕邮轮签署合作协议并开展《综合能效提升和控制技术研究》；与招商局邮轮制造有限公司签署“1+1”观光游览船直流组网电力推进系统集成项目，获得招商双体船两艘船直流组网电推系统集成订单；与中船工业708设计所、中船重工704研究所建立友好合作关系。

技术开发，完成船舶直流组网电力推进系统平台开发及兆瓦级样机研制、120千瓦电动船电力推进系统研发的立项、评审、申报工作。《综合能效提升和控制技术研究》获批工信部中型邮轮推进系统节能技术研究子课题，完成船用中压大功率交流水冷变频器设计开发。完成船舶直流组网电力推进系统开发。与苏州伟创签署船用产品联合开发合作协议，将新能源纯电动变流器开发明确列入合作协议。完成武船重工船厂国家海事局1 200吨中型航标船综合电力推进项目，通过项目标准化电推系统设计。

株洲中车时代高新投资有限公司 2019年，公司发起设立7支基金，管理规模30亿元。布局高端装备、轨道交通、新能源、生物医药、TMT、人工智能等投资领域。

探索新市场，寻找新动能，挖掘新行业，投资海谱润斯、华世洁、晋大科技等一批科技型创业企业，投资金额超过1亿元。瞄准产业链上核心价值，挖掘蓝海市场、利基市场，提前布局和投资细分领域隐形冠军。投资组合实现123%价值增值，实现4个项目完全退出，1个项目部分退出，退出金额1.2亿元，取得良好收益。

中车株洲电力机车研究所有限公司城市发展事业部 2019年，事业部实现营业收入4亿元，回款3.5亿元，各项经营目标基本完成。

推进市场拓展，接待来访客户超过100批次，重点跟进市场项目24个；取得实质性进展项目9个，其中包括一、二线城市项目3个，景区项目2个，海外项目1个；示范项目取得阶段突破，宜宾智轨T1线开通运营；株洲A1线累计运行超过60 000公里；江西永修智轨捷运线项目开通试运行。贯彻“经营城市”理念，带动中车电动、时代电气、时代新材、襄阳电机等产业在济南、厦门、成都等地推广，累计签订合同金额超过3.5亿元。

完善智轨项目全流程体系，株洲基地基本具备4列/月生产能力，生产周期由50天缩短至35天，同比效率提升200%，工艺短板能力获得有效提升；构建宜宾合资公司制造管理体系，基本具备1列/月产能。

深化既有智轨电车平台应用研究，新平台“使命号”车研发取得阶段性突破；推进标准化和知识产权布局，形成智轨企业标准40余个，新增受理专利数39件，智轨列入国家工业和信息化部《首台（套）重大技术装备推广应用指导目录（2019年版）》。

发挥品牌效益，智轨产品哈尔滨极寒试跑、卡塔尔极热试跑、宜宾智轨T1线开通运营等事件受到海内外媒体关注，多次登录半岛电视台、推特、“学习强国”平台、人民网等100余家全球各大媒体平台。

丹尼克斯半导体有限公司 主要生产大功率IGBT芯片及其模块、双极器件、功率组件等产品，广泛用于轨道交通、电力传输、航空航天、船舶驱动和新能源汽车领域。2019 年实现营业收入 2 900 万英镑。

时代艾森迪智能装备有限公司 2019 年盈利能力得到进一步增强，运营效率改善初显成效；电驱 ROV、海底光缆探测传感系统等新产品开发投放市场，与两家 1 级运营商建立长期战略合作关系；SMD 上海公司浅水挖沟机、甲板设备等成功研制下线并实现本地化率 85% 以上，整体能力建设获得突破性进展。

代尔克铁路有限公司 主要业务包括设计、销售轨道线路产品。2019 年实现营业收入 1.51 亿元人民币，同比增长 5.82%。被时代新材并购八年来，销售收入年平均复合增长率为 16.25%，净利润年平均复合增长率达到 16.68%。

博戈公司 主营橡胶与塑料业务，行业排名全球第三。2019 年实现销售收入 7.95 亿欧元。

【重要纪事】 1 月，公司研发“轨道交通永磁牵引系统关键技术研究与应用”“高速铁路弓网系统运营安全保障成套技术与装备”项目荣获 2018 年度国家技术发明奖二等奖。2 月，公司国家轨道高分子材料及制品检验中心通过 DNV.GL 国际实验室认证。3 月，中国中车总裁孙永才到公司调研考察。4 月，公司总工程师冯江华荣获詹天佑铁道科学技术奖大奖。5 月，时代新材高性能芳纶材料生产线通过 AS 9100:2016 航空航天质量管理体系现场认证审核，成为国内芳纶纸基材料行业首家通过该体系认证公司。6 月，宜宾智能快运系统 T1 线开通试运行。7 月，公司在 2019 北京国际城市轨道交通展览会上全球发布全自主 CBTC（基于通信的列车自动控制）信号系统，标志中国中车具备为全球用户提供全面城市轨道交通信号系统解决方案能力。9 月，公司承办 2019 年国家能源互联网大会，展现公司品牌影响力。公司再次中标华润电力 20 万千瓦、华电 30 万千瓦市场订单，年内累计订单金额突破百亿，总容量超过 300 万千瓦。装载公司核心系统北京大兴国际机场线地铁上线运行。北京重工全新 TR600H 成功下线，为全球最大桩深旋挖钻机。SMD 超级水下机器人全球首发，下浅海底深度 6 000 米，整机功率高达 400 千瓦，是目前世界范围内下潜最深、功率最大作业级电动 ROV。中车联合体中标锡澄线 PPP 项目，时代电气负责项目机电设备供应。时代电气助力重载货运机车智能驾驶首发开行。公司获评第二十一届中国专利奖金奖 1 项、银奖 1 项、优秀奖 3 项。公司英国研发中心正式挂牌成立。11 月，公司基于 CBTC 控制的列车全自动运行（简称FAO）信号系统通过独立第三方安全认证。12 月，公司新能源乘用车产业工厂建成投产，制造能力大幅提升。智轨电车获工信部“户口本”，登录央视《我的祖国》MV。

【公司党政工负责人】

党委书记	李东林
董事长	李东林
总经理	杨首一
副总经理	冯江华　曾鸿平 李　略（5 月任） 彭华文　陈　剑 王卫安
总工程师	冯江华（兼）
财务总监	李　略（兼）（5 月任）
党委副书记	杨首一（兼） 刘志平
纪委书记	刘志平
工会主席	彭华文（兼）

（株洲所　供稿）

中车物流有限公司

（统一社会信用代码：91110108737682982M）

党委书记、董事长　杜鹏远

总经理　谭晓峰

【概况】　2019年末，中车物流公司员工总数86人（含南京公司22人），88.3%以上具有本科学历，其中硕士以上12人、高级职称19人。公司下设12个部门，其中包括党群工作部、综合管理部等5个管理部门、6个业务部门，招标中心1个，在南京设有控股子公司1个。全年实现营业收入152.1亿元，完成股份公司下达指标117%；剔除减值因素，实现净利润1 364万元，完成股份公司下达指标136.4%。

【规划发展】　公司按照服务保障型企业定位，扩大集中采购规模，持续压缩市场贸易规模，发展智慧物流业务，业务结构更加优化，业务转型初见成效，集中采购收入占到公司总收入94%以上。根据公司定位，修订“十三五”发展规划，制定2019—2021年三年滚动发展规划。

【经营管理】　公司强化费用管控，调整部门月收入、费用、利润等滚动预算，根据各部门经营情况，及时对标；制定“两金”压降专项整治方案。合理筹划资金使用，不留冗余资金，避免存贷双高现象，有效控制资金成本；通过询价比对，贴现利率均低于市场平均融资水平。规范财务核算，严格执行对账管理办法，确保账目相符。加强与税务部门沟通，及时更新信息缴纳费用，获得“纳税企业白名单”资质。组织招标类、谈判类项目2 029项，月均开标169项，发布中标结果1 735项，中标项目金额195亿元。加强风险防控，处置风险业务，坚持一企一策，风险业务化解工作累计收回资金6 989万元；牵头做好3项风险业务联合化解工作。扩展评标专家库，年内公司内外部评标专家共452人，其中外部专家409人，涉及21家公司。提升招标硬件设施水平，升级改造招标办公室两间、候标室一间、监控室一间，增加招标面积近200平方米。

【集采业务】　公司集中采购规模持续增长。集中采购物资目录从2018年的118项增加到150项，对新增物资明确业务部门和业务人员，做好业务承接，集中采购物资目录完成率100%。完成办公用品和刀具集中采购调研，办公用品集中采购完成招标并在线试运行。通过优化供应链、组织联合采购谈判、发挥集采规模优势等方式，累计降低采购成本6.52亿元，降采率为3.91%。严格执行内部配套政策，内部配套率稳步提高，内部配套采购金额25亿元，内部配套率74.16%。集中采购逾期欠款同比好转，但仍处于高位，月均逾期欠款12亿元；清欠工作取得一定成效，年末集中采购逾期应收账款3.9亿元。

【智慧物流业务】 公司依托集中采购优势，拓展业务领域。智慧物流业务实现销售收入1.054亿元，完成年度计划105.4%，同比增加8 001万元、增长315%；完成市场订单3.57亿元，同比增加2.57亿元、增长257%。循环取料业务覆盖42家供应商，同比增加25家、增长147%；业务覆盖49种产品，同比增加33种、增长206%；配送线路52条，增加37条、增长247%。智慧物流业务覆盖中车6家主机企业及相关生产基地。

【制度建设】 公司持续加强制度建设，提升精益管理水平。修订集中采购、市场贸易、招标采购等管理办法。规避业务风险，对多个格式合同文本进行修订，规范市场贸易开发流程。加强供应商管理，在充分调研和广泛征求意见基础上，修订集中采购供应商管理办法，按季度评价供应商，四季度开始实施。针对集中采购回款困难等问题，制定集中采购服务包保分工制度，明确工作职责。针对集中采购货款逾期居高不下和集中采购业务存在发票挂账不及时、合同回收周期长等问题，修订应收账款考核办法。制定违规经营投资责任追究实施办法，明确责任追究原则、适用范围、认定标准、处理程序等内容，并对4名责任人进行责任追究。建立重要事项督办和跨部门协作考核机制，严格执行重大事项实行销号、红黄牌督办制度，不定期通报工作进展情况；对跨部门协作项目实施主责部门牵头、相关部门配合工作机制，建立相应考核制度。

【人力资源管理】 公司通过严格考核、加强培训，不断提升员工职业素质。修订员工绩效考核办法，二季度开始实施。编制岗位说明书，科学评估各岗位工作负荷，聘请专业咨询公司配合，完成岗位说明书初稿。实行业务员工轮岗，上半年轮岗两批次业务人员，涉及四个集中采购业务部门、26名员工。开展集中采购招标、EC平台应用、员工绩效考核办法宣贯等方面内容员工培训15次，累计培训员工400余人次；举办5期共23名集中采购业务人员参加讲业务活动。

【党群工作】 公司党委坚持以习近平新时代中国特色社会主义思想为指导，落实习近平总书记视察中车重要指示精神，按照“双打造一培育”发展目标和创建世界一流示范企业要求，深入开展“不忘初心、牢记使命”主题教育，抓好“三基建设”，深化党建工作。党委中心组成员全年学习15次，提升研讨型学习比重；使用“学习强国”平台，转发党的理论学习信息26条，更换宣传展板35块。加强制度建设，制定修订《中车物流有限公司党委主体责任清单》《中车物流有限公司党支部党建责任制管理考核办法（修订）》等20项制度。通过集体廉政谈话、警示教育会议，警示全体员工。抓好源头承诺、教育提醒，与160家供应商签订商务合作廉洁提示函；通过中车EC电子采购平台、公司U8系统固化业务流程，严格审批程序，规避执行过程廉洁风险。落实政治巡视整改，整改项目按进度全部完成。班子成员履行“一岗双责”，加强分管领域党建工作。打造党建“金名片”取得实效，围绕降采保供、化解风险、规范招标、供应商管理、降低财务费用、基础管理等内容开展创先争优活动，立项15个；与鞍钢市场营销中心建立党建联盟，开展交流学习活动6次。组织“保供应 防风险 抓管理 立新功”劳动竞赛和“规范招评标、提升业务结算效率、撰写调研报告”以及“我运动，我快乐”健步走、“我和我的祖国”摄影等活动，提升员工向心力和凝聚力。

【公司党政负责人】

党 委 书 记　杜鹏远
董　事　长　杜鹏远
总　经　理　谭晓峰
副 总 经 理　赵世军　安　卫
　　　　　　杨　理（3月任）
财 务 总 监　赵世军

党委副书记　谭晓峰
纪 委 书 记　杜鹏远（7月免）

（物流公司　供稿）

中车建设工程有限公司

（统一社会信用代码：91110106590663663T）

党委书记、董事长　王宏伟

【概况】　2019年末，工程公司在岗员工总数424人，其中高级及以上职称76人、中级职称201人。设有13个行政职能部门、2个全资子公司。全年实现销售收入32.2亿元，实现净利润0.9亿元。

【改革改制】　公司进行组织架构、管控模式、人事绩效等系列改革，完成定岗定编、干部任免、人员调配、制度修订、流程再造等重点领域改革任务，完善两级公司治理结构，搭建符合公司发展战略企业架构，理顺两级公司之间、公司与项目之间管理关系，为公司深化改革奠定坚实基础。

【经营管理】　公司台州项目搭建自主施工组织架构、成立自主施工项目部，车辆段、停车场机电及弱电自主施工方案编制完成；机电工程自主施工前期工作扎实推进，编制《机电工程自主施工项目管理办法》；武夷山项目机电自主施工方案获批，设备、主材、劳务等各项招标工作有序推进。

累计完成台州项目土建工程招标1.7亿元，武夷山项目土建工程招标0.6亿元。推行合格供应商动态管理，遵循“择优合作、按需遴选”原则，152家合格分包商列入合格供应商。完成物资采购招标11项，合计金额9.3亿元。精准测算项目工程成本，完成台州、无锡、芜湖、武夷山等项目工程成本测算；推进台州、无锡项目中车全产业链成本测算。与沈阳市签订还款协议，回款5亿元。完善全面预算管理，修订项目收入成本预算管理模式，形成公司预算、项目预算、职能部门预算分层级预算体系。巩固和加强法律审核指导，针对经营业务16个方面共109项风险点编制发布《法律风险清单》；搭建两级审计和风险管理体系，从管理层级和业务范围两个维度开展监督检查评价，实现审计监督全覆盖、风险管理全覆盖。健全网信安全组织机构，WPS办公软件和CAD设计软件实现正版化。取得授权发明专利16项，实用新型专利11项。参与课题《城市复杂环境下软岩浅埋超大断面地铁暗挖车站建造关键技术》获得工程建设科技进步奖一等奖。取得中关村高新技术企业证书。

【生产运营】　公司台州项目工程进度达到

预期目标。重庆项目质保、消缺、移交等各项收尾工作以及芜湖项目、苏州中小项目、上海项目等工程施工有序推进。无锡项目土建工程招标工作基本完成，施工前期准备工作到位。武夷山项目总承包合同签订完成，进入全面施工阶段。开江项目人员到位，设备进场，即将开工建设。

【安全质量管理】 公司实现安全生产零事故，在建工程质量验收合格率100%，环保和污染控制零事故。推行“12350”安全管理体系，确保实现安全质量环保目标。强化源头防治，严控人、料、机准入，生产要素达标配置，创造良好现场管控条件。现场施工人员实名登记率100%，实名制管理实现全覆盖。实施闭环管理控制问题增量，推行“问题库管理”消除问题存量，消除各类隐患2 269项，保证生产安全、产品合格、环保达标。

【人力资源管理】 公司推进薪酬制度改革，工资总额与公司经营效益和工效指标挂钩，实现工资总额调增，员工人均收入提升。创新用工机制，采取劳动合同用工、劳务用工、非全日制用工、业务外包等市场化用工方式，完成中车下达年度用工总量指标，百元人工成本控制在4.42元，创历史最好水平。完成职能部室定岗定编定员工作，建立项目人员岗位配置模型，组织全员公开竞聘5次，完成主要在建项目25个管理岗位员工选拔工作。修订完善履职待遇、补充医疗和津贴制度，落实施工一线安全岗、苦脏累、中晚班津贴，员工福利待遇得到提升。开展技能培训，保证公司资质维护、增项及在建项目人员履职需求。

【企业文化建设】 公司制定《音像档案管理实施细则》。制作公司七周年大事记宣传片、公司大事记快闪视频、2018年工作成果展示片、重庆项目总结成果片、台州项目多媒体展示片、公司2019年宣传册、公司党建宣传展板、“不忘初心、牢记使命”主题教育展板、海报等宣传材料，展示公司形象、树立行业品牌。企业内刊《中车建工报》全年刊发24期，其中专刊2期，微信公众号累计发布102篇，抖音发布19条。开展“VI回头看”活动，更新《中车建工施工场地VI执行手册》《苏州中车建工施工场地VI执行分册》，组织VI应用培训，加强品牌建设，规范品牌管理。向新入职员工宣传理念文化、讲解中车之道内涵，落实公司第三阶段BI建设工作任务。

【党群工作】 公司党委扎实开展“不忘初心、牢记使命”主题教育，牢牢把握“守初心、担使命，找差距、抓落实”总要求，把学习教育、调查研究、检视问题、整改落实贯穿全过程。通过调研、座谈、信息报送、设立意见箱等方式广泛征集员工意见建议，两批主题教育共梳理问题189条，形成4本台账，层层压实责任，着力解决制约公司发展、与员工切身利益相关问题。进一步增强“四个意识”，坚定“四个自信”，坚决做到“两个维护”。持续做好政治巡视“后半篇文章”，全级次政治巡视发现问题整改完成率96%，未完成问题项点按计划有序推进。推进中国中车党建“金名片”建设，严格落实“两个责任”和“一岗双责”，夯实“三基建设”，党建工作与生产经营加速融合；通过打造“五化”品牌、细化“1221”考核体系、严格可视化管理、特色化“党日活动”，进一步强化党风廉政建设，加强干部队伍和人才队伍建设。

【重要纪事】 6月，公司承建的重庆轨道交通四号线一期工程机电三标及通信标段荣获“山城杯”安装工程优质奖。7月11日，中国中车副总裁贾世瑞到芜湖项目调研指导工作。9 月 29 日，公司承建的武夷新区旅游观光轨道交通线上工程开工仪式在武夷山市仙店车辆基地举行。10 月 8 日，公司中标无锡至江阴城际轨道交通工程 PPP 项目，项目总投资约 143.4 亿元。10 月 17 日，中国中车党委书记、董事长刘化龙出席公司中标的无锡至江阴城际轨道交通工程开工仪式。10 月 24 日，中国中车总裁孙永才到公司现场调研承建的重庆轨道交通四号线一期工程。12 月，公司承建的重庆轨道交通四号线一期工程机电装修三标荣获 2019—2020 年度第一批中国安装工程优质奖（中国安装之星）。12 月 27 日，公司承建的重庆轨道交通四号线一期工程《城市复杂环境下软岩浅埋超大断面地铁暗挖车站建造关键技术》课题荣获“工程建设科学技术进步奖”一等奖。

【公司党政工负责人】

党委书记　王宏伟
董事长　王宏伟
副总经理　贾春亮　张民才
　　　　　朱文杰　冀文有
财务总监　贾春亮

党委副书记　黄登启
纪委书记　黄登启
工会主席　黄登启

（工程公司　供稿）

中车国际有限公司

（统一社会信用代码：911101067109217367）

党委书记、董事长　罗崇甫

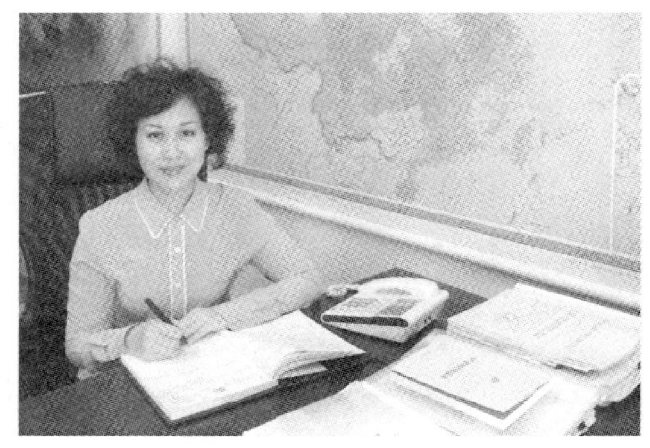

总经理　武　岩

【概况】　2019年末，国际公司在岗员工59人。公司合并口径资产总额98 888万元，负债总额27 874万元，所有者权益71 014万元，资产负债率28.19%。全年实现营业收入4.54亿元；实现利润1 239万元，归母净利润1 297万元。

【经营管理】　公司加强运营管控，完成“两金”压降年度政治巡视整改目标。完成亏损企业治理指标，原宁波公司实现股权转让及财务出表。“两金”压降及重大风险管控取得明显成效。完成提质增效降低各项费用、固定资产投资、控制劳动用工、强化风险化解、社保增利、国际化经营年度目标。规范公司经济合同签订管理，实现经济合同法务审核率100%。制定下发《中车国际有限公司境外子公司经营效绩评价考核办法》；修订公司章程，完善法人治理结构。

【市场营销】　公司拓展国际市场渠道，签订新西兰450辆平车及配件项目、瑞士50辆货车项目、韩国20辆硫酸罐车项目、几内亚货车项目、德铁200辆双层小汽车运输车进口配件、设备进出口代理等项目。

【人力资源管理】　公司实行人力信息化、制度体系化管理。新建制度2项，修改完善制度4项。建设党务干部队伍体系；梳理中层管理人员信息，加强中层干部日常监督管理。针对干部人事管理现状及存在问题，规范员工日常行为。培养国际化高级人才和核心管理人才。建立员工租房补贴制度，激励中青年业务骨干。开展员工综合能力测试，根据实际需求进行相关业务培训。

【境外企业】　澳大利亚公司全年实现营业收入1 496.9万元，净利润26.1万元。马来西亚公司全年实现营业收入984.6万元，净利润24.3万元。英国公司全年实现营业收入236.5万元，净利润16.4万元。南非公司全年实现营业收入228.5万元，净利润12万元。

【公司党政负责人】

党委书记　罗崇甫
董事长　罗崇甫
总经理　武　岩

（国际公司　供稿）

中车财务有限公司

（统一社会信用代码：911100000573064301）

党委书记、董事长　董绪章

总经理　黄建东

【概况】　2019年末，财务公司员工总数46人，35岁以下员工占比48%；全部拥有本科及以上学历，其中硕士及博士（1人博士在读）共18人，共占比39%，12人具有“三会一行”持牌金融机构工作背景；新增高级专业技术职务3人，拥有中、高级职称员工29人，占比63%；拥有海外教育背景员工8人，占比17%。资产总额450.89亿元，负债411.16亿元，所有者权益39.73亿元。公司董事会下设审计与风险管理委员会、战略决策委员会、信息科技管理委员会；经理层下设信贷审查委员会、投资决策委员会；设置资金管理部、公司业务部、金融市场部等11个部门。年内，公司当选中国财协第十届理事会理事单位、北京片区会长单位、中国财协副会长单位。保持创新“A”级行业。全年实现营业收入5.39亿元、净利润3.53亿元。

【规划发展】　公司围绕资金受托管理中心、资金归集平台、资金结算平台、资金监控平台、金融服务平台建设，致力发展成为中车司库平台，中车综合金融服务商、产业链金融龙头、金融板块领军企业。实施与总部资金一体化运营，不断丰富金融服务产品线，并延伸至上下游供应链；开展自营投资、委托投资及财务顾问业务，争取参、控股两家金融机构。

【改革改制】　公司贯彻落实中车“1+19”文件精神，深化公司改革实施方案及“1+16”文件体系。规范董事会建设，完成董事会办公室工作规范和工作流程手册；完善高层管理人员薪酬管理办法，实施全员绩效考核；加强人才发展体制机制建设，积淀金融人才储备。优化服务模式，开展产业链金融链、票据池、固定收益类投资、外汇等创新业务；归集成员企业资金，优化配置中车内部资金资源，助力中车资金融通效率、资金使用效率及效益提升。完善风险管理体系，防止国有资产流失。

【资金集中管理】　公司拓展结算业务品种、资金归集渠道，提高结算服务能力，有效对冲中车整体资金减少负面影响。吸收存款规模达406.05亿元，同比增加91.53亿元，增幅29%。全口径归集度65.51%，同比增长6.3个百分点。全年外币存款保持稳定增长，境内外币归集率保持在90%以上，日均32亿元，同比增加9亿元、增幅40%；年末余额37亿元，同比增加12亿元、增幅45%。

【金融服务】 公司运营模式逐步完善，资金使用效率不断提高，资金净备付率为10.76%，同比下降5.42%。践行金融服务主业使命，内部信贷平台功能得到充分发挥。有效利用金融牌照优势，拓展融资渠道，保障中车资金链安全，降低融资成本。受托搭建大额“资金监控平台”，解决直连行资金池转移等多个难点问题，成为国资委网络和数据测试中首批通过测试单位。

【中间业务拓展】 公司推进中间业务拓展。信贷业务，自营贷款和贴现业务余额172.88亿元，其中自营贷款149.35亿元，票据贴现21.95亿元，保理业务1.58亿元。累计为成员单位发放贷款184笔，金额合计720.58亿元。保函业务取得突破性进展，累计办理各类保函合计金额19.64亿元，其中为苏州中车建工PPP项目办理预付款保函单笔金额达10亿元。产业链金融业务，取得延伸产业链金融业务试点资质备案。实现11家4.23亿元延伸产业链金融业务落地，与工行、交行等多家主要商业银行开展同业授信合作，获得贴现授信额度超过200亿元。联系产业链上下游财务公司开展同业授信合作。通过票据互认打通财司电票在产业链企业间流转和融资路径，整合产业链金融资源，开展产业链票据“贴现—转贴现”合作。资金业务，通过吸存、同业拆借、协助总部二次调剂、发行超短融、中期票据及贷款等方式，全年可配置资金日均规模402亿元，同比增加19亿元、增幅4.95%，全面满足总部与成员单位所需资金。投资业务，开展两笔银行间市场债券投资业务，实现利息收入56.37万元，收益率3.14%。货币基金业务全年平均持仓25亿元，实现收入6 971万元，实际收益率3.71%。探索完成货基转换业务操作。引入货币基金投资业绩考核机制，有效提高货基投资业绩可视化与透明度。票据业务，初步建立中车票据池，成员企业贴现业务量明显增长，再贴现业务规模实现质的突破。办理票据承兑1 511笔，合计金额47.35亿元；办理票据贴现57.4亿元，财司贴现利率较市场平均利率低40个BP，年内为成员企业节省成本778万元；办理再贴现10.62亿元，日均规模1.89亿元。外汇业务，办理并通过外管局“跨国公司跨境资金集中运营备案”，共入池成员单位94家，其中境内成员企业65家、境外成员企业29家。办理集中收付汇8笔。通过跨境资金池办理2笔对外通道业务，为境外子公司经营发展提供资金支持。业务创新，建立中车票据池，实现票据信息集中；获批延伸产业链金融试点资质，突破供应链金融业务；打通跨境资金集中运营管理通道，开展外汇业务；开展货币基金业务、债券投资业务；移动互联APP“金管家”全面应用，财企直连不断推广，试点开展代理收款业务。

【管理提升】 公司强化运营管理，制定实施《中车财务有限公司2019年度经营管理目标体系》，目标体系措施完成情况纳入年度绩效考核KPI，形成PDCA循环。构建“总部委托＋财司自营”一体化资金全面预算管理体系，提高财务管理效率；夯实会计基础工作，完善财务制度体系，优化财务制度流程，完成金融工具减值方案模型；搭建公司首个金融统计监管报表报送信息化平台，实现人行统一报送平台、人行金融统计数据监管平台、人行辅助系统等三大主报送系统报表填报信息自动化；完成“中央银行会计核算数据集中系统”直连，成为在京财务公司首批获得央行批准上线金融机构；协助总部牵头草拟《中国中车股份有限公司资金业务流程》，做好总部资金业务。推动财务创新和智能化管理，实现报表填报信息自动化；建立ACS系统，建立上海票交所直联平台，征信数据接口系统落地投产；财企直连接口开通，为成员企业提供方便快捷结算服务，大连机车通过财企直连接口提交2 000余笔付款指令；“中车金管家”移动互联二期项目开发完成，实现中车EAS借款移动端审批、财务公司工作流程电子化和移动化等功能；保密和信息安全工作再上新台阶。完善风险管理体系、内控制度和法制建设，按日监测风险管理主要监控指标，整体风险管控情况良好；资产质量保持稳定，不良贷款率和不良资产率均为零；表外业务无违约和逾期情况，信用风险可控；未发生流动性风险事件，新业务投资货基产品市场风险可控，未发生操作风险事件。

【人力资源管理】 公司完善人才发展体制机制，保持持续创新能力。畅通“人才成长”机制，启动专业技能等级评聘工作，落实“双通道”机制。建立中层领导干部任期制，推行中车干部管理“两制一契”制度。执行关键岗位人员轮岗机制。制定《后备干部选拔培养使用管理办法》等制度。注重核心人才储备。加大各类人才培训力度。

【党群工作】 公司党委结合“不忘初心、牢记使命”主题教育工作，加强党的政治建设，提升全体党员思想政治素质。党委中心组集中学习19次，所属三个党支部累计召开党员大会22次，支委会48次，党课18次；通过实施工作清单化管理，深化“三基”建设，巩固巡视整改成果，打造党建“金名片”；出台相关制度，推动干部管理任期制、聘期制和契约化管理，有效落实宣传、保密、统战等方面工作，加强党的全面领导。通过公众号、金管家APP等平台宣传最新成就与业绩，党政工团开展劳动竞赛、春游、秋游、节日慰问等活动，聚人心、促发展。公司党委和领导班子多方寻求资源，帮助解决职工公租房申请与补贴、法定节假日加班补贴、高温补贴以及特殊天气因公出差用车、延长用餐和洗浴时间等群众最关心、最直接、最现实利益问题；启动人才双通道机制。年内，公司上缴扶贫款48.56万元。

【公司党政工负责人】

党委书记　董绪章
董事长　董绪章
总经理　黄建东
副总经理　张　玲　张世东
财务总监　张　玲

党委副书记　黄建东
工会主席　张　玲

（财务公司　供稿）

中车资本管理有限公司

（统一社会信用代码：91110108MA00314Q4L）

党委书记、董事长　梁　弢

总经理　陆建洲

【概况】　2019年末，资本公司员工总数18人；设有股权投资部、风险合规部、财务部、综合管理部、党群工作部等5个部门。公司注册资金25亿。全年实现净利润9 450万元，完成中车下达绩效指标，获得中车突出进步奖。

【经营管理】　公司加强与国家部委、中央企业合作，推动国家制造业转型升级基金、科创基金落地，存量项目效益显现，新增项目交割完毕。形成“1+3+6”管理平台构架，搭建基金管理公司、基金产品平台以及战略合作、股权管理投资体系。投资项目累计15项，需认缴出资25.49亿元，年内实际出资2亿元，累计实际出资14.07亿元。新设1支基金，被投企业朗进成功上市。围绕中车产业布局，投资基础材料钛合金、氢燃料电池膜电极、高端航空传感器、微显示、铁路信号安全及监控等多个项目。打造具有央企示范效应“产业＋资本”模式，参与中车混改、双百行动，入围清科国资投资机构50强。

【重要纪事】　1月，中车国创基金完成沈阳中钛装备制造有限公司2.95亿元出资。5月，中车国华基金完成青岛四方思锐智能技术有限公司1.1亿元二轮出资。6月，公司投资项目山东朗进实现创业板上市。7月，中车同方基金完成中电科五十五所平板显示事业部改制项目1 000万元出资。完成苏州擎动动力科技有限公司1 000万元出资。完成北京金迈捷科技有限公司5 837.78万元出资。9月，公司首个直投项目交大盛阳落地，认缴3 598万元，出资1 799万元，股比6.8%。10月，公司取得株洲所、株机所持华融湘江银行股份有限公司全部股权，出资248万元。12月，公司与青岛市市级创业投资引导基金管理中心、青岛动车小镇投资集团有限公司、国家高速列车青岛技术创新中心、北京中车国创股权投资基金合伙企业共同发起设立中车科技创业投资基金，基金规模5亿元，公司首次出资1亿元。国创（北京）新能源汽车投资基金管理有限公司完成工商注册，认缴500万元，出资150万元，股比5.67%。中车国创基金完成中铁物总铁路装备物资有限公司项目9 396.6万元出资。中车国创基金完成中企云链（北京）金融信息服务有限公司 7 800 万元出资。

【公司党政负责人】

党 委 书 记　梁　岄

董　事　长　梁　岄

总　经　理　陆建洲

副 总 经 理　陆　浔

（资本公司　供稿）

中车金融租赁有限公司

（统一社会信用代码：91120118MA06J91H6K）

党委书记、董事长　徐伟锋

总经理　刘学文

【概况】　2019年末，金租公司员工总数46人，其中硕士及以上学历23人、高级职称11人、中级职称13人；员工平均年龄36岁，80后员工占比75%，员工队伍呈现高学历、年轻化特点。公司是中国银保监会监管金融机构，2019年2月2日取得营业执照，注册地址天津东疆保税港区，注册资本30亿元，主营融资租赁业务。设置业务一部、业务二部、业务三部、金融市场部、风险管理部、审计稽核部、计划财务部、综合管理部、党群工作部等9个部门。年末，租赁资产规模79.09亿元，计提拨备1.09亿元。全年实现营业收入2.87亿元、净利润6 256万元，实现开业首年良好经营业绩。

【规划发展】　公司按照立足主业、服务中车发展宗旨，以专业化金融租赁服务商作为基本定位，聚焦中车轨道交通主业和产业链上下游，发挥金融租赁服务实体经济功能，打造“促销型直接租赁、服务型经营租赁、走出去跨境租赁”三大特色；以租促融、以租带建、以租助收、以租促销、以租代购，促进中车内部企业扩大经营规模、增加设备销售、提升盈利能力，优化资产配置、改善财务状况；以中车产业链客户和外部优质客户为主体，为客户提供全面、优质和高效综合金融服务，打造专业能力突出、联动效应显著、投资回报良好、资产质量优良的一流产业系金融租赁公司。

【经营管理】　公司设置股东会、董事会、监事会、经营层“三会一层”企业治理架构，董事会下设审计风险管理委员会和关联交易控制委员会，经营层下设项目评审委员会，保证项目运作合规和风险可控。按照金融机构监管要求和中国中车相关制度规定，建立涵盖租赁业务、全面风险管理、纪检监察等专业类别130余项管理制度。搭建财务业务一体化租赁核心业务信息系统，建立租赁业务和风险管控规范运行支撑、保障机制。年内，实现人均利润133.11万元，不良资产率0，资本充足率35.68%，产融结合率46.05%；荣获中车2019年度产融结合协作示范改革发展专项奖。

【融资租赁】　公司聚焦行业、区域、渠道

和客户，与中车产业相结合，开展城市轨道交通、城轨基地相关集团和政府客户、新建城际线路等营销推介和渠道建设工作，为客户提供租赁期限灵活、资金成本较低、不占用银行授信、资金使用灵活便利的金融租赁服务。全年完成项目投放43笔，金额89.55亿元；租赁资产投放轨道交通行业、中车内部成员企业以及促进中车产品销售等融资租赁业务24笔，为株洲所、成都电机、南京物流等企业解决资金难题、促进产品销售，产融结合率46.05%。获评全球租赁业竞争力论坛轨道交通租赁领军企业腾飞奖。

【风险管控】 公司严格按照监管要求，建立前中后台相分离风险治理结构。建立涵盖客户准入、项目立项、尽职调查等租赁业务全流程风险管理制度体系。建立法律合规风险指引，增强合规红线意识。制定“1+8”租赁业务行业投向指引，实施矩阵式差别授信，引导业务优先开展中车产业链项目。探索建立常规有效、精确制导、资本计量“三维度”风险管理程序和工具模块。推动项目评审和资产质量分类审核，加强反洗钱和关联交易管理。全年召开24次项目评审会和4次关联交易控制委员会会议，审议通过租赁项目44个，不良资产率为零，未受到监管通报和处罚。

【党群工作】 公司按照党建工作要求，成立公司党委、团委和工会，召开第一次党员大会、团员大会和职工大会。成立2个党支部和4个党小组，健全党建工作机构，选配一批精干基层党务干部。制定党委会议事、“三重一大”决策等制度，夯实党建工作基础。学习贯彻习近平新时代中国特色社会主义思想，坚持党建引领，落实党建工作责任制，推进“三基建设”，落实党风廉政建设主体责任，支持配合派驻纪检组完成监督执纪工作，全面提升党建工作质量。深入开展“不忘初心、牢记使命”主题教育，按照“守初心、担使命、找差距、抓落实”总要求，优化业务流程，完善制度体系，推动公司实现“融文化、聚合力、明定位、促发展”经营管理目标。

【重要纪事】 2月1日，公司取得中国银保监会天津监管局颁发金融许可证。2月2日，公司取得工商营业执照。2月28日，公司正式揭牌营业。3月21日，公司与中车所属南京物流公司签订第一个融资租赁合同，实现第一笔融资租赁业务投放。7月11日，公司召开第一次党员大会和工会第一次会员大会。7月24日，原中车财务总监詹艳景到公司调研考察。9月26日，公司召开第一次团委会暨团委成立大会。11月7日，公司董事长徐伟锋参加第六届全球租赁业竞争力论坛峰会并发表主旨演讲。11月8日，中车财务总监李铮到公司调研考察并讲授党课。11月8日，公司获评全球租赁业竞争力论坛轨道交通租赁领军企业腾飞奖。

【公司党政工负责人】

党委书记 徐伟锋
董事长 徐伟锋
总经理 刘学文
副总经理 廖新义 高硕 蒋永建
财务总监 廖新义

党委副书记 刘学文
工会主席 廖新义

（金租公司 供稿）

中车投资租赁有限公司

（统一社会信用代码：911100007109247853）

总经理　杨瑞欣

【概况】　2019年末，投资租赁公司正式员工29人。公司是经商务部、国家税务总局批准的内资融资租赁业务试点企业，下辖两家子公司，其中天津中车投资租赁有限公司由天津南车投资租赁有限公司吸收合并北车（天津）投资租赁有限公司而成，天津中车融资租赁有限公司由天津南车融资租赁有限公司吸收合并北车（天津）融资租赁有限公司而成。受前期融资租赁业务风险集中爆发影响，公司2019年没有开展新增业务，全年实现营业收入2.63亿元，完成年度预算指标的164.56%，归母净利润实际完成-8.37亿元，完成全年预算控制指标。

【党建与经营深度融合】　公司按照中车集团统一部署，进入转型调整期。公司管理体系面临重塑，业务结构进入完全陌生领域，人才队伍断崖性流失，风险化解工作举步维艰。面对严酷挑战，公司党委班子顶住巨大压力，重塑团队信心，“守初心、担使命”，找痛点、谋转型，以全面加强党对各项工作的引领为原则，以深化党建与经营管理工作深度融合为手段，紧扣中国中车党委决策部署和要求，以中车集团党建“金名片”建设要求为行动纲领，以“不忘初心、牢记使命”主题教育为抓手，夯实“三基”建设，严抓意识形态，强化廉政建设，提升企业文化和党员干部政治站位；以中车战略和金融业务规划为指引，对公司全员进行战略解读和攻坚动员，使员工对公司未来发展充满信心，增强责任感和使命感，同时以主题教育为契机，以发现问题、检视问题、整改问题、提升绩效为手段，以逾期项目风险化解为主线，以优化资源配置、健全风控体系为手段，顺利实现以存量逾期租赁项目处置为主的业务转型，为集团风险防范化解作出应有贡献。

【管理提升】　公司不断完善内控体系建设，加强风险识别、评估、预警、舆情控制等措施，规范工作程序和方法。在现有风险管理制度基础上，先后制定良资产项目处置事实关闭认定工作办法、不良资产五级分类办法等多项风险管理制度，形成依托资产管理信息系统业务处置流程，完善内控体系建设，有效落实风险化解责任。

实施以业绩与绩效挂钩的沟通会制度。

由项目负责人认领责任指标，通过掌握项目动态、将逾期租赁项目风险化解与绩效工资进一步挂钩，同步建立前中后台联动激励机制，将中后台相关岗位人员绩效与项目支持服务水平、项目完成情况挂钩，配合前台做好风险化解工作，提高全员的参与感、责任感及工作积极性。

完善董事会、监事会人员结构。用人机制上，采用公开招聘、劳务派遣、调剂借调等多种用工形式，引进资产处置、法律等专业人才，解决急缺人才需求。摸索创建人才储备库，打造多种形式人才培养模式，通过多种途径储备和培养高素质人才，为后续向资产管理公司转型和不断提升管理水平提供人力资源支持。

【核心业务推进】 公司围绕不良资产处置和风险化解工作，梳理和重塑制度体系和流程，将逾期租赁项目处置和方案评审工作分离，建立逾期租赁项目处置风险的制衡机制，形成包括业务层、管理层、决策层在内的清晰分层式管理架构，使逾期租赁项目处置更加专业化、标准化、流程化。针对核心业务，制定事实关闭认定办法、五级分类办法等一系列管理制度，全面上线和优化资产处置信息系统管理平台，实现资产处置及风险化解全过程电子化管理，提升管理效率，促进资产和风险管理的标准化建设。

【风险化解】 公司不断探索专业化和综合性风险化解模式。对内细化资产和风险分类，制定一项一策，责任到人；对外采用展期、债转股、市场化等多种方式，结合中车集团化优势，探索协同发展理念，对接、探讨项目在属地利用资源寻求化解方法，增强逾期项目化解的可能性；以专业手段，汇聚各方力量，有序开展风险化解工作，力求应得利益颗粒归仓。全年逾期项目（含贸易项目）风险化解额 18.11 亿元。其中，债务重组转为正常项目管理化解本金 6 571 万元，通过回收现金和实物资产化解本金 5.91 亿元，通过债转股方式化解 6.50 亿元，通过保证金冲抵方式化解 2 000 万元，通过资产减值核销方式化解 4.83 亿元。已化解项目资产回收 11.44 亿元，其中收回现金资产 1.37 亿元（本金 7 727 万元，利息 5 546 万元；以资抵债资产回收租金 402 万元），收回实物抵债资产 7.60 亿元，收回股权资产 2.47 亿股。

【重要纪事】 3 月 28 日，公司举行 2019 年度经营工作会议。7 月 16 日，中车股份总裁孙永才到公司调研指导工作。8 月 9 日，公司举行年度董事会工作会议。11 月 8 日，中车总会计师李铮到公司调研指导工作。12 月，公司完成天津中车融资租赁公司股权变更，变更后租赁公司持股比例 75%。

【公司党政工负责人】

总　经　理　杨瑞欣
副 总 经 理　董伦云　戴志勇
　　　　　　曹　岩　李海权
财 务 总 监　李海权（兼）

党委副书记　杨瑞欣
工 会 主 席　曹　岩（兼）

（租赁公司　供稿）

中车香港资本管理有限公司

（商业登记证号码：52844787-000-08-15-1）

董事长　李　瑾

总经理　郝志军

【概况】　2019年末，香港资本公司本部在岗员工31人，全资子公司捷克公司2人，拉美公司4人，共计37人。设立综合管理部、合规管理部、财务管理部、金融服务部、财务投资部、产业投资部、市场部等7个部门。2019年3月15日，香港资本公司与中国中车（香港）有限公司（简称“香港公司”）进行整合，香港资本公司注册资本24.51亿元，香港公司注册资本11.36亿元；对内一套机构和人员，对外按照既有业务保留两块牌子运作。全年完成营业收入37.36元，同比增长100.9%；实现净利润1.2亿元，同比增长171.42%。

【经营管理】　公司整合后，国际贸易平台完成市场贸易收入36.2亿元，同比增长9%；毛利润4 474万元，同比增长49.9%。新签订单37.6亿元，同比增长0.5%。进口业务持续增长，实现中车内部进口收入21.8亿元，新签订单28.8亿元，进口集采占比54.5%，同比增长91.9%；出口业务平稳推进，克服中美贸易摩擦负面影响，实现中车内部出口收入14.4亿元，同比增长9.9%。投资平台持续稳健开展财务投资业务，实现投资收益2.31亿元，年末持有财务投资类资产规模44.21亿元，综合收益率5.27%，年内获得中车关于“设立资产管理公司并申请香港证监会9号牌照”批准。财资中心资金集中和内部信贷业务，年末共归集4.477亿美元境外资金，年末境外资金归集度超过70%，完成中车考核指标。实现利息收入8 558万元，年度平均贷款规模超过4亿美元，年末境外贷款替换率超过70%。创新业务模式，为长客股份、四方股份、浦镇公司量身定做境外项目整体解决方案。组织参与以色列特拉维夫轻轨PPP项目，推动实施中车国际化战略。构建海外集中采购制度体系，制定海外集采整体建设方案及车轮项目实施方案，试点推进太原公司车轮进口项目。资产管理业务根据筹备发起创新投资PE基金需要，加强与中车所属企业联系沟通，建立投资项目信息交流渠道，探索境外并购及产业投资项目合作。坚持全面预算管理，有效压降中车外部应收账款规模，降低差旅费同比超过8%，节省财务费用同比超过1 500万元。实施中车境外财务共享平台建设，SAP管理软件上线，形成可复制、多语言兼容、不同国际核算标准财务和业务处理体系，实现贸易业务、财务投资业务、财资中心等板块业务和财务共享共通，年内处理贸易单据超过1万笔，费用支付超过1 000笔，境外放贷业务超过50笔，管理资产超过100亿元。提升财务共享能力，费控系统上线，有效控制费用发生过程和结果。

【人力资源管理】 公司按照“一个团队、两块牌子”模式实施业务整合，财务投资、产业投资两块业务整合为投资平台，综合管理部和财务管理部完成整合，新设合规管理部；整合改革增强公司整体性、协同性，更加利于专业化管理和实现资源共享。建立员工职业晋升通道，完成后备干部选拔推荐工作，构建核心管理人才梯队，合理调整人员岗位，为员工提供学习和锻炼机会。修订薪酬和绩效考核相关管理制度，增加绩效工资薪酬权重；从员工个人和组织两个维度进行绩效评价，优化绩效考评科学性和全面性。

【风险管控与制度建设】 公司成立专项风险事项工作组，推进并动态监控风险化解工作，年内收回逾期贸易应收款1.59亿元，完成中车下达风险化解目标。坚持依法治企、合规经营，梳理公司制度体系，制定“废、改、立”清单，新建10余项制度，修订30余项制度，搭建合规管理体系，落实管理责任。建立外部律师库，为业务发展做好法务储备。提高员工保密意识，加强保密管理。

【党建工作】 公司党工委根据《中国中车2019年党委工作要点》，结合香港特别行政区和公司实际情况，制定下发《香港公司党工委2019年工作要点》，落实年度党建工作。开展“不忘初心、牢记使命”主题教育，组织全体党员进行主题教育学习，制订和落实研讨计划、党课计划。对照巡视整改责任清单，逐项落实相关责任部门，每月动态提醒、督促和报告整改事项，定期总结巡视整改情况，促进公司巡视整改工作落地。

【下属子公司】

捷克中车科技开发有限公司 日常管理与运营由北车大连电力牵引研发中心有限公司负责。捷克中车公司负责捷克布拉格工大牵引与控制技术联合研发中心筹建、运行和管理，并代表中国中车对相关投资所形成固定资产和无形资产进行管理和控制。

中车拉美公司 作为中国中车拉美区域（即拉丁美洲及加勒比共三十三个国家和地区）海外公司以及本区域内经营实体，代表中国中车在本区域内进行统一品牌管理、市场开发、项目协调、业务支持、履约监管和售后服务等工作。

【重要纪事】 3月15日，完成香港资本公司和香港公司内部整合。4月1日，香港资本公司与香港公司合署办公。12月，呈报重组香港资本公司和香港公司书面请示获得中车批准，重组后香港资本公司持有香港公司100%股份，香港公司不再作为中车一级子公司。

【公司负责人】

董　事　长　李　瑾
总　经　理　郝志军
副 总 经 理　肖绍平　刘　刚

（香港资本公司　供稿）

中车信息技术有限公司

（统一社会信用代码：91110108700035941C）

党委书记、董事长　唐献康

总经理　陈　凯

【概况】 2019年末，信息公司员工总数225人，82%以上具有本科学历，其中硕士及以上学历43人，高级职称14人，平均年龄35岁。公司设有8个职能部门，6个业务中心，2个研发机构。全年累计签约9 097万元，同比增长6.51%；同比减少亏损650万元，减亏19.69%。

【改革改制】 公司按照中车总体部署，配合中车数字化转型规划，进一步深化企业改革，完成中车股份收购信息公司少数股东49%股权工作，公司从股权多元化企业转变成为中车股份全资一级子公司。

【规划发展】 公司明确“中车产业数字化建设者、中车数字产业化主要参与者、中车信息化资产管理者、轨道交通核心信息技术引领者、两化融合高端人才培育基地，为中国中车创建世界一流示范企业提供数字化支撑”发展定位，按照“聚焦主业、服务中车”根本宗旨和“增量统一、存量贯标”发展思路，实现中车信息资产高效配置、统一管理和集中服务，推进中车核心业务“制造＋服务”转型升级。

【经营管理】 公司加强成本管控，严格控制期间费用。期间费用2 038万元，同比减少127万元，降幅5.54%；其中差旅费、出国经费及会议费等三项费用合计364.91万元，同比减少22.97%。严控“两金”压降。加强应收账款管理，年末应收账款5 542万元，同比减少13.65%。防范经营风险。组织开展防范化解重大风险专项工作；制定发布《违规经营投资责任追究实施办法（试行）》《客户信用管理办法（试行）》。严格投后管理。推动参股子公司八维通公司商业模式创新和市场拓展，新增昆明地铁、常州地铁Metro两个项目上线运营，八维通公司大幅减亏。八维通公司上线运行31个APP，其中轨道交通项目12个；注册总人数2 327万，市场占有率稳居行业第一。

【市场营销】 公司发挥技术优势和整体解决方案优势，深化产品应用。BIM业务签署公司历史最大单体合同，合同额3 682万元，与深圳工务署建立深入合作伙伴关系。实名制平台在承德、雄安两个城市上线试运行，为2020年河北全省推广实名制平台奠定基础。通过挖掘现有客户需求、加大新业务推广、加大中车外部市场开拓，中车外部市场签约额同比增长57.10%，BIM业务销售收入稳中有升。

【科技创新】 公司坚持科技创新，加大技术投入。年内研发投入1 246万元，占同期营业收入18.88%；申请专利4项，取得专利授权3项；获得软件著作权7项。深化基于微服务架构SaaS化供应链电子商务云平台研发，助推中车提升供应链管理质量，升级移动端功能；享受增值服务供应商1 386家，同比增长56.96%。初步构建机车产品全寿命周期数据平台，在国铁集团机务电子履历系统、戚机电子履历系统两个项目上进行应用实践，为实现平台与企业业务系统间数据集成与数据共享奠定基础。牵头实施“出口机车远程监测与诊断平台”，完成资阳出口泰国机车传输子系统、地面子系统、双语（中文、英文）机务段用系统等功能开发和调试，以戚机机油系统、燃油系统、冷却系统和通风系统为试点建立和整合故障诊断知识图谱，验证系统可靠性和部件寿命管理部分功能开发和应用效果。围绕中车PHM重大专项，组织撰写中车PHM标准体系，完成针对长尾、小样本故障数据智能预测技术研究，以内燃机车柴油机为案例，结合出口机车项目积累整车数据，进行实际故障诊断和寿命分析的建模及实践，在12V265C柴油机上进行配机试验验证。加强信息化安全管理，按照“等保三级”要求，逐步改进产品质量，提升产品安全性能；初步实现由项目定制开发到工具化开发逐步进化，完成数据质量工具及编码工具分离，提升产品化开发效率。

【人力资源管理】 公司完善与发布实施人力资源相关规章制度6项。开展全员绩效考核实施工作。完成内外部管理及专业培训共计41次，参培343人次，培训满意度96.7%。调整各部门用工编制，严格预算控制及预警工作，共同商讨优化人员方案，优化人员23人。招聘引进人员36人，其中中车核心人才2人，应届毕业硕士研究生2人，其他岗位人员32人。

【企业文化建设】 公司围绕“同一个中车”理念和“双打造一培育”目标等方面进行企业文化宣传，发挥企业文化导向、约束、凝聚、激励作用，开展多种形式教育、文体活动，推进企业文化建设，增强员工归属感，提升员工凝聚力。策划并组织线上、线下品牌推广活动7场次，更新微信公众号文章400余篇，关注量累计增长5 400人；《中国城市报》专题报道公司农村分散式污水处理远程监控系统，公司品牌及产品在轨道交通行业、制造行业、环保行业得到推广。

【党群工作】 公司党委以习近平新时代中国特色社会主义思想为指导，深入落实习近平总书记视察中车重要指示精神，党的建设取得新突破。主题教育全面推进，扎实开展学习教育、调查研究、检视问题、整改落实各环节工作，企业党建工作水平有效提升。围绕专项整治共检视出问题26项，制定整改措施43项，立行立改11项，年内完成整改24项；巡视整改累计完成51项整改问题，完成率87.9%。政治建设不断加强，党委中心组、各党支部组织专题学习研讨22次；举办中层干部党的十九大精神专题培训班。履行重大事项党委会前置程序，召开党委会20次。落实《关于深入贯彻落实习近平总书记重要指示精神推动中国中车实现高质量发展的决定》，重塑公司发展目标和业务架构。深入推进三基建设，从严落实“三会一课”等党内制度要求，逐步实现党建工作精细化管理。加强党员教育管理，组织集中学习47课时、自学999课时。年内发展党员1人，转正1人。规范中层干部选拔任用程序，选聘中层干部16名。召开3次党委会专题研究党风廉政建设工作，制定《中车信息公司党委构建“不能腐”体制机制实施办法》；加强源头预防，与合约单位签署廉政责任书90份；制定《信息公司关于落实纪检监察体制改革的实施方案》，成立党风廉政建设和反腐败工作领导小组。召开公司干部警示教育大会。群团服务作用明显。工会开展节日慰问送温暖、防暑降温送清凉、金秋助学圆梦想、员工体检助健康等活动；加强品牌建设，开展“中车日”系列活动，获评中车企业文化和品牌建设优秀企业。团委开展“青春心向党、建功新时代”主题团日活动；1个项目组荣获2019年度“中国中车青年文明号”称号，1人荣获2019年度“中国中车青年岗位能手”称号。

【重要纪事】 4月30日，公司中标深圳市建筑工务署基于BIM政府工程建设智慧管控平台（I标）项目。5月9日，公司中标江苏中车环保设备有限公司污水在线监控系统采购项目。7月24日，中车股份公司执行董事徐宗祥到公司指导工作。9月，公司“深圳北理莫斯科大学项目”“深圳机场4#调蓄池泵闸站工程全过程BIM正向协同设计应用项目”分别获得第十届“创新杯”建筑信息模型（BIM）应用大赛工程建设综合类BIM应用第一名、水利电力类BIM应用第二名。10月16日，公司与中车长春轨道客车股份有限公司签署能源管理项目建设第二期总承包合同。11月，公司“莲塘口岸项目”获得第八届“龙图杯”全国BIM（建筑信息模型）大赛综合组一等奖。公司“深圳机场4#调蓄池泵闸站工程全过程BIM正向协同设计应用项目”获得第二届优路杯全国BIM技术大赛银奖。11月9日，公司完成参股公司八维通科技有限公司B轮增资扩股备案工作。11月20日，公司完成股东变更备案工作，成为中车股份公司独资子公司。

【公司党政工负责人】

党委书记	黄启超（12月免）
	唐献康（12月任）
董事长	黄启超（12月免）
	唐献康（12月任）
总经理	顾　明（11月免）
	陈　凯（12月任）
副总经理	赵清宁　张学梅
	陈　刚
	赵曦滨（11月免）
财务总监	张学梅
纪委书记	黄启超（7月免）
工会主席	张学梅

（信息公司　供稿）

中车工业研究院有限公司

（统一社会信用代码：911101063066897448）

党委书记　刘国岩

院　长　龚　明

【概况】 2019年末，中车研究院正式员工73人，其中博士占比27%、硕士占比62%，高级职称以上人员占比51%，“万人计划”及国务院政府特殊津贴人才、国际化人才、核心人才、海外留学人才等占比31.5%。在研国家、省部级科研项目23项，中车级重大和重点科技项目29项，横向研究课题10余项。新签对外服务合同同比增长77.8%，实现对外服务收入同比增长126%。

【项目规划管理】 研究院强化协同创新及能力建设。完成《中车科技创新顶层设计方案》《中车科技创新体制优化细则（初稿）》。开展技术方向及能力建设布局研究，编制《高速载运装备中长期科技发展规划纲要（2021—2035年）》《核心技术中长期科技发展规划纲要（2021—2035）》《铁路科技创新基础性前瞻性研究方向及任务建议》，为行业科技创新提供指导。完成《中国中车海外研发机构布局及管控规划》，为中车海外研发机构管理提供解决方案。

【技术研究】 研究院重点公关“7218”项目。国家先进轨道交通重点专项7个方向11个项目取得阶段性成果，6个项目通过中期检查。时速400公里高速列车样车试制进入收尾阶段，时速600公里高速磁浮试验样车下线。“面向全生命周期成本的轨道交通设计、节能与环境友好技术”及“复杂环境下轨道交通系统全生命周期能力保持技术”项目成果与广州地铁集团公司进行联调联试和示范运用。“磁浮交通系统关键技术”项目获得科技部高技术中心颁发“项目执行优秀团队”荣誉称号。“时速600公里高速磁浮交通系统”“时速250公里以上货运动车组”等技术创新成果参展“2019年全国科技活动周”“新中国成立70周年大型成就展”以及“第二十一届中国国际工业博览会”。试点采用“技术就绪度评估（TRL）”管理模式，“高速列车用IGBT芯片核心关键技术”与“高速列车转向架用轴承核心关键技术”2项攻关项目进展顺利，IGBT芯片项目完成装车试验验证，轴承项目完成产品设计，两项目荣获中国中车2019年度“协同创新专项奖”。实施8项补短板工程，开展中车产品技术短板研究与应对策略分析、下一代主型产品前瞻技术研究，以及主型产品和新产业产品基础共性技术研究。做实短板项目专项管理，设置联合推进办公室，探索引入考核结果问责机制。攻克520兆帕以上高强铝合金增材制造行业热点技术，完成100公斤增材制造专用高强铝合金粉末制备及打印测试，掌握高强铝合金核心打印和热处理工艺技术。开展旋转机电数据感知及健康管理技术合作、感知设备小型化集成化与小型化无线传感器网络等关键技术及应用研究。AI行为分析系统项目成果在北京地铁示范应用。超级铜和350千瓦燃料电池技术启动中试与产业孵化。《超级铜》和《AI行为分析系统》项目分别获得2018年“中央企业熠星创新创意大赛”一等奖、二等奖。年内，申报发明专利45项，授权12项，授权软件著作权28项。制定中车标准草案12项，发布4项中车标准、1项行业标准。

【公共平台建设】 研究院打造开放式创新生态环境。技术协同创新平台：研究院青岛分院12月29日揭牌成立。完成轨道交通车辆系统集成国家工程实验室管理控制中心总控中心建设。联合中车9家企业共同研发云创平台，完成开发并通过功能验证，实现众包设计业务全过程支持；指导和组织建设中车唐山公司意大利现代轨道交通技术联合研发中心、中车株机奥地利轨道交通技术联合研发中心等2个海外研发中心，引进瑞士PROSE入驻国家高速列车技术创新中心成立联合实验室；组织推荐海外研发平台承担中车基础、前瞻、共性技术研究项目10项，完成中美无线传感器智能数据关键技术、智能车载监控系统关键技术、智能焊接等4个项目结题验收，发挥海外平台技术支撑作用。公共试验验证资源投资平台：围绕“轨道交通环境/风洞综合实验室”项目开展多个国内汽车、航空环境风洞调研，分析中车内部环境实验需求，完成项目建议书编制。围绕“高速列车技术协同云计算中心”项目开展项目需求、投资方式等方面调研，完成项目建议书申报。公共服务平台：提供《关于中车协同创新的战略思考》等战略系统分析方向专项报告20余篇，《国企混合制发展研究》获得央企智库联盟重点课题研究成果二等奖，完成《青岛高铁产业链布局研究》报告。开展海外智库合作，与澳大利亚昆士兰大学智库合作项目——澳大利亚轨道交通产业研究，获得中央企业党建政研会优秀课题研究成果一等奖。信息情报服务平台中车用户增至25家，用户体验满意度提升，资源配置成本显著下降，集约效应明显，节约金额600万元。

【公司党政负责人】

党委书记	刘国岩
院长	龚　明
副院长	刘国岩　杨修伟 孙帮成
财务总监	王冬梅
党委副书记	龚　明

（中车研究院　供稿）

北京北车中铁轨道交通装备有限公司

（统一社会信用代码：91110106684367734P）

党委书记、董事长　张　岩

总经理　高军武

【概况】　2019年末，中铁装备公司员工总数28人，其中高级专业技术职称12人、本科及以上学历22人。设置6个职能部室，下设辽宁本溪、河北尚义、内蒙古锡林浩特、山西风陵渡4个分公司。全年实现销售收入4 367万元。

【经营管理】　公司推进原材料贸易业务预付账款清收、既有存货、供热资产处置以及既有供热、照明项目完善及收尾等重点工作。优化和改进运营管理方式，强化四个供热项目运营管理。聘请专业咨询机构协助，加强内控体系建设，诊断内控缺陷，新增、修订管理制度38项。修订公司《股东会议事规则》《董事会议事规则》《监事会议事规则》《总经理办公会议事规则》等制度，完善公司法人治理体系。制定“三重一大”事项决策清单，结合《公司章程》《“三重一大”决策实施办法》《“三重一大”决策事项清单》制度规定，修订党委会、总经理办公会决策流程，下发《关于进一步细化公司决策程序的通知》。按照供热资产处置工作计划，四个供热（汽）项目移交当地政府运营，减少直接运营亏损，有效规避安全环保风险。

【市场营销】　公司落实中车“两金”压降工作要求，制定公司存货资产、应收款清收重点工作计划，明确工作领导小组、责任部门和责任人，采取法律诉讼、资产拍卖等方式加大清收力度。年内清回应收账款937万元，其中预付账款430万元；清回发票总金额584万元。

【党群工作】　公司党委以党的十九大精神和习近平新时代中国特色社会主义思想为指引，学习贯彻习近平总书记视察中车重要指示精神，严格落实党中央、国资委党委重大决策部署和中国中车党委常委扩大会议工作要求，深入推进“不忘初心、牢记使命”主题教育，深化党建“金名片”建设，持续加强国资委政治巡视整改落实和党风廉政建设，推动党建工作成效跃升，为公司稳定健康发展提供坚强组织领导和政治保证。聚焦“守初心、担使命，找差距、抓落实”总要求，围绕五个具体目标、四个贯穿始终、八项重点工作、六个突出问题等工作任务，组织开展第一批、第二批“不忘初心、牢记使命”主题教育。全面落实政治巡视整改工作，年末，57项问题、68项措施完成整改。完成党支部书记述职评议和党建责任制考核，党支部书记培训实现全覆盖，夯实“三基建设”基础，党内组织生活进一步规范，基层党组织建设质量明显提升。

【公司党政负责人】

党委书记　张　岩

董　事　长　张　岩

总　经　理　高军武

副总经理　张晓春（常务）

王越一　周翌星

财务总监　周翌星（兼）

党委副书记　高军武

（中铁装备公司　供稿）

广州电力机车有限公司

（统一社会信用代码：9144010156976520OF）

党委书记、董事长　李　扬

总经理　马开明

【概况】 2019年末，广州公司拥有正式员工469人，其中教授级高级工程师6人、高级工程师9人、高级会计师3人、工程师37人、会计师1人、经济师1人、政工师1人，员工平均年龄28岁。全年实现营业收入10.08亿元、净利润4 095万元，完成中车下达年度经营目标。

【规划发展】 公司结合内外部形势及产业发展状况，重新调整未来两年规划指标及措施，制订《公司三年滚动规划（2019—2021年）》《公司“十三五”发展战略（2019年修订）》，提出公司“十三五”发展战略目标：贯彻落实新时代“交通强国、铁路先行、装备支撑”发展战略，深度融入“一带一路”和粤港澳大湾区建设潮流，充分整合利用内外部资源，发挥多元股东治理结构和公司自身资源禀赋两大优势，关注股东期望，以客户为导向，以员工为根本，打造国有多元股东、行业一流企业典范。

【经营管理】 公司优化绩效管理体系，目标和结果导向、奖优罚劣机制持续完善。项目制推行成效初显，部门协同作战能力不断增强。开展信息安全体系建设和攻防演练，信息安全得到巩固。推进提质增效，加强成本管控，会议费、差旅费、出国经费同比下降7.64%，采购成本同比下降2.75%。处置低效无效资产，累计盘活闲置资产3 042万元。强化依法治企，修订董事会议事规则，进一步明确各治理主体权责边界，完善公司治理结构。优化制度体系建设，新编、修订规章制度58个，梳理一般制度、重要制度、基本制度，发布制度评审及决策程序清单，规范227项制度评审及决策程序。年内，合同、重要制度、重大决策法律审核覆盖率100%。

【生产运营】 公司构建“主业升级转型、多业支撑发展”业务布局。机车检修主业升级转型成效显著，新获HXD_1型C5修资质及HXD_{3C}型C6修资质（中标19台订单），开展HXD_{1C}高原型C5修，实现部分车型轮轴驱动装置等重大部件委外修向自主修、属地修转变，具有比较优势检修竞争能力逐渐形成。新能源客车业务稳步推进，与中车电动合作持续深化，在公司落地部分总装工序，实现本地生产，实现销售收入 1.16 亿元，快速形成新业绩增长点。电传动自卸车业务提升技术含量、稳定产品质量，盘活存量资产，整车租赁服务市场取得突破，150 吨级电传动自卸车研制成功，50 吨级纯电动自卸车完成样车改造，市场竞争能力进一步提升。

【科技创新】 公司强化技术支撑，进一步理顺工艺技术队伍职责分工。优化机车解体、组装线等工艺布局，掌握线路、管路自制、接插件制作工艺，完成驱动检修柔性线及 C5、C6 修柔性生产线设计和建设，实现 FRACAS 系统上线运行。推进机车大部件自主修、属地修工作，完成 HXD_{3C}、HXD_{1C} 型机车轮对、轮轴驱动装置工艺研发，为检修业务转型升级提供技术保障。坚持自主创新，完成首台 50 吨级纯电动自卸车改造项目研制，提升自主创新能力。完成 150 吨级电传动自卸车整车研制，车架结构、电液联合控制等核心技术取得重大突破。改善技术管理，完善技术人员薪酬激励机制，提高技术人员工作积极性。逐步规范技术项目管理，推动项目负责制落地。保持科研投入力度，科研经费 3 756 万元，投入比 3.73%。年内获得专利授权 26 件，其中发明专利 20 件。

【质量管理】 公司通过开展机车火灾、电气线路等专项整治活动，防控重大产品质量风险。按照 ISO/TS 22163 国际铁路行业质量管理体系标准、“中车 Q”质量管理体系标准要求，完善公司质量管理体系文件。年内，杜绝一般 C 类及以上事故，一般 D 类事故同比下降 48.3%，机破件数同比降低 13.1%，未发生因人为作业造成责任机破，台车过程返工数同比降低 59.1%，主要质量指标同比进一步改善。

【人力资源管理】 公司加强人才队伍建设，通过公开竞聘选拔 9 名中层干部。规范主管人员选育用留机制，选拔主管人员 14 名。新培养中、高级专业技术人员 14 名，中级以上专业技术人员增至 61 名，同比增加 22%。开展职业技能等级认定工作，公司中、高级技能人员增至 142 名和 102 名，同比增加 92% 和 50%。加大多技能员工培养力度，提倡“一专多能”，新培养能够熟练完成三个及以上工位工作“多能工”4 名，“多能工”总量增至 13 名，同比增加 44%；有三个及以上员工能够熟练操作工位达到14个，覆盖面超过 50%。持续深化定岗定编定员工作，人力资源效能进一步提升。优化员工存量工资结构，实现岗位价值、职业生涯等级、技能等级、绩效结果与薪酬分配有效衔接。制定 L6 及以上设计研发人员、工艺人员聘任激励机制，提高员工干事创业积极性。解决员工困难，帮扶困难员工，保证员工收入稳定，提升员工幸福指数。

【党群工作】 公司扎实开展“不忘初心、牢记使命”主题教育，牢牢把握“守初心、担使命，找差距、抓落实”总要求，把学习教育、调查研究、检视问题、整改落实贯穿全过程。通过主题教育，增强全体党员“四个意识”，提高党员干部“两个维护”自觉性，激发员工干事创业激情，促进党建工作与生产经营紧密结合，在推动市场开拓、新产品研发、提质增效、基础管理等方面取得新成效。第一批和第二批主题教育分别解决各类问题 86 项和 113 项，其中，与员工切身利益相关问题 142 项，收获成效得到广大员工认可。持续做好政治巡视整改“后半篇文章”，建立健全整改问题责任清单，层层压实责任；建立巡视整改统筹推进机制，紧盯整改台账，逐条对账、逐个销号，形成环环相扣、上下一体、合力攻坚的巡视整改工作格局；充分发挥纪委专责职能作用，监督整改任务完成情况，92 项问题累计完成 79 项，年内计划整改 16 项，实际完成 15 项，巡视整改取得阶段性成效。深入推进党建“金名片”建设，严格落实“两个责任”和“一岗双责”，试行支部党建工作项目化，开展支部打造特色案例、党员立项攻关等活动，多项工作入选中车党支部特色案例。

【公司党政工负责人】

党委书记　李　扬
董　事　长　李　扬
总　经　理　马开明
副总经理　李悠盛　李悠盛
　　　　　高春宏　三延良
　　　　　胡国良
总工程师　高春宏
财务总监　胡国良

党委副书记　马开明　刘桂军
纪委书记　刘桂军
工会主席　刘桂军

（广州公司　供稿）

天津电力机车有限公司

（统一社会信用代码：911201165661130397）

党委书记、董事长　问增杰

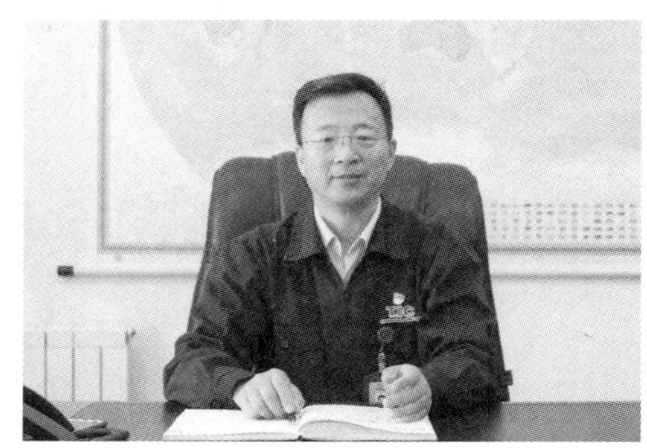

总经理　王金平

【概况】 2019年末，天津公司在册员工681人，其中具有高级专业技术职称32人、中级职称81人；中车技术专家3人。公司占地面积69.5万平方米，建筑面积25万平方米。设置13个行政部门、8个党群部门。全年实现营业收入7亿元，净利润-1.4亿元。

【经营管理】 公司加强制度建设，审核规章制度68项，修订制度流程15项，新增13项。成立招标办公室，规范采购招标流程；提升物资采购公开招（竞）标比例和集采率，物资招标新增32家供应商，招标率41.7%，一级集采金额1 116万元，同比增加434%。清理独家采购和代理采购，独家采购总金额23.44万元，同比下降63.17%；代理采购总金额50.1万元，同比下降41.63%。强化全面预算刚性约束，累计发生期间费用9 982万元，同比下降1 792万元，降幅15.22%。下达专用资金计划78项，投资金额786万元。开展11项提质增效专项活动，节约费用5 700万元，减少资金占用2 870万元。“两金”大幅压降，“两金”占用共计5.28亿元，其中应收账款余额4.39亿元、存货资金占用0.89亿元。建立以客户需求为导向多元化业务项目增收创收闭环管理模式，与大连公司、大同公司、时代电气、杭州同创顶立机械有限公司、浙江同创顶立表面技术有限公司等单位开展材料销售、配件修理、钣金件加工业务；与11家客户、31家供应商合作，签订合同68份，创收2.63亿元。开展经济合同审计和采购、提质增效专项审计，运用审计结果解决管理薄弱环节和典型问题。评价内控体系运行情况，发现、整改内控缺陷12项。辨识四个类别风险点共计98项，发布《风险清单及廉洁风险防控图》；探索廉洁风险警示和防控嵌入具体业务环节经营管理模式。召开公司董事会、股东会、监事会，审议通过《关于调整公司副总经理的议案》《董事会议事规则》《关于修订公司〈章程〉的议案》《监事会议事规则》等多项议案。上线运用“三重一大”事项决策和监管系统，实现“三重一大”决策事项常态化、信息化监管。

【市场营销】 公司承修北京、哈尔滨、济南、郑州、西安、呼和浩特、成都、昆明、兰州局集团公司 HXD_2 系列、HXD_3 系列机车 114 台；承修配属 15 个铁路局 34 个机务段 HXD_2 系列、HXD_3 系列机车 1 533 台，在北京、洛阳、新乡、济南、济南西、青岛、昆明、包头、集宁等机务段派驻专人提供售后服务，汇总售后质量信息，提高售后服务质量。开展新产业项目 30 项，实现新产业收入 4 000 万元，同比增长 300%；城轨领域统筹津滨轻轨 9 号线线缆更新、城轨齿轮箱、北京地铁轮饼换修等项目投入实施，其中津滨轻轨 9 号线线缆更新项目从第 15 列开始总包模式由合作修变为自主修。多元加工领域统筹顶立工程机械配套、百超、吉玄永磁调速器、天乐泰力站台门及隧道巡检机器人、南口风电箱体等项目落地执行。新能源汽车项目、淮安有轨电车及临港磁悬浮项目承揽工作稳步推进。

【生产管理】 公司克服市场进入修程交替期、修程修制改革导致机车检修业务减少影响，年内检修机车 114 台，其中 C5 修 HXD_2、HXD_{2C}、HXD_3、HXD_{3C}、HXD_{3D} 型电力机车 90 台，C6 修 HXD_3、HXD_{3C} 型电力机车 18 台，试修 C6 修 HXD_{3D}、HXD_{3B} 型电力机车各 3 台。设立主管领导和专职生产调度及配件调度人员，建立常规机车检修生产作业计划，规范机车大部件使用等互换备件管理方式，C5 修各型电力机车生产组织纳入主要产品生产管控范围，实现机车检修生产资源共享。优化生产现场工艺布局，取消生产单位二级库，物资库整体搬迁至解体及附件检修库，实现工位制节拍化作业、部件区域化检修、管线流水化加工。围绕 C6 修、C5 修各型电力机车设立三条检修线，每条检修线 9 个工位，具备日通过 2 台检修能力。升级现场调度指挥系统，通过电子屏幕发布现场生产情况、机车台位、检修进度、异常情况等信息。

【科技创新】 公司完成研发项目 3 项，检修技术攻关项目 38 项，其中“HXD_{3D} 型电力机车 C5 修检修技术研究项目”获评中车国内领先水平。C6 修机车加装二维码和电子标签，推进水性漆使用验证。年内申请 16 项专利，其中发明专利 8 项。完成国家级高新技术企业重新认定、天津市级企业技术中心复审和 EN 15085 & ISO 3834 焊接质量体系建设与年审。与德铁（DB）公司达成长期战略合作协议，选定油压减振器作为技术合作试行项目。取得 HXD_2（新八轴）型电力机车 C5 修资质，HXD_3、HXD_{3C} 型电力机车 C6 修维修行政许可，HXD_{3B}、HXD_{3D} 型电力机车轮对、轮轴驱动装置高级修资质；通过 HXD_{3B}、HXD_{3D} 型电力机车 C6 试修样车评价以及 HXD_2、HXD_{2C} 型电力机车轮轴驱动装置 C5 修资质初评。配合委修单位取得 HXD_3、HXD_{3C} 型电力机车 YJ85A 和 YJ85A1 型牵引电机属地修高级修资质，通过主变压器、变流装置属地修高级修初评。启动两化融合体系贯标，发布《信息化顶层设计方案》，印发《管理手册》和程序文件，投入试运行。恢复机车检修管理信息系统，实现机车位置、进度、异常、提票等信息实时滚动目视化。应用精益数字云 APP（LDC），提报生产、安全、设备异常数据 318 项。搭建计算机辅助工艺编制系统（CAPP），配置 22 种工艺文件卡片标准。优化企业资源管理系统（SAP ERP）财务部分报表和流程，建立解体及附件检修库立体库库位，恢复 SAP 双机热备系统。开展网络信息安全治理，实现内外网隔离、图文档加密和终端防护。

【质量管理】 公司产品未发生特别重大、重大、较大质量事故和一般 A、B、C 类事故及批量质量问题；机破率、机车一次交验合格率、机车试运次数、转向架一次交验率、质量损失率及顾客满意度达到目标要求。成立质量保证部，建立独立质量检查队伍。细化厂监沟通机制。通过华夏认证中心质量体系再认证审核。坚持厂内零公里950分以上对标检查和到段参与整备。分析机车在段运用发生重点问题，制定整改措施，形成分析报告75份。完成8项HXD_{2C}型电力机车主变压器管路漏油问题质量攻关任务。QC小组项目“提高转向架电机吊杆螺栓安装合格率小组”“降低电力机车钢结构焊修过程飞溅率质量攻关小组”荣获中车优秀质量管理小组评比“铁道行业优秀奖”，“提高转向架电机吊杆螺栓安装合格率小组”荣获全国铁道行业2019年度优秀质量管理小组活动邀请赛优秀奖。加强供应商管理，召开第一届供应商大会，55家主要供应商参加会议；对110家采购件供应商和57家外包件供应商进行业绩评价。

【精益管理】 公司强化精益体系建设、载体建设、全员改善。贯标中车精益制造体系，开展精益体系内审，打造机车总装、转向架检修、多元产品加工三个精益车间以及HXD_{3D}机车C6修模拟生产线，实现精益车间及精益示范线建设基本全覆盖。累计培养内训师12名，完成38名预备内训师课程开发及审核。640人次参加班组建设等精益专题培训。建立精益改善系统，从立项改善、课题改善、个人自主改善三个维度，建立“3+2”精益改善机制，形成自上而下、全员覆盖精益改善体系，完成64项精益生产类改善课题、12项自主改善课题、400余份改善提案，员工改善覆盖率80%。优化工艺布局，实施物流配送，缩短人员物料周转距离；整合资源，实现物料工位化配送。机车检修和生产异常APP（LDC）等信息化系统投入试运行，有效提升流程化管控能力、信息采集效率以及综合管理能力。

【人力资源管理】 公司新增员工63人，续签劳动合同152人，终止、解除劳动合同64人。实施人力资源管理“三大体系”改革。调整薪酬构成，提高绩效工资浮动力度。构建员工职业生涯发展通道并进行首次通道晋升评定和发布，制定配套制度及激励机制，稳定“四梁八柱”人才队伍，实现员工收入与公司经营业绩、工作成效强关联。开展培训95项，参培员工超过1 000人次。提拔中层干部10名、轮岗交流11名、退二线4名；重要岗位员工交流5名。组织4期“中干下班组、服务下基层”活动，加强基层班组建设。定岗定编工作完成职位调整及职位说明书更新。段如峰技能人才创新工作室和蔡世刚技能人才创新工作室被评为保税区“2019技能人才创新工作室”。深化校企合作，天津大学校外实践基地在公司挂牌成立。

【基本建设与能源管理】 公司完成新改扩建工程6项，基建及其配套设施自主维修426项。维护维修、保养30栋建筑物及其配套设备设施，基建设备设施状态稳定，运行良好。完成220千伏牵引变电所及12个10千伏变电所预防性维修，牵引变电所累计正常运行2 858天。公司综合能耗完成3 666.32吨标煤，万元产值综合能耗完成0.05吨标煤/万元，万元增加值综合能耗完成0.99吨标煤/万元。与国家电投集团天津东方新能源发电有限公司签订合作协议，在制造总装组合库、制造钢结构及备料组合库屋顶及厂前区停车场建设分布式光伏发电项目，安装容量4.2兆瓦。采用“自发自用、余电上网”模式，年内使用光伏电量114万千瓦时，较使用国网电量节约电费22.8万元。换热站进行节能改造，每个采暖期节约费用180万元。

【企业文化建设】 公司实现基层单位微信群全员覆盖。畅通内部宣传渠道，新建立“公司动态新闻”“微信笔记宣”内部宣传渠道，年内各刊发24期。开设微信平台、电子邮箱、意见箱，畅通员工与公司领导、各管理部门之间沟通渠道，精准定位职工关注热点、难点、焦点问题，形成12期职工意见反馈信息。推进VI、BI建设，下达整改要求和规范文件，整改执行情况纳入公司党建考核。组织庆祝新中国成立70周年、喜迎首个“中车日”“迈进新时代，踏上新征程”环厂跑、“壮丽70年，放歌新时代”歌唱比赛等系列主题活动。

【党群工作】 公司深入贯彻党的十九大和十九届二中、三中、四中全会精神，以习近平新时代中国特色社会主义思想为指导，党委中心组加大学习力度，组织学习17次，其中扩大学习两次。开展“不忘初心、牢记使命”主题教育专题学习研讨11次，各基层党支部围绕14个研讨主题专题学习研讨136次。针对11个方面41项问题，制定整改措施123条，100%整改完成。公司两级领导班子讲授党课25次。围绕“十个突出问题”输出调研报告44份，有效解决会议时间长、内部报表较多等40余项具体问题。年内，预备党员转正10名、发展党员14名。制定印发《党员考评管理规定（试行）》等7项制度文件，发布党建应知应会手册。开展“一支部一品牌”创建活动，装备制造部党支部《让党员沉到班组当酵母》登录中车《党支部特色案例手册》。与中国铁路北京局驻厂监造项目部党支部开展共建活动，成立14个攻坚小组。召开党风廉政建设与反腐败工作会议，签订《党建与党风廉政建设责任书》53份。贯彻落实中央八项规定精神，形成问题与责任清单12条。组织4次共计150人参加“普纪”学习活动。公司工会荣获天津港保税区“模范职工之家”称号。举办第五届职工演武大赛。年内，2个技能人才创新工作室荣获保税区“技能人才创新工作室”称号，1人荣获保税区“保税工匠”荣誉称号。建立健全三级劳动保护监督检查组织网络，保障职工安全健康。落实“六送三关注”和慰问职工工作，解决职工生产、生活困难。组织羽毛球、健步走、环厂跑比赛，参加保税区总工会台球、羽毛球、篮球比赛，承办中车工会体协第三体育工作区“庆祝新中国成立70周年”毽球比赛。举办女工巾帼示范岗、巾帼能手表彰大会及庆祝“三八”妇女节、“第五届书香津车女职工读书征文”等系列活动。团委开展“新时代、新青年、新担当、新作为”征文及演讲比赛、“青春心向党、建功新时代”主题团日活动；各团支部共组建23支青年突击队，服务生产经营大局，发挥青年团队作用。

【重要纪事】 1月25日，公司首台HXD_2型新八轴电力机车C5修试修落成下线。1月28日，公司召开党委（扩大）会暨2019年工作会议、一届五次职代会、党风廉政建设和反腐败工作会议。1月30日，中国中车副总裁楼齐良到公司参加党员领导干部民主生活会，走访慰问职工。5月23日，河北省政府驻天津办事处主任周健到公司调研指导。6月26日，中国中车副总裁余卫平到公司开展“不忘初心、牢记使命”修程修制改革专题调研。9月6日，天津港保税区科工局李金辉局长到公司调研指导。10月9日至21日，公司承办2019年铁路机辆系统职业技能竞赛铁路机车电工竞赛，并荣获优秀组织奖。12月26日，公司举行北京大功率机车配件中心揭牌仪式。

【公司党政工负责人】

党委书记	问增杰
董事长	问增杰
总经理	王金平
副总经理	王　平（2月免）
	王国廷
	马玉平（2月免）

李国强　李大海
冯　强（4月任）
总工程师　王　平（2月免）
冯　强（4月任）
财务总监　王国廷
党委副书记　王金平　杨永孝
纪委书记　杨永孝
工会主席　马玉平（8月免）
杨永孝（8月任）

（天津公司　供稿）

中车产业投资有限公司

本栏编辑　李映雪　汪云鹏

中车产业投资有限公司

（统一社会信用代码：91110106MA002LB211）

党委书记、董事长　胡　洋

总经理　刘　溥

【概况】　2019年末，中车产投注册资本42.21亿元，总资产220.88亿元，净资产114.22亿元。全年实现营业收入89.20亿元，归母净利润1.18亿元。公司致力于打造新能源汽车、环境治理、氢能源动力三大支柱产业，以及智能制造、储能、旅游交通、健康睡眠等支点业务。按照投资平台与业务单元的双形态管控架构，搭建了南方汇通股份有限公司（000920.SZ）、中车时代电动汽车股份有限公司、中车环境科技有限公司、中车株洲投资控股有限公司、中车城市交通有限公司、苏州中车氢能动力技术有限公司6个次级投资平台和青岛中车轻材料有限公司1个业务单元，参股发起设立新能源汽车百人会全球创新平台。

【公司治理】　公司架构分为本级投资平台、次级投资平台和战略业务单元。设有由5名董事组成的董事会和由3名监事组成的监事会，经理层设总经理1人，副总经理2人，搭建“五会一层”（党委会、股东会、董事会、监事会、职代会、经理层）的治理架构。

【经营管理】　2019年，公司资本回报率1.52%，净资产收益率2.10%。投资16.97亿元，完成投资计划目标50.60亿元的33.54%。氢能基金投资1亿元，完成财务投资计划2.7亿元的37.04%。完成科研经费4.23亿元，占营业收入的4.74%。申请专利319项，其中发明专利164项，海外专利15项。完成职位体系、人员招聘、绩效管理、员工关系、后备干部与青年骨干培养等制度建设，出台《派出董事、监事管理办法》《董事会选聘经理层人员指导意见（试行）》《所属企业领导班子和领导人员综合考核评价办法》《所属企业负责人薪酬管理办法》。派出董事20人次、监事8人次；组织选聘所属企业副职7名、任命党委副书记、纪委书记1人；选拔所属企业领导班子副职后备干部18人。修订发展规划纲要并编制滚动规划，开展战略巡审工作，组织编制中车产投“十四五”战略规划及三大支柱产业发展规划。组织完成《中车产投落实中车集团创建世界一流示范企业工作方案》，持续开展以提升投资并购能力为目标的“长江项目”和以提升集团化管控能力为目标的“泰山项目”。“长江项目4.0”包括投资团队五种能力建设、FOCUS模型建设、投资项目风险控制研究、整合工作研究、市值管理研究等5个项目。“泰山项目4.0”包括风险管控能力建设、全面预算管理体系建设、双形态管控架构建设、商业计划管理体系建设、制度体系及流程建设、信息化建设、品牌与企业文化建设等7个项目。年内，南方汇通发生1起死亡事故；千人死亡率0.13，千人重伤率、新增现岗职业病、一类重大火灾爆炸事故或其他重大影响事故均为0，万元产值综合能耗，万元增加值能耗，SO_2排放量和NO_X排放量均低于或等于国家要求，COD排放量和氨氮排放量为0。

【改革发展】 落实组建机构、聘请中介、评估尽调、引资路演、交易所挂牌、签署增资协议等工作，12月17日，公司在北京产权交易所签署混合所有制改革增资协议，引入株洲国投、国新资产、上海国盛、上海奉新、工融金投等5家投资者，引入资金34亿元，释放股权34.4%，创造了中车集团非上市企业股权融资记录，获得国务院国资委领导肯定，新闻媒体进行了相关报道。聚焦变革管控模式、法人治理结构、董事会建设、职业经理人制度、市场化选聘经营管理者探索、薪酬分配差异化改革、员工（团队）持股改革深化、以“管资本”为主的监管机制、企业党建工作机制创新等9方面工作，开展混改创新建制。制定《董事会选聘经理层指导意见》，完成中车控股、青岛轻材料经理层副职市场化选聘工作。编制《中车电动核心员工持股方案》，上报中车集团。对所属企业经理层副职薪酬分配实施备案制管理。印发实施《次级投资平台和业务单元经营业绩评价办法》《中车产投派出董事、监事管理办法》《次级投资平台、业务单元董事会、监事会工作报告制度》。完善所属企业“三会”议案管理办法，完成国务院国资委“三重一大”决策与监管系统全级次上线运用。

【党群工作】 认真学习贯彻习近平新时代中国特色社会主义思想和党的十九届四中全会精神，树牢“四个意识”、坚定“四个自信”、坚决做到“两个维护”。在全级次企业党组织分两批开展了“不忘初心、牢记使命”主题教育，将学习教育、调查研究、检视问题、整改落实贯穿始终，始终做到“四个到位”。年内，公司党委理论中心组开展集中学习研讨11次，公司领导班子成员开展调研12人次，深入基层讲党课19人次，全级次中层及以上领导干部形成调研报告317篇。严格落实巡视整改“月报告”，继续推进“三清单、三制度、建看板”，中车产投本级122个问题整改完成119项，2019年计划整改项点均按进度销号；所属全级次企业788个问题，整改完成707项。召开领导干部年度民主生活会和主题教育专题民主生活会，梳理问题201项，制定整改措施201项，所属5家企业党委召开年度民主生活会和主题教育专题民主生活会10次，全级次3个党总支、33个党支部召开了专题组织生活会。

在株洲控股公司推行董事会选聘经理层副职工作，新聘副总经理3名。组织青岛轻材料董事会选聘经理层副职，新聘副总经理2名。调整中车电动领导班子副职2名，补充副职1名，选拔后备干部18名，1名本部同志到所属企业挂职交流。全级次党组织有专职党务干部34名、兼职党务干部17名，南方汇通、中车控股党务干部与行政干部双向交流4名。至年末，全级次企业现有入党申请人237名、入党积极分子96名、列为发展对象45名。年内，共发展党员42名、接收党员组织关系195名、转出组织关系63名。

举办2期“不忘初心、牢记使命”党员党性教育常州示范培训班，参加人员83人次。发挥《学习强国》平台作用，全级次上线党员达100%。全面查摆形式主义、官僚主义突出问题47条，制定整治方案，落实整改措施，形成了长效机制。开展领导干部利用名贵特产类特殊资源谋取私利问题专项整治，组织专项排查8次，152名领导干部自查自纠，未发现违规违纪问题。开展“百名纪检干部讲纪律”教育活动，宣讲28场，宣讲单位20个，听众总数1 053人次。所属党组织组织策划党建“金名片”案例24项、拟输出党建“金名片”品牌案例6项，表彰优秀党员61名、优秀党务工作者11名、先进党支部6个。全级次企业以首个“中车日”和新中国成立70周年为契机，实现主题宣传教育工作全覆盖。公司本部参加了中车集团组织的“不忘初心、牢记使命，歌唱祖国歌唱党”合唱比赛。加强对外宣传，利用“中车产投”微信公众号推送信息120余篇，累计阅读人数近8万次。召开了公司第一次工代会和团代会，成立了中车产投工会和团委组织。株洲控股公司召开了第一次工代会。

【重要纪事】 2月13日，中车产投与江苏张家港市政府、保税区管委会签署氢能产业基金合作协议；2月20日，中车集团总经理孙永才参加公司领导班子民主生活会；2月25日，中车产投召开混改启动会议；3月7日，召开2018年度经理人峰会，发布年度商业计划，颁发“卓越奖”；3月12日，中车电动党组织划入中车产投；3月14日，刘溥任中车产投党委副书记、总经理；3月22日，中车产投党委书记、董事长胡洋，副董事长黄纪湘参加中国中车与贵州省政府战略合作框架协议签署仪式；4月4日，氢能产业基金获中车集团批复；4月16日，中国中车党委书记、董事长刘化龙考察资阳电气；4月24日，中车产投党委副书记、总经理刘溥兼任南方汇通党委书记、董事长；5月15日，苏州氢谷新能源投资中心（有限合伙）注册成立，基金总规模18.01亿元；5月22日，中车产投增资中车电动5.1亿元；6月14日，中车产投党委书记、董事长胡洋，副总经理朱龙驹陪同中车集团总经理孙永才拜访江苏省政府；6月27日，中车产投召开工会第一次代表大会，选举产生第一届工会委员会；7月3日，公司党委召开“不忘初心、牢记使命”主题教育学习研讨会；7月23日，苏州中车氢能动力技术有限公司成立；8月22日，中车集团总经理孙永才专题听取公司提质增效工作落实情况汇报；8月29日，召开共青团中车产投第一次代表大会，选举产生第一届委员；9月3日，公司所持资阳电气股权无偿划转至中车集团；9月16日，召开“不忘初心、牢记使命”主题教育第一批总结暨第二批启动部署会议；9月25日，公司开展次级投资平台略巡审工作；9月25日，中车氢能签署60千瓦燃料电池合作生产协议；9月29日，中车产投混改项目在产权交易所挂牌；10月18日，中国中车党委书记、董事长刘化龙考察宁波新能源、浙江电车。

【公司党政负责人】

党委书记	胡　洋
董事长	胡　洋
副董事长	黄纪湘
总经理	胡　洋（2月免）
	刘　溥（2月任）
副总经理	朱龙驹（9月免）
	杨志华
	王晋刚（3月免）
	任云龙
财务总监	任云龙
党委副书记	刘　溥（2月任）
	郑　胜
纪委书记	郑　胜
工会主席	郑　胜

（中车产投　供稿）

南方汇通股份有限公司

【概况】 2019年末，南方汇通实现营业收入11.17亿元，同比增长1.07%（还原电商后11.82亿元，同比增长7.02%）；归母净利润9 580万元，同比增长8.83%；净资产收益率9.99%。公司被中车集团授予“二〇一九年度特别贡献奖”。

【经营发展】 2019年，时代沃顿公司进行结构调整和产品升级，八寸膜销量同比增长23.58%。大自然公司推进商业模式变革，在9个市场建立二级经销商和OTO体验店，经营性净现金流同比增长468%。中车绿色公司营业收入同比增长73.58%，净利润同比增长17.07%，在煤化工领域及能源走廊多点布局，积极推广“三磷治理”技术，取得环保工程专业承包一级资质。

【战略管控】 召开战略研讨会和战略巡审会，细化公司“十三五”发展战略和规划，形成更符合公司发展实际和可操作性更强的目标和方向。形成“以既有业务为基石，以协同效应为驱动，聚焦环境健康，不断拓展新业务，打造更具核心竞争力的环境健康产业平台”的指导思想，明确“以环境健康为核心，强本体，补短板”的发展思路，制定内生增长以“原有产业扩张+延伸产业孵化”为主，外延发展以“股权并购”为主的具体措施。

【协同效应】 初步搭建以中车绿色公司为核心的环保技术服务、投融资、工程实施、项目运营综合一体平台，业务单元间的协同效应逐步显现。实施了天钢、安钢等项目，通过天钢项目介入了水务运营。通过工程建设、水务运营、水处理工程技术研究储备了相关技术、锻炼了专业队伍。

【技术创新】 时代沃顿公司获批“中国中车先进膜材料与分离技术研发中心”，《印染废水低成本处理与高效再生利用关键技术和产业化》获中国纺织工业联合会颁发的科技进步一等奖；完成了耐酸碱膜、耐溶剂膜、板式MBR、高压反渗透膜产品定型。大自然公司设计完成生态生活系列、儿童系列多款床垫；开发双叶等优质床具供应商，优化榉木床具，新增软床产品；完成植物纤维床垫气味消除及天然乳胶配方改进研究；开展床垫码叠自动化方案论证及设计。中车绿色公司以“息烽河综合治理项目”“交椅山磷石膏渣场渗漏液源头治理项目”“洋水河及冲沟水水体除磷除氟污水处理工程项目”为样板工程，重点推广了《磷石膏渣场渗滤液污水资源化回收利用技术》和《磷化工低磷氟污水达标排放技术》，该技术入选国家污染防治技术。

【行业标准与专利技术】 2019年，时代沃顿公司参与制定国家标准《纳滤膜表面Zeta电位测试方法 流动电位法》，授权专利5件，其中发明专利3件，实用新型专利1件，外观专利1件；申请专利18件，其中发明专利8件，实用新型9件，外观专利1件。大自然公司主持制定的《婴幼儿床垫标准》（行业标准）通过了技术审定；编写的《家具中植物纤维床垫用天然乳胶检测方法与标准》初稿通过评审，全年申请专利29项，其中发明10项，实用新型4项，外观专利15项。中车绿色公司完成5个项目的工艺及设备装置研发，形成了相关发明及实用新型专利。武汉技术中心进行污水水处理及零排放工艺包等技术或设备的研究，完成1件发明专利申请和1件实用新型专利申请。

【增收减支】 时代沃顿公司通过物料循环利用以及与供应商竞争谈判，全年累计降低采购成本千万元。大自然公司通过严格棕绳检验标准，加强对天然乳胶走势的研究，加强采购的竞争性谈判及生产组织，实施定额管理等措施，全年降本增效超过320万元。

【信息化管理】 完成公司环网模块搭建，接入集团公司“三重一大”决策及运行监管系统，录入了党的十九大以来决策会议。办公网络网速提升227%，网费同比上年下降33%；完成公司独立OA系统上线运行，满足无纸化审批、移动办公、知识共享、即时通信等协同办公需求，审批效率提高2至3倍。

【基础管理】 完成公司三大管理体系认证准备工作，满足了节能环保事业部对外投标的资质需求。完成园区开闭所10千伏配电系统改造，实现远程监控和全自动无人值守，完成园区九号厂房产权办理。组织开展“牢记事故教训、筑牢安全防线”活动，重点组织了“安全生产大排查大反思大整治活动”。在各业务单元推进“分级管理，分线负责”工作，分线负责安全检查。开展了危险化学品和易燃易爆场所安全专项整治。优化人力资源管理和绩效管理。改变组织绩效考核和领导干部述职述廉方式，调动了中层领导干部干事创业的积极性。

【风险合规管理】 开展内控流程梳理、问题自查、访谈、测试、效能监察等工作，查找并整改本部及子公司存在的26个内控缺陷；整理2019年风险事件15项并制定应对措施。推进法制建设第一人工作，完善法律风险防范体系，强化合同全过程控制、防范合同纠纷。强化对子公司法务支持力度。发挥法务管理前置调查作用，打造合规体系。

【党建工作】 深入开展“不忘初心、牢记使命”主题教育，牢牢把握“守初心、担使命、找差距、抓落实”的总要求，把学习教育、调查研究、检视问题、整改落实贯穿全过程；以党建“成效跃升年”为主题，打造党建品牌“娄山关”；通过学习教育，将“三基建设”工作与中心工作有机融合；做实做好政治巡视“后半篇文章”，按时完成巡视整改问题，全面完成党建、党风廉政建设和经营各项工作任务。

【重要纪事】 3月20日南方汇通机关党支部举行党费缴纳日主题活动；5月14日，南方汇通与陕西航天机电环境工程设计院有限责任公司签订战略合作协议；6月26日，南方汇通与陕西延长泾渭新材料科技工业园签订战略合作协议。

【公司党政负责人】

党委书记　黄纪湘（4月免）
　　　　　刘　溥（兼，4月任）
董事长　黄纪湘（4月免）
　　　　　刘　溥（兼，4月任）
总经理　蔡志奇

党委副书记　蔡志奇　张万军

（南方汇通公司　供稿）

中车时代电动汽车股份有限公司

【概况】 中车电动位于湖南省株洲国家高新技术开发区粟雨工业园，占地面积288亩，注册资金25.4亿元，是中国中车联合国内优质资源成立的专门从事电动汽车研发和制造的企业。2019年末，实现营业收入50.19亿元、归母净利润8 104万元，新能源客车行业排名全国第三。公司打造了新能源汽车从元器件到关键零部件、系统平台、整车制造的新能源汽车产业平台。下设9个业务单元、10个职能部门，共有员工1 713人，其中博士6人，硕士211人。公司产品相继服务于2008年北京奥运会、2009年上海世博会、2010年广州亚运会、2014年巴西世界杯、2015年男篮亚锦赛、2018年上海进博会。全年销售新能源客车7 068台，累计销售节能与新能源汽车整车逾4万余台。销售驱动电机系统、充电机等关键零部件10万余台（套），是中国目前最大的电动客车电驱动系统和关键零部件供应商。建立了覆盖全国所有省市的营销及售后网络，产品远销马来西亚、新西兰、法国等。投资近亿元建成了“零部件—系统—整车”三级试验检测体系的新能源汽车综合工程试验室，通过了国家认可委（CNAS）认可。在新能源汽车高效纯电驱动系统（tPower）累计投入近4亿元，推出了基于纯电动、在线充电、增程插电式等动力系统平台的节能与新能源城市公交系列化产品。拥有节能与新能源汽车领域专利380项，主持和参与制定国家及行业相关标准23项，获得国家级及省部级科技进步奖励7项。

【市场业绩】 客车市场营销组织架构设置大湖南区、大华中区、大东北区、大京鲁区、大西部区、大华东区、大华南区、大华北区并设置大客户部，全年新增客户64家，老客户持续购买占比为66.7%，产品覆盖北京、上海、广州、深圳、天津、重庆等一线城市及22个省和4个自治区。回款近57亿元，增长26%。与中国中车17个驻地单位构筑共拓市场平台，共享资源、协同开发当地市场并取得订单。电驱动系统市场，上海、亚星、银隆等市场占有率平均提升20%。完成物流车市场吉利2.0代全新平台4.5吨物流车“三合一项目”定点，完成一汽新能源重卡平台布局，装机60吨重卡JH6自卸车、样车已运营；进入上汽红岩供应商体系，完成42吨纯电自卸车样机定点。掌握相关动力电池关键技术，建成电池系统全流程工艺、质量、制造能力，年产能1吉瓦时，完成3万余台新能源客车电池的市场应用、三代电池管理产品迭代，批量推广近800台自制电池PACK。海外市场，完成了国内主流客车厂传统车出口车型调研和分析。取得匈牙利批量散件订单，联合匈牙利本土车企伊卡璐斯打造“双品牌、不锈钢工艺”欧盟整车，参加比利时国际车展暨产品发布会。获得法国小批量订单，并依托智能驾驶车项目获得法国巴黎最大公交运营商RATP投标入围资格。与马来西亚整车厂联合打造铝合金工艺的纯电动客车，获得电动化底盘及电驱动系统批量订单。参与新西兰11.3米和12.8米两个批量整车投标项目获得首批整车订单。4月株洲工厂成立，全年完成整车生产交付4 766台，实现月产交付1 075台的纪录。首次大批量生产CNG插电式车型，日产能由20台/天提高至36台/天。

【投资规划】 完成中长期战略发展规划修订（2019—2022年），修订并发布公司《发展战略管理办法》。完成本部车间试制车间改造工程项目、湘江新区分公司办公楼装饰装修项目。8月，与璧山区人民政府签订工业项目投资合同。9月，在重庆市设立重庆中车恒通汽车有限公司。11月，公司召开战略务虚会，推进“十四五”规划工作。

【运营管理】 对公司内部经营指标进行月度调度和分析。规范内部关联交易，编制《内部交易管理办法》，指导内部交易流程。再造主业务流程，快速精准识别客户需求，提高成单率和交付速度。推进产供研销一体化运作，系统构建精益管理体系，在各子公司开展精益车间建设。建立集团化EHS指标管理体系，实现EHS管理集团化、体系化、标准化。组织子公司开展ISO 14001、OHSAS 18001管理体系审核，取得体系证书。

【技术产品开发】 开发了6～18米段纯电动公交客车、8～18米段插电式公交客车、8～12米燃料电池公交车，8～12米公路客车产品。完善了18米BRT客车整车产品平台，通过上海地方标准的准入，在上海、广州等城市实现批量运用。8米、12米海外客车产品通过欧盟认证，整车满足15年防腐标准，在海外实现批量运用。出口车型CKY6127、CKY6128获GCC更新认证，产品具备出口中东地区资质。开发了7.6米小学生、幼儿专用校车，二驱动国五6～9座、10～12座两款工程车。开发了DE2S、DE4、DE5、DM26等控制总成产品、TP6产品、高能量密度储能系统、40～60千瓦燃料电池系统、集成减速产品、AMT产品、集成桥等产品；形成了电池梯次利用技术，建立了自主燃料电池系统开发开发能力。研发了整车域控制器、中车电池安全云盾系统、驾驶辅助系统、云智通远程监控平台、云控系统，行业首创驾驶成就系统。建成并投入使用整车振动试验台、整车高压安全性能涉水池、燃料电池系统试验台、260/400千瓦电力测功机试验台等9个试验平台。通过CNAS扩项认可，新增认可国家标准5个，累计认可23个，涉及纯电动汽车、混合动力汽车、电机、电池、DC/DC、散热器、电容等18类产品。

【质量管理】 首次将各分子公司纳入质量指标监管体系。启动运行“质量门”管控机制，H12、H8海外客车严格按照“质量门”控制流程开发，防腐性能及整车工艺质量获得较大提升。在株洲制造基地试点执行“三级巡检”和“三关键”工作机制；试点重要订单质量策划机制，全年整车首万公里单台平均故障次数0.22项，同比下降23%。实施了6个重大质量改进专项，发布128项QC改善项目。初步建立了近百人的内审员队伍。

【党建工作】 中车电动党委高举习近平新时代中国特色社会主义思想伟大旗帜，全面贯彻党的十九大精神和新时代党的建设总要求，强化党建引领，聚焦中心发力，围绕落实中车集团党建“成效跃升年”各项要求，深入贯彻落实习近平总书记重要指示精神、深入开展“不忘初心、牢记使命”主题教育，加强党建“金名片”建设，公司党建工作取得新成效。扎实推进国资委政治巡视反馈问题的整改，严格落实党委主体责任、纪委监督责任、班子成员“一岗双责”，形成了上下联动、一抓到底的工作格局。加强干部、人才队伍建设，组织建立健全干部选拔、任用、考核制度体系。强化人才梯队专业化培养，建立了“菁英学院”“飞英学院”“领英学院”三大学院培养体系。推进党建“金名片”建设，以党建品牌创建为抓手，夯实“三基建设”，推进“一支部一特色一品牌”。优化品牌宣传，6月策划开展“T科技，智未来”“我的公交我的车”“新巴客2.0”发布会等系列品牌宣传专题。推进作风建设，加大对八项规定执行、领导干部履职待遇的监督，有效运用监督执纪“四种形态”，发现苗头性问题及时提醒和纠正，持续正风肃纪。组织申报核查600余名党员干部和关键岗位人员的廉洁从业情况；组织开展集体廉政谈话213人次。

【下属子公司】

常德中车新能源汽车有限公司 2019年投入运营，累计实现产品销售2 023台。推行精益生产和示范线建设，最高日产由1.5台提升至16台。获得“国家级绿色供应链企业”称号、“湖南省智能制造示范车间”称号，通过“CTEAS售后服务体系七星级认证”，通过了“国家高新技术企业”再认定。12月，常德中车新能源汽车扩能项目完成综合楼，宿舍楼主体和园区道路基层及厂房全部基础施工，总装、车身、涂装车间钢结构施工全力推进，并相继完成部分工艺设备招标工作。

无锡中车新能源汽车有限公司 2019年投入运营，完成产量564辆，其中新能源公交车532辆，电力工程车32辆；首次承担客户充电站建设项目，完成二驱国五工程车6～9座、10～12座、7.6米国五小学生、幼儿专用校车的研发。完成无锡市企业技术中心认证。重建质量体系，通过IATF 16949体系认证及3C一致性监督审核；推进产能建设，具备15台/天的生产能力，完成新能源整车20个批次532台，工程车4个批次33台的生产交付，交付及时率99.8%。

浙江中车电车有限公司 完成新能源整车生产385辆，实现销售额6.5亿元，温州市场首次实现110台销售订单，宁波市场外订单销售额占比首次突破全年销售额40%。授权专利43项，申请PCT发明专利2项；8.5米平台减重400公斤，10.5米平台减重350公斤，12米平台减重550公斤；产品“轻量化（超级电容）储能式无轨电车”获浙江省科学技术进步三等奖；通过“浙江省级院士专家工作站”认定；主动安全辅助驾驶系统在宁波取得示范性应用。

【财务资产管理】 公司财务资产部调整为财务中心，下设战略财务部、业务财务部、共享财务部、常德子公司财务资产部、无锡子公司财务资产部、浙江子公司财务资产部、系统分公司财务资产部。启动中车电动财务制度向子公司转换工作，组织开展财经纪律检查、发票检查、财务基础工作检查并对整改发现问题。推动精细化财务管理，分开预算、决算管理职能，分别设置专门人员管理。2019年股东增资实际到位10亿元，所有股东累计增资30亿元。通过建设银行引入境外资金3亿元。启动中央财政补贴收益权资产支持专项计划（国补ABS），组织研究制定国补ABS方案，形成了成熟发行方案。

【公司党政工负责人】

党委书记 申宇翔
董事长 申宇翔
总经理 刘凌
副总经理 汪伟 唐广笛 童亦凡 易丰良 肖勇
总工程师 汪伟
财务总监 易丰良

党委副书记 李群波
纪委书记 李群波
工会主席 李群波

（中车电动 供稿）

中车环境科技有限公司

【概况】 2019年末，环境公司资产总额30.33亿元，其中流动资产16.92亿元，固定资产342万元，在建工程6.29亿元，无形资产4.57亿元。实现营业收入51 826万元，利润总额3 652万元，净利润2 885万元。公司下设4个业务部门、4个职能部门、1个分公司、7个控股子公司，员工总数190人。

【规划发展】 组织编制《中车环保产业五年发展战略规划（建议书）》；配合中车集团产业发展事业部编制《中车环保产业发展指导意见（征求意见稿）》；组织修编中车环境《“十三五”发展规划（修订）》。

【年度经营计划与实施】 完成PPP项目长期股权投资2.33亿元，实现融资5.1亿元。完成1项并购协议签署。跟踪督办工作82项，结题76项。

【经营管理】 实现公司增资1.2亿元，引进中车内部新股东4个。整合成立企业管理部、市场投资部，优化工程运营中心。公司本部制定制度39个、修订4个，涉及PPP项目投资管理、并购投资管理、人力资源管理、工程管理和运营管理等。实施组织和员工月度绩效管理、薪酬与工效挂钩机制、总经理办公会督办工作机制。企业管理部承担审计和风险管控职能，成立了合规管理委员会，完成4次合规管理培训，初步构建起公司合规管理体系。完成澄江、当阳PPP项目风险管理专项审计。建立财务测算模型对项目收益进行评价和论证；编制完成21项内控制度风险矩阵和流程图。重新修订《PPP项目投资管理办法》，增加了对PPP项目进行投标前风险评估和建设期中期评估的内容。

强化全面预算管控，通过滚动预算落实公司年度预算。制定并实施“两金”压降、亏损企业治理等专项工作方案，促进企业扭亏为盈。摸底调研公司“两金”压降情况，制定回款计划、措施，明确责任人，对存货进行了梳理。组织制定应收账款保理方案，保障年度应收账款指标的完成。

【科技创新】 完成中车环境重大支撑技术体系构建与产品开发项目的《全球环境产业技术竞争力分析报告》和《中车环境产业技术发展战略报告》，获批1项科技部国家重大课题，1个中车集团重大项目和2个重点项目。申报并获得18项发明专利、5项实用新型专利受理通知书，累计申请专利30项，初步形成了涵盖水、固、气等领域，囊括工艺、方法、设备等内容的知识产权布局。牵头编制了《轨道交通装备制造业绿色工厂评价导则》。

【市场营销】 市场拓展业务模式由单一的PPP模式向“EPC+O”等模式延伸，业务领域从村镇污水向工业废水、废气治理等领域拓展，积极开拓中车集团内部市场。公司及下属企业中标“EPC+O”、EPC等模式项目26个，中标额7.5亿元。4月30日，中标中车青岛四方污水处理站项目，中标额2 642万元；9月13日中标五莲县农村生活污水治理项目，中标额5.45亿元。

【生产运营】 1月1日，远安项目全面进入商业运营。至年末，当阳、澄江、高港、临潼、五河、漳浦、泉州项目处于工程建设期。各项管理制度初步建立，在建项目进度、质量、安全、成本等均处于可控状态。

【人力资源管理】 制定《组织绩效管理办法》《员工绩效管理办法》，完善并实施绩效管理体系和工效挂钩机制。发布《薪酬管理工效挂钩办法》《2019年经营指标达成激励方案》，完善员工激励机制。全年组织各项培训180余项次，全年人均培训时间增至30多个小时。建立了40人的内训师队伍。签发《员工入职管理办法》《员工异动管理办法》《多元化劳动用工管理办法》《外派人员管理办法》，规范员工入职、内部调岗、离职流程和劳动用工管理、外派人员管理和项目公司人员管控，规避人力资源管理风险。完善中国中车HCM人力资源管理系统中的相关基础数据，实现员工考勤、出差、请假、月度绩效管理信息化、数据化。

【质量管理】 优化整合工程运营中心内部机构，设立工程管理部和运营管理部。工程运营中心采用以经营指标为核心主线、专项管控为监管主线的双主线工作思路，提高了管理质量，实现了年度预期目标。

【企业文化建设】 组织中国中车下属环保企业参加福建2019年海峡项目成果交易会、成都2019中国国际节能环保技术装备展示交易会、南昌第十七届中国国际农产品交易会农村人居环境治理新技术新产品（精品）展，提升中国中车环保品牌影响力。继续保持中国战略性新兴产业环保联盟副理事长单位、E20环境产业圈层中国水网支持单位、村镇环境科技产业联盟副理事长单位，新担任中国环保机械行业协会副理事长单位，新加入中国环保品牌集群。全年发布微信公众号消息27次，累计阅读量42 664人次。

【党群工作】 深入学习贯彻党的十九大和十九届二中、三中、四中全会精神及全国国有企业党的建设工作会议精神，以习近平新时代中国特色社会主义思想与视察中国中车的重要指示精神为指导，紧紧围绕中车“双打造一培育”战略目标，着力夯实“三基建设”，以高质量党建引领促进保障高质量发展。发挥党委把方向、管大局、保落实的领导作用。把党委研究讨论作为董事会、经理层决策重大问题的前置程序，进一步明确党委直接决策和研究讨论的事项，全年共召开党委会议27次，涉及“三重一大”事项议题53个。扎实开展“不忘初心、牢记使命”主题教育，全年党委理论中心组集中学习研讨15次。领导班子成员开展调查研究28次，各级次企业中层干部调研116次，形成调研报告57篇。公司领导班子共梳理出26个具体问题，制定40项整改措施。各级次中层以上干部梳理出问题852个，普通党员共梳理出问题367个，形成了问题清单和整改计划，有序进行整改。召开专题党委会明确2019年度巡视整改工作牵头领导和责任单位，督导责任单位按计划完成整改清单内容，年内完成了2019年度整改目标。开展集中整治形式主义、官僚主义工作，制定问题和责任清单，实行对账销号。开展领导人员亲属和其他特定关系人所办企业与本企业业务往来专项整治，无此类现象。对远安和当阳公司开展内部巡察，重点巡察招投标、采购管理、合同管理和财务管理四个方面，对发现问题提出巡察整改意见，并督促完成整改。各支部开展特色党建项目，重点打造湖南党支部的“融合、筑基、起航”党建“金名片”。组织项目工程建设安全生产竞赛。开展“送温暖”活动，筹措资金9万余元，慰问一线员工和困难党员，覆盖员工170余人。开展“送清凉”活动，广泛宣传防暑降温知识，为员工购买了4万余元的防暑降温用品。申请办理公租房6套，解决员工住房问题。召开青年工作会议，公司主要领导与32名青年员工进行深入交流，及时掌握青年员工思想动态和工作生活中存在的困难，有针对性地做好思想教育和困难帮扶。对统战对象进行摸底，组织1名民主党派代表人士参加中车集团统战工作座谈会。

【重要纪事】 1月29日，召开2019年工作会议，开展2018年度评优评先及领导干部述职述廉。2月16日，召开公司股东会2018年度会议，审议通过了《中车环境科技有限公司2018年度决算方案》和《中车环境科技有限公司2019年度预算方案》等5项议案。3月10日，召开全员大会，发布商业计划及公司组织机构调整情况，与各部门签订目标绩效责任书。3月28日，公司研究院和曲久辉院士团队共同组织召开了全球环境产业技术竞争力分析报告专家咨询会。4月24日，江苏省人大常委会秘书长、党组成员陈蒙蒙带队检查高港区村庄生活污水治理情况。7月5日，五河中骐水务有限公司注册成立。7月9日，公司股东中国国有企业结构调整股份有限公司到公司了解经营情况及重点项目执行情况。7月10日，注册成立西安绿荫环境工程有限公司。7月11日，注册成立漳浦中博水务有限公司。7月12日，注册成立泰州港中水务投资有限公司。7月16日，召开2019年公司第一届第六次董事会，审议通过《关于审议中车环境科技有限公司并购山东佛士特环保处置有限公司51%股权项目》的议案。9月6日，日照中车绿荫环境工程有限公司注册成立。11月25日，中车环境研究院和曲久辉院士团队共同组织召开中国中车环保产业技术发展战略报告专家咨询会。

【公司党政工负责人】

党委书记	江　奕
董事长	江　奕
总经理	陈国栋
副总经理	阳平坚　曹旭鸣
党委副书记	陈国栋
纪委书记	江　奕（兼）
工会主席	陈震晗

（环境公司　供稿）

中车株洲投资控股有限公司

【概况】 2019年末，中车株洲投资控股有限公司由中车产业投资有限公司持股84.29%、中车株洲电力机车实业管理有限公司持股15.71%。公司致力于发挥中车集团非股份战略性新兴产业的投资和运营平台作用，为资产证券化孵化产业。下设宁波中车新能源科技有限公司、株洲中车天力锻业有限公司、株洲中车特种装备科技有限公司、上海中车瑞伯德智能系统股份有限公司4个子公司。全年实现营业收入16.2亿元，同比上年增长6.7%，利润总额4 110万元，同比上年增长13.71%。

【战略规划】 编制《公司2019年—2021年发展规划（纲要）》，明确聚焦“交通、新能源、智能制造”板块，通过存量梯次升级、种子业务培育和投资并购打造梯次型产业格局。

【运营管控】 结合公司投资控股属性和业务单元差异化法人特性，推行“战略＋财务”管控模式，着重建立健全业务单元业绩差异化评价机制，引导业务单元强化市场意识，提升市场竞争力。

【产业拓展】 下属子公司株洲中车天力锻

业有限公司开发25家客户，形成14种盾构刀具的生产能力。8月，与湖南易沃公司合资成立株洲特装智能装备有限公司，主要拓展激光钣金产业。宁波中车新能源科技有限公司开拓国内风电变桨业务市场，实现营业收入约6 000万元。

【改革试验】 市场化选聘3名经营管理者。构建市场化经营机制，设立了有利于调动各方积极性的合资公司。

【党群工作】 公司党委按照“围绕经营抓党建，抓好党建促经营”思路，促进党建和经营深度融合，着力解决党建和经营“两张皮”问题，实现经营换挡提质。推进“三基”建设、“金名片”建设、群团建设，强化基层党组织的战斗堡垒作用和党员的先锋模范作用。探索建立健全株洲投资控股党委党建工作责任制、党建和经营联动考评、一线调研机制、初心谈话机制。销号整改国资委政治巡视反馈的问题、中车集团党委巡视和中车产投党委专项巡察发现问题，及主题教育检视出的问题和党员群众提出的意见建议。

【下属子公司】

宁波中车新能源科技有限公司 简称宁波新能源，是国内领先的超级电容及储能系统企业。宁波新能源驱动兄弟企业成功首创超级电容有轨电车、无轨电车，产品广泛应用于风电等领域。

株洲中车天力锻业有限公司 简称天力锻业，是中国中车旗下轨道交通装备车轴、电机转轴等锻件专业化研制企业。国家工业强基工程——“高速动车组EA4T空心车轴”项目中标单位，是中车集团内唯一中标该项目的企业。

株洲中车特种装备科技有限公司 简称株洲特装，是中国中车旗下唯一一家具备游乐装备设计制造A级资质公司、景区交通领域龙头企业；轨道交通装备制造工艺装备及成套系统提供商、智能制造及产线方案提供商。

上海中车瑞伯德智能系统股份有限公司 简称上海瑞伯德，是专注于智能制造领域的高科技企业，属中国中车着力打造的智能制造整体解决方案服务公司，既服务轨道交通行业，又服务机加工、家电、食品药品、汽车及零部件等其他重点行业。

【重要纪事】 3月15日，中车产业投资有限公司党委书记、董事长胡洋一行到浙江新能源公司调研指导。3月27日，中车株洲天力锻业有限公司与德国波鸿联合运输技术有限公司（德国BVV公司）签署合作协议，共同参与国际市场竞争。4月9日，中国工程院院士、中车株洲电力机车有限公司专家委员会主任刘友梅到中车新能源调研。4月25日，公司召开2019年度股东会、董事会、监事会会议。4月27日，株洲中车特种装备科技有限公司螺旋盘升跨座式单轨桥通过世界纪录认证机构（WRCA）认证，被认证为世界最高的螺旋盘升跨座式单轨桥。5月19日，株洲中车特种装备科技有限公司与江西大觉山景区集团签署独轨观光列车采购合同并举行签约仪式。5月，浙江中车新能源科技有限公司“高比能超级电容器关键技术及应用”获浙江省技术发明奖二等奖。6月27日至28日，召开中国共产党中车株洲投资控股有限公司第一次代表大会。6月26日，召开中车产投混改投资者现场尽调会。8月25日，中车株洲投资控股有限公司召开“不忘初心、牢记使命”专题民主生活会。8月15日，中车瑞伯与西门子工业软件联合主办召开“2019产教融合与智能制造高端论坛”。9月17日，天力锻业通过ISO/TS 22163:2017审核。10月18日，中国中车党委书记、董事长刘化龙到宁波新能源检查指导工作。11月

23日，株洲特装员工朱昌盛、刘武聪、汤敏获2019年中国技能大赛——第三届全国智能制造应用技术技能全国大赛二等奖。11月28—29日，公司召开第一次工会代表大会。12月7—8日举办第一届“青年后备人才”培训。

【公司党政工负责人】

党委书记　马克湘
董事长　马克湘
总经理　胡志军
副总经理　王璐科　黄正良
　李龙煊
党委副书记　胡志军　黄正强
纪委书记　黄正强
工会主席　黄正强

（株洲投资控股公司　供稿）

资阳中车电气科技有限公司

【概况】 2019年末，电气科技公司实现销售收入33 986万元，净利润129万元。年末，公司注册资本1亿元，拥有员工368人。公司业务立足轨道交通，辐射汽车、船舶等领域，以光电连接器及线缆总成、电气设备等研制为主营业务，是中国高铁动车组九大关键技术、十大配套产品之一的电连接器唯一技术引进企业，中国国家铁路集团有限公司自动电连接器五级修指定企业，国家高新技术企业，拥有四川省企业技术中心、中国中车电连接器技术中心、可靠性检测实验室及近百项国家专利，具有年产500列动车组、700列城轨地铁电连接器及其集成产品能力。通过了ISO 14000/18000环境和职业健康安全管理体系认证。

【产品开发】 研制标准动车组、城轨、机客车等板块连接器产品71项，市场应用率达50.70%；开展“复兴号”系列标准动车组头车电气车钩、车端高压跨接连接器、电机连接器等8大类23种电连接器产品研制，装车应用9种，市场应用率达75%；设计开发轨交、非轨交领域电气控制箱柜集成产品29项，市场应用率达96.55%；完成新型单元制动器开发，并应用于HXN_6型机车；申请专利14项，其中发明8项，实用新型专利6项。各类科技项目专利获得政府科技资助经费230万元。

【市场开发】 完成主机企业时速250公里标准动车组试运行，获得四方股份时速350公里标准动车组高压跨接连接器试装项目、戚墅堰所公司地铁开闭机构订单并完成装车试验；获得时代电动公司客车高压线束订单并实现销售。获得四方所标动电钩订单，成为国内唯一获得三家采购标动电钩企业供货资质的供应商。获得重庆3号线6改8项目，首次实现在重庆长客公司装车；获得四方公司动车分线箱供应商资质，动车产品从连接器拓展到分线箱板块。获得长客公司磁悬浮地铁高低压连接器项目，实现了在该公司低压连接器项目零的突破。

【基本建设】 完成电连接器生产线工艺布局优化，建成2条接线箱流水生产线；完成四川省总工会职业卫生安全防护“工具包”应用示范线建设；开展电线路工艺质量提升工作；完成HXD_1型机车C6修静态评估；开展粘接技术研究，提升产品粘接质量。通过ISO/TS 22163、IATF 16949、ISO 9001、

EN 15085 体系监督审核；可靠性试验室通过 CNAS 认证。采取法律诉讼、资产保全、债权转移等方式处理“埃威特”事件，减小债务风险。完成合同专项审计工作，初步形成审计管理体系；编制内控手册，提升风险防范能力。在设计、采购、工艺、质量、生产等环节，采用集中采购、招标采购、引入竞争供应商、自制替代外购、工艺优化、纳税筹划、节能降耗等举措，共降低成本 967 万元。推进工程技术类“双师型”人才培养，组织 11 名工程技术人员参加数控车技能竞赛，3 名工程技术人员成为公司“双师型”人才；15 名工程技术人员在技术层级评聘中晋级；陈红坤、陈涛分获第二届“资阳工匠杯”职业技能大赛数控车工一、二等奖，文治宇获铣工二等奖，刘朝忠获钳工三等奖，李文锋获电工三等奖。利用“云校招”网络平台开展员工招聘工作。

【党群工作】 组织开展“不忘初心、牢记使命，中车电气帅乡行”“中车心、爱国情，重整行装再出发”、首届“复兴杯”青年辩论赛等活动，将走进元帅故里、知识抢答、唱红歌、产业发展战略辩论等要素融入活动，激发全员爱国情、爱中车情、爱电气情。组织职工西安短期休养，新建洗衣房，解决员工洗衣难的问题。开展“决战三十天，决胜三亿四”、质量安全大检查“双十佳评选”等劳动竞赛。承办四川省总工会十九届四中全会精神资阳宣讲会暨专题调研会。

【公司党政工负责人】

党委书记	向　军
董事长	向　军
副董事长	杨志华
总经理	许　华
副总经理	孙剑峰　杨　斌 樊　迟　薛　海 李　刚　王　静
党委副书记	许　华　林　忠
纪委书记	林　忠
工会主席	林　忠

（电气科技公司　供稿）

青岛中车轻材料有限公司

【概况】 轻材料公司主要经营焊接铝蜂窝及其相关产品。2019 年末，实现经营收入 32 094 万元，增长率 33.1%，利润总额 679 万元，人均销售收入 533.3 万元。申请专利 13 项，取得轨道交通设备的胶轮导轨电分线箱实用新型专利证书、轨道列车用中顶板及轨道列车实用新型专利证书等。

【经营管理】 6 月 28 日召开 2019 年度股东会、第二届董事会、第二届监事会。推进技术标准管理体系，加强质量过程管控，加强制造过程、生产规划和质量管控。全面推进全员效绩考核，加强在产资金管理、能源管理。落实中车相关文件和公司规章制度内容。推行精益生产，推进体系建设，优化生产线工艺布局，实行定置管理。

【技术开发及推广】 对地铁地板产品缺陷进行整改。完成跨国互联互通高速动车组设备舱底板、地板研发。研发焊接铝蜂窝产品，并应用于标准动车组高压接头箱活盖。设计研发新能源轻轨蓄电池箱。参加中国工业设计协会轨道交通分会第一届理事会第二次会议暨世界工业设计大会，国家高速列车技术创新中心战略发展推进会及轨道交通增材制造/轻量化技术研讨会。

【安全环保管理】 成立安全委员会专门负责安全事宜，实行“一岗双责”。年内，无死亡事故、无新增在岗职业病、无一类火灾爆炸事故和重大影响事故。安装除尘设备，实现清洁生产。

【党群工作】 8月12日成立共青团青岛中车轻材料有限公司支部委员会。12月5日，进行党支部换届选举，李华任党支部书记。6月19日，中车产投副总经理朱龙驹到公司讲党课。10月26日，公司党支部书记李华围绕党支部党务知识讲党课。12月9日，召开组织生活会，中车产投党委副书记郑胜到会并作指导。自主开展党内活动，按时收缴党费，并严格管理党费使用。

（轻材料公司　供稿）

中车资本控股有限公司

本栏编辑　汪云鹏　李映雪

中车资本控股有限公司

（统一社会信用代码：91110106MA002LAT6K）

党委书记、董事长　邵仁强

总经理　鄢德佳

【概况】　2019 年末，中车金控实现营业收入 2.16 亿元，利润总额 12.84 亿元，产融结合率 68%。公司员工 100 人。公司致力于打造成中车集团融投资平台，为中车集团开展市场融资为主业提供社会资金支持并创造价值。公司实行“五部一中心一委”的组织架构。总部由综合管理部、业务发展部、财务部、风险管理部、党群工作部、共享服务中心和纪委组成，实现中车金控与各子公司在投资业务层面的行业分析共享、财务分析共享、风险分析共享、策略研究共享和在基础工作层面的财务共享、人力资源共享、行政支持共享。

2019 年初，公司调整股权及业务结构，由“5+X”的发展架构，向“3+X”业务平台调整。“3”指基金业务平台、金融服务平台、股权运作平台；“X”指若干创新业务平台。基金业务平台是指以中车基金管理（北京）有限公司投资的各基金平台，主要布局城市基础设施产业、新能源产业、新材料产业、工业数字（信息化）产业、智能制造产业、高端装备制造产业等六大产业；金融服务平台是中车商业保理有限公司和中企云链（北京）金融信息服务有限公司的供应链金融服务、中车汇融保险经纪有限公司的保险经纪服务；股权运作平台是为中车拟布局产业、拟出售产业、低效无效参股股权运作提供专业化服务；“X”是指中车科创园平台和科技创新平台。

【规划发展】　坚持“产融结合、以融促产、以融助产、以融育产”的思路，稳步发展金融和类金融业务，支持实体经济发展，服务中国中车主业。投资了中车城市业务和基础设施业务、智能制造产业、高端装备制造产业、工业数字产业、新能源、新材料产业。

【年度经营计划与实施】　下发 2019 年度经营计划，编制了收入利润目标、基金募集和项目立项数量目标、投资计划、费用预算指标、融资计划、投资风险管理计划、安全技术措施计划、经营计划、培训计划等经营计划目标。下发了《奋战两个月确保完成年度各项经营目标的通知》《关于各部门及子公司全力以赴完成年度各项经营目标的通知》《关于各业务团队全力以赴完成年度各项经营目标的通知》。

【经营管理】 3月，公司与各管理部门、各子公司、各团队签署了《效绩目标责任书》，主要涉及利润总额、人均利润总额、基金募集规模、投资额、产融结合指标、利差率等主要指标，并纳入效绩考核评价管理。下发了《中车金控2019年度效绩考核实施方案》。积极推动制度体系建设，形成了6大类20余项制度体系，建立了各业务团队业务操作手册。完成规章制度废89个，改73个，立35个，全面完成巡视整改工作计划。征集公司级管理创新项目7项，其中风险管理部《关于强化风险预警管理 提高风险防控能力的研究》获得中国中车第四届管理创新成果三等奖，2项获得中车金控管理创新二等奖，4项获得中车金控管理创新三等奖。在中车集团有限公司年度工作会上，中车金控经获评2019年度改革发展专项奖。

【投资管理】 年末，公司股权结构调整到位，完成基金平台搭建，所有基金管理公司统一纳入中车基金管理（北京）有限公司旗下管理。形成了中车金控研究方向及项目库。围绕中车城市业务和基础设施业务、智能制造产业、高端装备制造产业、工业数字产业、新能源、新材料等6类产业进行投资，服务中车主业发展。年内，完成投资18.73亿元，其中长期股权投资3.8亿元，财务投资14.92亿元。战略出资项目3个，分别为双百基金及双百基金管理公司、京沪高铁、央企扶贫基金三期。参与了中铁特货混改项目、京沪高铁IPO战略配售项目。推进与国铁投资公司合作设立保险资产管理公司、高端仓储物流等项目。完成国企“一带一路”ETF操作和央企创新ETF操作，盘活中车股票，增加流动性。设立青岛朝彤股权投资管理有限公司，参股国改双百基金，参股央企扶贫基金三期募资项目，中联投公司增资等项目。其中，参股国改双百基金推进了中车集团“双百行动”实施方案。

【金融服务】 年末，中车保理营业收入1.9亿元，同比增长11.6%；业务规模约69亿元，同比增长8.4%，均为中车体系内业务，在中车供应链上下游供应商确立了确权保理、票据保理、云信直投三大类基础。

【党群工作】 公司党委下设6个党支部，共有党员66名。年内，持续深入学习贯彻习近平新时代中国特色社会主义思想，树牢“四个意识”，坚定“四个自信”，坚决做到“两个维护”。学习习近平总书记重要讲话指示批示67篇、重要会议精神37次。开展了“走进实体企业、服务实体企业”专项活动，由公司领导带队，分6组赴中国中车39家实体企业走访学习交流，挖掘跟踪产融结合项目近20个。开展党委中心组学习13次，党员员工集中学习56次。开通学习强国平台，召开15次面向全体党员的专题党课。第一批主题教育开展学习研讨11次，累计超40学时；第二批主题教育各支部集中学习超20学时。到香山革命纪念地开展红色教育，参观新中国成立70周年成就展，组织到四方科创中心及高铁制造现场学习。累计召开不同层面座谈会43次，开展谈心谈话125人次，形成了具有明确问题导向和整改措施的调研报告46篇。领导班子成员每月针对第一批、第二批主题教育中检视出的199个问题进行整改完成情况评审，2019年涉及问题整改完成率100%。制定整改推进计划，落实台账销号管理和集中评审机制，全面完成政治巡视整改2019年整改目标。对习近平总书记指示批示进行再学习、再认识、再深化，对照讲话原句原文，进行研究制定12项具体落实措施，并形成决定，纳入整改台账。公司全级次企业实现党建工作进章程。召开了党建暨党风廉政建设工作会议，在班子成员“一岗双责”清单的基础上，制定党支部书记、团队负责人和非党员领导干部“一岗双责”清单。严格履行审议“三重一大”事项前置程序，全年共召开党委会40次，审议议案120余项，涉及“三重一大”事项80余项。建立“三重一大”信息管理系统，优化管控机制。党委会对风险事项充分研究，议案必须包括风险事项描述。成立重大风险化解小组化解保千里和安洁科技定增项目。强化VI、BI和MI体系建设，开展“中车日”和金控四周年活动，评选企业文化案例，开展全员拓展训练，召开统战工作座谈会，组织新员工企业文化培训。开展4次保密与信息安全检查整改，对微信群和公众号集中管理，规范对外宣传管控。开展夏送清凉、生日送祝福、送温暖和帮扶工作。开展主题团日和青年员工座谈会。严格落实“四同步、四对接”，制定《基层党群组织设置管理规定》，分设总部机关第一、第二党支部，设立业务党支部强化经营团队聚合力，选强配齐支部书记和支委，强化党支部活动阵地建设，2项支部特色案例入选《党支部特色案例手册》。全年开展组织关系排查21人，接转组织关系14人，发展预备党员2人。开展主题党日活动，组织参观改革开放40周年展、抗日战争纪念馆、卢沟桥和二七纪念馆，分4期到延安、井冈山开展红色教育活动。组织全员知识竞赛形成“比学赶帮超”的学习氛围。推进新组建党支部的5项基础制度建设，落实党支部书记述职评议，开展党建责任制自评整改，通过《支部工作手册》强化表单化管理，落实月度支部例会。深入贯彻中纪委三次全会精神，一体推进“不敢腐、不能腐、不想腐”实施方案。扎实推进纪检监察体制改革，分设纪委办公室和监督检查室，完成监察职责的划转，监督“三重一大”，纠治形式主义官僚主义，通过共享财务过程监督，开展全员集体廉洁谈话2次，签订了廉洁承诺书和保密协议。实现新提拔领导干部、异地团队负责人廉政谈话全覆盖。

【下属子公司】

中车基金管理（北京）有限公司 11月5日完成工商变更，中车基金公司变更为中车金控全资子公司。年底股权结构调整到位，宁波中车股权投资基金管理有限公司、无锡中车产业投资发展管理有限公司、中车金证（北京）基金管理有限公司、吉林国调中车产业发展投资管理有限公司、青岛朝彤股权投资管理有限公司、北京中车创业投资有限公司6家基金管理公司纳入中车基金旗下统一管理，完成基金平台的搭建。先后与20余家知名投资机构深入交流，多只基金进入募资谈判阶段。其中，山东财金新动能基金、成都基金已初步达成投资协议。10月，与中车金控与柳州轨交集团、民生证券共同发起设立的10亿规模柳州民生现代制造投资基金（有限合伙），首期缴款3亿元；参与中车混改项目，12月25日中车泛海智能制造基金设立工融金投一号基金，基金规模1亿元，间接投资于中车产投混改项目。12月31日与天和磁材项目签署投资协议，投资额3 000万元。

宁波中车股权投资基金管理有限公司 宁波基金公司是中车金控在浙江区域进行资本运作、股权投资的重要执行平台。在宁波、金华、温州设立产业基金，重点投资于新能源汽车等中车重点支持的新兴产业。至年末，共管理5只基金产品，管理基金规模近10亿元，分别为宁波中车华誉股权投资基金管理中心（有限合伙）、宁波中车一期股权投资合伙企业（有限合伙）、金华中车智慧物联新能源产业投资中心（有限合伙）、瑞安中车和瑞创投基金合伙企业（有限合伙）和工融金投一号（天津）股权投资合伙企业（有限合伙）。

无锡中车产业投资发展管理有限公司

8 月，无锡中车科创园一期契约型私募股权投资基金在中国基金业协会备案，基金规模 9 120 万元，主要由中车资本控股有限公司出资，资金用于后期无锡中车科创园的建设。无锡中车公司下属基金无锡中车北上一号投资合伙企业（有限合伙），12 月 5 日登记申请核准注销。12 月 23 日，无锡中车公司完成工商变更，持股比例 49% 的中车资本控股有限公司变更为中车基金管理（北京）有限公司。

中车金证（北京）基金管理有限公司 与 30 多家机构洽谈基金合作，1 月启动设立北京君证投资合伙企业（有限合伙）基金，4 月 16 日作为首只基金实缴 1 000 万元完成协会备案。5 月，金证基金公司完成了董事及董事长改选，变更了法定代表人，11 月中车金证公司所持 34% 股权无偿划转至中车基金公司，四季度完成下设的君证合伙与金建合伙注销。

吉林国调中车产业发展投资管理有限公司 8 月 15 日，吉林国调中车基金到位首期出资 1.5 亿元，8 月 19 日完成协会备案。年内完成新材料、新能源汽车、环保等领域 13 个项目立项。

青岛朝彤股权投资管理有限公司 7 月 22 日青岛朝彤公司注册成立，注册资本 1 000 万元，股东为中车基金管理（北京）有限公司（占比 24%）、北京中车创业投资有限公司（占比 41%）、青岛地铁金融控股有限公司（占比 35%）。年末，实现收入 215.7 万元，净利润 34 万元。7 月 26 日，设立青岛华锦股权投资基金合伙企业（有限合伙），基金认缴规模 10 亿元，其中中车金控出资 29%，其他出资为外部社会出资，主要以股权投资方式投资高端装备产业升级过程中大交通、智能化、新材料领域。华锦基金分三期出资到位，分别为 30%、40% 和 30%。

中车商业保理有限公司 中车保理公司为中车产业链提供金融服务，为 1 300 余户供应链企业解决融资需求，产融结合率达 100%。年内业务规模达到 69.4 亿元，主营业务收入 1.88 亿元。确权保理和票据保理产品实现增长，公司业务结构占比得到优化。设计了验货保理产品、池保理产品；研发了银行协助出表产品，云信支付和票据支付出表产品。3 月 26 日、9 月 19 日分别发行 6.27 亿元的第一期 ABS、7.93 亿元的第二期 ABS 产品，一年可节约融资成本 456 万元。9 月 30 日保理二期系统上线，实现业务流程高效化、信息采集自动化、信息交互便利化、风险防控网络化。

中车汇融保险经纪公司 2019 年，中车汇融公司实现营业收入 1 901 万元，利润总额 1 288 万元，在岗员工 12 人。向中国中车所属 120 余家企业提供保险经纪和风险咨询服务，累计保障中车 1 600 亿元资产、700 亿元国内外合同订单和 30 000 名（人次）员工，保险创效达 1 亿元，为 17 家中车企业、85 个境外项目提供相关风险咨询及保险经纪服务，为服务企业提供 30 余次多样化的风险管控服务。协助中车企业成功申报首台套保费资金补贴项目（含续保项目）14 个，总保费规模 2.1 亿元，获得财政保费补贴 1.7 亿元，服务合同订单金额 80 亿元，其中出口项目占比 13.6%，节约成员企业维保成本预计达 7 000 万元，转移了成员企业的责任风险。首台（套）保险补偿机制惠及更多中车成员企业，产品质量和产品责任风险保障覆盖了包括“复兴号”中国标准动车、南非 21E 型双流制货运电力机车、6.0 兆瓦风力发电机等在内的更多高精尖产品，节约成员企业维保成本 6 000 万元，转移了成员企业的责任风险。协助中车企业处理保险疑难理赔案件 28 起，报损金额合计 1.29 亿元，赔付金额为 8 116 万元。

中企云链（北京）金融信息服务股份公司 年末，中企云链平台累计注册用户

50 696 家，其中本年度新增注册用户 31 228 家。年内，平台云信开立 642.07 亿元，同比增长 130.36%；云信融资 346.25 亿元，同比增长 125.56%，其中直接保理融资 100.83 亿元，直接保理业务占比 29.12%。实现全国百强城市全覆盖。建立了“总部—大区—团队—营销人员”四级体系，打造全国营销体系，为核心企业与银行提供全方位的本地化“贴身”服务。全面对接各类银行 150 多家，其中包括 18 家全国性银行与 140 余家地方性银行、城商行与农商行。全国性银行业务落地 13 家，其中 8 家银行实现系统 IT 直连，实现供应商融资秒级放款。在地方性银行、城商行、农商行业务落地 39 家，其中 11 家完成 IT 系统直连。对接商业保理、财务公司、基金公司、资管公司等供应链金融资方 90 余家，业务落地 11 家。加快产品线生态圈建设、探索趣链科技组建、加大科技赋能。与券商共同发力，开展 ABS 资产证券化工作。推进票据、云租、中间件、云保等产品线，扩大云链产业生态圈建设。对已上线业务优化迭代，投入资源进行新技术、新产品研发，保障整体平台架构更加安全、稳定、高效和高可用。

无锡中车科创投资发展有限公司　5 月 29 日，锡中车科创投资发展有限公司注册成立，股东为无锡中车产业投资发展管理有限公司、上海梦韬科技发展有限公司、中联投国际有限公司，首期注册资金 1 100 万元。启动招商工作，选择 4 家入园企业；完成概念规划设计单位、可研编写单位招标。启动招聘工作。

中车金证投资有限公司　中车金证投资有限公司对顺络电子、浙江鼎力和新北洋定增项目实施全部或部分退出，退出本金合计 3.05 亿元，实现收益合计 1.41 亿元，投资收益率 46.23%。对安洁科技定增项目实施专项风险化解，全年风险敞口减小 3 364 万元。对保千里定增项目实施重大风险专项化解工作，通过二级市场退出回笼资金 1 344 万元，并通过司法维权等方式减少投资损失。年末，公司存量 10 个定增项目未退出本金合计 25.45 亿元。全年参与上市公司 IPO 发行网下新股申购 82 只，投资 78 万元，收益 113 万元，收益率 145%。9 月，认购央企创新驱动 ETF 基金 7.71 亿份；10 月，认购国企“一带一路”ETF 基金 7.22 亿份，合计实现账面税前利润 11.62 亿元。年末，公司共持有央企结构调整 ETF 基金 11.78 亿份、央企创新驱动 ETF 基金 7.71 亿份、国企“一带一路”ETF 基金 7.22 亿份。

中车股权投资有限公司　2019 年，中车股权投资有限公司实现利润总额 406 万元，净利润 427 万元。出资 993 万元，完成对北京中车创业投资有限公司所持中车基金管理（北京）有限公司股权的收购；完成将所持中车基金管理（北京）有限公司股权无偿划转至中车资本控股有限公司的工商变更手续；完成将所持宁波中车股权投资基金管理有限公司、北京中车创业投资有限公司 2 家基金管理公司的股权无偿划转至中车基金管理（北京）有限公司的工商变更手续。向锡盟风电项目公司第二期出资 4 560 万元，累计出资 8 160 万元。

中车轨道交通建设投资有限公司　8 月，中车集团下达批复，同意将中车金控持有的中车轨道交通建设投资有限公司所有股权划转到中车集团。

【重要纪事】　1 月 29 日，中车金控举行 2018 年度表彰会暨 2019 新春年会。2 月 21 日，公司全体党员、员工参观“伟大的变革——庆祝改革开放 40 周年”大型主题展览。3 月 8 日，中车金控工会开展纪念“三八”国际劳动妇女节 109 周年系列活动。5—8 月，中车金控开展“走进实体企业、服务实体企业”专项活动。6 月 21—22 日，中车金控党委举办主题党日及团建拓展活动。11 月

22—23 日，召开中车金控“十四五”规划研讨会。

【公司党政工负责人】

党 委 书 记　邵仁强
董　事　长　邵仁强
总　经　理　鄢德佳
副 总 经 理　丁有军
财 务 总 监　丁有军
党委副书记　鄢德佳 张景伟
纪 委 书 记　张景伟
工 会 主 席　张景伟

（中车金控　供稿）

中车科技园发展有限公司

本栏编辑　汪云鹏　李映雪

中 车 科 技 园 发 展 有 限 公 司

（统一社会信用代码：91110000551415261J）

党委书记、董事长　官良国

总经理　谢传军

【概况】 2019 年末，中车置业有限公司根据“不动产经营平台”新定位更名为中车科技园发展有限公司，为中车集团 100% 控股子公司，注册资本 50 亿元。年末，公司实现营业收入 26.5 亿元、利润 5.8 亿元，营业收入和利润均保持稳步增长，在岗职工 378 人。公司本部下设 16 个部门（含巡察组），拥有独资、合资子公司 14 家，分别为齐齐哈尔东湖房地产开发有限公司、黑龙江悦湖房地产开发有限公司、大连大力房屋开发有限公司、大连大力置业有限公司、天津乐湖房地产开发有限公司、荣成翠湖房地产开发有限公司、中车置业（太原）有限公司、太原万佳安居置业有限公司、中车科技园（成都）有限公司、中车科技园（兰州）有限公司、中车科技园（青岛）有限公司、中车科技园（长春）有限公司、北京中车南口科创园区管理有限责任公司、天津中车津浦产业园管理有限公司。

公司以打造中车集团不动产经营平台为中心，主要承担自有低效闲置土地盘活、自有土地二级开发和高科技产业园区建设运营。以“一个中心，三大任务”共同驱动，服务中车集团主业。坚持价值至上，强化“再出发”项目运营质量，推进存续项目库存去化，各在售项目真抓实干，实现了营业收入和利润均保持稳步增长；围绕不动产经营平台建设，推动土地盘活。

年末公司本部及子公司层面政治巡视问题整改完成率 90.2%；持续推进主题教育专项整治工作，得到中央督导组、国资委和中车集团高度肯定。获得中车集团 2019 年度“特别贡献奖”。

【规划发展】 围绕盘活低效土地助推改革、推动资产增值服务主业、做好土地开发利用提高资产效益等核心任务，推动企业实现高质量发展。确定“一个中心、三大任务”，深入研究不动产经营平台建设方案及其业务模式，明确了服务主业盘活土地、服务改革实现资产增值的战略定位与发展方向，聚焦以“不动产资产管理服务”为核心的现代服务业，打造中车集团新的支柱产业。

【年度经营计划与实施】 围绕“基础建设年”年度主题和“1136”经营工作思路，紧盯目标抓落实，聚焦难点求突破，各项工作取得了积极进展。太原项目确保了小学顺利开学、推进一期项目结算，完成了二期项目交房及竣工验收，取得三期项目5#、7#楼预售许可证，实现营业收入19.07亿元，利润5.38亿元。天津项目实现二期D区基本清盘，安全顺利交房，交房率达96%。探索服务促销售的新模式，车位库存销售获突破。荣成项目实现自在香滨一期住宅100%去化，二期项目签约额6亿元并推进整体工程建设。大连项目库存去化取得突破，办公楼成功签约，花溪镇公寓去化130余套。完成花溪镇二期全盘开发计划。齐齐哈尔项目的大润发项目主体完工并通过规划验收，商铺实现销售签约额3 509万元。哈尔滨项目提前完成7#楼竣工验收备案，完成了土增税清算。完成青岛、南口厂区土地盘活；协助石家庄公司、太原公司、株洲所时代新材公司完成土地处置；全力推进天津、北京、长春、兰州等重点项目取得关键突破；协同启动襄阳、资阳、大连、南京项目前期工作。为中车集团贡献土地盘活净收益26.95亿元。

【经营管理】 加快核心业务能力培育，成立土地利用部、园区发展部、运营管理部、成本管理部4个部门，推进平台业务体系建设。优化调整公司本部一级职能77项。以设计条线组织建设为试点，提出集中管控设计条线人员的模式，为打造稳定的核心专业能力奠定基础。优化薪酬福利、招聘配置等制度，畅通外部人才进入、内部人员交流渠道，规范人员流动机制。全面启动社会招聘，构建多元化的招聘渠道。优化薪酬结构及固浮比，统一公司本部和子公司两级组织的薪酬体系，薪酬水平整体上浮。

坚持业务主导、管理协同，以滚动预算为抓手，强化过程管控。修订《全面预算管理办法》，制定标准化模板，促进全面预算管理更为规范化、体系化。建立税务两级管控体系，降低税务管理风险，提升税务筹划能力。编制《税务管理手册》。开展新项目财务税务筹划。设计优化流程和权责体系，形成流程手册和权责手册。完善信息化工作体系，不断加强信息化重点项目应用推广，实现全公司相关业务工作线上管理，逐步提升管理效能，从管控治理与系统建设两方面提升信息安全保障能力。完善成本管理制度体系建设、推进成本及招采管控信息化建设。通过“一张表，一篇文章”督促总结存续项目年度经营状况，严格成本目标控制。在加强责任成本管控的同时，开展公司新建项目可研成本阶段各节点的投资测算与可研成本编制，加快项目开发进度。

构建风险管理三道防线，建立“总部—子公司”两级管控机制。完善风险工作流程操作指南，建立风险隐患整改、销号跟踪、风险信息共享及分级上报等工作机制。探索风险管理工作前置，通过风险管理防范关口前移到一线业务，发挥风险评估对重大风险的事前防范作用。推进内控缺陷整改，提出修订意见30余个，协助修订制度20余个，建立查找缺陷、整改落实、巩固提高的长效机制，优化《审计报告模板》。妥善处理已发生的法律纠纷案件，减少损失744.92万元，将法律审核嵌入管理流程，为公司依法经营和决策提供全过程的法律保障。

【项目开发与实施】 青岛项目推动中车集团与青岛市签订《战略合作框架协议》，获得土地一级开发整理授权，实现四方厂区一期土地移交和补偿；完成片区控规调整，比原规划增加约28万平方米住宅和40万平方米商业。长春项目包括宽城厂区和高新厂区两个项目，促成中车集团与长春政府签订《长春中车轨道车辆有限公司检修运维基地建设整体搬迁及老厂区更新改造协议书》，推动长春市出台《关于推进低效产业用地再开发促进经济发展的试点意见》，明确了两项目土地盘活路径。天津项目克服大运河保护方案细则和津承铁路路由调整等不利因素影响，控规方案通过天津市政府审批，整体货值到88亿元。兰州武威路项目是中国中车在甘“一中心一总部三基地”建设的重要载体，正在推进控规调整和土地专项政策研究工作。北京项目协助南口公司完成股权交易手续办理工作，与国管局就在京四厂土地盘活《合作意向书》关键条款达成一致意见。株洲项目中全面分析处置路径优劣，提出处置成本最低、周期较短的土地收储方案，协助时代新材与政府签订收储协议。太原项目协助太原公司完成十号地收储，区域性TOD开发方案取得太原市政府同意。

【党群工作】 2019年，全面贯彻落实党的十九大和十九届二中、三中、四中全会精神，以党的政治建设为统领，以“一个中心、三大任务”为主线，以服务改革发展为导向，以中车集团党委党建“成效跃升年”和公司“基础建设年”为主题，继续打造非制造业党建“金名片”，强化“三基建设”，全面提升党的建设质量。召开专题会议研究保密工作，开展保密知识学习教育和答题活动。优化党委会议事清单，厘清党委会议事边界。班子成员集中学习研讨46学时，撰写调研报告7份，从严对照党章、准则、条例检视问题280余条，结合调研问题讲党课7次，召开民主生活会1次，梳理九大类31项问题，形成了专项整治方案和台账。各党支部累计集中学习研讨40个学时以上，各级中层以上领导干部调研并撰写调研报告，各级班子成员讲党课，深入开展检视剖析，开展批评与自我批评，召开组织生活会和民主评议党员，分别形成专项整治方案和台账。接受中央第十一巡回督导组检查指导，得到中央督导组对公司第二批主题教育开展情况的肯定。启动基层党支部“一支部一品牌”创建活动。

开展软弱涣散基层党组织排查工作。出台《2019年基层党支部重点工作指南》。创建学习型党组织，营造良好学习氛围，着力构建个人自学、网络学习、集体学习等相互融合的教育培训体系；抓日常教育培训，将“三会一课”作为党员干部学习教育的主阵地；抓集中学习培训，举办专门培训、专题讲座、领导班子成员讲党课等多种形式集中学习；抓网上学习，年末学习强国名次排名位列中车集团前三。发展预备党员4人，预备党员转正4人，办理系统内外党员组织关系接转手续，实现在全国党员信息系统上公司党员基本信息动态管理。加强“三会一课”制度落实检查。召开2次领导班子民主生活会，2次党支部组织生活会，班子成员100%参加组织生活会。党员民主评议工作中，党员参评率达到100%。

制定干部选拔任用管理制度、干部日常监督管理办法、干部考核评价办法等。提拔中层干部9人，累积考察谈话近90人次，完成考察报告10份。选拔48人进入“头雁计划”青年后备人才名单。选派4名青年骨干到中车集团交流学习。公司本部轮岗及部门间岗位交流6人；公司本部与子公司、子公司之间交流5人。

制定《中车科技园发展有限公司2019年党委中心组学习计划》，全体党员深入学习习近平新时代中国特色社会主义思想，学习党的十九大、十九届二中、三中、四中全会精神，做到学原文、读原著、悟原理，真学真信、学深悟透。开展形势任务教育，结合“中车日”和各项目重大经营节点开展企业文化宣传推广，加大员工对核心价值观的了解和认同。加强新闻宣传和舆情管理。印发《宣传信息管理办法》，加强宣传媒体和队伍建设。开展公司本部员工大讲堂活动，邀请专家讲座2次，带动内训师开展内部讲座。开展歌咏比赛、朗诵比赛、知识答题、主题教育等多种形式的宣教活动，运用宣传展板、OA办公系统等载体开展宣传，全方位展示新中国成立70周年的成就和中车取得的辉煌成绩，激发员工爱祖国、爱中车、爱岗位的热情。加强对统战工作的领导。

召开党建和党风廉政建设会，与12名党支部书记签署了党建和党风廉政建设责任书。每季度举办一次集中廉政学习教育活动，开展“百名纪检干部讲纪律”活动，公司纪委书记、各党支部纪检委员共计开展讲纪律13次。制定《中车科技园发展有限公司纪检体制改革方案》，撤销纪检监察室，设置纪委办公室和监督检查室，实现检审分离。配合中车集团纪委查处1起公司党员违纪案件，处分1人，并召开党员干部警示教育大会进行警示教育。启动巡察工作，完成24项整改工作，各子公司完成2019年巡视整改问题整改计划，完成23项中车集团2017年巡视反馈问题的整改。制定2022年前巡察工作计划，对天津公司进行了巡察。

坚持做好“六送三关注”，特别是加强对困难员工和家中有子女上学员工的帮扶工作。在综合办公室、党群工作部、战略发展部、人力资源部四部门开展“应知应会”活动。召开青年员工专题座谈会；开展向青年员工赠书活动，赠送《滚雪球》等书籍；举行庆祝五四运动100周年主题活动。

【重要纪事】 1月24日，中车置业有限公司召开2019年行政和党建工作会暨工会一届三次职工（会员）代表大会。4月1日，中车置业有限公司财务管理部获中车集团“预算管理工作先进单位”“决算管理工作先进单位”“资金管理工作先进单位”“综合管理工作先进单位”荣誉称号。4月10日，齐齐哈尔东湖公司取得大润发项目施工许可证。4月12日，公司更名为“中车科技园发展有限公司”，经营范围增加了“园区管理服务”“投资与资产管理”等相关内容。4月17日，中国中车党委书记、董事长刘化龙到公司成都项目调研指导。5月17日，公司增设土地利用部、成本管理部、运营管理部、园区发展部。5月18日，在成都项目中车·共享城举办全国首个火车音乐派。5月31日，国家工业和信息化部产业政策司司长许科敏到公司成都项目调研指导工业遗产改造示范区开放情况。6月18日，中车集团总经理、中车股份总裁孙永才到成都项目调研指导。7月3日，公司取得“房地产开发二级”资质。7月9—10日，成都项目承办中车集团“系统整理中车红色文化项目”研讨会。7月28日，齐齐哈尔东湖公司润发项目开盘。8月20日，齐齐哈尔东湖公司大润发项目封顶。8月20日，成都项目一期主体结构封顶，主体结构完成。9月，成都项目中车·共享城入选“四川100网红打卡地”。9月3日，成都项目承办中德/中欧城市更新技术交流会，住建部标定司副司长郭理桥、省建设厅副厅长樊晟出席会议。9月7日，成都项目承办“2019第三届成都国际诗歌周”活动。9月30日，荣成项目举行自在香滨二期11#楼结构封顶仪式。9月30日，青岛项目完成工商注册手续，取得营业执照。10月21日，成都项目二期取得建设工程施工许可证。11月，成都项目中车·共享城项目获评安居客“2019年度用户吸引力楼盘”、搜狐焦点“人居典范楼盘”、凤凰网“2019年美好城市示范奖”、今日头条“2019年城市品质大盘”。11月7日，公司党委接受中央主题教育第十一巡回督导检查组的督导检查。11月25日，青岛项目取得四方机车厂片区土地整理项目中标通知书，获得该片区土地一级整理资格。12月10日，中车置业（成都）有限公司更名为中车科技园（成都）有限公司，取得新营业执照。12月13日，成都项目获得由四川省连锁商业协会、博众城市发展管理研究院、华西都市报、封面新闻、搜狐焦点网、安居客联合颁发的“中国西部示范性文创项目”奖牌。12月13日，天津市政府审批通过河北区05—03单元（津浦项目所属地块）控规调整方案。12月26日，公司成立纪委办公室、监督检查室。

【公司党政工负责人】

党委书记　宫良国
董事长　宫良国
总经理　谢传军
副总经理　路孝杰　于敬华
　　刘春桃　王国韬
财务总监　路孝杰
党委副书记　谢传军
　　刘国岩（1月任，11月免）
　　曲　涛（12月任，12月免）
纪委书记　刘国岩（1月任，11月免）
　　曲　涛（12月任，12月免）
工会主席　刘国岩

（中车科技园　供稿）

中车轨道交通建设投资有限公司

本栏编辑　李映雪　汪云鹏

中车轨道交通建设投资有限公司

（统一社会信用代码：9111000071784979XT）

党委书记、董事长　葛泉胜

总经理　殷立达

【概况】　2019年末，中车建投注册资本11亿元，拥有员工77人，公司本部下设9个部门。公司拥有中车（北京）城市发展股权投资基金管理公司1家合资公司；拥有台州台中轨道交通有限公司、锡澄中车（无锡）城市轨道交通工程有限公司2家合资SPV公司。中车建投作为中车集团PPP业务主体，负责中国中车PPP项目全业务周期的投、融、管（项目公司层面的建设及运营管理）、退工作，统筹各环节和资源；负责中国中车各项业务落实，并作为轨道交通系统解决方案的重要载体，推进从提供单一装备向提供轨道交通系统解决方案转变。公司专注于轨道交通业务领域，在拓展轨道装备产品范围的同时，通过运维过程中对轨道装备产品（部件）寿命周期的验证，为轨道装备新产品提供推广、检验、实践平台，及时反馈产品质量信息，促进轨道装备技术和产品性能提升。

【改革改制】　按照中车集团规范开展PPP业务的要求，为落实以项目管理为重点积极拓展城市基础设施总包业务，推进“制造+服务”的要求，中车建投股权由中车资本控股有限公司无偿划转至中车集团，成为中车集团一级全资子公司。

【规划发展】　全力打造中国中车城轨PPP业务平台，加速构筑“投资业务、融资业务、项目管理业务、资产运营业务”四大板块业务，培育提升“融资能力、投资能力、项目管理能力、资源整合能力、资产运营能力、风险管控能力”六大核心竞争力，秉承同一个中车市场营销理念，打造具有中车特色城市轨道交通平台企业。

【项目开发与实施】　10月8日，中车系联合体成功中标无锡至江阴城际轨道交通工程PPP项目，该项目线路全长30.4公里，设站9座，总投资139.89亿元，建设期4.5年，运营期25年。10月17日举行开工典礼，中国中车党委书记、董事长刘化龙与无锡市、江阴市领导出席该项目开工典礼。12月19日，中车系联合体与无锡政府方签署投资协议、股东协议，标志着项目公司注册成立。

台州项目已全面开工，处于建设期。7月3日，S1线首条山岭隧道（城南隧道金山段）贯通；7 月 30 日，与资金银团签订贷款合同，项目投资资金全部落实到位；10 月 22 日，S1 线首跨连续梁（洪家特大桥 40+60+40 连续梁）合龙。

【项目风险管理】 针对项目风险，建立矩阵式强管控模式。设置专职项目公司三会管理岗位，强化项目公司股东会、董事会、监事会三会管控。对台州项目实施情况开展中期风险评估。提前梳理无锡项目相关风险。探索新的管理及经营模式，研究应用工作分解结构对项目进行管理。筹备项目信息统计汇总工作，着手开展项目管理标准化、信息化建设。

【经营管理】 以经营管理为核心，建立职责清晰、精简高效、运行专业、项目优先的组织机构和职能职责，形成 9 个职能部门、1 个基金管理公司、2 个项目公司的矩阵式管理框架。完成股权转让、管理层变更、章程备案、工商登记，以及人员调配划转。设立公司两级制度管理体系，建立基本管理制度、专项管理制度。制定金融资本、PPP 投后管理、职能管理三个职类。开展全员定岗、定级、定薪工作。主动拓展股权融资渠道，融资成本确保现有条件最优，高效推进债务资金筹集进度。初步建立了稳定、多样、可复制性的融资渠道模型，制定利用权益型、股权类金融工具筹措资本金方案。

【党群工作】 组织开展党建活动，传达学习习近平总书记在全国国有企业党的建设工作会议上的重要讲话精神，研究部署公司贯彻落实方案。成立公司党员大会筹备组，负责相关工作具体组织和实施。加快建立基层党支部，做好党员接收，并筹备召开第一次党员大会进行委员选举。落实《打造中国中车党建“金名片” 创建党建品牌的实施方案》工作部署，将党建工作部署及要求融入公司项目管理和党支部建设的日常工作中。推进公司党支部规范化建设，结合项目管理业务特点，创新完善企业基层党组织设置。

【重要纪事】 9 月 17 日，任命葛泉胜为公司董事长，殷立达为公司总经理。10 月 16 日，集团公司党委正式批复成立建投公司党委。10 月 31 日，公司完成股权变更全部手续办理。11 月 12 日，任命葛泉胜为公司党委书记，殷立达为公司党委副书记。

【公司党政负责人】

党委书记　葛泉胜（11 月任）
董事长　葛泉胜（9 月任）
总经理　殷立达（9 月任）
副总经理　包建文
财务总监　包建文

党委副书记　殷立达（11 月任）

（中车建投　供稿）

中车北京二七机车有限公司

本栏编辑　周　娜

中车北京二七机车有限公司

（统一社会信用代码：911100006646390189）

党委书记、董事长　史硕致

总经理　郭凤江

【概况】　中车北京二七机车有限公司（以下简称二七机车公司）隶属于中国中车集团有限公司，前身是始建于1897年的邮传部卢保铁路卢沟桥机厂。主要经营的项目是：开发、设计、销售铁路及城市轨道交通运输设备、电子设备、机械电器设备；技术咨询、技术服务；技术进出口、代理进出口、货物进出口；供暖服务；仓储服务；劳务分包；机械设备租赁；机动车公共停车场管理服务；施工总承包；专业承包。2019年末，员工数量764人，资产约22.5亿元。下属参控股公司4家，分别为北京中车长客二七轨道装备有限公司、天津二七康库得曲轴有限公司、北京中车二七重型机械有限公司以及北京中车二七达诺巴特机床制造有限公司。

【规划发展】　全年实现营业收入13 235万元，利润总额-26 900万元。二七机车公司围绕文化体育产业转型升级，主要开展了国家冰雪运动训练科研基地和二七厂1897科创园两项目的建设工作。国家冰雪运动训练科研基地项目是根据中车集团与国家体育总局达成的合作框架协议，双方合作在二七机车公司利用原有厂房改建国家冰雪运动训练科研基地。基地总建筑面积约6万平方米，由速滑馆、轮滑馆、运动员公寓、康复医疗中心、风洞实验室、六自由度训练馆等训练科研场馆以及锅炉房、总配电室等辅助设施组成，计划在2020年全部建成投入使用。8月，二七机车公司与北京体育大学签订了房屋租赁协议，租赁面积约6万平方米。9月28日，北京首座、中国第7座大道速滑馆在二七机车公司原备料车间改建完成并投入使用。10月10日至12日，速滑国家队直通国际比赛选拔赛在此举行。北京电视台冬奥频道对赛事全程进行了直播。二七厂1897科创园项目是通过与青旅文化产业发展（北京）有限公司的合作，二七厂1897科创园基本完成建设并于10月开园。二七机车公司与青旅文化产业发展（北京）有限公司签订了租赁合同，出租面积约1.6万平方米。年内，二七机车公司依据中车集团发展战略，深入贯彻落实《中车关于二七车辆、二七机车公司（厂）未来发展初步定位的通知》（中车股份重组办〔2017〕323号）的相关精神，结合北京市相关政策要求，向符合北京市“四个中心”定位的业务转型。全年二七机车公司加强亏损企业治理，在下属子公司重机公司和二七康库得公司依靠经营无法实现扭亏为盈的情况下，为避免亏损继续加大，制定了两子公司破产清算方案，报集团公司立项批复并向法院提出破产清算申请。截至年底，法院已立案裁定并指定管理人，完成了与管理人的移交。

【经营管理】 全年按照中车“1+N”要求，以全面预算管理为主线，以“两金”压降、亏损企业治理、低效无效资产处置、应收账款清欠等为抓手，全面开展提质增效活动。开展费用支出清理，杜绝一切非必要开支，对必须支出的费用严格控制支出。全年可控期间费用同比下降 27.29%，“两金”占用下降 7 148 万元，降幅 21.5%。全年基本完成低效无效股权处置 2 户（重机公司、二七康库得公司）；完成低效无效设备处置 1 465 项，净值 8 429 万元。全年公司安全管理有效控制，安全生产状况有序可控，总体稳定。全年公司无死亡、无新增现岗职业病、发生轻伤 1 起，轻伤率为 1.29‰、无重大盗窃案件和重大火灾事故。全年安全检查共下达 3 张相关方不符合整改通知单；相关方专项安全检查下达检查结果通知函 3 次，督促完成对不符合项进行整改，切实履行安全主体责任。持续强化公司污水站设备、设施运行监管，对相关方日常巡查及监管。完成制造业遗留危废化学品处置 0.8 吨；全年公司氨氮排放量 0.009 8 吨；化学需氧量排放量 0.462 6 吨；二氧化硫排放量与氮氧化物排放量均为 0，无环保事件发生。“三供一业”移交，二七机车公司按照集团公司要求完成了供水、供暖、供电和物业管理的分离移交协议的签订工作，分离移交的具体工作正在有序开展。积极推动完成二七机车厂公司股权由大连实业公司划转至中车集团公司，为后续企业合并重组创造条件；根据各改制企业的实际情况，积极推动参股改制企业的股权处置工作，完成宏泰公司的疏解注销工作，实现股权处置并收回投资成本。

【人力资源管理】 完成员工分流安置的收尾工作，完成 1 016 名员工档案（含 445 名特殊工种作业人员档案）的人工核实、信息统计及人员分类等整理工作，确保转档工作的高效性及准确性；完成公司定岗定编定员工作，开展竞聘上岗工作，分两批次聘用待岗员工 174 人，基本实现人岗匹配，保证了公司的用工需求；以培训中心为基础，依托国家和地方政府的政策及资源，在公司内部实施第二技能转岗培训工作，为待岗人员的劳务输出打好基础。

【基建与技改】 全年中车轨道交通装备产业园（窦店产业园）项目累计完成总投资 16.2 亿元。其中，调试联合厂房、组装联合厂房、零部件加工厂房、涂装加工厂房、钢结构厂房、备料厂房等六大厂房完成封闭，锅炉房、水泵房、开闭站等配套设施完成施工。经过集团公司、长客股份公司及二七机车公司与北京市政府、房山区政府多次沟通，本项目根据实际情况进行了适当调整并获得了各方认可，预计 2020 年内完成建设。

【企业文化建设】 宣传思想工作以舆论环境的新变化和员工思想的新特征为出发点，创新工作方法手段，以公司自有媒体微信公众平台《百年二七》和宣传展板为主的形式，宣传马克思主义原理和“不忘初心、牢记使命”主题教育学习动态，牢牢把控舆论阵地。在主题教育期间，与丰台区委宣传部、长辛店街道工委共建《中国工人运动与党的初心和使命》展览，展示了中国工人阶级在中国共产党的领导下，以党的初心和使命为引领，积极发挥领导阶级和主力军作用，体现在各个历史时期所作出的巨大贡献和所展现出的伟大精神。发挥二七纪念馆爱国主义教育基地作用，宣传党的历史和工运历史，传承正能量。二七纪念馆接待来自全国、全市机关、部队、企业、院校、工会干部、社区干部参观共计437场次，15 580人次，其中在主题教育期间接待了293场次，10 446人次。对宣传和企业文化建设起到了积极作用。

【党群工作】 强化政治引领，充分发挥党建核心作用。突出政治站位，引领公司改革发展；层层压实政治责任，全面加强公司党建；强化制度保障，提高决策能力水平。坚持思想引领，深化党的领导。公司党委深入学习贯彻党的十九大、十九届历次全会精神，突出问题导向，深化改革创新，坚持党的领导不动摇，坚持建强基层党组织不放松，扎实开展“不忘初心、牢记使命”主题教育，深入推动党建工作与公司转型发展融入融和，不断提升公司党的领导和党的建设水平，积极推进意识形态工作，查找纠正“四风”突出问题特别是形式主义、官僚主义新表现，集中整顿软弱涣散基层党组织等工作。为公司转型发展提供坚强政治和组织保证。加强活动创新，形成特色党建机制。在“不忘初心、牢记使命”主题教育开始之初，公司党委与长辛店街道工委积极发挥地区党建共建优势，“中国工人运动与党的初心和使命”主题展览于9月29日在二七纪念馆正式开展。这是公司党委与丰台区结合“不忘初心、牢记使命”主题教育，深挖地区红色历史文化资源策划开展的主题展览，也是第一个完整展示中国工人运动历史的展览。持续强化纪律约束，净化企业发展政治生态。深化监督检查，严格落实“两个责任”；加强宣传教育，推进廉洁文化建设；把落实中央八项规定精神化作自觉行动，坚持不懈纠治“四风”；着力推进廉洁风险防控、纪律作风建设与公司生产经营管理的契合，加强对权力运行的监督制约。加强企业文化工作和群团建设，增强公司发展活力。把群团工作纳入公司党的建设的总体格局，从带组织、带队伍、带阵地、带制度入手，同步健全组织体系、同步强化服务功能、同步创新活动载体、同步夯实基础保障，努力增强群团组织的活力。在送温暖活动中，坚持送温暖和困难帮扶相结合、走访慰问和精准帮扶相结合。关心关爱劳动模范和职工生活，积极创建良好氛围。通过丰富多彩寓教于乐活动的开展，激发员工快乐工作、健康生活的正能量，增强了公司的活力。

【重要纪事】 1月19日，国家体育总局党组书记、局长苟仲文，冬季运动管理中心党委书记、主任倪会忠等一行莅临二七机车公司慰问冰雪运动科训基地项目建设工作人员。1月23日，国家冰雪运动科训基地项目速滑馆网架正式完成提升，国家体育总局冬运中心副主任宏江，联建办主任樊健，长辛店街道办事处工委书记卢杰，北京体育大学基建处副处长杨泳，北京城建北方建设有限责任公司总经理张权，海江集团董事长刘海江，二七机车公司副总经理陈江等出席仪式。5月10日，国家体育总局党组成员、驻体育总局纪检监察组组长习骅，国家体育总局冬运中心副主任宏江等一行莅临二七机车公司参观调研冰雪运动科训基地。5月28日，中车集团召开土地不动产资源盘活利用工作座谈会暨部分企业重点项目推进会。集团公司党委常委、股份公司执行董事、党委常委徐宗祥带队，中车产投、中车金控、投资公司、长客股份公司、大连公司、兰州公司、四方有限公司等20余家中车一级子公司的董事长或总经理近80人到访公司，参观了“中车二七厂1897”科技文化创新城启动区与二七厂国家冰雪运动训练科研基地建设现场。5月29日，北京首都创业集团有限公司党委副书记、总经理李松平，党委常委、副总经理苏朝辉，北京体育大学社会体育院院长张健（中国横渡第一人）到访公司，实地调研了二七厂国家冰雪运动训练科研基地大道速滑馆的建设现场并对后续园区运营管理方面工作进行洽谈。6月13日，国家体育总局党组书记、局长苟仲文，冬季运动管理中心党委书记、主任倪会忠，副主任宏江等一行莅临二七机车公司调研冰雪运动科训基地。6月19日，二七厂国家冰雪科训基地运动员公寓工程完成封顶，国家体育总局冬运中心副主任宏江，联建办主任樊健，北京城建北方建设有限责任公司、长辛店街道办事处、中铁华铁工程设计集团有限责任公司工业设计院等单位人员参加封顶仪式，二七机车公司副总经理陈江等出席仪式。6月24日，北京市丰台区委书记徐贱云，区委副书记、区长王力军，副区长张婕及相关委办局人员一行莅临二七机车公司参观调研。7月17日，中车二七冰雪运动训练科研基地项目领导小组组长、国家体育总局局长苟仲文主持召开会议，专题研究冰雪运动科训基地项目市政外线投资、综合环境整治等事宜。中国中车总裁孙永才，冬运中心主任倪会忠，北京体育大学校长曹卫东、城建北方等单位人员，二七机车公司党委书记、董事长史硕致，党委副书记、总经理郭凤江，副总经理陈江等参加会议。9月28日，中车二七冰雪运动训练科研基地大道速滑馆正式启用，国家体育总局局长苟仲文、冬运中心主任倪会忠、副主任宏江、北京体育大学校长曹卫东等人员参加了速滑馆开训仪式，中国短大队在此开始冬奥会前备战训练。12月13日，国际奥委会副主席胡安·萨马兰奇先生及七大国际冰雪运动组织负责人组成的考察团莅临中车二七国家冰雪运动科研训练基地考察参观。

【公司党政工负责人】

党委书记　史硕致
董事长　史硕致
总经理　郭凤江
副总经理　乔红波　王洪义
　　王玉民　陈　江
　　曹岩（1月免）

党委副书记　曹宏晏
纪委书记　曹宏晏
工会主席　曹宏晏

（二七机车公司　供稿）

中车北京二七车辆有限公司

本栏编辑　周　娜

中车北京二七车辆有限公司

（统一社会信用代码：91110000663703559N）

党委书记、董事长　史硕致

公司总经理　郭凤江

【概况】 2019年末，公司本部在册人数1 030人，其中教授级高级工程师7人，具有高级专业技术职称64人，中级专业技术职称94人，具有高级技师资格53人，技师资格96人。本部（不含子公司）固定资产原值为53 982万元，固定资产设备2 187台，净值7 993.26万元，建筑物163栋，净值3 494.84万元。公司设有行政部室11个、党群部门4个、分公司1个、一级全资子公司1个、一级控股子公司1个、二级控股子公司1个。年初，中车集团下达给公司主要经营指标为营业收入14 000万元，利润总额-23 000万元。11月，公司积极响应中车集团子公司主要指标调整方案，调整利润总额指标为-13 000万元。年末，公司营业收入完成17 296万元，归母净利润完成-12 734万元，圆满完成了全年经营指标。

【规划发展】 以土地资源增值最大化、整体利益最大化为目标，在中车统筹安排下，开展土地盘活工作。1—10月，中车组织召开10次土地盘活工作会议，各方充分讨论沟通，形成《国管局与中车集团关于中车在京企业土地盘活利用合作意向书》，待科技园公司牵头与国管局沟通，落实签约事项。编制《中车北京二七车辆公司2019—2021年发展规划》，总结公司2018年经营发展情况，明确2019—2021年发展目标，制定资源支撑计划、重点及保障措施。编制《中车北京二七车辆有限公司“十三五”发展规划（2019年修订）》，总结“十三五”经营发展情况，修订“十三五”发展目标，制定公司业务发展规划及措施。启动实施“创一流”工作，制定《中车北京二七车辆有限公司创建世界一流示范企业实施方案》，分解并实施“八大工程”目标。推进公司所持长铁公司47.4%股权转让工作，1月24日二七车辆公司办公会审议通过了《关于成立公司所持长铁公司47.4%股权转让工作组织机构并启动项目法律咨询业务的请示》提案。2月19日，成立转让工作组启动项目法律咨询业务工作。长铁公司通过公开报名的方式成立了员工安置、股权转让方案修订工作组。7月10日，出台《长铁公司员工安置和历史问题处理方案》研讨。11月1日，长铁自然人股东代表与意向受让方之一陕西中林公司代表袁梅召开了座谈会。公司正积极解决股权冻结、开展资产评估工作。丰华实公司、隆长泰公司制造业退出奖励申报工作。顺利通过丰台区经信委、发改委、街道办事处等政府部门的11次现场检查取证，奖励资金共计346.46万元。

【经营管理】 紧扣“提高品质、降本节支”经营主线，从调整机制、强化管理、节支降本、深化转型四个方面，拓宽公司全年的经营工作路径，坚持创新驱动，狠抓内部管理，持续深化改革，推进转型升级。通过“1+7”项主要项目，从促转型、调机制、强管理、防风险四个方面，拓宽公司全年的经营工作路径，克服了人员大幅变动、资金严重短缺等各方面困难，公司圆满完成营业收入、净利润、“两金”、待岗人员安置、人员维稳、不动产盘活、转型升级等主要经营指标。公司未发生决策失误、安全生产与质量责任事故、重点环境污染事故；重大违纪案件0件，重大法律纠纷案件0件；“三供一业”移交工作基本完成。全年未发生到中车总部及上级机关群体上访并造成不良影响事件。

【生产运营】 为促进企业转型，打造现代服务型企业，下发《规章制度废改立工作方案》（二七辆运营〔2018〕7号）全面启动了规章制度制度体系再造工作。新的制度体系由17个模块精简为11个模块，行政管理制度由276个精简为134个，党委管理制度由61个优化为74个。立足土地资源及公司发展定位，提前酝酿双创园设计输入，对重点项目组织调研策划。与河北威日、华夏宏源、容联三家公司分别制定智慧园区信息平台实施方案。积极运用企业资源、网络资源及个人资源拓展新项目，全年新开发项目19个，项目类型覆盖轨道交通、智能制造、无人驾驶、新材料以及环保等多个领域，其中钢结构装配式集成建筑项目与合作方签订战略合作意向书，项目建议书于12月12日上报中车集团。货车自定位系统在方案研究过程中，智慧冷链物流项目正在与北菜集团、中车石家庄公司就业务形态和合作模式进行商讨。

【市场营销】 积极开展资产处置，全年共处置设备资产578台，合同金额994万元。其中在北京产权交易所累计出售设备资产389台，合同金额892.81万元；在中车废旧物资处置平台订钢网上实现网上竞价销售12批次，合同金额为1 110万元，涉及物资总吨数约为3 600吨，已经全部履行完毕；完成应收账款清收回款3 861万元，共结清26家单位。其中主要为中车系统6家子公司应收账款1 921万元；泰铁车应收账款1 600万元；接触网平车应收账款18家，金额约209万元。

【基建与技改】 积极推进职工家属区“三供一业”分离移交工作。年供水系统分离移交维修改造工作已全部完成，供水移交户数3 482户；供电职能移交和现有供电设施资产移交均已完成，移交户数4 065户，供电改造工作正在进行；7月物业管理职能正式移交北京房修一建筑工程有限公司，物业移交户数3 690户，物业改造工作正进行中。

【人力资源管理】 按照“控制总量、优化结构、提高效率”和“严把入口，疏通出口”的原则，在满足公司转型期正常经营需要的前提下，严格控制用工总量，降低待岗人员数量。员工人数由1 080人下降到1 030人，待岗人员由438人降低至398人。为进一步科学合理的配置和优化用工结构，结合公司人力资源情况和员工内部招聘管理办法的规定，全年内部招聘共计11人。按照干部管理“五化”要求，持续加强领导干部管理和监督工作。根据上级单位对公司政治巡视的工作要求，完成相关汇报材料的收集、整理工作。根据巡视整改意见，及时制定并采取措施，制定专项工作计划，积极落实巡视整改措施。根据南北“两个二七”转型升级形势，积极改善领导班子结构，协助中车集团开展企业领导人员任职交流，郭凤江兼任两个“二七”公司董事、总经理。修订下发公司《公司领导退居二线管理办法（暂行）》，实现领导人员能上能下、交流担当增添活力的局面。通过精心组织，顺利通过中车信息化系统完成公司领导班子和领导班子成员的年度述职及评价工作，推动形成科学考评机制，与领导班子人员年度薪酬直接挂钩。进一步加强评审工作的规范管理，提升评审工作质量。通过人力资源信息管理系统完成初级与中级12人的职称评聘工作，推荐2人参加集团公司高级职称评审。根据公司转型升级业务需要，通过分析调研，向集团公司提报2020年高校毕业生接收计划，计划本部招收3人，控股公司招收3人。根据公司转型发展方向，结合各部门发展需求，人力资源部提出了《公司近三年人力资源规划》，有效指引近三年的人力资源管理工作；制订下发了《2019年培训计划》，特殊工种复审、取证培训4期，共培训28人次。组织公司员工96人次参加委外培训。

【企业文化建设】 组织开展新中国成立70周年和“中车日”系列活动。与二七机车公司联合组织“我和我的祖国”大合唱，进一步增强了职工的民族自豪感。以“守初心、谋发展、我奉献”为主题开展征文活动，收到很多具有真知灼见的作品，公司还通过张贴宣传画、播放新中国成立70周年和“中车日”视频、在公众号发布原创作品等方式烘托节日气氛，宣传爱国主义精神和中车文化。按照《关于加强企业文化建设的通知》要求，对企业使命、愿景、核心价值观、组织氛围、工作作风五项内容进行核查，使其表述与中车保持一致。做好VI、BI回头看工作。发动全员在全公司范围内开展VI、BI自查自改工作，对工作行为、场所标识等进行全方位无死角检查，共发现、整改问题15项，使VI、BI工作深入人心、外化于行。根据公司党委“不忘初心、牢记使命”主题教育安排，8月中旬至9月初，与产投中心联合开展了转型升级问卷调查工作，于8月22日下发了《关于开展二七车辆公司企业转型升级问卷调查的通知》，发放了“公司转型我参与，我与公司共发展”调查问卷。共收集项目信息10条，同时，在高端智慧物流开展方面收集到一些有参考价值的建议。

【党群工作】 提高政治站位，增强“四个意识”，树立“四个自信”，坚决做到“两个维护”，深入学习贯彻习近平新时代中国特色社会主义思想和党的十九大精神，贯彻落实习近平总书记视察中车重要指示精神及全国国有企业党的建设工作会议精神，在中车集团公司党委的坚强领导和大力支持下，认真贯彻执行中车年度党委常委扩大会议要求，紧紧围绕新时代党的建设总要求，以党的政治建设为统领，深入开展“不忘初心、牢记使命”主题教育，持续提升党员干部党性意识、宗旨意识，坚持讲政治、保稳定、谋转型、图发展的工作思路，以党建“成效跃升年”为主题，以党建工作责任制为抓手，全面提升党的建设质量。强化党风廉政建设，认真落实全面从严治党“两个责任”，切实履行监督责任。盯紧关键少数，落实监督责任，用好“四种形态”，强化监督执纪，落实中车工作部署，深化监督责任。

【下属子公司】

北京隆轩橡塑有限公司 注册于中关村丰台科技园区总部基地的高新技术企业，是北京隆长泰工程机械有限公司与中车青岛四方车辆研究所有限公司、中国铁道科学研究院等单位于2004年底合作兴建的铁路车辆配件制造企业，属中车二七车辆有限公司间接控股子公司。公司注册资金5 000万元，2019年期末在册员工230余人。隆轩公司主要产品有：铁路货车、客车轴承用工程塑料（塑钢）保持架、塑钢隔圈，注塑工艺心盘磨耗盘和旁承磨耗板， 铁路货车过球试验用球，轴承防护件及铁路货车制动配件防护件，风电和工程机械轴承隔球器（隔离块）等。全年销售收入14 647万元，净利润2 045万元。

北京二七储运公司 以仓储、配送、库房租赁为主的服务中车北京二七车辆有限公司且对外经营的服务性公司。公司仓库面积34 000平方米，现有员工14名，主要负责二七车辆公司及本公司的办公场所、库房及场地的短期租赁工作及二七车辆公司原有物资存储、收发保管保养、物资装卸、物资配送业务。全年公司主营业务收入820万元，利润总额3万元。

【重要纪事】 4月10日召开公司工会召开了第一届工会委员会第八次全体会议。7月16日，中车集团公司党委书记、董事长刘化龙到二七车辆公司调研并指导开展“不忘初心、牢记使命”主题教育。11月5日，公司党委副书记、总经理郭凤江一行前往一汽出行北京科技分公司就公务用车合作进行了商谈并签约。12月16日，国家机关事务管理局房地产司司长王勇刚一行3人到公司调研，并实地考察了公司周边的路网和配套设施情况。12月19日，中关村科技园丰台管委会、丰台区发改委相关领导一行4人到二七车辆公司调研，调研了两个公司人员安置情况和未来发展规划，土地盘活事项及双创园建设规划情况，并就世界轨道交通大会展览、轨道交通新兴研究院等事项进行了交流沟通。

【公司党政工负责人】

党委书记	史硕致
董事长	史硕致
总经理	兰　叶（3月免）
	郭凤江（3月任）
副总经理	孙　斌　王武建
	赵咏梅
	戴志勇（2月免）
	张志山（5月免）
总工程师	王武建
财务总监	赵咏梅
党委副书记	兰　叶（2月免）
	郭凤江（2月任）
	曹宏晏
纪委书记	曹宏晏
工会主席	曹宏晏

（二七车辆公司　供稿）

中国共产党中国中车集团有限公司党校

本栏编辑　李映雪　汪云鹏

中国共产党中国中车集团有限公司党校

校　长　楼齐良

【概况】　2019年，中车党校高举习近平新时代中国特色社会主义思想伟大旗帜，全面贯彻落实党的十九大和十九届二中、三中、四中全会精神，紧密围绕新时代党的建设总要求，以中车党建“金名片”工作为指针，系统化布局，规范化建设，精益化运营，开展课题研究，开发项目课程，推进软硬件建设，助推中车党建工作“成效跃升”。

【党校建设】　中车党校、中车大学海南校区在海南海口揭牌。海南校区充分发挥自有设施效用和管理团队作用，合理利用当地相对丰富的教学资源，开展理论教学与现场体验教学，让中车学员近距离感受改革开放成就，进一步加深对习近平新时代中国特色社会主义思想的理解，进一步接受新观点、了解新变化、把握新趋势，坚定用新理念推进中车新发展的信心和决心。以中车首次青年工作会议为契机，在常州校区成立中车党校青年马克思主义者学院，搭建起中车青年思想政治建设新阵地。制订《基层党组织党员培训管理办法》等管理制度。

【教育培训】　组织中车党支部建设骨干队伍研修班、新任基层党支部书记培训班、基层党组织组织委员培训班、基层团干部培训班等项目66个3 043人次参加培训。建设完善中车党校培训师资库，培养25名内部培训师。科学设计新任党支部书记示范班等重点培训项目方案，获得国资委主题教育第一督导组肯定。组织中车党建专家深化基层党建“金名片”建设系列培训与专题讲座，承办中车党建工作调研会、基层党建特色案例手册研讨会等课题研究活动。支持中车集团团委开展青年思政课题研究工作。采用派师上门方式，开展理论培训服务工作，获得子公司好评。

【学校负责人】

校　　长　万　军（兼，10月免）
　　　　　楼齐良（兼，10月任）
副 校 长　赵　虎（兼，10月免）
　　　　　梁　军（兼，10月任）
　　　　　魏　东（兼）
　　　　　刘春阳（兼）

（中国中车党校　供稿）

中国中车大学

本栏编辑　李映雪　汪云鹏

中国中车大学

校　长　楼齐良

【概况】　2019年，中车大学深入贯彻落实中车集团工作会议和人力资源工作会议精神，以学习贯彻国家职教“20条”、创建国家产教融合型企业为重点，积极推动中车职业教育改革，进一步加强人才培训开发项目实施，全面开展中车职业教育和培训体系建设。

【职教改革】　制定实施《中国中车职业教育改革实施方案》，明确中车职业改革“六大目标、十项任务”，致力构建“校企融为一体、产教充分融合、职培相互融通、育训有机结合、校企协同育人”的“中车模式”职业教育和培训体系，打造“引领改革、支撑发展、中车特色、世界水平”的高水平职业院校，成为新时代央企职业教育产教融合典范。开展“1+X”证书制度试点，成功申报轨道交通装备电气控制技术、轨道交通装备焊接技术及自动化、轨道交通装备无损检测3个职业技能等级证书，中车集团成为国家职业教育培训评价组织。以中车104个职业（工种）为蓝本，梳理评价出36个行业核心工种。围绕先进轨道交通装备领域九大关键技术和十项配套技术，聚焦36个核心工种人才需求，遴选形成包含12个骨干专业的轨道交通装备职业教育建设框架规划，编制轨道交通装备职业教育专业地图，为高水平骨干专业群建设奠定基础。对35家制造企业138个实训基地进行摸底调研和全面评估，建立规范化、标准化实训基地建设标准，研究提出实训基地群建设初步方案。加强与江苏省政府及教育厅、常州市及经开区等地方或部门沟通协调，开展中车职业技术学院筹建及校区建设征地等工作，积极推进常铁校扩能升级。

【项目管理】　根据“公司级培训项目实施计划”和企业实际需要，举办管理、技术、技能人才等各类培训。中车大学北京、常州、海南校区共举办模范党支部书记培训、国际化人才“631”工程初级培训、国际化技能人才培训、高级技能人才培养等公司级重点人才培养项目，以及总部各职能业务系统培训、各企业委托培训等56个项目，培训人员3 550人次。承担出口尼日利亚内燃机车项目6名本土人才3个月培训任务，受到尼日利亚联邦交通部长Amaechi高度评价。继续实施扶贫特色项目“天鹅计划”培训，组织对口帮扶四县（市、区）乡镇干部领导力提升培训项目，47名优秀乡镇干部参加培训。

【能力建设】 规范讲师选聘管理，研究制订《中车大学（党校）讲师管理暂行办法（讨论稿）》，初步提出《中车大学（党校）讲师体系建设方案（讨论稿）》，加强讲师体系建设，促进教学能力提升。推动中车网络学院移动学习平台优化建设，完成中车大学、中车党校一个平台两个入口的集成优化，实现微信客户端、手机APP、虚拟教室移动端的全面开放，全面支撑17万余员工在线学习和移动学习，进一步增强中车大学培训教学实施能力。组织开展《卓越技能人才成长模式研究》和《轨道交通装备人才需求与职业院校专业设置指导报告》两个项目课题研究，有力提升了人才培养研究水平。

【学校负责人】

校　　长　魏　岩（兼，10月免）
　　　　　楼齐良（兼，10月任）
副 校 长　魏　东（兼）
　　　　　吴新林（兼，12月任）
　　　　　曾金传

（中车大学　供稿）

常州铁道高等职业技术学校

【概况】 2019年，常州铁道高等职业技术学校有全日制在校生3 318人，专任教师143人，其中高级职称占比31.4%，双师素质教师占专业教师76%。全年，学校坚持“两个面向、三位一体”的办学原则，以创建“中车职业技术学院”为主线，切实推进中车职教改革工作的落实。学校设机电工程系、轨道交通系等两系，开设城市轨道交通运营管理、城市轨道交通车辆、城市轨道交通机电技术、铁道信号自动控制、机电一体化技术等10余个高、中职专业，拥有省级现代化专业群2个，省级品牌特色专业4个，省级高水平示范校实训基地2个，省级现代化实训基地1个。

【专业建设】 年内，焊接、城轨检修2个现代化专业群通过江苏省教育厅验收；组织中国中车技术专家、技能专家、管理专家、职业技术学校教师30余人，对中车制造技术涉及的106个职业（工种）进行逐项评价，梳理出轨道交通装备行业核心工种34个、制定轨道交通装备职业教育专业框架骨干专业12个，初步构建了轨道交通装备骨干专业地图，推动骨干专业群内涵发展建设。

【教育教学】 年内，组织教师参加各级各类比赛，刘海霞、何倩两位老师获江苏省教学能力大赛二等奖，刘海霞、邓丽媛、熊晗颖三位老师获常州市二等奖。周康、张廷旺两位老师分别获信息化实训大赛省赛二等奖、市赛一等奖；1项成果获联合学院科研成果三等奖。学校机电工程系焊接1651班陈永康获全国职业院校技能大赛中职组数控综合应用技术和焊接技能大赛焊接技术赛项金牌。曹敏老师获2019年江苏省职业学校技能大赛加工制造类零部件测绘与CAD成图技术项目比赛三等奖。

【“1+X”试点】 推动骨干专业群建设，启动实施“1+X”证书制度，打造配合中国中车申报“1+X”证书制度试点职业教育培训评价组织，提报轨道交通装备电气控制技术、焊接技术及自动化、无损检测3个职业技能等级证书。积极参与“1+X”证书试点，焊接技术及自动化专业入选教育部第二批“1+X”证书试点学校。

【智慧校园建设】 加强信息安全建设、数字化资源建设，通过江苏省教育厅“智慧校园”评估验收。与北京超星公司合作，开设网络通识课程；利用录播系统，制作54门课堂教学视频。加强网络运维管控和网站、平台建设，新建专题活动网站6个，完成联合学院人才培养数据平台2018版、省教育厅中职学业水平考试平台、国家计算机等级考试平台部署及运维。

【中车职业技术学院筹建】 启动中车职业技术学院筹建工作，成立筹建组织机构，制定创建方案，提出70项工作任务。中车集团已就筹建中车职业技术学院向江苏省人民政府发函。

【劳模工匠进校园】 国家科学技术进步奖二等奖获得者、全国五一劳动奖章、中国中车首席技能专家、长客股份公司员工罗昭强走进校园，以“不忘初心、牢记使命，用创新和梦想打造中国高铁‘金名片’”为主题，分享了求学求艺、科技创新和拼搏奉献的经历。学校特聘罗昭强为学校“德育导师”。

【学校党政工负责人】

党委书记　刘春阳
校　　长　曾金传（12月免）
　　　　　吴新林（12月任）
副 校 长　朱月红　苢　苗
　　　　　赵太平　俞永清

党委副书记　罗玉红
纪委书记　罗玉红（兼）
工会主席　罗玉红（兼）

（常铁校　供稿）

中车资产管理中心

本栏编辑　汪云鹏　李映雪

资 产 管 理 中 心

【经营与管理】 2019年，资产管理中心共下辖的子公司共28个、分公司5个，资产总额115.69亿元，净资产44.12亿元。建立“初谋、月报、季结、年清”工作机制，按月分析存续企业经营情况和“两金”占用情况，落实减亏控亏和“两金”压降目标，下属企业实现营业收入6.21亿元，利润总额0.97亿元，所属子公司全部实现盈利。启动二七车辆和二七机车，南口实业和南口资产，浦镇实业和常州实业、铜陵实业的重组工作，完成了南京浦镇实业公司和常州实业公司、铜陵实业公司的重组；注销常州实业公司。

【剥离企业办社会职能】 以协议履行和维修改造为“三供一业”分离移交工作主线，完成分离移交维修改造项目69项，占项目总数52%，正在进行改造58项，占项目总数的44%，未开工改造6项，占项目总数4%。为中车集团每年减轻“三供一业”负担3.7亿元。获得“三供一业”分离移交国有资本经营预算补助资金4.86亿元。印发《关于做好集团公司“三供一业”分离移交中央财政补助资金整体清算工作的通知》，明确中车集团整体清算的目标任务和工作要求。移交技师学院1所、幼儿园1所。在总结试点企业经验的基础上，全面启动中车集团退休人员社会化管理，制定印发《中国中车集团有限公司退休人员社会化管理工作方案》，明确工作目标、移交范围、移交事项、时间进度安排和保障措施等，对中车集团退休人员社会化管理整体推进工作进行部署安排；编制印发《中国中车集团有限公司国有企业退休人员社会化管理工作指引》，明确各阶段工作标准、工作要求和注意事项。

【解决历史遗留问题】 加快推进厂办大集体改革，完成大连实业公司、济南实业公司、西安实业公司、沈阳实业公司、大同实业公司、太原实业公司、唐山实业公司、大连所公司、四方所9家企业24户厂办大集体企业改革，中车集团改革主体任务基本完成。太原棚改项目、襄阳机车厂棚改项目二期、资阳棚改项目开工建设，大同棚户区改造项目主体封顶，棚户区改造项目取得进展。

【中心负责人】

总　经　理　李国勇

副 总 经 理　刘文华

（资产管理中心　供稿）

南 车 投 资 管 理 有 限 公 司

2019年末，南车投资公司实现经营收入7 989万元，同比增长10.7%，净利润1 082万元，同比增长13.8%。物业服务质量客户评价调查满意率98.9%。全年无人身伤亡事故，零重伤，杜绝了重大火灾事故及重大责任交通事故。

完成白纸坊楼新一期租赁经营，10年总租金1.1亿元，比上期租金增长358%、净增长8 819万元，并建立每3年6%的复合跳涨盈利模式。3月1日，中车大厦自营租赁，实现合同收入2 105.5万元，比上年收入1 170万元增加935.5万元，增长80%，对3年以上的长期合同签订每3年6%的复合增长条款。加强市场调研，引入优质租户资源，成立招租工作小组统筹公开招租工作，聘请第三方专业机构进行资产安全评估、房屋面积测评、消防和电气设备检测等，聘请公证机构对资产交接节点的整体现状进行公证。

年初，原“铁道部机车车辆工业职工泰山疗养院”与山东省泰安市泰山区泰前街道处傲徕峰社区签订铁疗宿舍区的社区服务管理职能移交协议书。积极推进中车大厦七层与广州局集团公司有关的房产交易。完成租金和物业费收缴工作，接管6A国际公司物业服务业务。五棵松项目着重打造南车投资公司高端物业“金名片”，围绕中车国际化匹配服务管理；方庄项目着重打造“优质服务＋餐饮亮点”，呈现规范化、个性化特点；中车大厦项目着重打造共享工程服务中心亮点，摸索高档写字楼模式；总部基地项目着重打造物业综合服务方案解决者、产品模块化、组合化。低效无效资产向优质高效资产转变。6月18日，中车党校、中车大学海南校区揭牌成立，全年共举办7期近160人培训，开发了红色教育、廉政教育、自贸区建设、航天工业、美丽乡村、南海历史等培训板块和课程。

公司落实“不忘初心、牢记使命”主题教育相关要求，强化领导责任落实，学做结合促进工作开展，以“双打造一培育”为使命，积极构建南投公司高质量发展新动能，主题教育在业务工作、队伍精神状态、基层基础建设等方面取得较好成效。

完成全国“两会”、新中国成立70周年阅兵、“一带一路”合作论坛、世界园艺博览会、亚洲文明对话大会等重大活动期间的相关安全保卫工作。开展公司级专项检查、项目间交叉检查。实施出租资产现场“打卡”安全监督机制。

年内，公司下属企业海南鑫源置业发展有限公司的下属酒店海南鑫源温泉大酒店实现营业收入2 635.13万元，利润18.61万元，全年设备完好率平均为96.2%，无重大安全事故。年内，酒店被海南省酒店与餐饮行业协会评为“主席团主席单位”，总经理薛学斌当选主席团主席；2019年海南省酒店与餐饮行业协会、海南省酒店与餐饮行业工会联合会授予酒店“新中国成立70周年•海南优秀民族品牌酒店”荣誉称号；总经理薛学斌被授予“新中国成立70周年•海南酒店与餐饮业中国服务70位杰出贡献者”荣誉称号。

（南车投资公司　供稿）

中车齐齐哈尔实业管理有限公司

2019年末，齐齐哈尔实业公司资产总额72 449万元，其中流动性资产13 713万元，非流动性资产58 736万元；负债总额29 561万元，其中流动负债18 100万元，非流动负债11 461万元；所有者权益42 888万元。全年实现收入538万元，净利润7万元。受中车集团委托，齐车公司对齐齐哈尔实业公司行使管理权，集体决策公司改革改制和经营管理的重大事项。公司未设专门管理机构和专职管理人员，日常运营管理由齐车公司各职能部门按各自职责负责。

推动物业移交，配合进行道路、污水管线更新改造、防盗门更换、楼梯间墙体粉刷、小区监控系统安装等工作。9 月 16 日，公司与齐齐哈尔市城市管理综合执法局签订房屋维修基金移交协议，完成移交工作。推进退休人员社会化管理移交，研究制定退休人员社会化管理工作方案（草案），采集整理退休人员基础信息及档案，做好移交准备工作。

（齐齐哈尔实业公司　供稿）

中车哈尔滨实业有限公司

2019 年末，哈尔滨实业公司，资产 11 756.44 万元，负债 7 998.69 万元，所有者权益 3 757.75 万元，注册资金 5 733.6 万元，全年营业利润 304.35 万元，所得税费用 9.77 万元，净利润 280.72 万元。原厂办大集体改革后，托管退休职工共有 1 334 人。公司无实体业务，收入主要来源是经营存续资产所获得收益。幼儿园、托儿所、技校、职工中专、职工医院等社会职能已办理废业，中小学及“三供一业”移交工作全部完成。

（哈尔滨实业公司　供稿）

中车长春长客实业有限公司

2019 年末，长客实业公司资产总额 18 948.88 万元，负债总额 9 269.36 万元，净资产 9 679.52 万元，资产负债率 48.92%，实现营业收入 394.39 万元，净利润 25.61 万元。积极推进“三供一业”分离移交工作，完成职工家属区 411 户供水、9 657 户供热、5 300 户供电、10 123 户物业管理职能和资产移交以及维修改造，共支付移交改造费用 18 569 万元，其中中央财政补助 7 567 万元、中车集团资本金注入 6 876 万元。所属子公司永济实业公司无偿划转到太原实业公司，长客实业公司划转到中车集团。推进厂办大集体改革，附属修车厂改革方案经过职工大会表决通过，经长春车辆公司党委会、董事会审议通过，报中车集团审批。

（长客实业公司　供稿）

中车沈阳实业管理有限公司

2019 年末，沈阳实业公司实现营业收入 307 万元，利润总额 3 万元，清收欠款 391 万元。公司下设综合管理部以及财务组、房产组，托管国家铁路罐车容积计量站沈阳分站。在册员工 4 人。完成沈阳机车车辆劳动服务公司厂办大集体改革。启动退休人员社会化管理移交，制定并通过《中车沈阳公司退休人员社会化管理工作方案》，12 月完成退休人员社会化管理工作摸底并报沈阳市国资委。年内，“三供一业”分离移交工作重心由协议签订向协议履行转移，并完成“三供一业”分离移交物业维修改造。教育楼（单身宿舍楼）原址回迁取得进展，9月沈阳市皇姑区政府首次向公司支付65.28万元过渡期间补助费。完成沈阳市大东区毛君屯地区1栋10户使用权房产（平房）向大东区房产局的移交工作。完成公司解困分期房屋办证清底工作，原沈车住宅八区回迁房房证办理，除两户因个人原因不办理外，其余房证全部办理完毕。开展“不忘初心、牢记使命”主题教育，班子成员完成14小时学习研讨，开展各类调研24次，领导班子检视问题7条，班子成员共检视问题15条。

（沈阳实业公司　供稿）

中车大连实业管理有限公司

2019年，大连实业公司下辖大连机车天源实业公司、物业管理中心、大连机车技师学院和机车商厦4家子公司，全年实现营业收入10 505万元。年末员工总数106人。

年内，公司下属企业天源公司完成销售收入1 869万元。按照公司企业遗留问题会议纪要，天源公司着手对部分多经企业进行改制调整。8月，天源公司机车商厦地下停车场正式移交机车商厦，经营权转移至大连实业公司。9月，天源公司泛恩技术开发部增项变更为大连机车天源实业有限公司检测中心，增设大连机车天源实业有限公司疾病预防控制中心。物业中心签订维修改造合同15份，合同总金额53.13万元，完成机车体育馆维修改造招标、施工及验收；原高新园区分公司正式挂牌变更为第三职工宿舍，由物业管理；完成旅顺基地职工第一食堂经营、旅顺基地58中临时倒班宿舍物业管理招标。技师学院完成67个班次、总计18 760学时的教学任务，17个班级完成在校理论教学，进入顶岗实习阶段，全年在校学生总数1 361人，招收新生266人，应届毕业生572人，就业率100%。完成545万元实习实训设备（设施）招标采购程序。机车商厦全年实现营业收入1 400万元，利润730万元，有经营业户234户，商场招商率达96%。

（大连实业公司　供稿）

中车唐山实业有限公司

2019年末，唐山实业公司资产总额20 789万元，负债总额13 446万元，营业收入749万元，利润332万元，员工总数3人。获得中车集团拨付的“三供一业”分离移交补助资金2 206.8万元，供水、供电、物业分离移交分别涉及765户、765户、8 225户，维修改造工程已全部开工。与属地政府签订了退休人员社会化管理移交框架协议。编制大集体改制实施方案、职工安置方案、资产处置方案，获得托管公司（唐山公司）总经理办公会议定批准和中车集团批复，组织修订改制后新公司章程、股权分配方案、持股代表推荐方案等，开展了新公司工商注册、首届职工代表大会等前期准备工作，成为唐山地区大集体改制进展速度最快的改制企业之一，为唐山地区其他驻唐央企提供了样本和方案支持。

（唐山实业公司　供稿）

中国北车集团北京二七机车厂有限责任公司

2019年末，中国北车集团北京二七机车厂有限责任公司资产总额32 350万元，负债总额11 949万元，所有者权益总额20 401万元。全年实现营业收入866万元，净利润32万元。公司下设综合管理部。供水分离移交涉及5 245户，移交协议金额4 823.22万元，核定金额3 042.1万元，已支付改造资金2 433.63万元。5月自来水室外主管线改造工程完工，启动了自来水楼内线改造工程，工程预算1 291万元。供电分离移交涉及4 945户，8月签订了供电移交实施协议，移交协议金额4 549.4万元，已经全额支付，并完成职能移交及资产移交。6月完成电表切改、供电楼内线改造工程，外线工程施工单位已进场，确定箱变位置，并完成电缆埋地施工工作面勘查。供暖分离移交涉及6 048户，移交协议金额846.18万元。8月完成七宗地土地证办理，期间节约支出400万元。9月12日，公司下发《中国北车集团北京二七机车厂有限责任公司出售既有承租公有住房实施管理办法》与《已购公房上市办理流程》。9月16日，启动已购公房上市、既有承租公有住房出售办理工作，10月16日，启动住房信息采集工作，涉及916户，已发放调查表778户，收回772户。制定宏泰公司疏解人员安置方案，完成疏解工作，5月16日公司注销。确定了宏丰公司疏解人员的安置方案，通过了资产处置方案并基本完成资产处置，正在进行清算。完成宏铁公司12名员工安置，对大部分库存资产进行处置，处置资金列值入账。完成了减少银行账户、催缴欠款、处置低效无效固定资产等8项巡视整改问题的整改及销号。开展了宿舍区维修、绿化卫生及环境整治工作。

（二七机车厂　供稿）

南车二七（北京）车辆厂有限公司

2019年末，二七车辆厂总资产53 230万元，固定资产净值572万元，负债46 858万元，所有者权益6 372万元，流动资产11 440万元，长期股权投资1 389万元。全年实现营业收入492万元，实现归属母公司净利润3万元。年内，加强预算管理，严格财务监督及日常管理。加强出租资产核查，按时收取租金及时清理到期租赁合同。推进职工家属区“三供一业”分离移交，完成供水系统分离移交维修改造工作，供水移交户数3 482户；完成供电职能移交和现有供电设施资产移交，移交户数4 065户，正在进行供电改造工作；7月物业管理职能正式移交北京房修一建筑工程有限公司，移交户数3 690户，正在进行物业改造工作。

（二七车辆厂　供稿）

中车集团北京南口实业有限公司

2019年末，南口实业公司注册资本1.09亿元，固定资产原值0.15亿元，净值0.02亿元。全年实现营业收入1 626.5万元，净利润1 185.1万元。全资子公司中车北京南口资产管理有限公司实现营业收入1 513.7万元，净利润420.9万元。

合资合作企业铁科（北京）轨道装备技术有限公司实现销售收入4.73亿元，净利润2 548.52万元，员工272人。取得时速250公里、时速350公里高速道岔生产许可证书和CRCC认证证书，中标沪通铁路时速350公里高速道岔项目19组，已供货15组，实现沪通铁路首次批量应用。完成客专线系列道岔产品技术转化，时速250公里、时速350公里每米60公斤钢轨18号道岔产品各项指标满足综合实验验证相关标准要求。完成京张铁路时速200公里每米60公斤钢轨12号交叉渡线、4.6米距单渡线技术转化并陆续供货。研发并交付马来西亚项目UIC54钢轨9号产品。完成成都项目、三亚项目、亦庄项目等自主设计研发，拥有包括槽型轨单开道岔、双开道岔、三开道岔、菱形道岔、梯形道岔等全系列槽型轨道岔设计研发和制造能力。完成时速350公里客运专线无砟轨道及长枕埋入式轨道每米60公斤钢轨伸缩调节器、城市轨道交通有轨电车轨道用60R2钢轨伸缩调节器等项目技术转化，项目成果用于鹅公岩特大桥项目、天水市有轨电车项目。与铁科院研究所联合设计开发常用合金钢辙叉简化统型和结构优化研究项目分别应用于武汉局遂平站、大刘庄站。每米50公斤钢轨6号对称道岔结构优化研究项目转辙器供货郑州北站。利用生产信息化管理系统、OA办公系统，实现加工、采购、报检、发货全过程追溯和可视化展示，实现产品质量追溯、无纸化经营及财务账目自动月结。

（南口实业公司　供稿）

中车石家庄实业有限公司

2019年末，石家庄实业公司资产总额15 095万元，负债总额8 785万元，所有者权益总额6 310万元，注册资本金4 174.95万元，实现营业收入1 273万元，净利润1 002万元。主要业务为存续资产租赁经营，承担主体企业改制后历史遗留问题处理和企业社会职能分离移交等工作。公司设置综合管理部，与托管公司石家庄公司规划运营部合署办公。年内“三供一业”改造工程完成90%以上。依照石家庄市人民政府旧城改造计划，完成公司厂前区房屋征收工作并签订产权调换协议。加强存续租赁资产监管，做到“应租尽租、应收尽收”，全年取得房屋资产租赁收入882万元。

（石家庄实业公司　供稿）

中车大同实业管理有限公司

2019年末，大同实业公司资产总额61 333.81万元，负债总额40 991.37万元，所有者权益20 342.44万元。公司注册资本为6 619.4万元，出资人为中车集团太原实业有限公司。年内，基本完成了职工家属区“三供一业”维修改造工程。报废处置设备4项、建筑物3项，并完成销账处理。按照市场租赁价格，测算租金，与大同公司、实业公司、建安公司签订租赁合同，确保经营收入。

（大同实业公司　供稿）

中车集团太原实业有限公司

2019年末，太原实业公司资产总额82 362万元，负债总额35 491万元，所有者权益46 872万元，注册资本13 042万元。无主要经营业务，净利润为32万元，主要来源于股权投资收益和财务利息收入。成立职工家属区维修改造工程项目组，全面负责和统筹协调职工家属区的维修改造工作，6月14日签署《太原机车车辆厂家属区电力资产移交协议》，完成供电分离移交。8月物业改造施工进场，年内完成70%楼面外墙粉刷，50%楼梯间粉刷和部分路面的沥青铺设。

8月全面启动厂办大集体改革，11月召开3家集体企业职工代表大会，审议通过了改革实施方案及职工分流安置方案、资产处置方案等相关内容并形成决议。年内，完成职工劳动合同关系解除，经济补偿金落实及新公司工商登记注册等工作，完成厂办大集体改革。

编制完成《中车集团太原实业有限公司关于低效无效固定资产和股权处置实施方案》，与中车集团签订《低效无效资产处置责任书》。忻州疗养院完成工商注销、资产评估，进入资产处置和报备阶段。

至年末，北圪洞社区230余套补差住房按序转入不动产转移窗口，享堂社区470余套补差住房即将流转出房改窗口，经济适用房及一次性出售住房换证流程已至税务窗口。

3月启动人防工程修缮工作，对人防设施、人防工程进行加固封填、维修整治、清空清洁。5月完成全部修缮工作并进行了预验收。6月6日，在北圪洞社区举行人防设施、人防工程移交仪式。经市人防办移交接收工作小组评估，人防工程达到移交标准，予以移交接收，并纳入太原市人防办统一管理。

（太原实业公司　供稿）

中车永济电机实业管理有限公司

2019年末，永济实业公司资产总额37 121.1万元，净资产7 546.1万元（含“三供一业”资金），全年完成营业收入6 674万元，净利润10.39万元，在册员工332人，其中在岗265人，内退67人。实现国有资产应租尽租，大型资产锦苑大厦租赁收入较上年增加41.76万元。完成康居物业44.24%产权注销登记。完成电机宾馆36.05%股权转让。电机医院18.5%、绝缘公司41.58%国有股权在北京产权交易所正式披露。完成乳业公司42.85%股权转让现场审计和评估。筹集“三供一业”分离移交到位资金28 517万元，其中中车集团免息垫付12 800.63万元；累计拨付移交费用19 248.9万元。家属区供暖、供水、供电、物业四个项目全部开工。至年末，完成供暖、物业改造，供水改造完成95%，供电改造完成81%。

（永济实业公司　供稿）

中车济南实业有限公司

2019年，济南实业公司全年实现销售收入246万元，净利润160万元。

物业管理移交项目建设完工，“三供一业”全面建设完成。编制大集体改革实施、员工安置、资产处置三个方案，其中员工安置方案在改革单位职工大会全票通过。完成了资产处置、改革人员安置和社保关系接续，大集体改革工作基本完成。开展公司土地、房屋、股权等资产清查，并形成清查报告。策划泰安疗养院移交项目，与泰安市政府和泰山管委会多次谈判，初步确定了移交方案。

（济南实业公司　供稿）

中车集团（青岛）四方车辆资产管理有限公司

2019年末，四方资产公司四方资产公司合并口径销售收入14 541万元，净利润242万元，消化了技师学院移交遗留的117万元政策性亏损。主要从事企业自有资产的经营管理，房屋、构筑物及机械设备的租赁，投资和改制咨询，住宿服务等。公司4家参股单位是青岛中车轻材料有限公司（持股25%）青岛四机宏达工贸有限公司（持股1.93%）青岛四机建筑安装有限公司（持股19%）青岛四方机车车辆铸钢有限公司（持股25%）。至年末，公司综合管理部在册员工8名，公司及下属单位共有银行账户7个。年内，调整组织机构，撤销技师学院和托幼中心，取消公司综合管理部下设的办公室和资产管理室，增设信访办公室，老干部服务中心划归中车四方车辆有限公司老干部部管理。

与棘洪滩街道办事处完成棘洪滩职工家属区物业改造方案并施工，因小区住户以13栋住宅楼是危房为由连续阻挠施工，在街道办事处和企业联合多轮政策解释工作无果的情况下，尊重住户意见，终止了物业维修改造项目，街道办事处全额退还公司已预付的维修款项327.60万元。完成技师学院移交和托幼中心人员、资产移交以及“五区幼儿园”管理权收回和装修工作。

启动公司持有青岛四机建筑安装有限公司19%股权转让工作，完成权益价值审计和评估。至年末，中车四方单身公寓常住人员629人，年内新增人员223人，安置中车集团驻青企业临时入住的培训人员173人、接车人员289人、临时加班人员120人次。成为公司主要收入来源。严抓中车小镇单身公寓的安全管理，对发现工程质量问题立即责成和督导建设单位进行整改。开展资产清查和风险排查。处置历史遗留问题，完成自管公房维修，受理职工房产信息查询93户，承租人申请购买公房办理出售手续4户，解决自管公房征收纠纷1户，协助办理房屋自愿退回手续1户，以房屋原出售价格收回房屋1套（47.17平方米）。应诉中车小镇建设中的法律纠纷案1起，处置历史遗留原职工医院医疗损害责任纠纷案1起。

（四方资产公司　供稿）

中车西安实业有限公司

2019年末，西安实业公司资产总额14 569.63万元，非流动资产12 070.57万元；负债总额1 751.14万元，所有者权益总额12 818.49万元。实现营业收入248.82万元，归属母公司净利润24.58万元。推进“三供一业”分离移交后续收尾工作，成立“三供一业”维修改造协调领导小组及工作小组，全面统筹配合四个项目的维修改造工作，各项目维修改造工作正按计划推进，解决859改制企业等历史遗留问题，签订了备忘录、物业管理三方协议、西车物业用工协议。完成厂办大集体改革工作，6月18日，改革后的新企业西安信良车辆配件有限责任公司揭牌成立。推进西安北车医院股权退出，完成医院所用土地分宗及用途变更手续办理，正在办理土地出让手续。推进退休人员社会化管理工作，起草专项工作方案，相继开展退休人员资料库梳理、退休人员档案整理等工作。

（西安实业公司　供稿）

中车兰州实业管理有限公司

2019年末，兰州实业公司实现营业收入316.33万元、利润3.98万元。设有管理机构14个，厂办大集体企业（劳动服务公司）1个。有员工10人，其中工伤退出工作岗位6人，派驻劳动服务公司4人。主要承担“三供一业”移交、存续资产管理和大集体改革等工作。兰州实业公司企业性质为“一人有限责任公司”，设执行董事、经理，执行董事为公司法定代表人。

制定《兰州机车厂劳动服务公司改革工作方案》，印发大集体改革宣传材料，组织召开大集体企业残疾职工监护人改制相关事宜专题答疑会，完成大集体改革企业资产评估、公示及职工一对一的改革意向摸底和答疑。

配合“三供一业”分离移交接收单位开展“三供一业”分离移交维修改造。11月，物业管理及物业管理配套资产相关文件资料移交兰州国资利民资产管理集团有限公司，待政府进一步安排再行办理移交手续。配合地方政府对列为危房的第一福利区的11、12号楼人员进行紧急避险搬迁，该福利区被地方政府纳入2020年西站片区整体开发试点项目。对各福利区住户未办理房产证等相关历史遗留问题进行申报和跟进。“三供一业”移交后，公司资产有原厂中学教学楼、第二福利区商铺、第二福利区地下停车场。年内，公司加强资产租赁管理，增加了资产租赁收入。

（兰州实业公司　供稿）

中车南京浦镇实业管理有限公司

2019年末，浦镇实业公司资产总额13 366万元，负债总额1 058.8万元，所有者权益总额12 306.6万元。实现营业收入635.8万元、净利润48.7万元。完成国有企业退休人员社会化管理准备工作。全年接待来访2 660多人次，解决101人次历史遗留问题。对浦镇实业、常州实业和铜陵实业实施重组，11月取得新营业执照。完成常州实业公司注销，常州分公司、铜陵分公司均已取得营业执照，正在推进浦镇实业变更登记以及重组公司资产划转。完成时代新材股权处置方案公司内部审议程序。采取不同方案，对尚未出租的1 368.6平方米使用面积完成出租。启动并完成原浦镇厂铁工新村老液化气站改造、修复、加固工程，11月完成验收，12月签订出租协议。

（浦镇实业公司　供稿）

中车南京浦镇实业管理有限公司常州分公司

2019年末，中车南京浦镇实业管理有限公司常州分公司资产总额32 730万元，其中流动资产26 063万元，非流动资产6 667万元，负债总额1 414万元，所有者权益31 316万元。完成营业收入438万元，利润总额33万元，一年以上应收账款为0，完成利息补偿收入509万元。经营方式主要是自有房屋租赁。公司运营管理由中车戚墅堰机车有限公司托管管理，设董事1名、监事1名，下设社会综合管理部及资产组、财务组、服务组等若干业务班组。公司员工30名，其中在册员工9名，托管公司委派工作人员18名，内退人员3名。

2019年，对外出租原印刷厂300平方米自用仓库、原退技协场地、原阳平木器厂、转盘楼东侧场地，合计增加收入48万元。配合街道、开发商制订维护方案，确保房屋开挖建造时周边房屋安全，解决了北食堂地块新建房屋的自来水供水管道走向、管道过细、不达标等问题，12月竣工交付棚户区改造地块新建的15幢住宅（共1 152套房屋）。

推进政治巡视整改工作，超额完成2019年降成本6万元目标，完成169万元逾期应收账款问题核销。完成退休人员社会化管理经验调研及移交对接工作，制定《戚墅堰公司退休人员社会管理工作方案》并上报中车集团，有序推进退休人员社会化管理工作。完成鸿宾楼冷藏库问题整改。

（浦镇实业公司常州分公司　供稿）

中车南京浦镇实业管理有限公司铜陵分公司

2019年12月12日，中车南京浦镇实业管理有限公司铜陵分公司注册成立。年末，公司资产总额7 061万元，较年初减少428万元，流动资产3 698万元，无长期股权投资，固定资产净额804万元。注册资本4 194.7万元。实现营业收入125万元，全部为固定资产租金收入，利润总额3.5万元。全年签订资产租赁合同16份（不含托管企业），合同金额23.52万元。与上海秀珏酒店管理有限公司签订上海业务处资产出租合同，盘活闲置资产，实现收入45.6万元。修订下发《铜陵公司员工住房修缮管理办法》，签订2019年度住宅零星维修合同和相关方安全管理协议，零星维修金额约10万元。

1月1日，职工家属区物业管理职能正式移交义安区新桥办事处实施管理。向义安区财政局支付物业维修改造资金1 900万元，累计完成应付维修改造资金的87.1%。完成维修改造2 680户，完成93.7%；完成小区9条主干道路沥青路面铺设、主要污水管网铺设、3座生活污水处理工程招（投）标。8月16日，七〇一幼儿园整建制移交义安区教体局，实行属地化管理，公司向义安区教体局共计拨付一次性资助办园资金197万元。完成集资建房在市行政服务中心不动产窗口的备案和2户试办证工作，153户集资建房不动产权证基本办理完成。

（浦镇实业公司铜陵分公司　供稿）

中车长江（武汉）实业发展有限公司

2019年末，长江实业公司实现经营收入987.16万元，利润总额2 839.64万元，固定资产净值2 257.36万元。完成应收账款催收、国有股权退出、开拓房产租赁外收入等政治巡视问题整改。“三供一业”移交工作中，督促接收方及施工单位做好居民房屋漏雨、下水疏通、消防安全等维修改造。开展退休人员社会化管理服务前期工作，开发专用软件采集退休人员信息，工作进度超过80%，退休人员数据库基本建立，完成离退休人员档案数字化工作。开展重大风险排查，对排查出的风险点制定防范化解措施。配合武汉市开展“迎大庆、保军运”安全专项工作。开展全公司范围及相关方安全大检查4次。完善南车花园配套设施，接通第二路专电。

（长江实业公司　供稿）

中车成都实业管理有限公司

2019年，公司资产总额18 274万元，流动资产6 721万元，负债总额12 489万元，实现营业收入260万元，净利润2万元。家属区供水、供电、物业项目改造工程完工，成为成都市和中车集团“三供一业”改造典范工程，完成3个项目竣工结算、财务审计，结算金额均控制在中车集团批复指标内，工程全套资料归档。家属区供水、供电、供气、物业4个项目分别获得中车集团资产无偿划转批复，并分别与接收方签订了资产移交协议，共移交资产18 526.13万元，其中供水项目2 286.51万元，供电项目3 397.13万元，供气项目640万元，物业项目12 202.49万元。

（成都实业公司　供稿）

中车资阳实业有限公司

2019年，公司围绕“资产经营、分离移交、棚改项目”三条业务主线开展工作，实现营业收入758.15万元，同比增长18.42%；净利润4万元，同比增长20%。完成成都隧道公司股权处置，12月2日在北京产权交易所正式挂牌。8月31日职工单身宿舍改造工程竣工，改善了住宿环境。开展“三供一业”维修改造工作，年末工程进度达到70%。棚户区改造项目实施方案通过了资阳市政府常务会议审议，11月7日与资阳市政府签订《中车资阳公司棚户区改造项目实施协议》，12月10日启动与部分片区棚改户安置协议的签订工作，并完成摇号选房等工作，12月12日，公司取得安置房工程建设项目的《建设用地规划许可证》，12月31日，举办棚户区改造项目安置房建设工程开工仪式，棚户区改造项目进入实施建设阶段。

（资阳实业公司　供稿）

中车眉山实业管理有限公司

2019年末，眉山实业公司完成存续企业财务指标，实现资产租赁收入213万元，利润3.3万元。10月22日，物业维修改造开始开工。11月22日完成物业、文体、市政、社区资产和职能管理交接。完成了部分退休人员信息收集、核对和统计。成都工贸公司产权诉讼案取得实质性进展，获得拆迁款3 200万元。对产权不清的资产进行梳理和确权，办理了绝大部分资产产权证。对教育中心（社会事务部办公楼）、大学生公寓进行了维修改造。

（眉山实业公司　供稿）

中车株洲电力机车实业管理有限公司

2019年，株机实业公司继续由株机公司托管，全年营业收入3 476万元，归母净利润1 679万元。2019年末，公司对外长期股权投资有中车株洲投资控股有限公司，持股比例15.71%；株洲九方装备股份有限公司，持股比例9.28%；株洲九方铸造有限责任公司，持股比例20.31%；株洲九方大酒店有限责任公司，持股比例14.39%；海南鑫源置业发展有限公司，持股比例 30%；浙江中车电车有限公司，持股比例 10%。公司无生产经营，收入来源主要为固定资产的租金收入、管理费用收入及停车场收入。主要从事存续资产的管理、企业办社会职能移交、大集体改制等历史遗留问题的处理等工作；负责处理存续企业日常事务以及与中车集团和地方政府部门、改制企业等方面的联系沟通、工作协调等工作。公司重要事项由株机公司相应决策机构研究决定，重大事项由株机公司相应决策机构审议后上报中车集团决定，党组织及人事由株机公司进行管理，所有规章制度、业务流程遵照株机公司现有文件执行。

公司无供暖分离移交工作，供水涉及 14 175 户、供电涉及 14 660 户，供水、供电管理职能移交、资产划转和维修改造工作全面完成，先后受到国资委、中车集团、省、市肯定。供水和供电分离移交后，公司每年减少支出 1 070 万元，改制企业每年减少支出 200 万元。物业分离移交核定协议金额 14 405 万元，包括田心社区范围内 16 个小区共 355 栋、12 086 户及小区公共设施，含道路、绿化等。1 月 1 日起，公司不再承担职工家属区相关管理职能和相关费用，每年减少各项费用共计 159.9 万元。2019 年末，完成 5 个小区 2 235 户管理职能移交、资产划转和维修改造；完成 11 个小区 9 851 户管理职能移交和资产划转，正在进行维修改造。田心幼儿园继续由株机公司自办，并完成幼儿园工商注册登记，具备独立法人资格。以中车集团内第一名的成绩完成公司低效、无效不良资产处置。通过国资委指定的律师事务所专项检查，田心山庄棚户区改造项目 920 万元国家补助资金未被收回，为田心山庄公寓和游泳池项目完工提供了资金保障。追回天源公司拖欠 15 年欠款 225 万元。有效管理田心社区各类商业门面。解决已改制企业所属资产归属权不一致的遗留问题。完成已竣工、验收入住的田心山庄棚户区改造小区的产权证办理。协调解决田心社区杜鹃小区 13 栋、14 栋，及紫藤苑小区民主村 37 栋申请加装电梯事宜。

（株机实业公司　供稿）

中车株洲电力机车实业管理有限公司洛阳分公司

2019 年，株洲机车实业公司洛阳分公司“三供一业”分离移交工作，总体进度处于驻洛央企和中车集团所属企业前列。完成供水、供电改造，实现了收费和管理职能移交、资产移交，供水改造涉及居民用户 5 121 户，总投资 840 万元，供电改造涉及居民用户 5 406 户，总投资 4 438 万元。完成供暖改造以及收费和管理职能移交，涉及居民用户 6 471 户，总投资 14 832 万元，资产移交工作正在进行。物业移交改造完成职能和资产移交，改造工程完成 90% 以上，涉及户数 6 608 户，总预算 5 286 万元。完成大集体改革改制工作清算注销，11 月总经理办公会审议通过《洛阳机车厂工业公司改制清算注销方案》，正在进行税务清算、工商注销和档案移交工作。棚户区改造一期拟新建高层住宅楼项目，完成设计方案评审，正在履行报批、报建程序。完成社区垃圾中转站建设并投入使用。完成机车家园棚改配套设施工程建设和验收，通过国资委专项核查。完成年度资产清查，重点处置 5 家参股改制单位低效无效参股股权，其中洛阳机车职业教育中心股权处置已收到中车集团批复。

（株机实业公司洛阳分公司　供稿）

中车株洲电力机车实业管理有限公司襄阳分公司

2019年末，株洲机车实业公司襄阳分公司资产总额3 997.31万元，负债总额1 723.81万元，所有者权益2 773.50万元，资产负债率43%；实现业务收入256.96万元，利润总额1.38万元，净利润1.38万元。公司设总经理1名，下设综合管理部办事机构，部长、副部长各1名，存续企业专员2人。公司党群工作、财务工作、纪检监察审计、人力资源绩效管理、资产管理等由洛阳公司托管。年内，巡视整改问题销号2项，阶段性问题销号9项。

肖湾街道机车社区物业管理基础设施维修改造范围涉及机车社区二区、三区、四区、五区、六区、七区、八区共七处，3 910户，19万余平方米，总费用3 149万元。维修改造主要内容涉及房屋维修、雨水污水分流改造、修建消防安全通道、救护车通道等小区道路及停车位、安装监控设施、绿化亮化硬化改造、修建休闲健身活动场所等小区公共服务设施。9月27日进场开工，社区改造项目正在逐步推进。襄阳机车厂棚户区二期工程在襄阳机车厂生活区三区，计划建设住宅1 920套，规划总建筑面积196 566.23平方米。年内，督促协调棚改二期A地块开工建设进度推进工作，逐步完成1号、2号、3号楼和6号楼、8号楼开工建设。完成中车路建设的现场察看和设计变更工作。11月21日启动招标工作，12月下旬在襄阳市公共资源交易中心挂标。

（株机实业公司襄阳分公司　供稿）

中车株洲车辆实业管理有限公司

2019年末，株洲车辆实业公司总资产34 511万元，其中流动资产4 479万元，可供出售金融资产6 956万元，固定资产净额4 376万元。负债15 620万元，其中流动负债6 075万元，非流动负债9 546万元，净资产18 891万元。全年共签订租赁合同29份，年租赁收入430万元，净利润2万元。

制定低效无效资产三年处置实施方案，报废资产20项，资产原值189.3万元，净额13.9万元。职工生活区物业管理职能、非经营性资产及房屋维修资金移交至株洲市荷塘区人民政府实行社会化管理。截至10月，生活区供水、供电、物业移交改造工作全部完成。物业移交改造，惠及居民6 658户，重点解决了小区道路状况差、居民停车难、生活污水堵塞、环卫绿化设施差、小区治安无保障、居民休闲活动设施缺乏等问题。

（株洲车辆实业公司　供稿）

中车贵阳实业有限公司

2019年，贵阳实业公司完成市政移交设施，进行提升改造项目，市政管理职能实现全面移交，不再产生相关费用。启动退休人员社会化管理移交工作，完成信息收集工作。8月29日向贵阳市中级人民法院提交破产清算申请，9月27日法院受理，法院破产管理员已进驻公司开展调查和情况核实工作。

（贵阳实业公司　供稿）

北京时代志业机车车辆有限公司

2019年，时代志业公司负责北京中车重工机械有限公司“三供一业”分离移交、保障性住房建设、棚户区改造和存续资产管理工作。完成时代志业职工家属区供热问题的维修、改造、工程验收、审计及项目资金支付；完成物业分离移交改造、验收和项目资金支付；正在推进供电改造。5月保障性住房建设项目经北京市住房和城乡建设委员会批准列入中央在京重点建设项目，7月完成北京市规划国土委规划设计内部审核，并完成施工图设计、勘探设计公开招标、内部搬迁改造等相关工作。棚户区改造项目按计划开展前期入户调查、规划调整等工作。

（时代志业公司　供稿）

人物与荣誉

本栏编辑　汪云鹏　邹　青

先进人物

【国家级荣誉称号获得者】

最美奋斗者

中国中车总部　孙永才

2019 年中国政府友谊奖

长客股份公司　马小克（Maliczak）

2019 年百千万人才工程国家级人选

四方股份公司　梁建英

株洲所　杨　军

中国中车总部　于跃斌

2019 年度何梁何利科技进步奖

株洲所　丁荣军

2019 最美科技工作者

四方股份公司　梁建英

中国地铁 50 年致敬人物

株洲所　丁荣军

全国五一巾帼奖章

大连公司　臧兰兰

2018 年感动交通十大年度人物

长客股份公司　罗昭强

全国技术能手

大连公司　张成林

大同公司　辛　凯

永济股份公司　李小峰

四方股份公司　牟世超

长江公司　陈　建

资阳公司　曾纪云

株机公司　许贤杰

魏陆军

张利好

全国优秀共青团干部

株机公司　李金龙

2019“嘉克杯”国际焊接大赛第一名

长客股份公司　李　明

唐山公司　赵金闯

大同公司　赫　玉

李颜清

四方有限公司　辛仁建

兰州公司　王继荣

戚墅堰公司　华文强

资阳公司　赵三东

株机公司　文　凯

文亦武

黄　丽

2019“嘉克杯”国际焊接大赛第二名

长客股份公司　朴东岳

大同公司　王　峰

方国辉

四方股份公司　周晓强

戚墅堰公司　郑　莲

株机公司　汤　智

田伟明

四方所　张永强

2019“嘉克杯”国际焊接大赛第三名

长客股份公司　王永长

大连公司　张志丹

大同公司　赵福军

四方股份公司　梁凯强

戚墅堰公司　陈俊文

长江公司　陈娜娜

杨泽锋

株机公司　罗丞哲

2019“嘉克杯”国际焊接大赛技术论文一等奖

长客股份公司　何　岩

2019“嘉克杯”国际焊接大赛技术论文三等奖

太原公司　杨金玉

“劳动筑梦”全国职工演讲比赛金奖

长江公司　易　冉

“时代新人说——我和祖国共成长”全国演讲总决赛铜奖

长江公司　易　冉

中国青年好网民

长客股份公司　丁　雷

第七届世界军人运动会优秀志愿者

长江公司　盛全武

【省部级荣誉称号获得者】

中央企业优秀党务工作者

长客股份公司　张庆羽
四方股份公司　张在中

中央企业优秀共产党员

大连公司　臧兰兰
大同公司　刘艳响
浦镇公司　鲍　凯

中央企业劳动模范

长客股份公司　邓　海
沈阳公司　王　鹏
大连公司　于　静
大同公司　刘　鹏
四方股份公司　王文健
四方有限公司　刘明收
西安公司　罗　斌
戚墅堰公司　潘德昌
长江公司　尹　利
株机公司　杨　颖
株洲电机公司　文照辉
贵阳公司　令狐克书
四方所　孙国斌

茅以升铁道工程师奖

齐车公司　张俊林
长客股份公司　刘长青
唐山公司　范乐天
大同公司　武学良
永济电机公司　薛秀慧
四方股份公司　张志毅
浦镇公司　杨　俊
眉山公司　彭　燎
株机公司　沈龙江
株洲电机公司　钟　珩
大连电牵公司　杜振环
戚墅堰所　苟青炳

中央企业“百名杰出工匠”

大连公司　毛正石
四方股份公司　郭　锐

全国铁路先进女职工

大连公司　李巧燕
山东公司　唐　晶
株机公司　谭湘枚

全国铁路先进女职工工作者

株洲电机公司　卢沙衡
中国中车总部　焦　玮

江苏省五一劳动奖章

浦镇公司　王强

江苏省企业首席技师

郭有东　沈文圣

山西省劳动模范

大同公司　刘艳响
　张志和
　秦　龙
太原公司　郭世江

四川省循环经济领军人物

眉山公司　潘树平

2018 年度辽宁省优秀企业家

大连所　姜　冬

贵州省五一劳动奖章

贵阳公司　唐远富

第九届黑龙江省优秀青年志愿者

齐车公司　曹　菁

中央企业优秀共青团班干部

唐山公司　阎邱华
长江公司　刘　延

2017—2018 年度中央企业优秀共青团员

沈阳公司　孙　悦
太原公司　燕文博

2017—2018 年度中央企业青年岗位能手

大连公司　丛培鹏
石家庄公司　宇文卧龙
四方股份公司　王　淼

吉林青年工匠

长客股份公司　艾子洋

全国铁路优秀共青团干部

四方有限公司　崔　微

全国铁路优秀共青团员

大连公司　葛　鹏

辽宁省优秀共青团员

大连公司　刘天童

辽宁省青年志愿者优秀个人

大连公司　张雅文

河北省优秀共青团干部

唐山公司　刘　争

湖南省优秀共青团员

株机公司　杨　祯

第十七届湖南青年五四奖章

株洲电机公司　申　政

江苏省（杰出）青年岗位能手

戚墅堰所　董国节

黑龙江省五一劳动奖章

齐车公司　谷春阳

黑龙江省首席技师

齐车公司　王建中
李　松

黑龙江省三八红旗手标兵

齐车公司　赵娇玉

河北省劳动模范

石家庄公司　贾海林
李　强
唐山公司　侯忘刚
陈占峰

河北省能工巧匠

石家庄公司　马龙飞

辽宁省五一劳动奖章

大连公司　乔　岩
黄旭升

2019 年度“辽宁好人”

大连公司　于　静

甘肃省五一劳动奖章

兰州公司　张　勇

山西省劳动模范

永济电机公司　葛亚楠

山西省五一劳动奖章

永济电机公司　张峰杰
薛金良

【中国中车荣誉称号获得者】

中国中车劳动奖章

大连公司　张戍林
大同公司　辛　凯
永济电机公司　李小锋
四方股份公司　牟世超
长江公司　陈　建
资阳公司　曾纪云
株机公司　许贤杰
魏陆军
张利好

中国中车技术标兵

长客股份公司　王东旭
大连公司　郑　凯
张成林
宫国来

大同公司 李　胜
辛　凯
永济电机公司 李小锋
四方股份公司 牟世超
李志祥
戚墅堰公司 洪　永
长江公司 陈　建
资阳公司 缪　辉
曾纪云
株机公司 许贤杰
刘文强
魏陆军
吴伟强
刘　清
周　峰
张利好
株洲电机公司 熊亚洲

中国中车技术能手

长客股份公司 王善更
大连公司 孙恩财
张　放
武广友
唐山公司 李宝满
尹　超
大同公司 李世旺
刘　俊
杨成毅
刘雁明
于新龙
四方股份公司 冷康龙
岳江飞
浦镇公司 王广超
戚墅堰公司 华文强
夏销俊
长江公司 陈娜娜
资阳公司 龙真金
眉山公司 甘俊林
株机公司 李兵波
张　谦
杨成斌
株洲电机公司 杨志雄
戚墅堰所 谢　东

中国中车杰出青年岗位能手（中车集团人力〔2019〕231 号）

长客股份公司 王东旭
大连公司 张成林
宫国来
大同公司 李　胜
辛　凯
永济电机公司 李小锋
四方股份公司 李志祥
牟世超
戚墅堰公司 洪　永
长江公司 陈　建
资阳公司 缪　辉
曾纪云
株机公司 许贤杰
刘文强
魏陆军
吴伟强
刘　清
周　峰
张利好
株洲电机公司 熊亚洲

中国中车青年岗位能手（中车集团人力〔2019〕231 号）

长江公司 陈娜娜
眉山公司 甘俊林
浦镇公司 王广超
四方股份公司 冷康龙
岳江飞
戚墅堰公司 华文强
夏销俊
大同公司 李世旺
刘　俊
杨成毅
刘雁明
于新龙

唐山公司	李宝满
	尹　超
长客股份公司	王善更
大连公司	孙恩财
	张　放
	武广友
株机公司	李兵波
	张　谦
资阳公司	龙真金
株洲电机公司	杨志雄
戚墅堰所	谢　东

第二届中国中车五四青年奖章

沈阳公司	王　宁
四方有限公司	王晓峰
眉山公司	甘俊林
石家庄公司	宇文卧龙
浦镇公司	沈文圣
大连电牵公司	张　林
永济电机公司	尚前博
四方所	郝保磊
戚墅堰所	郭　勐
戚墅堰公司	谢　鹏

第二届中国中车十大杰出青年

株机公司	王　位
大同公司	王　强
长客股份公司	王善更
株洲电机公司	申　政
四方股份公司	任广强
唐山公司	李　明
齐车公司	吴荣坤
株洲所	余　康
长江公司	易　冉
大连公司	魏　宏

中国中车优秀共青团干部

齐车公司	曹忠宝
	袁　野
沈阳公司	王　雪
	亚方圆
石家庄公司	王晓蕊
山东公司	李　巍
	韩　振
长客股份公司	远　迪
	张海达
大连公司	张敬乾
	郭云鹤
兰州公司	闫淑文
唐山公司	王　雯
	吴立新
二七车辆公司	任慧杰
南口公司	叶蓁蓁
大同公司	王欣宇
	纪惠之
永济电机公司	孙彦朝
	林宝德
四方股份公司	韩　超
	吴洪祥
成都公司	王子禾
四方有限公司	高一龙
	闫森森
浦镇公司	胡　星
	焦　阳
戚墅堰公司	屠艳红
长江公司	刘　芸
	泥　瑞
太原公司	程　超
西安公司	温俊廷
眉山公司	王晓寒
贵阳公司	熊元洋
资阳公司	侯会凯
株机公司	姚　屹
	杨文超
洛阳公司	孙　毫
株洲电机公司	谭　添
	罗　雄
大连所	刘　莹
大连电牵公司	孙　乾
四方所	张　旭

戚墅堰所　王廷霞
　褚国峥
株洲所　寻梦虹
　易　昌
工程公司　宋天童
广州公司　安旭梅
天津公司　程　程
常铁校　熊晗颖
科技园公司　金　超
南方汇通公司　邓籽浩
中国中车总部　王　晶
哈尔滨公司　王宏亮
长春车辆公司　何婷婷
天津装备公司　杨天舒
广东公司　沈　民

中国中车优秀共青团员

齐车公司　崔欣博
　杨宇恩
沈阳公司　郝文宏
　贾天宁
石家庄公司　闫江鹏
山东公司　林之皓
　周　帅
长客股份公司　田　赛
　殷金龙
大连公司　张伟杰
　范永刚
兰州公司　王继荣
唐山公司　常　鹏
　王智雄
二七车辆公司　王梦丹
南口公司　梁安然
大同公司　李晓渊
　潘　浩
永济电机公司　杜碧海
　田浩辰
四方股份公司　刘力豪
　栾福辉
成都公司　谢滨阳
四方有限公司　于　健
　李绍冉
浦镇公司　徐伟艺
　沈弘博
戚墅堰公司　吴　驹
长江公司　雷　鹏
　陈文斌
太原公司　秦亚丽
西安公司　王　力
眉山公司　冉康辉
贵阳公司　颜丽平
资阳公司　乔　锋
株机公司　稽道军
　周儒豪
洛阳公司　崔子琳
株洲电机公司　徐　琪
　刘天成
大连所　陈　东
大连电牵公司　刘　鹏
四方所　李　彬
戚墅堰所　杨景祥
　孙龙跃
株洲所　田华婷
　谌自治
工程公司　郭　强
金控公司　宋璟晗
环境公司　王运赟
南方汇通公司　王祝愿
广州公司　李诗丽
天津公司　常跃鹏
常铁校　徐　毅
科技园公司　贾小兵
哈尔滨公司　朱延章
长春车辆公司　侯　楷
天津装备公司　刘雨鹏
广东公司　徐衍晶

中国中车杰出青年岗位能手（中车集团团〔2019〕26号）

齐车公司　许文涛

长客股份公司	朱　峰
大连公司	王庆柱
唐山公司	吴　雪
大同公司	杜家伟
四方股份公司	梁凯强
株机公司	朱珺玮
株洲所	胡云卿
眉山公司	甘俊林
时代电动公司	肖乾亮

中国中车青年岗位能手（中车集团团〔2019〕26号）

齐车公司	张丽秋
哈尔滨公司	单佣权
沈阳公司	何　涛
	王　淼
石家庄公司	杨娅博
山东公司	吴玉谭
长客股份公司	哈大雷
	姜　帆
长春车辆公司	刘铭轩
大连公司	姜昭禹
	张志丹
兰州公司	宋耀荣
唐山公司	赵晨光
	于菲菲
二七车辆公司	周尚书
南口公司	杨　艳
大同公司	杜　凯
	王文琪
永济电机公司	郝旭伟
	牛剑博
四方股份公司	刘力豪
	谭海燕
成都公司	成　涛
广东公司	丁　浩
四方有限公司	薛　龙
	辛仁建
浦镇公司	钱修坤
	戎芳明
戚墅堰公司	赵　宁
	黄丘陵
长江公司	许文虎
	宋　阳
太原公司	杨金玉
西安公司	陈　超
眉山公司	贺万星
贵阳公司	白　鑫
资阳公司	赵玉东
株机公司	陈　哲
	李　韬
洛阳公司	李占龙
株洲电机公司	汪栋梁
大连所	张　硕
大连电牵公司	万艺琇
四方所	吴天昊
天津公司	李思宇
戚墅堰所	魏泽利
株洲所	赵梦玲
工程公司	杜　巍
广州公司	郑力科
信息公司	王浩强
产投公司南方汇通公司	邓籽浩
产投公司宁波新能源公司	胡　浩
产投公司时代电动公司	龙爱军
产投公司	刘为华

〔人力资源部（党委干部部）、党委组织部、群团工作部（工会办公室）、各子公司供稿〕

集体荣誉

【国家级集体荣誉】

2019（第十三届）中国品牌节新中国成立70周年70中国品牌
中国中车

2019（第十三届）中国品牌节华谱奖
中国中车

2019中国品牌强国盛典年度榜样品牌
中国中车

2019中国品牌强国盛典榜样100
中国中车

2019"嘉克杯"国际焊接大赛冠军
中国中车

钣金工人国际协会73号地方工会"SMAT"奖牌
中国中车

CCTV"大国品牌"
中国中车

全国工人先锋号
大连公司电气分公司配一班

全国总工会财务先进单位
大连公司工会
戚墅堰所工会
中车集团工会

全国青年文明号
长客股份公司检修运维事业部调试车间调试一班
永济电机公司一机车间机一班
四方有限公司总装分厂塞拉门班

全国五四红旗团委（团支部）
戚墅堰所齿轮团总支部

全国青年安全生产示范岗
长客股份公司检修运维事业部调试车间列调四班
大同公司机车大修车间电工一组
株洲电机公司牵引电机事业部加工工段数一班

国家级制造业单项冠军示范企业
齐车公司

全国和谐劳动关系模范企业
株机公司

2018年学雷锋志愿服务"四个100"先进典型最佳志愿服务组织
株机公司青年志愿者协会

【省部级集体荣誉】

国资委深化人才发展体制机制改革示范企业
株洲所

中央企业优秀科技创新团队
复兴号系列动车组科技创新团队

中央企业优秀形象宣传片网络展播系列活动最佳摄影宣传片
中国中车

中央企业先进基层党组织
唐山公司党委
株机公司党委
大连中车集装箱有限责任公司党支部

中央企业先进集体
齐齐哈尔公司冲压分厂
唐山公司铝合金厂
石家庄公司制备车间
西安中车永电捷力风能有限公司
山东公司国际业务部
浦镇公司城轨总装车间
眉山公司铸钢分公司
株洲中车时代电气股份有限公司
常州中车铁马科技实业有限公司

中央企业五四红旗团委
大同公司团委
株洲电机公司团委

中央企业五四红旗团总支部
眉山公司铸钢分公司团总支部
株机公司技术联合团委
四方有限公司转向架分厂团总支部

中央企业青年文明号
长客股份公司客车制造中心装配一车间一班
浦镇公司技术工程部配线组
戚墅堰所汽车公司高镍班组

全国铁路巾帼标兵岗
唐山公司调试厂单调工序班

全国铁路先进女职工集体
唐山公司调试厂单调工序班
永济电机公司检修事业部天车班
四方股份公司科技发展部标准化部产品组

全国铁路先进女职工组织
长江公司工会女职工委员会
兰州公司工会女职工委员会

全国铁路工会财务先进单位
永济电机公司工会
长江公司株洲分公司工会
株洲电机公司工会
四方研究所工会

全国铁路五四红旗团委
戚墅堰所团委

全国铁路五四红旗团支部
齐车公司货车分厂团总支部

黑龙江省基层民主法治先进单位
齐车公司

2017—2018 年度黑龙江省青年文明号
齐车公司锻工车间弹簧加工组、人才开发中心

2018 年度黑龙江省青年安全生产示范岗
齐车公司货车分厂底架翻焊一组

辽宁省青年文明号
大连公司转向架分公司机械三车间加工二班

辽宁省青年安全生产示范岗
大连公司机械装备分公司制造车间单元制动班

辽宁省职工创新工作室
大连公司电气分公司谷晓东工作室

河北省先进集体
石家庄公司

河北省优秀企业团委
石家庄公司团委

第二十二届河北省青年五四奖章集体
唐山公司复兴号系列动车组青年研发设计团队

河北省青年安全生产示范岗
唐山公司铝合金厂总成车间打胶班

江苏省五一劳动奖
浦镇公司

江苏省企业文化优秀奖
浦镇公司

江苏省五四红旗团支部（总支）
戚墅堰所铁马团总支部

江苏省第五届微电影和校园主持人大赛优秀组织奖
共青团常铁校委员会

第四届江苏省中等职业学校在校生模拟法庭大赛金奖
常铁校

湖南省“上云上平台”标杆企业
株机公司

山西省功勋企业
大同公司

山西省优秀企业
大同公司
太原公司

山西省五四红旗团支部
永济电机公司工程实验中心团支部

山西省青年文明号

大同公司转向架车间技术组

山东省“青春担当好团队”

四方股份公司总装分厂 EMU 调试一工段

山东省工人先锋号

山东公司货车工艺组

四川省绿色制造示范企业

眉山公司

湖南省青年五四奖章集体

株机公司产品研发中心机车系统研发部

湖南省五四红旗团委

株洲电机公司团委

湖南省五四红旗团（总）支部

株洲所研究院基础与平台研发中心团总支部

安徽省青年安全生产示范岗

中车长江铜陵车辆有限公司锻造车间快锻机班组

福建省青年安全生产示范岗

唐山公司泉州子公司调试车间调试一班

第十六届福建青年五四奖章集体——青年管理者团队

唐山公司泉州子公司调试车间调试一班

贵州省劳模创新工作室

代顺生劳模创新工作室

【中国中车级集体荣誉】

2019 年度突出贡献奖

株机公司　长客股份公司
四方股份公司　唐山公司
浦镇公司　株洲所
四方所　永济电机公司

2019 年度特别贡献奖

齐车集团及其所属齐车公司、山东公司
长江集团及其所属眉山公司、西安公司
中车科技园公司　南方汇通公司

2019 年度突出进步奖

大同公司　戚墅堰公司
戚墅堰所　大连所
资本公司

2019 年度协同创新专项奖

协同推进系列化中国标准地铁列车研制的13 家企业团队

四方股份公司　长客股份公司
株洲所　株机公司
浦镇公司　唐山公司
大连公司　四方所
戚墅堰所　永济电机公司
株洲电机公司　大连所
大连电牵

协同推进高速列车 IGBT 及控制芯片攻关的8 家企业团队

株洲所　研究院
四方所　大连电牵公司
四方股份公司　长客股份公司
唐山公司　永济电机公司

协同推进高速列车转向架轴承攻关的 6 家企业团队

大连所　研究院
四方股份公司　长客股份公司
唐山公司　四方所

协同推进 D180-20 高速柴油机研制攻关的3 家企业团队

大连公司　戚墅堰公司
大连所

2019 年度提质增效专项奖

四方有限公司　南口公司
石家庄公司　太原公司
株洲所　长客股份公司
株机公司　株洲电机公司
哈尔滨公司

2019 年度改革发展专项奖

中车产投　中车金控
株洲所　四方所
金租公司　资本公司

2019 年度落实重大战略特别奖

二七机车公司、二七车辆公司团队

中国中车五四红旗团委

齐车公司团委
长客股份公司团委
大连公司团委
唐山公司团委
大同公司团委
永济电机公司团委
四方股份公司团委
长江公司团委
株机公司团委
株洲电机公司团委
戚墅堰所团委
株洲所团委

中国中车五四红旗团支部

齐车公司安全环保部团支部
沈阳公司配修分厂团支部
石家庄公司动维车间团支部
山东公司机电装备公司团支部
长客股份公司基础研发部团支部
大连公司机车分公司团总支部
兰州公司柴油机车间团支部
唐山公司调试厂团总支部
二七车辆公司财审团支部
南口公司机关联合团支部
大同公司机车总装车间团支部
永济公司机加分公司团总支部
四方股份公司转向架分厂团总支部
成都公司转向架分厂团支部
四方有限公司车体分厂团总支部
浦镇公司转向架设计团支部
戚墅堰公司机车制造公司团支部
长江公司武汉分部落车车间团支部
太原公司转向架团支部
西安公司产品制造部通用车辆区团支部
眉山公司紧固件公司团支部
贵阳公司总装车间团支部
资阳公司机车事业部团支部
株机公司车体事业部团总支部
洛阳公司采购中心团支部
株洲电机公司研究院团支部
大连所电力电子团支部
大连电牵公司基础技术团支部
四方所重庆四方所科技支部团总支部
戚墅堰所技术团总支部
株洲所时代电气宁波时代团总支部
工程公司台州项目团总支部
广州公司制造中心团支部
天津公司装备制造部团支部
常铁校机电工程系团总支部
科技园发展公司成都公司团支部
环境公司本部团支部
南方汇通公司时代沃顿团支部
哈尔滨公司制造分厂团支部
长春车辆公司长客物流公司团支部
天津装备公司制动事业部团支部
广东公司车体团支部

中国中车青年安全生产示范岗

齐车公司转向架分厂粗加组、锻造分厂天车组
沈阳公司制备分厂交叉杆班
石家庄公司转向架车间摇枕班
山东公司货车制造中心备料工区数控班
长客股份公司高速动车组制造中心装配一车间落车班、客车制造中心装配二车间机动门班
大连公司柴油机公司机械加工车间连杆二班、铸锻分公司铸造车间机体组
兰州公司机车车间电气工段
唐山公司钢结构厂转胎班、泉州中车唐车公司组装车间装配二班
南口公司仓储管理班
大同公司客户服务中心驻白俄罗斯巴拉诺维奇机务段服务站
永济电机公司电机分公司线圈车间风电包扎班、西安中车永电捷力风能有限公司总装产线发电机装配工段
四方股份公司检修服务事业部武汉售后服务站、车体分厂下料区域激光班

成都公司城轨分厂电气 2 班
四方有限公司车体分厂端墙班、总装分厂通电班
浦镇公司城轨总装车间调试工区 A4004 工位、合肥公司制造部 A0204 工位
戚墅堰公司配件公司加工二工区活塞销团队
长江公司武汉分部台一车间车轮组、株洲分公司备料车间天车班
太原公司钢一车间挂门组
西安公司产品制造部通用车辆区中小门班组
眉山公司铸钢分公司冶炼组
贵阳公司转向架车间轴承一般检修班
资阳公司资阳中车电力机车有限公司调试班
株机公司城轨事业部总成车间、机电分公司维修一班
洛阳公司转向架事业部立车班
株洲电机公司检测试验站低压试验组
大连所空调事业部组装班
大连电牵公司客户服务部北京动力集中服务站
四方所减振事业部轨道空气弹簧组装班
戚墅堰所齿轮传动事业部制齿工段磨齿班
株洲所时代新材轨道交通事业部天台工厂线路产品线、时代电气半导体事业部 IGBT 芯片制造班组
广州公司转向架总成班
天津公司资产部维修中心
产投公司中车时代电动汽车股份有限公司制造本部总装车间
环境公司玉溪中车环保工程有限公司

中国中车青年文明号

齐车公司货车分厂工艺组、转向架分厂技术组
哈尔滨公司技术部车辆工艺组
沈阳公司机动分厂电气二班、落成分厂检修制动组装班
石家庄公司青年讲解员队伍
山东公司市场部销售业务组
长客股份公司财务部财务处、铁路客车业务部售后服务部上海虹桥服务站
长春车辆公司长客模具公司工艺设计团队
大连公司机车技师学院整流柜柜体班、物流中心运输仓储处机修班
兰州公司调试车间电气班
唐山公司技术研究中心车体强度研究室、天津子公司激光焊接班
二七车辆公司北京隆轩橡塑有限公司
南口公司资产管理部电修班
大同公司备料车间技术组、机车大修车间调试组
永济电机公司机加事业部二机车间动车班、西安中车永电捷力风能有限公司定子车间嵌线班
四方股份公司财务部财务共享团队、公司人力资源部 SSC 共享服务组
成都公司城轨分厂
广东公司技术部车体组
四方有限公司端部模块组装班、国铁事业部客车项目组
浦镇公司设计开发部内装组、合肥中车公司市场部售后服务组
戚墅堰公司国内贸易中心国内市场部市场组
长江公司株洲分公司备料车间天车班、铜陵分公司铸造车间车钩综合班
太原公司台车车间车轮组
西安公司货车检修部配件修装区技术组
眉山公司产品开发部分析试验组
贵阳公司财务部
资阳公司资阳中车电力机车有限公司技术处
株机公司人力资源部、运营与信息管理中心运营管理部
洛阳公司制动夹钳属地修项目技术组
株洲电机公司工业驱动事业部工艺质量团队、轨道交通事业本部牵引电机车间焊一班
大连所电力电子事业部售后检修团队

大连电牵公司时速 160 公里动力集中动车组团队
四方所重庆中车四方所科技有限公司生产团队
天津公司制造检修部制动组
戚墅堰所重型机械事业部制造部
株洲所时代电气集采中心质量部检查班
工程公司台州市域铁路 S1 线一期 PPP 项目工程总承包部
广州公司轨道牵引事业部客户服务室
常铁校城市轨道交通运营管理教研室
信息公司中车总部 IT 外包服务组
产投公司宁波新能源公司器件所、时代电动公司总装车间、南方汇通公司时代沃顿源设计开发部

2019 年度中国中车“五星 HR”单位

齐车集团及其所属齐车公司
长客股份公司
大连公司
唐山公司
永济电机公司
四方股份公司
浦镇公司
戚墅堰公司
长江集团及其所属眉山公司
株机公司
株洲电机公司
四方所
戚墅堰所
株洲所

〔人力资源部（党委干部部）、党委组织部、群团工作部（工会办公室）、各子公司供稿〕

统计资料

本栏编辑　邹　青　汪云鹏

表 22-1　2019 年中国中车主要经营指标完成情况综合表

指标名称	单位	实际完成	名称	单位	实际完成
营业总收入	亿元	2 397.50	当年新签生产订单	亿元	3 482.10
利润总额	亿元	133.50	其中：海外订单	亿元	383.60
归属母公司净利润	亿元	36.10	期末手持未完生产订单	亿元	2 715.20
资产总计	亿元	4 305.00	其中：海外订单	亿元	878.50
负债总计	亿元	2 679.00	工业总产值	亿元	2 721.70
所有者权益合计	亿元	1 626.00	能耗总量	吨标煤	750 000
净资产收益率（不含少数股东权益）	%	5.22	新造及修理机车产量	台	2 454
资产负债率	%	62.23	新造及修理动车组产量	标准组	1 350
总资产周转率	次	0.58	新造及修理城轨、地铁产量	辆	8 320
固定资产投资完成额	亿元	100.50	新造及修理客车产量	辆	6 379
劳动生产总值（增加值）	亿元	611.70	新造及修理货车产量	辆	106 824

表 22-2　2019 年中车股份公司利润表及现金流量表相关科目变动分析表

单位：千元　币种：人民币

科目	本期数	上年同期数	变动比例（%）
营业收入	229 010 833	219 082 641	4.53
营业成本	176 149 897	170 526 021	3.30
销售费用	8 516 415	7 745 841	9.95
管理费用	14 444 854	13 430 881	7.55
研发费用	12 017 162	10 896 916	10.28
财务费用	373 201	1 279 396	−70.83
经营活动产生的现金流量净额	22 530 536	18 869 344	19.40
投资活动产生的现金流量净额	−4 568 868	−4 333 324	5.44
筹资活动产生的现金流量净额	−12 693 137	−31 964 065	−60.29

表 22-3　2019 年末中车股份主要固定资产、设备综合汇总表

序号	项目	单位	年度数值
一	固定资产原值	万元	10 628 839.47
	其中净额	万元	6 075 383.34
二	机械动力设备原值	万元	4 644 746.97
	其中净额	万元	2 062 013.19
三	用地面积	万平方米	16 051.19
	（一）生产用地（含研究所科研用地）	万平方米	4 124.52

续上表

序号	项目	单位	年度数值
	（二）生活用地	万平方米	69.45
	（三）其他用地	万平方米	414.80
四	房屋构筑物面积	平方米	15 254 027.43
	（一）生产房屋（含研究所科研用房屋）	平方米	14 065 775.31
	（二）生活福利房屋	平方米	524 889.53
五	机械动力设备	台	158 476
	其中：主要生产设备	台	76 560
	重点设备	台	10 922
	高精尖设备	台	3 190
	特种设备	台	13 512
	1990 年前设备	台	4 858
	设备出租、出售	台	6 293
六	铁路及电力线路、动力管道		
	（一）厂（所）区铁路（不含厂房内铁路）	千米	668.45
	（二）高压电力线路（6 千伏以上的架空及电缆线路）	千米	904.19
	（三）动力管道（蒸汽、上水、风、乙炔、氧气、煤气、天然气等）	千米	2 137.44

注：此表含广州公司、天津公司两家非并表企业数据

表 22-4　2019 年中车股份公司固定资产分项情况表

单位：千元　币种：人民币

项目	土地资产	房屋及建筑物	机器设备	运输工具	办公设备及其他	合计
一、账面原值						
1. 2018 年 12 月 31 日余额	225 917	44 860 673	44 698 265	2 817 814	5 246 914	97 849 583
会计政策变更	—	（107 596）	（161 075）	—	—	（268 671）
2019 年 1 月 1 日余额（经重述）	225 917	44 753 077	44 537 190	2 817 814	5 246 914	97 580 912
2. 本年增加金额	59 537	4 184 317	4 052 563	182 915	807 382	9 286 714
（1）购置	—	404 796	1 104 449	92 684	391 248	1 993 177
（2）在建工程转入	58 406	3 508 330	2 948 114	90 017	414 792	7 019 659
（3）投资性房地产转入	—	271 191	—	—	—	271 191
（4）汇率变动	1 131	—	—	214	1 342	2 687
3. 本年减少金额	—	749 793	1 392 683	259 954	185 759	2 588 189
（1）处置或报废	—	193 303	1 039 400	251 307	164 215	1 648 225

续上表

项 目	土地资产	房屋及建筑物	机器设备	运输工具	办公设备及其他	合 计
（2）处置子公司	—	335 261	283 100	—	18 763	637 124
（3）转入在建工程	—	43 949	69 181	8 647	2 731	124 558
（4）转入投资性房地产	—	174 589	—	—	—	174 589
（5）汇率变动	—	2 691	1 002	—	—	3 693
4. 年末余额	285 454	48 187 601	47 197 070	2 740 775	5 868 537	104 279 437
二、累计折旧						
1.2018 年 12 月 31 日余额	—	11 050 134	23 964 024	1 710 476	3 390 111	40 114 745
会计政策变更	—	（11 511）	（90 860）	—	—	（102 371）
2019 年 1 月 1 日余额（经重述）	—	11 038 623	23 873 164	1 710 476	3 390 111	40 012 374
2. 本年增加金额	—	1 671 873	3 533 895	201 337	580 914	5 988 019
（1）计提	—	1 638 753	3 533 895	201 306	580 604	5 954 558
（2）投资性房地产转入	—	33 120	—	—	—	33 120
（3）汇率变动	—	—	—	31	310	341
3. 本年减少金额	—	185 141	844 318	78 935	134 074	1 242 468
（1）处置或报废	—	78 547	740 793	70 653	123 836	1 013 879
（2）处置子公司		69 498	73 078	—	9 580	152 156
（3）转入在建工程	—	6 535	29 513	8 282	608	44 938
（4）转入投资性房地产	—	29 981	—	—	—	29 981
（5）汇率变动	—	580	934	—	—	1 514
4. 2019 年 12 月 31 日余额	—	12 525 355	26 562 741	1 832 878	3 836 951	44 757 925
三、减值准备						
1. 2019 年 1 月 1 日余额	—	58 876	344 888	4 003	5 972	413 739
2. 本年增加金额	—	—	34 663	43 146	1	77 810
计提	—	—	34 663	43 146	1	77 810
3. 本年减少金额	—	—	31 276	2 462	1 882	35 620
（1）处置或报废	—	—	30 644	2 462	1 882	34 988
（2）转入在建工程	—	—	632	—	—	632
4. 2019 年 12 月 31 日余额	—	58 876	348 275	44 687	4 091	455 929
四、账面价值						
1. 2019 年 12 月 31 日账面价值	285 454	35 603 370	20 286 054	863 210	2 027 495	59 065 583
2. 2018 年 12 月 31 日账面价值	225 917	33 751 663	20 389 353	1 103 335	1 850 831	57 321 099

表 22-5　2019 年末中车股份所属一级子公司主要固定资产排序

序号	单 位	固定资产原值 / 万元	序号	单 位	机械动力设备原值 / 万元	序号	单 位	用地总面积 / 万平方米	序号	单 位	房屋构筑物面积 / 平方米
1	长客股份公司	1 496 057.81	1	株洲所	610 518.85	1	长江集团公司	11 962.81	1	长江集团公司	2 274 401.31
2	四方股份公司	1 200 146.23	2	长客股份公司	579 464.78	2	齐车集团公司	662.15	2	长客股份公司	1 918 990.43
3	株洲所	1 176 162.80	3	长江集团公司	460 109.04	3	长客股份公司	597.47	3	四方股份公司	1 478 119.30
4	齐车集团公司	969 488.57	4	四方股份公司	409 224.39	4	四方股份公司	458.24	4	齐车集团公司	1 449 790.10
5	长江集团公司	928 173.97	5	齐车集团公司	386 725.38	5	大连公司	419.17	5	株机公司	1 197 502.67
6	唐山公司	855 810.16	6	大连公司	291 154.70	6	株机公司	394.61	6	株洲所	1 153 288.69
7	株机公司	763 058.35	7	唐山公司	279 773.57	7	株洲所	301.05	7	唐山公司	979 767.89
8	大连公司	562 991.50	8	戚墅堰所	200 966.00	8	唐山公司	218.79	8	大连公司	852 770.04
9	浦镇公司	377 469.30	9	株机公司	383 973.01	9	浦镇公司	204.13	9	四方有限公司	628 922.00
10	戚墅堰所	329 748.78	10	大同公司	144 213.05	10	永济电机公司	164.46	10	浦镇公司	464 997.61
11	大同公司	304 821.00	11	浦镇公司	134 568.57	11	四方有限公司	145.00	11	永济电机公司	464 887.55
12	四方有限公司	251 806.82	12	资阳公司	117 041.00	12	大同公司	126.37	12	戚墅堰所	436 267.00
13	永济电机公司	240 721.93	13	四方有限公司	107 610.02	13	戚墅堰公司	97.80	13	戚墅堰公司	378 177.11
14	戚墅堰公司	189 326.07	14	永济电机公司	102 945.13	14	资阳公司	72.09	14	大同公司	342 538.33
15	资阳公司	185 389.00	15	戚墅堰公司	95 573.15	15	天津公司	69.49	15	资阳公司	270 229.00
16	株洲电机公司	184 808.08	16	株洲电机公司	86 491.88	16	株洲电机公司	59.03	16	株洲电机公司	221 853.42
17	四方所	162 691.85	17	四方所	64 368.67	17	四方所	27.37	17	大连所	220 392.23
18	天津公司	117 797.97	18	天津公司	59 837.04	18	大连所	23.09	18	四方所	190 560.47
19	大连所	97 371.00	19	南口公司	53 216.61	19	广州公司	22.71	19	天津公司	110 395.82
20	广州公司	96 599.00	20	大连所	29 027.56	20	戚墅堰所	10.48	20	广州公司	107 412.18
21	南口公司	57 673.28	21	广州公司	27 891.93	21	大连电牵公司	6.00	21	工程公司	43 339.00

续上表

序号	单 位	固定资产原值/万元	序号	单 位	机械动力设备原值/万元	序号	单 位	用地总面积/万平方米	序号	单 位	房屋构筑物面积/平方米
22	大连电牵公司	39 295.00	22	大连电牵公司	19 637.00	22	南口公司	4.35	22	大连电牵公司	30 778.11
23	租赁公司	28 808.00	23	工程公司	415.65	23	工程公司	3.50	23	南口公司	27 819.80
24	工程公司	3 593.10	24	国际公司	0.00	24	租赁公司	1.02	24	租赁公司	8 572.59
25	物流公司	2 618.31	25	物流公司	0.00	25	国际公司	0.00	25	物流公司	2 254.78
26	中车研究院	2 140.78	26	中车资本公司	0.00	26	物流公司	0.00	26	国际公司	0.00
27	财务公司	1 920.96	27	租赁公司	0.00	27	中车资本公司	0.00	27	中车资本公司	0.00
28	国际公司	1 252.24	28	财务公司	0.00	28	财务公司	0.00	28	财务公司	0.00
29	中铁装备公司	590.19	29	香港资本公司	0.00	29	香港资本公司	0.00	29	香港资本公司	0.00
30	香港公司	183.09	30	香港公司	0.00	30	香港公司	0.00	30	香港公司	0.00
31	信息公司	167.65	31	中铁装备公司	0.00	31	中铁装备公司	0.00	31	中铁装备公司	0.00
32	香港资本公司	104.88	32	信息公司	0.00	32	信息公司	0.00	32	信息公司	0.00
33	中车资本公司	51.80	33	中车研究院	0.00	33	中车研究院	0.00	33	中车研究院	0.00
合计		10 628 839.47			4 644 746.97			16 051.19			15 254 027.43

表 22-6　2019 年中车股份公司主营业务分行业、分业务、分地区情况表

单位：千元　币种：人民币

主营业务分行业情况

分 行 业	营 业 收 入	营 业 成 本	毛利率（%）	营业收入比上年增减（%）	营业成本比上年增减（%）	毛利率比上年增减（%）
轨道交通装备及其延伸产业	229 010 833	176 149 897	23.08	4.53	3.30	增加 0.92 个百分点

主营业务分产品情况

分 产 品	营 业 收 入	营 业 成 本	毛利率（%）	营业收入比上年增减（%）	营业成本比上年增减（%）	毛利率比上年增减（%）
铁路装备	123 190 246	92 375 873	25.01	2.17	2.38	减少 0.16 个百分点
城轨与城市基础设施	43 935 184	36 184 603	17.64	26.39	25.75	增加 0.42 个百分点
新产业	53 573 065	40 893 005	23.67	7.79	4.33	增加 2.54 个百分点
现代服务业	8 312 338	6 696 416	19.44	−40.84	−45.68	增加 7.18 个百分点
合计	229 010 833	176 149 897	23.08	4.53	3.30	增加 0.92 个百分点

主营业务分地区情况

分 地 区	营 业 收 入	营业收入比上年增减（%）
中国大陆	209 144 275	4.72
其他国家和地区	19 866 558	2.58

表 22-7　2019 年中车股份公司主要产品产量

序 号	业务板块及生产单位	计 量 单 位	实 际 完 成	序 号	业务板块及生产单位	计 量 单 位	实 际 完 成
一	新造机车	台	960	6	二七机车公司	台	—
1	株机公司	台	375	7	洛阳公司	台	—
2	大连公司	台	334	8	兰州公司	台	—
3	资阳公司	台	82	9	四方股份公司	台	—
4	大同公司	台	90	10	广州公司	台	115
5	戚墅堰公司	台	79	11	天津电力	台	105
6	二七机车公司	台	—	三	新造普通客车	辆	1 411
二	修理机车	台	1 494	1	浦镇公司	辆	541
1	株机公司	台	338	2	唐山公司	辆	732
2	戚墅堰公司	台	308	3	长客股份公司	辆	136
3	大连公司	台	311	4	四方股份公司	辆	2
4	太原公司	台	166	5	四方有限公司	辆	—
5	大同公司	台	151	四	修理普通客车	辆	4 968

续上表

序号	业务板块及生产单位	计量单位	实际完成	序号	业务板块及生产单位	计量单位	实际完成
1	长客股份公司	辆	1 060	8	西安公司	辆	4 738
2	四方股份公司	辆	1 001	9	太原公司	辆	4 230
3	四方有限公司	辆	911	10	二七车辆公司	辆	—
4	唐山公司	辆	794	七	新造动车组	标准组(辆)	278
5	浦镇公司	辆	686	1	四方股份公司	标准组(辆)	113
6	西安公司	辆	516	2	长客股份公司	标准组(辆)	76
五	新造货车	辆	49 478	3	唐山公司	标准组(辆)	66
1	中车齐车集团有限公司	辆	24 731	4	四方有限公司	标准组(辆)	23
2	中车长江运输设备集团有限公司（合并）	辆	24 747	5	浦镇公司	标准组(辆)	—
3	齐齐哈尔公司	辆	14 333	6	株机公司	标准组(辆)	—
4	长江公司	辆	11 444	八	修理动车组	标准组(辆)	1 072
5	眉山公司	辆	5 713	1	四方股份公司	标准组(辆)	540
6	山东公司	辆	5 314	2	长客股份公司	标准组(辆)	290
7	西安公司	辆	4 386	3	四方有限公司	标准组(辆)	80
8	沈阳公司	辆	4 216	4	唐山公司	标准组(辆)	162
9	太原公司	辆	1 604	5	浦镇公司	标准组(辆)	—
10	石家庄公司	辆	868	九	新造城轨地铁	辆	7 832
11	贵阳公司	辆	1 600	1	长客股份公司	辆	2 354
12	二七车辆公司	辆		2	四方股份公司	辆	1 774
六	修理货车	辆	57 346	3	株机公司	辆	1 344
1	中车齐车集团有限公司（合并）	辆	27 644	4	浦镇公司	辆	1 740
2	中车长江运输设备集团有限公司（合并）	辆	29 702	5	大连公司	辆	264
3	沈阳公司	辆	10 174	6	唐山公司	辆	356
4	石家庄公司	辆	10 332	十	修理城轨地铁	辆	488
5	贵阳公司	辆	10 323	1	四方股份公司	辆	142
6	长江公司	辆	10 411	2	长客股份公司	辆	330
7	齐齐哈尔公司	辆	7 138	3	大连公司	辆	16

表 22-8　2019 年末中车股份公司资产及负债状况表

单位：千元　币种：人民币

项目名称	本期期末数	本期期末数占总资产的比例（%）	上期期末数	上期期末数占总资产的比例（%）	本期期末金额较上期期末变动比例（%）
拆出资金	139 524	0.04	—	—	—
应收款项融资	13 085 613	3.41	5 277 641	1.48	147.94
其他流动资产	5 820 129	1.52	3 475 122	0.97	67.48
发放贷款及垫款	180 588	0.05	1 880 911	0.53	−90.40
长期应收款	10 518 918	2.74	7 809 013	2.18	34.70
使用权资产	1 261 467	0.33	—	—	—
商誉	462 158	0.12	713 042	0.20	−35.19
向中央银行借款	222 317	0.06	—	—	—
吸收存款及同业存放	5 577 269	1.45	2 795 282	0.78	99.52
一年内到期的非流动负债	3 778 474	0.99	11 096 595	3.10	−65.95
其他流动负债	4 015 089	1.05	6 155 925	1.72	−34.78
长期借款	2 589 644	0.68	880 011	0.25	194.27
租赁负债	960 501	0.25	—	—	—
长期应付款	85 484	0.02	279 178	0.08	−69.38

表 22-9　2019 年末中车股份公司长期股权投资情况表

单位：千元　币种：人民币

对子公司投资

被投资单位	2019 年 1 月 1 日	本年增加	本年减少	2019 年 12 月 31 日
中车长客股份公司	11 538 846	—	—	11 538 846
中车株洲所	11 007 032	106 130	—	11 113 162
中车株机公司	5 072 792	141 210	—	5 214 002
中车四方股份公司	4 649 445	—	—	4 649 445
中车唐山公司	8 421 549	7 850	—	8 429 399
中车大连公司	6 171 771	16 530	—	6 188 301
中车齐车集团	7 894 071	—	—	7 894 071
中车长江集团	5 400 000	261 409	—	5 661 409
中车租赁公司	3 214 106	—	—	3 214 106
中车戚墅堰公司	2 368 270	—	—	2 368 270
中车戚墅堰所	2 145 966	—	—	2 145 966
中车资本管理公司	2 511 188	—	—	2 511 188

续上表

对子公司投资

被投资单位	2019年1月1日	本年增加	本年减少	2019年12月31日
中车浦镇公司	2 189 037	87 720	—	2 276 757
中车香港资本公司	2 508 426	—	—	2 508 426
中车工程公司	1 690 747	—	—	1 690 747
中车永济电机公司	2 405 461	6 400	145 423	2 266 438
中车四方所	2 705 717	413 960	—	3 119 677
中车财务公司	2 434 613	—	—	2 434 613
中车株洲电机公司	1 347 877	3 850	—	1 351 727
中车资阳公司	1 522 173	—	—	1 522 173
中车南口公司	524 412	—	—	524 412
中车大同公司	1 313 207	—	—	1 313 207
中车香港公司	672 054	—	—	672 054
中车大连电牵公司	392 414	—	196 208	196 206
中车大连所	713 907	—	—	713 907
中车四方有限公司	593 645	—	—	593 645
中车物流有限公司	630 196	—	—	630 196
中车研究院	200 000	—	—	200 000
中车国际公司	682 337	—	—	682 337
中车信息公司	31 565	87 610	—	119 175
中车金租公司	—	2 430 000	—	2 430 000
其他子公司	1 364 371	4 314	—	1 368 685
合计	94 317 195	3 566 983	341 631	97 542 547

对联营、合营企业投资

投资单位	2019年1月1日	本年增减变动						2019年12月31日
		追加投资	减少投资	权益法下确认的投资损益	其他综合收益调整	其他权益变动	宣告发放现金股利或利润	
一、合营企业								
芜湖运达	35 000	49 000	—	—	—	—	—	84 000
小计	35 000	49 000	—	—	—	—	—	84 000
二、联营企业								
中华联合保险	4 974 497	—	—	151 094	21 662	（1 910）	—	5 145 343

续上表

其　他	827 822	—	—	（45 076）	—	1 392	（4 052）	780 086
小计	5 802 319	—	—	106 018	21 662	（518）	（4 052）	5 925 429
合计	5 837 319	49 000	—	106 018	21 662	（518）	（4 052）	6 009 429

表 22-10　2019 年中国中车精准扶贫工作情况统计表

单位：万元　币种：人民币

指　　标	数量及开展情况
一、总体情况	
其中：1. 资金	1 390
2. 帮助建档立卡贫困人口脱贫数（人）	8 202
二、分项投入	
1. 产业发展脱贫	
其中：1.1 产业扶贫项目类型	√ 农林产业扶贫 √ 旅游扶贫 √ 电商扶贫 □ 资产收益扶贫 □ 科技扶贫 □ 其他
1.2 产业扶贫项目个数（个）	9
1.3 产业扶贫项目投入金额	882
1.4 帮助建档立卡贫困人口脱贫数（人）	7 284
2. 转移就业脱贫	
其中：2.1 职业技能培训投入金额	48
2.2 职业技能培训人数（人/次）	415
3. 教育脱贫	
其中：3.1 资助贫困学生投入金额	26
3.2 资助贫困学生人数（人）	36
4. 兜底保障	
其中：4.1 帮助“三留守”人员投入金额	10
4.2 帮助“三留守”人员数（人）	130
4.3 帮助贫困残疾人投入金额	12
4.4 帮助贫困残疾人数（人）	150
5. 其他项目	
其中：5.1 项目个数（个）	5
5.2 投入金额	412
5.3 帮助建档立卡贫困人口脱贫数（人）	187

附　录

本栏编辑　肖洪乐

交通强国建设纲要

（中共中央、国务院　新华社北京 2019 年 9 月 19 日电）

建设交通强国是以习近平同志为核心的党中央立足国情、着眼全局、面向未来作出的重大战略决策，是建设现代化经济体系的先行领域，是全面建成社会主义现代化强国的重要支撑，是新时代做好交通工作的总抓手。为统筹推进交通强国建设，制定本纲要。

一、总体要求

（一）指导思想。以习近平新时代中国特色社会主义思想为指导，深入贯彻党的十九大精神，紧紧围绕统筹推进“五位一体”总体布局和协调推进“四个全面”战略布局，坚持稳中求进工作总基调，坚持新发展理念，坚持推动高质量发展，坚持以供给侧结构性改革为主线，坚持以人民为中心的发展思想，牢牢把握交通“先行官”定位，适度超前，进一步解放思想、开拓进取，推动交通发展由追求速度规模向更加注重质量效益转变，由各种交通方式相对独立发展向更加注重一体化融合发展转变，由依靠传统要素驱动向更加注重创新驱动转变，构建安全、便捷、高效、绿色、经济的现代化综合交通体系，打造一流设施、一流技术、一流管理、一流服务，建成人民满意、保障有力、世界前列的交通强国，为全面建成社会主义现代化强国、实现中华民族伟大复兴中国梦提供坚强支撑。

（二）发展目标。到 2020 年，完成决胜全面建成小康社会交通建设任务和“十三五”现代综合交通运输体系发展规划各项任务，为交通强国建设奠定坚实基础。

从 2021 年到本世纪中叶，分两个阶段推进交通强国建设。

到 2035 年，基本建成交通强国。现代化综合交通体系基本形成，人民满意度明显提高，支撑国家现代化建设能力显著增强；拥有发达的快速网、完善的干线网、广泛的基础网，城乡区域交通协调发展达到新高度；基本形成“全国 123 出行交通圈”（都市区 1 小时通勤、城市群 2 小时通达、全国主要城市 3 小时覆盖）和“全球 123 快货物流圈”（国内 1 天送达、周边国家 2 天送达、全球主要城市 3 天送达），旅客联程运输便捷顺畅，货物多式联运高效经济；智能、平安、绿色、共享交通发展水平明显提高，城市交通拥堵基本缓解，无障碍出行服务体系基本完善；交通科技创新体系基本建成，交通关键装备先进安全，人才队伍精良，市场环境优良；基本实现交通治理体系和治理能力现代化；交通国际竞争力和影响力显著提升。

到本世纪中叶，全面建成人民满意、保障有力、世界前列的交通强国。基础设施规模质量、技术装备、科技创新能力、智能化与绿色化水平位居世界前列，交通安全水平、治理能力、文明程度、国际竞争力及影响力达到国际先进水平，全面服务和保障社会主义现代化强国建设，人民享有美好交通服务。

二、基础设施布局完善、立体互联

（一）建设现代化高质量综合立体交通网络。以国家发展规划为依据，发挥国土空间规划的指导和约束作用，统筹铁路、公路、水运、民航、管道、邮政等基础设施规划建设，以多中心、网络化为主形态，完善多层次网络布局，优化存量资源配置，扩大优质增量供给，实现立体互联，增强系统弹性。强化西部地区补短板，推进东北地区提质改造，推动中部地区大通道大枢纽建设，加速东部地区优化升级，形成区域交通协调发展新格局。

（二）构建便捷顺畅的城市（群）交通网。建设城市群一体化交通网，推进干线铁路、城际铁路、市域（郊）铁路、城市轨道交通融合发展，完善城市群快速公路网络，加强公路与城市道路衔接。尊重城市发展规律，立足促进城市的整体性、系统性、生长性，统筹安排城市功能和用地布局，科学制定和实施城市综合交通体系规划。推进城市公共交通设施建设，强化城市轨道交通与其他交通方式衔接，完善快速路、主次干路、支路级配和结构合理的城市道路网，打通道路微循环，提高道路通达性，完善城市步行和非机动车交通系统，提升步行、自行车等出行品质，完善无障碍设施。科学规划建设城市停车设施，加强充电、加氢、加气和公交站点等设施建设。全面提升城市交通基础设施智能化水平。

（三）形成广覆盖的农村交通基础设施网。全面推进“四好农村路”建设，加快实施通村组硬化路建设，建立规范化可持续管护机制。促进交通建设与农村地区资源开发、产业发展有机融合，加强特色农产品优势区与旅游资源富集区交通建设。大力推进革命老区、民族地区、边疆地区、贫困地区、垦区林区交通发展，实现以交通便利带动脱贫减贫，深度贫困地区交通建设项目尽量向进村入户倾斜。推动资源丰富和人口相对密集贫困地区开发性铁路建设，在有条件的地区推进具备旅游、农业作业、应急救援等功能的通用机场建设，加强农村邮政等基础设施建设。

（四）构筑多层级、一体化的综合交通枢纽体系。依托京津冀、长三角、粤港澳大湾区等世界级城市群，打造具有全球竞争力的国际海港枢纽、航空枢纽和邮政快递核心枢纽，建设一批全国性、区域性交通枢纽，推进综合交通枢纽一体化规划建设，提高换乘换装水平，完善集疏运体系。大力发展枢纽经济。

三、交通装备先进适用、完备可控

（一）加强新型载运工具研发。实现3万吨级重载列车、时速250公里级高速轮轨货运列车等方面的重大突破。加强智能网联汽车（智能汽车、自动驾驶、车路协同）研发，形成自主可控完整的产业链。强化大中型邮轮、大型液化天然气船、极地航行船舶、智能船舶、新能源船舶等自主设计建造能力。完善民用飞机产品谱系，在大型民用飞机、重型直升机、通用航空器等方面取得显著进展。

（二）加强特种装备研发。推进隧道工程、整跨吊运安装设备等工程机械装备研发。研发水下机器人、深潜水装备、大型溢油回收船、大型深远海多功能救助船等新型装备。

（三）推进装备技术升级。推广新能源、清洁能源、智能化、数字化、轻量化、环保型交通装备及成套技术装备。广泛应用智能高铁、智能道路、智能航运、自动化码头、数字管网、智能仓储和分拣系统等新型装备设施，开发新一代智能交通管理系统。提升国产飞机和发动机技术水平，加强民用航空器、发动机研发制造和适航审定体系建设。推广应用交通装备的智能检测监测和运维技术。加速淘汰落后技术和高耗低效交通装备。

四、运输服务便捷舒适、经济高效

（一）推进出行服务快速化、便捷化。构筑以高铁、航空为主体的大容量、高效率区际快速客运服务，提升主要通道旅客运输能力。完善航空服务网络，逐步加密机场网建设，大力发展支线航空，推进干支有效衔接，提高航空服务能力和品质。提高城市群内轨道交通通勤化水平，推广城际道路客运公交化运行模式，打造旅客联程运输系统。加强城市交通拥堵综合治理，优先发展城市公共交通，鼓励引导绿色公交出行，合理引导个体机动化出行。推进城乡客运服务一体化，提升公共服务均等化水平，保障城乡居民行有所乘。

（二）打造绿色高效的现代物流系统。优化运输结构，加快推进港口集疏运铁路、物流园区及大型工矿企业铁路专用线等“公转铁”重点项目建设，推进大宗货物及中长距离货物运输向铁路和水运有序转移。推动铁水、公铁、公水、空陆等联运发展，推广跨方式快速换装转运标准化设施设备，形成统一的多式联运标准和规则。发挥公路货运“门到门”优势。完善航空物流网络，提升航空货运效率。推进电商物流、冷链物流、大件运输、危险品物流等专业化物流发展，促进城际干线运输和城市末端配送有机衔接，鼓励发展集约化配送模式。综合利用多种资源，完善农村配送网络，促进城乡双向流通。落实减税降费政策，优化物流组织模式，提高物流效率，降低物流成本。

（三）加速新业态新模式发展。深化交通运输与旅游融合发展，推动旅游专列、旅游风景道、旅游航道、自驾车房车营地、游艇旅游、低空飞行旅游等发展，完善客运枢纽、高速公路服务区等交通设施旅游服务功能。大力发展共享交通，打造基于移动智能终端技术的服务系统，实现出行即服务。发展“互联网+”高效物流，创新智慧物流营运模式。培育充满活力的通用航空及市域（郊）铁路市场，完善政府购买服务政策，稳步扩大短途运输、公益服务、航空消费等市场规模。建立通达全球的寄递服务体系，推动邮政普遍服务升级换代。加快快递扩容增效和数字化转型，壮大供应链服务、冷链快递、即时直递等新业态新模式，推进智能收投终端和末端公共服务平台建设。积极发展无人机（车）物流递送、城市地下物流配送等。

五、科技创新富有活力、智慧引领

（一）强化前沿关键科技研发。瞄准新一代信息技术、人工智能、智能制造、新材料、新能源等世界科技前沿，加强对可能引发交通产业变革的前瞻性、颠覆性技术研究。强化汽车、民用飞行器、船舶等装备动力传动系统研发，突破高效率、大推力/大功率发动机装备设备关键技术。加强区域综合交通网络协调运营与服务技术、城市综合交通协同管控技术、基于船岸协同的内河航运安全管控与应急搜救技术等研发。合理统筹安排时速600公里级高速磁悬浮系统、时速400公里级高速轮轨（含可变轨距）客运列车系统、低真空管（隧）道高速列车等技术储备研发。

（二）大力发展智慧交通。推动大数据、互联网、人工智能、区块链、超级计算等新技术与交通行业深度融合。推进数据资源赋能交通发展，加速交通基础设施网、运输服务网、能源网与信息网络融合发展，构建泛在先进的交通信息基础设施。构建综合交通大数据中心体系，深化交通公共服务和电子政务发展。推进北斗卫星导航系统应用。

（三）完善科技创新机制。建立以企业
为主体、产学研用深度融合的技术创新机制
鼓励交通行业各类创新主体建立创新联
建立关键核心技术攻关机制。建设一批
国际影响力的实验室、试验基地、技
中心等创新平台，加大资源开放共
优化科研资金投入机制。构建适应
量发展的标准体系，加强重点领
供给。

六、安全保障完善可靠基

（一）提升本质安全 础设
础设施安全技术标准规 全防
施安全防护投入，提 体系，
护能力。构建现代化 基础设
推进精品建造和精 提高
施养护，加强基 耐久性
养护专业化、

和可靠性。强化载运工具质量治理，保障运输装备安全。

（二）完善交通安全生产体系。完善依法治理体系，健全交通安全生产法规制度和标准规范。完善安全责任体系，强化企业主体责任，明确部门监管责任。完善预防控制体系，有效防控系统性风险，建立交通装备、工程第三方认证制度。强化安全生产事故调查评估。完善网络安全保障体系，增强科技兴安能力，加强交通信息基础设施安全保护。完善支撑保障体系，加强安全设施建设。建立自然灾害交通防治体系，提高交通防灾抗灾能力。加强交通安全综合治理，切实提高交通安全水平。

（三）强化交通应急救援能力。建立健全综合交通应急管理体制机制、法规制度和预案体系，加强应急救援专业装备、设施、队伍建设，积极参与国际应急救援合作。强化应急救援社会协同能力，完善征用补偿机制。

七、绿色发展节约集约、低碳环保

（一）促进资源节约集约利用。加强土
、海域、无居民海岛、岸线、空域等资源
约集约利用，提升用地用海用岛效率。加
旧设施更新利用，推广施工材料、废旧
再生和综合利用，推进邮件快件包装绿
减量化，提高资源再利用和循环利用
推进交通资源循环利用产业发展。

二）强化节能减排和污染防治。优
源结构，推进新能源、清洁能源应
路货运节能减排，推动城市公共
城市物流配送车辆全部实现电
化和清洁化。打好柴油货车
战，统筹油、路、车治理，
运输大气污染。严格执行国
控制标准及船舶排放区要
口污染防治。降低交通沿
善处理好大型机场噪声影响。开展绿色出行行动，倡导绿色低碳出行理念。

（三）强化交通生态环境保护修复。严守生态保护红线，严格落实生态保护和水土保持措施，严格实施生态修复、地质环境治理恢复与土地复垦，将生态环保理念贯穿交通基础设施规划、建设、运营和养护全过程。推进生态选线选址，强化生态环保设计，避让耕地、林地、湿地等具有重要生态功能的国土空间。建设绿色交通廊道。

八、开放合作面向全球、互利共赢

（一）构建互联互通、面向全球的交通网络。以丝绸之路经济带六大国际经济合作走廊为主体，推进与周边国家铁路、公路、航道、油气管道等基础设施互联互通。提高海运、民航的全球连接度，建设世界一流的国际航运中心，推进21世纪海上丝绸之路建设。拓展国际航运物流，发展铁路国际班列，推进跨境道路运输便利化，大力发展航空物流枢纽，构建国际寄递物流供应链体系，打造陆海新通道。维护国际海运重要通道安全与畅通。

（二）加大对外开放力度。吸引外资进入交通领域，全面落实准入前国民待遇加负面清单管理制度。协同推进自由贸易试验区、中国特色自由贸易港建设。鼓励国内交通企业积极参与“一带一路”沿线交通基础设施建设和国际运输市场合作，打造世界一流交通企业。

（三）深化交通国际合作。提升国际合作深度与广度，形成国家、社会、企业多层次合作渠道。拓展国际合作平台，积极打造交通新平台，吸引重要交通国际组织来华落驻。积极推动全球交通治理体系建设与变革，促进交通运输政策、规则、制度、技术、标准“引进来”和“走出去”，积极参与交通国际组织事务框架下规则、标准制定修订。提升交通国际话语权和影响力。

九、人才队伍精良专业、创新奉献

（一）培育高水平交通科技人才。坚持高精尖缺导向，培养一批具有国际水平的战略科技人才、科技领军人才、青年科技人才和创新团队，培养交通一线创新人才，支持各领域各学科人才进入交通相关产业行业。推进交通高端智库建设，完善专家工作体系。

（二）打造素质优良的交通劳动者大军。弘扬劳模精神和工匠精神，造就一支素质优良的知识型、技能型、创新型劳动者大军。大力培养支撑中国制造、中国创造的交通技术技能人才队伍，构建适应交通发展需要的现代职业教育体系。

（三）建设高素质专业化交通干部队伍。落实建设高素质专业化干部队伍要求，打造一支忠诚干净担当的高素质干部队伍。注重专业能力培养，增强干部队伍适应现代综合交通运输发展要求的能力。加强优秀年轻干部队伍建设，加强国际交通组织人才培养。

十、完善治理体系，提升治理能力

（一）深化行业改革。坚持法治引领，完善综合交通法规体系，推动重点领域法律法规制定修订。不断深化铁路、公路、航道、空域管理体制改革，建立健全适应综合交通一体化发展的体制机制。推动国家铁路企业股份制改造、邮政企业混合所有制改革，支持民营企业健康发展。统筹制定交通发展战略、规划和政策，加快建设现代化综合交通体系。强化规划协同，实现“多规合一”“多规融合”。

（二）优化营商环境。健全市场治理规则，深入推进简政放权，破除区域壁垒，防止市场垄断，完善运输价格形成机制，构建统一开放、竞争有序的现代交通市场体系。全面实施市场准入负面清单制度，构建以信用为基础的新型监管机制。

（三）扩大社会参与。健全公共决策机制，实行依法决策、民主决策。鼓励交通行业组织积极参与行业治理，引导社会组织依法自治、规范自律，拓宽公众参与交通治理渠道。推动政府信息公开，建立健全公共监督机制。

（四）培育交通文明。推进优秀交通文化传承创新，加强重要交通遗迹遗存、现代交通重大工程的保护利用和精神挖掘，讲好中国交通故事。弘扬以“两路”精神、青藏铁路精神、民航英雄机组等为代表的交通精神，增强行业凝聚力和战斗力。全方位提升交通参与者文明素养，引导文明出行，营造文明交通环境，推动全社会交通文明程度大幅提升。

十一、保障措施

（一）加强党的领导。坚持党的全面领导，充分发挥党总揽全局、协调各方的作用。建立统筹协调的交通强国建设实施工作机制，强化部门协同、上下联动、军地互动，整体有序推进交通强国建设工作。

（二）加强资金保障。深化交通投融资改革，增强可持续发展能力，完善政府主导、分级负责、多元筹资、风险可控的资金保障和运行管理体制。建立健全中央和地方各级财政投入保障制度，鼓励采用多元化市场融资方式拓宽融资渠道，积极引导社会资本参与交通强国建设，强化风险防控机制建设。

（三）加强实施管理。各地区各部门要提高对交通强国建设重大意义的认识，科学制定配套政策和配置公共资源，促进自然资源、环保、财税、金融、投资、产业、贸易等政策与交通强国建设相关政策协同，部署若干重大工程、重大项目，合理规划交通强国建设进程。鼓励有条件的地方和企业在交通强国建设中先行先试。交通运输部要会同有关部门加强跟踪分析和督促指导，建立交通强国评价指标体系，重大事项及时向党中央、国务院报告。

（摘自中国政府网站）

2019 年 铁 道 统 计 公 报

2019年，铁路行业以习近平新时代中国特色社会主义思想为指导，全面贯彻落实党的十九大和十九届二中、三中、四中全会及中央经济工作会议精神，牢固树立以人民为中心的发展思想，坚持稳中求进工作总基调，坚持新发展理念，坚持推动铁路高质量发展，坚持以铁路供给侧结构性改革为主线，深入实施服务决胜全面建成小康社会行动计划，开展安全质量服务创新年，服务交通强国建设，客货运输、铁路安全、建设发展、科技创新取得明显成效。

一、运输生产

旅客运输。全国铁路旅客发送量完成36.60亿人，比上年增加2.85亿人，增长8.4%。其中，国家铁路35.79亿人，比上年增长7.9%。全国铁路旅客周转量完成14 706.64亿人公里，比上年增加560.06亿人公里，增长4.0%。其中，国家铁路14 529.55亿人公里，比上年增长3.3%。

全国铁路旅客运输量

指　　标	单　　位	2019年	比上年±%
旅客发送量	万人	366 002	8.4
国家铁路	万人	357 860	7.9
旅客周转量	亿人公里	14 706.64	4.0
国家铁路	亿人公里	14 529.55	3.3

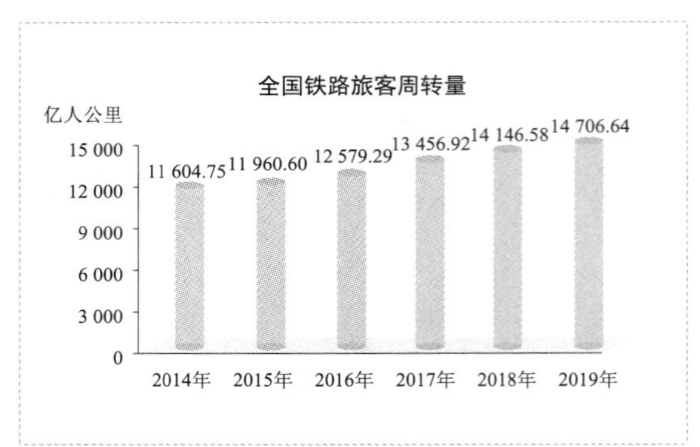

货物运输。全国铁路货运总发送量完成43.89亿吨，比上年增加2.96亿吨，增长7.2%。其中，国家铁路34.40亿吨，比上年增长7.8%。全国铁路货运总周转量完成30 181.95亿吨公里，比上年增加1 254.11亿吨公里，增长4.3%。其中，国家铁路27 009.55亿吨公里，比上年增长4.7%。

全国铁路货物运输量

指　　标	单　　位	2019年	比上年±%
货运发送量	万人	438 904	7.2
国家铁路	万人	344 010	7.8
货运周转量	亿吨公里	30 181.95	4.3
国家铁路	亿吨公里	27 009.55	4.7

换算周转量。全国铁路总换算周转量完成44 888.59亿吨公里，比上年增加1 814.17亿吨公里，增长4.2%。其中，国家铁路41 539.10亿吨公里，比上年增长4.2%。

运输安全。全年全国铁路未发生铁路交通特别重大、重大事故；发生较大事故4件，同比增加3件。铁路交通事故死亡人数比上年下降8.1%。

二、铁路建设

全国铁路固定资产投资完成8 029亿元，投产新线8 489公里，其中高速铁路5 474公里。

路网规模。全国铁路营业里程达到13.9万公里，其中，高速铁路营业里程达到3.5万公里；复线里程8.3万公里，复线率59.0%；电气化里程10.0万公里，电化率71.9%；西部地区铁路营业里程5.6万公里。全国铁路路网密度145.5公里/万平方公里。

	2014年	2015年	2016年	2017年	2018年	2019年
营业里程	11.2	12.1	12.4	12.7	13.1	13.9
复线里程	5.7	6.5	6.8	7.2	7.6	8.3
电气化里程	6.5	7.5	8.0	8.7	9.2	10.0

移动装备。全国铁路机车拥有量为2.2万台，其中，内燃机车0.8万台，电力机车1.37万台。全国铁路客车拥有量为7.6万辆，其中，动车组3 665标准组、29 319辆。全国铁路货车拥有量为87.8万辆。

三、技术标准和科技创新

重要技术标准制修订。报经国家标准委审批发布《铁路旅客运输服务质量》《道砟清筛机》《机车车辆动力学性能评定及试验鉴定规范》等铁道国家标准15项。

发布铁道行业标准（技术标准）公告9批，《机车车辆强度设计及试验鉴定规范总则》《铁路站场无线通信系统技术条件》和《铁路机车车辆驾驶人员健康检查规范》等技术标准51项，《ZD9/ZDJ9系列电动转辙机》（TB/T 3113—2015）和《铁路货车篷布》（TB/T 1941—2013）标准修改单2项。发布铁道行业标准（工程建设标准）公告8批，《磁浮铁路技术标准（试行）》《高速铁路安全防护设计规范》和《铁路专用线设计规范（试行）》等工程建设标准19项。发布铁路工程造价标准公告1批，《铁路工程估算定额（第一册 通信工程）》等工程造价标准8项。发布关于下调铁路工程造价标准增值税税率的公告1批。发布《铁路列车荷载图式》《交流传动电力机车》《交流传动内燃机车》等铁道行业标准（技术标准）英文译本25项。发布铁路工程施工质量验收系列标准、《铁路旅客车站设计规范》和《铁路工程环境保护设计规范》等铁道行业标准（工程建设标准）英文译本22项，发布《高速铁路设计规范》俄文译本1项、印尼文译本1项。

报经国家市场监管总局审批发布《数字指示轨道衡检定规程》国家计量规程规范1项。发布《动车组测量仪表量值保证规范》《铁路接触网张力测量仪检定规程》铁道行业计量规程规范2项。

科技创新获奖情况。2019年铁道行业获国家科学技术奖6项。其中国家技术发明二等奖2项：株洲中车时代电气股份有限公司"高压大电流IGBT芯片关键技术及应用"、中南大学"高速列车—轨道—桥梁系统随机动力模拟技术及应用"。国家科技进步二等奖4项：中国铁道科学研究院集团有限公司"高速铁路高性能混凝土成套技术与工程应用"、中铁第一勘察设计院集团有限公司"长大深埋挤压性围岩铁路隧道设计施工关键技术及应用"、中南大学"强风作用下高速铁路桥上行车安全保障关键技术及应用"、西南交通大学"重载列车与轨道相互作用安全保障关键技术及工程应用"。

铁路重大科技创新成果库2019年度入库280项，其中铁路科技项目48项、铁路专利51项、铁路技术标准27项、铁路科技论文154项。

四、节能减排

综合能耗。国家铁路能源消耗折算标准煤1 634.77万吨，比上年增加10.57万吨，增长0.7%。单位运输工作量综合能耗3.94吨标准煤/百万换算吨公里，比上年减少0.13吨标准煤/百万换算吨公里，下降3.2%。单位运输工作量主营综合能耗3.84吨标准煤/百万换算吨公里，比上年减少0.03吨标准煤/百万换算吨公里，下降0.9%。

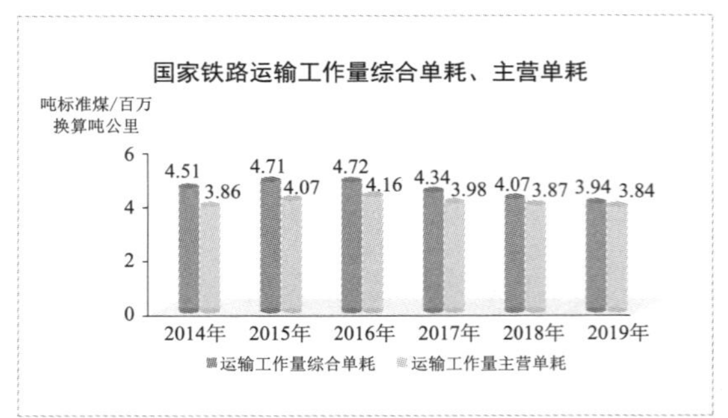

主要污染物排放量。国家铁路化学需氧量排放量1 764吨，比上年减排114吨，降低6.1%。二氧化硫排放量5 438吨，比上年减排4 398吨，降低44.7%。

注：1. 除注明外，国家铁路含国铁集团及其控股合资铁路。

2. 客货发送量、客货周转量、运输设备为确报数，其余数据均为速报数。

3. 统计范围不含港澳台。

4. 除注明外，比上年为同口径。

（摘自铁路局网站）

中国中车未来发展的讨论与分析

一、行业格局和趋势

（一）宏观政策方面。从国际上看，世界政治经济格局错综复杂，全球秩序正在经历大发展大变革大调整，对企业国际化经营带来一定冲击。中国坚持扩大开放政策，实施共建“一带一路”倡议，积极参与全球经济治理，为促进世界经济增长、深化地区合作打造更坚实的发展基础，创造更便利的联通条件，为高端装备“走出去”提供了广袤的市场空间。从国内看，中国经济保持稳中向好基本态势，经济发展增速维持在中高速增长水平，供给侧结构性改革持续深化，创新驱动等新动能成为经济增长主要动力。中国中车作为高端装备制造业，以提高发展质量和效益为中心，以改革、创新、融合为动力，深化供给侧结构性改革，加快创新，加快“走出去”，实现高质量发展，具有良好的基础条件和发展机遇。

（二）行业政策方面。国际上，轨道交通行业变革持续深化，全球行业巨头正在深度整合，行业竞争格局不断变化，竞争态势不断加剧。国内轨道交通装备市场、干线铁路建设、铁路运营权全面放开，外资准入门槛进一步降低，行业外民企、国企纷纷进军轨道交通装备领域，市场竞争日趋激烈。同时，随着铁路客运、货运持续改革，现代综合交通运输体系建设加快，城市轨道车辆需求多样化，用户对轨道交通装备产品的适用性、安全性、可靠性、舒适性等提出了更高的要求。中国中车作为全球规模领先、品种齐全、技术一流的轨道交通装备供应商，以市场为导向，以客户为中心，优化业务结构，建立和完善全寿命周期服务体系，加快“制造＋服务”转型，为客户提供更有价值的产品和服务，为建设交通强国贡献“中车智慧”和“中车力量”。

（三）产业投资规划。国际市场方面，受全球经济增长动能不足，国际轨道交通装备市场增长缓慢，2020年轨道交通行业市场容量约1 475亿美元。国内市场，根据《中长期铁路网规划》，中国铁路和高速铁路的营业里程将由2015年的12.1万公里和1.9万公里增加到2025年的17.5万公里和3.8万公里。为构建安全、便捷、高效、绿色、经济的现代化综合交通体系，2019年中共中央、国务院印发了《交通强国建设纲要》，提出了到2035年基本形成“全国123出行交通圈”和“全球123快货物流圈”，到本世纪中叶全面建成人民满意、保障有力、世界前列的交通强国。2020年，全国铁路固定资产投资将持续保持强度和规模，确保投产新线4 000公里以上，其中高铁2 000公里；国铁集团将加快推动川藏铁路重大项目建设，努力完成货运增量行动目标，深入实施客运提质计划和“复兴号”品牌战略，推进铁路装备高质量发展。

根据《中华人民共和国2019年国民经济和社会发展统计公报》，国家铁路局官网及国铁集团官网数据，2019年，全国铁路固定资产投资完成8 029亿元，其中国家铁路完成7 511亿元；投产新线8 489公里，其中高铁5 474公里。到2019年底，全国铁路营业里程达到13.9万公里以上，其中高铁3.5万公里。客货运量持续增长，2019年，全国铁路完成旅客发送量36.6亿人次，同比增长8.4%；完成货物发送量43.9亿吨，同比增长7.2%。其中，国铁集团完成旅客发送量35.8亿人，同比增长7.9%，其中动车组旅客发送量22.9亿人，同比增长

14.1%；完成货物发送量 34.4 亿吨，同比增长 7.8%。

据中国城轨协会 2020 年 1 月发布的统计快报，截至 2019 年底，全国（不含港澳台）累计有 40 个城市开通城轨交通运营线路 6 730.27 公里；其中，2019 年当年新增温州、济南、常州、徐州、呼和浩特 5 个城轨交通运营城市，有 27 个城市有新增线路（段）投运，新增运营线路里程共计 968.77 公里，再创历史新高。2019 年，国家发展改革委共批复郑州、西安、成都 3 个城市的新一轮城市轨道交通建设规划和北京市城市轨道交通第二期建设规划方案调整，涉及项目线路长度共计 687.45 公里，总投资额 4 647.9 亿元。

中国中车持续关注国内外政治经济形势与动态、行业发展趋势，研判市场需求。按照以销定产的模式满足既有市场的需求，确保主要产品按时交付和安全运行。以供给侧结构性改革为主线，抢抓“一带一路”、国家铁路网建设、城市轨道交通建设、运输结构调整等战略机遇，持续强化创新驱动，持续优化资源配置，持续优化产品结构，持续创新商业模式，为客户提供更加智能、高效、环保、可靠的轨道交通装备和全寿命周期系统解决方案，实现与利益相关方的多赢共赢。

二、发展战略

“十三五”战略规划：坚持新发展理念，坚持稳中求进，坚持问题导向，落实高质量发展要求，以改革、创新、融合为动力，走国际化、多元化、高端化、数字化、协同化发展之路，统筹推进稳增长、调结构、增动能、提品质、控风险、强党建各项工作，不断增强内生动力和发展能力，实现更高质量、更有效率和更可持续发展，为实现“双打造一培育”战略目标奠定坚实基础。

（一）铁路装备业务。落实交通强国战略，肩负装备支撑使命，以成为世界一流的轨道交通装备系统解决方案供应商为目标，强化基础性、前瞻性、共性和关键技术研究，形成支撑技术引领和产品持续创新的源动力，打造系列化、模块化、标准化的产品技术平台。巩固行业地位和优势，主动适应国内外运输市场变化和技术发展趋势，加快铁路客货运技术、产品和服务模式创新，积极应对新技术、新产业、新业态、新模式挑战，为全力打造安全、便捷、经济、高效、绿色、智慧交通体系提供强有力的装备支撑。加强中国铁路市场化改革研究，把握“公转铁”、货运增量三年行动计划等机遇，推进“制造＋服务”转型，全力支持铁路运输企业转型升级和综合交通运输体系建设。服务“一带一路”建设、国际产能合作、“走出去”战略等，建立全球化业务协同平台，推进由单一提供产品向提供产品、技术、服务整套解决方案的转变，提高“走出去”质量，加快“走进去”步伐。

（二）城轨与城市基础设施业务。抓住新型城镇化机遇，积极应对市场开放挑战，加快城轨车辆产品开发和技术创新，持续完善产品结构，增强全寿命周期服务能力和系统解决方案能力，以高品质的产品和服务持续引领国内市场、不断扩大国际市场。规范发展国内外城轨 PPP、BOT 业务，发挥装备制造、业务组合、产融结合等综合优势，加强战略合作，借力社会资源，加快形成以车辆和牵引电传动、制动、信号等关键系统及部件为重点的机电集成总包能力，以项目管理为重点拓展城市基础设施建设工程总包能力和具有“中车”特色的运营服务总承包能力，持续壮大城轨与城市基础设施业务。

（三）新产业业务。贯彻新发展理念，以战略性新兴产业尤其是高端装备制造业为主攻方向，依托轨道交通装备核心能力，大力发展新能源、新材料、生态环保、工业互联网等相关多元业务，培育发展新动能，打造产业新引擎。以关键系统、重要零部件等机电产品为重点打造核心技术强、应用范围广的支撑业务，以技术链和产业链上下游、智能和数字化业务为重点打造成长性好、引领性强的培育业务，加快构建一批核心能力突出、行业地位领先的业务集群，努力成为国际、国内行业的领先者。围绕雄安新区建设绿色智慧新城、打造优美生态环境、发展高端高新产业、构建快捷高效交通网等重点任务，积极推动高新业务进入雄安、服务雄安。

（四）现代服务业务。按照“做强实体经济”的要求，坚持“产融结合、以融促产”，加强统筹协调，突出风险防范，规范打造金融服务平台、投融资平台和金融租赁平台，推进制造业与服务业融合发展，促进轨道交通核心业务快速发展。探索“互联网+”服务，加快供应链服务平台建设，发展智慧物流，拓展供应链贸易，推进现代物流服务业务规范发展。

（五）国际业务。加强顶层设计，制订“一带一路”沿线国家市场开拓专项发展规划及实施方案，积极参与“一带一路”建设，构建“走出去”开放发展新格局。按照整机带动零部件、制造业带动服务业、总承包带动产业链、轨道交通装备带动非轨道交通装备的思路，拓展海外市场领域。加强海外布局顶层设计，加大对国际业务的资源投入和整合力度，组建国际业务平台公司，构建面向全球、集中管理、统筹协调的营销和区域管理体系，加强海外研发中心建设，加强品牌建设和推广，努力行业组织、标准体系等方面发挥作用，提升行业影响力和话语权，增强国际竞争力。按照“轻资产、重效益、可持续”理念，开展绿地投资、战略并购、合资合作，实施“产品+技术+服务+资本+管理”全要素经营模式，推行“五本模式”，加快实现由国内市场向全球市场、由“走出去”向“走进去”、由本土企业向跨国企业转变。

三、经营计划

2019年，是顺利实现“十三五”战略目标的关键之年，公司以“协同、补短、提质”为主题，围绕“13568”经营工作思路，按照中车高质量发展要求，全力推进“双打造一培育”目标，确定了中国中车2019年度经营计划。面对错综复杂的内外部形势，公司努力克服不利因素，积极应对内外部环境变化，秉承中国中车优良传统，通过共同努力，实现了营业收入、归母净利润“双增长”。轨道交通装备业务稳居全球行业第一。

2020年，公司客观把握宏观经济形势，确定了2020年主要经营目标，确保公司经营业绩保持稳定并力争有所增长。公司将围绕“改革、创新、协同”三大主题，实施“创建、强基、数字”三大工程，构筑“资源协同、产品共享、协同攻关、引领业务、共拓市场、产融互动”六大平台，实施“提质增效、战略引领、科技引擎、深化改革、市场开拓、产业协同、能力提升、专项整改、品牌塑造”九大行动，以全面预算管理为主线，以精益管理为支撑，以提质增效为目的，强化运营管控，提升管理水平，实现高质量发展，全力创建世界一流示范企业。

四、可能面对的风险

（一）战略风险。当前国内铁路运输改革持续深化，国铁集团及各铁路局集团公司制改革完成，客户对铁路装备需求结构性变化加快，对铁路装备自主化检修的范围和比重不断扩大。随着社会分工逐渐细化及轨道交通装备技术水平不断提高，用户需求正在从单一的车辆向产品全寿命周期服务一体化转变；招标方式逐步从单一的车辆采购向工程总包、PPP模式转变，轨道交通产业链价值结构发生变化；轨道交通装备应用新材料、新技术和新工艺，并向谱系化、轻量化、高速重载化和绿色智能化等方向发展更加迫切。这些变化可能导致市场环境和发展空间出现诸多不确定因素，对公司实现战略和经营目标带来风险。

应对措施：及时收集与公司经营相关的产业政策及行业规划信息，做好政策和趋势研究，积极应对政策和产业规划可能出现的变化。夯实内部管理，提高公司经营管理水平，降低营运成本，努力提高经营效率，增强抵御政策风险的能力。

（二）市场风险。当前国内轨道交通装备市场、干线铁路建设、铁路运营权全面放开，社会资本投资轨道交通装备领域的意愿明显增强，国资、民资、外资企业纷纷进军轨道交通领域，跨界竞争成为常态，行业竞争更加激烈。新技术新业态的蓬勃发展，铁路客货运输在市场意识、服务意识、创新意识方面不断优化，市场需求可能出现结构性调整。全球轨道交通行业正在深度整合，行业巨头洗牌加速、重组整合频繁，市场竞争不断加剧；国际贸易保护主义持续升温，行业国际竞争日趋白热化，国际市场不确定不可控因素增加。中美贸易摩擦、长臂管辖等因素可能引发公司成本增加、订单获取难度加大，公司“国际化”战略将面临更多的挑战。

应对措施：积极对接主要客户，搜集国家经济、政治、行业等信息，做好市场趋势的研究；通过坚持创新引领、延伸产业链、提供系统化服务方案等方式，优化公司产业结构，拓展新的商业模式；精心做好顶层设计，加强对公司全球管理架构、跨国管控模式的研究与实践，提升跨国经营能力；搭建业务平台，持续推行“五本模式”，加快推进五要素合一的国际化经营，以核心出口企业和平台公司为依托，全面加大海外市场开拓的广度和深度，完善全球产业布局。

（三）产品质量风险。铁路市场主要客户全力构建人防、物防、技防“三位一体”的安全保障机制，确保铁路安全，对轨道交通产品质量的安全性、可靠性提出更高要求，对公司不断完善的产品谱系及持续深化的技术创新带来更大挑战。

应对措施：统筹谋划，抓好科技创新顶层设计；坚持技术引领，确保产业发展安全；坚持质量优先，继续夯实管理基础，强化源头管控，加强售后服务，确保铁路装备安全稳定运营。

（四）汇率风险。随着国际化经营步伐加快，公司产品出口、境外投资、并购等经营活动不断增多，可能因汇率波动引发各种风险。如：国际金融环境动荡，汇率走势难以预测，可能发生汇兑损失；部分境外产品项目以小币种结算，难以实现汇率风险自然对冲；项目收汇时间不确定，套期保值方式受限等。

应对措施：公司密切关注汇率变动趋势，加强企业相关人员的风险防范意识，建立汇率风险防范机制，灵活采用不同货币成交等方式，运用金融避险工具应对汇率风。

（五）产品结构调整风险。由于历史原因，公司轨道交通部分板块存在结构性产能过剩矛盾，面临产业结构性调整。因受产业关联度、产业基础、技术条件、资源禀赋等多方面因素的影响，给公司的产业结构转换带来诸多的困难与风险。

应对措施：公司已成立专门机构研究轨道交通业务板块改革方案，按照不同板块不同策略原则，通过业务重组、压缩产能等方式，激发企业活力，逐步形成资源共享、发展共赢的格局；持续优化轨道交通资源配置，实现资源效益最大化、公司利益最大化。

（摘自中国中车2019年年度报告）

中国中车所属子公司联络信息表

表 22-1　中国中车所属子公司联络信息表

序号	公司简称	地址	邮编	联系电话	传真
一	中车股份公司	北京市海淀区西四环中路 16-5 号	100036	（010）51862017	（010）63984766
1	齐车集团	黑龙江省齐齐哈尔市铁锋区厂前一路 36 号	161002	（0452）2930811	（0452）2930811
1-1	齐车公司	黑龙江省齐齐哈尔市铁锋区厂前一路 36 号	161002	（0452）2939546	（0452）2938534
1-2	沈阳公司	辽宁省沈阳经济技术开发区开发大路 28 号	110142	（024）62053875	（024）62053228
1-3	石家庄公司	河北省石家庄市栾城区裕翔街 168 号	051430	（0311）87637642	（0311）87637168
1-4	山东公司	山东省济南市槐荫区槐村街 73 号	250022	（0531）88305124	（0531）88305138
1-5	锡盟风电公司	内蒙古自治区锡林郭勒盟太仆寺旗宝昌高新技术产业园振兴街北侧东环南路西侧通尼斯厂区内	250022	（0531）88305124	（0531）88305138
2	长客股份公司	吉林省长春市绿园区长客路 2001 号	130062	（0431）87902301	（0431）82938740
3	大连公司	辽宁省大连市沙河口区中长街 51 号	116021	（0411）84198254	（0411）84654245
3-1	兰州公司	甘肃省兰州市七里河区武威路 63 号	730050	（0931）2946321	（0931）2867279
4	唐山公司	河北省唐山市丰润区厂前路 3 号	064000	（0315）3089023	（0315）3089025
5	南口公司	北京市昌平区南口镇道北	102202	（010）81905501	（010）81905505
6	大同公司	山西省大同市平城区前进街 1 号	037038	（0352）7162133	（0352）7162022
7	永济电机公司	山西省永济市电机大街 18 号	044502	（0359）8075162	（0359）8075290
8	四方股份公司	山东省青岛市城阳区锦宏东路 88 号	266111	（0532）87801188	（0532）87801688
8-1	成都公司	四川省成都市新都区石木路 527 号	610511	（028）86333122	（028）86333133
9	四方有限公司	山东省青岛市城阳区宏平路 9 号	266111	（0532）68017272	（0532）68017212
10	浦镇公司	江苏省南京市高新开发区泰山园区浦珠北路 68 号	210031	（025）85847402	（025）58604655
11	戚墅堰公司	江苏省常州市戚墅堰延陵东路 358 号	213011	（0519）85053700	（0519）85053600
12	长江集团	湖北省武汉市江夏经济开发区大桥新区	430212	（027）51170122	（027）81942011
12-1	长江公司	湖北省武汉市江夏经济开发区大桥新区	430212	（027）51170378	（027）51170390
12-2	太原公司	山西省太原市万柏林区兴华西街 129 号	030027	（0351）2649450	（0351）3049563
12-3	西安公司	陕西省西安三桥建章路	710086	（029）82369253	（029）82367111
12-4	眉山公司	四川眉山市东坡区崇仁镇	620032	（028）38502013	（028）38502046
12-5	贵阳公司	贵州省贵阳市白云区都拉营	550017	（0851）84473204	
13	资阳公司	四川省资阳市晨风路 6 号	641301	（028）26282115	（028）26653416

续上表

序号	公司简称	地址	邮编	联系电话	传真
14	株机公司	湖南省株洲市田心路1号	412001	(0731)28441266	(0731)28432399
14-1	洛阳公司	河南省洛阳市瀍河区启明东路2号	471002	(0379)62635310	(0379)63570296
15	株洲电机公司	株洲市石峰区田心高科园	412001	(0731)22593111	(0731)22593105
16	大连所	辽宁省大连市沙河口区中长街49号	116021	(0411)85873804	(0411)84601617
17	大连电牵公司	辽宁省大连旅顺经济开发区浩洋北街1号	116052	(0411)62685211	(0411)62685733
18	四方所	山东省青岛市四方区瑞昌路231号	266031	(0532)86083101	(0532)84992961
19	戚墅堰所	江苏省常州市五一路258号	213011	(0519)89808888	(0519)89808889
20	株洲所	湖南省株洲市石峰区169号	412001	(0731)28498304	(0731)28432946
21	物流公司	北京市丰台区芳城园一区15号楼	100078	(010)51897337	(010)52608291
22	工程公司	北京市丰台区芳城园一区15号楼	100078	(010)51897158	(010)52608497
23	国际公司	北京市海淀区西四环中路16-6A	100063	(010)51891362	(010)51891656
24	财务公司	北京市海淀区西四环中路16号院5号楼5楼	100036	(010)51872507	(010)51872504
25	资本公司	北京市丰台区芳城园一区15号楼	100078	(010)51897170	(010)52608000
26	金租公司	北京市丰台区汽车博物馆东路诺德中心二期5号楼5层	100160	(010)83926988	(010)83926988
27	租赁公司	北京市丰台区汽车博物馆东路1号院诺德中心二期5号楼6层	100160	(010)51362062	(010)51362060
28	香港资本公司	香港金钟道88号太古广场二期1108室	—	(+852)24458885	(+852)28497775
29	信息公司	北京市海淀区西四环中路16号院7号楼15层	100039	(010)51870500	(010)51870222
30	中车研究院	北京市丰台区汽车博物馆东路诺德中心二期5号楼7层	100160	(010)51362218	(010)51362210
31	中铁装备公司	北京市丰台区芳城园一区15号楼	100078	(010)52696240	(010)52696225
32	广州公司	广州市花都区山前旅游大道西18号	510850	(020)37728999	(020)37728888
33	天津公司	天津市滨海新区临港经济区渤海二十六路2778号	300452	(022)25619700	(022)25619899
二	中车产投	北京市丰台区汽车博物馆西路华夏幸福创新中心A座11层	100070	(010)51397088	—
三	中车金控	北京市丰台区芳城园一区15号楼	100078	(010)52600923	(010)52608011
四	中车建投	北京市丰台区芳城园一区15号楼	100078	(010)51897016	—
五	中车科技园	北京市海淀区复兴路69号院11号B座7层	100078	(010)81921666	—
六	二七车辆公司	北京市丰台区张郭庄甲1号	100072	(010)83804089	(010)83876184
七	二七机车公司	北京市丰台区长辛店杨公庄1号	100072	(010)83306001	(010)83303736
八	中车大学(常铁校)	江苏省常州市武进区戚厂工房十区1号	221233	(0519)85052428	—
九	南车投资公司	北京市丰台区芳城园一区15号楼	100078	(010)51897092	(010)52608090

索　引

使用说明：

一、本索引将年鉴中的条目按音序法进行编排。

二、索引条目后的数字表示该内容所在的页码，数字后的字母（a、b）表示栏别，即版面的左、右栏。

A

B

C

D

F

G

H

J

K

L

N

P

Q

R

S

T

W

X

Y

Z